토플 적중률 93% (어휘 문제)

 360만 부 판매 (경선식 영단어 시리즈)

 18년 연속 베스트셀러

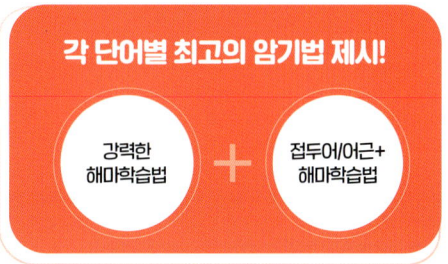

3배 빠르게 암기 10배 오래 기억!

각 단어별 최고의 암기법 제시!

강력한 해마학습법 + 접두어/어근 + 해마학습법

단기기억 토플 3400단어를 6일 만에 암기했어요
더 놀라운 건 **장기기억** 한 달 후 100% 기억!!!

6일 만에 3400여 단어 완벽 암기하고 무작위 단어시험 100점

이미영 수강생

단어 암기가 어려워 경선식 영단어를 찾게 되었어요. 강의 수강 후 약 3400개의 단어를 6일 만에 암기했어요. 주로 어근법으로만 접근을 하였는데 뜻을 떠올리는 데도 많이 걸리고 정확한 뜻이 떠오르지 않았습니다. 그런데 경선식 영단어는 어근법도 접근을 하지만 발음을 통해서 뜻으로 확정을 지어주기 때문에 뜻이 정확하게, 그리고 빠르게 생각이 났습니다. 한 달 동안 교재 전체를 총 4시간 정도 복습하고 테스트를 봤었는데 다 생각이 나더라고요. 1년 7개월 후에도 3차 테스트를 봤고 만점을 받았습니다. 총 복습시간은 8시간 정도 걸렸었는데 장기적인 암기효과에도 정말 놀랐습니다.

※ 더욱 많은 초단기 암기 후기는 홈페이지에서 확인하실 수 있습니다.

토플 영단어 공부에서 가장 중요한 <적중률>

단어장 선택의 기준! 압도적 적중률
어떤 교재를 선택하시겠습니까?

93% 경선식 영단어 VS **78%** 타 사 베스트셀러

<최신 토플 시험 10회 분량의 어휘 문제와 독해지문의 어휘 표제어 적중률 조사>

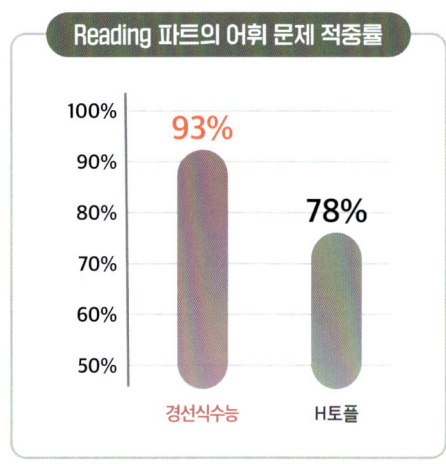

Reading 파트의 어휘 문제 적중률: 경선식수능 93%, H토플 78%

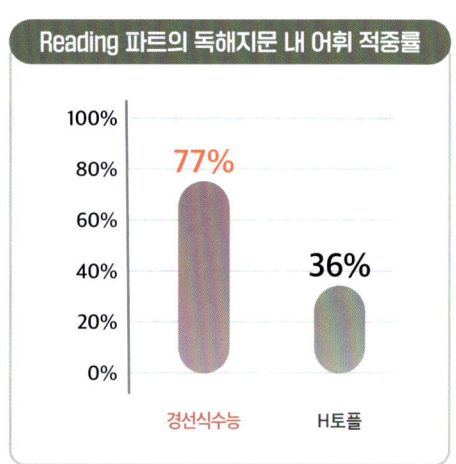

Reading 파트의 독해지문 내 어휘 적중률: 경선식수능 77%, H토플 36%

- 경선식토플영단어는 기존의 경선식수능영단어의 모든 단어에 토플 어휘 문제 및 reading 파트에 나올 확률이 높은 고난도 340단어를 첨가한 책입니다. 그렇기 때문에 위의 토플에서의 경선식수능영단어의 적중률 + @가 되어 적중률은 한층 더 높아질 것입니다.

토플 어휘 대비! 경선식 영단어면 충분합니다

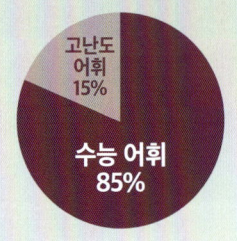

[토플 Reading 파트 어휘 구성]
- 고난도 어휘 15%
- 수능 어휘 85%

경선식 토플 영단어 초스피드 암기비법

> 수능 어휘 3000여 개 + 고난도 어휘 340개로 토플 어휘 구성!

■ 최신 토플 기출 문제 10회분 어휘 분석

최신 토플 기출 문제 4~10회분 분석 결과 어휘 문제 및 독해지문의 어휘 대부분이 수능 수준으로 출제되었으며 경선식 토플 영단어 초스피드 암기비법은 토플 시험에 최적화된 어휘로 구성되었습니다.

토플 영단어 공부에서 가장 중요한 <암기 효과>

토플 공부기간 6개월 이상 단축시키려면?

> 영어 공부의 70~80%는 영단어 암기!
> 6개월 이상 암기해야 할 단어를
> **해마학습법으로 20일 완벽 암기**

해마학습법의 강력한 암기 효과로 토플영단어 4일~8일 완성

약 3400여 단어의 토플영단어를 경선식 강의를 듣고 8일 내에 완벽하게 암기, 공무원, 토익, 중학 영단어도 비슷한 조건으로 암기하고 각각 무작위 100단어 시험에서 100점을 받으면 장학금을 주는 초단기 장학생을 3년간에 걸쳐 분기마다 30여 명씩 모집하여 총 386명이 지원하고 그중에서 92명이 100점을 받아 장학금을 받았습니다.

서익현

8일 만에 3400여 단어 완벽 암기하고 무작위 단어시험 100점
토플을 준비하고 있는데 이렇게 연상으로 공부하는 방법이 아니었으면 이 짧은 기간에 이 많은 단어를 정리하기 굉장히 힘들었을 것 같습니다. 단기간에 단어를 빠르게 정리하고 여러 번 복습하는 것이 제일 좋다고 생각합니다. 경선식 영단어는 그런 면에서 보았을 때 시간 효율적인 측면과 단기간 실력 향상 측면에서 가장 좋은 단어장이라고 생각합니다.

김병재

5일 만에 3400여 단어 완벽 암기하고 무작위 단어시험 100점
5일 완성을 할 수 있었던 것은 강의를 활용하여 발음이나 연상법이 뇌리에 잘 남기 때문이었고 가장 중요한 것은 역시 복습이라고 생각합니다. 연상법은 이미 개발이 잘 되어 있기 때문에 저는 그것을 잘 소화하는 것에만 집중을 하여 누적복습을 열심히 했습니다. 처음에는 연상법으로 어려운 단어들도 외워질 수 있을까 하는 의심이 좀 들었지만 한 강 두 강 차곡차곡 쌓이고 단어가 잊히지 않음에 따라서 믿음을 갖게 되었습니다. 혼자 단어를 외울 때는 단어 발음을 잘 몰라서 못 읽는데 선생님 강의는 단어마다 제대로 된 발음을 해주시기 때문에 오히려 강의를 통해서 제 발음이 더 좋아졌다고 볼 수 있습니다.

최지혜

7일 만에 3400여 단어 완벽 암기하고 무작위 단어시험 100점
암기 전에 알고 있던 단어는 책의 내용에 20% 미만이었습니다. 예전에는 영단어를 무작정 쓰는 식으로 외웠기에 도중에 포기하는 경우가 많았습니다. 이번엔 강의를 수강하면서 5일 동안 2배속으로 강의를 듣고 이틀 동안은 복습만 했습니다. 7일 완성의 비결은 연상법을 의심하지 않고 선생님의 말씀에 따라 강의를 들었던 것입니다. 강의를 들으면서 공부를 하면 선생님의 목소리와 행동이 기억에 남고 강의 시간이 주어지기 때문에 그 시간 동안 집중해서 공부를 할 수 있습니다. 강의를 들으면 단어와 뜻을 강조하면서 연상법을 알려주시기 때문에 암기가 헷갈리는 일은 전혀 없었어요. 오히려 영어 단어를 외우면서 자신감이 생겼고 연상법을 통해서 영어에 재미를 붙이게 되었습니다.

신현주

8일 만에 3400여 단어 완벽 암기하고 무작위 단어시험 100점
사실 제가 지금까지 해오던 단어 암기 방식과는 너무나도 달라서 처음에는 굉장히 많은 고민을 했는데 실제로 이렇게 연상을 통해서 암기를 하다 보니까 기억에도 오래 남고 그리고 파생되는 다른 뜻들까지도 암기하는 데 도움이 많이 되어 기뻤습니다.
단어를 아무리 외워도 계속 계속 까먹는 다는 부분 그리고 저번 모의고사 어휘에서 단 한 문제도 맞추지 못했다라는 부분 때문에 굉장히 큰 충격을 얻었었는데요 이 강의를 듣고 난 다음에 모의고사 어휘 부분에서 만점을 받았고 독해에서도 인강에 나와 있는 단어들을 계속해서 상기하고 떠올릴 수 있게 되어서 가장 큰 도움이 되었던 것 같습니다.

※ 더욱 많은 초단기 암기 후기는 홈페이지에서 확인할 수 있습니다.

과학적 해마학습법으로 암기 효과 10배 이상

전 세계 암기왕이 100% 사용하는 해마학습법

※ 해마학습법이란?

우리의 두뇌는 시각화하거나 의미를 부여해 주면 그 정보를 좀 더 오래 장기기억합니다.
해마학습법은 이러한 기억 원리를 이용하여 단어를 이미지화하고 발음과 뜻에 연결고리를 만들어 의미를 부여, 암기력을 높이는 **과학적 연상 기억법**입니다. 경선식 영단어는 해마학습법을 활용하여 영단어를 보다 쉽고 빠르게 암기하고 오래 기억할 수 있도록 도와줍니다.

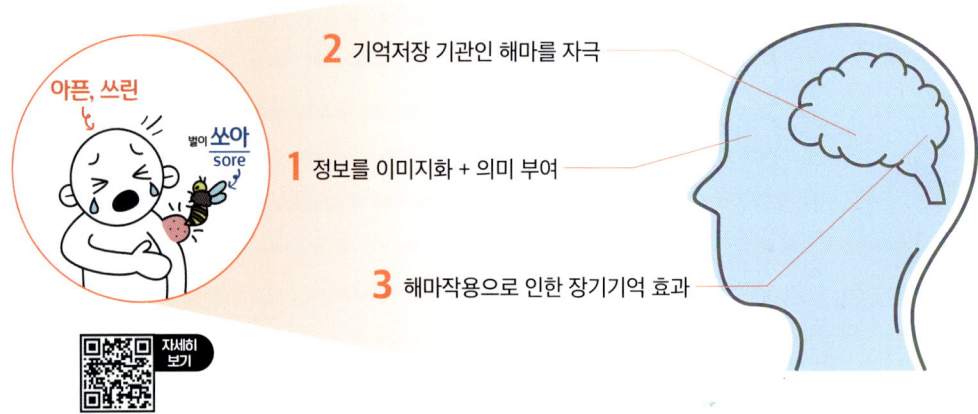

1. 정보를 이미지화 + 의미 부여
2. 기억저장 기관인 해마를 자극
3. 해마작용으로 인한 장기기억 효과

3배 빠르게 암기되고 10배 오래 기억

JTBC 방송에서 암기력 비교 실험 진행, 실험 결과 해마학습법으로 암기 시 암기력 10배 향상 효과

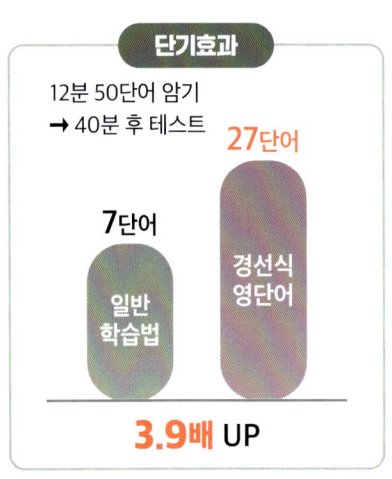

단기효과
12분 50단어 암기
→ 40분 후 테스트
- 일반학습법: 7단어
- 경선식 영단어: 27단어
3.9배 UP

장기효과
복습 없이
→ 일주일 후 테스트
- 일반학습법: 2.3단어
- 경선식 영단어: 23단어
10배 UP

검증된 암기 해마학습법!

암기 효율 3배 더 높여주는 동영상 강의

교재 독학 대비 암기속도, 지속성 3배 향상!!

1. 강의 내 연상만화를 수록하여 암기효과 극대화
2. 강의 수강만으로 90% 이상 암기 + 3분 복습으로 100% 완벽 암기
3. 하루 2시간 수강으로 토플영단어 20일 완성

※ 학습효과를 제대로 보기 위해서는 오리엔테이션 강의를 꼭 들으세요. 최대의 효과를 내기 위한 학습 방법 및 반드시 지켜야 하는 효과적 복습방법이 포함되어 있습니다.

artery 동맥

adversity 역경, 고난

fatigue 몹시 추운

강의 속 2,500여개 만화 영단어!!

토플 영단어 3400단어 4~8일 완성

놀라운 암기효과, 수강생이 직접 증명합니다.

자세히 보기

성적 향상한 학생들에게 상품권을 쏜다!

[경선식 토플영단어] 책이나 강의를 이용해서 토플 시험 점수가 아래 기준과 같이 향상되었다면 경선식에듀 홈페이지(www.kssedu.com) 수강후기란에 성적표 사진 첨부와 함께 후기를 남겨주시면 상품권을 드립니다.

▶ **3만원 상품권 대상자**

- **토플 시험 20점 향상**: [경선식 토플영단어] 책 또는 강의를 이용하여 **토플 시험 20점 이상 향상**된 학생

▶ **5만원 상품권 대상자**

- **토플 시험 30점 향상**: [경선식 토플영단어] 책 또는 강의를 이용하여 **토플 시험 30점 이상 향상**된 학생

※ **참여방법**: 경선식에듀의 수강후기란에 수강후기를 작성하고, 향상 전후 성적표 2개를 첨부해 주시면 경선식에듀 회원 가입된 연락처로 해당 상품권을 보내드립니다.

 효과적인 수강후기 널리 알리면 50만 원 장학권 쏜다!!

[경선식 토플영단어] 책 또는 강의에 대한 수강후기를 유튜브나 릴스에 올려 조회수 500회 이상 나온 경우

▶ **조회수 500회 이상** : 장학금 10만 원 제공
▶ **조회수 1000회 이상** : 장학금 20만 원 제공
▶ **조회수 3000회 이상** : 장학금 50만 원 제공

※ **참여방법**: 경선식에듀 홈페이지(www.kssedu.com) 고객센터 1:1 질문하기에 확인 자료(링크 및 캡처사진)를 첨부해서 작성해 주시면 확인 후 장학금이 지급됩니다.

최신 토플 압도적 적중률!

경선식의
토플 영단어
초스피드 암기비법

10배 더 오래 기억!

저자 경선식

약력
대한민국 최다 영어 어휘 수강생 보유
연세대 졸업
㈜ 경선식에듀 대표
現 메가공무원 어휘 강사
前 메가스터디 외국어영역 1타 강사
前 공단기, 경단기, 영단기 어휘 강사
前 김영편입 어휘 강의
前 EBS라디오 '경선식 고교 영단어' 진행

대표 저서
경선식 토플 영단어 초스피드 암기비법
경선식 편입 영단어 초스피드 암기비법 (편입/텝스/SAT)
경선식 수능 영단어 초스피드 암기비법
경선식 수능 영숙어 초스피드 암기비법
경선식 영단어 (초등/중학/공편토)
경선식 영문법 (WARM UP, SPURT, PERFECTION, 어법문제 완성)
경선식 수능 독해 (기초, 기본, 완성)
수능영어 18분 단축 초스피드 풀이비법
공무원영어 10분 단축 초스피드 풀이비법

※ 경선식 영단어 시리즈 360만 부 판매

경선식의
토플 영단어
초스피드 암기비법

펴낸날	2025년 7월 15일 제1쇄
펴낸곳	㈜도서출판 경선식에듀
펴낸이	경선식
마케팅	박경식
디자인	이지숙
주소	서울시 서초구 서초 중앙로 56(서초동) 블루타워 9층
대표전화	02-597-6582
팩스	02-597-6522
등록번호	제 2014-000208호
ISBN	979-11-89902-20-9

파본은 교환해 드립니다.
이 책에 실린 모든 내용에 대한 권리는 (주)도서출판 경선식에듀에 있으므로 무단으로 전재하거나 복제, 배포할 수 없습니다.
무단복제 및 배포 침해에 대한 신고 시 사례금을 드립니다.
강의 및 교재 내용 문의 : 경선식에듀 고객상담센터 02-597-6582 / 경선식에듀 홈페이지(kssedu.com)

인생에 있어 가장 열심히 살아왔던 기억들이 3번 있습니다.

첫 번째로 중학생 때부터 고등학생 때까지 정말 열심히 공부했습니다.
중고등학교 때는 토요일 오후만 쉬고 나머지 시간은 정말 공부만 했습니다.
학교 쉬는 시간, 점심시간까지 공부하였고, 암기과목 시간에는 그 책에 영어 단어를 몰래 적어놓고 단어 암기를 할 정도로 없는 시간까지 만들면서 공부를 했습니다.

두 번째로는 고시공부를 할 때였습니다. 대학교 학교 공부를 하면서, 과외를 2~3개씩 하면서, 남는 시간에 정말 열심히 했습니다. 사실 연상법을 처음 만들어서 직접 사용했던 것이 바로 고시 영어를 준비하면서였습니다. 당시 어근을 활용한 단어 암기 대학 특강도 듣고 GRE 수준의 어휘들에 대한 어근까지 암기했었지만 제게도 단어 암기가 쉽지는 않았습니다.
간간이 연상법을 만들어 암기한 단어들은 어근법과는 비교할 수 없을 정도로 오래 기억되었기 때문에 그 이후에는 단어마다 직접 연상법을 만들어 암기하였고, 그 효과에 저 자신도 놀라서 고시에 떨어지더라도 고시 영어 연상법 단어책을 만들어야겠다고 생각했었습니다.

그리고 마지막으로 정말 열심히 살았던 기간이 최근 7년간입니다.
정말 1년에 여러 책을 내기도 하고, 개정하고 하는 과정을 통해 학생들에게 가장 효율적인 공부가 되도록 심혈을 기울여 작업을 하였습니다.
다른 영단어 베스트셀러들과 비교해도 각 중 책들은 그 분야에서 타 서적들에 비해 압도적 암기효율과 높은 적중률을 보여왔지만 그것에 안주하지 않고 각 단어마다 네이버와 구글의 예문 수를 찾고 실제로 어떠한 뜻들로 많이 쓰이는지 등을 몇 번씩이고 조사하여 학생들이 쓸데없는 뜻까지 암기하지 않도록, 그리고 필수적인 뜻은 모두 암기하도록 책을 재구성하고 연상법도 더욱 효과적인 방법으로 수정해왔습니다.

한 송이의 국화꽃을 피우기 위해 봄부터 소쩍새는 그렇게 울었나 보다. 노오란 네 꽃잎이 피려고 간밤엔 무서리가 저리 내리고 내게는 잠도 오지 않았나 보다.

책을 보며 유레카를 외칠 학생들 생각에 미소 지으며 이 머리말을 끝으로 책 작업을 마무리합니다.

경선식

토플영단어 200% 활용 가이드

❶ 연상법 & 연상만화
❷ 샘플강의
❸ 표제어 및 파생어
❹ 고난도 어휘
❺ 예문
❻ 복습

반드시 지켜야 하는 가장 효과적인 복습 방법

A 강의 또는 책을 통해 각 강의 학습을 끝낸 후 지체 없이 아래의 순서대로 복습합니다.

1. 각 단어의 뜻을 가리고 0.5초 내에 뜻이 생각나지 않는 단어 앞에 '바를 정'(正) 첫 획(一)을 표시하고 정확한 발음을 하면서 연상을 통해 뜻을 바로 떠올릴 수 있을 정도로 복습을 하면서 그 강의 마지막 단어까지 복습합니다.
2. 1에서 '바를 정'(正) 첫 획(一) 표시한 단어들의 뜻을 가리고 0.5초 내에 뜻이 생각나지 않는 단어 앞에 '바를 정'(正) 두 번째 획(丅)을 표시하고 복습합니다. (모든 단어가 바로바로 생각났다면 아래 10번으로 갑니다.)
3. 2에서 '바를 정'(正) 두 번째 획(丅) 표시한 단어들의 뜻을 가리고 0.5초 내에 뜻이 생각나지 않는 단어 앞에 '바를 정'(正) 세 번째 획을 표시하고 복습합니다. (모든 단어가 바로바로 생각났다면 아래 10번으로 갑니다.)
10. 위와같은 방식으로 바를 정(正)자 획을 더 이상 그을 필요가 없을 때까지 복습을 마친 다음에는 바를 정자 첫 획을 그었던 모든 단어를 다시 한 번 뜻을 가리고 완벽히 숙지되었는지 확인한 후 복습을 마칩니다.

B 5강 단위 복습

* 1강~5강, 6강~10강, 11강~15강.. 등과 같이 5강씩 마친 후에는 5강 단위 복습을 아래의 순서대로 반드시 해주어야 합니다.

1. A에서 표시한 바를 정자 옆에 A와 같은 방식으로 새로운 바를 정자 획을 그으면서 모든 단어가 0.5초 내에 생각날 정도로 각 강을 복습합니다.
2. 1번의 과정을 거쳐 5강 단위 복습을 끝낸 후에는 다섯 강 전체 단어 중 1번에서 바를 정자 첫 획을 그었던 모든 단어의 뜻을 가리고 완벽히 숙지되었는지 확인한 후 5강 단위 복습을 마칩니다.

C 25강 단위의 복습

* 1~25강, 26강~50강.. 등과 같이 25강씩 마친 다음에는 25강 전체 단어를 복습해 주어야 합니다.

1. A, B에서 바를 정자 한 획이라도 있는 단어들만 복습하면서 5강 단위로 새로운 바를 정자 획을 그으며 복습하여 25강 전체를 복습합니다. (만약 A, B에서 바를 정자를 표시했던 단어들 이외의 단어들도 다수 잊어버렸다고 생각된다면 전체 단어를 대상으로 복습해야 합니다.)
2. 1번에서 25강 단위로 복습했던 바를 정자 한 획이라도 있는 단어들을 완벽히 숙지되었는지 확인한 후 25강단위 복습을 마칩니다.

D 50강 단위, 책 전체 복습

위의 복습방법과 같은 방식으로 50강 단위도 복습을 합니다. 그리고 책 한 권을 다 끝낸 후에는 책 전체 복습 5회를 실시하되 첫 번째 전체 복습에서는 모든 단어에 새로운 바를 정자를 표시하면서 복습하고 두 번째 부터는 첫 전체 복습에서 표시했던 단어만 복습하면 됩니다.

E 매일 10분 복습

D의 과정을 끝마친 후에는 매일 10분씩 잘 암기되지 않았던 단어들 위주로 꾸준히 복습을 하여 독해에 그 단어가 나오면 car, house처럼 보자마자 바로바로 해석할 수 있을 정도로 만들어 주어야 합니다. 그래야 독해에서 단어 때문에 방해받지 않게 됩니다.

암기효과 극대화!!!
최고의 효율을 위해 이렇게 공부하세요.

TIP 1 목표는 '뜻'을 암기하는 것입니다.
목표는 뜻을 암기하는 것입니다. 연상을 뜻으로 연결시키는 부분에 집중하면서 감정이입을 통해 그 뜻을 직접 느끼고, 행동하고, 생각하면서 암기하세요.

TIP 2 1초 이내에 뜻이 생각나지 않는다면 복습하세요.
복습할 때 1초 내에 그 단어 뜻이 생각나지 않는 단어는 완벽하게 암기한 단어가 아니니 복습 표기란에 표시해두고 반복해서 암기하세요.

TIP 3 복습은 학습이 끝난 후 5분 내외로 해야 합니다.
강의가 끝난 직후 3분 내외의 복습이면 완벽하게 암기할 수 있지만 시간이 더 흐른 후에 복습하면 더욱 많은 시간이 걸리게 됩니다. (에빙하우스의 망각곡선을 검색해보세요.)

TIP 4 예문 학습은 어휘를 100% 외운 후에 하세요.
책에 나오는 어휘를 첫 강부터 마지막 강까지 100% 다 암기했다는 자신감이 생겼을 때, 그때 예문을 공부하도록 하세요. 단, 단어 뜻이 잘 와 닿지 않거나 그 단어 활용이 어떻게 될지 잘 모를 때는 처음 단계라도 예문을 보도록 하세요.

TIP 5 복습은 1강, 5강, 25강 단위로 빠짐없이 하세요.
1강 단위, 5강 단위, 25강 단위, 전체 복습을 빠짐없이 해야 합니다. 복습하면서 잘 생각나지 않는 단어는 표시를 하고 완벽하게 암기될 때까지 그 표시한 단어들을 반복 복습하세요.

TIP 6 처음에는 표제어 암기에만 집중하세요.
처음에는 표제어 암기에만 집중하세요. 책이나 강의 전체 1회독을 마친 후에 파생어를 공부하도록 하세요. 파생어 공부 방법은 표제어에서 어떻게 변화가 되었는지 어미변화에 신경 쓰면서 1~2번 정도 가볍게 읽고 넘어가세요. 그렇게 공부해 나가다 보면 파생어의 어미변화에 대해 자연스럽게 터득하면서 책 전체의 파생어를 공부하게 될 것입니다. 그 이후 다시 1강부터 파생어를 좀 더 완벽하게 암기해 나가는 것이 효율적인 방법이 될 것입니다.

TIP 7 강의 들을 때는 절대 필기하지 마세요!
강의 자체가 단어 암기하는 시간입니다. 필기를 하게 되면 강의에 집중하지 못할 수 있습니다. 최대한 강의에만 집중해서 선생님의 발음을 따라하면서 암기하고 때로는 행동까지 따라하면서 단어 암기 자체에만 집중하도록 하세요.

TIP 8 강의 배속을 높여 학습시간을 절약하세요.
강의에 익숙해지면 암기에 방해되지 않는 선에서 강의 배속을 높여서 들어보세요. 더 많은 시간을 절약할 수 있습니다. (한 강을 10~15분 안에 완벽하게 암기할 수 있게 됩니다.)

동영상 강의로 하루 3시간 20일 완성 학습플랜

1.2배속 하루 6강(강의당 15분 / 평균 1시간 30분) + 복습(강의당 3분+누적 복습 7분 / 총 25분) = **하루 2시간±α**

1DAY	2DAY	3DAY	4DAY	5DAY
1~6강 ☐	7~12강 ☐	13~18강 ☐	19~24강 ☐	25~30강 ☐
복습 ☐	복습 ☐	복습 ☐	복습 ☐	복습 ☐
6DAY	**7DAY**	**8DAY**	**9DAY**	**10DAY**
31~36강 ☐	37~42강 ☐	43~48강 ☐	49~54강 ☐	55~60강 ☐
복습 ☐	복습 ☐	복습 ☐	복습 ☐	복습 ☐
11DAY	**12DAY**	**13DAY**	**14DAY**	**15DAY**
61~66강 ☐	67~72강 ☐	73~78강 ☐	79~84강 ☐	85~89강 ☐
복습 ☐	복습 ☐	복습 ☐	복습 ☐	복습 ☐
16DAY	**17DAY**	**18DAY**	**19DAY**	**20DAY**
90~94강 ☐	95~99강 ☐	100~104강 ☐	105~109강 ☐	110~114강 ☐
복습 ☐	복습 ☐	복습 ☐	복습 ☐	복습 ☐

CONTENTS

머리말	003
이 책의 구성 및 활용법	004
반드시 지켜야 하는 가장 효과적인 복습 방법	005
암기 효과 극대화를 위한 학습법	006

PART I 기본 — 토플 기본(basic) 어휘   009
- ❶ 해마학습법   Lecture 01 ~ Lecture 37
- ❷ 접두어 / 어근 + 해마학습법   Lecture 38 ~ Lecture 49

PART II 완성 — 토플 100점을 넘기 위한 필수 어휘   275
- ❶ 해마학습법   Lecture 01 ~ Lecture 38
- ❷ 접두어 / 어근 + 해마학습법   Lecture 39 ~ Lecture 50

PART III 고난도 — 토플 110점을 넘기 위한 필수 어휘   539
- ❶ 해마학습법   Lecture 01 ~ Lecture 15

INDEX   616

CONTENTS

Lecture 01 ~ Lecture 37
토플 기본(basic) 어휘

Lecture 01

TIP 파생어는 PART I 전체를 끝낸 후 학습하세요. (6pg TIP 6 참고) | 예문은 PART I, II를 모두 끝낸 후 학습하세요. (6pg TIP 4 참고)

core
[kɔːr]

n. 중심, 핵심   a. 중심적인, 핵심적인

▶ 코는 얼굴의 중심, 핵심
- Their core essence has not been damaged.
  그들의 핵심적 본질은 손상되지 않았다.

contaminate
[kəntǽminèit]

v. 오염시키다, 더럽히다

▶ 대중목욕탕 욕조에서 큰 때를 미네! (이트) 즉, 물을 오염시키다, 더럽히다
- contamination 오염
- contaminated drinking-water 오염된 식수

torture
[tɔ́ːrtʃər]

n. 고문, 고통

▶ 몽둥이로 친 데 또 쳐, 즉 고문, 고통
- Some prisoners died under torture.
  일부 죄수들은 고문을 받고 죽었다.

germ
[dʒəːrm]

n. 세균

▶ 점처럼 작은 세균
- Some germs cause disease.
  어떤 세균은 병을 유발시킨다.

measure ❶
[méʒər]

v. 재다, 측정하다   n. 측정, 치수

▶ 양복점에서 "허리를 줄자로 매 줘!" 즉, 허리 치수를 측정하다
- measurable 측정할 수 있는
- unmeasurable 측정할 수 없는
- ¹ He measured the width of the floor.
  그는 바닥의 폭을 측정했다.
- ² Valid experiments also must have data that are measurable.
  유효한 실험은 또한 측정 가능한 데이터를 갖고 있어야 한다.

measure ❷
[méʒər]

n. 조치

▶ 상처 난 부위를 붕대로 매 줘! 즉, 조치를 취하다
- take measures 조치를 취하다
- A number of measures were taken to solve the problem.
  그 문제를 해결하기 위해 많은 조치가 취해졌다.

threat
[θret]

n. 위협, 협박 v. 위협하다

- 쓰렛빠(슬리퍼)로 때리려 하며 위협, 협박
- threaten 협박하다, 위협하다
- 1 threat of terrorism 테러리즘의 위협
- 2 Someone is threatening to go to war.
  누군가 전쟁을 하겠다고 위협하고 있다.

spoil
[spɔil]

v. 망치다

- 숲에 오일(기름)을 몰래 버려서 숲을 망치다
- Too much help may spoil your child. 너무 많이 도와주면 아이를 망칠 수 있다.

ax
[æks]

n. 도끼

- 엑스(X)자 모양으로 걸어 놓은 도끼
- He chopped down a tree with an ax. 그는 도끼로 나무 한 그루를 잘라 넘어뜨렸다.

destination
[dèstənéiʃən]

n. 목적지, 목표

- "나의 목표, 목적지는 대(大)스타 되는 거야, 우리 nation(나라)에서."
- The train arrived at my destination ten minutes early.
  기차는 10분 일찍 나의 목적지에 도착했다.

복습				
core	contaminate	torture	germ	measure¹
measure²	threat	spoil	ax	destination

freezing
[fríːziŋ]

a. 몹시 추운

- 풀이 찡! 하고 얼어버릴 정도로 몹시 추운
- freeze 얼다, 결빙하다; 한파
- The water felt nice and cool, not freezing.
  물은 차갑게 느껴지지 않았고 오히려 쾌적하고 시원하게 느껴졌다.

urgent
[ə́ːrdʒənt]

a. 긴급한

- 어! 전투가 일어나서 긴급한
- urgency 긴급, 긴급한 일
- an urgent message 긴급한 메시지

arrange
[əréindʒ]

v. 1 가지런히 하다, 배열하다 2 예정을 세우다

- 오렌지를 배열하다, 그런 다음 오렌지에 오늘 먹을 거, 내일 먹을 거 등과 같이 날짜를 써놓아 먹을 예정을 세우다
- 1 My room was very tidily arranged. 내 방은 아주 깔끔하게 정리되어 있었다.
- 2 We will contact you to arrange your schedule.
  우리가 당신의 스케줄 일정을 세우기 위해 당신에게 연락할 것입니다.

frustrate
[frʌ́strèit]

v. 좌절시키다

- 스트레이트 파마를 하고 나타난 여자친구에게 "풀어, 스트레이트! 더 못생겨 보여!"라고 여자친구를 좌절시키다
- frustration 좌절
- frustrated 좌절한
- What frustrates employers most?
  무엇이 고용주들을 가장 좌절시키는가?

chill
[tʃil]

n. 냉기, 한기 v. 차갑게 하다

- 기온이 칠(7)도라서 느껴지는 냉기, 한기
- chilly 추운, 쌀쌀한
- There's a chill in the air tonight.
  오늘 밤은 공기가 차다.

disgust
[disgʌ́st]

n. 역겨움 v. 역겹게 하다

- "this(이게) 방귀 가스를? 투!" 친구의 방귀(가스)에 역겨움, 역겹게 하다
- disgusting 역겨운
- The smell of sewage is disgusting.
  하수도 냄새가 역겹다.

bud
[bʌd]

n. 싹 v. 싹을 틔우다

- 버드나무의 싹, 싹을 틔우다
- Look at the small green bud! 저 작고 푸른 싹을 봐!

conceited
[kənsíːtid]

a. 자부심이 강한, 자만하는

- "이게 바로 큰 city다(도시다)." 하고 도시 쥐가 시골 쥐에게 자부심이 강한, 자만하는
- conceit 자부심, 자만심
- His conceit drives me crazy.
  그의 자만심은 나를 미치게 만든다.

author
[ɔ́:θər]

n. 저자, 작가

- "오~ 글 좀 써주세요!" 하고 부탁당하는 저자, 작가
- 1 The author of the book looked so smart.
  그 책의 저자는 매우 똑똑해 보였다.
- 2 Individual authors and photographers have rights to their intellectual property. 개별 저자들과 사진사들은 그들의 지적 재산에 대한 권리를 갖는다.

tickle
[tikl]

v. 간지럽게 하다

- 눈에 티끌이 들어가 간지럽게 하다
- This blanket tickles me.
  이 담요는 나를 간지럽게 한다.

복습	freezing	urgent	arrange	frustrate	chill
	disgust	bud	conceited	author	tickle

victim
[víktim]

n. 희생자, 피해자

→ 예선전에서 브라질 축구팀과 같은 **big team**(큰 팀)을 만난 희생자, 피해자

¹ the victims of war 전쟁 희생자들
² The "offender" and the "victim" usually see the event differently.
'가해자'와 '피해자'는 보통 사건을 다르게 본다.

stand
[stænd]

v. ¹ 서 있다, 일어서다 ² 견디다, 참다

→ 교장 선생님의 지겨운 연설을 학생들이 운동장에 **stand**(서서) 견디다, 참다

She couldn't stand the noise.
그녀는 소음을 참을 수 없었다.

conceive
[kənsíːv]

v. 생각하다, 상상하다

→ 껌 씹으면서 뭔가 생각하다, 상상하다

I conceive it to be true.
나는 그것이 사실이라고 생각한다.

껌 씹으면서 conceive
생각하다, 상상하다

perceive
[pərsíːv]

v. 감지하다, 인지하다

→ 개가 내 팔을 씹으면 '아얏!' 하며 아픔을 감지하다, 인지하다

- perception 감지, 인지
- perceptive 지각력 있는, 통찰력 있는

We tend to perceive the door of a classroom as rectangular.
우리는 교실의 문은 직사각형이라고 인지하는 경향이 있다.

despair
[dispέər]

n. 절망 v. 절망하다

→ 의사가 "당신의 폐는 암이 걸린 **this**(이런) 폐여!"라고 하자 절망, 절망하다

fight against despair 절망과 싸우다

drastic
[dræstik]

a. 과감한, 철저한

→ 드레스를 틱! 하고 찢어버리고 청바지와 티셔츠 패션으로 과감한, 철저한 변신

- drastically 철저하게, 과감하게

a drastic change 철저한 변화

soil
[sɔil]

n. 흙, 땅

→ 밭을 갈면서 소가 일하는 흙, 땅

The soil here is good for farming.
이곳의 흙은 농사짓기에 좋다.

소가 일하는 soil
흙, 땅

species
[spíːʃiːz]

n. (분류상의) 종, 종류

- 숲이 여러 종류의 씨s(씨앗들)로 가득한, 즉 여러 씨앗들 **종, 종류**
- Each habitat is the home of numerous species.
  각각의 서식지는 수많은 종들의 집이다.

drip
[drip]

v. (액체가) 뚝뚝 떨어지다 n. 물방울

- 두 개의 잎사귀에서 이슬 **물방울**이 **뚝뚝 떨어지다**
- Water was dripping onto the floor.
  물이 바닥 위로 뚝뚝 떨어지고 있었다.

nod
[nɑd]

v. (머리를) 끄덕이다

- "너도 먹을래?" 하고 물을 때 "**나도** 먹을래." 하고 **머리를 끄덕이다**
- "You'll miss this place, won't you?" Hannah nodded.
  "너는 이 장소를 그리워할 거야, 그렇지 않니?" Hannah는 고개를 끄덕였다.

복습	victim	stand	conceive	perceive	despair
	drastic	soil	species	drip	nod

동영상 강의로 교재보다
암기속도 3배 향상

책으로만 봐도 그 효과에 놀라셨나요?
<경선식영단어>는 강의를 통해서 더욱더 놀라운 효과를 볼 수 있습니다.

수험생에게 중요한 것은 '시간'!!!

강의에 집중만 하면 15분 강의만으로 그 자리에서 한 강의 90~100% 암기가 됩니다. 그리고 각 강에 대한 강의를 듣고 난 직후 3분 내외의 복습으로 모든 단어가 1초 내에 생각나는 100% 완벽 암기가 가능합니다.

1. 발음기호, 연상 설명, 연상을 뜻으로 연결하는 과정을 한 번에 이해하게 되어 빠르게 암기가 가능합니다.
2. 선생님의 어감, 표정, 몸짓을 통해 오감을 자극시켜 암기시켜주고, 연상을 뜻에 연결시키는 핵심 포인트를 정확히 알려주기 때문에 책으로 공부하는 것보다 훨씬 오래 기억을 유지할 수 있습니다.
3. 발음을 정확히 할 수 있어야 그 발음에서 연상이 되어 암기되는 방법입니다. 발음기호에 따라 정확히 발음하는 능력이 부족한 학생들은 반드시 동영상 강의를 활용하여 암기할 것을 권해드립니다.

 무료 샘플강의 듣는 방법
경선식에듀 홈페이지의 무료강의에서 무료로 올려진 강의를 들어보세요.

수강후기로 읽는 '강의가 독학보다 좋은 이유'

- 솔직히 강의 보고 안 보고 차이는 엄청납니다. (이*미)
- 정말 빠른 시간에 하고 싶으시면 꼭 강의를 들어야 합니다. 강의 듣는 게 훨씬 정말 훨씬 효과가 3배입니다. 이건 산경험에서 나온 겁니다. (김*경)
- 경선식교수님 강의는 100배는 더 집중되고, 아니 집중되는 걸 떠나 완전 빠져듭니다. (유*석)
- 강의를 들으며 공부하니 최소 90% 최대 100%까지 다 맞췄습니다. 암기력과 지속력은 더 뛰어납니다. (박*수)
- 혼자서 하는 것보다 3배 아니 10배 정도 더 효과가 있는 것이 사실입니다. (이*진)
- 확실하게 암기가 되는 것은 물론 암기하는 시간까지 단축되니 강의 수강을 고민할 필요가 전혀 없었습니다. (장*경)

Lecture 02

seed
[siːd]

n. 씨, 씨앗

- 씨(앗) 두 개, 즉 씨, 씨앗
- A farmer is sowing seeds in the field.
  농부가 밭에서 씨를 뿌리고 있다.

guilty
[gílti]

a. ¹ 유죄의 ² 죄책감이 드는

- 사람을 차로 치고 길로 튀어 유죄의, 죄책감이 드는
- guilt 유죄, 죄책감
- ¹ Sadam Hussein turned out to be guilty.
  Sadam Hussein은 유죄로 판명되었다.
- ² Kate felt guilty for her negligence.
  Kate는 자신의 나태함에 대해 죄책감을 느꼈다.

witness
[wítnis]

v. 목격하다   n. 목격자, 증인

- 위에 설치해둔 CCTV를 트니 쓰윽 지나간 강도를 목격하다
- Many people witnessed the accident.
  많은 사람들이 그 사고를 목격했다.

launch
[lɔːntʃ]

¹ v. (로켓을) 쏘아 올리다 n. 발사   ² v. (사업 등을) 시작하다 n. 시작

- 로켓을 long(길게) 치이~ 쏘아 올리다, 발사. 그렇게 전쟁을 시작하다, 시작
- ¹ The Russian government launched a new rocket.
  러시아 정부는 새로운 로켓을 쏘아 올렸다.
- ² They launched efforts to preserve wild plants for generations to come. 그들은 다가올 후손을 위해 야생식물을 보존하려는 노력에 착수했다.

classify
[klǽsəfài]

v. 분류하다

- class(학급, 계급)별로 학생들을 분류하다
- classification 분류
- He classified books by subjects.
  그는 책을 주제별로 분류했다.

deaf
[def]

a. 청각 장애가 있는, 귀가 먹은

- 대포 소리에 청각 장애가 있는, 귀가 먹은
- The poor girl has been deaf since birth.
  그 불쌍한 소녀는 태어날 때부터 귀가 멀었다.

016

pulse
[pʌls]

n. ¹ 맥박 ² 파동, 진동

- 팔을 스윽 걷고 재는 **맥박**, 그리고 **맥박**이 쿵쾅 쿵쾅 하는 **파동, 진동**
- ¹ The doctor could feel her pulse.
  그 의사는 그녀의 맥박을 느낄 수 있었다.
- ² You will cause plankton to release tiny pulses of light.
  당신은 플랑크톤으로 하여금 작은 파동의 불빛을 방출하게 할 것이다.

toxic
[⑩ táksik ⑲ tɔ́ksik]

a. 유독한, 유독성의

- 냄새가 **톡** 쏘고 **시큼**하여 **유독한, 유독성의**
- intoxicate (술·마약 등에) 취하게 하다
- toxin 독소
- Fumes from an automobile are toxic.
  자동차 배기가스는 유독하다.

string ❶
[striŋ]

n. 끈, 줄

- [스트링 → 스프링] 스프링처럼 꼬여서 늘어져 있는 **끈, 줄**
- You need to bind it with a string.
  당신은 끈으로 그것을 묶을 필요가 있다.

string ❷
[striŋ]

n. 일련, 연속

- **일련, 연속**으로 뱅글뱅글 이어진 스프링
- a string of 일련의
- Black Pink announced a string of hit songs.
  블랙핑크는 일련의 히트송들을 발표했다.

복습	seed	guilty	witness	launch	classify
	deaf	pulse	toxic	string¹	string²

fix
[fiks]

v. ¹ 고정시키다, (일시·가격 등을) 정하다 ² 수리하다

- **픽!** 쓰러지려는 탑을 막대로 받쳐서 **고정시키다, 수리하다**, 그리고 일시, 가격 등을 **고정시키다**, 즉 **(일시, 가격 등을) 정하다**
- ¹ The note that is in the middle of the piano keyboard has been fixed to have a frequency of 440 Hz.
  피아노 건반의 중앙에 있는 음계는 440Hz의 주파수로 정해졌다.
- ² Let's fix the date of our departure. 출발할 날을 정하자.
- ³ I have to fix my car. 나는 내 차를 수리해야 한다.

flaw
[flɔː]

n. 흠, (갈라진) 금, 결점

- 풀로 붙여야 하는 갈라진 **흠, 금**
- There is a flaw in the glass.
  그 유리에 흠이 있다.

sore
[sɔːr]

a. 아픈, 쓰린

- 벌이 쏘아 아픈, 쓰린
- I have a sore throat. 나는 목이 아프다.

dot
[⑪ dɑt ⑫ dɔt]

n. 점 v. 점을 찍다

- 닷 컴(.com)의 닷은 점, 점을 찍다
- a dotted line 점선

merchandise
[mə́ːrtʃəndàis, mə́ːrtʃəndàiz]

n. 상품, 제품

- 손님, 뭘 찾으세요? 천 가지 상품, 제품이 다 있수.
- She bought several pieces of merchandise at the store.
그녀는 그 상점에서 몇 가지 상품을 샀다.

merchant
[mə́ːrtʃənt]

n. 상인

- 옷감 천 중에서 뭘 찾는 손님에게 천 two(2)개를 보여주는 상인
- The merchant earned a lot of money.
그 상인은 돈을 많이 벌었다.

emerge
[imə́ːrdʒ]

v. (물속·어둠 속 등에서) 나오다, 나타나다

- "이게 뭐지?" 무언가가 물속에서 나오다, 나타나다
- The diver emerged from the lake.
그 잠수부가 호수에서 모습을 드러냈다.

aid
[eid]

v. 돕다 n. 도움

- 에이즈에 걸린 사람들을 적십자사에서 돕다, 도움
- She aided me to cook.
그녀는 내가 요리하는 것을 도와주었다.

vehicle
[víːikl]

n. [1] 차량 [2] (운송, 전달) 수단

- 차량이 와서 옆으로 비킬
- [1] Korean vehicles are selling well in the world.
한국 자동차들이 세계에서 잘 팔리고 있다.
- [2] Greek alphabetic writing was a vehicle of poetry and humor.
그리스의 알파벳은 시와 유머의 전달 수단이었다.

nourish
[⑪ nə́ːriʃ ⑫ nʌ́riʃ]

v. 영양분을 주다, 키우다

- 밭에 거름으로 넣어리 쉬를, 즉 영양분을 주다, 키우다
- nourishment 자양물, 영양분
- [1] badly nourished children in Africa 아프리카의 영양 상태가 나쁜 어린이들
- [2] It provides no nourishment and doesn't support growth or health.
그것은 영양을 제공하지 않고, 성장이나 건강에 도움을 주지 않는다.

복습	fix	flaw	sore	dot	merchandise
	merchant	emerge	aid	vehicle	nourish

fairy
[féəri]

n. 요정 a. 요정의

→ 회오리 바람을 일으키며 나타나는 요정
- fairy tale 동화(← 요정 이야기)
- Do you believe fairies exist?
  당신은 요정들이 존재한다고 믿으세요?

leak
[li:k]

n. (기체·액체·비밀 등의) 누출 v. 새다

→ "이크! 방귀가 새어 나왔네." 즉, 누출, 새다
- ¹ a security leak 기밀 누설
  ² Whenever it rains, the roof leaks.
  비가 올 때마다 지붕이 샌다.

soar
[sɔ:r]

v. 높이 치솟다, (물가 등이) 치솟다

→ 미사일을 쏘아서 하늘 높이 치솟다
- The rocket soared up into the air.
  로켓은 공중으로 높이 치솟았다.

murder
[mə́:rdər]

n. 살인 v. 살해하다

→ [머더 → 묻어] 살해하다 그리고 난 후 부하에게 "땅에 묻어!"
- murderer 살인자
- She avenged her father's murder.
  그녀는 아버지가 살해된 것에 대해 복수했다.

divide
[diváid]

v. 나누다, 쪼개다

→ 홍길동이 뒤에 있는 바위도 둘로 나누다, 쪼개다
- division 분할, 분배, 부서
- indivisible 나눌 수 없는, 불가분의
- Elements of culture can be divided into two categories.
  문화의 요소들은 두 개의 범주로 나눠질 수 있다.

tidy
[táidi]

a. 단정한, 깔끔한

→ 양복을 입은 후 타이(넥타이)로 뒤에 마무리하여 단정한, 깔끔한
- My room is always tidy.
  내 방은 항상 깔끔하다.

pale
[peil]

a. 창백한, (색깔이) 옅은, 흐릿한

→ 볼이 쏙 패일 정도로 살이 빠져서 창백한, 혈색이 옅은, 흐릿한
- You look pale. 안색이 좋지 않습니다.

wipe
[waip]

v. 닦다, 씻다

- ¹ **와이프**를 위해 남편이 방을 **닦다, 씻다**
- ² 차의 **와이퍼**(wiper)가 앞 유리를 **닦다, 씻다**

EX The young girl wiped out the table.
그 어린 소녀는 테이블을 닦아냈다.

lift ❶
[lift]

¹ v. 들어 올리다   n. 승강기   ² n. (차 등을) 태워주기

- 스키장의 **리프트**가 사람을 번쩍 **들어 올리다, 태워주기, 승강기**

EX ¹ I wasn't able to lift the suitcase.
나는 그 가방을 들어 올릴 수가 없었다.

² I will give you a lift to the station.
내가 역까지 태워줄게요.

lift ❷
[lift]

v. (제재를) 해제하다

- **들어 올리다** → 차량통행을 막던 막대를 **들어 올려** 차량통행 **제재를 해제하다**

EX Later, however, restrictions were lifted.
그러나 나중에 규제들이 해제되었다.

복습	fairy	leak	soar	murder	divide
	tidy	pale	wipe	lift¹	lift²

리얼 생생 수강후기

경선식 해마학습법은 혁명이고 기적이었습니다. (서*수)

단어를 쓰면서 외우는 것을 정말 싫어했던 저에게 경선식 해마학습법은 혁명이고 기적이었습니다. 강의를 듣는 것만으로 95프로 이상은 무조건 암기가 되어 저는 제가 천재인 줄 알았습니다. 후기의 모든 분들이 그걸 경험하셨더군요. 심지어 이 학습법은 재미있었습니다. 처음으로 영어에 재미를 붙이고 단 한 번도 단어집을 끝까지 본 적이 없던 저는 3주 만에 책 한 권을 완벽히 끝낼 수 있었습니다. 이 모든 것이 경선식 영단어 덕분이라는 것은 틀림없는 사실입니다. 여러분도 저처럼, 어쩌면 저보다 더 훌륭하고 값진 결과를 이뤄내실 수 있으리라 장담합니다.

Lecture 03

destiny
[déstəni]

n. 운명

➤ 점쟁이가 "너는 미래에 유명한 **대스타니** 그것이 너의 **운명**"
- destine 운명짓다
- be destined to ~할 운명이다

Humans are destined to die.
인간은 죽을 운명을 갖고 있다.

warrant
[wɔ́:rənt]

n. 보증, (수색·체포 등을 위한) 영장 v. 보증하다

➤ 청소년이 휴대폰을 살 때는 **어른 two**(2)명이 보증해야 한다, 즉 **보증, 보증하다**, 그리고 수색, 체포를 **보증해 주는 영장**

I warrant this is a good machine.
이것이 좋은 기계임을 제가 보증합니다.

scream
[skri:m]

v. 비명을 지르다 n. 비명

➤ 극장 **스크린**(screen)에 갑자기 등장한 귀신에 관객들이 **비명, 비명을 지르다**

She screamed in horror. 그녀는 공포에 비명을 질렀다.

terrific
[tərífik]

a. 굉장한, 무시무시한, 아주 멋진

➤ **털이 픽**! 설 정도로 **굉장한, 무시무시한**
- terrify 무섭게 하다, 겁나게 하다

¹ a terrific storm 굉장한 폭풍
² a terrific vacation 아주 멋진 휴가

털이 픽! terrific / 굉장한 무시무시한

quit
[kwit]

v. 그만두다, 중지하다

➤ 회사 때려치운다며 문을 발로 **kick**(차버리고) 나와 직장을 **그만두다, 중지하다**

I should work harder and quit painting for money.
나는 일을 더 열심히 해야 하고 돈을 위해 그림 그리는 일을 그만두어야 한다.

drown
[draun]

v. 익사하다, 익사시키다

➤ **드러운** 시궁창에 빠져 **익사하다, 익사시키다**

a drowned body 익사체

share
[ʃɛər]

n. 몫 v. 분배하다, 공유하다

➤ 돈을 **세어**서 각자의 **몫**을 **분배하다, 공유하다**

¹ You can have my share of the cake. 내 몫의 케이크를 네가 먹어도 돼.
² A problem shared is a problem halved.
공유된 문제는 이미 절반이 해결된 것이다.(백짓장도 맞들면 낫다.)

store
[stɔːr]

¹ n. 가게 ² n. 저장 v. 저장하다

▶ store(가게)에 물건을 잔뜩 쌓아 **저장하다**

🔲 You should store information on computer.
당신은 컴퓨터에 정보를 저장해야 한다.

reap
[riːp]

v. 수확하다

▶ 배추 잎, 상추 잎을 **수확하다**

🔲 The farmer sowed seeds and reaped what he sowed.
농부는 씨를 뿌렸고 그가 뿌렸던 것을 거두었다.

leap
[liːp]

v. 껑충 뛰다 n. (높이, 멀리) 뛰기

▶ 메뚜기가 풀잎 위로 **껑충 뛰다**

🔲 Look before you leap. 뛰기 전에 주위를 살펴라.(돌다리도 두드리고 건너라.)

복습					
	destiny	warrant	scream	terrific	quit
	drown	share	store	reap	leap

gravity
[grǽvəti]

n. 중력, 인력

▶ "그래, 버티어! 이 블랙홀의 **중력, 인력**을"

● gravitation 중력, 인력

🔲 the force of gravity 중력의 힘

gain
[gein]

v. 얻다, 벌다 n. 이익

▶ 개가 집 in(안으로) 들어와 개를 **얻다**, 즉 **이익**

🔲 No pain, no gain.
수고가 없으면 얻는 것도 없다.

harvest
[háːrvist]

n. 수확, 추수 v. 수확하다

▶ 태풍이 지나간 후에 **수확**한 사과의 **합**이 수(숫자) two!뿐

🔲 We will probably have a good harvest this year. 올해는 풍년이 들 것 같다.

scholar
[skάlər]

n. 학자

▶ school(학교)에서 연구하는 ar(사람), 즉 **학자**

🔲 Fourier and other scholars accompanied the expedition.
Fourier와 다른 학자들은 그 원정에 동반했다.

quantity
[kwάntəti]

n. 양, 수량

▶ 상점의 옆 칸을 터서 티셔츠 판매 **양, 수량**을 늘리다

● quantify 수량화하다

🔲 As they grow older, the quantity of argument decreases but the quality increases. 그들이 성장하면서 논쟁의 양은 감소하지만 그 질은 증가한다.

laundry
[lɔ́:ndri]

n. 세탁물, 세탁

- 빨고 또 빨아도 계속 쌓여 넌더리나는 세탁물
- She is busy doing the laundry.
  그녀는 빨래하느라 바쁘다.

curriculum
[kəríkjuləm]

n. 교과과정

- 선생님이 가리킬 놈에게 가르칠 교과과정
- highschool curriculum 고등학교 교과과정

anxious
[ǽŋkʃəs]

a. ¹ 걱정하는 ² 열망하는

- 공부해야 하는데 1시간이나 앵! 쉬었수ㅠㅠ 서울대 가야 하는데 잠시 쉬었다고 걱정하는, 서울대를 그토록 열망하는
- anxiety [æŋzáiəti] ¹ 걱정, 근심 ² 갈망
- be anxious about ~을 걱정하다
- be anxious for + 명사/to부정사 ~을 열망하다
- ¹ I'm anxious about his health.
  나는 그의 건강이 염려된다.
- ² I'm very anxious to meet him.
  나는 그를 만나기를 열망한다.
- ³ Babies experience anxiety when they see strangers.
  아기들은 낯선 사람들을 볼 때 불안을 경험한다.

bar ❶
[bɑːr]

n. 막대기, 막대

- 초코바, 핫바에서 '바'는 막대기
- ¹ He hit a dog with a bar. 그는 막대기로 개를 쳤다.
- ² The left bar chart shows the costs of carrying the environment-friendly improvements out.
  왼쪽의 막대그래프는 환경친화적 개선안을 실행하는 데 드는 비용을 보여준다.

bar ❷
[bɑːr]

¹ n. 술집, 빠 ² v. 막다, 금지하다

- [바 → 빠(술집)] 미성년자에게 빠(술집) 출입을 막다, 금지하다
- ¹ They fought in the bar. 그들은 술집에서 싸웠다.
- ² Nothing barred him from going. 어떠한 것도 그가 가는 것을 막지 못했다.

복습				
	gravity	gain	harvest	scholar	quantity
	laundry	curriculum	anxious	bar¹	bar²

commercial
[kəmə́:rʃəl]

a. 상업의, 상업적인

- 새로 출시된 car(차) 앞에 손님들을 모셜(모셔), 그리고 홍보하며 파는 상업의, 상업적인 행위
- commerce 상업
- the commercial hub of the city 그 도시의 상업 중심지

chemical
[kémikəl]

a. 화학의, 화학적인

➤ 롯데케미칼, SK케미칼 회사들은 화학 회사, 즉 **화학의, 화학적인**
- chemistry 화학
- chemical experiment 화학 실험

physician
[fizíʃən]

n. 의사, 내과 의사

➤ 멍든 **피**를 **찍** 짜서 **시원**하게 치료해주는 **의사, 내과 의사**
- Consult with your physician about your health.
  담당 의사와 네 건강에 대해 상담해봐라.

seldom
[séldəm]

ad. 거의 ~ 않다

➤ 인심이 팍팍해진 요즘 상점 주인들은 물건을 **sell**(팔) 때 **덤**을 **거의** 주지 **않는다**.
- We seldom have dinner together.
  우리는 함께 저녁식사 하는 일이 별로 없다.

civilization
[⑪ sivəlizéiʃən]
[⑲ sivilaizéiʃən]

n. 문명, 개화

➤ 초가집을 없애고 **시**에 **빌라**를 **지으션**, 즉 **문명, 개화**
- civilize 문명화하다, 개화하다
- the civilization of China 중국 문명

wander
[wándər]

v. 헤매다, 떠돌아다니다

➤ 전라남도 **완도**에 놀러갔다가 길을 잃어 **헤매다, 떠돌아다니다**
- Kate was wandering around the room looking at the pictures on the walls.
  Kate는 벽에 걸린 그림들을 보면서 방 주위를 어슬렁거리고 있었다.

consume
[kənsú:m]

v. ¹(돈 · 에너지 등을) 쓰다, 소비하다 ² 먹다, 마시다

➤ 먹고 마시는 데 돈을 **큰**(크게) **씀**, 즉 돈을 **쓰다, 소비하다, 먹다, 마시다**
- consumption 소비, 소모
- consumer 소비자
- ¹ My car consumes much gasoline.
  내 차는 휘발유를 많이 소모한다.
- ² The consumption of rice per person steadily decreased over the 15-year period.
  1인당 쌀 소비량은 15년의 기간에 걸쳐 꾸준히 감소했다.

diameter
[daiǽmitər]

n. 지름, 직경

➤ **다이아몬드**가 몇 **미터**인지 재는 **지름, 직경**
- 10 centimeters in diameter
  직경 10센티미터

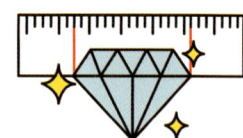

hop
[@ hɑp ⑲ hɔp]

v. (깡충) 뛰다

- 도사가 기합을 **합**! 하고 넣으면서 공중으로 **깡충 뛰다**
- A rabbit was hopping around on the lawn.
  토끼 한 마리가 잔디 위에서 이리저리 깡충거리며 뛰어다니고 있었다.

grasshopper
[@ grǽshɑ̀pər]
[⑲ grɑ́:shɔ̀pər]

n. 메뚜기

- **grass**(풀)에서 **hop**(깡충 뛰는) + **er**(~것), 즉 **메뚜기**
- I'm like the grasshopper who sang all summer.
  나는 여름 내내 노래를 부른 메뚜기와 같다.

복습	commercial	chemical	physician	seldom	civilization
	wander	consume	diameter	hop	grasshopper

경쌤's TIP

복습 없이 진도만 나가는 것은 절대 금물입니다.

반드시 지켜야 하는 가장 효과적인 복습 방법(5page)을 확인 후 확실하게 복습하세요.

Lecture 04

voyage
[vɔ́iidʒ]

n. 항해 v. 항해하다

- 전망대에 있는 선원에게 "육지가 보이지?" 하고 물으며 항해, 항해하다
- Life is compared to a voyage. 인생은 항해에 비유된다.

continent
[(미)kántənənt]
[(영)kɔ́ntinənt]

n. 대륙

- 바다 저 멀리 큰 티가 난 two(2)개의 대륙
- continental 대륙의
- African continent 아프리카 대륙

chase
[tʃeis]

v. 쫓다, 추적하다

- 잠자리채가 있수. 그 채로 잠자리를 쫓다, 추적하다
- A policeman was chasing after the thief. 경찰관이 그 도둑을 추적하고 있었다.

kindergarten
[kíndərgàːrtn]

n. 유치원

- 키도 같은 작은 아이들이 다니는 유치원
- My oldest son goes to kindergarten. 나의 첫째 아들은 유치원에 다닌다.

sweat
[swet]

n. 땀 v. 땀을 흘리다

- 땀을 흘린 뒤 마시는 포카리 스웨트
- The long climb made us sweat. 오랜 등산으로 우리는 땀이 났다.

familiar
[fəmíljər]

a. 친근한, 잘 알고 있는

- 우리는 친근한, 서로 잘 알고 있는 family여(가족이여).
- be familiar with ~에 정통하다, ~에 친숙하다
- For the most part, we like things that are familiar to us.
  대체로 우리는 우리에게 친숙한 것들을 좋아한다.

efficient
[ifíʃənt]

a. 효율적인, 능률적인

- 다른 학생은 1페이지를 펴고 있을 때 나는 핵심적인 사항만 봐서 벌써 2페이지를 피셔(펴다), 즉 효율적인, 능률적인 공부
- efficiency 능률, 효율
- efficiently 효율적으로, 능률적으로
- the efficient use of the machine 기계의 효율적인 사용

nationality
[næ̀ʃənǽləti]

n. 국적

- 국기가 그려져 그 사람의 국적인 nation(나라)을 앨러(알려)주는 티셔츠
- What is your nationality? 당신의 국적은 어디입니까?

ash
[æʃ]

n. 재, 화산재, 담뱃재

➤ 담뱃재, 화산재가 코로 들어가 애쉬!(애취!)

🔲 the ashes of a camp-fire 캠프파이어의 재

ashtray
[ǽʃtrèi]

n. 재떨이

➤ ash(재)를 떠는 tray(쟁반), 즉 재떨이

🔲 an ashtray in the shape of a hand 손 모양의 재떨이

복습	voyage	continent	chase	kindergarten	sweat
	familiar	efficient	nationality	ash	ashtray

contend
[kənténd]

v. ¹ 싸우다, 논쟁하다 ² 주장하다

➤ 북한의 큰 핵 탄두 개발을 두고 북한과 미국이 싸우다, 논쟁하다, 주장하다

• contention 싸움, 논쟁, 주장

🔲 ¹ She contended with her brother.
그녀는 오빠와 싸웠다.
² I contend that honesty is always worthwhile.
나는 정직은 항상 그만한 가치가 있다고 주장한다.

fundamental
[fʌ̀ndəméntl]

a. 기본적인, 근본적인, 핵심적인

➤ 집을 짓기 위해 땅을 판다 그리고 철근으로 맨 틀을 만든다, 이것이 기본적인, 핵심적인 작업

• fundamentally 기본적으로, 근본적으로

🔲 This is the fundamental flaw.
이것은 근본적인 결함이다.

innocent
[ínəsənt]

a. 순진한, 아무 잘못(죄)이 없는

➤ 인어공주가 선(서 있는) 투는 순진한, 아무 잘못이 없는 투

• innocence 무죄, 순진

🔲 an innocent baby 순진한 아기

oppose
[əpóuz]

v. 반대하다, 대항하다

➤ 그 법안을 (뒤)엎어주세요! 하고 반대하다, 대항하다

• opposition 반대, 저항
• opposite 반대편의, 맞은편의, 상반하는
• opponent 반대자, 적수, 상대
• be opposed to + 동명사/명사 ~을 반대하다

🔲 ¹ We oppose to any building in the green belt.
우리는 그린벨트 내에 어떠한 건물도 반대한다.
² That building is just on the opposite of City Hall.
그 건물은 시청 바로 맞은편에 있습니다.
³ His opponent proposed 450 pesos.
그의 상대방은 450페소를 제안했다.

detach
[ditǽtʃ]

v. 떼어내다

▶ 뒤를 뗐지(떼어냈지), 즉 **떼어내다**

She detached herself from the group and came over to join me.
그녀는 무리에서 떨어져 나와 합류하러 왔다.

cease
[si:s]

v. 중지하다, 중단되다

▶ 청소를 **중지하다** 그리고 손을 **씻수**

- unceasing 끊임없는
- ceaseless 끊임없는

Our teacher ordered them to cease fighting.
우리 선생님은 그들에게 싸움을 중지하라고 명령했다.

further
[fə́:rðər]

a. 그 이상의　ad. 더욱, 더 멀리

▶ ¹ [퍼더 → 뻗어] 그 이상으로, 더욱 팔을 쭉 **뻗어**
² far(멀리)의 비교급

- furthermore 더욱이, 뿐만 아니라

I will tell you further details tomorrow.
더 자세한 것은 내일 말씀 드리겠습니다.

rapid
[rǽpid]

a. 빠른, 신속한

▶ "내 피두(피도) 사용해!" 하며 수혈이 시급한 환자에게 달려간 **빠른, 신속한** 속도

- rapidly 빠르게

a rapid increase in the number of college graduates
대졸자 수의 급속한 증가

liberal
[líbərəl]

a. 자유주의의, 자유로운

▶ 국가가 통제하지 않고 "니가 벌고 싶은 대로 **벌어**!" 하고 내버려두는 **자유주의의, 자유로운**

- liberalism 자유주의
- liberate 자유롭게 하다, 해방시키다

liberal democracy 자유민주주의

liberty
[líbərti]

n. 자유

▶ 일제의 고문에 "니(너), 버티!(버텨!) **자유**를 위해!"

They give their children a great deal of liberty.
그들은 자녀들에게 많은 자유를 준다.

복습				
contend	fundamental	innocent	oppose	detach
cease	further	rapid	liberal	liberty

belong
[미 bilɔ́:ŋ 영 bilɔ́ŋ]

v. (~에) 속하다

➤ B조에 long(길게) 줄을 서 있는 사람들은 B조에 속하다
- belonging 소지품, 소유물
- belong to ~에 속하다
- ¹ I used to belong to a badminton sports club.
  나는 전에 배드민턴 스포츠 클럽에 속해 있었다.
  ² Don't forget to take your belongings.
  소지품을 가져가는 것을 잊지 마세요.

blossom
[미 blásəm 영 blɔ́səm]

n. 꽃 v. 꽃을 피우다

➤ 울긋불긋 산에 불났음, 즉 온 산에 핀 빨간 꽃, 꽃을 피우다
- The apple trees are in blossom.
  사과나무들이 꽃을 피웠다.

theory
[미 θíːəri 영 θíəri]

n. 이론

➤ 아인슈타인의 상대성 이론은 많은 과학 영역에 쓰여리(쓰인다).
- theoretical 이론의, 이론상의
- Darwin's theory of evolution 다윈의 진화론

locate
[lóukeit]

v. ~에 위치시키다, 위치를 찾아내다

➤ [로케이트 → 로케트] 북한이 로케트를 휴전선 근처에 위치시키다, 남한이 그 위치를 찾아내다
- location 장소, 위치
- located ~에 위치한
- Our city has only one fire station located downtown.
  우리 시는 시내에 위치한 단지 하나의 소방서를 가지고 있다.

pray
[prei]

v. 기원하다, 기도하다

➤ "플레이 플레이(play) 코리아!" 하며 한국 선수들이 이기기를 기원하다, 기도하다
- Nancy prays every night for the safety of her family.
  Nancy는 가족의 안전을 위해서 매일 밤 기도한다.

prey
[prei]

n. 먹이, 희생자

➤ 풀에 있는 이는 개구리의 먹이 ('pray → play', 'prey에서는 e(이)가 먹이'로 구별)
- Hawks circled overhead looking for prey.
  매들은 먹이를 찾으며 머리 위에서 맴돌았다.

long
[lɔːŋ]

¹ a. 긴, 오랜 ² v. 간절히 바라다

➤ 님이 오기를 목을 long(길게) 빼고 간절히 바라다
- longing 열망, 갈망
- Others helped them express their feelings of longing and loneliness.
  다른 사람들은 그들이 그들의 열망과 외로움의 감정을 표현하도록 도왔다.

burst
[bə:rst]

v. 폭발하다, 터지다, 터트리다 (burst - burst - burst)

- 테러범이 설치한 폭탄에 버스가 투~! 하고 폭발하다, 터지다
- She burst that balloon.
  그녀가 그 풍선을 터트렸다.

rage
[reidʒ]

n. 분노 v. 분노하다

- 고양이 톰이 쥐 제리에게 "내 이 쥐를 그냥!" 하며 분노, 분노하다
- His father raged at him for his carelessness.
  그의 아버지는 그의 부주의함을 두고 몹시 화내셨다.

outburst
[áutbə̀:rst]

n. (감정의) 폭발, 분출, 급격한 증가

- [out(밖으로) + burst(폭발하다)] (감정의) 폭발, 분출, 급격한 증가
- When a violent outburst occurs, immediate intervention is required.
  폭력적인 폭발이 발생할 경우 즉시 개입해야 한다.

outrage
[áutreidʒ]

n. 격분, 격노, 난폭한 행위

- out(밖으로) rage(분노)를 표출, 즉 격분, 격노, 난폭한 행위
- outrageous 난폭한, 충격적인, 터무니없는
- She was filled with a sense of outrage.
  그녀는 격분에 휩싸였다.

복습	belong	blossom	theory	locate	pray
	prey	long	burst	rage	outburst
	outrage				

경쌤's TIP

책으로 공부하다가 강의를 수강한 대부분의 학생들은 **책만으로 공부하는 것과 강의를 들으면서 공부하는 것의 효과 차이는 매우 크다고** 말합니다.

한 강의 단어를 완벽하게 암기하는 데 25분 이상 걸리거나, 한 강을 완성하고 생각나지 않는 단어가 5개 이상이라면 강의를 꼭 듣도록 하세요.

점차 배속에 따라 10~15분 강의로 90~100% 암기할 수 있고 3분 내외의 복습으로 100% 완벽하게 암기할 수 있습니다.

Lecture 05

decorate
[dékərèit]

v. 장식하다, 꾸미다

- 아프리카 원주민이 大(큰) 코를 뼈 조각 등으로 **장식하다, 꾸미다**
- decoration 장식
- She decorated the room with flowers.
  그녀는 꽃으로 방을 장식했다.

purchase
[pə́ːrtʃəs]

v. 사다, 구입하다 n. 구입

- 시장 바닥에 좌판을 **펼쳤수**, 그러자 사람들이 **사다, 구입하다**
- I found the little notebook I had purchased twenty years earlier.
  나는 20년 전에 구입했던 작은 노트를 발견했다.

thieve
[θiːv]

v. 훔치다

- 도둑이 see(보다) 부유한 집을 살핀 뒤 들어가서 **훔치다**
- thief 도둑
- The thief ran away as soon as he saw a police officer.
  도둑은 경찰을 보자마자 도망쳤다.

theft
[θeft]

n. 도둑질, 절도

- 도둑에게 셋이 **붙으**(붙들어) 잡다, 즉 들통난 **도둑질**
- He was accused of car theft.
  그는 차량 절도로 고소당했다.

desert
n. [dézərt]
v. [dizə́ːrt]

¹n. 사막 ²v. 버리다, 저버리다

- 뒈져!(죽어!) 하고 침을 **투!** 뱉으며 **사막**에 사람을 **버리다**
- ¹ They explored the desert.
  그들은 사막을 탐험했다.
- ² The whole village looks deserted.
  마을 전체가 버려진 것처럼 보인다.

pot
[⑱ pɑt ⑲ pɔt]

n. 통, 병, 냄비

- 커피 **포트**는 커피를 담는 **통, 병, 냄비**
- pottery 도자기류
- ¹ a coffee pot 커피포트
- ² The pot calls the kettle black.
  냄비가 솥에게 까맣다고 한다.(똥 묻은 개가 겨 묻은 개를 나무란다.)

커피 **포트** : 커피를 담는 **통, 병**
pot

sculpture
[skʌ́lptʃər]

n. 조각, 조각품

- 스윽 칼로 깎고 붙여 만든 조각, 조각품
- sculptor 조각가
- a bronze sculpture of Venus 비너스 청동 조각품

ethnic
[éθnik]

a. 민족의

- 독립 운동가들이 민족의 독립을 위해 애쓰니
- ethnocentrism 자기민족중심주의
- Ethnic conflict is tearing the region apart.
  종족 갈등이 그 지역을 분열시키고 있다.

sweep
[swi:p]

v. 쓸다, 휩쓸다 (sweep - swept - swept)

- 수위 아저씨가 잎사귀를 쓸다, 휩쓸다
- 1 We swept the snow off the car.
  우리는 차에서 눈을 쓸어냈다.
- 2 The movie *Amadeus* swept eight Oscars.
  영화 <아마데우스>는 8개의 오스카상을 휩쓸었다.

sweeping
[swí:piŋ]

a. 광범위한, 전면적인

- 수위 아저씨가 핑그르 돌면서 순찰하는 범위가 동서남북 광범위한
- But the sweeping beautiful view made the hard climb worthwhile.
  그러나 그 광범위한 아름다운 경치가 힘든 등반을 보람 있게 해주었다.

복습	decorate	purchase	thieve	theft	desert
	pot	sculpture	ethnic	sweep	sweeping

contrary
[⑪ kántreri ⑬ kɔ́ntrəri]

a. 반대의 n. 정반대

- 자동차 핸들을 반대의 방향으로 큰(크게) 틀어리!
- on the contrary 반대로
- contrary to ~에 반하여
- 1 The results were contrary to all expectation.
  그 결과는 모든 기대에 반하는 것이었다.
- 2 Contrary to what Mr. Smith may believe, the role of computers in music and the performing arts has been considerable.
  Smith 씨가 믿는 바와는 반대로, 음악과 공연 예술에 있어 컴퓨터의 역할은 상당했다.

beverage
[bévəridʒ]

n. 음료, 마실 것

- 탄산 음료를 너무 많이 마시면 배 버리지!
- alcoholic beverages 주류

industry
[índəstri]

n. ¹ 산업 ² 근면

➤ 인도's(인도네시아의) tree(나무) 산업에 열심인 근로자들의 근면
- industrial 산업의(→ 인도's tree all: 인도는 나무 산업이 전부이다)
- industrious 근면한
- ¹ the Industrial Revolution 산업 혁명
- ² Eventually an industrious person will be successful.
  결국 부지런한 사람이 성공할 것이다.

edge
[edʒ]

n. 모서리, 가장자리

➤ 애가 찌이다(찧다), 모서리에
- the edge of the bed 침대 모서리

dramatic
[drəmǽtik]

a. 극적인, 연극의

➤ drama 같은, 즉 극적인
- My dad noticed dramatic changes in their community.
  나의 아버지는 그들의 지역사회 내에서의 극적인 변화들을 알아차렸다.

observe
[əbzə́:rv]

v. ¹ 관찰하다 ² (규칙 등을) 준수하다

➤ 어부가 고기를 잡으려고 낚시찌의 움직임을 관찰하다, 북한 영역을 침범하지 않고 규칙을 준수하다
- observation 관찰
- observance 준수
- ¹ She observed the behavior of birds.
  그녀는 새의 행동을 관찰했다.
- ² You should observe the speed limit.
  당신은 속도제한을 준수해야 한다.

immediate
[imí:diət]

a. 즉시의, 당장의

➤ 홍길동을 적이 칼로 내려치는 순간 즉시의, 당장의 속도로 이미 적의 뒤에 있다
- immediately 곧, 즉시
- It's time to take immediate action.
  즉각적인 행동을 취할 시간이다.

board ❶
[bɔ:rd]

¹ n. 판자, 게시판 ² v. (차·배·비행기 등을) 타다

➤ ¹ blackboard(칠판)는 black(검은) 판자, 게시판
  ² 스키장에서 보드를 타다
- ¹ a notice-board 게시판
- ² boarding pass 탑승권
- ³ I was thrilled as I boarded the boat.
  나는 보트를 탔을 때 스릴을 느꼈다.

board ❷
[bɔːrd]

n. 위원회

→ 직위를 나타내는 **board**(판자)인 명패를 앞에 두고 회의하는 **위원회**

He attended a board meeting.
그는 위원회 모임에 참석했다.

aboard
[əbɔ́ːrd]

ad. (배·비행기 등에) 타고, 탑승하여

→ ¹ 어, 보트를 **타고, 탑승하여** 또는 스키장에서 어, 보드를 **타고**
² [a + board(타다, 탑승하다)] (배, 비행기 등에) **타고, 탑승하여**

In Egypt I am aboard a houseboat on the Nile.
이집트에서 나는 나일강의 지붕 있는 배 위에 승선해 있다.

복습	contrary	beverage	industry	edge	dramatic
	observe	immediate	board¹	board²	aboard

loosen
[lúːsn]

v. 풀다, 느슨하게 하다

→ 느슨하게 하다, 즉 **풀다, 느슨하게 하다**

- loose 느슨한; 풀다
- I had to loosen my belt after that huge meal.
그 푸짐한 식사를 한 후 나는 벨트를 풀어야 했다.

clue
[kluː]

n. 실마리, 단서

→ 복잡하게 얽힌 것을 끌르게(풀게) 해주는 **실마리, 단서**

The police officer found a clue.
경찰이 단서를 잡았다.

greet
[griːt]

v. 인사하다, 환영하다

→ 그동안 **그리워했던 two**(두) 사람이 **인사하다, 환영하다**

- greeting 인사(말)
- welcome greeting 환영 인사

greed
[griːd]

n. 탐욕, 욕심

→ 남의 다이아몬드가 **그리도** 탐나더냐?, 즉 **탐욕, 욕심**

- greedy 탐욕스러운
- a greedy old man 탐욕스러운 노인

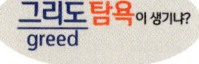

organ
[ɔ́ːrgən]

n. ¹ (생물의) 기관, 장기 ² 오르간(악기)

→ 건강검진 결과 **all**(모두) 건강한 **장기**

- organism 유기체, 생물
- ¹ human organs 인간 장기
² The dead bodies of organisms in the forest are broken down and turned into soil. 숲속 생물들의 사체는 분해되어 흙으로 변한다.

organic
[ɔːrgǽnik]

a. ¹ 유기농의, 화학비료를 쓰지 않는 ² (인체) 장기의

- ¹ 화학비료 대신 올갱이(다슬기)를 논에 키워 해충을 잡아먹게 하는 **유기농의, 화학비료를 쓰지 않는**
- ² [organ(장기) + ic(형·어)] **장기의**
- inorganic 무기물의
- organic food 유기농 식품

meal
[miːl]

n. 식사, 끼니

- 밀가루로 만든 **식사, 끼니**
- a meal of chicken and rice
  닭고기와 밥으로 된 식사

ordinary
[⑩ɔ́ːrdənèri ⑪ɔ́ːrdinəri]

a. 보통의, 평범한

- 입학원서를 어디 넣으리? 이런 **보통의, 평범한** 점수를 가지고.
- He is not an ordinary student.
  그는 평범한 학생이 아니다.

edit
[édit]

v. 편집하다, 수정하다

- 주인공이 어른일 때를 먼저 나오게 하고 어린 애일 때의 일을 뒷얘기로 **편집하다, 수정하다**
- editor 편집자
- editorial 편집의; (신문의) 사설
- My job is to edit authors' writings.
  나의 직업은 작가들의 글을 편집하는 것이다.

extraordinary
[⑩ikstrɔ́ːrdənèri]
[⑪ikstrɔ́ːrdinəri]

a. 보통이 아닌, 보기 드문

- [extra(outside) + ordinary(보통의)] **보통이 아닌, 보기 드문**
- It is an extraordinary event.
  그것은 특이한 사건이다.

edition
[idíʃən]

n. (초판·재판 등과 같은) 판, 호

- edit(편집하여) 완성한 **판, 호**
- a revised edition 개정판

복습				
loosen	clue	greet	greed	organ
organic	meal	ordinary	edit	extraordinary
edition				

경선식 영단어 강의로 공부한
온라인 수강생 935명 설문조사

누가 뭐라해도 경선식 수능영단어는 믿음을 갖고 제대로만 공부한다면 거의 모든 학생들에게 2~3배는 더 빨리 암기되고 5~10배는 더 오래 기억된다는 데 제 모든 것을 걸 수 있습니다.

현재 직접 경선식 영단어 강의를 수강하고 있는 수강생들만 참여할 수 있는 설문조사에서 응답해 준 수강생 935명은 다음과 같은 대답을 하였습니다.

설문에 응해준 학생 수: 935명

Q: 경선식 영단어는 일반 암기법에 비해 몇 배 더 빠르게 암기되나요?
A: 평균 7.6배

Q: 경선식 영단어는 일반 암기법에 비해 몇 배 더 오래 기억되나요?
A: 평균 8.6배

Q: 경선식 영단어 학습 시 1시간에 몇 단어를 완벽하게 암기할 수 있었나요?
A: 평균 79.8단어

Q: 한 강의를 수강 시 강의만으로 몇 %나 기억이 났나요?
A: 평균 84.3%

Q: 경선식 영단어는 일반 암기법에 비해 몇 배 더 효과적인가요?
A: 평균 10.7배

Lecture 06

associate
[əsóuʃièit]

v. 교제하다, 관련시키다, 연합시키다

☞ "어서 오십시오."라고 손님을 맞으며 교제하다, 관련시키다
- association 연합, 협회, 교제
- ¹ I don't want my son to associate with such an ignoble girl.
  나는 내 아들이 그렇게 비천한 여자와 교제하는 것을 원하지 않는다.
- ² the risks associated with drugs 마약과 관련된 위험

merely
[míərli]

ad. 단지, 그저

☞ 우리 부장님이 아무 이유 없이 단지, 그저 미울리(밉다)
- mere 단지 ~만의, 겨우 ~의
- Language offers something more valuable than mere information exchange.
  언어는 단지 정보교환보다 더 가치 있는 어떤 것을 제공한다.

fume
[fjuːm]

n. 연기, 증기 v. 연기가 나다

☞ 불을 피움 그래서 연기, 연기가 나다
- cigarette fumes 담배 연기

participate
[pɑːrtísəpèit]

v. 참여하다, 참가하다

☞ 파티(에)서 나를 빼이트(뺐지만) 그래도 참여하다, 참가하다
- participate in ~에 참가하다
- 50 students and teachers from our school would like to participate in it.
  우리 학교의 50명의 학생들과 선생님들이 그것에 참가하고 싶어 한다.

float
[flout]

v. (물위나 공중에) 뜨다, 띄우다

☞ flow(흐르는) 물위에 뜨다, 즉 뜨다, 띄우다
- a floating boat in the ocean 대양에 떠 있는 배 한 척

conduct
v. [kəndʌ́kt]
n. [kɑ́ndʌkt]

¹ v. ~을 하다, 행동하다 n. 행동 ² v. 지도하다, 지휘하다 n. 지도
³ v. (열·전기 등을) 전도하다

☞ 선생님이 큰 덕이 있는 행동하다, 큰 덕으로서 지도하다, 큰 덕을 전도하다
- conductor 지휘자, 지도자, 경영자
- conduction (열·전기 등의) 전도
- ¹ conduct a ceremony 의식을 행하다
- ² a prize for good conduct 선행상
- ³ A famous actor conducted the orchestra.
  유명한 배우가 오케스트라를 지휘했다.
- ⁴ Fourier began his research on heat conduction.
  Fourier는 열전도에 대한 그의 연구를 시작했다.

deceive
[disíːv]

v. 속이다

- 친구를 뒤에서 씹으며(욕하며) 앞에서는 친한 척 속이다
- deception 속임
- deceit 속임수, 사기
- It is wrong to deceive your parents.
  당신의 부모님을 속이는 것은 잘못된 일이다.

authority
[⑩ əθɔ́ːrəti, əθárəti]
[⑱ ɔːθɔ́rəti]

n. 권한, 권력, (권력) 기관

- "옷 싸라 티셔츠까지! 옷 싸서 당장 나가!" 하고 회계부정을 저지른 사장도 회사에서 내쫓을 수 있는 검찰총장의 권한, 권력 그리고 권한을 가진 검찰 (권력) 기관
- authorize 권위(권한)를 부여하다
- authorization 권한 부여
- authoritarian 권위주의적인, 독재적인; 권위(독재)주의자
- ¹ The leader must be a person of authority.
  그 지도자는 권위 있는 사람임에 틀림없다.
- ² The health authorities are investigating the matter.
  보건 당국이 그 문제를 조사하고 있다.

consider
[kənsídər]

v. 숙고하다, 고려하다

- 이 시는 시험에 나올 비중이 큰 시니까 더 숙고하다, 고려하다
- consideration 숙고, 고려
- considerate 사려 깊은
- consider A as B A를 B로 간주하다
- ¹ Have you considered taking night classes to train for another kind of job?
  다른 종류의 직업 훈련을 위해 야간 학교를 다니는 것을 고려해본 적이 있니?
- ² My mother still considers me as a baby.
  나의 어머니는 나를 여전히 아기로 생각하신다.

considerable
[kənsídərəbl]

a. 중요한, 상당한

- [consider(숙고하다) + able(~할 만한)] 청혼을 받아들일지 말지는 숙고해볼 만한 문제, 즉 중요한, 상당한 문제
- considerably 상당히, 꽤
- ¹ a considerable loss in a real estate investment
  부동산 투자에서의 상당한 손실
- ² considerably expensive
  상당히 비싼

복습	associate	merely	fume	participate	float
	conduct	deceive	authority	consider	considerable

ethics
[éθiks]

n. 윤리학, 윤리

- 애들이 지켜야 할 six(6)개의 윤리, 윤리학
- ethical 윤리적인, 도덕상의
- Ethical Issues in the Online Community
  온라인 커뮤니티에서의 윤리적 문제들

scenery
[síːnəri]

n. 풍경, 경치

- 그림의 배경으로 sea(바다)를 넣으리, 즉 바다의 풍경, 경치
- The scenery was so beautiful. 풍경이 매우 아름다웠다.

scent
[sent]

n. 냄새, 향기

- 시골에서 청국장을 sent(보냈다). 거기서 나는 냄새, 향기
- 1 Hounds hunt by scent. 사냥개들은 냄새에 의해 사냥한다.
  2 the scent of flowers and pines 꽃과 소나무의 향기

resemblance
[rizémbləns]

n. 닮음, 유사

- 내 친구 젬을 닮아서 니를 젬이라고 불렀슈, 즉 닮음, 유사
- resemble 닮다
- Those two buildings resemble each other. 저 두 건물이 서로 닮았다.

nervous
[nɜ́ːrvəs]

a. 불안해하는, 신경과민의, 신경의

- 불안하여 잠을 못 자 너 얼굴이 붰슈(부었수), 즉 불안해하는, 신경과민의
- He always makes me nervous. 그는 항상 나를 불안하게 만든다.

nerve
[nəːrv]

n. 1 신경 2 배짱, 용기, 뻔뻔함

- 1 [nervous(신경의)의 파생어] 신경
  2 선생님께 대들다니 너 간댕이가 부었구나.
  즉, 배짱, 용기, 뻔뻔함
- 1 Don't stimulate her nerves.
  그녀의 신경을 자극하지 마라.
  2 I don't have the nerve to steal it.
  나는 그것을 훔칠 용기가 없다.

permanent
[pɜ́ːrmənənt]

a. 영구적인

- 아주머니들의 퍼머는 영구적이다. 원래 퍼머는 permanent wave에서 온 말.
- permanently 영구적으로
- Jobs may not be permanent. 직업은 영원하지 않을 수 있다.

suck
[sʌk]

v. 빨아들이다, 빨다

- 사탕을 쭉쭉 빨다. 빨대로 쭉쭉 빨아들이다
- I used to suck my thumb as a child. 나는 아이였을 때 손가락을 빨곤 했다.

fair ❶
[fɛər]

a. 공평한, 공정한

→ 페어플레이란 **공평한, 공정한** 플레이
- fairly 공정히
- unfair 불공정한, 부당한, 불공평한
- We have to be fair to both players. 우리는 두 선수 모두에게 공정해야 한다.

fair ❷
[fɛər]

n. 전시회, 박람회

→ 베이비 페어, 웨딩 페어, 카 페어(car fair)에서 페어란 **박람회**
- a world trade fair 세계 무역 박람회

복습	ethics	scenery	scent	resemblance	nervous
	nerve	permanent	suck	fair¹	fair²

settle
[sétl]

v. ¹ 정착하다 ² 해결하다 ³ (마음을) 진정시키다

→ 피난민들이 새로운 **틀**에 **정착하다**, 그래서 주거 문제를 **해결하다**, 그래서 **(마음을) 진정시키다**
- settlement 정착, 해결
- ¹ The Dutch settled in South Africa.
  네덜란드인들은 남아프리카에 정착했다.
- ² That settles the matter.
  그것으로 그 문제는 해결된다.
- ³ This pill will help to settle your nerves.
  이 알약이 네 신경을 진정시키는 데 도움을 줄 것이다.

flame
[fleim]

n. 불꽃, 화염 v. 타오르다

→ 불내임(불을 냄), 그래서 **불꽃**이 **타오르다**
- flammable 타기 쉬운
- The house was in flames. 그 집은 불타고 있었다.

neat
[niːt]

a. 산뜻한, 깔끔한

→ 니트를 입어 **산뜻한, 깔끔한**
- a neat hair style 단정한 머리 스타일

arms
[ɑːrmz]

n. 무기, 병기

→ arms(팔들)을 여럿이 휘두르면 **무기, 병기**
- They worked illegally as arms merchants. 그들은 불법 무기상으로 일했다.

grief
[griːf]

n. 슬픔, 비탄

→ 북한의 고향 부모님이 **그리워 프~** 하고 우는 **슬픔, 비탄**
- grieve 몹시 슬퍼하다
- grievous 슬픈
- Grief is unpleasant. 슬픔은 불쾌하다.

absorbing
[@ æbsɔ́ːrbiŋ]
[@ əbsɔ́ːrbiŋ]

a. 마음을 빼앗는, 몰입하게 만드는

- 업! 서빙하는 예쁜 여자가 마음을 빼앗는, 몰입하게 만드는
- absorb 흡수하다, 열중시키다
- absorption 흡수, 열중
- be absorbed in ~에 열중하다
- 1 Most of the photons are absorbed into the person.
  대부분의 광자(光子)들은 사람 속으로 흡수된다.
- 2 I was absorbed in baseball.
  나는 야구에 빠져 있었다.

imminent
[íminənt]

a. 임박한

- 낭떠러지에서 죽음이 임박한 사람을 보고 악당이 "이미 넌 트(틀렸어)."
- He thought the end of the world was imminent.
  그는 세상의 종말이 임박했다고 생각했다.

sake
[seik]

n. 이익, 목적

- 피켓시위대들이 say(말하다) 크게, 그것은 자신들의 이익, 목적을 위함
- for one's sake ~을 위하여
- I changed my mind for your sake.
  나는 당신을 위해 내 마음을 바꿨다.

behalf
[bihǽf]

n. 이익

- 가뭄에 하느님이 비를 내려 help(도와주는) 것은 농부의 이익
- My father worked hard on behalf of our family.
  나의 아버지는 우리 가족을 위해 열심히 일하셨다.

for the sake of
~을 위해서

- [for(~을 위해) + the sake(목적, 이익) + of(~의)] ~의 목적, 이익을 위해, 즉 ~을 위해서
- 1 Please forgive me for the sake of our friendship.
  우리의 우정을 위해서 나를 제발 용서해줘.
- 2 Each aims of the government may have to be sacrificed in some degree for the sake of a greater degree of some other good.
  정부의 각각의 목표는 더 큰 정도의 어떤 다른 이익을 위해 어느 정도는 희생되어야 할 수도 있다.

on behalf of
~을 위하여, ~을 대표하여 (= on one's behalf)

- [on(~에 입각하여) + half(이익) + of(~의)] ~의 이익에 입각하여, 즉 ~을 위하여, ~을 대표하여
- on behalf of all the executives 모든 경영진을 대표해서

복습	settle	flame	neat	arms	grief
	absorbing	imminent	sake	behalf	for the sake of
	on behalf of				

Lecture 07

clap
[klæp]

v. 손뼉을 치다 n. 박수, 탁(쿵) 소리

- 클(크게) 랩에 맞춰 손뼉을 치다
- We clapped along with the music.
  우리는 그 음악에 맞추어 손뼉을 쳤다.

idol
[áidl]

n. 우상

- 아이돌 스타는 우상
- idolize 우상화하다
- He is an idol of the young. 그는 젊은이들의 우상이다.

eager
[í:gər]

a. 간절히 바라는

- "이거 사줘요!" 하며 아이가 장난감을 갖기를 간절히 바라는
- I'm eager to enter the Yonsei University. 나는 연세대학교에 가기를 열망한다.

pretend
[priténd]

v. ~인 체하다, 가장하다

- 적에게 텐트를 숨기려고 풀이 텐트를 덮게 하여 텐트를 그냥 풀더미인 체하다, 가장하다
- He pretended that he knew nothing. 그는 아무것도 모르는 체했다.

trace
[treis]

n. 자취, 발자국 v. 추적하다

- 눈 속에 찍힌 발자국 틀에 남겨져 있수, 즉 그의 자취, 발자국, 추적하다
- ¹ the trace of the escaped prisoner 탈출한 죄수의 자취
  ² They traced the footprints. 그들은 발자국을 쫓아갔다.

rural
[rúərəl]

a. 시골의

- 벼가 익어서 누럴(누런) 시골의 풍경
- Rural life is boring to me. 내게는 시골에서 사는 것이 따분하다.

atmosphere
[ǽtməsfiər]

n. 분위기, 공기

- [애트머스피어 → 코스모스 피어] 코스모스가 가득 피어 있는 가을의 분위기, 공기
- a friendly atmosphere 우호적인 분위기

pregnant
[prégnənt]

a. 임신한

- 풀밭에 egg(달걀)을 난(낳은) 임신한 암탉
- pregnancy 임신
- It seems that she's pregnant.
  그녀는 임신한 것처럼 보인다.

form
[fɔːrm]

¹ n. 형태, 모양 v. 형성하다 ² n. 서식, 기입용지

- 폼이 멋있다고 할 때 폼은 그 사람의 모양이나 형태를 말하며, 어떠한 형태를 갖춘 기입용지, 서식
- ¹ The stones form a huge circle. 그 돌들은 거대한 원을 이루고 있다.
  ² an application form 신청서

formation
[fɔːrméiʃən]

n. ¹ 형성 ² 대형(편대)

- [form(형태) + tion(명·어)] 여러 개가 어떠한 form(형태)를 만듦, 즉 형성, 대형
- ¹ the formation of a new government 새 정부의 형성
  ² jets flying in a regular formation 가지런한 대형을 이뤄 날아가는 제트기들

복습

| clap | idol | eager | pretend | trace |
| rural | atmosphere | pregnant | form | formation |

endure
[indjúər]

v. 견디다, 참다

- [인듀어 → 인두여?] 여러 고문을 겪은 다음 "이번엔 인두여? 해볼 테면 해봐!" 하고 견디다, 참다
- endurance 인내
- I can't endure the pain any more. 나는 더 이상 고통을 참을 수 없다.

property
[⑪ prápərti]
[⑫ prɔ́pərti]

n. ¹ 재산, 자산 ² 특성

- 재산이 많으면 그 재산을 풀어 파티를 즐기는 부자들의 특성
- ¹ Be careful not to damage other people's property.
  다른 사람들의 재산에 손해를 입히지 않도록 조심해라.
  ² physical properties of silver 은의 물리적 특성

avenue
[ǽvənjùː]

n. (도시의) 거리, 도로

- (도시의) 거리에서 껌을 팔며 어린 애가 돈을 버뉴?
- Can you give me directions to 27th Avenue?
  27번가로 가는 길 좀 가르쳐 주시겠습니까?

(도시의) 거리에서

artificial
[àːrtəfíʃəl]

a. 인공의, 가짜의

- ¹ 인공의 콘크리트 환경과 인공의 과자 등을 먹어서 아토피에 잘 걸리셔.
  ² 영화 속에서 사람들이 흘리는 피는 art(미술)에서 쓰는 피셔, 즉 빨간 물감으로 만든 인공의, 가짜의 피
- artificially 인위적으로
- artificial flowers 조화

ware
[wɛər]

n. 제품, 상품

- 하드웨어(hardware), 소프트웨어(software)에서 ware는 제품, 상품
- aluminum ware 알루미늄 제품

warehouse
[wéərhàus]

n. 창고

- ware(제품)을 보관하는 house(집), 즉 창고
- The warehouse stores 50 tons of rice.
  그 창고에는 쌀이 50톤 들어간다.

hazard
[hǽzərd]

n. 위험

- 해가 져두(져도) 밤거리는 도둑과 강도로 위험
- hazardous 위험한
- Smoking is a serious health hazard.
  흡연은 심각한 건강 위험 요소이다.

conflict
v. [kənflíkt]
n. [kánflikt]

v. 싸우다, 상충하다　n. 싸움, 갈등

- 두 마리의 투견을 묶어 놓은 끈이 풀릭트(풀렸다). 서로 싸우다, 싸움
- But sometimes you will get caught in a conflict.
  그러나 때때로 당신은 싸움에 휘말리게 될 것이다.

greenhouse
[grí:nhàus]

n. 온실, 비닐하우스

- green(초록의) 식물들을 키우는 house(집), 즉 온실, 비닐하우스
- This gas causes a greenhouse effect.
  이 가스는 온실 효과를 일으킨다.

degree
[digríː]

n. ¹ 등급, 정도　² 학위　³ (각도·온도의 단위인) 도

- ¹ 그림을 D 학점 정도로 그리(다), 즉 D 등급, 정도의 그림
  ² 학력의 등급, 정도 → 학위
- ¹ She shows a high degree of skill in her work.
  그녀는 자기 일에서 높은 수준의 솜씨를 보인다.
  ² a doctor's degree 박사 학위
  ³ a temperature of 20 degrees centigrade 섭씨 20도의 온도

복습	endure	property	avenue	artificial	ware
	warehouse	hazard	conflict	greenhouse	degree

soak
[souk]

v. 담그다, 흠뻑 젖다

- 물속에 쏘옥 담그다, 흠뻑 젖다
- Your clothes soaked. 당신의 옷은 흠뻑 젖었다.

regulation
[règjuléiʃən]

n. 규율, 규칙

- 왕인 내가 규율을 내이션(내다), 그러니 따르라는 규율, 규칙
- regulate 규제하다, (온도·속도 등을) 조절하다
- They obeyed the strict regulation.
  그들은 엄격한 규칙을 따랐다.

bother
[미 báðər]
[영 bɔ́ðər]

v. 괴롭히다, 신경 쓰이게 하다, 신경 쓰다

- "술 받어!" 하며 직장 상사가 억지로 마시게 **괴롭히다, 신경 쓰이게 하다**
- Does the pain from your operation bother you much?
  수술로 인한 통증이 당신을 많이 신경 쓰이게 하나요?

pour
[pɔːr]

v. 붓다, 퍼붓다

- 물을 퍼 양동이나 잔에 **붓다, 퍼붓다**
- It never rains but it pours.(= It never rains without pouring.)
  비가 오기만 하면 억수같이 퍼붓는다.(설상가상, 엎친 데 덮친 격)

task
[tæsk]

n. 해야 할 일, 직무

- desk(책상)에 앉아 **해야 할 일, 직무**
- Our first task is to establish a system.
  우리의 첫째 직무는 시스템을 구축하는 것이다.

desk(책상)에서 task
해야 할 일, 직무

majority
[mədʒɔ́ːrəti]

n. 대다수, 대부분

- 월드컵 경기 응원을 위해 모조리 붉은 티(셔츠)를 입은 **대다수, 대부분**
- The majority of those present are in favor of the plan.
  참석한 대다수의 사람들이 그 계획에 찬성한다.

preserve
[prizə́ːrv]

v. 보존하다, 유지하다

- 수학 풀이집의 중요한 페이지를 접어서 찾아보기 쉽게 **보존하다, 유지하다**
- preservation 보호, 보존
- We should preserve our nature.
  우리는 우리의 자연을 보존해야 한다.

arrow
[ǽrou]

n. 화살, 화살표

- 윌리엄텔이 애로 향하여 쏜 **화살**
- My arrow hit the very center of the yellow circle.
  내가 쏜 화살은 노란 원의 정중앙을 맞추었다.

free
[friː]

a. ¹ 자유로운 ² ~가 없는, 무료의

- ¹ free하게(자유롭게) 입장할 수 있는 놀이공원은
   입장료**가 없는**, 즉 **무료의**
  ² 카페인(caffeine)**이 없는** 것은 caffeine-free,
   설탕(sugar)**이 없는** 것은 sugar-free
- freedom 자유
- for free 무료로
- free of ~이 없는, ~이 부과되지 않는
- ¹ Admission is free. 입장료는 무료입니다.
  ² The museum is free of charge.
  그 박물관은 무료이다.

free하게 입장하세요
free
가 없는, 무료의

carefree
[kɛ́ərfriː]

a. 근심 없는

1 [care(근심) + free(~이 없는)] 근심 없는
2 care(근심)으로부터 free(자유로운), 즉 근심 없는

1 She is carefree with money. 그녀는 돈 걱정을 안 한다.
2 carefree past 근심 없던 과거

복습				
soak	regulation	bother	pour	task
majority	preserve	arrow	free	carefree

세계 여러 논문에 실린 연상법의 탁월한 효과(1)

제목

Retention of foreign vocabulary learned using the keyword method: a ten-year follow-up
(연상법을 사용하여 배운 외국어 어휘에 대한 기억력: 10년간의 추적조사)

발행처

Taylor & Francis (영국)

This article assesses one individual's level of recall for foreign vocabulary learned ten years previously using the keyword method(연상법). Without any revision at all, he remembered 35% of the test words with spelling fully correct and over 50% with only very minor errors of spelling. After 10 minutes spent looking at a vocabulary list, recall increased to 65% and 76% respectively. After a period of revision lasting a further 1½ hours, recall was virtually 100%. This level of recall was maintained for at least one month. The results indicate that 1) the keyword method (as incorporated in Linkword courses) may be used to learn a large list of vocabulary; and 2) this method of learning is not inimical to retention in the long term.

요약

어떤 사람이 10년 전에 연상법으로 암기한 외국어 단어들에 대해 어떠한 복습도 전혀 하지 않았지만 그 단어들의 35%를 스펠링까지 정확하게 기억해냈고, 50%가 넘는 단어들은 스펠링에서 매우 적은 실수를 했지만 기억해냈다. (10년이 지난 시점에) 10분 정도 그 단어들을 본 후 기억은 각각 65%, 76% 상승했다. 1시간 30분 공부한 후에 100% 다 기억했고 그 기억은 적어도 한 달간 유지되었다. **위의 결과는 연상법은 많은 양의 단어를 학습하는 데 사용될 수 있고 장기기억에 전혀 해가 되지 않는다는 것을 보여준다.**

＊**해마학습법(연상법)은 유치한 말장난이 아닙니다. 과학입니다.**

국내 및 국제 암기대회에서 우승을 해왔던 **암기왕들은 예외 없이 연상법을 사용**하고 있습니다. 전 세계적으로 기억법(mnemonics) 중에서 연상법(the keyword method)을 활용한 많은 책, 논문, 교수법 등이 존재하고, 연상법은 탁월한 효과를 주는 방법으로 널리 인정되고 있습니다.

Lecture 08

decease
[disíːs]

n. 사망 v. 사망하다

- 디지수(디졌수), 즉 사망, 사망하다
- Both her parents are deceased.
  그녀의 부모님은 두 분 다 돌아가셨다.

디지수(디졌수)
decease
사망, 사망하다

horizon
[həráizn]

n. 수평선, 지평선

- 해가 허! risen!(떠올랐네!) 수평선, 지평선 위로.
- horizontal 지평선상의, 수평면의, 수평한
- The sun sets on the horizon. 태양이 수평선 위로 진다.

watchful
[㉾ wɔ́tʃfəl ㉿ wɔ́tʃfəl]

a. 주의 깊은, 경계하는

- watch(바라보다) 풀을, 적이 숨어 있는지 살피는 주의 깊은, 경계하는 군인
- watch 조심, 경계; 주의하다, 경계하다
- watch out 조심하다, 주의하다
- She kept a watchful eye on the children. 그녀는 아이들을 계속 주시했다.

lean
[liːn]

v. 기대다, 기울이다

- 몸을 벽 쪽으로 기우린, 즉 기대다, 기울이다
- Don't lean against the wall. 벽에 기대지 마라.

spill
[spil]

v. 흘리다, 쏟다 (spill - spilled[spilt] - spilled[spilt]) n. 쏟음, 유출

- 코에서 슥! 필(피를) 흘리다, 쏟다
- It is no use crying over spilt milk. 이미 엎질러진 물이다.

personality
[pə̀ːrsənǽləti]

n. 개성, 성격

- person(사람)마다 자신만의 성격 티를 낼리(내다), 즉 개성, 성격
- They would be attracted to the greatness of his personality.
  그들은 그의 성격의 훌륭함에 매료될 것이다.

grant
[㉾ grænt ㉿ grɑːnt]

¹ v. 승인하다, 허가하다 n. 승인, 허가 ² n. 보조금

- [그랜트 → 그래 투] 중소기업 보조금 요청에 경제부총리가 "그랜!(그래!), 그렇게 해"라는 투로 보조금을 승인하다, 허가하다
- take it for granted (that) ~ ~을 당연한 것으로 여기다(← 승인된 것으로 여기다)
- ¹ The president granted liberty to many prisoners.
  대통령은 많은 죄수들에게 자유를 승인했다(사면했다).
- ² I take it for granted you've read this book.
  나는 당연히 당신이 이 책을 읽었으리라고 생각합니다.
- ³ grants for the encouragement of research 연구 장려를 위한 보조금

lick
[lik]

v. 핥다

- 자고 있는 내 얼굴을 강아지가 **핥다**, 그래서 깜짝 놀라 "이크!"
- The cat was licking its fur. 고양이는 자신의 털을 핥고 있었다.

plain ❶
[plein]

a. ¹ 평범한, 쉬운 ² 명백한

- 이 문제는 내가 **풀래잉~ 평범한, 쉬운**, 답이 **명백한** 문제니까.
- ¹ She is a plain high school girl.
  그녀는 평범한 고등학생이다.
- ² It is plain that he will fail.
  그가 실패할 것은 명백하다.

plain ❷
[plein]

n. 평원, 벌판

- 아이들이 뛰어다니며 **playing**(놀고 있는) **평원, 벌판**
- Lions are roaming over the plains. 사자들이 평원을 돌아다니고 있다.

복습	decease	horizon	watchful	lean	spill
	personality	grant	lick	plain¹	plain²

debt
[det]

n. 빚, 채무

- 大(크게) 투자하기 위해 은행에서 얻은 **빚, 채무**
- indebted 빚을 지고 있는, 은혜를 입은
- If I pay all my debts, I'll have no money left.
  내가 빚을 다 갚고 나면 남는 돈이 하나도 없을 것이다.

emphasize
[émfəsàiz]

v. 강조하다

- 강사가 엠프를 사이즈가 큰 것을 놓아 소리를 키워 **강조하다**
- emphasis 강조
- He emphasizes that trust is the most important factor in the child's developing personality.
  그는 아이의 인격이 형성될 때 가장 중요한 요소는 신뢰라고 강조한다.

log
[lɔːg]

n. 통나무

- 나무의 **low**(낮은) 밑둥을 톱으로 그(긋다), 그렇게 얻은 **통나무**
- logger 벌목꾼
- The log floated down the stream.
  통나무는 강을 떠내려갔다.

sow
[sou]

v. (씨를) 뿌리다 (sow - sowed - sown)

- 소를 뜻하는 **牛**(소 우)가 갈아놓은 고랑에 **씨를 뿌리다**
- As you sow, so you reap.
  뿌린 대로 거둔다.

sew
[sou]

v. 바느질하다, 꿰매다 (sew - sewed - sewed(sewn))

▸ 벌침을 쏘듯이 옷에 바늘을 쏘우, 즉 **바느질하다, 꿰매다**

▫ She is sewing a button on a shirt. 그녀는 셔츠에 단추를 꿰매어 달고 있다.

saw
[sɔː]

n. 톱 v. 톱질하다 (saw - sawed - sawed(sawn))

▸ 쏘~옥 쏘~옥 **톱질하다**

▫ He uses a saw to cut the wood. 그는 나무를 자르기 위해 톱을 사용한다.

flood
[flʌd]

n. 홍수 v. 넘치다, 쇄도하다

▸ 수문을 모두 **풀러두** 댐이 넘치다, 즉 **홍수**, 물이 **넘치다, 쇄도하다**

▫ 1 Their house was washed away in the flood.
그들의 집이 홍수에 떠내려갔다.

2 ▫ We are flooded by incorrect information.
부정확한 정보가 쇄도하고 있다.

delete
[dilíːt]

v. 삭제하다, 지우다

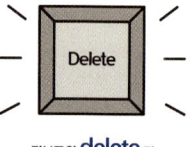

키보드의 **delete** 키
삭제하다, 지우다

▸ 컴퓨터 자판의 **delete**로 글자를 **삭제하다, 지우다**

▫ deleted files 삭제된 파일들

tame
[teim]

a. 길들여진, 말을 잘 듣는 v. 길들이다

▸ 코끼리에 사람을 **태임**(태움), 즉 **길들여진, 말을 잘 듣는** 코끼리

▫ The bird is too tame now to survive in the wild.
그 새는 이제 너무 많이 길들여져 있어서 자연 속에서는 생존할 수가 없다.

typhoon
[taifúːn]

n. 태풍

▸ 1 타이(태국)에서 부는 風(바람 풍), **태풍**
  2 타이푼 → **태풍**

▫ The typhoon struck the eastern coast of Korea.
태풍이 한국의 동해안을 강타했다.

복습	debt	emphasize	log	sow	sew
	saw	flood	delete	tame	typhoon

---

consist
[kənsíst]

v. 1 구성되다 2 일치하다

▸ 내 형제는 나, 작은 누나, 큰 **sister**(누나)로 **구성되다**, 모두 생김새가 **일치하다**

• consistent 일치하는, 변함없는, 일관된
• consist of ~로 구성되다

▫ 1 The committee consists of ten members.
그 위원회는 10명으로 구성되어 있다.

2 What you say now is not consistent with what you said last week.
지금 당신이 하는 말은 지난주에 한 말과 일치하지 않습니다.

frequent
[fríːkwənt]

a. 자주 일어나는, 빈번한

- 자르면 또 풀이 컨(크는) 투, 즉 자주 일어나는, 빈번한
- frequency 자주 일어남, 빈번, 주파수, 진동수
- frequently 자주, 빈번히, 흔히
- 1 a frequent customer 자주 오는 손님
- 2 His friend Bob travel frequently to Busan.
  그의 친구 Bob은 부산으로 자주 여행한다.

lawn
[lɔːn]

n. 잔디, 잔디밭

- 모내기한 논에 있는 작은 벼와 비슷하게 파란 풀들이 돋아난 잔디
- The kids were playing on the lawn. 그 아이들은 잔디밭에서 놀고 있었다.

fascinate
[fǽsənèit]

v. 넋을 빼앗다, 매혹하다

- 아름다운 사람이 내 넋을 빼서내(이트), 즉 넋을 빼앗다, 매혹하다
- fascinating 매혹적인
- fascination 매혹
- I was fascinated by the beautiful leaves and flowers of the mangroves.
  나는 맹그로브 나무들의 아름다운 잎과 꽃들에 매료되었다.

elaborate
a. [ilǽbərit]
v. [ilǽbərèit]

¹ a. 공들인, 정교한 ² v. 상세히 설명하다

- 일에 labor(노동)을 들여서 만들거나 설명하다, 즉 공들인, 정교한, 상세히 설명하다
- 1 It was a very elaborate dinner.
  그것은 무척 정성들여 준비한 만찬이었다.
- 2 Our teacher elaborated on the subject.
  우리 선생님은 그 주제를 상세히 설명했다.

view
[vjuː]

¹ n. 봄, 경치 v. 바라보다 ² n. 견해 v. ~라고 생각하다

- 1 경치가 잘 비유(보여유), 즉 봄, 경치, 바라보다
- 2 view(바라보는) 관점, 즉 견해, ~라고 생각하다
- viewpoint 관점(view: 바라보다 + point: 점)
- 1 It's important that the media provide us with diverse and opposing views. 매체가 우리에게 다양하고 반대되는 시각을 주는 것은 중요하다.
- 2 Such a narrow viewpoint! 너무 좁은 관점이야!

operate
[ɑ́pərèit / ɔ́pərèit]

v. ¹ 수술하다 ² (기계·장치 등을) 조종하다, 작동되다 ³ 경영하다, 관리하다

- 의사가 "여기 아퍼? 에잇!" 하고 장비를 조정하다, 수술하다 그리고 장비를 조정하듯 회사를 경영하다, 관리하다
- operation 수술, 조종, 경영, 관리
- 1 The doctors decided to operate on her immediately.
  의사들은 즉각 그녀를 수술하기로 결정했다.
- 2 Elevators are operated by electricity.
  엘리베이터는 전기로 작동된다.
- 3 My father operates a hotel.
  내 아버지는 호텔을 경영하신다.

craft
[⑩ kræft ⑲ krɑːft]

n. ¹ 기술, 기능 ² 술수 ³ 우주선, 항공기

➥ 스타 크래프트(우주선) 게임하는 기술, 술수
- crafty 술수가 뛰어난, 교활한
- craftsman 기능공, 숙련공
- aircraft 항공기

¹ chefs who learned their craft in top hotels
일류 호텔에서 기능을 익힌 요리사들
² a crafty politician 교활한 정치꾼
³ an alien craft 외계 우주선

mine
[main]

¹ n. 나의 것(소유대명사) ² n. 광산 v. 채굴하다

➥ ¹ 마인크래프트는 mine(광산) + craft(기술)
² 미국 서부의 금광 개척 시대에 서로 "mine(내 것)이야!" 하고 서로 차지하려고 했던 광산

a silver mine 은광산

undermine
[ʌ̀ndərmáin]

v. (기반·권위 등을) 약화시키다

➥ 땅 under(아래로) mine(광산)을 캐서 지반을 약화시키다

Anxiety undermines the intellect. 걱정은 지적능력을 약화시킨다.

복습	consist	frequent	lawn	fascinate	elaborate
	view	operate	craft	mine	undermine

경쌤's TIP

다시 한 번 명심하세요!

1. 더욱 빠르고 오래 암기하기 위하여 **동영상 강의를 활용**하세요.
2. 강의 활용시 **절대 필기하지 마세요!** 강의에 100% 집중하세요.
3. 모든 단어를 100% 암기하기 전에는 **예문은 공부하지 마세요!**
4. 암기할 때 단어의 **뜻과 관련된 연상**에 집중하고 감정이입을 통해 그 뜻을 강하게 느끼거나 생각하면서 암기하세요.
5. 복습을 통해 모든 단어의 뜻을 1초 내에 바로 말할 수 있도록 완벽하게 복습하고 다음 강으로 가세요.
6. 강의에 어느 정도 익숙해졌다면 암기에 방해되지 않는 선에서 강의 배속을 빠르게 하여 들어보세요. 더 많은 시간을 절약할 수 있습니다.

Lecture 09

obstacle
[미 ábstəkl 영 óbstəkl]

n. 방해, 장애(물)

- 축구에서 앞서 들어오는 태클은 공격의 방해, 장애물
- Illiteracy is an obstacle to success.
  문맹은 성공의 장애물이다.

wrap
[ræp]

v. 싸다, 포장하다 n. 싸개

- 배달 음식을 투명 비닐 랩으로 싸다, 포장하다
- a beautifully wrapped gift
  예쁘게 포장된 선물

appeal
[əpíːl]

¹ v. 애원하다, 호소하다 ² v. 마음을 끌다 n. 매력

- ¹ 근육질 남자가 마음을 끌다, 그래서 그 사람 등에 업힐 것을 애원하다
- ² 엄마에게 업힐 것을 애원하다, 호소하다
- The boy appealed to his father for support.
  그 소년은 아버지에게 지지를 호소했다.

navigation
[nævigéiʃən]

n. (배·항공기의) 항해, 운항

- [내비게이터(navigator)] 내비게이터의 지시에 따라 항해, 운항
- navigator 항해자, 조종사
- navigate 항해하다, 길을 찾다
- Astronomy was applied to ancient navigation.
  천문학이 고대 항해에 적용되었다.

nectar
[néktər]

n. 과즙(음료), 꿀

- neck(목)이 타서 마시는 과즙음료, 꿀
- Bees love the nectar in flowers.
  벌들은 꽃의 꿀을 좋아한다.

equipment
[ikwípmənt]

n. 장비, 용품, 장비 설치

- 이를(이빨을) 교정한 상태로 keep(유지하는) 장치가 이빨마다 많다. 즉, 치아교정 장비, 장비 설치
- equip 장비를 갖추다, 채비하다
- ¹ The first true piece of sports equipment that man invented was the ball.
  인간이 발명한 진정한 첫 번째 스포츠 장비는 공이었다.
- ² I am fully equipped for climbing.
  나는 등반을 위해 완전히 장비가 갖춰졌다.

이를(이빨을) keep(유지하는) equipment 장치가 많다

치아교정 장비, 장비 설치

sparrow
[spǽrou]

n. 참새

→ 숲에로(숲으로) 날아가는 참새

✎ The sparrow flew upward. 참새가 위로 날아올랐다.

tune
[tju:n]

n. 멜로디, 곡조 v. 조율하다, 튜닝하다

→ 멜로디, 곡조에 맞춰 춤을 춘

✎ She played a tune on her guitar.
그녀가 기타로 한 곡조를 연주했다.

planet
[plǽnit]

n. 행성

→ 우주 plane(비행기)를 타고 향해가는 행성

✎ the Red Planet 화성

layout
[léiàut]

n. 배치도, 배치

→ 내용물이나 구조를 종이 한 장에 lay(놓아) out(밖으로) 드러낸 형태, 즉 배치도, 배치

✎ The chair is key to the furniture layout.
그 의자가 가구 배치에 핵심이다.

복습	obstacle	wrap	appeal	navigation	nectar
	equipment	sparrow	tune	planet	layout

obey
[oubéi]

v. 복종하다, 따르다

→ 칼을 든 강도에게 오우! 베이는 게 무서워 복종하다, 따르다

- obedient 순종하는, 고분고분한
- disobedient 순종하지 않는
- obedience 복종, 순종

✎ obedient children 고분고분한 아이들

qualify
[⑩kwάlifài ⑨kwɔ́lifài]

v. 자격을 주다, 자격을 얻다

→ 파이를 만들 권리, 즉 제빵사 자격증으로 자격을 주다, 자격을 얻다

- qualification 자격, 자격증
- unqualified 자격이 없는
- disqualify 자격을 박탈하다

✎ The training course will qualify you for a better job.
훈련 과정은 당신에게 더 나은 직장을 얻을 자격을 줄 것이다.

pirate
[páirət]

n. 해적

→ 우주 해적선의 pilot(비행기 조종사)인 해적

✎ Pirates robbed him of all his goods.
해적들이 그에게서 모든 그의 물건을 약탈했다.

offer
[ɔ́:fər]

v. 제공하다, 제안하다　n. 제공, 제안

- 옷을 싸게 거저 **퍼**줄 테니 사세요! 하고 옷을 싼값에 **제공하다**, (싼값을) **제안하다**
- ¹ East End Seaport Museum is now offering a special program.
  East End Seaport 박물관은 현재 특별 프로그램을 제공하고 있습니다.
- ² My uncle offered me a job.
  우리 삼촌은 나에게 일자리를 제안하셨다.

row¹
[rou]

n. 열, 줄

- 키가 **low**(낮은) 사람부터 차례로 선 **열, 줄**
- in a row 계속해서, 연속으로, 줄지어
- ¹ a row of desks 한 줄로 늘어선 책상
- ² He was absent from school 3 days in a row.
  그는 3일 연이어 결석했다.

row²
[rou]

v. 노를 젓다

- **노**를 젓다, 즉 **노를 젓다**
- We rowed boat on the lake.
  우리는 호수 위에서 배를 저었다.

노를 젓다

attorney
[ətə́:rni]

n. 변호사

- 친구가 실수한 것인데 "그러면 좀 **어떠니**?"라며 변호하는 **변호사**
- I had to hire an attorney.
  나는 변호사를 고용해야만 했다.

deposit
[⑩ dipázit ⑨ dipɔ́zit]

v. (돈·물품 등을) 맡기다, 두다　n. 보증금

- 달리기 시합 전에 **뒤**에 있는 주머니에 두면 **빠짓**(빠질)까봐 지갑을 잠시 친구에게 **맡기다**
- Where can I deposit valuables?
  귀중품은 어디에 맡기나요?

fireplace
[fáiərplèis]

n. 벽난로

- 집 안에서 **fire**(불)이 있는 **place**(장소), 즉 **벽난로**
- This fireplace smokes badly.
  이 벽난로는 연기가 심하게 난다.

fire(불)이 있는 place(장소)
fireplace

벽난로

dump
[dʌmp]

v. (쓰레기를) 내버리다

- **덤프** 트럭이 (쓰레기를) **내버리다**
- Some people just dump their trash in the river.
  일부 사람들은 쓰레기를 그냥 강에 내버린다.

복습	obey	qualify	pirate	offer	row¹
	row²	attorney	deposit	fireplace	dump

hawk
[hɔ:k]

n. 매

- 먹이를 혹! 채가는 매
- The hunter tamed a hawk.
  그 사냥꾼은 매를 길들였다.

bucket
[bʌ́kit]

n. 물통, 양동이

- 아이의 옷을 버낏!(벗겨!) 그리고 물통, 양동이의 물을 부어 씻기다
- two buckets of water 두 양동이의 물

affection
[əfékʃən]

n. 애정, 애착

- 매일 a(하나의) 패션만 입을 정도로 그 패션에 대한 애정, 애착
- A pet's continuing affection becomes crucially important for those enduring hardship.
  애완동물이 주는 지속적인 애정은 고난을 견디고 있는 사람들에게 있어 매우 중요해지고 있다.

hold
[hould]

v. ¹ 붙들다, 유지하다 ² (모임 등을) 개최하다, 열다

- 방뿐만 아니라 홀도(큰 방도, 복도도) 꽉 차도록 파티를 개최하다, 열다
- The meeting was held yesterday.
  회의는 어제 열렸다.

lease
[li:s]

v. 임차하다, 임대하다   n. (집 등의) 임대차 계약

- "니가 쓰라(써라)." 하면서 자신의 땅 등을 임차하다, 임대하다
- I took a house on a two-year lease.
  나는 2년 계약으로 집을 빌렸다.

probable
[(미) prάbəbl (영) prɔ́bəbl]

a. 있음직한, 가능성 있는

- 푸라(푸어라) 아빠의 밥을, 아빠가 지금쯤 퇴근하고 집에 도착할 가능성 있는, 있음직한
- probability 있음직함, 가능성
- It is probable that she will be late.
  그녀가 늦을 가능성이 있다.

prosper
[(미) prάspər (영) prɔ́spər]

v. 번영하다

- 돈을 플러스하여 담고 또 퍼 담을 정도로 회사가 번영하다
- prosperity 번영
- prosperous 번영하는
- Material prosperity can help individuals attain higher levels of happiness.
  물질적 번영은 개인들이 더 높은 수준의 행복을 얻는 것을 도울 수 있다.

host
[houst]

¹ n. (연회 등의) 주최자, 진행자 v. 주최하다, 진행하다
² n. 많은 사람, 많은 것(a host of)

➥ 홈쇼핑의 쇼핑 host는 **많은 사람** 앞에서 쇼를 **진행하는** 프로그램 **주최자, 진행자**

¹ He is the host of the party tonight.
그 남자는 오늘 밤 파티의 주최자이다.

² There are a host of technical problems.
많은 기술적 문제가 있다.

noble
[nóubl]

a. 고귀한, 양반의, 귀족의

➥ "**No! 불!**" 아궁이 불 가까이 가지 마세요. **고귀한, 양반의** 아가씨니까.

- nobility 귀족 (계급), 고결함, 고귀한 태생

But he had one noble purpose in life.
그런데 그는 삶에 있어서 한 가지 고귀한 목적을 갖고 있었다.

ignoble
[ignóubl]

a. 비열한, 비천한

➥ 이그! noble(고귀한, 양반의)하지 않아!, 즉 **비열한, 비천한**

an ignoble man 비열한 사람

복습	hawk	bucket	affection	hold	lease
	probable	prosper	host	noble	ignoble

Lecture 10

satellite
[sǽtəlàit]

n. 인공위성, 위성

- 새털처럼 light(가볍게) 하늘에 떠 있는 **인공위성, 위성**
- Thanks to satellites, we can find out instantly about events that occur on the other side of the world.
  인공위성 덕분에 우리는 지구 반대편에서 일어나는 사건들에 대해 즉각적으로 알 수 있다.

exhaust
[igzɔ́ːst]

¹ v. 다 써버리다 ² v. 기진맥진하게 만들다 ³ n. 배기가스

- 달리기 시합에서 체력을 다 **써버리다, 기진맥진하게 만들다**. 그런 후 "(내가) 이그! 젔수 투!" 하며 하아! 하아! 하며 입으로 **배기가스**를 내뿜다.
- exhaustion 기진맥진, 소모, 고갈
- exhausted 기진맥진한, 다 써버린
- ¹ exhaust a fortune in gambling 도박으로 재산을 탕진하다
- ² They all reached the beach two hours later, exhausted but safe.
  그들은 두 시간 후 지쳤지만 모두 안전하게 해변에 다다랐다.

detect
[ditékt]

v. 발견하다, 탐지하다

- 뒤에서 택! 하고 뒤통수를 때리다, 즉 형사가 뒷모습만 보고도 범인을 **발견하다, 탐지하다**
- detective 탐정, 형사; 탐정의
- ¹ I detected the man stealing money.
  나는 그자가 돈을 훔치는 것을 발견했다.
- ² I like reading detective stories.
  나는 탐정 소설 읽는 것을 좋아한다.

statistics
[stətístiks]

n. 통계, 통계학

- 막대그래프 **통계**에서 영화배우, 가수 **스타**들이 일반인에 비해 소유재산 등이 **튀수**(튀었수) **틱!**(스) 하고.
- statistic 통계치, 통계량
- statistics on drug usage 약물 사용에 대한 통계

split
[split]

v. 나뉘다, 쪼개다, 찢다 (split - split - split)

- 나무젓가락이 속 풀리어 two(2)개가 되다, 즉 **나뉘다, 쪼개다, 찢다**
- The children split into small groups. 그 아이들은 소그룹으로 나뉘었다.

Buddhist
[búːdist]

n. 불교도 a. 불교의

- **부디** ~하게 해주세요~ 하고 부처님께 비는 **ist**(사람), 즉 **불교도, 불교의**
- Buddhism 불교
- He shaved his head and became a Buddhist monk.
  그는 삭발하고 불교의 스님이 되었다.

snail
[sneil]

n. 달팽이

- 1미터 지나가는 데 스~윽 내일까지 걸리는 달팽이
- He is as slow as a snail.
  그는 달팽이처럼 느릿느릿하다.

tomb
[tu:m]

n. 묘지

- 부모님의 묘지 앞에서 two(두) 사람이 움
- The pyramids in Egypt are a kind of tomb.
  이집트의 피라미드들은 일종의 무덤이다.

eminent
[émɪnənt]

a. 저명한, 뛰어난

- 율곡과 그 애미인 신사임당 중 애미가 더 난(나은), 즉 더 저명한, 뛰어난
- preeminent 탁월한
- the most eminent scientist
  가장 고명한 과학자

consequence
[⑪ kánsəkwèns]
[⑭ kɔ́nsikwəns]

n. ¹ 결과 ² 중요성

- 작은 씨를 심은 결과 열매가 작고, 큰 씨를 심은 결과 열매가 컸수, 즉 결과 - 첫 단추를 잘 끼워야 하는 중요성
- consequently 따라서, 결과적으로
- ¹ The failure to detect spoiled or toxic food can have deadly consequences.
  상했거나 독이 있는 음식을 감지하지 못하면 치명적인 결과를 가져올 수 있다.
- ² His opinion is of little consequence to them.
  그의 의견은 그들에게 거의 중요하지 않다.

복습					
satellite	exhaust	detect	statistics	split
Buddhist	snail	tomb	eminent	consequence

vinegar
[vínɪgər]

n. 식초

- 비린 거에 냄새를 없애려고 넣는 식초
- Can you pass me the vinegar, please?
  식초 좀 건네주시겠어요?

head
[hed]

¹ n. 머리 ² v. 이끌다, 향하다

- 뱀의 꼬리는 head(머리)가 이끌다, 향하다
- ¹ Charles Thompson headed the expedition.
  Charles Thompson은 탐험대를 이끌었다.
- ² We headed towards the house.
  우리는 집을 향해 갔다.

block
[⑩ blɑk ⑭ blɔk]

¹ n. 사각형 덩어리 ² n. (도로로 나뉘는) 블록 ³ n. 방해물 v. 막다, 방해하다

- ¹ [블로크] 레고의 **블록**은 **사각형 덩어리**
- ² 배구에서 **블로킹(blocking)**으로 상대 공격을 **막다, 방해하다**
- blockade 봉쇄; 차단하다
- ¹ I kept circling the block to find his office.
  나는 그의 사무실을 찾으려 계속 그 블록을 돌았다.
- ² The people in dresses and suits blocked my view of the garden.
  드레스와 정장을 입은 사람들이 정원이 보이지 않게 내 시야를 가렸다.

meadow
[médou]

n. 목초지, 초원

- [메도우 → 매둬!] 소, 염소를 풀 뜯어 먹게 **매둬**, **목초지, 초원**에.
- cattle grazing in the meadows 목초지에서 풀을 뜯는 소 떼

cube
[kju:b]

n. 정육면체

큐브 **정육면체**
cube

- 색깔을 맞추는 **큐브**는 **정육면체**
- A cube has six sides.
  정육면체는 면이 여섯 개이다.

astonishing
[⑩ əstάniʃiŋ ⑭ əstɔ́niʃiŋ]

a. 깜짝 놀랄만한, 놀라운

- 롤로코스터를 어서 타니 씽! 갑자기 출발하여 **깜짝 놀랄만한**
- astonish 깜짝 놀라게 하다
- an astonishing achievement 깜짝 놀랄만한 성과

distinguish
[distíŋgwiʃ]

v. 구별하다, 두드러지게 하다

- 123층의 롯데타워같이 **This**(이것만) 높이 **팅기쉬**(팅겨져) 나와 다른 건물과 쉽게 **구별하다, 두드러지게 하다**
- distinguish A from B A를 B와 구별하다
- The twins are so alike that I can't distinguish one from the other.
  그 쌍둥이는 너무 비슷해서 구별할 수가 없다.

distinction
[distíŋkʃən]

n. 구별, 차이, 뛰어남

- 123층의 롯데타워같이 **This**(이것만) **팅!** 하고 **크셔**, 즉 다른 작은 것들과의 **구별, 차이, 뛰어남**
- distinct 뚜렷한, 구분되는
- distinctive 차이를 나타내는, 독특한
- Interestingly, being observed has two quite distinct effects on performance.
  흥미롭게도 관찰 받는다는 것은 수행능력에 있어 두 개의 꽤 구별되는 영향을 준다.

sideboard
[sáidbɔ̀:rd]

n. 찬장, 식기대

- 싱크대 **side**(옆)에 놓은 **board**(판자), 즉 **찬장**
- Cups are on the sideboard.
  컵들은 찬장 위에 있다.

drought
[draut]

n. 가뭄

- 가뭄에 들판이 다 말라 아웃! 당한
- Jim raised over one hundred million dollars to provide relief for the drought victims in Africa.
  Jim은 아프리카의 가뭄 희생자들에게 원조 물자를 제공하기 위해 1억 달러 이상을 모금했다.

복습

| vinegar | head | block | meadow | cube |
| astonishing | distinguish | distinction | sideboard | drought |

donation
[dounéiʃən]

n. 기부, 기증

- 돈을 내이션(내셔), 즉 기부, 기증
- donate 기부하다, 기증하다
- donor 기증자
- All money raised will be donated to charity.
  모금된 모든 돈은 자선단체에 기부될 것이다.

sink
[siŋk]

v. 가라앉다, 침몰시키다 (sink - sank - sunk)

- 싱크대의 물이 구멍으로 가라앉다
- A piece of wood tossed into water floats instead of sinking.
  물에 던져진 한 조각의 나무는 가라앉는 대신 뜬다.

fare
[fɛər]

n. (교통) 요금

- 택시 기사를 패어! 바가지 요금 때문에
- bus fare 버스 요금

dominant
[미] dámənənt]
[영] dóminənt]

a. 우세한, 지배적인

- 국민들이 대통령 후보로 다 미는 투로 우세한, 지배적인
- dominate 지배하다, 우세하다
- predominant 우세한, 두드러진
- LG has achieved a dominant position in the world market.
  LG는 세계 시장에서 우세한 위치를 달성했다.

glue
[glu:]

n. 접착제

- 접착제 대신 꿀루(꿀로) 붙이다
- We need glue to stick the broken pieces together.
  우리는 깨진 조각들을 함께 붙일 접착제가 필요하다.

jellyfish
[dʒélifiʃ]

n. 해파리

- jelly(젤리)와 같이 흐물흐물한 fish(물고기), 즉 해파리
- A jellyfish sting can be very painful.
  해파리가 쏘면 매우 아플 수 있다.

mammal
[mǽməl]

n. 포유동물

→ mam을(엄마를) 따라다니며 젖을 먹는 포유동물
※ The whale is not a fish, but a mammal.
고래는 물고기가 아니라 포유동물이다.

mam을(엄마를) 쫓아 젖을 먹는
mammal
포유동물

philosopher
[@ filάsəfər]
[@ filósəfər]

n. 철학자

→ 생각을 많이 하느라 담배를 필라, 소파에서, 즉 담배를 피며 깊은 생각에 빠진 철학자
- philosophy 철학
- philosophic 철학의
※ He majored in philosophy. 그는 철학을 전공했다.

illusion
[ilúːʒən]

n. 환영, 망상

→ 일루(이리로) 짠! 절루(저리로) 짠! 나타나는 환영, 망상
※ These hopes are sheer illusion. 이런 희망은 순전히 망상일 뿐이다.

pharmacy
[fάːrməsi]

n. 약국

→ 팔에 못이 박혀 치료약을 구하러 달려간 약국
- pharmacist 약사
※ Ask for it at your local pharmacy. 가까운 약국에서 구입하십시오.

| 복습 | donation | sink | fare | dominant | glue |
| | jellyfish | mammal | philosopher | illusion | pharmacy |

경쌤's TIP

축하합니다.

여러분은 경선식 토플영단어 기본 10강까지 완성하였습니다.

반드시 지켜야 하는 가장 효과적인 복습 방법(5page)을 확인 후 확실하게 복습하세요.

Lecture 11

candidate
[kǽndidèit]

n. 후보자, 지원자

➤ 캔디와 데이트하려고 길게 줄 서 있는 후보자, 지원자

Attractive candidates received more than two and a half times as many votes as unattractive candidates.
매력적인 후보자들은 매력적이지 못한 후보자들보다 2배 반 이상의 표를 받았다.

mature
[mətjúər]

a. 성숙한 v. 성숙하다

➤ 아이들은 춥다고 하지만 "뭐가 추워?" 하며 산전수전 다 겪어 와서 잘 견디는 성숙한 어른
- maturity 성숙
- immature 미숙한

Ecosystems mature, just as people do, from infants to adults.
생태계는 인간처럼 유아에서 성인으로 성숙하게 된다.

성숙한, 성숙하다

role
[roul]

n. 역할

➤ 놀 수 없어요, 팀장으로서 맡은 역할이 있어서.
- play a ~ role ~한 역할을 하다

The essential role of hand gestures is to mark the points of emphasis in our speech. 손짓의 근본적인 역할은 우리가 말할 때 강조할 부분을 표시하는 것이다.

garage
[(미) gərá:dʒ]
[(영) gǽra:dʒ]

n. (자동차) 차고

➤ 차 100대는 들어갈 정도로 거 참 large한 만수루의 차고

The car is parked in the garage. 차가 차고 안에 주차되어 있다.

fatal
[féitl]

a. 치명적인, 죽음을 초래하는

➤ 사람을 패, 이틀 동안이나, 즉 치명적인, 죽음을 초래하는
- fate 운명

a fatal error 치명적인 실수

치명적인

absurd
[(미) æbsə́:rd]
[(영) əbsə́:d]

a. 어리석은, 터무니없는

➤ "쟤는 없어 頭(머리 두)가", 즉 어리석은, 터무니없는

What an absurd idea! 얼마나 터무니없는 생각인가!

scratch
[skrætʃ]

v. 긁다 n. 긁힌 자국

➤ "네가 내 차를 못으로 슥 그랬지?" 즉, 긁다, 긁힌 자국

Scratch my back. 내 등 좀 긁어줘.

vapor
[véipər]

n. 증기

→ 증기선 배가 퍼내는(내뿜는) 증기

A cloud is made of vapor in the sky.
구름은 하늘에 있는 수증기로 만들어진다.

evaporate
[ivǽpərèit]

v. 증발시키다, 증발하다

→ ¹ 증기선 e(밖으로) 배가 증기를 퍼레이트(퍼내다), 즉 증발시키다, 증발하다
² [e(out) + vapor(증기) + ate(동·어)] 증기를 밖으로 내보내다, 즉 증발시키다

Oceans evaporate because of the sunshine.
해양은 햇빛 때문에 증발한다.

present
n. a. [préznt]
v. [prizént]

¹ n. 선물 ² a. 현재의 ³ a. 참석한 ⁴ v. 제출하다, 발표하다, 주다

→ present(선물)을 누구에게 주는가? 현재의, 참석한 사람 중에 설문지를 제출하고, 발표하는 사람에게 주다

• presentation 프레젠테이션, 상영, 발표

¹ the present owner of the house
그 집의 현재 소유주

² There were 100 people present at the meeting.
그 회의에는 100명이 참석했다.

³ I have a question about your presentation.
당신의 발표에 관해 질문이 있습니다.

⁴ They presented an award to her.
그들은 그녀에게 상을 주었다.

복습					
	candidate	mature	role	garage	fatal
	absurd	scratch	vapor	evaporate	present

---

maze
[meiz]

n. 미로

→ 지나간 길이지만 매번 잊으(잊어) 헤매는 미로

I was lost in a maze of downtown streets.
나는 미로 같은 시내 거리에서 길을 잃었다.

dumb
[dʌm]

a. ¹ 언어 장애인의 ² 우둔한

→ ¹ 물어도 답이 없이 덤덤한 언어 장애인의
² 일을 이것저것 시켜도 못 알아듣고 덤덤한, 즉 우둔한

¹ She's been dumb from birth.
그녀는 날 때부터 말을 하지 못했다.

² It's so dumb of you to say so.
그렇게 말하다니 너는 참 어리석다.

atom
[ǽtəm]

n. 원자

➤ 물질을 구성하는 가장 작은 입자가 원자라는 말에 **원자**를 빼내기 위해 순진한 **애**가 물건을 **텀**
- atomic 원자의, 핵무기의
- He invented an atom bomb.
  그는 원자폭탄을 발명했다.

trait
[treit]

n. 특성, 특징

➤ 틀에 박혀 이트(있는) **특성, 특징**
- It is a human trait to try to define and classify the things we find in the world. 우리가 세상에서 발견하는 것들을 정의하고 분류하려고 하는 것은 인간의 특성이다.

bay
[bei]

n. (작은) 만(바다가 육지 속으로 파고들어 와 있는 곳)

➤ ¹ 배 2(이)척이 정박해 있는 **만**
  ² 캐리비안 **베이**는 캐리비안 **만**
- The river runs into the beautiful bay.
  강이 아름다운 만으로 흘러든다.

urban
[ə́ːrbən]

a. 도시의

➤ 비싼 주거환경 때문에 돈 **얼**마를 **번** 사람들만 모이는 **도시의**
- urban civil life 도시 시민의 생활

sled
[sled]

n. 썰매

➤ 비탈길을 내려갈 때 **슬래**도 스기 힘든 **썰매**
- Marshall's sled disappeared slowly in the distance.
  Marshall의 썰매가 저 멀리 천천히 사라졌다.

annual
[ǽnjuəl]

a. 1년의, 해마다의

➤ 쑥쑥 자라서 해마다 애가 new 얼굴로 변한다, 즉 **1년의, 해마다의**
- annually 매년, 1년에 한 번씩
- an annual event 연례행사

narrate
[⑪nǽreit ⑬nəréit]

v. 이야기하다, 설명하다

➤ ¹ 북한에서 귀순한 사람이 "**내레이** 삼팔선을 넘어올 때…"라고 자신에 대해 **이야기하다, 설명하다**
  ² **나레이터** 모델(narrator model)이 제품을 **설명하다, 이야기하다**
- narration 서술, 이야기하기
- narrator 해설가
- The story is narrated by Sarah Holt.
  그 이야기는 Sarah Holt가 내레이션을 맡는다.

identity
[aidéntəti]

n. ¹ 신원, 정체, 정체성 ² 일치, 동일함

➤ ¹ 죽은 채로 발견된 아이에게 댄다(대본다), 녹색 티셔츠를 입은 실종되었던 아이 사진을. 그랬더니 **신원, 정체가 일치, 동일함**
² 로그인할 때 **ID**는 바로 identity의 약자이다, 즉 **신원, 정체, 정체성**

- identify (신원·정체 등을) 확인하다, 밝히다, 동일시하다
- identification 신원 확인, 신분 증명, 동일시
- unidentified 미확인의, 신원 미상의
- identical 동일한, 똑같은

¹ He finally disclosed his own identity.
그는 마침내 자신의 정체를 밝혔다.
² unidentified flying object 미확인 비행물체(UFO)
³ a feeling of identity between managers and staff
관리자들과 직원들 간의 동질감

복습

| maze | dumb | atom | trait | bay |
| urban | sled | annual | narrate | identity |

gossip
[⑩ gá:sip ⑱ gósip]

n. 험담, 잡담 v. 잡담하다

➤ 친구를 까고 씹으며 **험담, 잡담하다**

I had a joyful gossip with my friend.
나는 친구와 즐거운 잡담을 했다.

withdraw
[wiðdró:]

v. ¹ 물러나다, 철수하다 ² (돈을) 인출하다

➤ 은행 부도 소식에 은행에 돈을 맡긴 사람들이 은행으로 **with**(함께) 들어가 돈을 몽땅 **인출하다**, 그런 후 **물러나다, 철수하다**

- withdrawal 물러남, 취소, 철수, (예금) 인출

¹ The general refused to withdraw his troops from the town.
장군은 마을에서 군대를 철수하기를 거부했다.
² I'd like to withdraw $3000 please.
3000달러를 인출하고 싶습니다.

escalate
[éskəlèit]

v. 오르다, 증가하다, 확대되다

➤ 에스컬레이터를 타고 **오르다, 증가하다**

Educational expenditure has escalated to a worrying level.
교육비가 우려할 수준으로 증가했다.

welfare
[wélfɛər]

n. 복지 a. 복지의

➤ 스웨덴 국민들은 **well**(잘) 사는 **패여**(패거리여), 즉 **복지, 복지의** 국민 패거리

Anita became interested in social welfare.
Anita는 사회복지에 관심을 갖게 되었다.

throughout
[θruːáut]

¹ ad. 도처에, 온통 ² prep. ~ 동안 쭉, ~ 내내

- 태양의 빛이 우주를 through(통과하여) out(밖으로) 도처에, 평생 동안 쭉 퍼지다
- ¹ throughout the world 세계 도처에
  ² throughout the year 1년 내내

inflation
[infléiʃən]

n. ¹ 통화 팽창, 물가 폭등 ² 부풀림

- 인플레이션이란 통화 팽창, 물가 폭등과 같이 물가나 통화의 부풀림
- inflate 팽창시키다, 부풀리다, 가격을 올리다
- My father inflated a toy balloon.
  아빠가 풍선을 부풀렸다.

controversy
[@ kántrəvə̀ːrsi]
[@ kɔ́ntrəvə̀ːrsi]

n. 논쟁, 논의

- 두 사람이 흥! 하고 얼굴을 서로 반대로 큰(크게) 틀어 벌 씹은 표정으로 논쟁, 논의
- controversial 논쟁의 여지가 있는
- controvert 논쟁하다
- Japanese whaling industry is a controversial issue.
  일본의 포경 산업은 아주 논쟁의 여지가 있는 문제이다.

casual
[kǽʒuəl]

a. ¹ 평상복의, 평상시의 ² 대충의, 신경 쓰지 않는

- 평상복인 캐주얼복은 평상시의, 신경 쓰지 않는 옷
- ¹ We often use this word in casual talks.
  우리는 평상시 대화에서 이 단어를 자주 사용한다.
  ² casual attitude towards safety
  안전에 대해 신경 쓰지 않는 태도

purple
[pə́ːrpl]

a. 자주색의 n. 자주색

- 퍼런 풀에 핀 자주색 꽃
- a purple flower 자주색 꽃

condemn
[kəndém]

v. ¹ 비난하다, (~에게 형을) 선고하다 ² 운명짓다

- 이명박 대통령이 4대강에 큰 댐을 지으면서 비리를 저질러 국민들이 비난하다, 형을 선고하다, 결국 큰 댐이 이명박 대통령을 운명짓다
- be condemned to ~할 운명이다
- ¹ We all condemn cruelty to children.
  우리 모두는 아이들에게 가해지는 잔인한 행위를 비난한다.
  ² As an old person, one is often condemned to live alone.
  나이가 들면 사람은 흔히 혼자 살아야 할 운명에 처한다.

복습				
gossip	withdraw	escalate	welfare	throughout
inflation	controversy	casual	purple	condemn

경쌤's TIP

처음에는 **경선식 영단어**의 비교할 수 없는 암기 속도에 놀랐을 겁니다.
하지만 **속도보다 더 뛰어난 것이 암기 지속성입니다.**

일반적인 암기에 있어서는
그 뜻을 떠올릴 연결고리가 없기 때문에
100단어 완벽 암기에 3~4시간 정도 걸리고
일주일 후 그 100단어를 다시 완벽하게 복습하는 데는 **1.5시간** 가까이 걸립니다.
다시 **한 달 후** 그 단어들을 완벽하게 복습하는 데는 **1시간** 정도 걸립니다.
3달 후 그 단어들을 완벽하게 복습하는 데는 **30분 이상** 걸립니다.

경선식의 해마학습법은
발음과 뜻의 강력한 연결고리가 만화의 잔상과 단어 뜻의 느낌과 함께 저장되기 때문에
100단어 완벽 암기에 1시간 정도 걸리고
일주일 후 그 100단어를 다시 완벽하게 복습하는 데는 **15분** 정도 걸리고
다시 **한 달 후** 그 단어들을 완벽하게 복습하는 데는 **10분** 정도 걸립니다.
3달 후 그 단어들을 완벽하게 복습하는 데는 **5분** 정도 걸립니다.

한 예로 경선식에듀 수강생 이미* 학생은
2700여 단어를 단 8일 만에 암기하여 무작위 100단어 시험에서 100점을 받았고 40일 후 단지 4시간의 복습만으로도 다시 무작위 100단어 시험에서 100점을 받았습니다.
그 이후 회사에 취직하여 영어단어를 전혀 복습하지 않았지만 **1년 7개월 후**의 시험 하루 전날 단지 **8시간의 복습만으로** 다시 그 **2700개의 단어** 중 무작위 100단어 시험에서 **100점**을 받았습니다.
(학습의욕 고취를 위해 각 시험 바로 전날 100점을 받으면 소정의 장학금 지급을 약속하였고 시험은 경선식에듀 회사로 직접 와서 치렀습니다.)

Lecture 12

endeavor
[indévər]

n. 노력 v. 노력하다

▶ 운동선수가 **인대가 붜(부어)** 오를 정도로 **노력, 노력하다**

I always endeavor to set aside some money every month.
나는 항상 매월 약간의 돈을 따로 떼어두려고 노력한다.

exigency
[éksidʒənsi]

n. 긴급사태, 위급함

▶ 전쟁이 일어나자 "**엑! 씨! 전시야!**" 즉, **긴급사태, 위급함**

- exigent 위급한, 급박한

Economic exigency required the government to act.
경제적 위기 때문에 정부가 나설 수밖에 없었다.

apply ❶
[əplái]

v. 적용하다, 적용되다

▶ "방정식을 적용해서 **어, 문제를 풀라이!**" 즉, 방정식을 **적용하다, 적용되다**

This does not apply to children.
이것은 아이들에게는 적용되지 않는다.

apply ❷
[əplái]

v. 지원하다, 신청하다

▶ "입사시험 문제를 **어, 풀라이!**" 즉, 입사시험에 **지원하다, 신청하다**

- application ¹ 적용, 응용 ² 지원, 지원서
- applicant 지원자, 신청자
- apply to ~에 적용하다
- apply for ~에 지원하다

To apply, send your application form by December 1, 2003.
지원하려면 당신의 지원서를 2003년 12월 1일까지 제출하시오.

journey
[dʒə́ːrni]

n. 여행, 여정 v. 여행하다

▶ "**노를 저어! 니가!**" 하며 배를 타고 **여행, 여행하다**

I'd better get some sleep since a long, tough journey is ahead of me.
나는 길고 힘든 여행이 내 앞에 있기에 잠을 좀 자는 편이 낫겠다.

pub
[pʌb]

n. 술집

▶ 술을 입에 **퍼부**어대는 **술집**

There was a fight at the pub.
술집에서 싸움이 있었다.

oyster
[ɔ́istər]

n. 굴

▶ 얇게 썬 **오이**s 위에 **떠** 있는 채로 나온 한 접시의 **굴**

Oysters are plentiful in winter. 굴은 겨울에 많이 난다.

mass
[mæs]

¹ n. 많은 양, 큰 덩어리 a. 대량의 ² n. 일반 대중

- ¹ [매스→맸수] 죄수의 발목에 **맸수**, 쇠로 만든 **많은 양**의 큰 덩어리를
- ² 인구 중에 mass(많은 양)을 차지하는 **일반 대중**
- ¹ a mass of iron 쇳덩이
- ² a mass of letters 대량의 편지
- ³ mass media 대중 매체

firm ❶
[fə:rm]

a. ¹ 굳은, 단단한 ² 확실한, 확고한

- 머리를 **펌**(파마)으로 변경하기로 마음이 **확고한, 확실한**. 펌(파마)으로 머리 모양이 그대로 **굳은, 단단한**
- firmly 확고히, 단단히
- infirmity 허약, 병약(←in은 not의 의미)
- ¹ firm ground 굳은 땅
- ² a firm determination 굳은(확고한) 결의

firm ❷
[fə:rm]

n. 회사

- 법률 **회사**를 로펌(law firm)이라고 함
- a law firm 법률 사무소

복습	endeavor	exigency	apply¹	apply²	journey
	pub	oyster	mass	firm¹	firm²

branch
[미] bræntʃ [영] brɑ:ntʃ

n. 나뭇가지, (회사나 프랜차이즈의) 지점

- ¹ 불엔(불에는) **취~** 하고 잘 타는 **나뭇가지**
- ² branch(나뭇가지)가 갈라져 나가듯 본사에서 갈라져나간 프랜차이즈 **지점**
- ¹ The tree reaches its branches towards my house.
  나무가 우리 집을 향해 가지를 뻗는다.
- ² The company has branches all over the country.
  그 회사는 전국에 지점을 두고 있다.

avenge
[əvéndʒ]

v. 복수하다

- ¹ 어! **빼찌**(펜치)로 때려서 **복수하다**
- ² 영화 어벤저스(avengers: 보복자들)이 외계 침략자들에게 **보복하다**
- cf. revenge 보복하다, 복수하다
- avenger 보복자
- vengeance 복수, 앙갚음
- vengeful 원한을 품은
- He avenged his sister's murder.
  그는 누이가 살해당한 것에 복수했다.

hasty
[héisti]

a. 서두르는, 성급한

→ 밤이 되면 산길은 위험하니 해 있을 때 튀자, 즉 서두르는, 성급한
- haste 서두름
- hasten 서두르다
- I don't want to make a hasty decision. 난 성급한 결정을 내리고 싶지 않다.

gaze
[geiz]

v. 뚫어지게 보다, 응시하다

→ "걔는 잊어!"라고 해도 친구가 헤어진 사람의 사진을 뚫어지게 보다, 응시하다
- The tourists gazed at the Grand Canyon.
  그 관광객들은 그랜드캐니언을 응시했다.

assume ❶
[⑪ əsúːm ⑬ əsjúːm]

v. 추정하다, 생각하다

→ 어슴푸레하게 생각을 떠올려보다, 즉 추정하다, 생각하다
- assumption 추정, 가정
- assuming that ~ ~이라고 가정하여, ~이라고 한다면
- I assume that my girlfriend is not a liar.
  나는 내 여자 친구가 거짓말쟁이는 아니라고 생각한다.

assume ❷
[⑪ əsúːm ⑬ əsjúːm]

v. ¹ ~을 떠맡다 ² ~인 척하다

→ 깡패가 나타나자 여친에게 "어! 숨어 있어!" 하며 자기가 다 떠맡다, 용기 있는 척하다
- ¹ Mr. Kim will assume my task. 김 선생이 제 일을 맡게 될 것입니다.
  ² She's assuming to be someone else. 그녀는 다른 사람인 척하고 있다.

bruise
[bruːz]

n. 멍 v. 멍들게 하다

→ 멍이 든 곳을 호오~ 하고 불어 주세요!
- I get bruise very easily. 나는 멍이 잘 든다.

formal
[fɔ́ːrməl]

a. 격식을 차린, 공식적인

→ 폼을 중요시하는, 즉 옷이나 행동에 있어 격식을 차린, 공식적인
- informal 비공식적인
- formal dress 격식을 차린 복장(정장)

wind
n. [wind]
v. [waind]

¹ n. 바람 ² v. 감다, 돌리다 (wind - wound - wound)

→ 와인두(와인도) 나선모양의 코르크 따개를 돌려서 딴다, 즉 감다, 돌리다
- He wound up the clockwork toys.
  그는 태엽 장난감의 태엽을 감았다.

wind up ~ing

결국 ~하게 되다

→ 꽉 닫혀있는 와인두(와인도) 와인 따개로 돌리면 up(위로) 올라와 결국 따지게 되다
- I always wind up having an argument with her.
  나는 항상 결국 그녀와 싸우게 된다.

복습	branch	avenge	hasty	gaze	assume[1]
	assume[2]	bruise	formal	wind	wind up ~ing

claw
[klɔː]

n. 발톱

- 고양이가 숨겼던 **발톱**을 클러
- Cats' front feet have sharp claws. 고양이의 앞발은 날카로운 발톱을 가지고 있다.

hesitation
[hèzitéiʃən]

n. 망설임, 주저

- 계약을 **해지**하면 계약금을 **떼이션**(떼이셔). 해지해? 말아? **망설임, 주저**
- hesitate 주저하다
- hesitant 주저하는
- I didn't hesitate to sign up for the second week program.
  나는 주저하지 않고 두 번째 주 프로그램에 등록했다.

decade
[dékeid]

n. 10년

- [데케이드 → 大 케익도] 설립한 지 **10년**이 돼서 **大 케익도** 사서 기념하는
- The impact of color has been studied for decades.
  색깔의 영향이 수십 년간 연구되어 왔다.

breakdown
[bréikdàun]

n. 고장, 파손, 붕괴

- **break**(깨져서) **down**(아래로) 떨어져 **고장, 파손, 붕괴**
- Our truck had a breakdown on the highway.
  우리 트럭은 고속도로에서 고장이 났다.

valid
[vǽlid]

a. 유효한, 효과 있는, 타당한

- 살을 빼는 데 있어서 **밸리**(댄스)**도 효과 있는**
- The ticket is not valid anymore. 그 티켓은 더 이상 유효하지 않습니다.

validate
[vǽlidèit]

v. [1] 입증하다 [2] 인정하다

- 칼로 **벨리! 데이트** 하다가. 그것을 형사가 **입증하다**, 피의자가 **인정하다**
- revalidate (증명서 등을) 유효하게 갱신하다
- [1] Gathering evidence to validate a theory of change is challenging.
  변화의 이론을 검증하기 위한 증거 수집은 어렵다.
- [2] The agent issued a revalidated ticket to the woman.
  그 직원은 그녀에게 갱신된 티켓을 발행해 주었다.

annoy
[ənɔ́i]

v. 짜증나게 하다

- 싫다는 데도 계속 붙들자 "어, 놓이소!", 즉 스토커처럼 따라다니며 **짜증나게 하다**
- annoyance 짜증, 성가심
- I used to annoy my teacher with hard questions.
  나는 곤란한 질문으로 선생님을 괴롭히곤 했다.

shelf
[ʃelf]

n. 선반

- '물은 셀프(self)'라고 써놓은 식당의 선반
- I noticed it on a nearby shelf.
  나는 그것을 가까이 있는 선반에서 발견했다.

last
[미 læst 영 lɑːst]

¹ a. 마지막의 ² a. 지난 ³ v. 지속되다, 계속되다

- last(마지막)까지 계속되다, 지속되다
- at last 마침내, 드디어
- ¹ at the last minute 마지막 순간에
  ² last month 지난달
  ³ At last we reached London.
    드디어 우리는 런던에 도착했다.
  ⁴ The promise only lasted for 3 days.
    그 약속은 3일 동안만 지속되었다.

latest
[léitist]

a. 최근의, 최신의

- [late의 최상급 형태] 9시 1분에 도착하여 latest(가장 늦은) 학생은 9시 이전에 도착한 다른 학생들보다 가장 최근에 도착한 학생, 즉 최근의, 최신의
- lately [léitli] 요즘, 최근에
- ¹ a latest movie 최신 영화
  ² I haven't seen Jane lately. 나는 최근에 Jane을 못 봤다.

복습	claw	hesitation	decade	breakdown	valid
	validate	annoy	shelf	last	latest

경쌤's TIP

공부를 하기 싫은 이유 중에 가장 큰 이유는 무엇일까요?

아마도 목표 없이 수동적인 공부를 하거나
여러분이 정한 목표를 간절하게 바라는 마음이 부족하기 때문일 것입니다.
그리고 머리로만 그 목표를 생각하다 보면 너무나 자주 그 목표를 잊어버리게 될 것입니다. 목표를 크게 적어서
항상 볼 수 있는 곳에 붙여놓도록 하세요.
그 목표를 이루었을 때의 희열과 여러분 못지않게 기뻐하실 부모님의 얼굴을 떠올려보세요.
그리고 너무도 애절히, 너무도 간절히 그 목표를 갈구하세요!!!

Lecture 13

embarrass
[imbǽrəs]

v. 당황하게 하다

- 음식을 쏟아 상대방 옷을 잉! 배렸수(버렸수), 즉 당황하게 하다
- embarrassment 난처, 당황
- Linx looked embarrassed.
  Linx는 당황한 것처럼 보였다.

owe
[ou]

v. …에게 ~을 빚지고 있다, 신세를 지고 있다

- "오우~ 하나님 감사합니다." 즉, 하나님께 은혜를 빚지고 있다, 신세를 지고 있다
- owing to ~ 덕분에, ~ 때문에
- ¹ You owe me $100.
  당신은 나에게 100달러 빚지고 있습니다.
  ² We owe it to a few writers of old times that the people in the Middle Ages could slowly free themselves from ignorance.
  중세 시대 사람들이 무지에서 서서히 탈피할 수 있었던 것은 소수의 옛 작가들 덕분이다.

feed
[fi:d]

n. 먹이, 사료 v. 먹이를 주다, 먹이를 먹다 (feed - fed - fed)

- food(음식)을 주다, 즉 먹이, 먹이를 주다
- A bat that fails to feed for two nights is likely to die.
  이틀 동안 먹지 못한 박쥐는 죽기 쉽다.

chop
[⑩ tʃɑp ⑱ tʃɔp]

v. (음식 재료를) 썰다, 팍팍 찍다

- 음식 재료를 찹! 찹! 썰다, 도끼로 찹! 찹! 찍다
- He is chopping meat.
  그는 고기를 토막 내고 있다.

찹!
chop
썰다,
팍팍 찍다

stick ❶
[stik]

v. 붙이다 (stick-stuck-stuck)

- 스티커(sticker)를 붙이다
- stick to ~을 고수하다, ~에 달라붙다
- She is sticking a stamp on an envelope.
  그녀가 봉투에 우표를 붙이고 있다.

stick ❷
[stik]

¹ n. 막대기 ² v. 찌르다

- ¹ 치즈스틱, 드럼스틱, 립스틱에서 스틱은 막대기
  ² stick(막대기)로 찌르다
- a stick of candy 막대 사탕

pity
[píti]

n. 불쌍히 여김, 애석한 일

→ 피를 튀기며 절룩거리는 개를 불쌍히 여김
- pitiful 가엾은
- pitiless 무자비한, 냉혹한

It really is a pity that they did not.
그들이 그렇게 하지 않은 것은 정말로 애석한 일이다.

stance
[stæns]

n. 자세, 태도, 입장

→ 각자 stand(서 있는) 자세, 태도, 입장

The president has changed her stance on foreign policy.
대통령은 외교정책에 대한 그녀의 입장을 바꿨다.

suicide
[sjú:əsàid]

n. 자살 v. 자살하다

→ 집에 숨어서 자신을 총으로 쏴이드(쏴서) 자살하다

She committed suicide. 그녀는 자살했다.

mushroom
[mʌ́ʃru:m]

n. 버섯

→ 버섯 모양으로 만든 스머프의 멋이 있는 room(방)

a poisonous mushroom 독버섯

복습	embarrass	owe	feed	chop	stick¹
	stick²	pity	stance	suicide	mushroom

---

eraser
[iréisər]

n. 지우개

→ 피부과의 이 레이저는 점이나 상처를 지우는 지우개
- erase 지우다

Can I borrow your eraser for a minute?
지우개 좀 잠깐 빌려도 될까?

capacity
[kəpǽsəti]

n. ¹ 능력 ² 용량, 수용력

→ 마라톤 선수가 커다란 폐 써티(썼지), 즉 폐의 용량이 커서 오래 달릴 수 있는 능력
- capacious 널찍한

¹ Animals have no expectations about mental capacity.
동물들은 정신적 능력에 관해서 어떠한 기대를 갖고 있지 않다.

² breathing capacity 폐활량

utensil
[ju:ténsəl]

n. (가정이나 주방의) 기구, 도구, 가정용품

→ U자 모양의 그릇 ten(10)개와 실, 바늘과 같은 가정용품, 주방의 기구, 도구

Cooking utensils are equipped in the kitchen.
요리 기구들이 주방에 갖춰져 있다.

crosswalk
[krɔ́:swɔ̀:k]

n. 횡단보도

- 도로를 cross(가로질러) walk(걷는) 길, 즉 **횡단보도**
- Before you cross the street at a crosswalk, first look both ways.
  횡단보도에서 길을 건너기 전에 우선 좌우를 확인하십시오.

drift
[drift]

n. 떠가다 n. 이동, 흐름

- 스키장에서 두 개의 빈 **리프트**가 줄에 매달려 **떠가다, 이동, 흐름**
- It also imitates the movement of a drifting leaf underwater.
  그것은 또한 수면 아래에서 떠가는 나뭇잎의 움직임을 흉내 내기도 한다.

jewel
[dʒú:əl]

n. 보석

- 길에서 번쩍이는 **보석**을 **주얼**(주을)
- jewelry 보석류
- jeweler 보석상
- imitation jewelry 모조 보석

tolerate
[(미) tálərèit]
[(영) tɔ́lərèit]

v. 참다, 견디다

- 수업시간에 배가 **탈나**서 화장실 가고 싶지만 에잇! 하고 **참다, 견디다**
- toleration 인내
- tolerable 참을 수 있는
- intolerable 참을 수 없는
- I will not tolerate your behaving like this.
  난 네가 이런 식으로 행동하는 것은 참지 않을 것이다.

feature
[fí:tʃər]

¹ n. 얼굴 생김새, 모양 ² n. 특징 v. ~을 특징으로 삼다, 특별히 포함하다

- 삐쳐 있는 **얼굴 생김새**가 저 사람의 **특징**
- ¹ He has a handsome feature.
  그는 잘생긴 용모를 갖고 있다.
- ² In fact, this right for great art has been an essential feature of a free nation.
  사실, 위대한 예술에 대한 이런 권리는 자유 국가의 필수적 특징이었다.

notice ❶
[nóutis]

n. 통지, 통보

- **Know this!**(이것을 알아라!) 하고 **통지, 통보**
- notify 통지하다, 통보하다
- ¹ notice board 게시판
- ² I just received a notice saying that I am fired.
  방금 전에 내가 해고당했다는 통지를 받았다.

notice ❷
[nóutis]

n. 주목, 알아챔 v. 알아차리다

- 많은 사람들 중에 키가 엄청 커서 너는 눈에 튀수(튀었수), 그래서 모두가 너를 주목, 알아차리다
- noticeable 주목할 만한, 현저한
- take notice of ~을 주목하다
- 1 You had better take no notice of what he does.
  그가 하는 일에 신경을 쓰지 않는 것이 좋겠습니다.
- 2 I noticed that he left early.
  나는 그가 일찍 떠난 것을 알아챘다.

복습	eraser	capacity	utensil	crosswalk	drift
	jewel	tolerate	feature	notice¹	notice²

torrent
[tɔ́:rənt]

n. 급류, (pl.) 억수

- [토런트 → 또랑트] 또랑에서 쏟아지는 급류, 억수
- in torrents (비가) 억수로, 빗발치듯
- The rain came down in torrents.
  비가 억수같이 퍼부었다.

defect
[dí:fekt]

n. 결점, 결함

- 사려는 중고차 뒤에 팩! 하고 찌그러져 있는 two개 결점, 결함
- mechanical defects in a car 자동차의 기술적 결함들

lifelong
[láiflɔ̀:ŋ]

a. 일생의, 평생의

- [life(삶) + long(긴)] 삶의 길이만큼의, 즉 일생의, 평생의
- a lifelong friendship 평생을 지켜온 우정

copper
[⑪ kápər ⑫ kɔ́pər]

n. 1 구리 2 동전

- [카퍼 → 값어!] 10원짜리 구리 동전 하나 빌려주며 "값어!"
- 1 a copper ring 구리 반지
- 2 I only paid a few coppers for these candies.
  나는 이 사탕에 단지 몇 개의 동전을 지불했다.

folk
[fouk]

n. 일반 대중 a. 민속의

- 포크송(folk song)은 일반 대중의 민속가요, 포크댄스(folk dance)는 일반 대중의 민속적인 댄스
- She is singing an old folk song.
  그녀는 옛날 민요를 노래하고 있다.

pay
[pei]

¹v. 지불하다 n. 급료 ²v. 이득이 되다 ³v. 대가를 치르다

- 매달 받는 pay(급료)를 투자한 주식이 이득이 되다
- Computer games doesn't pay.
  컴퓨터 게임은 득 되는 일이 아니다.

slight
[slait]

a. 약간의, 경미한

- 술 light하게(가볍게) 했어, 즉 약간의, 경미한 양만큼만 마셨어.
- slightly 약간, 가볍게
- We might even feel slightly ill.
  우리는 심지어 경미하게 아프다고 느낄 수도 있다.

singular
[síŋgjulər]

a. 특이한, 유일한

- 여러 개 중에서 single(하나)만 다른, 즉 특이한, 유일한
- singularity 특이함, 단독
- a singular style of dress
  독특한 스타일의 드레스

bald
[bɔːld]

a. 대머리의, 털이 없는

- [볼드 → ball두] 배구공, 축구공과 같은 ball두(볼도) 반들반들한 대머리의, 털이 없는
- My dad is going bald.
  우리 아빠는 머리가 벗겨지고 있다.

bold
[bould]

a. 대담한, 용감한

- [보울드 → ball 두] 타자가 친 ball을 잡으려고 두 수비수가 충돌할 위험을 감수하고 달려들 정도로 대담한, 용감한
- boldness 대담함, 배짱
- a bold action 대담한 행동

복습	torrent	defect	lifelong	copper	folk
	pay	slight	singular	bald	bold

Lecture 14

direction
[dirékʃən]

n. 방향, 지시

▶ 가야 할 방향이 뒤랬션!(뒤랬어!), 즉 **방향, 지시**

- direct 지시하다, 방향을 안내하다; 직접적인, 똑바른
- director 지휘자, 감독
- directive 지시, 명령; 지시하는

¹ He walked away in the same direction with her.
그는 그녀와 같은 방향으로 걸어가 버렸다.

² I can't follow your direction. 저는 당신의 지시를 따를 수 없습니다.

farewell
[fɛərwél]

n. 작별, 작별인사

▶ 악당을 **패**어 죽이고 하늘나라로 **well**(잘) 가라고 하는 **작별, 작별인사**

Let's have a farewell party for him.
그를 위해 작별 파티를 합시다.

jury
[dʒúəri]

n. 배심원

▶ 벌을 **주어리!** 하고 판결을 내리는 **배심원**

The jury was composed of 10 persons.
배심원은 10명으로 구성되었다.

notion
[nóuʃən]

n. 개념, 생각

▶ **know**셔?(알고 있으셔?) 이 수학 **개념, 생각**을?

He has no notion of equality.
그는 평등에 대한 개념이 없다.

negative
[négətiv]

a. ¹ 부정적인 ² (테스트 결과가) 음성인

▶ "내가 **TV**에 나와? 흥, 어림없지." 하며 자신은 못생겨서 TV에 나올 수 없다고 **부정적인**

- negation 부정, 반대
- negate 부정하다, 무효화하다

¹ Sometimes the outcomes have a negative effect on other outcomes.
가끔 결과들은 다른 결과들에게 부정적인 영향을 끼친다.

² The coronavirus test for me was negative.
나의 코로나 바이러스 검사는 음성이었다.

affirmative
[əfə́:rmətiv]

a. 긍정적인, 동의하는 n. 긍정, 동의

▶ 미용사의 "**어, 퍼**머하면 어떨까요? **TV**에 요즘 많이 하고 나오는 스타일로요."라는 말에 손님이 **긍정적인, 동의하는**

My mother gave an affirmative answer.
엄마가 긍정적인 답변을 주셨다.

spot
[(미)spat (영)spot]

¹ n. 장소, 지점 ² n. 얼룩, 반점 ³ v. 발견하다

🔸 쑥밭의 얼룩덜룩한 장소를 발견하다

¹ Go back to the spot.
그 지점으로 돌아가라.

² a white skirt with red spots
빨간색 물방울 무늬가 있는 하얀 치마

³ After class, Steve spotted Dave in the hallway.
수업이 끝나고 Steve는 복도에서 Dave를 발견했다.

dine
[dain]

v. 식사하다

🔸 ¹ 밖에서 일하던 일꾼들에게 다 in(안으로) 들어와 식사하세요~, 즉 식사하다
² dinner(저녁식사)의 파생어

• dining 식사, 정찬

Won't you come and dine with us?
함께 식사하러 오시지 않겠습니까?

fabulous
[fæbjuləs]

a. 매우 멋진, 훌륭한

🔸 폐에서 나오는 깊은 소리로 노래를 불렀수, 즉 노래가 매우 멋진, 훌륭한

Come and enjoy the fabulous drawings.
와서 멋진 그림들을 즐기세요.

sting
[stiŋ]

v. 쏘다, 찌르다 (sting - stung - stung) n. 침, 가시

🔸 슥! 활을 당겨 팅! 하고 쏘다, 찌르다

A jellyfish sting can be very painful.
해파리 침은 매우 아플 수 있다.

복습				
direction	farewell	jury	notion	negative
affirmative	spot	dine	fabulous	sting

---

concise
[kənsáis]

a. 간결한, 명료한

🔸 옥상 큰 간판에 큰 사이즈로 쓴 글씨가 간결한, 명료한

a concise speech 간결한 연설

contrast
n. [(미)kάntræst]
   [(영)kɔ́ntra:st]
v. [(미)kəntrǽst]
   [(영)kəntrά:st]

n. 대조 v. 대조하다

🔸 권투 선수 소개 last(마지막)에 두 선수의 키, 몸무게, 승률 등을 대조, 대조하다

• in contrast 대조적으로

It is interesting to contrast the two writers.
그 두 작가를 대조하는 것은 흥미로운 일이다.

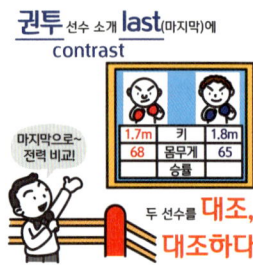

shellfish
[ʃélfiʃ]

n. 조개, 갑각류

➤ [shell(게, 새우 등의 껍데기) + fish(어류)] 갑각류

Oysters, crabs and shrimps are all shellfish.
굴, 게와 새우는 모두 갑각류이다.

end
[end]

¹ n. 끝 v. 끝나다, 끝내다 ² n. 목표, 목적

➤ 지금 하고자 하는 일의 끝(end), 즉 목표

for political ends 정치적인 목적을 위해서

landscape
[lǽndskèip]

n. 풍경, 경치

➤ ¹ land(땅) 위에 수캐가 이쁘게 서 있는 풍경, 경치
² [land(육지) + scape('경치'를 뜻하는 접미어)] 육지의 풍경, 경치

a landscape painting 풍경화

seascape
[síːskèip]

n. 바다경치, 바다풍경

➤ ¹ sea(바다)가에 수캐가 이쁘게 서 있는 바다경치, 바다풍경
² [sea(바다) + scape('경치'를 뜻하는 접미어)] 바다경치

The beauty of the seascape overwhelmed me.
바다풍경의 아름다움이 나를 압도했다.

register
[rédʒistər]

v. 등록하다 n. 등록부

➤ 지원서를 내지, 신인 스타 오디션에. 즉 등록하다, 등록부

I've just registered my name.
나는 막 내 이름을 등록했다.

sole
[soul]

a. 유일한, 단독의

➤ ¹ 우리나라에서 올림픽을 개최한 도시는 서울이 유일한, 단독의
² solo(혼자의, 단독의), 즉 유일한, 단독의

• solely 혼자서, 오로지

The part-time position is his sole source of income.
아르바이트 자리가 그의 유일한 수입원이다.

charge ❶
[tʃɑːrdʒ]

¹ n. 책임, 요금 v. 청구하다 ² n. 고소, 비난 v. 고소하다, 비난하다

➤ 사람을 발로 차지, 그래서 폭행죄로 고소하다, 비난하다, 또한 치료비 요금을 책임지우다

• take charge of ~을 책임지다
• be in charge of ~에 대한 책임이 있다
• free of charge 공짜로
• be charged with ~로 고소당하다

¹ The boss asked him to take charge of the office for a few days.
사장은 며칠 동안 사무실을 책임지라고 그에게 요구했다.

081

² service charge 서비스 요금
³ How much do you charge for a haircut?
머리를 자르는 데 얼마입니까?
⁴ If you reside in this area, you may get it free of charge.
이 지역 거주자라면 당신은 그것을 무료로 얻을 수 있다.
⁵ She is charged with murdering her husband.
그녀는 남편을 살해한 혐의로 고소당했다.

charge ❷
[tʃɑːrdʒ]

v. 충전하다, 가득 채우다

➤ 휴대폰 배터리 칸이 언제 다 차지?, 즉 충전하다, 가득 채우다
▫ I should have charged my phone last night.
내 폰을 어젯밤에 충전해 놨어야 했는데.

복습	concise	contrast	shellfish	end	landscape
	seascape	register	sole	charge¹	charge²

dedicate
[dédikèit]

v. 헌신하다, 전념하다

➤ 식구들을 먹여살리기 위해 daddy(아빠)가 탄광에서 석탄을 케이트(캐다), 즉 식구들을 위해 헌신하다, 전념하다
• dedication 헌신, 전념
▫ I appreciate your dedication.
저는 당신의 헌신에 감사드립니다.

foam
[foum]

n. 거품 v. 거품이 일다

➤ 세정제 퐁퐁에서 생기는 거품
• foamy 거품의, 거품이 이는
▫ a shaving foam 면도 거품

세정제 퐁퐁에서 생기는 거품, 거품이 일다
foam

term
[təːrm]

n. ¹ 기간, 학기 ² 말, 용어 ³ (친한) 사이

➤ "Good morning, Tom." "Good morning, Jane."은 1학년 1학기 때 처음 배우는 말, 용어 그리고 Tom과 Jane은 (친한) 사이
• be on good terms with ~와 좋은 사이이다
▫ ¹ How are your grades this term?
이번 학기의 학점은 어때요?
² I explained in simple terms.
나는 간단한 말로 설명했다.
³ I've always been on excellent terms with my staff.
나는 항상 내 직원들과 훌륭한 관계를 유지해 왔다.

yell
[jel]

v. 소리치다, 고함치다 n. 고함, 외침

➤ 물에 빠진 앨(애를) 살려주세요! 하고 소리치다, 고함치다
▫ My teacher always yells when he is angry.
우리 선생님은 화가 나면 항상 소리를 지르신다.

currency
[kə́:rənsi]

n. 통화, 화폐

- 원시시대에는 **커런**(커다란) 과일 씨가 **통화, 화폐**
- When we think of money, we usually think of currency, or coins and bills.
  우리가 돈에 대해 생각할 때, 보통 우리는 화폐, 즉 동전과 지폐를 떠올린다.

interest
[íntərəst]

¹ n. 흥미 v. ~에 흥미를 갖게 하다 ² n. 이익, 이자

- 저축에 interest(흥미)를 주는 것은 **이자, 이익**
- local interest groups 지역 이익 단체들

issue
[íʃuː]

¹ n. 문제, 논점 ² v. 발행하다, 발표하다

- ¹ 무슨 **문제**라도 **있슈**?
  ² 신문에서 현재 **이슈**가 되는 사건들을 실어 **발행하다, 발표하다**
- ¹ They had an argument on this issue.
  그들은 이 문제에 관해 논쟁했다.
  ² Police should issue some additional warnings.
  경찰은 부가적인 경고를 발표해야 한다.

cell ❶
[sel]

n. ¹ 세포 ² 작은 방, 감방

- [셀(세다)] 현미경에 보이는 **셀** 수 없이 많은 **작은 방**처럼 나뉘져 있는 **세포**
- ¹ blood cell 혈세포
  ² a tiny, windowless cell 아주 작고 창문도 없는 방
  ³ a solitary cell 독방

cell ❷
[sel]

n. 전지

- (듀라)**셀** 건전지에서 **셀**은 **전지** 또는 **전지**의 힘이 **쎌**(쎄다)
- a sollar cell 태양 전지

cellular
[séljulər]

a. ¹ 무선전화의, 휴대전화의 ² 세포의

- ¹ 번호를 **쎄게** 눌러 전화를 거는 **무선전화의**
  ² cell(세포)의 파생어
- ¹ Cellular phones are one of Korea's main exports.
  휴대전화는 한국의 주요 수출품 중 하나이다.
  ² The scholar is studying on cellular tissue.
  그 학자는 세포조직을 연구하는 중이다.

복습					
dedicate	foam	term	yell	currency	
interest	issue	cell¹	cell²	cellular	

Lecture 15

dreadful
[drédfəl]

a. 무시무시한, 끔찍한

- 들에도 잘린 팔들이 나뒹굴 정도로 무시무시한, 끔찍한
- dread 무서워하다; 두려움
- The movie was dreadful. 그 영화는 무서웠다.

colleague
[⑩ káli:g ⑱ kɔ́li:g]

n. (같은 직장이나 직종의) 동료

- "어! college(대학교) 그놈이지? 내 대학동기 맞지?" 즉, 우연히 만난 동료
- We agree with Richard Ryan and his colleagues.
  우리는 Richard Ryan과 그의 동료들에게 동의한다.

navy
[néivi]

n. 해군

- "내(가) 이 비를 헤쳐나가리." 하며 항해하는 해군
- He liked navy's uniform. 그는 해군 제복을 좋아했다.

occur
[əkə́:r]

v. ¹ 발생하다 ² 머리에 떠오르다

- 어! car(차) 사고가 발생하다, 나를 치고 도망간 어! car(차) 번호판이 머리에 떠오르다
- ¹ When did the accident occur? 그 사고가 언제 일어났는가?
  ² A question occurred to her one day. 어느 날 그녀에게 한 가지 의문이 떠올랐다.

gather
[gǽðər]

v. 모으다, 모이다

- 개에게 과자를 주자 동네 개들이 더 모이다, 모으다
- She noticed a group of students gathered in a corner of the school yard.
  그녀는 한 무리의 학생들이 학교 운동장 구석에 모여 있는 것을 알아챘다.

dip
[dip]

v. 담그다, 적시다

- 빨래할 옷을 물에 deep(깊이) 담그다, 적시다
- dipper 국자, 푸는 기구
- Dip your pen into the ink. 펜을 잉크에 찍어라.

desperate
[déspərit]

a. ¹ 절망적인 ² 필사적인

- 내 작은 구멍가게 앞에 大(큰) 수퍼가 들어와 잇트(있다). 손님들 뺏길 것 같아 절망적인, 하지만 할인판매를 하는 등 필사적인
- desperately 절망적으로, 필사적으로
- ¹ a desperate situation 절망적인 상황
  ² We desperately need people who can foretell the future.
  우리는 미래를 예견할 수 있는 사람들을 절실하게 필요로 한다.

poverty
[@pávərti @póvərti]

n. 가난, 빈곤

➤ 먹을 것이 없어 **파**만 먹고 **버티**는 **가난, 빈곤**

Schubert spent his whole life in poverty.
Schubert는 평생을 빈곤 속에 살았다.

prove
[pru:v]

v. 입증하다, ~으로 판명되다

➤ 문제를 풀어봐서 정답이 0임을 **입증하다, ~으로 판명되다**

- proof 증명, 증거

The painting proved to be fake. 그 그림은 가짜로 판명되었다.

approval
[əprú:vəl]

n. 허가, 허락

➤ "앞으로 **벌**을 주도록 하세요." 하고 학부모가 선생님에게 체벌을 **허가, 허락**

- approve 승인하다, 찬성하다

My parents approved the marriage. 우리 부모님은 그 결혼을 허락해 주셨다.

복습

| dreadful | colleague | navy | occur | gather |
| dip | desperate | poverty | prove | approval |

---

whisper
[wíspər]

v. 속삭이다 n. 속삭임

➤ 하늘 **위** 어딘가에서 귀도 밝은 **수퍼**맨이 들을까 봐 악당들이 **속삭이다**

"You're all grown-up," she whispered. "너 다 컸구나."라고 그녀는 속삭였다.

dish
[diʃ]

n. ¹ 접시 ² 요리, 음식

➤ **dish**(접시) 위에 있는 **요리, 음식**

an excellent main dish 아주 훌륭한 주 요리

tan
[tæn]

v. (피부를) 햇볕에 태우다, 그을리다

➤ 썬탠(sun**tan**)이란 sun(태양)에 피부를 **tan**(태우다, 그을리다)

- tanning 햇볕에 탐(=suntan)

My skin tans easily. 내 피부는 햇볕에 잘 탄다.

reason ❶
[rí:zn]

¹ n. 이유 ² v. 추론하다, 추리하다

➤ '친구가 화가 난 **reason**(이유)는 아마도…' 하고 **추론하다, 추리하다**

- reasoning 추론, 추리

The detective has great powers of reasoning. 그 탐정은 훌륭한 추리력을 가지고 있다.

reason ❷
[rí:zn]

n. 이성, 사고력

➤ 무작정이 아닌 **reason**(이유, 근거)에 따르는, 즉 **이성, 사고력**을 갖춘

She lost her reason when she heard the news.
그녀는 그 소식을 듣고 이성을 잃었다.

reasonable
[ríːzənəbl]

a. ¹ 합리적인, 타당한 ² (가격 따위가) 비싸지 않은

- ¹ [reason(이유) + able(~할 만한)] (그럴 만한) 이유가 있을 만하다, 즉 **합리적인, 타당한**
  ² [reason(이유) + able(~할 만한)] 그 가격일 이유가 있을 만하다, 즉 **비싸지 않은**
- reasonably 사리에 맞게, 합리적으로
- ¹ His explanation sounds reasonable. 그의 설명은 타당한 것 같다.
  ² at a reasonable price 합리적인(비싸지 않은) 가격으로

crush
[krʌʃ]

¹ v. 으스러뜨리다, 부수다 ² n. 홀딱 반함

- ¹ 홀딱 반하여 갈비뼈가 으스러질 정도로 끌어안다 she(그녀)를, 즉 **으스러뜨리다, 홀딱 반함**
  ² 걸크러쉬(girl crush)란 여자가 여자에게 **홀딱 반함**을 뜻함
- ¹ They were crushed to death. 그들은 압사당했다.
  ² I have a crush on her. 나는 그녀에게 홀딱 반했어.

anchor
[ǽŋkər]

n. 닻 v. 닻을 내리다, 정박하다

- ¹ 항구에 들어오면 배의 엔진을 꺼! 그리고 닻을 내려 **정박하다**
  ² 알래스카주의 항구도시인 앵커리지에 배들이 닻을 내리고 **정박하다**
- We anchored close to the shore. 우리는 해안 가까이에 정박했다.

accuse
[əkjúːz]

v. 고발하다, 비난하다

- 정치인이 비자금으로 1억을 키우고(모으고) 있다고 **고발하다, 비난하다**
- accusation 고발, 비난
- Billy was accused of stealing money.
  Billy는 돈을 훔친 죄로 고발되었다.

dimension
[diménʃən]

n. 치수, 차원, (pl.) 넓이, 규모

- 뒤 마당에 맨션을 짓기 위해 측정하는 **치수, 넓이, 차원**
- What are the dimensions of the room?
  방의 넓이가 얼마나 되나요?

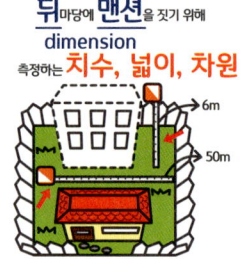

복습	whisper	dish	tan	reason¹	reason²
	reasonable	crush	anchor	accuse	dimension

deserve
[dizə́ːrv]

v. ~할 만하다, ~을 받을 만하다

- 그 나쁜 놈이 결국 디저부렸어, 디질만 했지. **~할 만하다, 천벌을 받을 만하다**
- Gunter Grass deserves the Nobel prize.
  Gunter Grass는 노벨상을 탈 만하다.

tide
[taid]

n. 밀물과 썰물, 조수

- 타이(태국) 바닷가로 드러운 물이 밀려옴, 즉 **밀물과 썰물, 조수**
- Time and tide wait for no man.
  시간과 조수는 아무도 기다려주지 않는다.(세월은 사람을 기다리지 않는다.)

politely
[pəláitli]

ad. 공손히, 예의바르게

→ 2살 더 많은 폴은 나이가 틀리니 폴에게 공손히, 예의바르게 인사해야 한다.
- polite 공손한, 예의바른
- politeness 공손함
- impolite 무례한, 버릇없는
- Politeness, learning, and order are good things.
  예의바름, 배움, 질서는 좋은 것들이다.

indicate
[índikèit]

v. 나타내다, 가리키다

→ 동굴에 쓰여 있는 인디언의 글자의 의미를 케이트(캐다), 즉 그 글자가 무엇을 나타내다, 가리키다
- indication 지시, 표시
- indicative 나타내는, 보여주는
- The research result indicates that the relationship between variables is valid. 연구 결과는 변수들 간의 관계가 유효하다는 것을 보여준다.

upset
a. n. [ʌ́psèt]
v. [ʌpsét]

¹ a. 화가 난, 속상한 v. 화나게 하다 n. 혼란, 속상함 ² v. 뒤엎다 n. 전복

→ up(위로) 내 부하였던 셋을 승진시켜 직급을 뒤엎다, 그래서 화가 난, 속상한
- ¹ Why are you so upset? 왜 그렇게 마음이 상했니?
- ² the tensions produced by our emotional upsets
  우리의 감정적 혼란으로 오는 긴장감

sparkle
[spáːrkl]

n. 불꽃, 번쩍임 v. 번쩍이다

→ spark를(불꽃을) 내다, 즉 불꽃, 번쩍임, 번쩍이다
- Her diamonds sparkled in the candlelight.
  촛불에 그녀의 다이아몬드가 반짝였다.

bare
[bɛər]

a. 맨-, 벌거벗은

→ 맨발로 해변을 걷다가 유리조각에 발을 베어
- They walked around in bare feet. 그들은 맨발로 돌아다녔다.

barely
[bɛ́ərli]

ad. ¹ 거의 ~ 않다(없다) ² 간신히, 겨우

→ 이런 무인도에 배가 올 리가 거의 없다, 그래서 간신히, 겨우 빠져나가다
- I can barely remember life without television.
  나는 텔레비전이 없는 삶을 거의 기억할 수 없다.

scarce
[skɛərs]

a. 부족한, 드문

→ 광산의 금을 너무 많이 슥! 캐었수, 그래서 이제는 부족한, 드문
- scarcely 거의 ~ 않다
- ¹ Water is scarce in the desert. 사막에서는 물이 귀하다.
- ² I scarcely know him. 나는 그를 거의 알지 못한다.

rare
[rɛər]

a. ¹ 드문, 진귀한 ²(고기를) 살짝 익힌

- 한국에서는 스테이크를 rare로 먹는 사람이 **드문, 진귀한**
- rarely 거의 ~ 않다

EX ¹ a rare event 드문 일
  ² I like my steak rare.
    스테이크는 살짝 익힌 정도로 해주세요.

복습	deserve	tide	politely	indicate	upset
	sparkle	bare	barely	scarce	rare

경쌤's TIP

축하합니다.

여러분은 경선식 토플영단어 기본 15강까지 완성하였습니다.

반드시 지켜야 하는 가장 효과적인 복습 방법(5page)을 확인 후 확실하게 복습하세요.

Lecture 16

convince
[kənvíns]

v. 납득시키다, 설득하다, 확신시키다

▶ 납골당 건설 반대 탄원서의 **칸**이 **빈** 서명란에 이름을 **쓰**라고 동네주민들을 **납득시키다, 설득하다**

- convincing 설득력 있는
- convince A of B A에게 B를 납득시키다
- be convinced of ~을 확신하다

¹ That doesn't sound very convincing.
  그것은 그다지 설득력 있게 들리지는 않는다.
² I am convinced of her innocence.
  나는 그녀의 결백을 확신한다.

tissue
[tíʃuː]

n. ¹ 티슈 ² (근육이나 신경 등의) 조직

▶ 얇은 **티슈** 같은 피부 **조직**

We need calcium for maintaining muscle tissue.
우리는 근육조직을 유지하기 위해 칼슘을 필요로 한다.

available
[əvéiləbl]

a. 이용할 수 있는, 구할 수 있는, 시간 여유가 있는

▶ **어, 배가 일억불** 주면 **구할 수 있는, 이용할 수 있는**, 이용할 **시간 여유가 있는**

- avail 쓸모 있다, 유용하다

¹ Free snacks will be available at the cafeteria.
  무료 스낵이 식당에서 이용 가능할 것이다.
² He is not available now.
  그분은 지금 (전화 받을(만날)) 시간 여유가 없습니다.

canyon
[kǽnjən]

n. 깊은 협곡, 골짜기

▶ 그랜드캐년은 grand(웅장한) **깊은 협곡, 골짜기**

the Grand Canyon in Arizona 애리조나 주에 있는 그랜드캐넌

innovation
[ìnəvéiʃən]

n. 혁신, 쇄신

▶ 이 놈들을 칼로 **베셔**, 그렇게 부패한 관료를 없애 정부를 **혁신, 쇄신**

- innovate 혁신하다, 쇄신하다

a plan for innovation 혁신을 위한 계획

renovation
[rènəvéiʃən]

n. 혁신, 쇄신, 수리

▶ 내가 너를 칼로 **베셔**, 그렇게 부패한 관료를 없애 정부를 **혁신, 쇄신**

- renovate ~을 새롭게 하다, 쇄신하다

an educational renovation 교육 혁신

ripe
[raip]

a. 익은, 숙성한

- 과일, 음식 등의 life(삶, 생명)이 오래되어 익은, 숙성한
- ripen 익다, 익히다
- I could see crops ripening in the fields.
  나는 곡식이 들판에서 익어가는 모습을 볼 수 있었다.

academy
[əkǽdəmi]

n. (특수 분야의) 학교, 학원, 예술원

- MBC 방송 아카데미, 아카데미 시상식에서 아카데미는 학교, 학원, 예술원
- academic 학교의, 학원의, 학문의
- academic achievement 학문적 성취

engage ❶
[ingéidʒ]

v. ¹ 관여하다, 참여하다 ² 종사하다

- 일을 나에게 인계하는 거지? 그렇게 내가 그 일에 관여하다, 참여하다, 종사하다
- be engaged in ~에 관여하다, 종사하다
- ¹ Every day each of us engages in many types of complex activities.
  매일 우리는 각자 여러 유형의 복잡한 활동에 관여한다.
- ² Lucy is engaged in trade industry.
  Lucy는 무역업에 종사하고 있다.

engage ❷
[ingéidʒ]

v. 약혼하다, 약속하다

- "장인어른, 딸을 제게 인계하는 거지요?" 즉 약혼하다, 약속하다
- engagement 약혼, 약속
- disengagement 해방, 이탈, 해약, 파혼
- She is engaged to Bill.
  그녀는 Bill과 약혼한 상태이다.

복습				
convince	tissue	available	canyon	innovation
renovation	ripe	academy	engage¹	engage²

slip
[slip]

v. 미끄러지다 n. 미끄러짐

- 목욕탕에서 슬리퍼를 신고 미끄러지다
- The climber's foot slipped, and she fell.
  그 등산객은 발이 미끄러져 넘어졌다.

polar
[póulər]

a. 극지방의, 남(북)극의, (자석의) 양극의

- 너무 추워서 목까지 덮는 목폴라를 입어야 하는 극지방의
- a polar bear 북극곰

추워서 목폴라를 입어야 하는 polar

극지방의

twilight
[twáilàit]

n. 황혼, 쇠퇴기

- 원래 **two light**(빛)의 뜻으로 햇빛과 달빛 두 개가 공존하는 시기, 즉 **황혼, 쇠퇴기**
- I like a walk along the beach at twilight.
  나는 황혼 무렵의 해변 산책을 좋아한다.

sentence
[séntəns]

¹ n. 문장 ² n. 형벌, 선고 v. 선고하다

- 판사가 형량으로서는 쎈 **ten**(10)년형의 판결 **문장**을 쓰다, 즉 10년형의 **형벌**을 **선고, 선고하다**
- ¹ She can't even write a simple sentence.
  그녀는 간단한 문장조차 쓰지 못한다.
- ² a death sentence 사형 선고

nightmare
[náitmèər]

n. 악몽

- **night**(밤)마다 매여 사는 **악몽**
- The news turned my birthday into a nightmare.
  그 소식은 나의 생일을 악몽으로 바꾸었다.

brilliant
[bríljənt]

a. 빛나는, 눈부신, 훌륭한

- 성화의 **불**이 **1년**(트) 동안 **빛나는, 눈부신**
- brilliance 빛남, 탁월
- brilliantly 찬란히, 훌륭히
- a brilliant diamond 눈부신 다이아몬드

불이 **1년** 동안
brilliant 빛나는, 눈부신

toad
[toud]

n. 두꺼비

- 土(흙 토) 속에서 우드(우는) **두꺼비**
- I can't distinguish a toad from a frog.
  나는 두꺼비와 개구리를 구별할 수 없다.

marvel
[má:rvəl]

n. 놀라움, 경이로움 v. 경탄하다

- 아이언맨, 어벤저스 등과 같이 **마블** 코믹스 영화의 **놀라움, 경이로움**
- marvelous 놀라운, 경탄할 만한
- a marvelous idea 놀라운 아이디어

gear ❶
[giər]

n. 복장, 옷

- 구멍 난 곳을 기워서 입는 **복장, 옷**
- She was wearing her party gear.
  그녀는 파티복을 입고 있었다.

gear ❷
[giər]

n. ¹ 기어 ² 장치, 장비

- 자동차 **기어**는 속도를 조정하는 **장치, 장비**
- All his camping gear was packed in the rucksack.
  그의 모든 야영 장비가 배낭에 꾸려졌다.

복습	slip	polar	twilight	sentence	nightmare
	brilliant	toad	marvel	gear[1]	gear[2]

article
[á:rtikl]

n. [1] 물품 [2] (신문·잡지 등의) 기사

- 초소형 반도체 발명과 같은 아(주) 티끌만한 **물품**에 대한 신문 **기사**
- [1] toilet articles such as soap, toothpaste and shaving-cream
  비누, 치약, 면도 크림과 같은 화장실 용품들
- [2] an interesting news article
  하나의 재미있는 신문 기사

onlooker
[ó:nlùkər]

n. 구경꾼

- 뭔가를 look(보러) 온 er(사람), 즉 **구경꾼**
- I just stood there like an onlooker.
  나는 방관자처럼 거기에 그저 서 있었다.

구경꾼

ray
[rei]

n. 광선, 빛

- 엑스레이(X-ray)는 X **광선, 빛**
- the rays of the sun 태양광선

colony
[káləni]

n. [1] 식민지, 거주지 [2] (곤충·동물 등의) 집단, 무리

- "**칼**로 **니**들 죽일 수 있으니 말 들어!" 하며 한 **집단, 무리**를 **식민지**로 만들다
- colonial 식민지의
- colonize 식민지를 건설하다
- [1] We already sent our spaceship to start the first colony on Mars.
  우리는 이미 화성에 첫 번째 식민지를 개설하기 위해 우리의 우주선을 보냈다.
- [2] Flamingos live together in colonies.
  홍학은 집단을 이루어 서식한다.

kidnap
[kídnæp]

v. 유괴하다, 납치하다

- **kid**(아이)를 **냅** 채가서 **유괴하다, 납치하다**
- Two children have been kidnapped by terrorists.
  두 명의 아이가 테러범들에게 유괴당했다.

wheat
[hwi:t]

n. 밀

- **휫** 불면 뿌옇게 흩어지는 **밀가루**
- North Dakota produces the most wheat among the states of the United States.
  노스 다코타 주는 미국 주 중에서 밀을 가장 많이 생산한다.

counsel
[káunsəl]

¹ v. 상담하다, 조언하다   n. 상담, 조언   ² n. 변호인

- 흰 까운을 입은 의사가 환자에게 설명하며 상담하다, 조언하다. 그리고 법률에 대한 상담을 해주는 변호인
- counselor 의논상대, 카운슬러
- counseling 개인 상담

¹ A teacher recommended a student to get regular counsel.
선생님은 학생에게 정기적으로 상담을 받아보라고 권했다.

² He has been my counsel for quite long.
그는 꽤 오랫동안 제 변호인이었다.

raw
[rɔː]

a. 가공하지 않은, 날것의

- 원유와 같이 상품 가치가 low(낮은) 단계의, 즉 가공하지 않은, 날것의

People with weak immune systems should avoid eating raw fish.
면역력이 약한 사람들은 회를 먹지 않는 것이 좋다.

adapt
[ədǽpt]

v. ¹ 조정하다, 적응시키다   ² 각색하다

- ¹ 어댑터(adapter)로 220볼트 전압을 110볼트로 조정하다, 110볼트에 적응시키다
- ² 소설을 연극에 맞게 adapt(조정하다, 적응시키다), 즉 각색하다
- adaptation 적응, 개작
- adapter 각색자, 어댑터

¹ She adapts herself to her environment.
그녀는 그녀의 환경에 잘 적응한다.

² The film is an adaptation of Joseph Conrad's novel *Heart of Darkness*.
그 영화는 Joseph Conrad의 소설 <Heart of Darkness>의 각색이다.

adopt
[ədápt]

v. ¹ 채택하다, 받아들이다   ² 입양하다

- ¹ 시험에서 문제를 잘못 출제하여 오답두 맞는 답으로 채택하다, 받아들이다
- ² 다른 집 자식을 자기 자식으로 adopt(받아들이다), 즉 입양하다
- adoption 채택, 입양

¹ We'll have to adopt plan C. 우리는 C안을 채택해야 할 겁니다.
² a adopted child 입양된 아이

복습					
	article	onlooker	ray	colony	kidnap
	wheat	counsel	raw	adapt	adopt

세계 여러 논문에 실린 연상법의 탁월한 효과(2)

발췌 논문 제목

The keyword method: An alternative vocabulary strategy for developmental college readers (핵심어 방법[연상법]: 발전적인 대학 독서가들을 위한 대안적 어휘 전략)

저자명

Judy Roberts, Nancy Kelly (미국)

Forty college students attending a private university in the Southeast were randomly assigned unfamiliar words with either paired keywords and images or dictionary-based definitions. The results of the study suggest the superiority of the keyword method as measured by both immediate and delayed tests of recall.

(40명의 대학생을 통한 실험 연구 결과에 따르면 단기 기억과 장기 기억 실험 모두에서 연상법이 단순암기보다 월등함을 보인다.)

발췌 논문 제목

Exploring New Applications of the Keyword Method to Acquire English Vocabulary (영어 어휘 습득을 위한 연상법의 새로운 적용을 탐구하기)

저자명

Enrique Avila, Mark Sadoski (스페인)

Results showed that the keyword method produced superior recall and comprehension both immediately and after 1 week. Results further demonstrated that the keyword method is readily adaptable to actual ESL classrooms.
* ESL: English as a second language

(연구 결과 연상법은 즉각적으로 그리고 1주일 후에도 월등한 암기와 이해를 하게 했다. 또한 연상법은 영어수업에 순조롭게 적용될 수 있음이 증명되었다.)

Lecture 17

sorrow
[sárou]

n. 슬픔 v. 슬퍼하다

- "이젠 나 혼자 어떻게 살아 우~" 하며 죽은 남편을 붙들고 슬퍼하다, 슬픔
- We feel their joys and sorrows, somewhat as if they were our own.
  우리는 그들의 기쁨과 슬픔을 어느정도 마치 우리의 감정인양 느낀다.

aerial
[ɛ́əriəl]

a. 공기의, 공중의, 항공기에 의한

- 첫 비행기가 나오던 시절 "air(공중)에 real(진짜로) 떠 있네!" 즉, 공기의, 공중의, 항공기에 의한
- an aerial mail
  항공우편

beast
[bi:st]

n. 짐승, 야수

- 짐승, 야수의 가슴에 비수를 꽂고 침을 투! 뱉는다
- Beauty and the Beast
  미녀와 야수

endow
[indáu]

v. 기부하다, 부여하다

- "돈을 인 다우(이리 다오)." 하고 기부금을 모으는 사람에게 돈을 기부하다
- endowment 기부, 증여
- ¹ He endowed the new orphanage with a large sum of money.
  그는 새 고아원에 거액의 돈을 기부했다.
- ² She's endowed with intelligence as well as good looks.
  그녀는 멋진 외모뿐만 아니라 지성도 부여받았다.

pill
[pil]

n. 알약

- 혈액순환제와 같이 필(피를) 잘 돌게 해주는 알약
- Take this pill.
  이 알약을 먹어라.

fund
[fʌnd]

n. 자금, 기금 v. 투자하다

- 증권사의 펀드 매니저가 고객의 자금, 기금을 대신 투자하다
- The International Monetary Fund
  국제 통화 기금(IMF)

divorce
[divɔ́:rs]

n. 이혼 v. 이혼하다

- 헤어지면서 차마 서로 뒤돌아 볼 수 없는 부부가 이혼, 이혼하다
- The divorce rate has been increased lately.
  이혼율이 최근 증가했다.

blow
[blou]

¹ v. (바람이) 불다   n. 강풍   ² n. 강타, 구타

- 바람이 불어! 오우!, 즉 **바람이 불다, 강풍**이 **강타**
- ¹ The wind is blowing from the east.
  동쪽에서 바람이 불어오고 있다.
  ² He got a blow on the nose.
  그는 코에 일격을 받았다.

bind
[baind]

v. 묶다, 매다 (bind - bound - bound)

- 바인더(binder)로 서류들을 한데 **묶다, 매다**
- You should bind it with a string.
  당신은 그것을 끈으로 묶어야 한다.

be bound to

~하게 되어 있다

- [be **bound**(묶여진, 매인) to ~] ~하도록 얽매여 있다, 즉 **~하게 되어 있다**
- Consequently, the advantage is bound to exceed the disadvantage.
  결과적으로, 장점이 단점을 초과하게 되어 있다.

복습	sorrow	aerial	beast	endow	pill
	fund	divorce	blow	bind	be bound to

cottage
[kátidʒ]

n. 오두막

- 인질이 **오두막**에 **갇히지**
- It took four years to build the small cottage.
  그 작은 오두막집을 짓는 데 4년이 걸렸다.

arrest
[ərést]

v. 체포하다   n. 체포

- 해경의 어뢰에 맞고 항복한 해적들을 **체포하다, 체포**
- You are under arrest. 당신은 체포되었습니다.

rid
[rid]

v. 제거하다, 없애다

- 밀림에서 길잡이가 맨 앞에서 무리를 **리드**하며 길을 내기 위해 풀들을 칼로 **제거하다, 없애다**
- get rid of ~을 제거하다
- We should get rid of all the cars in the world.
  우리는 세상 모든 자동차들을 없애야 한다.

adore
[ədɔ́:r]

v. 숭배하다, 아주 좋아하다

- 백성들이 **아더**(왕)을 **숭배하다, 아주 좋아하다**
- adoration 숭배, 아주 좋아함
- adorable 숭배할 만한, 사랑스러운
- The fans adore the way he dances.
  팬들은 그가 춤추는 모습을 매우 좋아한다.

sellout
[séàut]

n. 매진

- [sell(팔다) + out(강조)] 다 팔아버림, 즉 **매진**
- This concert was a total sellout.
  이번 콘서트는 완전히 매진이었다.

become
[bikʌ́m]

v. ¹ ~이 되다 ² 어울리다

- 그가 군인이 become(되다). 그 직업이 그에게 잘 **어울리다**
- Her new hat certainly becomes her.
  새 모자가 그녀에게 확실히 잘 어울린다.

caution
[kɔ́:ʃən]

n. 조심, 경고

- 낯선 사람이 꼬션?(꼬셔?) 조심해야 해!, 즉 **조심, 경고**
- cautious 조심하는
- precaution 예방책
- She was cautious not to lose him in the market.
  그녀는 시장에서 그를 잃어버리지 않기 위해 조심했다.

sprain
[sprein]

v. (손목·발목 등을) 삐다

- **발목을 삐다**, 삔 데 뿌리는 스프레인(스프레이는) 어디 있어?
- I sprained my ankle.
  나는 발목을 삐었다.

grateful
[gréitfəl]

a. 감사하는

- great(훌륭한) 장난감으로 full(가득한) 생일 선물에 **감사하는**
- gratitude 감사
- ingratitude 배은망덕
- I'm grateful to that high school girl.
  나는 그 여고생에게 감사한다.

gratify
[grǽtəfài]

v. 만족시키다, 기쁘게 하다

- "그래! 또 파이 만들어줄게." 하고 아이들을 **만족시키다, 기쁘게 하다**
- It is too difficult to gratify his desires.
  그의 욕망을 충족시키기는 너무 어렵다.

복습					
cottage	arrest	rid	adore	sellout
become	caution	sprain	grateful	gratify

cosmopolitan
[미 kàzməpálitən]
[영 kòzməpólitən]

a. 국제적인, 범세계적인

- 애인이 "날 혼자 두고 가지 마! 빨리 턴해서 돌아와!"라고 해도 전 세계를 돌아다니는 **국제적인, 범세계적인** 사람
- New York is a highly cosmopolitan city.
  뉴욕은 매우 세계적인 도시이다.

bravery
[bréivəri]

n. 용기, 용감

- 소방대원이 사람을 구하기 위해 자신을 **불에 버리는 용기, 용감**
- brave 용감한
- A child was rescued by the brave young man.
  한 아이가 용감한 젊은이에 의해 구출되었다.

rhinoceros
[美 rainásərəs]
[英 rainɔ́sərəs]

n. 코뿔소

- 밀렵꾼들이 **나이**가 든 **코뿔소**에 마취제를 **놔 뿔을 썰었수.**
- The Rhinoceros is the second largest land mammal.
  코뿔소는 두 번째로 큰 육상 포유류 동물이다.

wholesale
[hóulsèil]

n. 도매 a. 도매의

- 상품 whole(전체의) sale(판매), 즉 **도매, 도매의**
- The company stopped their wholesale business.
  그 회사는 도매업을 중단했다.

dignity
[dígnəti]

n. 근엄, 존엄, 품위

- **디**게 **근엄**한 **티**가 남, 즉 **근엄, 존엄, 품위**
- dignify 위엄을 갖추다
- dignitary 고위 인사, 고관
- Freedom is based on human dignity.
  자유는 인간의 존엄성에 기초한다.

mount
[maunt]

v. (산·말 등에) 오르다, 올라타다 n. 산(Mt)

- **마운틴**(산)에 **오르다**
- ¹ He mounted a horse.
  그는 말에 올라탔다.
- ² Many people want to climb Mount Everest.
  많은 사람들이 에베레스트 산을 오르길 원한다.

cheat
[tʃiːt]

v. 속이다 n. 속임수

- 남자친구의 허풍에 "**칫**! 거짓말!" 즉, 허풍으로 **속이다, 속임수**
- Don't cheat on your teacher.
  선생님을 속이지 말아라.

swallow
[美 swɑ́lou 英 swɔ́lou]

¹ v. (꿀꺽) 삼키다 ² n. 제비

- **제비**의 **수많은 알**로 뱀이 **꿀꺽 삼키다**
- ¹ It is hard to swallow a large pill.
  큰 알약은 삼키기 힘들다.
- ² The swallow came back to return Heungbu's kindness.
  제비는 흥부의 친절에 보답하기 위해 돌아왔다.

bow ❶
[bou]

n. 활 v. 활처럼 휘다

- rainbow(무지개)는 'rain(비) + bow(활)'로 bow는 활, 활처럼 휘다
- They hunted with bows and arrows.
  그들은 활과 화살로 사냥했다.

bow ❷
[(미) bau (영) bou]

v. (인사·예배 등을 위해) 머리를 숙이다 n. 경례

- 하나님이 보우하사 ~ 애국가에 맞춰 국기에 대한 경례, 머리를 숙이다
- He made a bow and left the room.
  그는 경례를 하고 방을 떠났다.

복습	cosmopolitan	bravery	rhinoceros	wholesale	dignity
	mount	cheat	swallow	bow¹	bow²

리얼 생생 수강후기

2,700개를 8일 만에 실제로 제가 해보니 진실로 믿겨지더군요. 시간이 정말 엄청나게 절약됩니다. (이*수)

외워도 외워도 계속 잊혀지는 어휘에 제 자신이 한심스럽고 자괴감이 들었습니다. 그러다 경선식 영단어를 보게 되었습니다. 책 전체 단어를 초단기 장학생들은 열흘이면 끝낸다고 하길래 저도 미친 척하고 하루에 10챕터를 수강해봤습니다. 정말 외워지는 게 맞더군요. 2,700개를 8일 만에 외운다는 게 말로만 들었을 때는 불가능하게 여겨졌지만, 실제로 제가 해보니 진실로 믿겨지더군요. 매일 다시 반복해서 보니 뜻을 떠올리는 시간이 점점 단축되어서 결국엔 단어를 보자마자 바로 뜻이 떠오르게 됩니다. 가장 좋은 점은 굳이 손에 연필을 쥐고 쓰면서 외우지 않아도 단어를 읽으면 자동으로 뜻이 떠오른다는 점이었습니다. 그냥 발음하면서 읽으면 자동으로 해당 뜻이 떠오르는 게 너무 신기합니다. 발음을 손상시키지 않고 외울 수 있어서인 것 같습니다. 시간 절약한 것을 생각하면 정말 돈이 아깝지 않고 이렇게 좋은 강의는 주변에 널리 알려졌으면 좋겠습니다.

Lecture 18

evidence
[évidəns]

n. 증거

- 술집에서 쓴 신용카드 영수증을 시어머니가 며느리에게 보이며 "애비가 돈을 쓴 증거다."
- evident 분명한, 명백한
- 1 a historical evidence 역사적인 증거
  2 The impacts of tourism on the environment are evident to scientists.
  관광산업이 환경에 미치는 영향은 과학자들에게는 분명하다.

seaweed
[síːwiːd]

n. 해초

- 1 sea(바다) 위두(위에도) 해초가 떠 있다
  2 [sea(바다) + weed(잡초)] 해초
- weed 잡초, 수초
- There are many kinds of seaweed in the sea.
  바다에는 다양한 해초가 살고 있다.

bachelor
[bǽtʃələr]

n. 1 대학 졸업자, 학사 2 독신 남자

- 섬 소년이 배와 철로로 매일 서울의 대학까지 통학하고, 여자 친구도 사귀지 않고 공부하여 된 대학 졸업자, 독신 남자
- 1 I received my second Bachelors degree at age 46.
  나는 46세에 두 번째 학사 학위를 받았다.
  2 He lived and died a bachelor.
  일생을 독신으로 지냈다.

jealous
[dʒéləs]

a. 시기하는, 질투심 많은

- 연극 주인공으로 예쁘지도 않은 쟨 넋수? 하고 친구들이 시기하는, 질투심 많은
- jealousy 질투
- be jealous of ~을 질투하다
- She is very jealous of you.
  그녀는 너를 매우 질투한다.

stimulate
[stímjulèit]

v. 자극하다

- 꼴찌 성적표가 내 머리에서 steam을(김을) 내이트(내도록) 자극하다
- stimulus 자극, 자극제
- Their papers are designed to stimulate further discussion.
  그들의 논문은 더한 토론을 자극하기 위해 고안된다.

belt
[belt]

n. 1 혁대 2 지대, 지역

- 그린벨트 = green(녹색) + belt(지대, 지역)
- the country's industrial belt
  그 나라의 산업 지대

minister
[mínistər]

n. ¹ 장관 ² 목사

- 미니(작은) 스타(별)를 어깨에 단 장관, 목사
- ¹ minister of education 교육부 장관
  ² Their wedding ceremony was conducted by the minister.
  그들의 결혼식은 목사님의 주례로 치러졌다.

note ❶
[nout]

¹ n. 메모, 쪽지, 필기 ² v. 언급하다 ³ v. 주목하다

- 노트에 열심히 필기를 하면서 선생님이 언급하는 말을 주목하다
- notate 기록하다, 적어 두다
- notation 기록, 메모, 주석, 기호
- noteworthy 주목할 만한
- ¹ She left a note for me.
  그녀가 나에게 쪽지를 남겼다.
  ² As you noted in your letter, I changed my schedule.
  당신이 편지에서 언급하신 것처럼, 나는 스케줄을 변경했습니다.
  ³ The detective noted that his hands were dirty.
  그 형사는 그의 손이 더러운 것에 주목했다.
  ⁴ a chemical notation 화학 기호

note ❷
[nout]

n. ¹ 음, 음표 ² 어조, 분위기

- 노트에 함께 그려진 음표에서 느껴지는 어조, 분위기
- ¹ a quarter note 4분음표
  ² The latest reports have struck a hopeful note.
  최근 보도는 희망적인 분위기를 전했다.

notable
[nóutəbl]

a. 주목할 만한, 눈에 띄는, 유명한

- [note(노트, 필기) + able(~할 만한)] 역사시간에 note에 필기할 만한, 즉 주목할 만한, 유명한 사건
- a notable discovery 주목할 만한 발견

복습	evidence	seaweed	bachelor	jealous	stimulate
	belt	minister	note¹	note²	notable

laboratory
[미] [lǽbərətɔ̀:ri]
[영] [ləbɔ́rətəri]

n. 실험실, 연구소

- 탈모약을 개발할 마음으로 '내가 돈을 벌어 머리털이 나게 하는 실험실, 연구소를 차려야지.'
- To be a mathematician you don't need an expensive laboratory.
  수학자가 되기 위해서 비싼 실험실이 필요하지 않다.

baggage
[bǽgidʒ]

n. (여행할 때의) 수하물, 짐

- 여행할 때 가지고 가는 **bag이지**(가방이지), 즉 여행용 **수하물, 짐**
- Please keep this baggage until tomorrow.
  내일까지 이 수하물을 보관해 주십시오.

perfume
[pə́:rfju:m]

n. 향수, 향기 v. 향기를 풍기다

- 일부러 냄새를 **퍼**내면서 **피움**, 즉 **향수, 향기, 향기를 풍기다**
- The perfume of wild flowers fills the air.
  야생화의 향기가 대기를 가득 채운다.

raise ❶
[reiz]

v. ¹ (위로) 올리다 ² 기르다, 재배하다

- 돼지나 야채의 키를 **raise**(올리다), 즉 **기르다, 키우다**
- ¹ Raise your hand if you agree. 만약 동의하면 손을 들어라.
  ² Mr. Lee raises tomatoes in his garden.
  이 선생님은 그의 정원에 토마토를 기른다.

raise ❷
[reiz]

v. (돈을) 마련하다, 모금하다

- 돈을 (쌓아) **raise**(올리다), 즉 **돈을 마련하다**
- The church is raising money for the new building.
  그 교회는 새 건물을 짓기 위해서 돈을 모금하고 있다.

raise ❸
[reiz]

v. (문제·이의 등을) 제기하다

- "저기요!" 하며 팔을 들어 **raise**(올리다), 즉 **(문제·이의 등을) 제기하다**
- He raised a question. 그는 문제를 제기했다.

withstand
[wiðstǽnd]

v. 저항하다, 견뎌내다

- 전경들이 최루탄을 쏘아대지만 민주화운동 시민들이 **with**(함께) **stand**(서서) **저항하다, 견뎌내다**
- The old man's heart isn't strong enough to withstand a long journey.
  그 노인의 심장은 오랜 여행을 견딜 만큼 튼튼하지 못하다.

turnip
[tə́:rnip]

n. 순무

- **턴**(털어낸) 잎은 빼고 뿌리만 먹는 **순무**
- Turnip harvest is very good this year. 올해 순무 수확은 매우 성공적이다.

found
[faund]

v. ¹ find의 과거·과거분사형 (find-found-found)
  ² 설립하다, 창립하다 (found-founded-founded)

- 영단어 암기법을 **found**(발견했다), 그래서 경선식에듀 회사를 **설립하다, 창립하다**
- founder 설립자, 창립자
- The school was founded 100 years ago.
  그 학교는 100년 전에 설립되었다.

foundation
[faundéiʃən]

n. ¹ 설립, 창립 ² 기초, 토대

- ¹ [found(설립하다, 창립하다) + tion(명·어)] 설립, 창립
- ² 파운데이션은 색조화장을 하기 위한 기초, 토대를 위한 화장품
- ¹ The bakery has been famous since its foundation in 1990.
  그 빵집은 1990년 창립 이래 유명했다.
- ² Trust is the foundation of love. 신뢰는 사랑의 기초이다.

복습	laboratory raise³	baggage withstand	perfume turnip	raise¹ found	raise² foundation

habitat
[hǽbitæt]

n. 서식지, 주거지

- 햇빛이 잘 드는 곳에 쳐놓은 텐트가 집시들의 서식지, 주거지
- habitation 거주, 주거
- Habitat diversity refers to the variety of places where life exists.
  서식지의 다양성은 생명이 존재하는 다양한 장소를 뜻한다.

doom
[du:m]

n. (나쁜) 운명, 파멸 v. 운명짓다

- 하나님이 태어날 아기를 부잣집에 둠, 즉 부잣집 아이로 태어날 운명, 운명짓다
- be doomed to ~할 운명이다
- Are whales doomed to extinction? 고래가 멸종할 운명에 처해 있습니까?

pork
[pɔːrk]

n. 돼지고기

- ¹ 포크로 찍어먹는 돼지고기
- ² 하이포크는 돼지고기 상표
- I prefer beef to pork.
  나는 돼지고기보다 쇠고기를 더 좋아한다.

rib
[rib]

n. 갈비뼈

- 돼지갈비 요리인 폭립은 'pork(돼지고기) + rib(갈비뼈)'
- His ribs were broken. 그의 갈비뼈가 부러졌다.

couch
[kautʃ]

n. 소파, 긴 의자

- cow(소)가 TV가 치이~ 하고 끝날 때까지 보면서 누워 있는 소파
- My father is sleeping on the couch. 아버지가 소파에서 주무시고 계신다.

touch
[tʌtʃ]

v. ¹ 접촉하다 ² 마음을 움직이다, 감동시키다

- 대통령이 수재민들을 직접 찾아와 어깨를 터치하며 격려하여 수재민들의 마음을 움직이다, 감동시키다
- Her heart was touched with compassion for the distressed mother.
  그녀는 고민에 빠진 어머니에 대한 연민으로 마음이 움직였다.

bead
[biːd]

n. 구슬

- ¹ 내리는 비를 찍은 사진에서 **비** 두 방울이 마치 **구슬** 같은
- ² 비즈공예(beads 공예)란 **구슬**을 꿰어서 악세사리를 만드는 공예

✉ She made her necklace with glass beads.
그녀는 유리구슬로 그녀의 목걸이를 만들었다.

attend
[əténd]

v. ¹ 출석하다 ² 시중들다, 간호하다

- 어! ten(10)명이나 되는 하인들이 가마를 드(들어) **시중들다**
- attendant 보조원, 안내원
- unattended 방치된, 돌보는 사람이 없는

✉ She attended her sick mother. 그녀는 자신의 아픈 어머니를 시중들었다.

occupy
[(미) ákjupài (영) ɔ́kjupài]

v. 차지하다, 점령하다

- 아쿠! 엄마가 만들어준 파이를 동생이 벌써 **차지하다**
- occupant 점유자, 거주자
- preoccupy 선취하다, 선점하다

✉ In short, you occupy several different positions in the complex structure of society. 간단히 말하면, 당신은 복잡한 사회 구조에서 몇 가지 다른 지위를 차지하고 있다.

occupation
[(미) àkjupéiʃən]
[(영) ɔ̀kjupéiʃən]

n. ¹ 직업 ² 점령

- ¹ 나의 **직업**이 나에게 **아쿠! pay**(봉급)을 주셔.
- ² **occupy**(점령하다)의 명사형

✉ Could you tell me your occupation? 당신의 직업을 말해줄 수 있나요?

복습	habitat	doom	pork	rib	couch
	touch	bead	attend	occupy	occupation

리얼 생생 수강후기

이보다 좋은 강의는 동영상이든 오프라인이든 못 봤습니다. (안*호)

우연히 경선식 선생님 강의를 알게 되었고... 하루 이틀 강의를 듣다 보니... 이렇게 좋은 강의를 왜 이제서야 알게 되었는지 아쉽더군요. 단어들이 혼란스럽고 기억에서 잊혀지고... 하지만 경선식 선생님 강의를 들으면 단기간에 수많은 단어 양을 쉽고 오랫동안 기억할 수가 있더라고요. 듣다보면... 어이없는 경우도 있어요(너무 쉽게 가르쳐 주셔서)... 혼자 웃기도 하고요. 선생님의 표정과 단어를 연상하면... 진짜 진짜 자다가도 단어가 생각나기도 합니다. 진작 알았으면 좋았을 텐데...ㅜㅜ 이보다 좋은 강의는 동영상이든 오프라인이든 못 봤습니다...

Lecture 19

yearn
[jəːrn]

v. 그리워하다, 동경하다, 갈망하다

➤ 뒷동산에서 **연**을 날리던 어릴 적을 **그리워하다, 동경하다**

¹ Most of us yearn for city life.
  우리 대부분은 도시 생활을 동경한다.
² She yearned to return to her native country.
  그녀는 고국으로 돌아가기를 갈망했다.

warrior
[⑪ wɔ́ːriər ⑬ wɔ́riə]

n. 전사, 용사

➤ **war**(전쟁)에서 싸우는 **or**(사람), 즉 **전사, 용사**

Spartan youths were bred as warriors.
스파르타의 젊은이들은 전사로 길러졌다.

전사, 용사

burden
[bə́ːrdn]

n. 무거운 짐, 부담 v. ~에게 짐(부담)을 지우다

➤ 항아리에 물을 **붜**서 **든**(들고 있는) **무거운 짐, 부담**

• burdensome 무거운 짐이 되는, 번거로운
• heavy tax burden 무거운 세금 부담

climate
[kláimət]

n. 기후

➤ 기후가 좋아 심기만 하면 잘 **클라이**(크다) **뭣**(이든), 즉 농작물이 잘 크는 **기후**

Climate change may affect access to these resources.
기후 변화가 이 자원들을 이용하는 것에 영향을 끼칠 수도 있다.

conscious
[⑪ kánʃəs ⑬ kɔ́nʃəs]

a. 의식이 있는, 의식하고 있는

➤ 의식이 없던 환자가 큰 숨을 **쉬었수**, 즉 **의식이 있는, 의식하고 있는**

• consciousness 의식, 자각
• consciously 의식하여, 의도적으로
• self-conscious 자아의식이 강한

¹ He lost his consciousness.
  그는 의식을 잃었다.
² Words can carry meanings beyond those consciously intended by speakers or writers.
  말은 화자나 작자에 의해 의식적으로 의도된 의미를 넘어서는 의미를 전달할 수 있다.

conscience
[⑪ kánʃəns ⑬ kɔ́nʃəns]

n. 양심

➤ 출발 **칸**을(출발선을) 밟고 출발했다고 솔직히 밝히는 육상 **선수**의 **양심**

• conscientious 양심적인

A conscience does not develop by itself.
양심은 저절로 발달하는 것이 아니다.

105

agent
[éidʒənt]

n. 대리인, 행위자, (스포츠, 연예 부문의) 에이전트

- A전투, B전투, C전투 등이 많아서 장군이 직접 나가지 않고 대신 보낸 **대리인, 행위자**
- agency 대리점, 중개, ~청, ~국
- [1] an insurance agent 보험설계사
- [2] a travel agency 여행사

bang
[bæŋ]

n. (뱅, 쾅, 쿵) 소리 v. 쿵 부딪히다, 쾅 닫다

- **뱅!** 하고 부딪히는 소리, 즉 **(뱅, 쾅, 쿵) 소리, 쿵 부딪치다**
- He slammed the door with a bang.
  그는 문을 쾅 닫았다.

run [1]
[rʌn]

v. [1] 달리다 [2] 흐르다

물이 run(달리다), 즉 흐르다

- 물이 run(달리다), 즉 **흐르다**
- The River Rhine runs into the North Sea.
  라인강은 북해로 흘러간다.

run [2]
[rʌn]

v. [1] (기계를) 작동시키다 [2] (회사 등을) 운영하다

- 기계야, 회사야 **Run!**(달려!) 하며 기계를 **가동시키다**, 회사를 **운영하다**
- [1] I can't make this machine run properly.
  나는 이 기계를 잘 작동시킬 수 없다.
- [2] His father runs a bus company.
  그의 아버지는 버스회사를 경영하신다.

복습				
yearn	warrior	burden	climate	conscious
conscience	agent	bang	run[1]	run[2]

apron
[éiprən]

n. 앞치마

- 설거지하다가 힘들어서 에잇! 하며 풀런(풀은) **앞치마**
- She looked cute in that apron.
  그녀는 저 앞치마를 입었을 때 귀여웠어.

wagon
[wǽgən]

n. 4륜마차

- "나도 안 태우고 왜 gone?(가버렸지?)", 즉 가버린 **4륜마차**
- Two horses are pulling a large wagon.
  두 마리의 말이 큰 마차를 끌고 있다.

commit
[kəmít]

v. (죄 등을) 저지르다, 범하다

- 코밑에 코피가 흐르도록 때려 **죄를 저지르다**
- Did you really commit the crime?
  네가 정말 그 죄를 저질렀단 말이야?

crunchy
[krʌ́ntʃi]

a. 바삭바삭한, 아삭아삭한

- 바삭바삭한 크런치 초콜릿
- Try it with any combination of crunchy vegetables.
  그것을 아삭한 채소와 곁들여 먹어 보세요.

ultimate
[ʌ́ltimit]

a. 궁극적인, 최후의

- 토너먼트 경기에서 "마지막 결승에는 얼(어느) 팀이 이트?(있을까?)" 즉, 궁극적인, 최후의 우승팀이 궁금
- ultimately 궁극적으로
- the ultimate conclusion 최종적인 결론

stink
[stiŋk]

n. 악취 v. 악취를 풍기다

- 스컹크의 악취, 악취를 풍기다
- The stink of your feet made me sick.
  당신의 발 냄새 때문에 속이 메스꺼웠다.

pursue
[pərsúː]

v. 뒤쫓다, 추구하다

- 로켓 주먹 팔이 슈우~ 하고 적을 뒤쫓다
- pursuit 추구, 추적
- 1 The police pursued the suspect.
  경찰이 용의자를 뒤쫓았다.
- 2 You can pursue your passion with us.
  당신은 우리와 함께 당신의 열망을 추구할 수 있다.

mistress
[místris]

n. 여주인

- 미스 김에게는 살 네모난 집 틀이 있수, 즉 그 집의 여주인
- The mistress of this house is not at home.
  이 집 여주인은 집에 없어요.

bride
[braid]

n. 신부

- 부~웅 하고 공중에 뜨는 가마에 ride(타고 있는) 신부
- The bride looks so happy. 그 신부는 매우 행복해 보인다.

bridegroom
[bráidgrùːm]

n. 신랑

- bride(신부)를 호텔의 그 room으로 안고 가는 신랑
- Let's drink to the bride and bridegroom!
  신랑, 신부를 위해 건배합시다!

복습	apron	wagon	commit	crunchy	ultimate
	stink	pursue	mistress	bride	bridegroom

ditch
[ditʃ]

n. 도랑, 배수구

- 도랑을 건너기 위해 돌을 딛지(딛고 건너지).
- The car fell into the ditch.
  차는 도랑으로 떨어졌다.

runway
[rʌ́nwèi]

n. 활주로

- 비행기가 run(달리는) way(길), 즉 활주로
- The airplane landed on the runway.
  비행기는 활주로에 착륙했다.

rainforest
[réinfɔ̀:rist]

n. 열대 우림

- rain(비)가 많이 오는 forest(숲), 즉 열대 우림
- The Amazon is the world's largest rainforest.
  아마존은 세계에서 가장 큰 열대 우림이다.

leopard
[lépərd]

n. 표범

- 앞발을 내뻗으며 달리는 표범
- The leopard began to attack dogs and cattle in the village.
  표범은 마을에 있는 개들과 소들을 공격하기 시작했다.

funeral
[fjú:nərəl]

a. 장례의 n. 장례식

- 화장장에서 "불을 퓨(피워) 죽은 너를 하늘로 보내는구나." 하는 장례식
- a funeral ceremony 장례식

career
[kəríər]

n. 직업, (직업상의) 경력

- 커리어 우먼(career woman)이란 직업의 경력을 갖고 있는 여성
- a career woman 직업여성

thrive
[θraiv]

v. 번영하다, 무성해지다

- "쓰라이!(써라!) 부(富)" 하고 돈을 뿌릴 정도로 번영하다, 그리고 식물이 번영하여 무성해지다
- The internet business is thriving.
  인터넷 사업이 번창하고 있다.

elementary
[èliméntəri]

a. 기초의, 초보의, 초등학교의

- 숫자 일(1), 이(2)를 가르치는 mentor(스승)이리, 즉 기초의, 초보의 학습을 가르치는 초등학교의 선생님이리
- elementary school 초등학교

right
[rait]

¹ a. 옳은 ² a. 오른쪽의 ³ n. 권리

- 20세가 되어 갖게 된 나이트클럽에 들어갈 수 있는 권리
- the right to vote 투표할 권리

element
[éləmənt]

n. 요소, 성분

- 이 약의 구성 요소, 성분이 일(1), 이(2)... 많다
- The elements of nature are continually changing, but nature itself remains constant.
  자연의 구성 요소들은 계속적으로 변하고 있지만, 자연 그 자체는 변치 않는다.

copyright
[kápiràit]

n. 저작권, 판권

- 책을 copy(복사)하여 팔 right(권리), 즉 저작권, 판권
- a copyright holder of this book 이 책의 저작권 소유자

복습	ditch	runway	rainforest	leopard	funeral
	career	thrive	elementary	right	element
	copyright				

리얼 생생 수강후기

'아, 이래서 이 학습법이 계속 1위를 하고 있구나.'라는 생각이 들더라고요. (노*주)

저는 불신에 가득 차서 '이런 말도 안 되는 발음 가지고 학습이 제대로 되냐?'라며 오히려 친구들을 비난했습니다. 그런데 저의 생각이 얼마나 잘못되었고 모순된 생각이었는지 경선식 선생님의 샘플강의를 보고서야 깨달았습니다. '아, 이래서 이 분이, 이 학습법이 계속 1위를 하고 있구나.'라고 깨닫자마자 영단어는 저의 머리에 무섭도록 새겨지기 시작했습니다. 단지 강의 한 번 들었을 뿐인데 거의 90% 이상이 기억이 나고 심지어 잠깐 빼먹고 다시 복습을 했을 때까지 영어단어는 저의 머릿속에 있었습니다. 이 놀라운 혁명을 경험한 저는 더욱 학습을 열심히 하게 되었고 12일 만에 마쳤습니다. 저는 독해가 이렇게 쉬운 줄 몰랐습니다. 그냥 술술 읽었는데 경선식 선생님께서 설명해주신 어휘들이 80% 이상 들어 있었습니다. 저는 경악했습니다. 왜냐하면 그날 저는 모든 문제를 다 맞았고, 심지어는 해석까지 정확하게 했었기 때문입니다. 믿으세요. 그리고 한번 들어보세요. 영어가 쉬워집니다.

Lecture 20

cemetery
[미 sémətèri]
[영 sémətri]

n. 공동묘지

- 드라큘라의 심장에 쇠못을 때리 박고 있는 공동묘지
- a national cemetery 국립묘지

will
[wil]

n. 의지, 의지력

- will(미래에 ~할 것이다), 즉 뭘 하겠다는 의지
- willingly 기꺼이
- I want to see your will. 나는 당신의 의지가 보고 싶다.

falcon
[미 fǽlkən]
[영 fɔ́:lkən]

n. 매

- 팔(날개)이 큰 매
- His motions are swift as a falcon.
  그의 움직임은 매처럼 빠르다.

earthquake
[ə́:rθkwèik]

n. 지진

- earth(지구)가 갈라지고 케이다 크게, 즉 지진
- Did you feel the earthquake last night?
  너는 어젯밤의 지진을 느꼈니?

nasty
[nǽsti]

a. 고약한, 끔찍한, 더러운

- 방귀 소리를 냈수, 그리고 튀었수, 즉 고약한, 더러운 냄새
- a very nasty smell 매우 고약한 냄새

dull
[dʌl]

a. ¹ 둔한, 멍청한, 무딘 ² 따분한, 재미없는

- 돌머리처럼 둔한, 멍청한, 돌같이 아무 말 없이 따분한
- ¹ He is dull. 그는 우둔하다.
  ² This book is very dull. 이 책은 매우 따분하다.

emergency
[imə́:rdʒənsi]

n. 비상사태, 위급

- "임마, 전시야! 지금은 전쟁 중이야!", 즉 비상사태, 위급
- This door should only be open in an emergency.
  이 문은 비상시에는 열려있어야 한다.

posture
[pástʃər]

n. 자세

- 파수꾼이 적을 쳐 쓰러뜨릴 자세
- The therapist told her a frog posture would ease the pain.
  치료사는 그녀에게 개구리 자세가 고통을 덜어줄 것이라고 말했다.

billion
[bíljən]

n. **10억**

- **10억**을 **빌려**
- cf. million 백만
- You owe me a billion won.
  당신은 나한테 10억 원을 빚졌다.

proficient
[prəfíʃənt]

a. **숙달된, 능숙한**

- 호떡의 달인이 순식간에 반죽을 **풀어 피션트**(피셨다), 즉 **숙달된, 능숙한**
- She is proficient at operating the computer.
  그녀는 컴퓨터를 다루는 데 있어 능숙하다.

복습	cemetery	will	falcon	earthquake	nasty
	dull	emergency	posture	billion	proficient

coward
[káuərd]

n. **겁쟁이, 비겁자**

- **cow**(황소)가 무서워 **워어~** 하며 물러서는 **겁쟁이, 비겁자**
- cowardly 겁 많은, 비겁한; 비겁하게
- cowardice 겁, 비겁
- The representation of cowardly people makes us cowardly.
  겁 많은 사람들에 대한 묘사는 우리를 겁 많게 만든다.

instantaneous
[ìnstəntéiniəs]

a. **순간적인, 즉석의**

- **인스턴트** 식품을 전자레인지에 데우는 데 **ten이었수**(10초였수), 즉 **순간적인, 즉석의**
- instantaneously 즉시, 순간적으로
- instant 즉각적인, 인스턴트식품의; 순간
- They were trained to obey instantaneously.
  그들은 즉시 명령을 따르도록 훈련받았다.

particle
[páːrtikl]

n. **입자, 티끌**

- **part**(부분)으로 나누어진 **티끌**같이 작은 **입자, 티끌**
- I feel a particle of dust in my eye.
  내 눈에 작은 먼지 입자가 느껴진다.

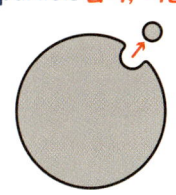

correspond
[kɔ̀ːrəspánd]

v. [1] **일치하다** [2] **교신하다, 서신 왕래하다**

- [1] **코러스**는 **반드**시 가수와 화음이 **일치해야** 해서 서로 수신호를 주고받으며 **교신하다**
- [2] **cor**(함께) 서로의 편지에 **respond**(대답하며) **교신하다, 서신 왕래하다**
- correspondent 일치하는, 상응하는; 통신원, 특파원
- correspondence 일치, 상응, 통신, 교신
- [1] Your words and actions should correspond.
  당신의 언행은 일치해야 한다.
- [2] I want to correspond with a foreign girl.
  나는 외국 소녀와 편지를 주고받고 싶다.

theme
[θi:m]

n. 주제, 제목

- 글의 (중)심이 되는 생각, 즉 주제, 제목
- These have been the main subjects and themes of my work.
  이것들은 내 작품의 주요 대상이며 주제가 되었다.

arithmetic
[ərίθmətik]

n. 산수, 계산

- 오리의 수가 모두 머틱?(뭐지?) 하며 선생님이 가르치는 산수, 계산
- The situation was a matter of arithmetic logic that one of two was telling the truth. 그 상황은 두 사람 중 한 사람이 진실을 말하고 있다는 산술적 논리의 문제였다.

demon
[dí:mən]

n. 악마, 귀신

- "너 뒤에 뭔가가 있어!" 악마, 귀신
- the demons from Hell 지옥에서 온 악마들

loyal
[lóiəl]

a. 충성스러운, 충실한

- royal(왕의) 신하들이 충성스러운, 충실한
- loyalty 충성, 충실
- All Dogs are not loyal to their owners.
  모든 개들이 주인에게 충성스럽지는 않다.

refer ❶
[rifə́:r]

v. 말하다, 언급하다

- 부인이 무뚝뚝한 남편에게 "나 이뻐? 이쁘면 이쁘다고 말 좀 해!" 즉, 말하다, 언급하다
- refer to A as B A를 B로 칭하다
- ¹ He referred to your name. 그는 당신의 이름을 언급했습니다.
  ² His friends refer to him as walking dictionary.
  그의 친구들은 그를 걸어 다니는 사전이라고 부른다.

refer ❷
[rifə́:r]

v. 참고하다, 참조하다

- 못생긴 개그우먼을 참고해 보면 너는 이뻐. 즉, 참고하다, 참조하다
- reference 참조, 언급
- The speaker referred to his notes. 그 연설자는 자신의 메모지를 참조했다.

복습				
coward	instantaneous	particle	correspond	theme
arithmetic	demon	loyal	refer¹	refer²

potential
[pəténʃəl]

a. 가능성이 있는, 잠재하는 n. 가능성, 잠재력

- 포탄이 터질까봐 멀리서 ten(10)까지 셔가며(세며) 안전한지 확인하다, 즉 터질 가능성이 있는, 잠재력
- potentially 잠재적으로
- They are confronted with potentially dangerous approaching objects.
  그들은 잠재적으로 위험한 다가오는 물체들과 맞닥뜨린다.

highlight
[háilàit]

n. 가장 중요한 부분 v. 강조하다

- high(높은) light(빛)이 나는 형광펜으로 가장 중요한 부분을 강조하다
- A resume should highlight skills and achievements.
  이력서는 기술과 성과들을 강조해야 한다.

smash
[smæʃ]

v. 힘껏 치다, 박살내다

- 탁구, 베드민턴 등에서 스매싱(smashing)하며 공을 힘껏 치다, 박살내다
- Tornado smashed the fence around the house.
  토네이도가 집 주위의 울타리를 부수었다.

apt
[æpt]

a. ~하는 경향이 있는, ~하기 쉬운

- 요즘은 혼자 있을 때 스마트폰 앱을 하는 경향이 있는, ~하기 쉬운
- be apt to 흔히~하다, ~하는 경향이 있다
- Glass cups are apt to break.
  유리컵은 깨지기 쉽다.

reptile
[(미)réptil (영)réptail]

n. 파충류

- 타일로 된 랩을 씌워놓은 것 같은 악어, 거북이와 같은 파충류
- My cousin is allergic to reptiles.
  내 사촌은 파충류 알레르기가 있다.

banquet
[bǽŋkwit]

n. 연회, 만찬

- 손에 샴페인 잔을 들고 방끗방끗 웃으며 돌아다니는 연회, 만찬
- The banquet last night was splendid.
  어젯밤 연회는 화려했다.

address
[ədrés]

¹ n. 주소 ² n. 연설 v. 연설하다

- 중요한 연설이라 어! 드레스 입고 연설, 연설하다
- ¹ Do you have my address? 제 주소 아세요?
  ² The principal was energetically addressing them.
  교장선생님은 열정적으로 그들에게 연설하고 있었다.

province
[(미)právins (영)próvins]

n. 지역, 지방, 영역, 분야

- 프랑스의 프로방스 지역, 지방, 영역
- The matter is outside my province.
  그 문제는 내 분야 밖이다.

프랑스의 **프로방스** province

지역, 지방, 영역

immoral
[imɔ́:rəl]

a. 비도덕적인

- 조카가 이모를 사기치다니! 즉, 비도덕적인
- the immoral conducts of some politicians
  몇몇 정치가들의 비도덕적인 행위들

moral
[mɔ́:rəl]

a. **도덕적인**

🌶 가난하지만 늙으신 **母를**(어머니를) 잘 돌보는 **도덕적인** 자식
- morally 도덕적으로
- morality 도덕, 윤리

ex Every mother and father wants to raise a child with a strong moral character.
모든 어머니와 아버지들은 강한 도덕성을 지닌 아이를 키우길 원한다.

복습					
	potential	highlight	smash	apt	reptile
	banquet	address	province	immoral	moral

경쌤's TIP

축하합니다.

여러분은 경선식 토플영단어 기본 20강까지 완성하였습니다.

반드시 지켜야 하는 가장 효과적인 복습 방법(5page)을 확인 후 확실하게 복습하세요.

114

Lecture 21

designate
[dézignèit]

v. ¹ 가리키다, 지정하다 ² 임명하다

➤ "돼지 그것으로 **내이트!**(내세요!)" 하며 돼지 하나를 **가리키다**, 오늘의 저녁거리로 **임명하다**

¹ The town has been designated a development area.
그 도시는 개발 지역으로 지정되었다.

² The officer was designated for the command.
그 장교는 지휘관으로 임명되었다.

mechanical
[məkǽnikəl]

a. 기계의, 기계적인

➤ 땅에서 **뭐를 캐니 칼로?** 칼 말고 땅을 뚫는 **기계의** 장치가 있어야 해!

- mechanic 기계공, 정비사
- mechanism 기계 장치, 메커니즘(사물의 작용 원리나 구조)

The plane was delayed due to a mechanical problem.
비행기가 기계적인 결함으로 연착되었다.

slope
[sloup]

n. 비탈, 경사면

➤ 스키의 빠른 속도를 **slow**(느리게) 늦춰 **읍!** 하고 멈추게 되는 **비탈, 경사면**

The slope is very steep.
경사가 매우 가파르다.

greenery
[grí:nəri]

n. 녹색 잎, 화초

➤ **green**(초록색) 잎이 **나리**, 즉 **녹색 잎, 화초**

Greenery creates a natural gathering space for neighbors.
푸른 나무들은 이웃사람들이 자연스럽게 모일 수 있는 곳을 만든다.

significant
[signífikənt]

a. 중요한

➤ 빚보증에 함부로 싸인을 하면 안 되듯이 **sign**(싸인)은 **중요한**

- significance 중요, 중요성
- insignificant 중요하지 않은, 하찮은

Your problems and challenges suddenly seem insignificant.
당신의 문제들과 난제들이 갑자기 하찮은 것처럼 보이게 된다.

profession
[prəféʃən]

n. 직업

➤ **프로** 수준의 **패션** 감각으로 얻게 된 패션 관련 **직업**

- professional 직업의, 프로의

The firefighters have enormous pride in their profession.
소방관들은 그들의 직업에 엄청난 자부심을 가지고 있다.

115

tribe
[traib]

n. 부족, 종족

- 모닥불 주위를 돌며 춤을 추라이! 하는 인디안 부족, 즉 **부족, 종족**
- tribal 종족의, 부족의
- an African tribe 한 아프리카 부족

inn
[in]

n. 여인숙, 여관

- 여행하느라 지치고 늦은 밤이라 in(안으로) 들어간 **여인숙, 여관**
- a country inn 시골 여인숙

temper
[témpər]

¹n. 기질, 성질 ²v. 누그러뜨리다, 완화시키다

- 사람마다 빠른 **템포**, 느린 **템포**의 음악을 선호하는 각자의 **기질, 성질**. 그리고 temper(성질)을 **누그러뜨리다**
- temperament 기질, 성질
- lose one's temper 성질을 내다
- I can't stand his bad temper.
  나는 그의 더러운 성질을 견딜 수 없다.

temperate
[témpərət]

a. 온화한, 차분한, 절제된

- 겨울인데도 기온이 ten(10)도로 나무들이 **퍼렇트**(퍼렇다), 즉 **온화한** 기후
- temperance 절제, 금주
- a temperate climate 온화한 기후

복습	designate	mechanical	slope	greenery	significant
	profession	tribe	inn	temper	temperate

protein
[próuti:n]

n. 단백질

- 달걀을 후라이팬에 풀어 튄 흰자는 **단백질**
- essential proteins and vitamins
  필수 단백질과 비타민

lid
[lid]

n. 뚜껑, 덮개

- "엄마가 김치 꺼낼 동안 장독 **뚜껑, 덮개**를 니가 **드러**(들고 있어)."
- a box with a lid
  뚜껑이 달린 상자

dime
[daim]

n. 10센트짜리 동전

- '갖고 있는 돈이 이게 **다임**', 즉 남은 건 **10센트짜리 동전** 한 닢
- The merchant refused to take dimes.
  그 상인은 10센트짜리 동전을 받기를 거부했다.

compass ①
[kʌ́mpəs]

n. ¹ 나침반 ² 컴퍼스

- 방향을 알 수 없는 지형을 com(함께) pass(통과하기) 위해 보는 나침반
- Compass helped pirated finding treasures.
  나침반은 해적들이 보물을 찾는 것을 도왔다.

compass ②
[kʌ́mpəs]

n. 범위

- 지도 위를 컴퍼스로 그린 원 안의 1킬로미터 범위
- beyond the compass of words
  말의 범위를 넘어선

encompass
[inkʌ́mpəs]

v. ¹ 둘러싸다 ² 포함하다

- 컴퍼스 다리 en(안으로) 원을 그려 둘러싸다, 포함하다
- encompass a variety of categories
  다양한 범주를 망라하다(포함하다)

eternal
[itə́:rnəl]

a. 영원한, 변함없는

- 가도 가도 끝없는 이 터널은 영원한, 변함없는
- eternity 영원, 영구
- eternal love 영원한 사랑

housekeeper
[háuski:pər]

n. 주부, 가정부

- house(집)을 keep(유지하는) er(사람), 즉 주부, 가정부
- My mother is a good housekeeper.
  우리 어머니는 훌륭한 주부이시다.

elevate
[éləvèit]

v. 올리다, 높이다, 승진시키다

- 엘리베이터가 사람들을 높은 곳으로 올리다, 높이다
- elevation 높이, 높은 곳, 승격, 증가
- The dancers stood on a two-step elevated stage.
  댄서들은 두 계단 높여진 무대 위에 서 있었다.

nutrition
[nju:tríʃən]

n. 영양, 영양분

- 죽어가는 나무를 파릇파릇한 new tree(새 나무)가 되도록 만든 영양, 영양분
- nutritious 영양분이 있는, 영양의
- nutrient 영양분; 영양분을 주는
- He does not require additional energy or nutrients.
  그는 추가적인 에너지나 영양분을 필요로 하지 않는다.

복습					
protein	lid	dime	compass¹	compass²	
encompass	eternal	housekeeper	elevate	nutrition	

fasten
[(미) fǽsn (영) fáːsn]

v. 묶다, 채우다

- 남의 물건을 뺏은 사람을 포승줄로 묶다, (수갑을) 채우다
- fast ¹빠른; 빠르게 ² 꽉, 단단히, 흔들리지 않고
- Please fasten your seatbelt.
  좌석 벨트를 매주세요.

novel
[(미) nável (영) nóvəl]

¹ n. 소설 ² a. 진기한, 새로운

- 지금껏 없었던 진기한, 새로운 이야기를 다룬 novel(소설)
- novelist 소설가, 작가
- ¹ She is a famous novelist.
  그녀는 유명한 소설가이다.
  ² A student came up with a novel idea to slow climate change.
  한 학생이 기후 변화를 늦추기 위한 참신한 아이디어를 생각해냈다.

witch
[wítʃ]

n. 마녀

- 여기저기로 사라졌다 다시 나타났다 하면서 위치를 옮기는 마녀
- The witch turned the prince into a frog.
  마녀가 그 왕자를 개구리로 바꿔 버렸다.

wizard
[wízərd]

n. (남자) 마법사

- 위 저기에두 빗자루를 타고 날아가는 마법사
- It is a story about wizards.
  그건 마법사에 관한 이야기다.

tablet ❶
[tǽblit]

n. 알약

- 어린이는 반 알을 먹으라고 해서 반을 떼어서 분리한 알약
- Take one tablet a day.
  하루에 한 알씩 드세요.

tablet ❷
[tǽblit]

n. 현판, 액자

- 아이패드와 같은 테블릿 pc는 현판, 액자 모양
- The tablet commemorates the achievement.
  그 현판은 그 성과를 기념하고 있다.

accumulate
[əkjúːmjuléit]

v. 축적하다, 모으다

- 억 원으로 키움을(키운 것을) 불우이웃 성금으로 내이트(내다), 즉 억 원을 축적하다, 모으다
- accumulation 축적
- We help them accumulate knowledge.
  우리는 그들이 지식을 축적하도록 돕는다.

stem
[stem]

¹ v. 유래하다, 생기다 ² n. (초목의) 줄기

- 비버가 나무**줄기**로 水(물 수)를 막아 댐을 만드는 것을 보고 인간의 댐이 **유래하다, 생기다**
- stem from ~에서 생기다
- ¹ All my problems stem from drink. 나의 모든 문제는 음주에서 기인한다.
  ² The flower has a long stem. 이 꽃의 줄기는 길다.

value
[vǽljuː]

n. 가치 v. 높이 평가하다, 소중히 하다

- [밸류 → 별루] 별로인 것 같은 **가치**
- valuable 가치 있는, 귀중한
- valuables 귀중품
- valueless 가치 없는, 하찮은
- a valuable friend 소중한 친구

invaluable
[invǽljuəbl]

a. 매우 귀중한

- [in(not) + value(가치) + able(~할 수 있는)] 가치를 매길 수 없는, 즉 **매우 귀중한**
- This painting is invaluable. 이 그림은 매우 귀중하다.

priceless
[práislis]

a. 값을 매길 수 없는, 매우 귀중한

- [price(가격) + less(~이 없는)] 가격으로 매길 수 없을 정도의
- a priceless antique 매우 귀중한 골동품

복습				
fasten	novel	witch	wizard	tablet¹
tablet²	accumulate	stem	value	invaluable
priceless				

리얼 생생 수강후기

적극 추천합니다! (이*연)

수강한 지 2주? 정도 안 돼서 한 권 마스터한 것 같습니다!

거의 4,000개에 달하는 영단어. 저 혼자였다면 내년 시험까지도 절대 다 외우지 못했을 거예요. ㅠㅠ

경선식쌤의 해마학습법을 두고 억지라고 하는 사람도 간혹 있지만 저는 정말 들으면서 '와 어떻게 이렇게 생각하실 수 있지?' 하며 그 신박함과 기발함에 감탄했습니다... 난이도 있는 영단어를 무턱대고 한 번에 외운다는 것은 그리 쉽지 않아요!

Lecture 22

suspicious
[səspíʃəs]

a. 의심스러운

- "범인이 이곳에서 담배를 서서 피셨수?" 하며 범죄 현장의 담배꽁초가 의심스러운
- suspect 의심하다
- suspicion 의심, 혐의
- He looked at me with suspicious face.
  그는 의심스러운 표정으로 나를 쳐다봤다.

bunch
[bʌntʃ]

n. 다발, 송이

- 변치 않는 사랑을 의미하는 한 다발의 꽃
- a bunch of bananas 바나나 한 다발

utility
[juːtíləti]

n. ¹ 유용성, 쓸모 있는 것 ² (수도·전기 등의) 공익 시설

- 업무 능력에 있어서 you(너가) 틸, 즉 너는 회사에 쓸모 있는 것, 유용성
- utilize 이용하다
- utilization 이용
- utilitarian 실용적인
- ¹ water utility rate 수도 요금
  ² The railroad line is a public utility.
  철도는 공공 시설이다.

root
[ruːt]

n. 뿌리, 근원

- 수학에서 루트 16은 4이듯, 루트는 제곱에 대한 뿌리, 근원
- uproot 뿌리째 뽑다, 근절시키다
- The root grew out of the pot.
  뿌리가 화분 밖으로 자라나왔다.

glide
[glaid]

v. 미끄러지듯 가다, 활강하다

- ¹ 비행기 글라이더(glider)가 미끄러지듯 가다, 활강하다
  ² [glide → slide(미끄러지다)] 미끄러지듯 가다, 활강하다
- a snake gliding along the ground
  땅 위를 미끄러지듯 기어가는 뱀

compensation
[(미) kɑ́mpənséiʃən]
[(영) kɔ́mpənséiʃən]

n. 보상, 배상

- "돈으로 갚어!"라고 say션(말하셔), 즉 보상, 배상을 하셔!
- compensate 보상하다
- She tried to think of a way to compensate her for the damage.
  그녀는 그 손상에 대해 그녀에게 보상할 방법에 대해 생각하려고 노력했다.

evolve
[ⓜiválv ⓔivólv]

v. 발전하다, 진화하다

- 2등을 밟으(밟어) 그리고 1등으로 **발전하다, 진화하다**
- evolution 진화, 발전
- The way of communication have evolved.
  소통의 방식이 발전했다.

lest ~ (should)

conj. ~하지 않도록

- 다른 것은 다 해도 그것만은 **last**(마지막으로) **should**(~해야 하다), 즉 그것만은 **하지 않도록**
- lest ~ (should) ... ~가 …하지 않도록
- He disguised himself lest he (should) be recognized.
  그는 눈에 띄지 않도록 변장을 했다.

moth
[mɔːθ]

n. 나방

- [모뜨 → 못 뜨(다)] 나비처럼 훨훨 잘 **못 뜨는 나방**
- The moth opened its wings.
  나방은 날개를 폈다.

moss
[mɔːs]

n. 이끼

- [모쓰 → 못 쓰(다)] **이끼**가 끼고 더러워져 고기가 죽게 되어 **못 쓰**게 된 어항
- moss-covered rocks 이끼가 낀 바위

복습	suspicious	bunch	utility	root	glide
	compensation	evolve	lest ~ (should)	moth	moss

humble
[hʌ́mbl]

a. ¹ 초라한 ² 겸손한

- 샹들리에 같은 새(로운) 불이 아닌 호롱불과 같은 **헌 불**을 켜고 사는 **초라한, 겸손한** 삶
- ¹ a humble house 초라한 집
  ² He is very humble. 그는 매우 겸손하다.

horn
[hɔːrn]

n. ¹ 호른 ² 뿔, 뿔피리 ³ 경적

- **호른**은 **뿔**모양의 **뿔피리**에서 유래된 **경적**소리가 나는 악기
- ¹ Moose has big horns.
  무스는 큰 뿔을 가지고 있다.
  ² Drivers should not use car horns in narrow alleys at night.
  운전자들은 밤에 좁은 골목에서 경적을 사용해서는 안 된다.

therapy
[θérəpi]

n. 치료, 치료법

- ¹ 썩은 피를 빼내고 **새로 피**를 수혈하는 **치료, 치료법**
  ² 아로마테라피(향기 **치료법**) 등에서 쓰이는 말
- a music therapy 음악 치료

naked
[néikid]

a. 나체의, 벌거벗은

➤ 내의(內衣: 속옷)만 입은 kid(아이), 즉 나체의, 벌거벗은

✉ What is that naked man doing there? 저 벌거벗은 남자는 저기에서 뭘 하고 있는 거지?

negligent
[néglidʒənt]

a. 태만한, 부주의한

➤ 적이 쳐들어와도 태만한, 부주의한 젊은 병사들을 보고 노인들이 "내가 갈리! 전투에" 하고 나서다

- negligible 무시해도 좋은, 하찮은
- negligence 태만, 무시

✉ The damage from the car accident was negligible.
차사고의 피해는 무시해도 될 정도였다.

neglect
[niglékt]

v. 태만히 하다, 방치하다 n. 태만, 방치

➤ "내 숙제를 니가 쓴 글로 냈다." 하며 자기 의무를 태만히 하다, 방치하다

✉ People neglected their work to play this attractive game.
사람들이 이 매력적인 놀이를 하기 위해 자신들의 일을 태만히 했다.

solution
[səlúːʃən]

n. ¹ 해결, 해답 ² 녹임, 용액

➤ 비린내를 없애기 위해 솔잎을 누션(넣으션), 그리고 그 솔을 녹임, 그것이 해결책

- solve 풀다, 해결하다

✉ ¹ The agent welcomed my friend's solution.
그 직원은 내 친구의 해결책을 받아들였다.
² The scientist spilled the toxic solution. 과학자가 독성 용액을 쏟았다.

coverage
[kʌ́vəridʒ]

n. ¹ (신문·TV의) 보도 ² (보상·적용 등의) 범위

➤ ¹ TV를 꺼버리지, 즉 보기 싫은 뉴스에 대한 보도
² 내가 커버할 수 있는 범위

- cover ¹ 덮개; 덮다 ² 포함하다 ³ 보도하다, 다루다

✉ ¹ The reporter covered the accident.
기자는 그 사고를 보도했다.
² Before signing the contract, one needs to know the scope of the insurance coverage.
계약서에 서명하기 전에 보험 적용범위를 알아야 합니다.

arctic
[áːrktik]

a. 북극의 n. 북극

➤ 손가락이 꽁꽁 얼어 톡 치면 악! 비명과 함께 틱! 부러지는 북극, 북극의

- antarctic 남극의; 남극

✉ I will explore the Arctic regions. 나는 북극 지역을 탐험할 것이다.

brutal
[brúːtl]

a. 잔인한, 잔혹한

➤ 채찍질로 온 몸이 부르틀, 즉 잔인한, 잔혹한 형벌

- brute 짐승, 짐승 같은 사람

✉ a brutal murderer 잔인한 살인자

복습	humble	horn	therapy	naked	negligent
	neglect	solution	coverage	arctic	brutal

pasture
[pǽstʃər]

n. 목장, 목초지

- 가축 배설물 **폐수** 처리 때문에 악취가 나는 **목장, 목초지**
- pastoral 목가적인, 전원의
- My family went to a pasture in Gangwon for vacation.
  우리 가족은 휴가로 강원도에 있는 목장에 다녀왔다.

moisture
[mɔ́istʃər]

n. 습기, 수분

- ¹ 한증막에 수증기가 **모이**다, 그래서 **습차**다(습기가 차다), 즉 **습기, 수분**
- ² **모이스처** 스킨로션은 얼굴에 **수분**을 공급하는 스킨로션이다.
- moist 촉촉한, 습기 있는
- The cake is nice and moist. 이 케이크는 맛있고 촉촉하다.

surgery
[sə́:rdʒəri]

n. 수술

- 피부를 썰 매쓰 **주어리!**(줘!) - **수술** 장면
- surgeon 외과의사
- The surgery took 5 hours. 그 수술은 5시간 걸렸다.

majesty
[mǽdʒəsti]

n. 위엄, 장엄, 폐하

- 군인 장교가 지휘봉 같은 **매**를 손에 **줘서**(쥐어서) 위엄 있는 **티**를 내는, 즉 **위엄, 장엄**
- majestic 위엄 있는, 장엄한
- The temples of Bangkok were majestic. 방콕의 사원들은 장엄했다.

bullet
[búlit]

n. 총알

- **불**을 내뿜으며 **it**(그것 = 목표)을 향해 날아가는 **총알**
- He was killed by a single bullet in the heart.
  그는 가슴에 단 한 발의 총알을 맞고 숨졌다.

leather
[léðər]

n. 가죽 a. 가죽의

- 산적 **leader**(우두머리)가 입고 있는 호랑이나 곰의 **가죽** 옷
- a leather jacket 가죽 재킷

harm
[hɑ:rm]

n. 손해, 해 v. 해를 끼치다

- 결혼하기 전 함 값 때문에 본 **손해, 해**
- harmful 해로운
- do A harm A에게 해를 끼치다 (↔ do A good: A에게 이익을 주다)
- Environmental psychologists have long known about the harmful effects of unpredictable, high-volume noise.
  환경 심리학자들은 예측할 수 없는 큰 소리가 가져오는 해로운 영향에 대해 오래전부터 알고 있었다.

emigrate
[émigrèit]

v. (다른 나라로) 이주하다

- 애미가 great(큰) 나라 미국으로 이주하다 (접두어 e는 out의 의미)
- emigrant (타국으로 가는) 이민자, 이주민 (~ant: ¹~사람, ²~것 ²형·어)
- emigration (타국으로의) 이주
- He emigrated to the U.S. and continued to make films.
  그는 미국으로 이주해서 영화를 계속 만들었다.

immigrate
[ímigrèit]

v. (외국으로부터) 이주해 오다

- 나는 애미보다 먼저 이미 great(큰) 나라 미국으로 이주해 오다 (접두어 im은 '안으로')
- immigrant (타국에서 온) 이민자, 이주민
- immigration (타국으로부터의) 이주
- an immigrant worker 이주노동자

migrate
[máigrèit]

v. 이주하다, 이동하다

- 큰 꿈을 펼치러 my great(나의 큰) 나라 미국으로 이주하다, 이동하다
- migrant 이주자, 철새
- migration 이주, 이동
- Swallows migrate north in spring.
  제비는 봄에 북쪽으로 이동한다.

복습					
pasture	moisture	surgery	majesty	bullet
leather	harm	emigrate	immigrate	migrate

리얼 생생 수강후기

경선식 선생님만을 믿고 쭉 따라가세요. (전*솔)

영어 공부에 있어서 가장 중요한 건 단어라고 생각합니다. 단어를 외우는 건 몇 번 반복하면 그리 어렵지 않은 일이었지만 휘발성이 높아서 그리 오래가지 않는다는 게 가장 큰 고민이었습니다. 그래서 이것저것 찾아보다가 경선식 선생님 강의를 접하게 되었습니다. 저는 강의를 같이 듣는 것을 추천합니다. 더 효과적이고 오히려 시간이 단축됩니다. 경선식 단어장의 가장 큰 장점이자 다른 단어장과 차별되는 것은 기억이 오래간다는 것입니다. 단어만은 경선식 선생님만을 믿고 쭉 따라가세요.

Lecture 23

burglary
[bə́:rgləri]

n. 도둑질

▶ 빈 집의 **부엌을** 다리로 **넘어리**. 그렇게 하는 **도둑질**
- burglar 강도, 도둑
- The police arrested Mr. Kim for burglary.
  경찰은 김 씨를 절도죄로 체포했다.

amusing
[əmjú:ziŋ]

a. 재미있는, 즐거운

▶ 어! **music**(음악)에 맞춰 춤추며 **재미있는, 즐거운** 파티
- amusement 즐거움, 오락
- amuse 재미나게 하다, 즐겁게 하다
- [1] This movie was very amusing to me. 이 영화는 나에게는 참으로 재미있었다.
  [2] amusement park 놀이 공원

tease
[ti:z]

v. 집적거리다, 괴롭히다

▶ "**tea**(차) 한 잔 **주세요~**" 하면서 스토커가 **집적거리다, 괴롭히다**
- Stop teasing the cat. 고양이 그만 괴롭혀.

possess
[pəzés]

v. 소유하다, 지니다

▶ 금화를 바가지로 **퍼서 재**가 **쓰**다, 즉 많은 금화를 **소유하다, 지니다**
- possession 소유, 소유물
- The creativity that children possess needs to be cultivated throughout their development. 아이들이 소유한 창의력은 그들의 발달과정 내내 길러질 필요가 있다.

raid
[reid]

n. 공습, 급습 v. 공습하다, 급습하다

▶ **레이더**에 잡힌 적의 비행기를 향해 **공습, 급습**
- air-raid alarm 공습경보

duty
[djú:ti]

n. 의무, 업무, 세금

▶ [듀리 → 둘이] **둘이**서 이거 다 해놔! 즉, 두 사람의 **의무, 업무**
- dutiful 의무를 다하는
- [1] It's the duty of a doctor to try to keep people alive.
  사람들을 살리려고 애를 쓰는 것이 의사의 의무이다.
  [2] import duty 수입세

genius
[dʒí:njəs]

n. 천재, 천재적 재능

▶ [지녔으 → 지녔수] **천재적 재능**을 **지녔수**.
- Einstein was a mathematical genius. Einstein은 수학의 천재였다.

부엌을 다리로 넘어리
burglary
도둑질

bend
[bend]

v. 구부리다

▶ 팔 운동을 하려고 벽에 걸린 스포츠용 (고무) **밴드**를 잡고 팔을 **구부리다**
- bent 굽은, 마음이 쏠린; 경향
- Can you touch your toes without bending your knees?
  넌 무릎을 구부리지 않고 발가락을 만질 수 있니?

collect
[kəlékt]

v. 모으다, 수집하다

▶ **걸레 two**(2)개로 먼지를 한 곳에 **모으다, 수집하다**
- collection 수집, 수집물
- Satellites are collecting a great deal of imagery.
  위성들은 많은 사진들을 모으고 있다.

recollect
[rèkəlékt]

v. 기억해 내다, 생각해 내다

▶ 머릿속에 옛일들을 **re**(다시) **collect**(모으다), 즉 **기억해 내다, 생각해 내다**
- recollection 회상, 회고
- She recollected her early years. 그녀는 자신의 어린 시절을 회상했다.

복습	burglary	amusing	tease	possess	raid
	duty	genius	bend	collect	recollect

holy
[hóuli]

a. 성스러운, 신성한

▶ [홀리 → 홀리다] 신에게 **홀리**는 **성스러운, 신성한** 교회
- The palace is a holy place. 그 궁전은 성스러운 장소이다.

remote
[rimóut]

a. 먼, 멀리 떨어진

▶ 리모컨은 **remote**(먼, 멀리 떨어진) 곳에서 **control**하는 기구
- a remote village 멀리 떨어진 마을

lettuce
[létis]

n. 양상추

▶ [(철자상) 레튜스 → 내 쥬스] 내가 **쥬스**로 짜서 마시는 **양상추**
- I do not like burgers with too much lettuce.
  나는 양상추가 너무 많이 들어 있는 버거는 좋아하지 않는다.

precious
[préʃəs]

a. 귀중한, 값비싼

▶ 풀밭에 눕지 마! **풀**에 **셔스**(셔츠)가 닿아서 물들면 안 돼!, 즉 **귀중한, 값비싼** 셔스(셔츠)
- Each life is precious. 각각의 삶은 소중한 것이다.

precise
[prisáis]

a. 정확한, 정밀한

▶ 신축성 있는 **free** 사이즈의 장갑은 누구에게나 **정확한, 정밀한** 사이즈
- a clear and precise description of the incident
  그 사고에 대한 분명하고 정확한 묘사

dinosaur
[dáinəsɔ̀:r]

n. 공룡

- die(죽어서) 땅 속에 넣었소. 화석으로만 발견되는 공룡
- This is a dinosaur's footprint. 이것은 공룡의 발자국이다.

vessel
[vesl]

n. ¹ (큰) 배 ² 그릇

- 개미가 그릇을 배로 쓸, 즉 배, 그릇
- ¹ He owns a huge vessel. 그는 거대한 선박을 소유하고 있다.
- ² vessels of fine copper 순동으로 만든 그릇

official
[əfíʃəl]

a. 공적인, 공식적인 n. 공무원

- 개인의 집이 아닌 office(사무실)에서 하는 일의, 즉 공적인, 공식적인, 공무원
- officially 공식적으로, 공무상
- ¹ Visit our official web site! 저희의 공식 웹 사이트를 방문하세요!
- ² London city officials wanted to build a new bridge. 런던 시 공무원들은 새로운 다리를 건설하기를 원했다.

manual
[mǽnjuəl]

¹ a. 손으로 하는 ² n. 안내서

- 메뉴가 all(모두) 적혀있는 메뉴판 안내서의 음식을 손으로 하는 손짜장집
- ¹ a manual worker 육체 노동자
- ² a computer manual 컴퓨터 사용 설명서

manufacture
[mæ̀njufǽktʃər]

n. 제조 v. 제조하다

- 판매를 위해 음식점에서 메뉴에 있는 것을 팩으로 처리하여 제조, 제조하다
- manufacturer 제조업자, 제조회사
- This is manufactured in China. 이것은 중국에서 제조된다.

복습	holy	remote	lettuce	precious	precise
	dinosaur	vessel	official	manual	manufacture

heedless
[hí:dləs]

a. 조심성 없는, 부주의한

- 아이가 칼을 마구 휘둘렀수, 즉 조심성 없는, 부주의한
- heed 주의하다; 주의
- heedful 주의 깊은
- Jack is a heedless driver. Jack은 부주의한 운전자이다.

beneath
[biní:θ]

ad. 아래에 prep. ~ 밑에

- 습기 차단을 위해 텐트 아래에 비닐을 쓰다
- It was hidden beneath a thin layer of soil. 그것은 한 겹의 얇은 흙 아래 숨겨져 있었다.

policy
[미] pɑ́ləsi [영] pɔ́ləsi

n. 정책, 방침

→ 나라에서 돈을 마련하기 위해 팔어, 하나의 시를. 그러한 나라의 정책, 방침

foreign policies 외교 정책

coal
[koul]

n. 석탄

→ cold(추운) 날씨에 때는 석탄

put more coal on the fire 난롯불 위에 석탄을 좀 더 얹다

trial
[tráiəl]

n. ¹ 시도 ² 재판

→ ¹ try(시도하다)의 명사형
² 원만한 해결을 위해 try all(모든 것을 시도해보고) 결국 재판으로…

¹ through their unceasing trial and error
끊임없는 시행착오를 통해

² The murderer will be on trial next week.
그 살인자는 다음 주에 재판을 받을 것이다.

appreciate
[əpríːʃièit]

v. ¹ 감사하다 ² 진가를 인정하다 ³ 감상하다

→ 길에서 주은 도자기를 엎으리(시) 에잇! 하며 밑부분까지 감상하다, 그런 후 고려청자로서의 진가를 인정하다, 보물을 얻어 하늘에 감사하다

• appreciation 감사, 감상, 식별

¹ I appreciate the teacher's advice.
나는 그 선생님의 충고에 감사드린다.

² His vocal talent is not fully appreciated in the field.
그의 성악적 재능은 그 분야에서 충분히 인정받지 못하고 있다.

³ Visitors appreciated the picture.
방문객들은 그 사진을 감상했다.

parallel
[pǽrəlèl]

¹ a. 평행한 v. ~에 평행하다 ² a. 유사한 v. ~에 필적하다

→ '앞으로 나란히' 구령에 맞춰 두 팔을 낼 때 두 팔이 서로 평행한, 유사한, 필적하다

• unparalleled 필적될 만한 것이 없는, 비할 데 없는

¹ The road runs parallel with the canal.
그 도로는 운하와 평행으로 뻗어 있다.

² Her experiences parallel mine in many ways.
그녀의 경험은 많은 면에서 내 경험들과 유사하다.

³ Its influence over a generation was unparalleled.
한 세대에 걸친 그것의 영향은 필적될 만한 것이 없었다.

gorgeous
[gɔ́ːrdʒəs]

a. 아주 멋진, 아주 아름다운

→ 백마고지는 아주 멋진, 아주 아름다운 고지였어.

Our suite room was gorgeous with a fantastic balcony.
우리의 스위트룸은 멋진 발코니가 구비되어 아주 멋졌다.

accord
[əkɔ́ːrd]

n. 일치, 부합, 합의 v. 일치하다, 부합하다

- 어! 전기 코드가 콘센트 구멍과 딱 일치하다, 부합하다
- accordance 일치, 부합
- discord 불일치, 불화
- They came to an accord in November.
  그들은 11월에 합의를 보았다.

accordingly
[əkɔ́ːrdiŋli]

ad. 따라서, 그에 따라

- 앞의 이야기에 accord(일치하여, 부합하여), 즉 따라서
- He studied very hard. Accordingly he could pass the exam.
  그는 매우 열심히 공부했다. 따라서 그는 시험에 합격할 수 있었다.

according to
~에 따라

- to(~쪽으로) accord(일치하여, 부합하여), 즉 ~에 따라
- According to the weather forecast, it will rain tomorrow.
  일기예보에 따르면 내일 비가 올 것이다.

복습				
heedless	beneath	policy	coal	trial
appreciate	parallel	gorgeous	accord	accordingly
according to				

리얼 생생 수강후기

반신반의나 허위광고로 여기는 분들이 계실 거라 생각합니다. (김*원)

영어 단어만 외운다고 해서 영어 영역에 고득점을 받을 수 있는 것도 아니기에 결국은 어떻게 하면 최대한 짧은 시간에 최대의 효과를 거두는 효율적인 학습으로 시간을 확보해 다른 파트와 다른 과목에 투자하는 것이 관건입니다.

저는 경선식 선생님의 공편토를 택함으로써 영어 단어를 암기하는 시간을 엄청 줄여 영어 독해와 어려운 다른 과목에 더 투자할 수 있었고, 시험 당일까지 장기 기억으로 남는 놀라운 효과를 봤습니다.

반신반의나 허위광고로 여기는 분들이 계실 거라 생각합니다. 절박하신 분은 밑져봐야 본전이라 치고 무료 샘플 강의만 들어보십시오. 광명이 뜨일 겁니다. 우리는 보통 수험용 영어 공부를 하기 때문에 방법이 어찌 됐든 기억을 잘 보존해서 시험에서 최대한의 점수를 잘 받으면 그만입니다.

이 학습방법을 유치하다고 혹은 효과가 없다고 무분별한 비난만 일삼는 사람들을 보면 그저 저는 속으로 웃습니다. 현재로선 아주 효과적이고 효율적인 영어 단어 암기 학습에 있어선 경선식 선생님의 연상 암기법을 능가하는 강의는 없다고 단언할 수 있습니다.

Lecture 24

tragic
[trǽdʒik]

a. 비참한, 비극적인

➤ 쥐를 잡기 위해 놓은 틀에 찍! 피를 흘리며 죽은 비참한, 비극적인 쥐
- tragedy 비극, 참사
- A great tragedy took place in our city last week.
  큰 비극이 지난주 우리 도시에서 일어났다.

orient
v. [ɔ́:rièn̄t]
n. a. [ɔ́:riən̄t, ɔ́:riènt]

¹ v. ~로 향하게 하다, 지향하다 ² n. 동양 a. 동양의

➤ 오리온 별자리 to(쪽으로) 동양을 향하게 하다, 지향하다
- orientation 방향, (새로운 환경에 적응을 위한) 예비 교육
- ¹ The curriculum orients immersion method.
  이 커리큘럼은 몰입방식을 지향한다.
- ² This design is somewhat orient.
  이 디자인은 어느 정도 동양적이다.

pierce
[piərs]

v. 꿰뚫다, 관통하다

➤ ¹ 피할 수 없는 화살이 몸을 꿰뚫다, 관통하다
  ² 귀나 혀 등에 piercing(피어싱)을 위해 살을 꿰뚫다, 관통하다
- The bullet pierced the wall. 그 총알은 벽을 관통했다.

fierce
[fiərs]

a. (동물·폭풍우 등이) 사나운

➤ 피할 수 없는 사나운 개나 폭풍우 (pierce는 p로 시작되어 '관통하여' 피가 나는 것으로 구별)
- A tiger has fierce eyes. 호랑이는 눈이 사납다.

party
[pάːrti]

n. ¹ 파티, 모임 ² 정당, 단체 ³ 당사자

➤ 파티에 모인 정당, 단체에 관련된 당사자
- ¹ political party 정치 단체(정당)
- ² Is this solution acceptable to all parties concerned?
  이것이 모든 관련 당사자들이 납득할 만한 해결책입니까?

face
[feis]

¹ n. 얼굴, 정면 ² v. ~을 마주보다, 향하다 ³ v. ~에 직면하다

➤ 호랑이와 사람이 face(얼굴)을 마주보다, 위험에 직면하다
- ¹ This building faces north. 이 건물은 북쪽을 향하고 있다.
- ² I was faced with danger. 나는 위험에 직면했다.

tropic
[⑩ trάpik ⑱ trɔ́pik]

n. 열대 지방

➤ 너무 더운 열대 지방을 피하기 위해 배의 방향을 틀어 픽!
- tropical 열대의, 열대 지방의
- tropical fruits 열대 과일

ideal
[aidí:əl]

n. 이상 a. 이상적인

→ 가장 **이상적인 아이디얼**(아이디어를) 생각해냈어!

ex an ideal job 이상적인 직업

stare
[stɛər]

v. 응시하다, 바라보다

→ 달동네의 **stair**(계단)에 앉아 시내 야경을 **응시하다, 바라보다**

ex Stop staring at me! 날 좀 그만 쳐다봐!

succeed
[səksí:d]

v. ¹ 성공하다 ² 뒤를 잇다, 계승하다

→ '삼성 이병철→이건희→이재용'과 같이 **succeed**(성공한) 기업가의 자손들이 **뒤를 잇다, 계승하다**

- success 성공
- successful 성공적인
- succession 계승, 연속
- successive 잇따른, 계속되는

ex When the king died, his eldest son succeeded. 왕이 죽자 그의 장자가 왕위를 계승했다.

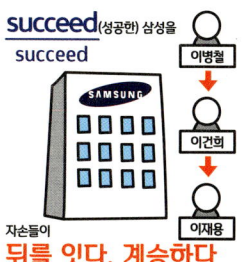

복습	tragic	orient	pierce	fierce	party
	face	tropic	ideal	stare	succeed

crucial
[krú:ʃəl]

a. 결정적인, 중대한

→ "무릎 **꿇으셔**!"라고 경찰이 소리치며 범인에게 내민 **결정적인, 중대한** 증거

ex Most of the time, the media fail to perform this crucial role.
주로, 매체는 이 중요한 역할을 수행하는 데 실패한다.

attain
[ətéin]

v. 달성하다, 성취하다

→ 어! 드디어 야생마에 사람이 **태인**(태워진), 즉 야생마 길들이기를 **달성하다, 성취하다**

ex I will attain my goal in 10 years. 나는 10년 안에 내 목표를 달성할 것이다.

venture
[véntʃər]

n. 모험, 모험적 사업 v. (위험을 무릅쓰고 모험하듯) 가다(하다)

→ **벤처** 기업이란 금전상의 위험을 무릅쓰고 하는 **모험, 모험적 사업**

- adventure 모험, 모험심

ex You have to venture beyond the boundaries of your current experience.
당신은 당신의 현재 경험의 경계선들을 위험을 무릅쓰고 넘어가야 한다.

morale
[(미)mərǽl (영)mɔrá:l]

n. 사기, 의욕

→ 사막에서 지친 사람들에게 "저 **모랠**(모래를) 넘으면 오아시스가 나온다."는 말에 생겨나는 **사기, 의욕**

ex The win was good for the team's morale. 그 승리는 팀의 사기에 도움이 되었다.

device
[diváis]

n. 장치, 방법

- 집 뒤에 있는 큰 바위를 어떤 장치, 방법으로 쓰는 것이 좋을지 devise(궁리하다)
- devise (장치를) 고안하다, (방법을) 궁리하다
- Audio devices may only be used with headphones.
  오디오 장치들은 헤드폰으로만 사용할 수 있다.

liver
[lívər]

n. 간

- 니가 뷔(부었구나) 간댕이가!
- a liver transplant 간 이식

essential
[isénʃəl]

a. 필수의, 본질적인

- 육식동물은 먹잇감을 잡아먹기 위해 이가 쎈 것이 필수의, 본질적인
- Booking is essential. 예약은 필수이다.

essence
[ésns]

n. 본질, 핵심

- 화장품 에센스는 좋은 피부의 본질, 핵심
- Trust is the essence of friendship. 신뢰는 우정의 본질이다.

volume
[⑪ válju:m ⑱ vólju:m]

n. ¹ 양, 부피, 음량(볼륨) ² 책, 권

- ¹ 드라이기로 머리에 볼륨을 주는 것은 부피감을 주는 것
  ² 책을 볼 room(방)
- ¹ volume of traffic 교통량
  ² a novel in three volumes 3권으로 된 소설

manage
[mǽnidʒ]

v. ¹ 경영하다, 관리하다 ² 헤쳐나가다, 그럭저럭 살아가다

- 매니저(manager)가 식당을 관리하다, 손님 감소 등의 위기를 헤쳐나가다, 그렇게 그럭저럭 살아가다
- management 경영, 관리
- ¹ manage a company 회사를 경영하다
  ² I don't know how they managed to find us.
  난 그들이 어떻게 우리를 찾아냈는지 모르겠다.

복습				
crucial	attain	venture	morale	device
liver	essential	essence	volume	manage

election
[ilékʃən]

n. 선거, 당선

- 선거에서 1(일)번 후보에 표를 써서 냈션(냈어).
- elect 선출하다, 선택하다
- Steve won the election. Steve는 그 선거에서 승리했다.

liable
[láiəbl]

a. ¹ ~하기 쉬운, ~할 것 같은 ² 책임져야 할

→ 주유소에서 담배 피우면 나요, 불!(불 나요!), 즉 불나기 쉬운, 불 날 것 같은, 불나면 책임져야 할
- liability (법적) 책임
- be liable to ~하기 쉽다, 책임져야 하다

¹ New employees are liable to make mistakes.
신입 사원들은 실수하기 쉽다.
² All tenants are liable for any new damage to the house.
모든 세입자들은 그 집의 새로운 손상문제에 대한 책임이 있다.

straw
[strɔː]

n. ¹ 스트로, 빨대 ² 지푸라기, 짚

→ ¹ 손바닥으로 슥 틀어 꼬는 지푸라기, 짚
² straw(빨대)와 같이 길고 속이 빈 지푸라기, 짚

a straw hat 밀짚모자

entertain
[èntərtéin]

v. 즐겁게 해 주다, 대접하다

→ 놀이동산으로 enter(들어가) 아이를 회전목마에 태인(태운), 즉 즐겁게 해 주다, 아이를 대접하다
- entertainer 연예인
- entertainment 오락, 환대

¹ His music is always entertaining.
그의 음악은 항상 재미있다.
² Bob and Liz entertained us to dinner last night.
Bob과 Liz가 어젯밤 우리에게 식사를 대접했다.

expert
[ékspəːrt]

n. 전문가 a. 전문가의

→ X를 구하는 문제를 보자마자 퍼뜩 풀어버리는 수학 전문가
- expertise 전문 지식, 전문 기술

Experts play a large role in the creation and implementation of the policy. 전문가들은 정책의 창조와 시행에서 큰 역할을 한다.

chief
[tʃiːf]

¹ a. 최고의, 주요한 ² n. 우두머리 a. 최고위자의

→ 반도체 칩은 우리나라 최고의, 주요한 수출품으로 우리나라가 세계에서 우두머리
- chiefly 주로, 대개

¹ What are the country's chief exports?
그 나라의 주요 수출품이 무엇인가?
² a chief nurse 수간호사
³ The benefit of computer use to preschoolers is chiefly psychological.
미취학 아동에게 있어서 컴퓨터 사용의 이점은 주로 심리적인 것이다.

compose ❶
[kəmpóuz]

v. 구성하다

→ 컴퓨터 배경화면을 자신의 여러 포즈를 취한 사진으로 구성하다

The singer composes his own concert.
그 가수는 자신의 콘서트를 직접 구성한다.

compose ❷
[kəmpóuz]

v. 작곡하다, 작문하다

🔖 노트에 음표나 글을 compose(구성하여) **작곡하다, 작문하다**
- composition 구성, 작곡, 작문
- ¹ My hobby is composing classical music.
  나의 취미는 클래식 음악을 작곡하는 것이다.
- ² compose a poem 시를 짓다

certificate
[(미)sərtífikeit]
[(영)sərtífikət]

n. 증명서, 면허증

🔖 가로 세로 thirty(30)미리가 되도록 cut(자른) **증명서, 면허증**에 붙일 사진
- They will proudly receive their graduation certificates.
  그들은 자신의 졸업 증명서를 자랑스럽게 받을 것이다.

component
[kəmpóunənt]

n. 구성요소, 성분

🔖 [compose(구성하다) + ent(~것)] **구성요소, 성분**
- We also need other components to make this machine.
  우리가 이 기계를 만들기 위해서는 다른 구성요소들도 필요하다.

certify
[sə́:rtəfài]

v. 증명하다, 보증하다

🔖 [certain(확실한)의 동사형] 확실하게 해주다, 즉 **증명하다, 보증하다**
- He certified that it was his wife's handwriting.
  그는 그것이 아내의 필적인 것을 증명했다.

복습				
election	liable	straw	entertain	expert
chief	compose¹	compose²	certificate	component
certify				

Lecture 25

flee
[fli:]

v. 달아나다, 도망치다 (flee - fled - fled)

- 묶어둔 끈이 풀리어 개가 달아나다
- Sometimes, office workers wish to flee from work.
  때때로 직장인들은 직장에서 달아나고 싶어한다.

poisonous
[pɔ́izənəs]

a. 유독한, 독이 있는

- 몰래 독을 보이지 않게 넣수, 즉 독을 넣어 유독한, 독이 있는
- poison 독
- poison for killing weeds 제초제

loan
[loun]

v. 빌려주다 n. 대부, 대부금

- ¹ 은행이 논을 저당 잡고 대부금을 빌려주다
  ² 웰컴론, 바로바로론, 스탁론 등에서 론은
  빌려주다, 대부, 대부금
- The standard loan period is 21 days.
  일반적인 대출 기간은 21일이다.

대부금을 빌려주다

architecture
[ɑ́:rkitèktʃər]

n. 건축, 건축 양식, 건축물

- 목공들이 북과 같은 악기를 치듯 망치를 택! 택! 쳐서 못을 박는 건축, 건축물
- architectural 건축의, 건축술의
- architect 건축가
- ¹ Gothic architecture 고딕 건축 양식
  ² Giorgio Vasari, the Italian painter, architect, and writer, was born in Arezzo in 1511.
  이탈리아 화가이자 건축가이자 작가인 Giorgio Vasari는 1511년 Arezzo에서 태어났다.

sufficient
[səfíʃənt]

a. 충분한

- "내 담배 써, 마음대로 피셔." 할 정도로 담배가 충분한
- sufficiently 충분히
- suffice 충분하다
- But when you're making a decision, following your instincts is necessary but not sufficient.
  그러나 결단을 내릴 때 스스로의 직관에 따르는 것은 필요하지만 충분하지는 않다.

deficient
[difíʃənt]

a. 부족한, 불충분한

- 담배가 부족한, 불충분한, 그래서 꽁초 뒷부분까지 피셔.
- deficit 부족(액), 적자
- His skills for this job are deficient. 이 일을 하기에는 그의 기술이 부족하다.

negotiate
[nigóuʃièit]

v. 협상하다, 교섭하다

- "8:2로 나누는데 니 것이 eight(8)이라고? 내 것이 eight(8)이야!"라고 말하며 협상하다, 교섭하다
- They refused to negotiate. 그들은 협상을 거부했다.

shallow
[ʃǽlou]

a. 얕은

- 개울물이 쉘쉘 low(낮게) 흐르는 얕은 개울물
- ¹ a shallow stream 얕은 시냇물
  ² His thinking is shallow. 그의 생각은 깊이가 없다.

ceiling
[síːliŋ]

n. 천장

- 천장 보고 누워서 쉴리(잉).
- a fly on the ceiling 천장의 파리

clinic
[klínik]

n. 병원, 치료소

- 병균으로 감염된 몸을 clean(깨끗이 하다), 이름이 '닉'인 사람을. 즉, 병원, 치료소
- an eye clinic 안과 병원

복습					
	flee	poisonous	loan	architecture	sufficient
	deficient	negotiate	shallow	ceiling	clinic

afford
[əfɔ́ːrd]

v. ~할 여유가 있다, ~을 살 돈이 있다

- a(하나의) 포드 자동차 정도는 살 여유가 있다, 살 돈이 있다
- I can afford a luxury watch this year. 나는 올해 명품 시계를 살 여유가 있다.

mercy
[méːrsi]

n. 자비, 고마운 일

- 제비가 흥부에게 뭘 떨어뜨려 주었는데 박씨 같은 씨앗이었다. 흥부에 대한 하늘의 자비, 고마운 일
- merciful 자비로운
- The merciful gods changed him into a creature having all the new features. 자비로운 신들은 그를 모든 새로운 특징을 지닌 동물로 바꾸어 놓았다.

calculate
[kǽlkjulèit]

v. 계산하다

- 캘(캐서) 먹은 굴의 껍질을 내이트(내다). 굴껍질을 세면서 얼마인지 값을 계산하다
- calculation 계산
- calculator 계산기
- I can calculate the speed of light. 나는 빛의 속도를 계산할 수 있다.

fire
[faiər]

¹ n. 불 v. 불을 붙이다 ² v. 발사하다 ³ v. 해고하다

- fire(불)을 뿜으며 총에서 총알을 발사하다, 그래서 부하를 죽여 해고하다

- ¹ He ran into the bank and fired his gun into the air.
  그는 은행으로 들어가 허공에 총을 발사했다.
- ² Get out! You're fired. 나가! 넌 해고야.

tiny
[táini]

a. 작은, 조그마한

- 나비넥타이를 보고 "이렇게 작은, 조그마한 것도 타이니?"
- Near my house is a tiny dry-cleaning shop run by two chatty old ladies.
  우리 집 근처에는 두 명의 수다스러운 노부인들이 경영하는 조그마한 세탁소가 있다.

slavery
[sléivəri]

n. 노예, 노예제도

- "빗자루로 쓸래? 이것 좀, 그리고 휴지통에 버리!(버려!)" 하고 명령받는 노예, 노예제도
- slave 노예
- The slaves feared their master. 노예들은 그들의 주인을 두려워했다.

diverse
[daivə́:rs, divə́:rs]

a. 다양한, 가지각색의

- 사람들이 다양한, 가지각색의 옷을 다 입었수.
- diversity 다양성
- diversify 다양화하다
- The media provide us with diverse and opposing views.
  대중 매체는 다양하고 대립되는 시각들을 우리에게 제공해 준다.

starfish
[stá:rfiʃ]

n. 불가사리

- star(별)처럼 생긴 fish(물고기), 즉 불가사리
- Some people eat starfish. 어떤 사람들은 불가사리를 먹는다.

drill
[dril]

¹ n. 송곳 v. 드릴로 구멍을 뚫다   ² n. 훈련, 연습 v. 훈련하다

- 공업고등학교에서 실습시간에 드릴로 구멍을 뚫는 훈련, 훈련하다
- pronunciation drills 발음 연습

alert
[ələ́:rt]

a. 방심 않는, 경계하는   n. 경보, 경계

- 보초병이 적이 보이자마자 얼렁(얼른) 경보를 울릴 정도로 방심 않는, 경계하는
- be alert to possible dangers 가능한 위험을 경계하다

복습	afford	mercy	calculate	fire	tiny
	slavery	diverse	starfish	drill	alert

drag
[dræg]

v. 끌다, 끌고 가다

- 사냥한 멧돼지의 두 leg(다리)를 잡고 질질 끌다, 끌고 가다
- She dragged the heavy suitcases into the house.
  그녀는 무거운 가방들을 집안으로 끌고 들어왔다.

urge
[əːrdʒ]

¹ n. 충동, 욕구 ² v. 촉구하다

- 호수가 언제 얼지? 스케이트 타고 싶은 **충동, 욕구**, 그래서 언제나 탈 수 있는 실내 빙상장을 만들어줄 것을 **촉구하다**
- My friends urged me to vote. 내 친구들은 나에게 투표를 촉구했다.

describe
[diskráib]

v. 묘사하다, 서술하다

- 팔을 한껏 벌려 "어제 공연은 this(이렇게) 크(큰) 라이브 공연이었어."라고 **묘사하다, 서술하다**
- We might describe science that has no known practical value as basic science or basic research. 우리는 어떠한 알려진 실질적 가치를 갖고 있지 않는 과학을 기초과학이나 기초연구로 묘사할 수 있다.

disaster
[⑨dizǽstər]
[⑧dizáːstər]

n. 재앙, 재난

- 디게 재수 없는 **터**라 이사 오는 집마다 발생하는 **재앙, 재난**
- disastrous 재난의, 불운한
- Any contact between humans and rare plants can be disastrous for the plants. 인간과 희귀식물들 사이의 어떠한 접촉도 식물들에게는 재앙적일 수 있다.

puzzle
[pʌzl]

¹ n. 수수께끼 ² n. 당황 v. 당황하게 하다

- 스핑크스가 어려운 **퍼즐(수수께끼)**를 내어 **당황, 당황하게 하다**
- Her reply puzzled me deeply. 그녀의 대답은 나를 몹시 당혹시켰다.

deliberately
[dilíbərətli]

ad. ¹ 신중히 ² 고의로

- 주인이 배달원에게 "**deliver**(배달)을 너가 **틀리게** 했어. **신중히** 배달해!" 알고 보니 주문자가 장난하려고 **고의로** 주소를 잘못 준 것임
- deliberate ¹ 신중한; 신중히 생각하다 ² 고의의, 계획적인
- ¹ Instead of deliberately choosing someone, he decided to select his opponent randomly.
  심사숙고하여 누군가를 선택하는 대신 그는 그의 상대를 무작위로 선발하기로 결심했다.
- ² It was a deliberate killing of unarmed civilians.
  그것은 무장하지 않은 민간인을 의도적으로 죽인 것이었다.

nevertheless
[nèvərðəlés]

ad. 그럼에도 불구하고 (= nonetheless)

- 내가 음식값을 **never 덜 냈수**(덜 내지 않았수). **그럼에도 불구하고** 왜 나만 요만큼 줘?
- It looks easy. Nevertheless, it will take long time.
  그것은 쉬워 보인다. 그럼에도 불구하고 그것은 시간이 오래 걸릴 것이다.

match ❶
[mætʃ]

¹ n. 경기 ² v. 필적하다, 맞먹다

- 타이틀 **매치(경기)**에서 양 선수의 실력이 **필적하다**
- ¹ After the match, I was bathed with sweat.
  시합이 끝난 후, 나는 땀범벅이 되었다.
- ² No one can match her at chess.
  체스로는 아무도 그녀를 맞먹지 못한다.

match ❷
[mætʃ]

n. 짝, 조화 v. 맞춰주다, 어울리다

- 1 타이틀 match(경기)에서 챔피언과 같이 싸울 대등한 **짝을 맞춰주다, 어울리다**
- 2 넥타이와 양복 색깔이 **매치**가 잘 된다, 즉 **짝, 조화, 어울리다**

1 The curtains and carpets match perfectly.
그 커튼과 카펫은 완벽하게 어울린다.

2 We will match you with a perfect tutor.
우리는 당신에게 완벽한 개인교사를 맞춰줄 것이다.

match ❸
[mætʃ]

n. 성냥

- 성냥갑과 met(만나서) 취~ 하고 불이 붙는 **성냥**

We use matches to make a fire.
우리가 불을 피울 때는 성냥을 사용한다.

복습	drag	urge	describe	disaster	puzzle
	deliberately	nevertheless	match¹	match²	match³

경쌤's TIP

축하합니다.

여러분은 경선식 토플영단어 기본 25강까지 완성하였습니다.

반드시 지켜야 하는 가장 효과적인 복습 방법(5page)을 확인 후 확실하게 복습하세요.

139

Lecture 26

fulfill
[fulfil]

v. 이행하다, 달성하다

- 콩쥐가 깨진 독 안에 물을 full(가득하게) fill(채워) 일을 이행하다, 달성하다
- fulfillment 이행, 달성
- fulfill multiple social roles
  다수의 사회적 역할을 이행하다

crisis
[kráisis]

n. 위기

- 염산이 눈에 들어가 cry(울며) 눈을 씻수. 실명 위기
- financial crisis 금융 위기

virtually
[vэ́:rtʃuəli]

ad. ¹ 실제로 ² (컴퓨터를 이용한) 가상으로

- 여친에게 옷을 벗어주면서 자신은 안 춥다고 해놓고 but(그러나) 실제로는 추월리.
- virtual 실질적인, (컴퓨터를 이용한) 가상의
- ¹ It is now worth virtually nothing.
  현재 그건 사실상 가치가 없다.
- ² We must not let the virtual take us away from the real world.
  우리는 그 가상의 세계가 우리를 현실세계로부터 멀어지게 나둬서는 안 된다.

cultivate
[kʌ́ltivèit]

v. 경작하다, 재배하다, 기르다

- 차밭을 경작하다, 재배하다, 기르다. 그런 후 칼로 tea(차) 잎을 베이트(베다).
- cultivation 경작, 양성
- ¹ My mom cultivated blueberries as a hobby.
  우리 엄마는 취미로 블루베리를 재배하셨다.
- ² cultivate a knowledge of music
  음악에 대한 지식을 기르다

goods
[gudz]

n. 물건, 물품

- 손님, good(좋은) 물건, 물품 있어요! 들어와 보세요~
- ¹ electrical goods 전기 제품
- ² Everyday goods and even education will come to us on-line.
  일상용품과 교육까지도 온라인으로 우리에게 다가올 것이다.

absolute
[@ǽbsəlù:t]
[@ǽbsəlù:t, ǽbsəlù:t]

a. 완전한, 절대적인

- 다른 선수들보다 월등하게 앞설, 즉 완전한, 절대적인 1등
- absolutely 완전히, 전적으로
- She is an absolute idiot.
  그녀는 완전히 바보예요.

140

echo
[ékou]

n. 메아리 v. 울리다

- 애(아이)의 코에서 나는 코고는 소리가 방 안에 메아리로 울리다
- The shout echoed through the valley.
  그 함성은 골짜기에 울려 퍼졌다.

rust
[rʌst]

n. 녹 v. 녹슬다

- 가구 밑에 오랫동안 lost(잃어버렸던) 가위에 생긴 녹, 녹슬다
- The pipes are covered with rust.
  배관은 녹으로 뒤덮여 있다.

passage
[pǽsidʒ]

n. ¹ 구절 ² 통행, 통과, 통로

- ¹ 책의 한 페이지에 있는 한 구절
- ² [pass(통과하다) + age(명·어)] 통행, 통과, 통로
- ¹ some passages from Shakespeare
  셰익스피어에서 인용한 몇 구절
- ² Don't park your motorbike in the passage.
  오토바이를 통로에 세우지 마세요.

책의 한 **페이지**에 있는 한 **구절**
passage

cabin
[kǽbin]

n. 오두막집, (배나 항공기의) 선실

- 땅을 캐서 빈 공간을 만들고 지붕을 씌워 만든 오두막집
- That night we cooked out, and then shared a small cabin with other climbers.
  그날 밤 우리는 야외에서 요리를 해먹고, 다른 등반가들과 작은 오두막집을 함께 사용했다.

복습				
fulfill	crisis	virtually	cultivate	goods
absolute	echo	rust	passage	cabin

breed ❶
[bri:d]

v. (새끼를) 낳다, 기르다

- 어미새가 새끼의 부리에 먹이를 두다, 즉 새끼를 기르다, 낳다
- My dog breeds five puppies.
  우리 집 개는 강아지 다섯 마리를 키운다.

breed ❷
[bri:d]

n. (동물의) 품종

- 새들은 부리에 따라 두 종류의 품종이 있다. - 뾰족한 부리의 품종, 넓적한 부리의 품종
- The cat is pure breed.
  그 고양이는 순수 품종입니다.

halt
[hɔ:lt]

n. 멈춤 v. 멈추다

- 경찰이 오자 두 사람이 혈투를 멈춤, 멈추다
- The police halted the parade.
  경찰은 그 퍼레이드를 중단시켰다.

twin
[twin]

n. 쌍둥이의 한 사람

- ¹ 2:1로 **two**(2)명이 싸우기 때문에 항상 **win**(이기는) 쌍둥이
- ² 쌍둥이 마스코트를 가진 LG 트윈스(twins), 여의도 쌍둥이 빌딩인 트윈 빌딩
- My friend is a twin. 내 친구는 쌍둥이이다.

trunk ❶
[trʌŋk]

n. 여행용 큰 가방

- 차로 여행을 떠날 때 트렁크에 실은 여행용 큰 가방
- Can I carry my trunk in?
  제 여행 가방을 가지고 들어가도 되나요?

trunk ❷
[trʌŋk]

n. ¹ (코끼리) 코 ² 나무의 몸통

- ¹ 코고는 소리가 "드르렁 크~" 하고 소리 나는 코끼리의 코
- ² 코끼리 코와 비슷하게 생긴 야자나무의 몸통
- ¹ The elephants pull off bananas with their trunks.
  코끼리들은 코를 활용해 바나나를 딴다.
- ² The tree trunk is hollow inside.
  그 나무 둥치는 속이 비었다.

volcano
[⑪ vɑlkéinou]
[⑲ vɔlkéinou]

n. 화산

- 땅 속에서 올라오는 불 때문에 땅이 케이노(캐이다), 즉 화산
- volcanic 화산의
- Surprises can fall from the sky like volcanic ash.
  놀라운 일이 화산재처럼 하늘에서 떨어질 수도 있다.

화산
올라오는 불 때문에 땅이 케이노
volcano

pearl
[pəːrl]

n. 진주

- 바닷가 뻘에서 주운 조개 속의 진주
- a pearl necklace 진주 목걸이

deck
[dek]

n. 갑판

- ¹ 大(큰 대) 크(큰) 타이타닉호나 항공모함의 갑판
- ² [덱 → 떽!] 갑판에 위험하게 서 있는 아이에게 "떽! 어서 객실로 들어가거라!" 하는 모습 연상
- A huge wave swept over the deck.
  거대한 파도가 갑판을 휩쓸었다.

cone
[koun]

n. 원뿔, (아이스크림의) 콘

- 아이스크림 콘은 원뿔 모양
- We had chips out of a paper cone.
  우리는 원뿔형 종이 봉지에서 (감자)칩을 꺼내 먹었다.

복습	breed¹	breed²	halt	twin	trunk¹
	trunk²	volcano		pearl	deck	cone

legacy
[légəsi]

n. 유산

- "이건 내 거야. 씨~." 하며 서로 가지려고 싸우는 유산
- Sungnyemun Gate is our cultural legacy.
  숭례문은 우리의 문화유산이다.

dust
[dʌst]

n. 먼지

- 옷걸이에 옷을 뒀수 two(2)년이나, 그래서 쌓인 먼지
- dusty 먼지투성이의
- a dusty country-side road 먼지투성이의 시골길

ladder
[lædər]

n. 사다리

- "내가 더 높이 올라갈 거야." 하며 올라가는 사다리
- The clerk got a ladder and climbed halfway up.
  그 점원은 사다리를 가져와서 반쯤 올라갔다.

beneficial
[bènəfíʃəl]

a. 이로운, 이익을 주는

- 이익을 주는 사업 때문에 형편이 (두) 배나 피셔.
- benefit 이익, 이득; 이익을 주다
- This plan will benefit everyone.
  이 계획은 모두에게 이익을 가져올 것이다.

형편이 두 배나 피셔
beneficial
이익을 주는, 이로운 사업

oral
[ɔ́ːrəl]

a. 구두의, 입의

- oral-B 칫솔로 닦는 입의 내부
- an oral test 구두시험

oblige
[əbláidʒ]

v. 의무를 지우다, 억지로 시키다

- "너는 이제 동생을 업을 나이지?" 하며 엄마가 동생을 업고 돌보라며 의무를 지우다, 억지로 시키다
- obligation 의무
- obligatory 의무적인
- obligate 의무를 지우다
- be obliged to 어쩔 수 없이 ~하다, ~해야 하다
- They were obliged to sell their house in order to pay their debts.
  그들은 빚을 갚기 위해 어쩔 수 없이 집을 팔아야 했다.

pause
[pɔːz]

v. 잠시 멈추다, 중단하다

- 사진을 찍기 위해 포즈를 잡으며 잠시 멈추다, 중단하다
- She paused to catch her breath.
  그녀는 숨을 돌리기 위해 잠시 멈췄다.

포즈를 잡으려 잠시 멈추다
pause

claim
[kleim]

v. (당연한 권리로서) 요구하다, 청구하다, 주장하다

- 내 주차 구역에 다른 차가 이름만 남겨두고 주차를 해두어 **클**(크게) **name**(이름)을 부르면서 나의 주차 구역에 대한 (권리를) 요구하다, 주장하다
- They claimed their rights on the building.
  그들은 그 건물에 대한 권리를 주장했다.

trail
[treil]

¹ n. 흔적, 자취 ² v. 끌다

- 트레일러(trailer)가 내 차를 **끌고** 지나간 **흔적, 자취**
- ¹ A thief always leaves trails.
  도둑은 항상 흔적을 남긴다.
- ² Trailing her dress, she turned towards the camera.
  드레스를 끌면서 그녀는 카메라 쪽으로 시선을 돌렸다.

exclaim
[ikskléim]

v. 소리치다, 외치다

- 멀리 지나가는 친구를 보고 입 **ex**(밖으로) **클**(크게) **name**(이름)을 **소리치다, 외치다**
- The athlete exclaimed with delight.
  선수들은 기쁨에 외쳤다.

| 복습 | legacy | dust | ladder | beneficial | oral |
| | oblige | pause | claim | trail | exclaim |

경쌤's TIP

제자님들! 경선식이 다시 한 번 강조할게요!

1강~25강 전체 단어 복습을 하지 않은 학생들은 반드시! 1강~25강 전체 단어 복습을 하세요!!!
지금까지 공부해온 단어를 누적복습 없이 지나가면 나중에 복습시간이 2배 이상 걸릴 수도 있으니 경쌤에서 복습하라고 할 때 꼭 해야 합니다.

Lecture 27

tension
[ténʃən]

n. ¹ 긴장, 긴장감 ² 팽팽함, 장력

- 총잡이 둘이 10까지 세고 쏘기로 하고 ten(10)까지 셔(세다), 즉 두 사람 간의 **팽팽함, 긴장**
- tense 긴장한, 긴박한
- ¹ There was an uncomfortable air of tension between the two friends.
  두 친구 사이에 긴장감에 비롯된 불편한 분위기가 감돌았다.
- ² This rubber band has strong tension.
  이 고무줄은 장력이 강하다.

logic
[⑩ládʒik ⑳lódʒik]

n. 논리, 논리학

- 논쟁할 때 흥분한 목소리가 아닌 **나직**한 목소리로 **논리**적으로 말하다
- logical 논리적인
- I don't understand your logic.
  나는 너의 논리를 이해하지 못하겠어.

complicate
[⑩kámpləkèit]
[⑳kómpləkèit]

v. 복잡하게 만들다

- 수학 문제를 엄청 **복잡하게 만들다**. 그래서 사람은 못 풀고 **컴**으로(컴퓨터로) **풀러**(풀어) **캐**야 한다.
- complicated 복잡한
- complication 복잡한 문제
- a complicated machine 복잡한 기계

web
[web]

n. ¹ 거미줄 ² (복잡하게 연결된) ~망

- 인터넷 **웹**(web)이란 **거미줄**처럼 복잡하게 연결된 통**신망**
- ¹ a spider's web 거미줄
- ² a web of streets 도로망

sacrifice
[sǽkrəfàis]

n. 희생 v. 희생시키다, 제물로 바치다

- 기르던 **새**를 **끊**여 **파이**로 **쓰**다, 즉 음식이나 제사를 위해 새를 **희생, 희생시키다**
- Yet so often we confuse means with ends, and sacrifice happiness (end) for money (means).
  그러나 너무도 자주 우리는 수단과 목적을 혼동하고 (수단인) 돈을 위해 (목적인) 행복을 희생시킨다.

gallery
[gǽləri]

n. 미술관

- 고가의 미술품을 지키기 위해 **미술관**에 **갤**(개를) **넣어리**.
- The gallery has quite a collection.
  그 미술관에는 꽤 많은 수집품이 있다.

isolate
[áisəlèit]

v. 고립시키다, 격리시키다

- 아이 소가 어미 소를 late(늦게) 따라가자 사자들이 잡아먹으려고 **고립시키다, 격리시키다**
- isolation 고립, 격리, 분리
- 1 Several villages have been isolated by the flood.
  홍수 때문에 몇몇 마을이 고립되어 있었다.
- 2 When teachers work in isolation, they tend to see the world through one set of eyes their own.
  선생님들이 고립되어 일할 때 그들은 한 쌍의 눈, 즉 자신의 눈을 통해서 세상을 보는 경향이 있다.

bible
[báibl]

n. 성서, 성경

- 하느님이 바위에 번개 불로 새겨서 쓴 **성서, 성경**
- The pastor always carries his bible with him.
  그 목사는 항상 성경을 가지고 다닌다.

slogan
[slóugən]

n. (기업·단체 등의) 구호, 슬로건

- 술로 건배하면서 외치는 **구호, 슬로건**
- They worked so hard under the slogan of "we are the best."
  그들은 "우리가 최고다."라는 슬로건 아래 매우 열심히 일했다.

spare
[spɛər]

¹ a. 예비의, 여분의 ² v. 아끼다, (시간·돈 등을) 할애하다

- ¹ 월급의 50% 수(숫자)를 빼어 **예비의, 여분의** 돈으로 **아끼다, 할애하다**
- ² 스페어 타이어는 **예비의, 여분의** 타이어
- ¹ a spare shirt 여분의 셔츠
- ² Would you spare me one hour now?
  저에게 한 시간 정도 할애해 주시겠습니까?

복습				
tension	logic	complicate	web	sacrifice
gallery	isolate	bible	slogan	spare

cope
[koup]

v. 맞서다, 대처하다

- 두 마리의 소가 코를 프우~ 하며 **맞서다, 대처하다**
- cope with ~에 맞서다, ~에 대처하다
- He may become able to cope with them in a step-by-step process.
  그는 단계적 과정을 통해 그것들에 대처할 수 있게 될지도 모른다.

gradual
[grǽdʒuəl]

a. 점진적인, 서서히 일어나는

- 동전 하나하나를 그래, 그렇게 하나씩 주을(줍다). 티끌모아 태산이란 말처럼 점진적으로 쌓이는 동전, 즉 **점진적인, 서서히 일어나는**
- gradually 점진적으로, 점차적으로
- The line of distant mountains and shapes of houses were gradually emerging through the mist.
  먼 산들의 능선과 집 모양들이 안개 속에서 서서히 모습을 드러내고 있었다.

testify
[téstəfài]

v. 증언하다, 증명하다

- [test(테스트) + ify(동·어)] 거짓말탐지기로 테스트(시험)해서 무죄임을 증명하다, 증언하다
- It testifies his honesty.
  그것이 그의 정직을 증명한다.

thrust
[θrʌst]

v. 밀어 넣다, 밀치다, 찌르다 (thrust - thrust - thrust)

- 쓰레기를 쓸어서 쓰레기통 to(쪽으로) 밀어 넣다, 찌르다
- Tom thrust Harry with a knife.
  Tom이 Harry를 칼로 찔렀다.

boundary
[báundəri]

n. 경계선, 경계

- 공이 바운드되어 넘어가는 경계선
- boundless 무한한, 끝없는
- boundary between Japan and Korea
  일본과 한국 사이의 경계

idiot
[ídiət]

n. 바보, 천치

- "니 책상은 이 뒤엇!(뒤야!)", 즉 자기 자리도 못 찾는 바보, 천치
- You are an idiot.
  너는 멍청이다.

advocate
v. [ǽdvəkèit]
n. [ǽdvəkət]

v. 옹호하다, 지지하다 n. 옹호자, 지지자

- 엄마 아빠가 싸워 아빠는 방에 있고 엄마는 부엌에 있는데 애두 붜케(부엌에) 엄마랑 같이 있다, 즉 엄마를 옹호하다, 지지하다
- advocacy 옹호, 지지
- Chris does not advocate the use of violence.
  Chris는 폭력 사용을 지지하지 않는다.

moderately
[미 mádərətli]
[영 mɔ́dərətli]

ad. 적당히, 알맞게

- 내가 끓이면 짜거나 싱거운데, 역시 mother(엄마)라서 틀리셔. 간을 적당히, 알맞게 끓이셔.
- moderate 적당한, 보통의
- moderation 적당함
- Please tune your strings moderately.
  현을 적당히 조율해 주세요.

phenomenal
[미 finámin l]
[영 finɔ́minl]

a. 놀랄만한, 경이적인

- 피가 남이(다른 사람이) 날 놀랄만한, 현상(phenomenon)
- phenomenon (놀랄만한) 현상 (pl. phenomena, phenomenons)
- 1 The rocket travels at a phenomenal speed.
  로켓은 놀랄만한 속도로 난다.
- 2 To modern man disease is a biological phenomenon.
  현대인에게 질병은 생물학적 현상이다.

147

patch
[pætʃ]

n. 헝겊조각, 조각, 부분

🔖 금연**패치**와 같은 **헝겊조각, 조각**

📖 a patch on the inner tube of a tire
타이어 안쪽 튜브에 댄 땜질 조각

복습	cope	gradual	testify	thrust	boundary
	idiot	advocate	moderately	phenomenal	patch

sneeze
[sni:z]

v. 재채기하다

🔖 순이가 **츠**! 하고 **재채기하다**

📖 Black pepper makes me sneeze.
후추 때문에 재채기가 난다.

uphold
[ʌphóuld]

v. 유지시키다, 지지하다

🔖 자신이 지지하는 사람을 어깨 **up**(위에) 태워 **hold**(유지하다), 즉 **유지시키다, 지지하다**

📖 I cannot uphold your conduct.
나는 너의 행동을 지지할 수 없다.

needle
[ní:dl]

n. 바늘

🔖 찢어져 반반씩 떨어진 바지 **니** 둘을 **바늘**로 꿰매줄게.

📖 It is hard to put a string through the needle hole.
바늘 구멍에 실을 꿰는 것은 어렵다.

discipline
[dísəplin]

¹ n. 규율, 훈련 ² v. 벌하다

🔖 숙제를 안 해오면 학교가 끝난 **뒤**에 남아 숙제를 **써서 풀린**(풀리는) **훈련**을 시켜 **벌하다**. 그것이 학교의 **규율**

📖 ¹ The policy university has strict discipline.
경찰대학은 규율이 엄격하다.
² He had to be disciplined severely.
그는 혹독하게 벌을 받아야만 했다.

frank
[fræŋk]

a. 솔직한

🔖 대학교 기말시험 성적을 **F rank**(F등급) 받았다고 부모님께 고백할 정도로 **솔직한**

📖 We had an frank conversation.
우리는 솔직한 대화를 나누었다.

peel
[pi:l]

n. (과일 등의) 껍질 v. (껍질·가죽 등을) 벗기다

🔖 양 가죽을 **벗기다**. 그래서 **필**(피)나게 하다

📖 Would you peel me an orange?
오렌지 하나 까주겠니?

criterion
[kraitíəriən]

n. (평가의) 기준 (pl. criteria [kraitíəriə])

- 신인배우 오디션에서 얼마나 cry(우는) 연기가 튀어리?(튀는가)가 평가의 기준
- These criteria were vague.
  이러한 기준들은 모호했다.

salmon
[sǽmən]

n. 연어

- 새가 먼 곳에서 아래로 내려와 잡아채는 연어
- smoked salmon 훈제 연어

disposal
[dispóuzəl]

n. ¹ 배치 ² 처리, 처분

- 도둑 사건이 잦은 곳에 this(이) 포졸을 배치하여 도둑 사건을 처리
- dispose 배치하다, 처리하다
- ¹ garbage disposal 음식 찌꺼기 처리
  ² dispose soldiers for the battle 병사를 전장에 배치하다

disposition
[dispəzíʃən]

n. ¹ 기질, 성향 ² 배치

- ¹ 극장에서 맨 뒷자리인 this(이) 포지션(위치)만 선택하는 기질, 성향
  ² this(이) 포지션(위치)에 군인을 배치
- ¹ Natasha is a girl with a pleasant disposition.
  Natasha는 쾌활한 기질을 가진 소녀이다.
  ² He did not like the disposition of the soldiers.
  그는 군인들의 배치가 마음에 들지 않았다.

복습	sneeze	uphold	needle	discipline	frank
	peel	criterion	salmon	disposal	disposition

경쌤's TIP

예전에 유명한 공무원 어휘 저자가 몰래 학생인양 경선식영단어를 비방하는 글을 네이버 까페에 올렸다가 저희 회사에 발각이 되어 서초경찰서에 고소되어 다시는 그러지 않겠다는 각서를 쓰고 무마해준 사건이 있었습니다.

그리고 연상법으로 하면 영어를 망친다는 해외 논문이 엄청 많다고 말했던 유명 수능 강사도 있었습니다. 저는 그러한 논문이 있다면 당장 보여주고 만약 그러한 논문을 보여주지 못하면 당신은 사기를 친 것이라는 내용의 항의 영상을 올렸습니다. 결국 그 강사는 단 하나의 그러한 논문을 보여주지 못했고 그 강사가 사과한 사건도 있었습니다.

그리고 또 다른 유명 공부 관련 컨설턴트는 원본인 아프리카TV 영상에서의 학생과의 인터뷰를 교묘히 편집하여 유튜브에 올려서 경선식영단어를 비방한 경우도 있었습니다. 그 영상 속 학생은 경선식영단어로 공부하여 영어 3등급까지 올리고 나서 2년 동안 비영어권 국가에서 영어의 영자도 공부하지 않았는데 유학을 끝내고 돌아와 보니 경선식영단어가 뒤죽박죽되고 뜻이 생각나지 않는다는 내용이었습니다. 2년간 전혀 복습하지 않았는데 그 단어 뜻이 생각나지 않는 것은 당연한 것입니다.

그런데 그 원본에서 그 유명 컨설턴트는 영어가 3등급까지 올랐다는 내용과 비영어권 국가로 유학을 가 있던 2년 동안 복습을 전혀 하지 않았다는 내용은 쏙 빼고 경선식영단어를 비방하는 내용만 올린 것입니다. 그 이후 그 유명 컨설턴트는 자신의 어휘서를 한 출판사를 통해 출간했습니다.

경선식영단어를 비난하는 사람치고 경선식영단어 강의를 수강하여 열심히 공부해 본 사람은 거의 없습니다. 적어도 편견 없이 1시간이라도 제대로 강의를 들어보고 판단하여 얘기하는 것이 아니라 처음부터 비난을 목적으로 경쟁 강사나 저자들이 아주 그럴듯하게 비난하는 것입니다. 설사 책이나 강의를 듣고서 비난하는 사람이 있다 해도 그것은 반복 복습을 하지 않은 경우가 대부분입니다. 그 반복 복습이라는 것이 다른 암기방법 복습의 10분의 1만 해도 되는데 말입니다.

그동안 쌓인 수만 개의 경선식영단어에 대한 수강후기들을 볼 때 직접 강의를 듣고 제대로 반복 복습을 한 사람들은 경선식영단어의 효과를 확실하게 알고 있습니다.

강의를 들어본 학생들의 수많은 수강후기들을 믿으시겠습니까? 아니면 경쟁 강사나 경쟁 저자의 비난만을 목적으로 한 말을 믿으시겠습니까?

27강까지 들은 제자님들은 잘 알고 있을 것입니다.

비열한 방법으로 남을 밟고 일어서려는 사람들이 적지 않습니다.

무엇이 사실인지를 알면서도 침묵하는 것은 대한민국을 그러한 비열한 사람들이 득세하도록 도와주는 꼴이 될 것입니다.

Lecture 28

appropriate
[əpróupriət]

a. 적당한, 적절한

- 미역국 끓일 때는 소금을 5프로만 **뿌리엇**!(뿌려!), 즉 5프로가 적당한, 적절한
- inappropriate 부적당한, 부적절한
- Do you think this an appropriate gift?
  이것이면 적당한 선물이 될까요?

despite
[dispáit]

prep. ~에도 불구하고 (= in spite of)

- 고려청자는 this(이렇게) 파이였음에도 불구하고 1억이야.
- Despite the increase in rice production between 1995 and 2000, the consumption per person dropped.
  1995년과 2000년 사이 쌀 생산량의 증가에도 불구하고 1인당 소비량은 감소했다.

chew
[tʃu:]

v. 씹다

- ¹ 껌을 추~욱 손으로 늘렸다가 다시 입에 넣고 씹다
  ² 츄잉껌(chewing gum)은 씹는 껌
- She chews gum all the time.
  그녀는 항상 껌을 씹는다.

discriminate
[diskrímineit]

v. 식별하다, 차별하다

- 빵집의 모든 크림을 찍어먹어 보고 "this 크림이네." 하고 자신이 좋아하는 빵을 식별하다, 차별하다
- discrimination 식별, 차별
- ¹ The law discriminates between accidental and intentional killing.
  법은 우발적인 살인과 계획적인 살인을 분간한다.
  ² Society still discriminates against women.
  사회는 아직도 여자를 차별 대우한다.

bargain
[bá:rgən]

n. (정상가보다) 싼 물건, 특가품 v. 흥정하다, 협상하다

- 바겐세일(bargain sale) 특가품으로 줄 테니 사고 손님과 흥정하다, 협상하다
- You need to bargain when you buy items in the night market.
  야시장에서 물건을 살 때는 흥정을 해야 한다.

convey
[kənvéi]

v. 운반하다, 전달하다

- 큰 배 2(두 개)로 물건을 운반하다, 전달하다
- This train conveys both passengers and goods.
  이 기차는 승객과 화물 모두 실어 나른다.

scar
[skɑːr]

n. 상처, 흉터

▶ 살점이 슥 까여서 생긴 상처, 흉터
▪ I have a huge scar in my thigh.
나는 허벅지에 엄청 큰 상처가 있다.

fine
[fain]

¹ a. 좋은, 괜찮은 ad. 훌륭하게 ² n. 벌금 v. 벌금을 과하다

▶ 음주운전으로 경찰서를 박아 건물이 파인 것에 대해 벌금, 벌금을 과하다
▪ ¹ I'm sure you'll do just fine. 네가 훌륭하게 해낼 것이라고 나는 믿는다.
  ² He was fined for speeding. 그는 과속으로 벌금을 부과받았다.

pioneer
[pàiəníər]

n. 개척자, 선구자 v. 개척하다

▶ fire(불)을 처음 발견한 사람은 뉘여?(누구야?), 즉 불의 개척자, 선구자, 개척하다
▪ They were pioneers in the architecture.
그들은 건축학의 선구자였다.

sphere
[sfiər]

n. ¹ 구, 구형, 천체 ² 범위, 영역

▶ 이 지구본 구형에서 이 초록색 영역, 범위가 숲이여.
▪ ¹ I can calculate the surface area of a sphere.
나는 구의 면적을 계산할 수 있다.
  ² They were allowed to stay in the limited sphere.
그들은 한정된 영역에서만 머무를 수 있었다.

복습				
appropriate	despite	chew	discriminate	bargain
convey	scar	fine	pioneer	sphere

fossil
[⑨fásəl ⑨fɔ́səl]

n. 화석 a. 화석의

▶ 화석을 땅속에서 팠을
▪ fossil fuels 화석 연료

derive
[diráiv]

v. 이끌어내다, 얻다, 유래되다

▶ 자동차로 낭만적인 해안가 드라이브를 시켜주어 그녀의 환심을 이끌어내다, 얻다
• derivative 도출해낸; 파생물
▪ Many Italian words derived from Latin.
많은 이탈리아어의 단어가 라틴어에서 유래되었다.

congestion
[kəndʒéstʃən]

n. (교통)정체, 혼잡

▶ 사람을 자동차로 치어 큰 죄를 지어 그것 때문에 수천 대의 자동차가 교통정체, 혼잡
• congest 혼잡하게 하다, 정체시키다
▪ The mayor had a plan to reduce traffic congestion.
시장은 교통체증을 줄일 계획을 가지고 있었다.

bear ❶
[bɛər]

¹ n. 곰 ² v. 참다, 견디다 (bear - bore - born)

- bear(곰)이었던 웅녀가 인간이 되기 위해 쑥과 마늘을 먹으며 참다, 견디다
- unbearable 참을 수 없는
- I was very hard to bear my sufferings.
  나는 나의 괴로움을 견디느라 너무 힘들었다.

bear ❷
[bɛər]

v. 낳다

- 아기를 배어서 낳다
- The mother panda bore two pandas.
  엄마 팬더가 새끼 팬더 두 마리를 낳았다.

bear ❸
[bɛər]

v. (태도·감정·특징 등을) 품다, 지니다

- 어떤 태도, 감정, 특징 등이 몸에 배어 있다, 즉 품다, 지니다
- It bears shiny dark green leaves.
  그것은 광채 나는 짙은 녹색 잎을 지니고 있다.

brief
[briːf]

a. (시간·글 등이) 짧은, 간결한, 간단한

- ¹ 성냥에 붙은 불이 프~ 하고 금방 꺼지다, 즉 타는 (시간이) 짧은, 간결한
  ² 회사에서 브리핑(briefing)한다는 말은 간단한 요약 보고를 뜻함
- After a brief skills test, participants will be trained based on their levels.
  간단한 기술 테스트 후에 참가자들은 그들의 수준에 기초하여 훈련을 받을 것이다.

mill
[mil]

n. 방앗간

- 밀을 빻는 방앗간
- windmill 풍차
- We walked past the old mill.
  우리는 옛날 방앗간을 지나갔다.

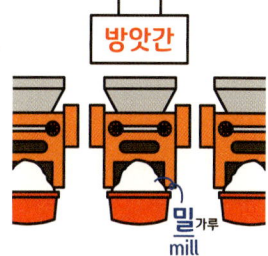

aptitude
[미 ǽptətjùːd]
[영 ǽptitjùːd]

n. 적성, 소질

- 음악이 나오자 애가 튀어나와 춤을 추다, 즉 춤에 대한 적성, 소질
- He has an aptitude for painting. 그는 그림에 소질이 있다.

steady
[stédi]

a. 안정된, 꾸준한

- study(공부)를 열심히 하여 1년 내내 안정된, 꾸준한 점수
- steadfast 확고한, 변함없는
- ¹ a steady job 안정된 직업
  ² Teaching Korean to foreigners has made quiet and steady progress.
  외국인에 대한 한국어 교습은 조용하고도 꾸준한 진척을 이루어 왔다.

복습				
fossil	derive	congestion	bear¹	bear²
bear³	brief	mill	aptitude	steady

rush
[rʌʃ]

v. ¹ 서두르다 ² 돌진하다, 쇄도하다

- ¹ 나폴레옹 군대가 러시아를 향해 돌진하다, 쇄도하다, 진군을 서두르다
  ² 러시아워(rush hour)란 차량이 서두르며 도로에 한꺼번에 쇄도하는 시간
- ¹ Don't rush.
  서두르지 마라.
  ² The wounded lion suddenly rushed at me.
  다친 사자가 갑자기 내게 돌진했다.

rational
[ræʃənl]

a. 합리적인, 이성적인

- 흥분을 가라앉히기 위해 숨을 크게 내쉬어 늘 합리적인, 이성적인 행동을 하는
- rationalism 합리주의
- irrational 불합리한, 비이성적인
- rational models of decision-making
  의사결정의 합리적 모델들

procedure
[prəsíːdʒər]

n. 과정, 방법

- 선생님이 수학 문제풀이 과정, 방법을 풀어 써 줘.
- An error occurred during engine start procedure.
  엔진을 시동하는 과정에서 오류가 발생했다.

illustrate
[íləstrèit]

v. 설명하다, 삽화를 넣다

- straight(직접) 일러주며 설명하다
- illustration 설명, 도해
- ¹ We can illustrate this graphically with a bar chart.
  우리는 이것을 막대그래프로 자세히 나타낼 수 있다.
  ² illustrated books of fairy tale
  삽화가 그려져 있는 동화책들

sustain
[səstéin]

v. 떠받치다, 유지하다

- 서서 무등을 태인(태워진) 사람을 밑에서 떠받치다, 유지하다
- unsustainable 지속 불가능한
- ¹ The author is to sustain his argument throughout the chapter.
  저자는 장 전체에 걸쳐 자신의 주장을 유지해야 한다.
  ² Many present efforts to realize human ambitions are simply unsustainable.
  인간의 욕망을 실현시키기 위한 많은 현재의 노력들은 솔직히 지속될 수 없다.

solar
[sóulər]

a. 태양의, 태양열을 이용한

- 태양 탐사선 로켓을 태양의 방향으로 쏠라!(쏘아라!)
- Solar panels are fueled from the sun.
  태양 전지판이 태양으로부터 에너지를 얻는다.

obvious
[@ ábviəs @ óbviəs]

a. 명백한, 분명한

- 시체의 몸 앞이 칼에 비었수. 타살이 명백한, 분명한
- obviously 명백하게
- Night diving is obviously less simple than diving during the day.
  야간 잠수는 낮 동안의 잠수보다 분명히 덜 수월하다.

misty
[místi]

a. 안개 낀

- 인질범에게 잡힌 미스 김이 튀었다. 안개 낀 날씨를 이용하여.
- mist 안개
- A thin mist veiled the lake.
  옅은 안개가 호수를 가렸다.

yield ❶
[ji:ld]

v. 생산하다, (결과 등을) 만들어내다 n. 생산량

- 한국인들은 일두(일도) 열심히 해서 반도체, 자동차를 생산하다, 만들어내다
- Korean food yield has increased this year.
  한국 식량 생산량이 올해 증가했다.

yield ❷
[ji:ld]

v. 양보하다, 항복하다

- 일두(일도) 열심히 하는 한국에게 일본이 아시아 경제 1등 자리를 양보하다, 항복하다
- A driver needs to yield to the pedestrians at the crosswalk.
  운전자는 횡단보도에서 보행자에게 양보해야 합니다.

복습					
	rush	rational	procedure	illustrate	sustain
	solar	obvious	misty	yield¹	yield²

리얼 생생 수강후기

괜히 경선식 선생님이 아니구나 라는 느낌이 들었네요. (신*현)

처음에 듣는 순간부터 집중이 되어서 1강, 2강 끝나는 순간... 이게 뭐지... 왜 이렇게 쉽게 외워지지... 그리고 설마 하고 기출문제를 풀었는데... 외운 단어가 바로바로 기억나는 겁니다. 이거 보고... 너무 놀래서... 괜히 경선식 선생님이 아니구나 라는 느낌이 들었네요. 평범하게 외운 단어는 1주일이 지나면 기억이 안 나는데... 이건 지금 들은 지 1주일 된 단어가 다 기억이 나는 겁니다. 선생님 말대로 짧게 짧게 복습강좌를 듣고 철저히 복습을 하니... 기억에 뇌리 박혀서 잊어지지 않는 기적 같은 일이 일어나는 게... 믿어지지 않았습니다. 그렇지만 한 번 그런 경험을 하니 계속 듣고 싶어지는 흥미가 생기는 게 너무 좋았습니다. 저처럼 문법은 되는데 단어가 안 돼서 문제를 못 푸는 그리고 자신감을 잃어서 더 이상 영어 공부를 하고 싶지 않은 사람에게 힘을 주는 그런 강좌네요.

Lecture 29

suit
[미]su:t [영]sju:t

¹ n. 수트, 신사복 한 벌 ² v. 어울리다, 적합하다

- 옷가게에서 suit(수트)가 손님에게 잘 어울리다, 적합하다
- suitable 어울리는, 적합한
- ¹ a business suit (격식을 차린) 정장
  ² The grain that they produce is not suited for seed saving.
  그들이 생산하는 곡물은 씨앗 보관용으로는 적합하지 않다.
  ³ a suitable place for a picnic 소풍하기에 적합한 장소

awful
[ɔ́:fl]

a. 엄청난, 지독한

- 농약을 써도, 낫으로 잘라도 무성하게 자꾸 자라는 오! 풀! 즉, 엄청난, 지독한 풀
- awfully 엄청나게, 지독하게
- awe 경외감, 놀라움
- It's been awfully wet lately.
  최근에 비가 엄청나게 많이 내렸다.

struggle
[strʌ́gl]

n. 투쟁, 싸움 v. 분투하다

- 화물운송 노조가 정부에 임금인상을 요구하며 수많은 트럭을 몰고 와 투쟁, 싸움, 분투하다
- The hostage struggled to escape.
  그 인질은 도망치려고 분투했다.

border
[bɔ́:rdər]

n. 국경, 경계선

- 몇 보 더 가면 다른 나라인 국경, 경계선
- borderline 경계선; 이도 저도 아닌
- ¹ We crossed the border from Victoria to South Australia at midnight.
  우리는 자정에 빅토리아에서 남 오스트레일리아로 국경을 넘었다.
  ² There are borderline cases that fit partly into one category and partly into another. 부분적으로 한 범주에 적합하기도 하고, 동시에 다른 범주에 적합하기도 한 이도 저도 아닌 경우들이 있다.

acknowledge
[미]æknɑ́lidʒ, əknɑ́lidʒ]
[영]æknɔ́lidʒ]

v. 인정하다

- "어쿠! knowledge(지식)이 풍부하구나."라며 똑똑함을 인정하다
- Korea acknowledges democratic values.
  한국은 민주주의적 가치를 인정한다.

solid
[미]sɑ́lid [영]sɔ́lid]

a. 고체의, 단단한 n. 고체

- 같은 부피의 고체와 액체가 천칭에 있을 때 고체 쪽으로 쏠리다
- solidity 굳음, 단단함
- a solid building 견고한 건물

156

ambitious
[æmbíʃəs]

a. 야망을 품은, 야심 찬

- 이 명박(MB)은 어려서부터 대통령이 되려는 **야망을 품은 MB**(명박)이셨수.
- ambition 야망
- He had an ambition to become a rock climber.
  그는 암벽 등반가가 되려는 야심을 품고 있었다.

still
[stil]

¹ ad. 아직도, 여전히   ² a. 고요한, 정지한

- 한 남자가 **still**(아직도) 그곳에 말없이 서 있는, 즉 **고요한, 정지한**
- stillness 고요함
- Still waters run deep.
  고요한 물은 깊이 흐른다.(말이 없는 사람일수록 생각이 깊다.)

penalty
[pénəlti]

n. 벌칙, 형벌, 벌금

- 축구에서 **페널티** 킥(penalty kick)은 반칙에 대한 **벌칙, 형벌**
- Ronald was given a penalty for his tardiness.
  Ronald는 지각으로 벌점을 받았다.

congress
[⑩ ká:ŋgrəs]
[⑱ kóŋgres]

n. 국회, 의회

- 큰 그리스 나라를 통치하고 이끌었던 **국회, 의회**
- The law against discrimination passed congress today.
  차별금지법이 오늘 국회를 통과했다.

복습	suit	awful	struggle	border	acknowledge
	solid	ambitious	still	penalty	congress

function
[fʌ́ŋkʃən]

n. 기능   v. (제대로) 기능하다

- 펑! 터지며 **시원**하게 에어백이 **제대로 기능하다**
- My cellphone has walkie-talkie function.
  내 휴대전화는 무전기 기능이 있다.

meet
[mi:t]

v. ¹ 만나다   ² 충족시키다

- 한 번만 만나달라는 사람과 **meet**(만나주어서) 욕구를 **충족시키다**
- Can we meet all their requirements?
  우리가 그들의 요구를 다 충족시킬 수가 있을까?

shed
[ʃed]

¹ v. (눈물·빛·냄새 등을) 흘리다 (shed - shed - shed)   ² n. 저장소, 헛간

- 눈물 **저장소**인 눈물샘에서 눈물이 **새듯** 눈물, 빛, 냄새 등을 **흘리다**
- ¹ The girl shed tears.
  그 소녀는 눈물을 흘렸다.
- ² His shed is full of cows.
  그의 헛간은 소로 가득 차 있다.

lead
n. [led] v. [liːd]

¹ n. 납 ² v. 이끌다, 인도하다

- 낚싯줄을 물속으로 lead(이끌고) 들어가는 봉돌인 납
- The stick had been weighted with lead.
  그 막대기는 납을 달아 무겁게 만들어졌다.

낚싯줄을 물속으로 **lead**(이끌고) 들어가는
lead

barn
[bɑːrn]

n. 헛간, 광

- 단칸방을 반으로 나눠 헛간, 광으로 쓰다
- a cow barn 외양간

routine
[ruːtíːn]

a. 일상적인 n. 틀에 박힌 일상

- 야간자율학습 시간에 누가 PC방으로 튄 것은 일상적인, 틀에 박힌 일상
- This is my daily routine. 이것이 나의 일과다.

shatter
[ʃǽtər]

v. 산산이 부수다, 산산조각 나다

- 쇠몽둥이로 터트려 산산이 부수다, 산산조각 나다
- The explosion shattered all the windows.
  그 폭발에 모든 창문이 산산이 깨졌다.

deprive
[dipráiv]

v. 빼앗다, 박탈하다

- 은행강도가 "뒤 금고의 돈을 푸라이!(퍼라!) 그리고 자루에 부!(부어!)" 하며 돈을 빼앗다, 박탈하다
- deprive A of B A에게서 B를 빼앗다
- They deprived a farmer of his land.
  그들은 농부에게서 그의 땅을 빼앗았다.

surge
[səːrdʒ]

v. 밀려오다, 솟구치다 n. 파도, 급증

- 쓰나미로 파도가 싹 쓸지, 즉 파도가 밀려오다, 솟구치다, 급증
- a surge in the number of people out of work
  실업자 수의 급증

rear
[riər]

¹ n. 뒤 a. 후방의 ² v. 기르다, 사육하다

- ① [리어 → 뉘어] 등 뒤에 뉘어(눕혀) 아기를 기르다
  ② 리어카는 자전거 rear(뒤에) 끌고 가는 car(차)에서 유래한 콩글리쉬
- ¹ Passengers need to get off the bus at the rear exit.
  버스 승객들은 뒷문으로 내려야 합니다.
  ² The male bird helps the female to rear the young.
  수새는 암새가 새끼들을 기르는 것을 돕는다.

복습	function	meet	shed	lead	barn
	routine	shatter	deprive	surge	rear

count
[kaunt]

v. ¹ 세다, 계산하다 ² 중요하다

- 숨겨둔 금덩어리 5개를 누가 가져갔을까봐 매일 **count**(세다), 즉 금덩어리가 그만큼 **중요하다**
- Size isn't important; it's the quality that counts.
  크기는 중요하지 않다. 중요한 건 품질이다.

count on

~에 의존하다, ~을 믿다

- [count on(온)] 헨젤과 그레텔이 떨어뜨려놓았던 빵조각을 하나 둘 **count**(세면서) 집으로 **온**, 즉 길을 찾기 위해 빵조각에 **의존하다, 믿다**
- You can count on me. 저를 믿으세요.

account ❶
[əkáunt]

n. ¹ (예금) 계좌 ² 중요, 중요함

- 금액의 0을 하나 **a**(하나) **count**(세는) 것이 **중요한** (예금) 계좌
- of no account 중요하지 않은
- ¹ bank account number 은행 계좌 번호
  ² Being a winner or a loser is of no account.
  승자가 되든 패배자가 되든 중요치 않다.

account ❷
[əkáunt]

¹ n. 계산, 계산서 ² n. 설명 v. 설명하다

- 수학 선생님이 하나 **a**(하나) **count**(세면서) **계산** 방법을 **설명하다**
- unaccountable 설명할 수 없는, 이해할 수 없는
- account for ~을 설명하다, ~의 원인이 되다
- This fact accounts for his ignorance.
  이 사실은 그의 무식함을 설명해준다.

on account of

~ 때문에

- 직역하면 '~의 계산에 입각하여', 즉 ~ **때문에**
- Tony could not join the party on account of illness.
  Tony는 아파서 파티에 참석하지 못했다.

take ~ into account

~을 고려하다

- 직역하면 '~을 계산 속으로 취하다', 즉 ~**을 고려하다**
- You must take his age into account when you judge his performance.
  그의 성과를 판단할 때는 그의 나이를 고려해야 한다.

symptom
[símptəm]

n. 증상, 징후

- 결혼식으로 무리해서 **신부**가 열이 나고 오들오들 **떰**(떨다), 즉 몸살감기의 **증상, 징후**
- A patient needed to explain the symptoms to a doctor.
  환자는 의사에게 증상을 설명해야 했다.

explanation
[èksplənéiʃən]

n. 설명

➤ ¹ **explain**의 명사형
² 수학 선생님이 "요렇게 엑스(x) 풀어내셔!" 하고 푸는 방법을 설명

- explain 설명하다
- His explanation was interesting.
  그의 설명은 흥미로웠다.

charity
[tʃǽriti, tʃǽrəti]

n. 자선, 자선단체

➤ 추위에 떨고 있는 거지에게 따끈한 체리 tea(차)를 끓여서 주는 자선, 자선단체

- charitable 자선(단체)의
- Mr. Baek donated his entire asset to a charity.
  백 씨는 자신의 전 재산을 자선단체에 기부했다.

pine
[pain]

n. 소나무

➤ 파인애플(pineapple)은 'pine(소나무) + apple(사과)', 즉 소나무의 솔방울 모양의 사과
- Pine trees are always green.
  소나무는 항상 푸르다.

| 복습 | count
take ~ into account | count on
symptom | account¹
explanation | account²
charity | on account of
pine |

Lecture 30

alliance
[əláiəns]

n. 동맹, 연합

- **all**(모든) **lions**(사자들)이 옆 마을 사자들의 침입을 막기 위해 서로 **동맹, 연합**
- ally 동맹하다
- in alliance with ~와 연합하여
- We are working in alliance with our European partners.
  우리는 유럽 파트너들과 연합하여 일하고 있다.

affair
[əféər]

n. 일, 문제, 업무

- "당신의 業(일 업)이나 해요!", 즉 당신의 **일, 문제, 업무**나 해결해요!
- It's not my affair. 이것은 내 문제가 아니다.

positive
[⑩ pázətiv ⑱ pózətiv]

a. 긍정적인, 확신하고 있는

- A: "내 아들은 빠져 있어 TV에."
  B: "공부 잘하는 애니까 분명히 EBS TV에 빠져 있을 거야."라며 **긍정적인, 확신하고 있는**
- [1] Residents commonly have positive views on the economic influences of tourism.
  주민들은 보통 관광산업이 미치는 경제적 영향에 대해 긍정적인 시각을 갖고 있다.
- [2] He was positive that she was a liar.
  그는 그녀가 거짓말쟁이라는 것을 확신했다.

strict
[strikt]

a. 엄격한

- **street**(거리)에 담배꽁초를 버리면 벌금이 170만원일 정도로 **엄격한** 싱가포르
- strictly 엄격히, 엄하게
- Later, a tall, strict-looking man introduced himself as her homeroom teacher.
  나중에 키가 크고 엄격해 보이는 남자가 자신을 그녀의 담임선생님이라고 소개했다.

shortage
[ʃɔ́:rtidʒ]

n. 부족

- 벽 사이에 연결할 빨랫줄 길이가 1미터 **short**(짧은), 즉 1미터 **부족**
- short 부족한, 짧은
- run short of ~이 부족하다
- We've run short of oil.
  우리는 기름이 부족하다.

hive(= beehive)
[haiv]

n. 벌집, 북새통을 이루는 곳

- 벌들의 날갯짓 소리로 **high**(높은) 나무 위에서 **부~** 소리를 내는 **벌집**
- The hive is filled with thousands of bees.
  벌집이 수천 마리의 벌들로 채워져 있다.

itch
[itʃ]

n. 가려움 v. 가렵다, (~하고 싶어) 근질거리다

- "잇 취!" 하며 재채기를 할 정도로 코가 **가려움, 가렵다**
- These mosquito bites itch terribly.
  여기 모기들이 문 곳이 몹시 가렵다.

declare
[dikléər]

v. ¹ 선언하다, 공표하다 ² (세관에서 과세품을) 신고하다

- "뒤에 클(큰) 명품백에 대한 세금을 내요(낼게요)!"라고 세관원에게 **공표하다, 신고하다**
- declaration 선언, 발표
- ¹ Wane declared war against terrorism.
  Wane은 테러와의 전쟁을 선포했다.
- ² People need to declare all the luxury purchases at the airport.
  사람들은 공항에서 모든 명품 구매를 신고해야 합니다.

portray
[pɔːrtréi]

v. (인물·풍경을) 그리다, 묘사하다

- 커피포트를 그리며 "이게 바로 포트레이!(포트데이!)"라고 **그리다, 묘사하다**
- portrait 초상(화), 묘사
- She had her portrait painted.
  그녀는 자신의 초상화를 그리게 했다.

dare
[dɛər]

v. 감히 ~하다

- "감히 ~하다니 손 대어!"
- daring 대담; 대담한
- They didn't dare to disobey.
  그들은 감히 거역하지 못했다.

복습				
alliance	affair	positive	strict	shortage
hive	itch	declare	portray	dare

sequence
[síːkwəns]

n. 연속, 순서

- 식당에서 식권을 쓰기 위해 줄을 **연속**으로 서서 기다리는 **순서**
- The paper must have connection and sequence.
  논문은 연결성과 연속성을 갖고 있어야 한다.

aggress
[əgrés]

v. 공격하다, 시비를 걸다

- 한 대 톡 때리고 난 후 "억울해? 억울했수?" 하며 **시비를 걸다, 공격하다**
- aggressor 침략자, 침략국
- aggression 공격, 침략
- aggressive 공격적인, 침략적인
- He is too aggressive.
  그는 지나치게 공격적이다.

widow
[wídou]

n. 미망인, 홀어미

- window(창문) 밖을 바라보며 죽은 남편이 돌아오기를 기다리는 미망인, 홀어미
- widower 홀아비
- She has been a widow for 10 years.
  그녀는 십 년 동안 미망인으로 지내왔다.

even ❶
[íːvn]

ad. ¹ 심지어 ~조차도 ² (비교급을 강조하여) 더욱, 훨씬

- ¹ 이 분조차도 그렇다.
- ² 이 분이 훨씬 더 크다.
- ¹ I can't even drink water.
  나는 심지어 물조차 마실 수 없다.
- ² I love you even more.
  내가 너를 훨씬 더 사랑해.

even ❷
[íːvn]

a. 짝수의

- 2 분(두 분)은 짝수의
- an even number 짝수

even ❸
[íːvn]

a. 고른, 평평한, 균등한

- 이가 이쁜, 즉 이빨이 고른, 평평한, 균등한
- evenly 고르게, 균등하게
- Going up the slope, we came to even ground.
  비탈을 다 오르자 우리는 평평한 땅에 이르렀다.

adequate
[ǽdikwət]

a. 적당한, 충분한

- 축구 11명 다 찼으니 애들이 뒤에서 기다리지만 cut!(잘라!), 즉 이미 인원이 적당한, 충분한
- adequately 적절하게, 충분히
- inadequate 부적당한, 불충분한
- ¹ adequate food for 50 people 50명을 위한 충분한 음식
- ² Inadequately dressed for the pouring rain, your clothes soaked.
  폭우에 알맞지 않게 옷을 입은 상태에서 당신의 옷은 흠뻑 젖었다.

beforehand
[bifɔ́ːrhænd]

ad. 미리, 벌써

- 다른 사람의 hand(손)이 닿기 before(전에) 미리, 벌써 가져가다
- Please let me know beforehand.
  저에게 미리 알려주십시오.

masterpiece
[mǽstərpìːs]

n. 걸작, 명작

- [master(마스터, 대가) + piece(한 개, 작품)] 마스터의 작품, 즉 걸작, 명작
- The painting is a masterpiece.
  그 그림은 명작이다.

appetite
[ǽpitàit]

n. 식욕, 욕구

→ ¹ [애피타이트 → 애 피 타이트(타다)] 선지해장국에 애가 소 피를 타서 식욕, 욕구를 돋우다
² 음식을 먹기 전에 식욕을 돋우는 간단한 음식을 애피타이저(appetizer)라고 한다.

John has a good appetite.
John은 식성이 좋다.

복습	sequence	aggress	widow	even¹	even²
	even³	adequate	beforehand	masterpiece	appetite

obtain
[əbtéin]

v. 얻다, 획득하다

어부가 고기 떼를 그물 in(안으로)
obtain 얻다, 획득하다

→ 어부가 고기 떼를 그물 in(안으로) 얻다, 획득하다
- obtainable 얻을 수 있는
- Mario obtained 80% of the winning prize.
  Mario가 우승 상금의 80%를 획득했다.

object
n. [á:bdʒekt, ɔ́bdʒikt]
v. [əbdʒékt]

¹ n. 물건, 물체 ² n. 목표, 대상 ³ v. 반대하다

→ 우리 비행기 앞에서 날아오는 제트기 같은 물체는 우리를 반대하는 적으로 격추해야 할 목표, 대상
- objection 반대
- ¹ a distant object 멀리 있는 물체
  ² She left college with the object of going into business.
    그녀는 사업계에 뛰어들 목적으로 대학을 떠났다.
  ³ I object your opinion.
    나는 당신의 의견에 반대한다.

objective
[əbdʒéktiv]

¹ a. 객관적인 ² n. 목표, 목적

→ ¹ '그것이 알고 싶다'가 5부에 걸친 용의자 젝에 대한 TV 프로그램으로 자세하게 편성되어 객관적인 탐사가 목표, 목적
² [object(목표) TV] TV와 같은 화면 레이더에 잡힌 object(목표), 즉 목표, 목적
- objectively 객관적으로
- ¹ Solutions to social problems are discovered in an objective way.
  사회적 문제들에 대한 해결책은 객관적인 방법으로 발견된다.
  ² A lecture has to have a clear objective.
    강의는 명확한 목표가 있어야 한다.

subjective
[səbdʒéktiv]

a. 주관적인

→ 용의자 젝에 대한 '그것이 알고 싶다'가 5부가 아닌 4부에 걸친 젝에 대한 TV 프로그램으로 부족하게 편성되어 객관적이지 못하고 주관적인
- Your idea is subjective.
  당신의 생각은 주관적이에요.

subject ①
[sʌ́bdʒikt, sʌ́bdʒekt]

n. ¹ (실험) 대상, 피실험자 ² 과목 ³ 주제, 화제

🔸 현미경 sub(밑에서) 주사를 찍! 하고 맞는 쥐와 같은 (실험) 대상, 피실험자, 이러한 '쥐의 해부'가 오늘 생물 과목 시간의 주제, 화제

¹ We need some male subjects for a psychology experiment.
우리는 심리학 실험을 위해 남성 실험 대상자가 좀 필요하다.
² Physics and chemistry are my favorite subjects.
물리학과 화학은 내가 좋아하는 과목들이다.
³ I have to choose a subject for an essay.
나는 에세이 주제를 골라야 한다.

subject ②
[sʌ́bdʒikt, sʌ́bdʒekt]

n. 국민, 신하

🔸 [sub(under) 직트(찍!t)] 왕 sub(밑에서) 찍! 소리 못하고 따르는 국민, 신하

French subject 프랑스 국민

be subject to

¹ ~의 대상이다 ² ~을 받다, ~을 받아야 한다

🔸 [be + subject(대상) + to(~쪽으로)] ~쪽으로 대상이 되다, ~을 받다

¹ be subject to punishment
처벌 대상이 되다 → 처벌을 받다
² can be subject to investigation
조사 대상이 될 수 있다 → 조사를 받을 수 있다
³ be subject to intensive training
집중 훈련의 대상이 되다 → 집중 훈련을 받아야 한다

toll
[toul]

n. (유료 도로·다리 등의) 통행료

🔸 고속도로 톨게이트(toll gate)에서 받는 통행료

a toll bridge (통행료가 부과되는) 유료 다리

territory
[⑩ térətɔ̀:ri]
[⑭ térətəri]

n. 영토, 지역, 영역

🔸 이곳은 테러가 자주 일어나는 터리(땅이리), 즉 테러가 일어나는 영토, 지역, 영역

• territorial 지역의, 영토의

You have to explore new territory.
당신은 새로운 영역을 탐험해야 한다.

mutual
[mjú:tʃuəl]

a. 서로의, 공동의

🔸 서로의 얼굴을 마주보고 뮤직에 맞춰 춤을 추얼

The couple held a mutual goal of buying a house.
그 부부는 집을 사겠다는 공동의 목표를 가지고 있었다.

freshman
[fréʃmən]

n. (대학교) 신입생

🔸 대학에 갓 들어온 fresh(신선한) man(사람), 즉 신입생

The cardiothoracic surgery department had only two freshmen this year.
흉부외과에는 올해 신입생이 2명밖에 없었다.

| 복습 | obtain
subject[2]
freshman | object
be subject to | objective
toll | subjective
territory | subject[1]
mutual |

경쌤's TIP

축하합니다.

여러분은 경선식 토플영단어 기본 30강까지 완성하였습니다.

반드시 지켜야 하는 가장 효과적인 복습 방법(5page)을 확인 후 확실하게 복습하세요.

Lecture 31

encounter
[inkáuntər]

v. ¹ (우연히) 만나다, 마주치다 ² (위험·곤란 등에) 직면하다

- 무전취식하고 도망치려다가 **잉! 카운터**에서 주인을 **마주치다, (곤란에) 직면하다**
- ¹ I encountered a childhood friend by chance.
  나는 어릴 적 친구를 우연히 만났다.
- ² He encounters what seem like insurmountable problems.
  그는 극복할 수 없는 문제로 보이는 것에 직면한다.

explicit
[iksplísit]

a. 숨김없는, 명백한

- 속마음이 **ex**(밖으로) **풀리싯**(풀리시어) 내보일 정도로 **숨김없는, 명백한**
- The researcher had quite explicit reason to leave the academia.
  그 연구원은 학계를 떠나야 할 분명한 이유가 있었다.

cue
[kju:]

n. 신호 v. ~에게 신호를 보내다

- 영화감독이 레디~ **큐! 신호, 신호를 보내다**
- She stood on the stage and waited for her cue to fall down.
  그녀는 무대에 서서 쓰러지라는 신호가 떨어지기를 기다렸다.

staff
[(미)stæf (영)stɑ:f]

n. 직원

- 대리-과장-차장-부장 등과 같이 **step**(단계)별로 있는 **직원**
- I had to let go of a staff today.
  나는 오늘 한 직원을 해고해야 했다.

skip
[skip]

v. 깡충 뛰다, 건너뛰다, (식사를) 거르다, (수업을) 빼먹다

- **스키**로 장애물을 **건너뛰다**
- ¹ skip the class 수업을 빼먹다
- ² I read the whole book without skipping.
  나는 빠짐없이 그 책을 다 읽었다.

crack
[kræk]

n. 갈라진 틈, 날카로운 소리 v. 금이 가다, 깨지다

- 과자 **크래커**(cracker) 봉지를 잘못 뜯어 **금이 가다, 깨지다**. 깨질 때의 **날카로운 소리**
- ¹ a cracked rock 금이 간 바위
- ² a loud crack of thunder 시끄러운 천둥의 깨지는 소리

sour
[sauər]

a. 신맛이 나는, 시큼한

- 우유 맛이 **싸~** 하여 **우어~억** 토할 정도로 상해서 **신맛이 나는, 시큼한**
- Both humans and rats dislike bitter and sour foods.
  인간과 쥐 모두는 쓰고 신 음식을 싫어한다.

167

stuff
[stʌf]

¹ n. 물건, 재료 ² v. ~에 채우다, 채워 넣다

- 水(물 수), 라면, 계란 등 재료, 물건을 채워 넣다 그리고 냄비 뚜껑을 덮으!(덮어!)
- ¹ a hard stuff 단단한 물건
  ² He stuffed a bag with a few changes of clothing.
  그는 가방 하나에 갈아입을 옷 몇 벌을 채워 넣었다.

variety
[vəráiəti]

n. 다양성, 변화

- '버라이어티 쇼'란 다양성, 변화가 있는 쇼
- People consume a variety of foods.
  사람들은 다양한 음식을 먹는다.

vary
[vέəri]

v. 각기 다르다, 달라지다

- 블루베리, 스트로베리, 크랜베리 등 베리는 각기 다르다
- various 다양한
- invariable 불변의
- invariably 변함없이
- variation 변화, 변형
- ¹ A child's appetite can vary from day to day.
  아이의 식욕은 날마다 다를 수 있다.
  ² Food can cause genetic variation.
  음식이 유전적 변이를 일으킬 수 있다.

스트로베리 / vary / 블루베리 / 크랜베리 / 각기 다르다

복습	encounter	explicit	cue	staff	skip
	crack	sour	stuff	variety	vary

abandon
[əbǽndən]

v. 버리다, 포기하다

- 책 속에 숨겨둔 비상금 중에 어! 아내가 뺀 돈은 버리다, 포기하다
- He will never abandon hope.
  그는 결코 희망을 버리지 않을 것이다.

slice
[slais]

v. 얇게 썰다 n. 얇게 썬 조각

- ¹ (칼로) 쏠라이! 쓰윽! 즉, 얇게 썰다
  ² 슬라이스 치즈(slice cheese)란 치즈의 얇게 썬 조각
- She cut the loaf into slices.
  그녀는 빵 덩어리를 얇게 잘랐다.

source
[sɔːrs]

n. 원천, 출처

- "이 소스는 뭘 넣어서 이렇게 맛있지?" 하고 궁금한 소스의 원천, 출처
- Fruit peel is a source of dietary fiber.
  과일 껍질은 식이섬유의 원천이다.

cast
[(미)kæst (영)kɑːst]

¹ v. 던지다, 내던지다 (cast - cast - cast)
² v. (역을) 배정하다, 캐스팅하다 n. 출연자들

→ 화학 깨스 폭탄이 투! 하고 폭발하도록 던지다
¹ She cast her fishing rod.
   그녀는 자신의 낚싯대를 던졌다.
² The director cast new actors.
   감독은 신인 배우들을 캐스팅했다.

odd ❶
[(미)ɑd (영)ɔd]

a. 이상한, 기묘한

→ 아드~윽한 심해에 사는 이상한, 기묘한 생물들
an odd-looking house 이상하게 생긴 집

odd ❷
[(미)ɑd (영)ɔd]

a. 홀수의

→ 5도 홀수의 숫자
1, 3, 5, 7, and 9 are odd numbers. 1, 3, 5, 7, 9는 홀수이다.

swell
[swel]

v. 부풀다, 팽창하다

→ 풍선에 바람을 스으~ 하고 불어넣자 well(잘) 부풀다, 팽창하다
Wood often swells when wet. 목재는 물에 젖으면 흔히 팽창한다.

thread
[θred]

n. 실

→ 구멍 난 양말은 버리지 말고 실로 꿰매어 쓰래두 그러네.
She used silk thread. 그녀는 명주실을 사용했다.

cotton
[(미)kátn (영)kɔ́tn]

n. 목화, 솜

→ 커튼을 만드는 재료인 목화, 솜
a cotton candy 솜사탕

bloom
[bluːm]

n. 꽃 v. 꽃이 피다

→ blue(파랗게) 움이 터서 파란 꽃, 꽃이 피다
a blooming flower 개화하는 꽃 한 송이

복습	abandon	slice	source	cast	odd¹
	odd²	swell	thread	cotton	bloom

accuracy
[ǽkjurəsi]

n. 정확성, 정확도

→ 총을 쏠 때 애꾸눈으로 조준하면 역시 높아지는 정확성, 정확도
• accurate 정확한
Being accurate is not always smart. 정확하다는 것이 항상 똑똑한 것은 아니다.

fancy
[fǽnsi]

¹ n. 공상 v. 상상하다, 원하다   ² a. 화려한, 고급의

- 방과 후에는 팬시점에 들러 화려한, 고급의 인형을 구입할 공상, 상상하다, 원하다
- ¹ Esther lives in her own fancy world. Esther는 그녀만의 공상 세계에 빠져 산다.
  ² a fancy department store 고급 백화점

mud
[mʌd]

n. 진흙

- 충남 보령의 머드 축제는 진흙 축제
- muddy 진흙투성이의
- The boy's shoes were muddy. 그 소년의 신발은 진흙투성이였다.

assemble
[əsémbl]

v. 모으다, 모이다, 조립하다

- 너무 추워서 어! 센 불 주위로 사람들이 모이다, 모으다
- assembly 집회, 모임
- disassemble 해체하다, 분해하다
- Roger assembled all the members.
  Roger는 모든 멤버들을 불러 모았다.

summit ❶
[sʌ́mit]

n. (산의) 정상, 꼭대기

- 산 정상에 서서 밑을 바라보다
- The summit is not open to tourists. 그 산의 정상은 관광객들에게 개방되지 않는다.

summit ❷
[sʌ́mit]

n. 정상회담

- 각국 정상들이 협정서 밑 서명란에 이름을 써내는 정상회담
- They finally came to an agreement at the summit.
  그들은 마침내 정상회담에서 합의에 도달했다.

regard
[rigá:rd]

¹ v. 주목하다, 주의하다 ² n. 점, 사항 ³ n. 관계 v. 관계하다 ⁴ v. ~으로 여기다

- re(뒤에서) (보디)가드처럼 앞사람을 주목하다, 주의하다. 그 사항, 점을 봤을 때 앞사람과의 관계는 보디가드와 보호받는 사람으로 여기다
- disregard 주목하지 않다, 무시하다
- ¹ The detective regarded us suspiciously.
  형사는 우리를 의심스러운 눈초리로 바라보았다.
  ² a country's laws in regard to human rights 인권과 관련된 일국의 법률들
  ³ Jim Marshall is regarded as one of the most celebrated photographers of the 20th century.
  Jim Marshall은 20세기의 가장 유명한 사진사들 중 한 명으로 여겨진다.

in this regard

이런 점에 있어서

- [in(~ 내에서) this(이런) regard(점, 사항)] 이런 점에 있어서
- In this regard, the study claims the TV show negatively influence teenagers.
  이런 점에 있어서, 이 연구는 그 TV 프로그램이 청소년들에게 부정적인 영향을 미친다고 주장한다.

regarding
[rigá:rdin]

prep. ~에 관계하여, ~에 관하여

- [regard(관계; 관계하다) + ing] ~에 관계하여, ~에 관하여
- I agree with you regarding this matter. 나는 이 문제에 관하여 당신과 공감합니다.

regardless of
~에 관계없이

- [regard(관계) + less(~이 없는) + of(~에 관하여)] ~에 관계없이
- It's never too late to start building up muscle strength, regardless of your age. 당신의 나이에 관계없이 근력 키우기를 시작하기에 결코 너무 늦을 때란 없다.

in regard to
~에 관하여

- 직역하면 '~쪽으로의 regard(관계) 안에서', 즉 ~에 관하여
- What's your opinion in regard to human rights?
  인권에 관련한 당신의 의견은 무엇입니까?

regard A as B
A를 B로 여기다, 간주하다

- 직역하면 'A를 B로서 regard(~으로 여기다)', 즉 A를 B로 여기다, 간주하다
- We regard Einstein as a genius. 우리는 아인슈타인을 천재로 여긴다.

복습

accuracy	fancy	mud	assemble	summit[1]
summit[2]	regard	in this regard	regarding	regardless of
in regard to	regard A as B			

리얼 생생 수강후기

영어 공부를 조금이라도 해보신 분들은 아시겠지만 사실상 영어는 단어가 90%입니다. (김*수)

단어를 모르면 문법도 독해도 아무런 소용이 없다는 것을 뼈저리게 알게 된 후 늦었지만 이거라도 열심히 해보자는 심정으로 다시 한 번 경선식 영단어를 듣게 되었습니다. 두 달 동안 영어공부는 문법, 독해를 하루에 1시간씩 투자하고 나머지는 영단어 외우는 것에만 몰두했습니다. 정말 죽자살자 외웠습니다. 정말 신기한 건 영단어를 못 외워서 영어를 포기했었던 제가 하루에 약 300~400개씩 외우고 있더군요. 또한 영단어를 외우는 것만으로 독해 점수가 쑥쑥 올랐습니다. 경선식 선생님 처음에 의심한 것 정말 죄송하고 좋은 공부법으로 고득점의 길로 인도해 주셔서 정말 감사합니다.

Lecture 32

tactic
[tǽktik]

n. 전술, 전략

- 적이 칼로 택! 하고 치면 틱! 하고 막겠다는 전술, 전략
- tacful 재치 있는
- tactical 전술적인, 책략에 능한
- tact 재치, 요령
- skilled in tactics 전술에 능한

bump
[bʌmp]

v. 부딪치다 n. 혹

- 차의 범퍼(bumper)에 사람이 부딪치다. 부딪혀서 생긴 혹
- a road with a lot of bumps in it 울퉁불퉁한 곳이 많은 도로

comprise
[kəmpráiz]

v. 포함하다, ~으로 구성되다, 구성하다

- 컴(컴퓨터)가 prize(상품)에 포함되다, 구성되다
- The United Kingdom comprises England, Scotland, Wales, and Northern Ireland. 영국은 잉글랜드, 스코틀랜드, 웨일스, 북아일랜드로 구성되어 있다.

reside
[rizáid]

v. 살다, 거주하다

- 니가 자이 아파트에 살다, 거주하다
- resident 거주자, 주민
- residence 주거, 거주
- residential 주거의
- Many residents are refusing to leave their homes.
  많은 거주자들이 자신의 집을 떠나는 것을 거부하고 있다.

chaos
[(미) kéiɑs (영) kéiɔs]

n. 혼돈, 무질서

- 상점들 유리창이 깨이고 아수라장이 된 혼돈, 무질서
- chaotic 무질서한, 혼란한
- The meeting was a total chaos.
  그 회의는 완전 무질서 그 자체였다.

shelter
[ʃéltər]

n. 은신처, 피난처, 주거지

- 여기가 나의 쉴 터야, 즉 은신처, 피난처, 주거지
- As you wander around, you find a large rock that provides some shelter.
  주위를 방황하다가 당신은 피신처를 제공하는 커다란 바위를 발견한다.

privilege
[prívəlidʒ]

n. 특권, 특혜 v. 특권을 주다

- 은행장이기 때문에 은행에서 돈을 free(자유롭게) 빌리지, 즉 자유롭게 돈을 빌릴 수 있는 특권, 특혜

- underprivileged 특권이 적은, 혜택을 받지 못하는
- All diplomats receive certain privileges and immunities.
  모든 외교관들은 일정한 특권과 면제를 받는다.

tempt
[tempt]

v. 유혹하다, 꾀다

▶ 의대를 바라는 부모가 9번 떨어진 자식에게 ten(10)번째는 붙으니 한 번 더 재수하라고 유혹하다, 꾀다
- temptation 유혹
- The food tempts me. 그 요리는 내 식욕을 돋운다.

violence
[váiələns]

n. 폭력, 폭행

▶ 데모대가 경찰을 향해 바위를 all(모두가) 던져 넣었수, 즉 폭력, 폭행
- violent 폭력적인, 격렬한
- nonviolent 비폭력의
- violent crimes 폭력적인 범죄들

violation
[vàiəléiʃən]

n. 위반, 침해

▶ 잠잘 시간에 이웃이 바이올린 소리를 크게 내셔, 즉 사생활 침해, 위반
- violate 위반하다, 침해하다
- ¹ a traffic violation 교통 위반
- ² violations of privacy 사생활의 침해

violation

복습	tactic	bump	comprise	reside	chaos
	shelter	privilege	tempt	violence	violation

nap
[næp]

n. 낮잠, 잠깐 잠

▶ 수업시간에 잠깐 잠. 그러다 선생님이 부르자 냅? 하고 놀라다
- I want to take a nap. 나는 한잠 자고 싶다.

approximate
v. [əpráksimèit]
a. [əpráksimit]

v. ~에 근접하다 a. (위치·수량이) ~에 가까운, 대략적인

▶ 물에 빠진 사람이 어프~ 어프~ 하며 수영하여 낚시꾼이 내민 낚시대 밑까지 거의 근접하다
- approximately 대략, 거의
- Protogenes spent approximately seven years painting the Ialysus.
  Protogenes은 Ialysus를 그리는 데 대략 7년이라는 시간을 보냈다.

frontier
[frʌntíər]

n. 국경

▶ 이웃나라와 접한 가장 front여(앞이여), 즉 국경
- the frontier between France and Switzerland
  프랑스와 스위스 사이의 국경

analyze
[ǽnəlàiz]

v. 분석하다

- 임신한 아내가 지금 임신했으니 올해 33살에 날지, 내년 34살에 날지 **애 날 나이**를 계산하며 **분석하다**
- analysis 분석
- analytic 분석적인
- Humans use all their five senses to analyze food quality.
  인간은 음식의 질을 분석하기 위해 그들의 모든 오감을 사용한다.

distribution
[dìstribjú:ʃən]

n. 분배, 분포

- 우리나라 꽃인 무궁화나무인 this(이) tree(나무)를 전국에 **부으션**(부으셔), 즉 **분배, 분포**
- distribute 분배하다, 나누어 주다
- Some magazines are distributed only by subscription.
  몇몇 잡지들은 단지 구독에 의해 배포된다.

contribution
[(미) kàntribjú:ʃən]
[(영) kòntribjú:ʃən]

n. 공헌, 기부, 기부금

- country(나라)에 기부금을 **부으션**(부으셔), 즉 **공헌, 기부, 기부금**
- contribute 공헌하다, 기부하다
- The process of writing contributes to "the logicalization of thought."
  글을 쓰는 과정은 '생각의 논리화'를 하는 데 기여한다.

hoop
[hu:p]

n. 둥근 테, (농구의) 링

- 훌라후프(hulahoop)의 **둥근 테, 링**
- The boy slammed the ball through the hoop.
  소년이 농구 골대에 공을 집어넣었다.

enterprise
[éntərpràiz]

n. 기업, 회사, 사업

- 기업 공모전 1등에게 주는 그 **기업, 회사**에 enter(들어가) 취업할 수 있는 prize(상)
- She is a owner of an enterprise. 그녀는 기업의 소유주이다.

devote
[divóut]

v. 헌신하다, (노력·시간 등을) 쏟다

- 배의 엔진이 고장 나자 뒤로 가서 보트를 밀어줄 정도로 자신을 **헌신하다, (노력, 시간 등을) 쏟다**
- devotion 헌신
- Known for his devotion to each of his paintings, Protogenes was an ancient Greek painter.
  각각의 그림들에 대한 헌신으로 유명한 Protogenes은 고대 그리스 화가였다.

maintain
[meintéin]

v. ¹ 유지하다 ² 주장하다

- 줄에 **매인** 깡패 떼들을 감옥 in(안에) 평생 **유지해야** 한다고 **주장하다**
- maintenance 유지, 보존, 정비
- ¹ I want to maintain our good relationship.
  나는 우리의 좋은 관계를 유지하고 싶다.
- ² The company still maintains that the vaccine is safe.
  그 회사는 여전히 백신이 안전하다고 주장한다.

복습	nap	approximate	frontier	analyze	distribution
	contribution	hoop	enterprise	devote	maintain

assault
[əsɔ́:lt]

v. 공격하다, 폭행하다   n. 습격, 폭행

➤ 미사일을 어? 쏠!, 즉 **공격하다**

▣ Some people use physical force to protect themselves from an assault.
일부 사람들은 폭행으로부터 자신을 보호하기 위해 무력을 사용한다.

convention
[kənvénʃən]

n. ¹ 모임, 회의   ² 조약, 협약   ³ 관습, 전통

➤ **컨벤션** 센터에서 1년에 한 번 **모임, 회의**를 하여 **조약**을 맺는 것이 그 부족들의 **관습, 전통**

• conventional 전통적인, 틀에 박힌, 집회의
▣ ¹ the Democratic Party Convention 민주당 전당 대회
² the Geneva convention 제네바 조약
³ ▣ You have to challenge the conventional ways of doing things.
당신은 어떤 것들을 하는 전통적 방식들에 도전해야 한다.

former
[fɔ́:rmər]

a. ¹ 예전의   ² (둘 중) 전자의

➤ 친구의 변한 헤어스타일을 보고 "**예전의** 머리는 퍼머 머리였잖아!"

▣ ¹ the former world champion 전 세계 챔피언
² The former would be much better than the latter.
전자가 후자보다 훨씬 더 좋을 것이다.

fever
[fí:vər]

n. 열, 열병

➤ **열, 열병**으로 쓰러진 환자는 빨리 태양을 **피**하고 물을 **뭐!**(부어!)

▣ Steve has a fever.
Steve는 열이 있다.

orphan
[ɔ́:rfən]

n. 고아

➤ 돌봐줄 부모 없이 혼자 살림하고 **옷을 빤**(빨다) **고아**

• orphanage 고아원
▣ I have sympathy for the orphan.
나는 그 고아에게 동정심을 갖고 있다.

populous
[ⓜ pápjuləs]
[ⓔ pɔ́pjuləs]

a. 인구가 많은

➤ **popular**(유명한) 식당이라 이용하는 **인구가 많은**

• population 인구, 전체 주민
• populate 살다, 거주하다
▣ China is the world's most populous country.
중국은 세계에서 가장 인구가 많은 나라이다.

mean
[miːn]

¹ v. ~을 의미하다 ² a. 비열한, 못된 ³ a. 인색한

🍃 밥 좀 달라는 거지를 문 밖으로 민 비열한, 못된, 인색한 사람

¹ That was a mean trick! 그건 못된 속임수였어!
² She gets mean when she doesn't get her way.
그녀는 자기 뜻대로 되지 않으면 못되게 굴어요.
³ My mom has always been mean with compliments.
우리 엄마는 항상 칭찬에 인색하셨다.

means
[miːnz]

n. ¹ 수단, 방법 ² 재산, 부

🍃 미인s(미인들)이 그 미를 수단, 방법으로 해서 배우나 모델 등을 해서 얻은 재산, 부

¹ All ages have had a means of sharing information.
모든 시대의 사람들은 정보를 공유하는 수단을 가지고 있었다.
² Try to live within your means.
당신의 재력 내에서 생활하려고 노력하세요.

by means of
~에 의하여

[by(~에 의해) + means(수단, 방법) + of(~의)] ~의 수단에 의해, 즉 ~에 의하여

Insects propagate themselves by means of eggs.
곤충은 알을 통해 번식한다.

by all means
반드시

[by(~에 의해) + all(모든) + means(수단, 방법)] 모든 수단에 의해, 즉 반드시

Come and see me by all means.
무슨 일이 있어도 나를 보러 오세요.

by no means
결코 ~않다

[by(~에 의해) + no(어떠한 ~도 않다) + means(수단, 방법)] 어떠한 수단에 의해서도 ~않다, 즉 결코 ~않다

She is by no means poor.
그녀는 결코 가난하지 않다.

복습				
assault	convention	former	fever	orphan
populous	mean	means	by means of	by all means
by no means				

Lecture 33

obstruct
[əbstrʌ́kt]

v. 방해하다, 가로막다

- 도로에서 앞's(앞의) 트럭이 다른 차량을 가로막다, 방해하다
- obstruction 방해, 장애, 방해물
- The man in front was obstructing my view of the stage.
  앞에 있는 남자가 시야를 가려 무대가 잘 안 보였다.

snap
[snæp]

v. 덥석 물다, 딱 부러뜨리다, (찰칵, 탁) 소리 내다

- 개가 스낵을 덥석 물다, 딱 부러뜨리다, 탁 소리 내다
- ¹ A big fish snaped at the bait.
  한 큰 물고기가 미끼를 덥석 물었다.
- ² The box snapped open.
  상자가 탁 열렸다.

덥석 물다
딱 부러뜨리다

broadcast
[(미)brɔ́:dkæst]
[(영)brɔ́:dkɑ̀:st]

v. 방송하다

- 전국 broad(넓은) 지역으로 방송전파를 cast(던지다), 즉 방송하다
- The speech will be broadcast nationally.
  이 연설은 전국적으로 방송될 것이다.

glacier
[(미)gléiʃər (영)glǽsjə]

n. 빙하

- 빙하는 마치 투명하고 빛나는 크리스탈 glass여(잔이여).
- glacial 빙하의
- A glacier is a huge mass of ice which moves very slowly.
  빙하는 매우 천천히 움직이는 거대한 얼음 덩어리이다.

spear
[spiər]

n. 창, 투창

- 창에 슉 찔려서 나는 피여!
- a fish spear 작살

prompt
[(미)prɑːmpt (영)prɔmpt]

¹ a. 신속한 ² v. 자극하다, 촉발하다

- 지금 from(부터)라도 빨리 해야지! - 시험이 하루 남았다는 사실이 즉각적인, 신속한 공부를 자극하다, 촉발하다
- ¹ a prompt reply 신속한 답변
- ² Brains prompt us to overlook dangers without thinking rationally.
  뇌는 우리가 이성적으로 생각하지 않고 위험들을 간과하도록 자극한다.

fraud
[frɔːd]

n. 사기, 사기꾼

- 수갑을 풀고 탈출하는 마술은 사실은 미리 수갑을 풀어두고서 푸는 척만 하는 사기, 사기꾼
- He is a fraud. 그는 사기꾼이다.

trigger
[trígər]

¹ n. 방아쇠 v. 발사하다 ² v. 촉발시키다

- tree(나무)에 고무줄을 걸어 **방아쇠**를 당겨 이웃과 전쟁을 **촉발시키다**
- The terror last week triggered the war.
  지난주 테러가 전쟁을 촉발시켰다.

grab
[græb]

v. 붙들다, 움켜쥐다

- 그 wrap(랩)이 배달음식이 흐르지 않게 꽉 **붙들다, 움켜쥐다**
- He grabbed my collar and pulled me towards him.
  그가 내 옷깃을 움켜쥐더니 자기 쪽으로 나를 끌어당겼다.

lord
[lɔːrd]

n. 지배자, 주인

- 자기보다 계급이 lower(더 낮은) 부하를 밑에 두고 있는 **지배자, 주인**
- You are my lord.
  당신은 나의 주인이십니다.

복습	obstruct	snap	broadcast	glacier	spear
	prompt	fraud	trigger	grab	lord

agriculture
[ǽgrikʌ̀ltʃər]

n. 농업, 농사

- 애가 그리(그렇게) 벼를 칼로 쳐서 추수하는 **농업, 농사**
- agricultural 농업의
- Agriculture will continue to develop.
  농업은 계속하여 발전할 것이다.

grave
[greiv]

¹ n. 무덤 ² a. 심각한

- grave(무덤) 앞에서 사람들 표정이 **심각한**
- gravely 진지하게, 엄숙하게
- ¹ What words do you want to leave on your grave stone?
  당신의 묘비에 어떤 말을 남기고 싶나요?
  ² He expressed grave concern at smoking.
  그는 흡연에 심각한 우려를 표명했다.

facile
[⑪fǽsl ⑲fǽsail]

a. 손쉬운, 편리한

- 한 장씩 빼서 쓸 수 있는 곽 휴지가 두루마리 휴지보다 쓰기에 **손쉬운, 편리한**
- facility 편의, 편의 시설
- facilitate (일을) 용이하게 하다
- ¹ The group found a facile method to build a rocket.
  그 그룹은 로켓을 만드는 쉬운 방법을 찾아냈다.
  ² shopping facilities 쇼핑 편의 시설

fragrant
[fréigrənt]

a. 향기 나는, 향기로운

🔎 풀에서 그런 투로 풀 **향기가 나는**

- fragrance 향기
- fragrant flowers 향기로운 꽃들

portion
[pɔ́ːrʃən]

n. 일부, 부분, 몫

🔎 ¹ [포션 → 퍼션] 일꾼에게 쌀을 **퍼션**(퍼셔), 즉 **일부**를 **몫**으로 주다
² [**port**(part를 뜻하는 어근) + **ion**(명·어)] 일부, 부분, 몫

- She did her portion. 그녀는 자신의 몫을 했다.

proportion
[prəpɔ́ːrʃən]

n. 비율, 부분, 균형

🔎 [프러포션 → 프로(%) 퍼션] 주인이 하인들에게 일의 실적이 몇 **프로**인지 **비율**에 맞게 그 몫으로 쌀을 **퍼션**(퍼주셔).

- in proportion to ~에 비례하여
- disproportionate 균형이 맞지 않는
- the proportion of the expenditure to the income 수입에 대한 지출의 비율

shrink
[ʃriŋk]

v. 움츠러들다, 오그라들다 (shrink - shrunk〔shrank〕 - shrunken〔shrunk〕)

🔎 **시린** 손을 무릎 사이에 넣고 추워서 "크으~" 하며 몸이 잔뜩 **움츠러들다, 오그라들다**

- I think T-shirts shrunk a little. 내 생각에는 티셔츠가 좀 줄어든 것 같다.

shield
[ʃiːld]

n. 방패 v. 방패로 막다

🔎 스파이더맨이 쳐놓은 거미줄 **실두**(실도) 로켓을 막아주는 **방패**

- The soldier used a tree as a shield.
  그 군인은 나무를 방패로 삼았다.

ease
[iːz]

¹ n. 쉬움 ² n. 편안함 v. (마음을) 편하게 하다, (고통·걱정 등을) 덜어주다

🔎 ¹ "내게 잘못한 건 다 **잊으**(잊어!)" 하고 친구가 **마음을 편하게 하다**, 고통을 **덜어주다**
² [**easy**(쉬운, 편안한)의 명사형] 쉬움, 편안함

- unease 불안, 걱정
- The aspirins eased my headache. 아스피린이 두통을 가라앉혔다.

contract
n. [kántrækt]
v. [kəntrǽkt]

¹ n. 계약 v. 계약하다 ² v. 줄어들다, 수축시키다 ³ v. (질병 등이) 걸리다

🔎 "**권투**시합을 **act!**(하겠습니다!)"라고 **계약**하고 체중을 감량하여 몸이 **줄어들다**, 과도한 체중감량으로 **병에 걸리다**

- ¹ All recruiters need to fill out a contract.
  모든 인사담당자는 계약서를 작성해야 합니다.
- ² The market contracted during the pandemic.
  시장은 코로나 대유행 기간 동안 위축되었다.
- ³ During his stay in Egypt he contracted a strange illness.
  이집트에 머무는 동안 그는 이상한 질병에 걸렸다.

복습	agriculture	grave	facile	fragrant	portion
	proportion	shrink	shield	ease	contract

swift
[swift]

a. 신속한, 빠른

- 아파트에 화재가 나자 문 앞의 **수위부터 신속한, 빠른** 탈출
- swiftly 신속히, 빨리
- a swift response 신속한 반응

disturb
[distə́:rb]

v. 방해하다, 불안하게 하다

- 보디가드가 **뒤**에 있는 **스타**에게 접근하면 "**不**(부!)(안 돼!)" 하며 접근을 **방해하다**, 무섭게 막아 **불안하게 하다**
- Nothing disturbed the stillness of the lake.
  호수의 고요함을 방해하는 것은 아무것도 없었다.

neutral
[njú:trəl]

a. 중립적인, 중간의, 중성의

- TV 채널을 갖고 동생들이 싸울 때 나는 **누**가 어떤 채널을 **틀어**도 상관없는, 즉 **중립적인, 중간의**
- neutralize 중립시키다, 중화하다
- Mediation involves adopting a neutral role.
  중재는 중간적 역할을 수용하는 것을 포함한다.

modify
[⑩ mádəfài, mádifài]
[⑮ módəfài]

v. 수정하다, 변경하다

- **마더**(엄마)가 오늘 간식을 치킨에서 (애플)**파이**로 **수정하다, 변경하다**
- The union has been forced to modify its position.
  노조는 입장을 수정하라는 압력을 받아오고 있다.

shift
[ʃift]

v. 이동시키다, 바꾸다 n. 이동, 변화

- 컴퓨터의 **쉬프트** 키로 커서를 **이동시키다**, 소문자를 대문자로 **바꾸다**
- Help me shift the sofa away from the fire.
  불에서 멀리 소파를 옮기는 것을 도와주세요.

administer
[ədmínistər]

v. 경영하다, 관리하다

- 부모에게 편의점을 **얻으**(얻어) 그 **미니스톱**을 **경영하다, 관리하다**
- administration 경영, 관리, 행정
- administrator 관리자, 행정관
- Smith administered the students' academic affairs.
  Smith는 학생들의 학사 행정을 관리했다.

accomplish
[@ əkάmpliʃ]
[@ əkɔ́mpliʃ]

v. 완수하다, 성취하다

- 숙제를 어! 컴(퓨터)로 풀리, she(그녀가). 즉, 숙제를 **완수하다, 성취하다**
- accomplished 완성된, 숙달된, 뛰어난
- The trainee accomplished his mission.
  수습직원은 그의 미션을 완수했다.

anticipate
[æntísəpèit]

v. 기대하다, 예상하다

- 봉사활동을 하면서 anti(안티) 목록에서 빼주길 **기대하다, 예상하다**
- The excellent Christmas season we've anticipated has begun.
  우리가 기대해온 멋진 크리스마스 시즌이 시작되었다.

accompany ❶
[əkʌ́mpəni]

v. 동행하다, 동반하다

- 어! 친구와 company(회사)가 같은 방향이라 **동행하다, 동반하다**
- accompanying 수반하는, 첨부한, 동봉한
- Fourier and other scholars accompanied the expedition.
  Fourier와 다른 학자들은 그 탐험에 동행했다.

accompany ❷
[əkʌ́mpəni]

v. 반주하다

- 노래에 accompany(동반하여) **반주하다**
- Janet accompanied on the piano for her old friend's recital.
  Janet은 옛 친구의 독주회를 위해 피아노 반주를 했다.

복습					
	swift	disturb	neutral	modify	shift
	administer	accomplish	anticipate	accompany¹	accompany²

경쌤's TIP

진짜 공부를 하세요!

공부는 거짓말을 하지 않습니다.
10분을 하더라도 집중해서 하세요.
보여주기 위해 책상에 그저 머물러있기보다는
여러분 미래를 위한 진짜 재미난 공부를 하세요!

Lecture 34

exhibit
[igzíbit]

v. 전시하다, 보이다

- 민속촌에 조선시대의 이 그지(거지) 인형을 빛으로 비춰 전시하다, 보이다
- exhibition 전시, 전시회
- The exhibition is free to all.
  그 전시회는 모두에게 무료이다.

extreme
[ikstrí:m]

a. 극도의, 지나친

- 익스트림 스포츠란 극도의, 지나친 스릴을 맛보는 스포츠
- extremely 매우, 극도로
- I'm afraid that may be too extreme an approach.
  나는 그것이 너무나 극단적인 접근 방법이지 않을까 염려가 된다.

section
[sékʃən]

n. (나누어진) 한 부분, 부문

- 수박이 셋으로 션(시원)하게 나누어진 한 부분
- sector 부문, 분야
- ¹ the news in the sports section 스포츠란에 있는 뉴스
  ² The oil industry is a key sector in the country's economy.
  석유 산업은 그 나라 경제의 핵심 분야이다.

remark
[rimá:rk]

n. 말, 논평 v. 말하다, 논평하다

- 니가 말을 크게 하여 말하다, 논평하다
- He is a famous for his remarks.
  그는 논평으로 유명하다.

말하다, 논평하다

referee
[rèfərí:]

n. 심판원 v. 심판하다

- 오디션에서 랩퍼의 노래를 이(2)점으로 심판원이 심판하다
- The referee blew the whistle. 심판이 호루라기를 불었다.

asset
[æset]

n. 재산, 자산

- ¹ 옛말에 자식이 재산이란 말이 있듯이 애 셋이 재산
  ² 증권 회사인 '미래 애셋'은 미래의 재산이란 뜻
- Common sense aside, the most important asset in business is a sense of humor. 상식을 제외하고 사업에 있어 가장 중요한 자산은 유머감각이다.

selection
[silékʃən]

n. 선택, 선발

- A, B, C 중에서 씰(C를) 골라 냈셔(냈어), 즉 C를 선택, 선발
- select 선택하다, 선발하다
- At first, I selected a song. 먼저, 나는 노래를 골랐다.

mandatory
[미] [mǽndətɔ̀:ri]
[영] [mǽndətəri]

a. 의무적인, 강제적인

- 해병대 man도(남자도) 머리털이 나면 빡빡 깎는 것이 의무적인, 강제적인
- Tuition is mandatory for all students.
  학비는 모든 학생들에게 필수다.

diminish
[dimíniʃ]

v. 줄어들다, 감소하다

- 가스가 찬 배를 뒤로 미니 쉬~ 하고 방귀가 나오며 배가 줄어들다, 가스가 감소하다
- Food diminished as time went by.
  시간이 지날수록 식량은 줄어들었다.

minute
n. [mínit]
a. [mainjú:t]

¹ n. 분 ² a. 미세한, 아주 작은

- minute(1분)은 우리 인생에서 아주 작은, 미세한 시간
- minute differences 미세한 차이

복습	exhibit	extreme	section	remark	referee
	asset	selection	mandatory	diminish	minute

sigh
[sai]

v. 한숨 쉬다 n. 한숨

- 쌓이는 설거지 거리를 보고 "근심이 쌓인다 쌓이!" 하고 한숨 쉬다
- "Okay, Mommy," he sighed.
  "알았어요, 엄마" 하고 그가 한숨을 쉬었다.

weird
[wiərd]

a. 신비스러운, 기묘한, 이상한

- 대낮에 위의 하늘이 어두워지는, 즉 이상한, 기묘한
- He has shown weird behavior since his parents died.
  그는 부모님이 돌아가신 이후로 이상한 행동을 보여왔다.

inquire
[inkwáiər]

v. 묻다, 질문하다

- "잉카요? 잉카 문명이 뭐예요?"라고 묻다, 질문하다
- inquiry 문의, 질문
- "How much is a dish of plain ice cream?" he inquired.
  "플레인 아이스크림 한 접시가 얼마입니까?"라고 그는 물었다.

estate
[istéit]

n. 재산, 부동산

- 한 갑부가 미국 지도를 가져와 "이 스테이트(주)에 있는 땅이 모두 우리 재산, 부동산이야."
- real estate 부동산
- As real estate prices rose, many of their neighbors sold their homes and lots.
  부동산 가격들이 오르자, 그들의 많은 이웃들은 그들의 집과 땅을 팔았다.

estimation
[èstiméiʃən]

n. 평가, 판단

- 송아지에게 S자가 쓰인 띠를 목에 매셔. 즉, S등급으로 평가, 판단
- estimate 평가하다, 판단하다
- overestimate 과대평가하다

¹ I estimate my loss at a thousand dollars.
나는 손해액을 천 달러로 보고 있다.

² People who watch a lot of news on television overestimate the threats to their well-being.
TV 뉴스를 많이 보는 사람들은 자신들의 안녕에 대한 위협들을 과대평가한다.

entry
[éntri]

n. ¹ 입장 ² 참가 ³ 참가작, 출품작

- 미술대회장으로 enter(들어가다), 즉 입장, 참가, 참가작

¹ no entry without a tie 넥타이 없이는 입장 불가
² Pay your team's $100 entry fee as a donation.
기부로서 당신 팀의 100달러 참가비를 지불하세요.
³ Entries are limited to two per contestant.
참가자 1인당 2개의 출품작으로 제한됩니다.

strategy
[strǽtədʒi]

n. 전술, 전략

- 지뢰를 설치하여 수풀에서 터지도록 하는 전술, 전략
- strategic 전략상의

Our new marketing strategy doesn't seem to be having much effect on sales.
우리의 새로운 마케팅 전략이 매출에는 그다지 큰 영향을 주지 못하는 것 같다.

surrender
[səréndər]

v. 항복하다, 포기하다 n. 항복, 포기

- 적군이 두 손을 들고 총도 버릴 테니 쏠래면 쏘랜다, 즉 항복하다, 포기하다

We shall never surrender.
우리는 결코 항복하지 않을 것이다.

eliminate
[ilímineit]

v. 제거하다

- 지우개 찌꺼기를 책상 밖 일리(이리로) 미내(밀다). 그렇게 제거하다
- elimination 제거

I was told to eliminate the obstacle.
나는 장애물을 제거하라고 명령받았다.

pile
[pail]

v. 쌓다, 쌓이다 n. 쌓아올린 더미

- 서류 파일을 책상 위에 쌓다, 쌓아올린 더미

Their counter piled high with clothes.
그들의 카운터에는 옷이 산더미같이 쌓여 있었다.

복습	sigh	weird	inquire	estate	estimation
	entry	strategy	surrender	eliminate	pile

peril
[pérəl]

n. 위험

- 담배는 폐를 위험하게 만든다.
- perilous 위험한, 모험적인
- the perils of smoking 흡연의 위험

constrain
[kənstréin]

v. 강제하다, 제약하다

- 독일군들이 큰 수의 유태인들을 train(기차)에 강제로 태워 가두다, 즉 강제하다, 제약하다
- constraint 강제, 제약
- Stanley constrained students from ruining around.
  Stanley는 학생들이 뛰어다니는 것을 제지했다.

diagram
[dáiəgræm]

n. 도표, 도형

- 다이아의 크기에 따라 몇 그램인지 나타낸 도표, 도형
- Documents and diagrams can be scanned into the computer.
  문서와 도표를 컴퓨터에 스캔해서 넣을 수 있다.

weep
[wi:p]

v. 울다, 눈물을 흘리다 (weep - wept - wept)

- ¹ 하늘을 보며 위로 입을 벌리고 울다
- ² 휴대폰이 위~~입 하고 진동으로 울다
- Her eyes were red with weeping.
  그녀는 울어서 눈이 빨갰다.

위로 입을 벌리고 울다
weep

strip
[strip]

v. (옷·껍질 등을) 벗기다, 뜯어내다

- 돈이 없는 나라에서 국민들이 입고 있는 옷이라도 수출하려고 입고 있는 옷을 벗기다
- He striped off the skin of a banana.
  그가 바나나 껍질을 벗겼다.

textile
[tékstail]

n. 직물, 섬유

- 택! 하고 털면 바로 원래 스타일로 되돌아오는 구김 방지 직물, 섬유
- They are the leading companies in the textile manufacturing industry.
  그들은 섬유 제조업의 선두 기업들이다.

yawn
[jɔ:n]

v. 하품하다

- 입을 크게 연, 즉 하품하다
- Do not yawn. 하품하지 마.

입을 크게 연
yawn
하품하다

flexible
[fléksibl, fléksəbl]

a. 구부리기 쉬운, 융통성 있는

- 껌 종이를 풀래! 그리고 껌을 구부려 씹을. 껌은 구부리기 쉬운, 즉 융통성 있는
- inflexible 굽히지 않는, 확고한
- [1] a complex process to become strong and flexible paper
  강하고 유연한 종이가 되기 위한 복잡한 과정
- [2] You need to be more flexible in your approach.
  당신은 접근방법에 있어 더 융통성이 있을 필요가 있다.

geology
[미 dʒiálədʒi]
[영 dʒiólədʒi]

n. 지질학

- 地(땅 지)에 대한 ology(학문을 뜻하는 접미어), 즉 지질학
- I major in geology.
  나는 지질학을 전공한다.

modesty
[미 mádəsti]
[영 módəsti]

n. 겸손, 수수함, 평범함

- 내 학원비 때문에 알뜰한 mother's 티(셔츠)는 화려하지 않고 겸손, 수수함, 평범함
- modest 겸손한, 수수한, 평범한
- Professor Wilson was very modest about the success of his research.
  Wilson 교수는 그의 연구의 성공에 대해 매우 겸손했다.

복습				
peril	constrain	diagram	weep	strip
textile	yawn	flexible	geology	modesty

Lecture 35

timely
[táimli]

a. 시기적절한

- time(시간)이 적절한, 즉 시기적절한
- The company avoided bankruptcy with the timely arrival of the check.
  그 회사는 적시에 도착한 수표로 파산을 면했다.

nowadays
[náuədèiz]

ad. 오늘날, 요즘

- now(현재) a days(날들), 즉 오늘날
- Everyone is busy nowadays. 요즘에는 모두가 바쁘다.

fame
[feim]

n. 명성

- [famous(유명한)의 명사형] 명성
- famous 유명한
- Celebrities need to bear the weight of fame.
  유명인사들은 그 명성의 무게를 버텨야 한다.

closely
[klóusli]

ad. ¹ 바싹, 가까이 ² 면밀히, 주의 깊게

- [close(가까운) + ly(부·어)] 어떤 것을 가까이 보다, 즉 면밀히, 주의 깊게 보다
- ¹ The woman followed him closely. 그 여자는 그를 바싹 뒤쫓았다.
- ² I didn't really listen closely. 나는 정말로 주의 깊게 듣지 않았다.

cause
[kɔːz]

n. 원인, 이유 v. 초래하다, …로 하여금 ~하게 하다

- (be)cause(~ 때문에), 즉 원인, 이유, 초래하다
- ¹ cause and effect 원인과 결과
- ² The use of detergent to clean the fruit can also cause additional water pollution.
  과일을 씻을 때 사용하는 세제 또한 부가적인 수질오염을 일으킬 수 있다.
- ³ The cold weather caused the plants to die.
  추운 날씨로 식물들이 죽었다.

habitual
[həbítʃuəl]

a. 습관적인, 상습적인

- [habit(습관) + ual(형·어)] 습관적인, 상습적인
- a habitual criminal 상습범

finance
[fináens, fáinæns]

n. 재정, 자금

- 파이낸스 회사란 재정이나 자금과 같이 돈을 관리하는 금융 회사
- financial 재정상의, 금융상의
- They have no political or financial power.
  그들은 어떠한 정치적, 재정적 힘도 갖고 있지 않다.

festive
[féstiv]

a. 축제의, 즐거운

➥ festival(페스티벌, 잔치, 축제)의 형용사형

📖 Today's stock market had festive mood. 오늘의 주식장은 축제 분위기였다.

lessen
[lésn]

v. 줄이다, 줄다

➥ [less(더 적은) + en(동사를 만들어주는 어미)] 더 적어지게 하다, 즉 **줄이다, 줄다**

📖 Fiber also helps to lessen calorie intake.
식이섬유는 또한 칼로리 섭취를 줄이는 데에 도움을 준다.

liven
[láivən]

v. 활기를 띠게 하다

➥ [live(살아있는, 활기 있는) + en(동·어)] **활기를 띠게 하다**

- enliven 활기를 띠게 하다

📖 The music livens the mood of the hospital. 그 음악은 병원의 분위기를 살린다.

lengthen
[léŋkθən]

v. 길어지다, 길게 하다

➥ [length(길이) + en(동·어)] 길이를 **길게 하다**

📖 Margot needs to lengthen her skirt. Margot는 그녀의 치마 길이를 늘여야 한다.

복습

timely	nowadays	fame	closely	cause
habitual	finance	festive	lessen	liven
lengthen				

---

fishery
[fíʃəri]

n. 어업, 수산업, 어장

➥ fish(물고기)를 잡는 산업, 즉 **어업**

📖 He works in fishery. 그는 수산업 종사자이다.

fruitless
[frú:tlis]

a. 결실 없는, 무익한

➥ [fruit(과일) + less(~이 없는)] 과일을 맺지 못한, 즉 **결실 없는, 무익한**

📖 fruitless efforts 결실 없는 노력들

helpless
[hélplis]

a. 무력한, 감당할 수 없는

➥ [help(도움) + less(~이 없는)] 도움 없이 혼자서는 **무력한, 감당할 수 없는**

- useless 쓸모없는
- speechless (충격, 화 등으로) 말이 안 나오는
- careless 부주의한

📖 a helpless orphan 의지할 곳 없는 고아

groundless
[gráundlis]

a. 근거 없는

➥ [ground(땅, 근거) + less(~이 없는)] **근거 없는**

📖 Don't believe groundless rumors. 근거 없는 소문들을 믿지 마라.

selfless
[sélflis]

a. 사심 없는, 이타적인

- [self(자기 자신) + less(~이 없는)] 자기는 없고 다른 사람만 있는, 즉 **사심 없는, 이타적인**
- Whatever their type, heroes are selfless people who perform extraordinary acts.
  영웅들은 어떠한 타입이든지 비범한 일을 해내는 이타적인 사람들이다.

mindless
[máindlis]

a. 아무 생각이 없는

- [mind(마음) + less(~이 없는)] **아무 생각이 없는**
- mindlessly 아무 생각 없이, 부주의하게
- Her mother had mindlessly followed this routine.
  그녀의 어머니는 아무 생각 없이 이러한 과정을 따라왔었다.

mindful
[máindfəl]

a. ~을 염두에 두는, 마음에 두는

- [mind(마음) + ful(형·어)] 마음에 담아 주의하는, 즉 **~을 염두에 두는, 마음에 두는**
- One needs to be mindful of public responsibilities as a part of community.
  공동체의 한 부분으로서 공공의 책임을 염두에 둘 필요가 있다.

zoology
[zouálədʒi, zuálədʒi]

n. 동물학

- [zoo(동물원) + logy('~학, ~론'을 뜻하는 접미어)] **동물학**
- Employees of this zoo have degrees in Zoology.
  이 동물원 직원들은 동물학 학위를 가지고 있다.

psychology
[(미)saikálədʒi]
[(영)saikɔ́lədʒi]

n. 심리학

- [psycho(mind를 뜻하는 접두어) + logy('학문, 학설'을 뜻하는 접미어)] **심리학**
- psychological 심리학의, 심리적인
- psychologist 심리학자
- The psychology professor is new to the school.
  그 심리학 교수는 신입 교수다.

sociology
[(미)sòusiálədʒi]
[(영)sòusiɔ́lədʒi]

n. 사회학

- [social(사회의) + ology(학문)] **사회학**
- Weber is the father of Sociology.
  베버는 사회학의 아버지이다.

room
[ru:m]

n. ¹ 방 ² 공간, 자리 ³ 여지, 기회

- room(방) → 공간, 자리 → 어떤 일이 발생할 수 있는 공간, 즉 **여지**
- make room for ~에게 자리를 양보하다
- ¹ We made room for the old lady.
  우리는 그 노부인에게 자리를 내주었다.
- ² There is no room for argument on that point.
  그 점에 관해서는 논쟁의 여지가 없다.

| 복습 | fishery
mindless
room | fruitless
mindful | helpless
zoology | groundless
psychology | selfless
sociology |

standpoint
[stǽndpòint]

n. 관점, 견해

- 상황을 바라보는 **stand**(서 있는) **point**(지점), 즉 **관점, 견해**
- From a technical standpoint, this is a great advantage.
  기술적 견지에서 보면 이것은 대단한 이점이다.

weigh
[wei]

v. 무게가 나가다, 무게를 재다, 저울질하다

- **weight**(무게)의 동사형
- I weighed the benefits and risks of the plan.
  나는 그 계획의 이득과 위험성을 저울질했다.

nationwide
[néiʃənwàid]

a. 전국적인

- [**nation**(나라) + **wide**(넓은)] 나라 넓이만큼의, 즉 **전국적인**
- a nationwide survey 전국적인 조사

native
[néitiv]

a. 출생지의, 토착의

- 네이티브 스피커(native speaker)는 그 언어를 사용하는 원어민, 즉 **출생지의, 토착의** 사람
- natal 출생의, 태어난
- [1] native speakers of English 영어를 모국어로 쓰는 사람
  [2] Females mature in their natal area. 암컷은 태어난 곳에서 자란다.

heartfelt
[hɑ́ːrtfelt]

a. 진심에서 우러난

- [**heart**(마음) + **felt**(느껴진)] **진심에서 우러난**
- Once a week, write a heartfelt letter. 일주일에 한 번씩 진심어린 편지를 써라.

bleed
[bliːd]

v. 피를 흘리다

- [**blood**(피, 혈액)의 동사형] **피를 흘리다**
- He was bleeding. 그는 피를 흘리고 있었다.

paycheck
[péitʃèk]

n. 급료(지불 수표)

- [**pay**(급료) + **check**(수표)] **급료(지불 수표)**
- I've got my paycheck today. 오늘 급여를 받았다.

motivate
[móutəvèit, móutivèit]

v. 동기를 부여하다

- [**motive**(동기, 모티브)의 동사형] **동기를 부여하다**
- The teacher motivated her students to study.
  그 선생님은 자신의 학생들이 공부하도록 동기를 부여했다.

book
[buk]

¹ n. 책 ² v. 예약하다

- ¹ 인기가 높은 **book**(책)을 미리 사기로 **예약하다**
  ² [부킹] 부킹닷컴, 부킹하다 등의 부킹(booking)에서 **book**은 **예약하다**
- booking 예약
- She'd booked a table for four at their favorite restaurant.
  그녀는 그들이 가장 좋아하는 식당에 4명을 위한 자리를 예약했다.

livelihood
[láivlihùd]

n. 살림, 생계

- [live(살다) + li + hood(~상태)] 살아가는 것, 즉 **살림, 생계**
- The company tried to destroy the livelihood of small retailers.
  그 회사는 영세 소매업자들의 생계를 파괴하려고 했다.

likewise
[láikwàiz]

ad. 마찬가지로

- [like(~같이) + wise(~방법)] 같은 방법으로, 즉 **마찬가지로**
- She is likewise the fan of the movie.
  그녀는 마찬가지로 그 영화의 팬이다.

복습					
	standpoint	weigh	nationwide	native	heartfelt
	bleed	paycheck	motivate	book	livelihood
	likewise				

경쌤's TIP

축하합니다.

여러분은 경선식 토플영단어 기본 35강까지 완성하였습니다.

반드시 지켜야 하는 가장 효과적인 복습 방법(5page)을 확인 후 확실하게 복습하세요.

Lecture 36

gigantic
[dʒaigǽntik]

a. 거인 같은, 거대한

- [giant(거인)의 형용사형] 거인 같은, 거대한
- This place is gigantic!
  여기는 아주 넓어요!

seemingly
[síːmiŋli]

ad. 외견상으로, 겉보기에는

- [seem(~처럼 보이다) + ing(형·어) + ly(부·어)] 외견상으로, 겉보기에는
- The problem seemingly looked obvious.
  그 문제는 겉보기에는 분명해 보였다.

selfish
[sélfiʃ]

a. 이기적인

- [self(자기 자신) + ish(형·어)] 이기적인
- You are being selfish now.
  너는 지금 이기적으로 굴고 있어.

practicable
[prǽktikəbl]

a. 실행 가능한

- [practice(실행하다) + able(~할 수 있는)] 실행 가능한
- practice 실행, 연습; 실행하다, 연습하다
- practical 실제의, 실용적인
- ¹ That is a practicable suggestion.
  그것은 실행 가능한 제안이다.
  ² We must consider practical problems first.
  우리는 우선 실제적인 문제를 고려해야 한다.

aroma
[əróumə]

n. 향기

- 아로마 오일, 아로마 마사지에서 아로마는 향기
- aromatic 향기로운
- an aromatic perfume 향기로운 향수

deadly
[dédli]

¹ a. 치명적인 ² ad. 몹시, 대단히

- [dead(죽은) + ly(부·어)] 죽을 정도로, 즉 몹시, 치명적인
- ¹ a deadly weapon 치명적인 무기
  ² She is deadly serious. 그녀는 매우 심각하다.

evergreen
[évərgrìːn]

n. 상록수

- ever(언제나) green(녹색의) 상록수
- an evergreen forest 상록수림

excel
[iksél]

v. 능가하다, 뛰어나다

➤ [excellent(아주 훌륭한)의 동사형] 능가하다, 뛰어나다

Students need to excel on their aptitude tests.
학생들은 그들의 적성검사에서 우수한 성적을 낼 필요가 있다.

widespread
[wáidsprèd]

a. 넓게 펼쳐진, 광범위한

➤ [wide(넓은) + spread(펴다, 펼치다)] 넓게 펼쳐진, 광범위한

American culture is widespread in the world.
미국 문화는 전 세계에 만연하다.

generalize
[dʒénərəlàiz]

v. 일반화하다

➤ [general(일반적인) + ize(동·어)] 일반화하다

- generalization 일반화
- generally 대개, 일반적으로

It is not right to generalize the matter from a single occasion.
한 번으로 그 문제를 일반화하는 것은 옳지 않다.

work
[wəːrk]

¹n. 일 v. 일하다 ²v. 연구하다, 공부하다 ³v. 작동하다 ⁴v. 효과가 있다 ⁵n. 작품

➤ ¹ 학생이나 교수들이 일하다 → 연구하다, 공부하다
² 기계가 일을 하다 → 작동하다
³ 약이나 어떤 방법 등이 그것의 맡은 일을 해내다 → 효과가 있다
⁴ 일을 하여 만들어 놓은 것 → 작품

¹ I don't know how the brain works. 나는 두뇌가 어떻게 작용하는지 모른다.
² Will this method work? 이 방법이 효과가 있을까요?
³ That is a work of art. 그것은 예술 작품이다.

복습

gigantic	seemingly	selfish	practicable	aroma
deadly	evergreen	excel	widespread	generalize
work				

---

statesman
[stéitsmən]

n. 정치가

➤ states(미국의 주들)을 대표하는 man(사람), 즉 정치가

an elder statesman (정계의) 원로

common sense 상식

➤ [common(보통의) + sense(센스, 분별력)] 보편적인 분별력, 즉 상식

- commonsense 상식적인, 상식의

A man of common sense would not do such a foolish thing.
상식 있는 사람이라면 그런 어리석은 짓은 하지 않을 것이다.

imperial
[impíəriəl]

a. 황제의, 제국의

- 아이스크림, 분유 등의 상표 **임페리얼**은 **황제의** 물품과도 같이 고급스럽다는 의미
- There have been much gossips about the imperial family.
  황실에 대한 많은 소문이 있었다.

specialize
[spéʃəlàiz]

v. 전문으로 하다, 전공하다

- [special(특별한) + ize(동·어)] 자신만의 특별한 것으로 만들다, 즉 **전문으로 하다, 전공하다**
- specialize in ~을 전공하다
- The time for specialized study is in university and graduate school, not earlier.
  전문화된 공부를 하는 시기는 대학과 대학원에서이지 그 전이 아니다.

triple
[trípl]

n. 3배 v. 3배로 하다 a. 3중의

- [tri(three를 뜻하는 접두어; triangle 삼각형) + ple(겹, 배)] **3배(겹)로 하다**
- India has almost tripled its food production in the last 30 years.
  인도는 지난 30년간 식량 생산을 거의 3배나 증가시켰다.

worthwhile
[wə̀:rθwáil]

a. 가치 있는, 보람 있는

- worth(가치)가 있는, 즉 **가치 있는, 보람 있는**
- That experience was very worthwhile for them.
  그 경험은 그들에게 매우 가치 있는 것이었다.

beep
[bi:p]

v. 삐 소리를 내다 n. 삐 하는 소리

- 비~입 하는 소리, 즉 **삐 하는 소리, 삐 소리를 내다**
- The computer keeps beeping.
  컴퓨터가 계속 삐 소리를 낸다.

breathtaking
[bréθtèikiŋ]

a. 숨이 멎을 정도의, 깜짝 놀랄 만한

- [breath(숨) + taking(잡는)] **숨이 멎을 정도의, 깜짝 놀랄 만한**
- a breathtaking view 놀라운 광경

intellect
[íntəlèkt]

n. 지성, 지능, 지식인

- [intell(인텔) + ect] 회사 **인텔**은 컴퓨터의 **지능**에 해당하는 cpu 회사
- intellectual 지적인, 지성의
- intelligent 지적인, 총명한
- intelligible 이해할 수 있는, 알기 쉬운
- [1] intellectual development 지적 발달
  [2] The professor looks intelligent.
  그 교수는 지적으로 보인다.
  [3] His lecture was barely intelligible to most of the students.
  그의 강의는 대부분의 학생들이 좀처럼 이해할 수 없었다.

simplify
[símpləfài]

v. 단순화하다

- [simple(단순한) + ify(동·어)] 단순화하다
- The company simplified the work process for all departments.
  회사는 모든 부서의 업무 프로세스를 간소화했습니다.

thereafter
[ðɛəræftər]

ad. 그 후, 그 이래

- [there(거기에, 그 점에서) + after(뒤에)] 그 시점 이후에, 즉 그 후, 그 이래
- She retired and died shortly thereafter.
  그녀는 은퇴했고 그 후 곧 죽었다.

복습	statesman worthwhile thereafter	common sense beep	imperial breathtaking	specialize intellect	triple simplify

partial
[pɑ́ːrʃəl]

a. ¹ 부분적인 ² 편파적인

- 한쪽 part(부분)에만 치우친, 즉 부분적인, 편파적인
- impartial 공평한
- partially 부분적으로, 불공평하게
- ¹ a partial recovery 부분적인 회복
  ² The referee was accused of being partial.
  그 심판은 편파적이라는 비난을 받았다.

ideology
[㊀ àidiɑ́lədʒi]
[㊁ àidióləʤi]

n. 이념, 이데올로기

- 철자상으로 이데올로기
- Our ideology is different.
  우리의 이념은 다르다.

entrant
[éntrənt]

n. 들어오는 사람, 신입 회원, 참가자

- [enter(들어가다) + ant(~하는 사람)] 경기나 모임에 들어오는 사람, 신입 회원, 참가자
- entrance 입장, 입구
- an illegal entrant 불법 입국자

alike
[əláik]

a. 비슷한 ad. 똑같이

- a(형·접) + like(~ 같은)
- These two photographs are almost alike.
  이 두 사진은 거의 비슷하다.

wastebasket
[㊀ wéistbæ̀skit]
[㊁ wéistbɑ̀ːskit]

n. 휴지통

- [waste(쓰레기) + basket(바구니)] 휴지통
- The wastebasket in the office is too small for everyone in the office to share. 사무실 사람들이 모두 공유하기에는 사무실에 있는 휴지통은 너무 작다.

costly
[kɔ́:stli]

a. 값이 비싼, 희생이 큰
- [cost(가격) + ly(형·어)] 값이 비싼, 희생이 큰
- a costly mistake 대가가 큰 실수

namely
[néimli]

ad. 즉, 다시 말하면
- [name(이름) + ly(부·어)] 이름하여 - 즉, 다시 말하면
- I want to talk today about a major threat facing our society, namely AIDS.
  저는 오늘 우리 사회가 당면한 중대 위협, 즉 에이즈에 대해 말씀드리고자 합니다.

promising
[⑪prámisiŋ]
[⑲prɔ́misiŋ]

a. 유망한, 좋을 것 같은
- 미래의 번영을 promise(약속)한 듯한, 즉 유망한, 좋을 것 같은
- a promising young writer 유망한 청년 작가

beloved
[bilʌ́vid, bilʌ́vd]

a. 사랑하는, 소중한
- [be + loved(사랑받는)] 사랑하는, 소중한
- my beloved son 나의 사랑하는 아들

kneel
[ni:l]

v. 무릎을 꿇다 (kneel - knelt - knelt)
- knee(무릎)의 동사형
- They knelt down to pray.
  그들은 기도하기 위해 무릎을 꿇었다.

nursery
[nə́:rsəri]

a. 유아원의, 유치원의
- nurse(간호사, 유모)가 아이들을 돌보아주는 유아원의, 유치원의
- My first nephew attends a nursery school.
  내 첫째 조카는 어린이집에 다닌다.

복습	partial	ideology	entrant	alike	wastebasket
	costly	namely	promising	beloved	kneel
	nursery				

Lecture 37

utmost
[ʌ́tmòust]

a. 최대의, 최고의 n. 최대한도

- 엇! most(최고네)! 즉, **최대의, 최고의**
- Finding an expert is an utmost matter.
  전문가를 찾는 것이 가장 중요한 문제이다.

receipt
[risíːt]

n. 받기, 수령, 영수증

- receive(받다)의 명사형
- You should have the receipt to get a refund.
  환불받기 위해서는 영수증을 가지고 있어야 합니다.

handful
[hǽndfùl]

n. (한) 줌, 소량

- [hand(손) + ful(형·어)] 손의 **한 줌, 소량**
- Only a handful of rice is the harvest's yield.
  겨우 쌀 한 줌이 수확량이다.

option
[ápʃən] [ɔ́pʃən]

n. 선택권, 선택사항

- 컴퓨터나 자동차를 살 때 **선택사항**을 **옵션**이라고 한다.
- optional 선택적인
- opt 택하다, 선택하다
- Wedding planner gave us lots of options to add to the main event.
  웨딩 플래너는 메인 이벤트에 추가할 수 있는 많은 옵션을 우리에게 제공했습니다.

balance
[bǽləns]

n. ¹ 균형 ² 잔액, 잔금

- 수입과 지출의 **밸런스**를 맞추고 난 나머지 금액, 즉 **잔액, 잔금**
- ¹ Many psychologists put emphasis on the balance between work and relaxation. 많은 심리학자들은 일과 휴식의 균형을 강조한다.
  ² I am making only a partial payment at now and will pay off the balance later. 나는 지금은 일부만 지불하고 잔액은 나중에 갚을 것이다.

incident
[ínsidənt]

n. 사건, 일

- 인시던트 → accident(사건, 사고)
- I won't forget today's incident. 나는 오늘의 일을 잊지 못할 것이다.

upright
[ʌ́pràit]

a. ¹ 똑바른, 수직의 ² 올바른, 정직한

- ¹ up(위로) right(올바른) 상태로 서 있는, 즉 **똑바른, 수직의**
  ² [up(강조) + right(올바른)] 완전히 올바른, 즉 **올바른, 정직한**
- ¹ an upright post 수직 기둥
  ² He is upright in his business dealings. 그는 상거래에서 정직하다.

197

safeguard
[séifgàːrd]

v. 보호하다(shield, guard)　n. 보호장치, 안전장치

- safe(안전)을 guard(지키는) 보호창치, 안전장치
- Parents are still the best safeguard against social media dangers.
  부모들은 여전히 소셜 미디어의 위험으로부터 최고의 안전장치다.

humanitarian
[hjuːmǽnitéəriən]

a. 인도주의적인

- [human(인간)의 파생어] 인도주의적인
- My ancestor was humanitarian who was teacher.
  선생님이었던 나의 조상은 인도주의자였다.

monetary
[⑬ mánətèri]
[⑭ mʌ́nitəri]

a. 화폐의, 금전상의

- money(돈)과 관련된, 즉 화폐의, 금전상의
- The monetary unit of Spain is the Euro.
  스페인의 화폐 단위는 유로화이다.

forthcoming
[fɔːrθkʌ́miŋ]

a. 다가오는, 곧 있을

- forth(앞으로) coming(오고 있는), 즉 다가오는, 곧 있을
- The forthcoming elections can significantly influence the future of our country. 다가오는 선거는 우리나라의 미래에 큰 영향을 미칠 수 있다.

복습 | utmost　receipt　handful　option　balance
incident　upright　safeguard　humanitarian　monetary
forthcoming

---

semester
[siméstər]

n. 한 학기

- 지난 학기 빵점 받은 영어점수를 보고 에이 씨! 영어 master(마스터하다)할 거야! 이번 학기에는!
- My brother took 21 credits last semester.
  내 동생은 지난 학기에 21학점을 수강했다.

hum
[hʌm]

v. 흥얼거리다, 윙윙거리다

- 험 흠 흠… 하고 흥얼거리다, 윙윙거리다
- humming 허밍, 콧노래, 윙윙거리는 소리
- She likes to hum when she's driving.
  그녀는 운전할 때 흥얼거리는 것을 좋아한다.

hummingbird
[hʌ́miŋbə̀ːrd]

n. 벌새

- humming(윙윙거리는) bird(새), 즉 벌새
- I found a hummingbird in the woods the other day.
  며칠 전에 숲에서 벌새를 발견했다.

somehow
[sʌ́mhàu]

ad. ¹ 어떻게든 ² 왠지, 왠지 모르게

- ¹ some(어떤) how(방법)을 써서라도, 즉 어떻게든
  ² some(약간) how(어떻게) 그런 건지 모르겠지만, 즉 왠지, 왠지 모르게
- We don't have a map, but we will find a way there somehow.
  지도는 없지만 어떻게든 그곳으로 갈 수 있는 길을 찾을 수 있을 거야.

somewhat
[⑪ sʌ́mhwʌ̀t, sʌ́mhwɑ̀t]
[⑲ sʌ́mhwɒ̀t]

ad. 어느 정도, 다소   n. 그동안

- [some(약간의) + what(무엇)] 약간의 무엇이 있는 정도, 즉 어느 정도, 다소
- This new cell phone is somewhat faster than other ones.
  이 새 휴대전화는 다른 휴대전화들보다 어느 정도 더 빠르다.

meantime
[míːntàim]

n. 그동안   ad. 그동안에, 그 사이에

- 앞서 mean(의미한) time(시간)에, 즉 그동안, 그 사이에
- in the meantime 그동안, 그 사이에
- The next programme starts in five minutes: in the meantime, here's some music. 다음 프로그램은 5분 후에 시작됩니다. 그동안 음악을 들려 드리겠습니다.

meanwhile
[míːnwàil]

ad. 그러는 동안에, 한편

- 앞서 mean(의미한) while(동안에, 반면에), 즉 그러는 동안에, 한편
- Meanwhile, the number of people in prison is increasing.
  그러는 동안, 감옥에 있는 사람들의 수는 증가하고 있다.

comparable
[⑪ kɑ́mpərəbl]
[⑲ kɔ́mpərəbl]

a. 비교할 만한, 필적하는, 비슷한

- [compare(비교하다) + able(~할 만한)] 비교할 만한, 필적하는, 비슷한
- Our company's entry level salary is comparable to the market standards.
  우리 회사의 신입 연봉은 시장 기준과 비슷합니다.

comparative
[kəmpǽrətiv]

a. 비교의, 비교적인

- [compare(비교하다) + tive(형·어)] 비교의, 비교적인
- She did a comparative study of Norweign and Swedish education.
  그녀는 노르웨이와 스웨덴 교육에 대한 비교 연구를 했다.

workforce
[wə́ːrkfɔ̀ːrs]

n. 전 종업원, 노동 인구

- [work(노동) + force(힘)] 노동력, 즉 노동 인구
- We have to cut the workforce.
  우리는 직원 수를 줄여야만 한다.

accelerate
[æksélərèit, əksélərèit]

v. 가속하다, 가속화되다

- 자동차의 악세레이터(accelerator)를 밟아 가속하다, 가속화되다
- Tests show global warming has accelerated.
  실험은 지구 온난화가 가속화되어 왔다는 것을 보여준다.

복습	semester hum hummingbird somehow somewhat
	meantime meanwhile comparable comparative workforce
	accelerate

decisive
[disáisiv]

a. 결정적인, 결단력 있는

➤ [decide(결정하다) + ive(형·어)] 결정적인, 결단력 있는
- indecisive 우유부단한, 결판이 나지 않는
- She is very indecisive about the issue.
  그녀는 그 문제에 매우 우유부단하다.

systematic
[sìstəmǽtik]

a. 체계적인, 유기적인

➤ [system(체계, 조직) + tic(형·어)] 체계적인, 유기적인
- You need to transform your organization in a systemic and sustainable way. 당신은 조직을 체계적이고 지속 가능한 방식으로 전환해야 한다.

energetic
[ènərdʒétik]

a. 에너지가 넘치는, 기운찬

➤ [energy(에너지) + tic(형·어)] 에너지가 넘치는, 기운찬
- The little puppy in the park is very energetic.
  공원에 있는 작은 강아지는 매우 활기차다.

cleanse
[klenz]

v. 깨끗이 하다, 닦다

➤ [clean(깨끗이 하다) + se] 깨끗이 하다, 닦다
- The doctor advised all patients to cleanse the skin before applying the ointment. 의사는 모든 환자에게 연고를 바르게 전에 피부를 깨끗이 하라고 조언했다.

whereas
[hwɛəræz]

ad. 그에 반하여, 반면에

➤ [where(~에서) + as(~할 때)] where는 장소를 나타낸다, 그에 반하여, 반면에 as는 시간을 나타낸다.
- She is slender, whereas her sister is fat.
  그녀는 호리호리한데, 그녀의 여동생은 뚱뚱하다.

fusion
[fjúːʒən]

n. 융합, 결합, 퓨전 (음악, 음식)

➤ 퓨전 요리, 퓨전 음악에서 퓨전이란 동양과 서양 등 여러 것들의 융합, 결합
- fuse 융합하다; (전기) 퓨즈
- My wife found a new restaurant famous for French-Korean fusion dishes.
  아내가 프랑스-한국 퓨전 요리로 유명한 새로운 식당을 찾았다.

bounce
[bauns]

v. (공 따위가) 튀다, (사람이) 펄쩍 뛰다

➤ 공이나 사람이 bound(되튀다), 즉 튀다, 펄쩍 뛰다
- She bounced out of the chair. 그녀는 의자에서 벌떡 일어났다.

breakthrough
[bréikθrù:]

n. 돌파구

- 난관을 break(부수어) through(통과하게) 하는 것, 즉 돌파구
- the progressive accumulation of breakthroughs and discoveries
  획기적인 발전과 발견의 점진적인 축적

nonsense
[미 nánsens]
[영 nɔ́nsəns]

n. 터무니없는 말, 허튼 소리

- [non(not) + sense(의미)] 의미가 없는, 즉 터무니없는 말
- nonsensical 터무니없는
- All of his remarks were nonsense. 그가 한 말은 모두 터무니없는 말이었다.

stroke
[strouk]

n. 치기, 타격

- [strike(치다)의 파생어] 치기, 타격
- The worker drove in a nail with only one stroke of the hammer.
  그 일꾼은 망치질 한 번에 못을 박았다.

talkative
[tɔ́:kətiv]

a. 수다스러운, 말이 많은

- [talk(말하다) + tive(형·어)] 수다스러운, 말이 많은
- I was very talkative when I was young. 어렸을 때 나는 매우 수다스러웠다.

복습

decisive	systematic	energetic	cleanse	whereas
fusion	bounce	breakthrough	nonsense	stroke
talkative				

세계 여러 논문에 실린 연상법의 탁월한 효과 (3)

발췌 논문 제목
핵심어 기법(keyword method = 연상법)의 활용이 한국 고등학생의 영어 어휘 학습에 미치는 영향

저자명
정주안 (이화여대 석사논문)

핵심어 기법(연상법)을 활용한 실험 집단이 단순 암기 방법을 활용한 통제 집단보다 높은 점수를 나타내었고 이러한 결과는 핵심어 기법의 활용이 단순 암기 방식보다 어휘 학습에 더 큰 긍정적 영향을 미치는 것을 알려준다.

어휘 기억 측면에서 핵심어 기법의 활용은 단순 암기 방식에 비해 더 높은 효율성을 보이므로 학습자들에게 핵심어 기법의 이와 같은 효율성을 잘 인식시켜 **개인별 어휘 학습에 적극 활용할 수 있도록** 장려하는 것이 좋을 것이다.

MEMO

Lecture 38 ~ Lecture 49
토플 기본(basic) 어휘

접두어 in-

접두어 in-에는 '~ 안에'라는 뜻과 not의 의미가 있다.

invade
[invéid]

v. 침략하다, 침입하다

- 나라 in(안으로) 들어와 칼로 베다, 즉 침략하다, 침입하다
- invasion 침입, 침략
- Napoleon invaded Egypt in 1798.
  나폴레옹이 1798년에 이집트를 침략했다.

insect
[ínsekt]

n. 벌레, 곤충

- 코 in(안으로) 쌕! 들어오는 하루살이와 같은 벌레, 곤충
- The light attracted a lot of insects.
  불빛을 보고 많은 곤충이 몰려들었다.

intake
[ínteik]

n. 섭취, 받아들임

- 입, 회사 등의 in(안으로) 음식이나 사람을 take(취하다), 즉 섭취, 받아들임
- Food intake is essential for the survival of every living organism.
  음식 섭취는 모든 살아있는 생물의 생존에 필수적이다.

instruct
[instrÁkt]

v. 가르치다, 지시하다

- 트럭 in(s)(안에서) 트럭 운전을 가르치다, 지시하다
- instruction 가르침, 교육, 지시
- instructive 교육적인, 유익한
- instructor 교사, 지도자
- This is a central problem with much of science instruction.
  이것은 많은 과학 교육에 있어 중추적인 문제이다.

internal
[inté:rnl]

a. 내부의

- in(안으로) 터널에 들어간, 즉 터널 내부의
- external 외부의
- the external walls of the building
  건물의 외벽

instrument
[ínstrəmənt]

n. ¹ 기계, 기구 ² 악기

- 피리와 같은 **악기**를 만들 때는 전동드라이버와 같은 **기계, 기구**로 대나무 **ins**(안에) **뚫**으려는 구멍이 **많다**.
- instrumental 기계의
- ¹ medical instruments 의료기구
- ² Erik knew that Keith had requested a specific instrument.
  Erik은 Keith가 특별한 악기를 요청했다는 것을 알았다.

install
[instɔ́ːl]

v. (장비·장치 등을) 설치하다

- 방 **ins**(안에) **tall**(큰) 크리스마스트리를 **설치하다**
- installation 설치, 설비
- The most expensive installation was that of smart escalators.
  가장 비싼 설치는 고성능 에스컬레이터 설치였다.

infancy
[ínfənsi]

n. 유아기, (발달의) 초창기

- 엄마의 배 **in**(안에서) **펑** 하고 나온 **씨앗** 단계인 **유아기, 초창기**
- infant 유아; 유아의
- Human newborn infants also show a strong preference for sweet liquids.
  인간의 갓 태어난 아기들은 또한 단맛의 액체에 대한 강한 선호도를 보인다.

insert
[insə́ːrt]

v. 삽입하다, 끼워 넣다

- 샌드위치 빵 **in**(안에) 썰은 **two**(2)개의 토마토를 **삽입하다, 끼워 넣다**
- We have to insert more coins to continue the game.
  게임을 계속하려면 코인을 더 넣어야 한다.

| 복습 | invade | insect | intake | instruct | internal |
| | instrument | install | infancy | insert | |

---

ingredient
[ingríːdiənt]

n. 성분, 재료

- 동전 **in**(안에) 들어있는 **구리 성분, 재료**
- Mix all the ingredients in a bowl.
  모든 재료를 그릇에 담고 섞어라.

intimate
[íntimət]

a. 친밀한, 친숙한

- 같은 **팀 in**(안에서) **얻다**, 팀원들 간의 **친밀한, 친숙한** 감정을.
- intimately 친밀히
- intimacy 친밀
- We are intimate friends.
  우리는 친밀한 친구이다.

insult
n. [ínsʌlt]
v. [insʌ́lt]

n. 모욕 v. 모욕하다

- "쟤 배 in(안에) 살 좀 봐" 하며 침을 투! 뱉으며 모욕, 모욕하다
- He insulted me. 그는 나를 모욕했다.

infect
[infékt]

v. 감염시키다, 전염시키다

- 몸 in(안으로) 팩! two(2)개의 병균이 침투하여 감염시키다, 전염시키다
- infection 전염, 감염
- infectious 전염성의, 전염되기 쉬운
- The body mobilizes to fight off infectious agents.
  신체는 전염성 병원체를 싸워 물리치려 동원된다.

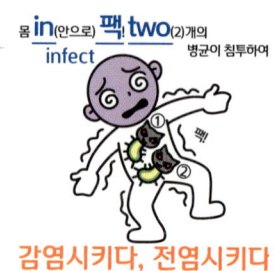

involve
[(미) inválv (영) inv́ɔlv]

v. 포함시키다, (사건 등에) 연루시키다

- 어떤 범죄에 발을 들여놓다, 즉 "우리와 함께 범죄 in(안으로) 발을 밟으!(밟아!)" 하고 그 범죄에 포함시키다, 연루시키다
- involvement 말려들게 함, 연루
- be involved in ~에 관련되다, ~에 연루되다
- The percentage of the population involved in agriculture is declining.
  농업과 관련한 인구 비율은 낮아지고 있다.

incline
[inkláin]

v. ~하고 싶다, ~의 경향이 생기게 하다

- PC방 앞을 지날 때마다 마치 PC방 in(안으로) 끌(끌어당기는) line(줄)이 있는 것 마냥 게임을 하고 싶다, PC방 가는 경향이 생기게 하다
- be inclined to ~하고 싶어지다, ~하는 경향이 있다
- I'm inclined to trust him.
  나는 그를 신뢰하는 경향이 있다.

intensive
[inténsiv]

a. 집중적인, 철저한

- 소화가 잘되도록 입 in(안에) 음식을 ten(10)번 씹으(씹을) 정도로 집중적인, 철저한 씹음
- He needed intensive care for three weeks.
  그는 3주간 집중 치료를 받아야 했다.

indifferent
[indífərənt]

a. 무관심한

- [in(not) + different(다른)] 상점의 물건들이 다른 것들과 different(다르지) in(않다)며 무관심한
- indifference 무관심
- indifferently 무관심하게
- Because of indifference to and destruction of their natural habitats, some wild plants confront an uncertain future.
  자연 서식지에 대한 무관심과 파괴로 인해 어떤 야생 식물들은 불확실한 미래에 직면해 있다.

insist
[insíst]

v. 주장하다, 고집하다

- 씻으라는 말에 "in(not: 안) 씻으!(씻어!)" 하고 침을 투! 뱉으며 씻지 않겠다고 **주장하다, 고집하다**
- He insisted that she worked very hard.
  그는 그녀가 매우 열심히 일했다고 주장했다.

persist
[pərsíst]

v. 고집하다, 지속하다

- [펄시스트 → 팔 씻으 투!] "팔이라도 씻으!(씻어!)" 하고 침을 투! 뱉으며 엄마도 **고집하다**, 씻으라는 말을 **지속하다**
- persistent 고집하는, 지속적인
- [1] He persists in participating the party.
  그는 파티에 참가할 것을 고집한다.
- [2] The pain can persist for a day or two.
  통증이 하루나 이틀 동안 지속될 수 있습니다.

복습	ingredient	intimate	insult	infect	involve
	incline	intensive	indifferent	insist	persist

insight
[ínsàit]

n. 통찰력

- 상황의 in(안쪽으로) sight(봄), 즉 **통찰력**
- The student begins to develop the insights and intuitions.
  그 학생은 통찰력과 직관력을 발전시키기 시작한다.

incurable
[inkjúərəbl]

a. 치료할 수 없는

- [in(not) + cure(치료하다) + able(~할 수 있는)] **치료할 수 없는**
- incurable diseases 불치병

indoors
[indɔ́:rz]

ad. 실내에서, 실내로

- [in(안에서) + door(문)] **실내에서, 실내로**
- outdoors 야외에서
- If a hurricane comes, the event will be held indoors.
  허리케인이 온다면 그 행사는 실내에서 열릴 것이다.

inactive
[inǽktiv]

a. 비활동적인

- [in(not) + active(활동적인)] **비활동적인**
- an inactive volcano 휴화산(休火山)

independence
[ìndipéndəns]

n. 독립, 자주

- [in(not) + dependence(의지)] 의지하지 않음, 즉 **독립, 자주**
- independent 독립적인
- independently 자주적으로, ~와 관계없이
- We help people to make their own choices and to live independently.
  우리는 사람들이 스스로 결정하고 독립적으로 살아갈 수 있도록 돕고 있다.

infamous
[ínfəməs]

a. 악명 높은

- [in(not) + famous(유명한)] 좋지 않은 쪽으로 유명한, 즉 **악명 높은**
- infamy 악명, 오명
- It was the worst snow since the infamous winter of 1947.
  그것은 1947년의 악명 높은 겨울 이래로 가장 최악의 눈이었다.

intact
[intǽkt]

a. 손대지 않은, 손상되지 않은

- [in(not) + tact(→contact: 접촉)] 손대지 않은, 그래서 **손상되지 않은**
- The books look intact despite the long years.
  오랜 세월에도 불구하고 그 책들은 손상되지 않아 보였다.

접두어 multi-

접두어 multi-는 many(많은)의 의미로 쓰인다.
대표적인 예로 multimedia(멀티미디어), multiplex(복합상영관)가 있다.

---

multiply
[mʌ́ltəplài]

v. 증가시키다, 번식하다, 곱하다

- multi(많은) fly(파리)들이 알을 까서 **증가시키다, 번식하다, 곱하다**
- Opportunities multiply as they are seized.
  기회는 잡으면 몇 배로 늘어난다.

multiple
[mʌ́ltəpl]

a. 많은, 다수의, 다양한

- 들판의 multi(많은) 풀, 즉 **많은, 다양한** 풀
- multiplicity 다수, 다양성
- ¹ a multiple tax 복합세
  ² a computer with a multiplicity of uses 다양한 용도의 컴퓨터

multitude
[mʌ́ltətjùːd]

n. 다수, 군중

- [multi(many) + tude(명·어)] 많은 것들, 즉 **다수, 군중**
- A multitude of people lined up to watch the Olympics.
  많은 사람들이 올림픽을 보기 위해 줄을 섰다.

복습	insight	incurable	indoors	inactive	independence
	infamous	intact	multiply	multiple	multitude

리얼 생생 수강후기

절대 까먹지 않고 머릿속에 단어가 박히는 느낌이 들었습니다. (조*빛)

영어를 배우는데 요즘 따라 어려운 글로 넘어가면서 영어 지문을 해석하는 데 어려움이 생기기 시작했습니다. 제가 그 이유를 생각해보니 어휘에서 많이 막히는 것 같았습니다. 전에 외웠던 단어도 다 잊어버리고 그러고 있더라고요. 계속 외웠는데 계속 잊어버리니 정말 힘들었습니다. 그런데 강의를 수강하며 선생님이 설명해주신 뜻(?)을 같이 외우니 절대 까먹지 않고 머릿속에 단어가 박히는 느낌이 들었습니다. 그래서 20분이 조금 안 되는 시간 동안 30개가 훨씬 넘는 단어를 모두 외울 수 있었습니다. 강의를 들으며 전에는 너무 어렵게 여겨졌던 단어들이 이제는 한 번에, 쉽게 외워지고 있는 기적을 경험하고 있습니다. 강의도 재밌어서 금방 끝나고, 분명히 얼마 안 되었던 것 같은데 단어가 외워지는 상황이 반복되니까 정말 행복합니다.(그림들도 있어서 외워지는 효과가 2배가 되는 것 같아요!) 경선식 영단어로 도움을 받으신 분들이 아주 많은 것 같은데, 같이 즐거운 영어생활 하시면 좋겠습니다. 경선식 선생님 감사합니다!

Lecture 39

접두어 re-

접두어 re-는 again(다시), back(뒤로, 뒤에)의 의미로 쓰인다.

refute
[rifjú:t]

v. 반박하다

- 상대방이 한 말에 re(뒤로) 되받아 퓨~ 하고 로켓을 쏘듯 말을 쏘아붙이다, 즉 **반박하다**
- Now, I will refute your logic.
  이제 저는 당신의 논리를 반박할 것입니다.

restore
[ristɔ́:r]

v. 회복시키다, 복구하다

- 지진으로 파괴되었지만 re(다시) store(가게)를 **회복시키다, 복구하다**
- restoration 회복
- My brother restored his confidence.
  나의 형은 자신감을 되찾았다.

relieve
[rilí:v]

v. 구제하다, (고통 등을) 덜어주다

- 병들어 죽어가는 사람이 re(다시) live(살도록) 목숨을 **구제하다, (고통을) 덜어주다**
- relief 구제, (고통·곤궁 등의) 제거
- The pleasant relief will not last very long.
  유쾌한 (고통의) 경감은 오래 지속되지 않을 것이다.

retain
[ritéin]

v. 보유하다, 계속 유지하다

- 어제도, 오늘도 re(다시) 때가 손톱 in(안에) 있다. 즉, 때를 계속 **보유하다, 계속 유지하다**
- retentive 보유하는
- The police retained control of the situation.
  경찰은 그 사태에 대한 통제권을 보유하고 있었다.

remarkable
[rimá:rkəbl]

a. 주목할 만한, 놀라운

- 신문에서 re(다시) 또 별표 mark(마크)를 able(할 만한), 즉 **주목할 만한, 놀라운** 뉴스
- remarkably 두드러지게, 몹시
- We congratulate you on your remarkable achievements in college.
  우리는 네가 대학에서 이룬 놀라운 성과에 대해 축하한다.

주목할 만한, 놀라운 뉴스

resign
[rizáin]

v. 사직하다, 사임하다

- re(뒤로) 물러나겠다고 사직서에 sign(사인하다), 즉 사직하다, 사임하다
- resignation 사직, 사임
- The judge resigned today over a scandalous matter.
  그 판사는 오늘 불미스러운 일로 사임했다.

recycle
[ri:sáikl]

v. 재활용하다

- 쓰레기를 re(다시) cycle(순환)시키다, 즉 재활용하다
- recycling 재활용
- Milk cartons can be recycled as tissues.
  우유팩은 휴지로 재활용될 수 있다.

reflect
[riflékt]

v. ¹ 반사하다 ² 반영하다 ³ 숙고하다

- 선생님이 공식을 반영하여 re(다시) 풀래 two(2)번 문제를! 즉, 시험지를 틀렸다고 반사하다 (되돌려주다), 학생은 선생님이 지적한 공식을 반영하다, 다시 풀려고 심사숙고하다
- reflection 반사, 숙고
- ¹ See how beautifully the river reflects the trees.
  강에 나무들이 얼마나 아름답게 비치는지 봐.
- ² The novel reflects our society.
  소설은 우리 사회를 반영한다.
- ³ Some people had time to reflect and debate.
  일부 사람들은 숙고하고 토론할 시간을 가졌다.

reply
[riplái]

v. 대답하다, 답장하다   n. 대답, 답장

- 비둘기에 편지를 묶어 re(뒤로) 되돌려 fly(날려 보내다), 즉 대답하다, 답장하다
- Did you reply to my email?
  제 이메일에 답신하셨나요?

복습	refute	restore	relieve	retain	remarkable
	resign	recycle	reflect	reply	

reserve
[rizə́:rv]

v. ¹ 예약하다 ² 따로 남겨 두다

- re(뒤에) 있는 페이지를 접어 다음에 읽을 부분으로 예약하다, 따로 남겨 두다
- reservation 예약
- ¹ Would you please let me know if it is possible to make a group reservation for the program for Saturday?
  토요일 프로그램에 단체 예약이 가능한지 제게 알려주시겠어요?
- ² Reserve your strength for the climb.
  등산에 대비하여 힘을 아껴둬라.

211

rely
[riláɪ]

v. 의지하다, 믿다

- 아기가 엄마 등 re(뒤에) lie(누워) 엄마를 의지하다, 믿다
- reliance 의지
- rely on ~에 의지하다
- I need someone to rely on.
  나는 의지할 수 있는 누군가가 필요하다.

restrict
[ristríkt]

v. 제한하다, 금지하다

- 우범지역인 re(뒤의) street(거리)는 접근을 제한하다, 금지하다
- restriction 제한, 금지
- The school restricts the number of students in a class.
  그 학교는 한 학급의 학생 수를 제한한다.

restrain
[ristréin]

v. 제지하다, 억누르다

- re(s)(뒤로) train(기차)를 잡아당겨 기차가 가는 것을 제지하다, 억누르다
- Hank could not restrain his dog from attacking the neighbors.
  Hank는 그의 개가 이웃들을 공격하는 것을 제지할 수 없었다.

reverse
[rivə́:rs]

a. 반대의 n. 반대 v. 반대로 하다

- 우리 집 방향과 반대의 방향인 re(뒤로) 가는 버스
- irreversible 되돌릴 수 없는
- My husband did the reverse of what I asked.
  남편은 내가 부탁한 것과 반대로 했다.

replace
[ripléis]

v. ¹ 대신하다, 대체하다 ² 다시 놓다, 제자리에 놓다

- ¹ 김부장이 은퇴한 후 re(다시) 그 place(자리)를 이부장이 대신하다, 대체하다
- ² 잘못 놓은 것을 re(다시) 원래의 place(자리)에 놓다, 즉 다시 놓다
- ¹ We could not find a member to replace Josh.
  우리는 Josh를 대신할 멤버를 찾을 수 없었다.
- ² Replace the box where it belongs.
  그 상자를 제자리에 다시 갖다 놓아라.

reconcile
[rékənsàil]

v. 화해시키다, 조화시키다

- re(다시) con(함께) 사일(사이를) 좋게 하다, 즉 화해시키다, 조화시키다
- reconciliation 화해, 조화
- We were reconciled after he apologized.
  우리는 그가 사과한 후 화해를 했다.

recall
[rikɔ́ːl]

¹ v. 상기시키다, 생각나게 하다
² n. 리콜(결함 있는 물건의 회수) v. 회수하다

- re(다시) call(전화해서) 약속을 상기시키다, 생각나게 하다
- ¹ How many of the lunches that you ate over the last week can you recall?
  지난주 내내 당신이 먹었던 점심들 중에 얼마나 많은 것을 당신은 기억할 수 있나요?
- ² The company recognized the need for a recall on some microwaves.
  그 회사는 일부 전자레인지에 대한 리콜 필요성을 인정했다.

retreat
[ritríːt]

v. 후퇴하다 n. 후퇴

- 적으로부터 숨기 위해 re(뒤에) 있는 tree(나무) to(쪽으로) 후퇴, 후퇴하다
- The army didn't have enough food, so they had to retreat.
  그 군대는 식량이 부족해서 후퇴해야 했다.

reveal
[rivíːl]

v. 밝히다, 폭로하다

- 선생님께 re(뒤로) 가서 빌면서 자신의 죄를 밝히다, 폭로하다
- Bottles can reveal their contents without being opened.
  병은 따지 않고도 내용물을 드러낼 수 있다.

복습				
reserve	rely	restrict	restrain	reverse
replace	reconcile	recall	retreat	reveal

renew
[rinjúː]

v. 갱신하다, 다시 시작하다

- re(다시) new(새로운) 것으로 만들다, 즉 갱신하다, 다시 시작하다
- renewal 갱신, 재개
- I recently renewed my driver's license.
  나는 최근 운전면허증을 갱신했다.

rebuild
[ribíld]

v. 다시 짓다, 재건하다

- re(다시) build(건설하다), 즉 다시 짓다, 재건하다
- After the divorce, he had to rebuild his life completely.
  이혼 후에 그는 생활을 완전히 다시 꾸려야 했다.

refresh
[rifréʃ]

v. 상쾌하게 하다, 새롭게 하다

- re(다시) fresh(신선한, 새로운) 마음을 갖게 하다, 즉 상쾌하게 하다, 새롭게 하다
- Caroline needs time to refresh before the presentation.
  Caroline은 발표 전에 기분전환을 할 시간이 필요하다.

refund
n. [ríːfʌnd]
v. [rifʌ́nd]

n. 환불 v. 환불하다

- re(뒤로) 되돌려 fund(자금, 돈)을 주다, 즉 **환불, 환불하다**
- Your travelling expenses will be refunded to you.
  당신의 여행 경비는 환불될 것입니다.

접두어 ir(r)-

접두어 ir-은 r로 시작되는 단어 앞에 쓰여 not(~이 아닌)의 의미로 쓰인다.

relevant
[réləvənt]

a. 관계있는, 적절한

- 몸을 **낼려**(날려) **번트**를 댄 것은 팀 작전과 **관계있는, 적절한** 공격
- Applicants came up with relevant experiences for the question.
  지원자들은 그 질문에 관련된 경험을 떠올렸다.

irrelevant
[iréləvənt]

a. 관계없는, 부적절한

- [ir(not) + relevant(관계있는, 적절한)] 관계없는, 부적절한
- The announcer repeatedly brought up irrelevant facts during the discussion.
  아나운서는 토론 도중 관련 없는 사실에 대해 반복적으로 이야기했다.

resistance
[rizístəns]

n. 저항, 반대, 레지스탕스

- **레지스탕스**는 프랑스의 독일 나치에 대한 **저항, 반대**운동
- resist 저항하다, 반대하다
- resistant 저항하는, 저항력 있는
- There are other diseases that our bodies cannot successfully resist on their own.
  우리 몸이 스스로 성공적으로 저항할 수 없는 다른 질병들이 있다.

irresistible
[irizístəbl]

a. 저항할 수 없는, (유혹·욕구 등에) 억누를 수 없는

- [ir(not) + resist(저항하다) + ible(~할 수 있는)] 저항할 수 없는, (유혹, 욕구 등에) 저항할 수 없는, 즉 **억누를 수 없는**
- an irresistible impulse to buy a new computer
  새 컴퓨터를 사고 싶은 억누를 수 없는 충동

irregular
[irégjulər]

a. 불규칙한

- [ir(not) + regular(규칙적인)] 불규칙한
- The heartbeat was irregular after getting the shot.
  주사를 맞은 후 심장 박동이 불규칙했다.

복습	renew	rebuild	refresh	refund	relevant
	irrelevant	resistance	irresistible	irregular	

경쌤's TIP

영어단어를 어근으로 암기하는 방법의 장단점

그냥 무식하게 암기하는 방법보다는 어느 정도 효과가 있는 것이 사실입니다. 하지만 어근으로 많은 효과를 볼 수 있는 단어들은 전체 단어의 10%~20% 정도 수준입니다. 하나의 어근에서 여러 단어가 파생되고 그 파생된 단어가 그 어근의 뜻에서 많이 벗어나지 않는 경우가 많은 효과를 볼 수 있는 경우입니다. 그래서 저는 경선식영단어 수능과 토플 단어책에서 그러한 효과적인 어근들만 사용하여 전체 단어 암기의 10% 정도는 어근을 활용하고 있습니다. 심지어 그 단어들조차 헷갈림을 방지하고 더 잘 암기하기 위해 연상법을 혼합하여 가르치고 있습니다.

일단 어떠한 어근으로도 설명할 수 없는 단어들이 전체 영어단어의 40%가 넘습니다.

그리고 하나의 어근에서 겨우 1~2개의 단어만 파생된 경우가 대다수입니다.

이 어근을 알아두면 나중에 대학 가서 그 어근과 관련된 몇 단어는 거저 암기할 수 있겠지?라고 생각하고 암기해 두어도 그 어근을 다시는 보지 못하는 경우가 굉장히 많다는 것이죠. 1~2단어 암기하고자 어근을 암기하는 것은 오히려 시간을 더 낭비하는 경우가 됩니다. 또한 같은 어근에서 여러 단어가 파생되었다 해도 같은 어근에서 파생되었기 때문에 그 단어들끼리 혼동되는 경우도 많습니다.

그리고 어근의 뜻에서 많이 벗어나는 단어들도 굉장히 많습니다. 그러한 경우도 어근을 암기하는 것은 오히려 시간을 더 낭비하는 경우가 될 것입니다.

나중에 대학 가서도 어휘를 확장하기 위해서는 어근으로 암기해야 한다고 주장하는 사람들이 있습니다. 하지만 수능단어에서 배운 어근을 이용해서 더 암기할 수 있는 대학수준 이상의 단어는 10%도 되지 않습니다.

Lecture 40

접두어 co-, col-, com-, con-

접두어 co-, col-, com-, con-은 together(~와 함께)나 with(~을 가지고)의 의미로 쓰인다.

comply
[kəmplái]

v. 따르다, 순응하다

- 기러기들이 대장 새 뒤를 com(함께) fly(날면서) 따르다, 순응하다
- compliant 따르는, 순종하는
- You must comply with the rules.
  너는 규칙을 따라야만 한다.

conform
[kənfɔ́ːrm]

v. 따르다, 순응하다

- 에어로빅 수강생들이 con(함께) 선생님 폼을 따르다, 순응하다
- Larger groups also put more pressure on their members to conform.
  더 큰 그룹들은 또한 그들의 구성원들에게 따르라고 더 많은 압력을 가한다.

compound
[kámpaund]

a. 혼합한 n. 혼합물

- com(함께) 몇 파운드씩 합한, 즉 혼합한, 혼합물
- a chemical compound 화학 혼합물

commitment
[kəmítmənt]

n. ¹ 약속 ² 헌신, 전념

- 사장이 바이어들과 com(같이) meet(만날) 약속이 많을 정도로 자신의 일에 헌신, 전념
- ¹ The government made a commitment of lower taxes.
  정부는 세금을 낮추겠다고 약속했다.
- ² This project requires a significant commitment.
  이 프로젝트는 상당한 노력이 필요합니다.

compromise
[(미) kámprəmàiz]
[(영) kómprəmàiz]

n. 타협 v. 타협하다

- ¹ "큰 프로 선수를 my(나의) 구단에 주시면 우리의 4번 타자를 드릴게요." 하고 서로 타협, 타협하다
- ² com(함께) 침략하지 않기로 promise(약속하다), 즉 타협, 타협하다
- She suggested a compromise to us.
  그녀는 우리에게 타협을 제안했다.

confront
[kənfránt]

v. 직면하다, 맞서다

→ con(함께) front(앞)으로 얼굴을 대하다, 즉 **직면하다, 맞서다**

- confrontation 직면, 대립, 대치
- ¹ the problems confronting us
  우리가 직면한 문제들
- ² a confrontation between the government and the unions
  정부와 노조의 대치

con(함께) front(앞)으로 얼굴을 대하다
confront
직면하다, 맞서다

combat
n. [kámbæt]
v. [kəmbǽt]

n. 전투, 싸움 v. 싸우다

→ com(함께) 침을 뱉으며 **싸움, 전투**

- Iraqi people are still in combat.
  이라크 사람들은 여전히 전투 중이다.

companion
[kəmpǽnjən]

n. 친구, 동료

→ com(함께) 패거리를 이루는 녀(여자)들, 즉 **친구, 동료**

- my close companion 나의 친한 친구

committee
[kəmíti]

n. 위원회

→ com(함께) 미티(미팅)하여 회의하는 **위원회**

- She needs to get approval from the committee before submitting the script.
  그녀는 원고를 제출하기 전에 위원회의 승인을 받아야 한다.

복습
| comply | conform | compound | commitment | compromise |
| confront | combat | companion | committee | |

---

competition
[미] [kàmpitíʃən]
[영] [kɔ̀mpətíʃən]

n. 경쟁, 시합

→ 경쟁, 시합하느라 com(함께) **피 튀션**(튀셔).

- compete 경쟁하다, 겨루다
- competitive 경쟁의, 경쟁에 의한
- competitively 경쟁적으로
- a competitive environment 경쟁적 환경

com(함께) + **피 튀션**
competition
경쟁, 시합

competence
[미] [kámpətəns]
[영] [kɔ́mpətəns]

n. 능숙함, 능숙

→ 컴퓨턴(컴퓨터는) 수우미양가 중에 **수**를 맞을 정도로 **능숙함, 능숙**

- competent 유능한
- Most employees tried to demonstrate their competence.
  대부분의 직원들은 그들의 능숙함을 보여주려고 노력했다.

confirm
[kənfə́:rm]

v. 확실하게 하다, 확인해 주다

- ¹ 미용사에게 반드시 큰 펌으로 할 것을 몇 번이고 말하며 확실하게 하다, 확인해 주다
  ² [con(강조) + firm(확실한)] 완전히 확실한 상태로 만들다, 즉 확실하게 하다, 확인해 주다
- The client needs to confirm the plan before going into the construction step. 고객은 시공 단계로 들어가기 전에 계획을 확인해 줘야 한다.

affirm
[əfə́:rm]

v. 단언하다, 확인하다

- "진짜 펌 할 거야?"라는 말에 끄덕이며 "어! 펌 할 거야."라고 단언하다, 확인하다
- CEO affirmed that no one would lose their job.
  CEO는 아무도 일자리를 잃지 않을 것이라고 단언했다.

cooperation
[(미)kouɑ̀pəréiʃən]
[(영)kouɔ̀pəréiʃən]

n. 협력, 협동

- co(함께) operation(운영, 수술)하는 것, 즉 협력, 협동
- cooperate 협력하다, 협동하다
- Archaeologists are not asked to cooperate with tomb robbers.
  고고학자들은 도굴꾼들과 협력하도록 요청받지 않는다.

collaborate
[kəlǽbərèit]

v. 공동으로 작업하다, 협력하다

- col(함께) labor(노동) ate(하다), 즉 공동으로 작업하다, 협력하다
- He was suspected of collaborating with the enemy.
  그는 적과 협력했다는 의심을 받았다.

concentration
[(미)kɑ̀nsəntréiʃən]
[(영)kɔ̀nsəntréiʃən]

n. 집중

- con(함께) centr(센터, 중앙)에 모임, 즉 집중
- concentrate on ~에 집중하다
- Can you please concentrate on the class? 제발 수업에 집중해줄 수 없니?

context
[(미)kɑ́ntekst]
[(영)kɔ́ntekst]

n. 문맥, 전후 사정, 배경

- con(함께) text(글)을 앞뒤에서 이어주는 문맥, 전후 사정, 배경
- ¹ Think about the context. 문맥을 생각해 보세요.
  ² their social, economic, political, cultural, and technological contexts
  그들의 사회적, 경제적, 정치적, 문화적, 기술적 배경

coworker
[kóuwə̀:rkər]

n. 직장 동료

- co(함께) work(일하는) er(사람), 즉 직장 동료
- My coworker founded a new company. 직장 동료가 새 회사를 설립했다.

commemorate
[kəmémərèit]

v. 기념하다

- [com(함께) + memory(기억) + ate(동·어)] 함께 결혼기념일 등을 기억하여 기념하다
- commemoration 기념
- We always commemorate his birthday. 우리는 그의 생일을 항상 기념한다.

복습	competition	competence	confirm	affirm	cooperation
	collaborate	concentration	context	coworker	commemorate

접두어 em-, en-

접두어 em-, en-은 in(~ 안에)의 의미 또는 동사형을 만드는 접두어로 쓰인다.

empire
[émpaiər]

n. 제국, 왕국

➤ ¹ 네로황제 시절 성 em(안에서) fire(불)이 타고 있던 로마 제국, 왕국
² 미국의 엠파이어 스테이트 빌딩은 하나의 제국, 왕국과 같이 높고 크다.
- the ancient Egyptian empire 고대 이집트 왕국

enroll
[inróul]

v. 등록하다, 입학시키다

➤ 유치원 en(안에) 들어가 놀라고 유치원에 등록하다, 입학시키다
- enrollment 등록, 입학, 기입
- He enrolled his puppy in a pet kindergarten.
  그는 자신의 강아지를 반려견 유치원에 등록시켰다.

envelope
[énvəlòup]

n. 봉투

➤ en(안)을 벌럽(벌려) 서류를 넣는 봉투
- envelop 감싸다, 봉하다
- Recommendation letters must be sealed in an envelop.
  추천서는 봉투에 밀봉해야 합니다.

empower
[impáuər]

v. 권력을 주다, 능력을 주다

➤ [em(동·접) + power(힘)] 힘을 갖게 하다, 즉 권력을 주다, 능력을 주다
- The new law would empower minority groups.
  새로운 법은 소수자 집단에게 힘을 실어줄 것이다.

endanger
[indéindʒər]

v. 위태롭게 하다

➤ [en(동·접) + danger(위험)] 위험하게 하다, 즉 위태롭게 하다
- endangered 멸종 위기에 처한
- The polar bear is an endangered species. 북극곰은 멸종 위기 종이다.

enable
[inéibl]

v. ~할 수 있게 하다

➤ [en(동·접) + able(~할 수 있는)] ~할 수 있게 하다
- Only teamwork would enable us to get the mission done on time.
  팀워크만이 우리가 임무를 제 시간에 완수할 수 있게 할 것이다.

enforce
[infɔ́:rs]

v. 강요하다, (법률 등을) 집행하다

- [en(동·접) + force(힘)] 힘으로 ~하게 하다, 즉 **강요하다, 집행하다**
- They tried to enforce agreement with their plans.
  그들은 자신들의 계획에 대한 합의를 강요하려고 했다.

enlarge
[inlá:rdʒ]

v. 확대하다

- [en(동·접) + large(큰, 넓은)] **확대하다**
- Will you enlarge this picture to that size?
  이 사진을 저만한 크기로 확대시켜 주시겠어요?

ensure
[inʃúər]

v. 보장하다, 반드시 ~하게(이게) 하다

- [en(동·접) + sure(확실한)] 확실하게 하다, 즉 **보장하다, 반드시 ~하게 하다**
- Please ensure that all the lights are switched off at night.
  밤에는 꼭 모든 전등을 꺼 주십시오.

복습	empire	enroll	envelope	empower	endanger
	enable	enforce	enlarge	ensure	

경쌤's TIP

축하합니다.

여러분은 경선식 토플영단어 기본 40강까지 완성하였습니다.

반드시 지켜야 하는 가장 효과적인 복습 방법(5page)을 확인 후 확실하게 복습하세요.

220

Lecture 41

접두어 out-

접두어 out-은 outside(밖의, 밖에, 밖으로)의 의미로 쓰인다.

outspoken
[autspóukən]

a. 솔직한, 꾸밈없이 말하는

- 꾸밈없이 out(밖으로) 다 spoken(말하는), 즉 솔직한, 꾸밈없이 말하는
- He has always been an outspoken critic of public education.
  그는 항상 공교육에 대해 거침없이 비판하는 편이었다.

outstanding
[autstǽndiŋ]

a. 눈에 확 띄는, 뛰어난

- 남들보다 out(밖으로) standing(서 있는), 즉 눈에 확 띄는, 뛰어난
- The award is given to an outstanding member of the group.
  이 상은 그룹의 뛰어난 멤버에게 수여된다.

outbreak
[autbréik]

n. (전쟁·질병 등의) 발생, 발발

- 잠재해 있던 것이 세상 out(밖으로) break(깨고) 나옴, 즉 (전쟁·질병 등의) 발생, 발발
- High-density rearing led to outbreaks of infectious diseases.
  고밀도의 사육은 전염성 질병의 발발을 초래했다.

outline
[áutlain]

n. 윤곽, 개요

- 내용 전체를 이루고 있는 out(밖의) line(선), 즉 윤곽, 개요
- The negotiator started to form an outline before going into the details.
  협상가는 세부사항을 논의하기 전에 윤곽을 잡기 시작했다.

outer
[áutər]

a. 바깥쪽의, 외부의

- [out(밖의) + er] 바깥쪽의, 외부의
- the outer layers of the skin
  피부의 바깥층들

outlook
[áutluk]

n. ¹ 전망 ² (미래에 대한) 전망 ³ 관점

- ¹ out(밖으로) look(보이는) 전망, 미래에 대한 전망
- ² out(밖에서) look(바라보는) 관점
- ¹ a bright outlook for trade
  무역에 대한 밝은 전망
- ² Try looking at things from a different outlook.
  사태를 다른 관점에서 바라보도록 해라.

outcome
[áutkʌm]

n. 결과, 성과

➥ 안에서 작업하여 out(밖으로) come(나온) 결과, 성과

▪ The outcome wasn't so good. 결과는 그리 좋지 않았다.

output
[áutput]

n. 생산, 출력, 생산량

➥ 기계가 생산한 물건을 out(밖으로) put(내놓아) 생산, 출력
- input 투입, 입력
▪ Output has tripled in two years. 2년 만에 생산이 세 배가 되었다.

outdated
[autdéitid]

a. 시대에 뒤진, 구식의

➥ 현재 date(날짜) 수준 out(밖에) 있는, 즉 시대에 뒤진, 구식의
- out of date 구식의, 낡은
▪ My dad is so outdated. 우리 아빠는 정말 구식이야.

복습

| outspoken | outstanding | outbreak | outline | outer |
| outlook | outcome | output | outdated | |

접두어 over-

접두어 over-는 '위에', '~에 걸쳐서', '~ 이상으로'의 의미로 쓰인다.

overwhelm
[òuvərhwélm]

v. 압도하다

➥ 내 over(위에서) 혀를 웰름(낼름)거리는 커다란 뱀이 나를 압도하다
- overwhelming 압도적인, 너무도 강력한
▪ He decided to clean his room. The job looked overwhelming at first.
그는 그의 방을 청소하기로 결심했다. 그 일은 처음에는 너무 엄청나 보였다.

overcome
[óuvərkʌm]

v. 극복하다

➥ 어려운 고비 등을 over(~ 위로) 넘어 come(오다), 즉 극복하다
▪ I think he'll overcome this sorrow quickly.
나는 그가 이 슬픔을 빨리 극복할 거라고 생각한다.

overtake
[óuvərtèik]

v. ¹ ~을 따라잡다, 앞지르다 ² (폭풍우·불행 등이) 덮치다

➥ 도둑을 따라가 over(위로) 점프하여 take(잡다), 즉 따라잡다, 덮치다
▪ ¹ We managed to overtake the bus.
우리는 가까스로 버스를 따라잡을 수 있었다.
² We were overtaken by a storm.
우리는 폭풍을 만났다.

overlook
[óuvərlùk]

v. ¹ 못 보고 지나치다, 못 본 체하다 ² 내려다보다

- 독수리가 **over**(위에서) **look**(보다), 즉 내려다보다, 토끼를 못 보고 지나치다, 못 본 체하다
- ¹ The problem was overlooked by many people.
  그 문제는 많은 사람에 의해 간과되었다.
- ² One summer night a man stood on a low hill overlooking a wide expanse of forest and field.
  어느 여름 밤 한 남자가 넓게 펼쳐진 숲과 들판이 내려다보이는 낮은 언덕 위에 섰다.

oversee
[óuvərsì:]

v. 감독하다

- **over**(위에서) 직원들을 **see**(보면서) 감독하다
- He needs to employ someone to oversee the project.
  그는 그 프로젝트를 감독할 누군가를 고용할 필요가 있다.

overhead
[óuvərhèd]

a. 머리 위의   ad. 머리 위에

- **head**(머리) **over**(위에), 즉 머리 위의, 머리 위에
- A flock of geese flew overhead.
  거위 떼가 머리 위로 날아갔다.

overseas
[óuvərsì:z]

a. 해외의   ad. 해외로

- **sea**(바다) **over**(너머), 즉 해외의, 해외로
- Do you have any overseas experiences?
  당신은 해외 거주 경험이 있습니까?

overall
[óuvərɔ̀:l]

ad. 전체적으로   a. 전체적인

- **all**(모든) 것에 **over**(걸쳐서), 즉 전체적으로, 전체적인
- Overall, the tone of the book is satirical.
  전체적으로 그 책의 어조는 풍자적이다.

overweight
[óuvərwèit]

a. 과체중의, 비만의

- [**over**(~ 이상의) + **weight**(무게)] 과체중의, 비만의
- I am a little overweight, so I have to go on a diet.
  나는 약간 과체중이어서 다이어트를 해야 한다.

overview
[óuvərvjù:]

n. 요약, 개요

- 글 전체에 **over**(걸쳐서) **view**(보다), 즉 요약, 개요
- We will give an overview of recent exciting achievements.
  우리는 최근의 흥미진진한 성과에 대한 개요를 보여줄 것이다.

복습

| overwhelm | overcome | overtake | overlook | oversee |
| overhead | overseas | overall | overweight | overview |

접두어 pre-

접두어 pre-는 before(이전에, 미리, ~ 앞에)의 의미로 쓰인다.

prevent
[privént]

v. 막다, 방해하다, 예방하다

- 횡단보도를 지나는 아이들을 보호하기 위해 **pre**(앞에서) 벤츠 자동차를 **막다, 방해하다**, 사고를 **예방하다**
- preventive 방지하는, 예방의
- prevent A from -ing A가 ~하는 것을 막다, 방해하다
- This medicine will prevent you from having a cold.
  이 약은 감기에 걸리는 것을 예방할 것이다.

prevail ❶
[privéil]

v. 이기다, 우세하다

- 적이 나보다 **pre**(먼저) 베일, 즉 내가 **이기다, 우세하다**
- Our team prevailed over the opponent.
  우리 팀이 상대보다 우세했다.

prevail ❷
[privéil]

v. 만연하다, 널리 퍼지다

- 농부에 의해 **풀이 베일**, 왜냐하면 풀이 **만연하다, 널리 퍼지다**
- The flu prevailed throughout the country.
  독감이 전국적으로 만연했다.

prevalent
[prévələnt]

a. ¹ 만연하는, 널리 퍼진 ² 우세한

- 반도체 시장에 **pre**(먼저) **발 넌**(넣은) **two**(2) 회사의 제품이 **만연하는, 널리 퍼진**, 후발 제품보다 **우세한**
- What is the most prevalent prefix of our times?
  우리 시대에 가장 널리 퍼져있는 접두어는 무엇인가?

previous
[príːviəs]

a. 이전의, 앞의

- 밥그릇을 언제 비웠어? 벌써 **이전의** 너보다 **pre**(먼저) **비웠수**. 난 금방 먹거든.
- previously 이전에, 미리
- Some of the dollars previously spent on newspaper advertising have migrated to the Internet.
  전에 신문 광고에 쓰였던 돈의 일부가 인터넷으로 이동해 오고 있다.

pre-school
[príːskuːl]

a. 미취학의 n. 유치원 (=preschool)

- [pre(before) + school(학교)] 미취학의, 유치원
- The study focused on pre-school children.
  그 연구는 미취학 아동을 대상으로 했다.

prejudice
[prédʒudis]

n. 선입관, 편견

- [pre(미리) + jud(→judge: 판단하다) + ice(명·어)] 선입관, 편견
- We should not hold a prejudice about foreign residents.
  외국인 거주자에 대한 편견을 가져서는 안 된다.

premier
[príːmiər]

n. 수상 a. 최고의, 제1의

- ¹ 맨 pre(앞으로) 밀어주어서 최고의 자리에 오른 수상
- ² 영국 축구 최고의, 제1의 리그인 premier(프리미어) 리그
- He is one of the country's premier Mexican cuisine chefs.
  그는 멕시코 음식을 하는 그 나라 최고의 요리사들 중 한 명이다.

prehistoric
[priːhistɔ́ːrik]

a. 선사 시대의

- history(역사)가 생기기 pre(이전의) 선사 시대의
- the meaning and purpose of prehistoric art
  선사 시대 예술의 의미와 목적

predetermine
[priːditə́ːrmin]

v. 미리 결정하다

- [pre(미리) + determine(결정하다)] 미리 결정하다
- focus on predetermined results
  미리 정해진 결과에 집중하다

복습	prevent	prevail¹	prevail²	prevalent	previous
	pre-school	prejudice	premier	prehistoric	predetermine

리얼 생생 수강후기

경선식 영단어는 혁명입니다. (김*환)

독해 스킬이 아무리 좋아도 기본베이스(단어)가 튼튼해야 합니다.
그 단어의 정확한 뜻은 몰라도 대략적인 느낌이 있어야 빠르게 글을 읽고 답을 골라내지요.
영어 공부는 70%가 단어 암기라는 말이 과언이 아닐 정도로 단어를 모두 암기하고 독해를 하니 너무 쉽게 풀려 버리네요.
의지가 약한 저로서는 절대 혼자 이 모든 단어를 외우지 못합니다.
하지만 이 강의는 의지가 약한 저와 같이 공부하는 동반자이자 확실하게 머릿속에 각인시켜주시는 선생님 역할을 해주네요.

접두어 un-

접두어 un-은 not(~이 아닌)의 의미로 쓰인다.

unsettling
[ʌ̀nsétliŋ]

a. 불안하게 하는

- un(안 돼!) 수능 시험에서 세 개나 틀린 시험 결과가 **불안하게 하는**
- I find it unsettling when someone passes me on a dark street.
  어두운 거리에서 누군가 나를 지나가면 불안하다.

uncertain
[ʌ̀nsə́:rtn]

a. 불확실한

- [un(not) + certain(확실한)] 확실하지 않은, 즉 **불확실한**
- I was uncertain whether to stay or leave.
  나는 남아야 할지 떠나야 할지 망설였다.

uncover
[ʌ̀nkʌ́vər]

v. 알아내다, 폭로하다, 덮개를 벗기다

- [un(not) + cover(덮개)] 덮개를 없애고 그 안에 있는 것을 **알아내다, 폭로하다, 덮개를 벗기다**
- Conan uncovered new evidence from the crime scene.
  Conan은 범죄 현장에서 새로운 증거를 발견했다.

unlock
[(미) ʌ̀nlák (영) ʌ̀nlɔ́k]

v. 열다, 자물쇠를 열다

- [un(not) + lock(잠그다)] **열다, 자물쇠를 열다**
- She unlocked the front door. 그녀는 현관문을 열었다.

unlikely
[ʌ̀nláikli]

a. 있음직하지 않은, ~일 것 같지 않은

- [un(not) + like(~같은) + ly] **있음직하지 않은, ~일 것 같지 않은**
- be unlikely to ~일 것 같지 않다
- be likely to ~하기 쉽다, ~일 것 같다
- Realistically, this is unlikely to happen quickly.
  현실적으로 말해서 이런 일이 빨리 일어날 것 같지는 않다.

unchangeable
[ʌ̀ntʃéindʒəbl]

a. 변경할 수 없는

- [un(not) + change(변하다) + able(~할 수 있는)] **변경할 수 없는**
- He fell into despair due to an unchangeable reality.
  그는 바꿀 수 없는 현실 때문에 절망에 빠졌다.

uneasy
[ʌníːzi]

a. 불안한, 우려되는

➤ 시험 문제가 easy(쉽지) un(않을) 것 같아 **불안한, 우려되는**
- uneasiness 불안, 근심
- My body was shaking with uneasiness.
  내 몸은 불안감으로 떨고 있었다.

unseemly
[ʌnsíːmli]

a. (행동 등이) 어울리지 않는, 부적당한

➤ 적절하게 seem(보이지) un(않는), 즉 **어울리지 않는, 부적당한**
- seemly 적당한, 예의에 맞는
- It was very unseemly for that guy to yell in the library.
  그 남자가 도서관에서 소리를 지른 것은 매우 부적절한 행동이었다.

unfold
[ʌnfóuld]

v. 펴다, 펼치다

➤ [un(not) + fold(접다)] 펴다
- I got lost and I pulled the car over and unfold a map.
  나는 길을 잃어 차를 세우고 지도를 펼쳤다.

복습				
unsettling	uncertain	uncover	unlock	unlikely
unchangeable	uneasy	unseemly	unfold	

접두어 mis-

접두어 mis-는 wrong(잘못된), wrongly(잘못하여), bad(나쁜), not(~이 아닌)의 의미로 쓰인다. 대표적인 예로 mistake(잘못하다)는 'mis(wrongly) + take(취하다)'이다.

deed
[diːd]

n. ¹ 행위, 행동 ² 증서

➤ 내가 그것을 did(했다), 즉 **행위, 행동**을 했다는 **증서**
- ¹ Your good deed will make the world a better place!
  당신의 선행은 세상을 더 나은 곳으로 만들 것입니다!
- ² I'll show you the deed if you don't believe me.
  네가 나를 믿지 못하겠다면 증서를 보여줄게.

misdeed
[misdíːd]

n. 잘못된 행위

➤ mis(잘못된) deed(행위), 즉 **잘못된 행위**
- The prisoner now repents of his past misdeeds.
  그 죄수는 이제 과거의 잘못을 뉘우치고 있다.

misunderstand
[mìsʌndərstǽnd]

v. 오해하다

- mis(잘못) understand(이해하다), 즉 오해하다
- misunderstanding 오해
- It is easy to misunderstand the intention if not explained enough.
  충분히 설명하지 않으면 의도를 오해하기 쉽다.

misuse
n. [mìsjúːs]
v. [mìsjúːz]

n. 오용, 남용 v. 오용하다

- mis(잘못) use(사용; 사용하다), 즉 오용, 남용, 오용하다
- the misuse of the technology 기술의 오용

misfire
[mìsfáiər]

v. 불발되다, 실패하다 n. 불발, 실패

- mis(잘못) fire(발사하다), 즉 불발되다, 실패하다
- The first shot was a misfire.
  첫 번째 발사는 불발이었다.

misspell
[mìsspél]

v. 철자를 잘못 쓰다

- mis(잘못) spell(철자를 쓰다), 즉 철자를 잘못 쓰다
- My name was misspelt.
  내 이름의 철자가 틀리게 되어 있었다.

mislead
[mìslíːd]

v. 오도하다, 오해시키다

- mis(잘못) lead(이끌다), 즉 오도하다, 오해시키다
- misleading 오해시키는, 오도하는
- This definition is somewhat incomplete and rather misleading.
  이 정의는 다소 불완전하고 오해의 여지가 있다.

misplace
[mìspléis]

v. 잘못 놓다, 잘못 두다

- mis(잘못된) place(장소)에 놓다, 즉 잘못 놓다, 잘못 두다
- I misplace my book on the other desk.
  나는 다른 책상 위에 나의 책을 잘못 놓았다.

mischance
[mìstʃǽns]

n. 불운

- mis(나쁜) chance(운), 즉 불운
- Only a serious mischance will prevent her from arriving today.
  심각한 불운만이 그녀가 오늘 도착하지 못하게 할 것이다.

복습				
deed	misdeed	misunderstand	misuse	misfire
misspell	mislead	misplace	mischance	

misfortune
[misfɔ́:rtʃən]

n. 불행, 불운

- mis(나쁜) fortune(운명), 즉 불행, 불운
- Misfortune struck his early years.
  불행이 그의 어린 나이에 닥쳤다.

mistrust
[mistrʌ́st]

v. 불신하다 n. 불신

- [mis(not) + trust(믿다)] 불신하다, 불신
- A wall of mistrust between the two families kept them apart.
  두 집안 사이의 불신의 벽이 그들을 갈라놓았다.

접두어 dis-

접두어 dis-는 not(~이 아닌), away(멀리 떨어진)의 의미로 쓰인다.

disinterested
[disíntərèstid]

a. ¹ 무관심한 ² 사심 없는, 공정한

- 돈 뇌물에 interested(관심 있지) dis(않은), 즉 사심 없는, 공정한
- uninterested 흥미 없는, 무관심한
- a disinterested act of kindness
  사심 없는 친절한 행위

disgrace
[disgréis]

n. 불명예, 망신

- 유지해오던 grace(우아함, 품위)가 dis(없게) 만듦, 즉 불명예, 망신
- The soldier was given a disgrace discharge.
  그 군인은 불명예 제대를 당했다.

disorder
[disɔ́:rdər]

n. 무질서, 혼란

- order(질서)가 있지 dis(않는), 즉 무질서, 혼란
- The emergency room is in disorder.
  응급실이 어수선하다.

disrespectful
[disrispéktfəl]

a. 무례한, 실례되는

- 상대방을 respect(존중하지) dis(않는), 즉 무례한, 실례되는
- disrespect 실례, 무례
- I meant no disrespect by that remark.
  그 발언이 실례가 되지 않았으면 좋겠습니다.

disharmony
[dishá:rməni]

n. 부조화, 불협화음

- [dis(not) + harmony(조화)] 부조화, 불협화음
- There was almost no disharmony in their marriage.
  그들의 결혼 생활에는 거의 불협화음이 없었다.

discontinue
[dìskəntínju:]

v. 중지하다

- [dis(not) + continue(계속하다)] 중지하다
- The athlete decided to discontinue his practice with the pain in his leg.
  그 선수는 다리에 통증을 느껴 연습을 중단하기로 결정했다.

dislike
[disláik]

v. 싫어하다

- [dis(not) + like(좋아하다)] 싫어하다
- His realism caused him to dislike fanciful schemes.
  그는 자신의 현실주의 때문에 공상적인 계획을 싫어했다.

dishonest
[㉠disánist]
[㉡disónist]

a. 부정직한

- [dis(not) + honest(정직한)] 부정직한
- I feel nothing but contempt for such dishonest behavior.
  그런 부정직한 행동에 대해서는 경멸을 느낄 뿐이다.

복습				
misfortune	mistrust	disinterested	disgrace	disorder
disrespectful	disharmony	discontinue	dislike	dishonest

Lecture 43

접두어 sur-, super-

접두어 sur-, super-는 over(~ 위에, ~ 넘어)의 의미로 쓰인다.

surmount
[sərmáunt]

v. 극복하다

- mount(mountain: 산)과 같은 장애물을 sur(넘어) 극복하다
- insurmountable 극복할 수 없는
- Athletes at Paralympic Games surmount physical difficulties.
  패럴림픽 선수들은 신체적인 어려움을 극복한다.

surface
[sə́:rfis]

n. 표면, 수면

- ¹ 바늘을 찾으려고 살피수, 방 표면을.
  ² [sur(over) + face(얼굴)] 물건의 sur(위에 있는) face(얼굴), 즉 표면
- the earth's surface 지구 표면

surpass
[(미) sərpǽs]
[(영) sərpá:s]

v. ~보다 낫다, ~을 능가하다

- 상대편을 sur(넘어) pass(통과하다), 즉 상대편보다 낫다, ~을 능가하다
- He surpasses me in swimming.
  그는 수영에 있어서 나를 능가한다.

superstition
[sù:pərstíʃən]

n. 미신

- "귀신이 super(위에서) 튀션(튀어다니셔)!"라고 믿는 미신
- There's an old superstition that killing a spider brings you bad luck.
  거미를 죽이면 재수가 없다는 오래된 미신이 있다.

superficial
[sù:pərfíʃəl]

a. 표면상의, 피상적인

- 지저분한 물건들을 감추기 위해 super(위에) 이불을 피셜(피셔), 즉 표면상의, 피상적인 단정함
- superficially 외면적으로, 피상적으로
- The "Like" button induces users to seek superficial happiness.
  "좋아요" 버튼은 사용자들이 피상적인 행복을 추구하도록 유도한다.

surplus
[(미) sə́:rplʌs]
[(영) sə́:rpləs]

n. 과잉, 흑자 a. 과잉의

- 원래 계획한 것을 sur(넘어) plus(+) 됨, 즉 과잉, 흑자
- He tried to lose surplus fat by exercising every day.
  그는 매일 운동을 해 과잉 지방을 빼려고 노렸했다.

superior
[(미)səpíəriər]
[(영)sjuːpíəriər]

a. 뛰어난, ~보다 나은

- [super(위에) + or(비교급 어미)] 뛰어난, ~보다 나은
- superiority 우월, 우위
- Our tennis team is superior to the competitors.
  우리 테니스 팀은 경쟁자들보다 뛰어나다.

supreme
[(미)səpríːm]
[(영)sjupríːm]

a. 최고의, 최상의

- ¹ 슈프림 피자란 여러 가지 재료를 모두 넣은 최고의, 최상의 피자
- ² 가장 supr(위에) 있어 최고의, 최상의
- supremacy 최고, 최상
- You are in a state of supreme delight.
  당신은 최고로 기쁜 상태에 있다.

supernatural
[sùːpərnǽtʃərəl]

a. 초자연적인

- natural(자연적인) 현상을 super(넘어서는), 즉 초자연적인
- supernaturalistic 초자연주의적인
- He claimed to have experienced supernatural phenomena.
  그는 초자연적인 현상을 겪었다고 주장했다.

복습

| surmount | surface | surpass | superstition | superficial |
| surplus | superior | supreme | supernatural | |

접두어 under-

접두어 under-는 '~ 아래에'의 의미로 쓰인다.

underline
[ʌ́ndərláin]

v. 밑줄을 긋다, 강조하다

- 중요한 부분 글씨 under(밑에) line(선을 긋다), 즉 밑줄을 긋다, 강조하다
- He underlined the importance to remove the barriers to trade.
  그는 무역장벽 제거의 중요성을 강조했다.

undercover
[ʌ́ndərkʌ́vər]

a. 비밀의, 첩보활동의

- [under(~ 아래에) + cover(덮개)] 덮개 아래에 숨기는, 즉 비밀의, 첩보활동의
- This chat must be undercover.
  이 대화는 비밀이어야 한다.

undertake
[ʌ̀ndərtéik]

v. 떠맡다, 착수하다

→ under(아랫) 사람이 윗분의 일을 take(취하여) 떠맡다, 그 일을 착수하다

▣ I don't want to undertake the job.
나는 그 일을 맡고 싶지 않다.

undergo
[ʌ̀ndərgóu]

v. (안 좋은 일 등을) 겪다, (수술 등을) 받다

→ 안 좋은 상황 under(아래로) go(지나가다), 즉 그 일을 겪다, 받다

▣ The patient had to undergo much suffering.
환자는 많은 고통을 겪어야 했다.

underpin
[ʌ̀ndərpín]

v. 뒷받침하다, 버팀목을 대다

→ 스티로폼 작품을 고정하기 위해 under(아래에) pin(핀)을 꽂아 뒷받침하다, 버팀목을 대다

• underpinning 뒷받침, 토대, 기반

▣ Statistics underpins an enormous amount of research in science.
통계는 과학 연구에서 많은 것들에 대해 뒷받침하는 근거를 제공한다.

undergraduate
[ʌ̀ndərgrǽdʒuət]

n. 대학생

→ graduate(졸업생의) under(아래에) 남아 학교를 다니는 대학생

▣ a first-year undergraduate 대학 1년생

underway
[ʌ̀ndərwéi]

a. (계획 따위가) 진행 중인, 항해 중인

→ 계획한 way(길) under(아래에) 지나가고 있는 중인, 즉 진행 중인, 항해 중인

▣ An investigation is underway to find the cause of the accident.
사고의 원인을 찾기 위한 조사가 진행 중이다.

underlie
[ʌ̀ndərlái]

v. ~의 밑에 있다, ~의 기초가 되다

→ under(아래에) lie(놓여 있어) ~의 밑에 있다, ~의 기초가 되다

• underlying 기초가 되는, 근원적인

▣ The ability to use imagination underlies much of creative thought.
상상력을 발휘하는 능력은 많은 창의적 사고의 기초가 된다.

복습

| underline | undercover | undertake | undergo | underpin |
| undergraduate | underway | underlie | | |

접두어 anti-, ante-

접두어 anti-, ante-는 before(~ 전에)의 의미로 쓰인다.

antique
[æntíːk]

n. 골동품 a. 고풍의

- 1 앤틱가구, 앤틱찻잔 등과 같이 **골동품, 고풍의** 물건에 쓰이는 말
  2 [**anti**(before) + **que**] 오래 전의 것, 즉 **골동품**
- antiquated 구식의, 낡은
- He collects antique furniture. 그는 골동품 가구를 수집한다.

antedate
[ǽntidèit]

v. ~보다 먼저 일어나다, 앞의 날짜로 앞당기다

- [**ante**(before) + **date**(날짜)] ~보다 먼저 일어나다, 앞의 날짜로 앞당기다
- This event antedates the discovery of America by several centuries.
  이 사건은 미대륙 발견보다 몇 세기 앞선다.

anterior
[æntíəriər]

a. 앞의, 이전의

- [**ante**(before) + **rior**(비교형 어미)] ~보다 더 전에, 즉 **앞의, 이전의**
- They are events anterior to the outbreak of war.
  그것들은 전쟁 발발 전에 생긴 일들이다.

접두어 micro-

접두어 micro-는 small(작은, 미세한)의 의미로 쓰인다.

micro
[máikrou]

n. 아주 작은 것 a. 극소의

- [**micro**(작은)] 아주 작은 것, 극소의
- a tree decorated with micro light bulbs 소형 전구들로 장식된 나무

microscope
[máikrəskòup]

n. 현미경

- **micro**(작은) 물건을 관찰하는 **scope**(관찰용 기구), 즉 **현미경**
- You can only see it with a microscope. 그것은 현미경이 있어야만 볼 수 있다.

microwave
[máikrouweiv]

n. 1 극초단파 2 전자레인지

- **micro**(작은) **wave**(파장), 즉 **극초단파** 그리고 **극초단파**를 이용하여 음식을 데우는 **전자레인지**
- 1 Some people believe microwaves can cause harm to humans.
  어떤 사람들은 극초단파가 사람들에게 해를 끼칠 수 있다고 믿는다.
  2 You can make brownies using a microwave. 전자레인지로 브라우니를 만들 수 있다.

micro-organism n. 미생물
[máikrou-ɔ́:rgənìzm]

- micro(작은) organism(생물), 즉 **미생물**
- Micro-organisms include viruses, bacteria, and fungi.
  미생물에는 바이러스, 박테리아, 곰팡이가 포함된다.

microphone n. 마이크
[máikroufoun]

- micro(작은) phone(소리)를 크게 해주는 **마이크**
- Chris bought a Bluetooth microphone for the party.
  Chris는 파티를 위해 블루투스 마이크를 샀다.

microeconomics n. 미시경제학
[(미)máikrouèkənámiks]
[(영)máikrouèkənɔ́miks]

- [micro(small) + economics(경제학)] **미시경제학**
- a classic of microeconomic theory
  미시경제학 이론의 고전(명작)

macroeconomics n. 거시경제학
[(미)mǽkrouì:kənámiks]
[(영)mǽkrouì:kənɔ́miks]

- [macro(great: 큰) + economics(경제학)] **거시경제학**
- macroeconomic 거시경제(학)의
- There are also macroeconomic effects.
  거시경제적 효과도 있다.

복습	antique	antedate	anterior	micro	microscope
	microwave	micro-organism	microphone	microeconomics	macroeconomics

Lecture 44

접두어 sub-

접두어 sub-는 under(~ 아래)의 의미로 쓰인다.
대표적인 예로 subway는 '지하도, 지하철'을 의미하는데, 이는 'sub(밑에 있는) + way(길)'에서 나온 말이다.

substance
[sʌ́bstəns]

n. ¹ 물질 ² 본질, 실체

- 고대 집터 sub(아래에) 주춧돌인 stones(돌들)만 남아있다. 즉, 남아있는 돌들은 물질, 집의 본질, 실체
- substantial 본질적인, 실질적인, 상당한
- substantially 상당히, 대체로, 주로
- Some people give substantial amounts to one or two charities.
  몇몇 사람들은 상당한 액수를 하나 또는 두 자선단체에 제공한다.

submerge
[səbmə́:rdʒ]

v. 잠수하다, 물에 담그다, 물에 잠기다

- 수면 바닥이 sub(아래로) 멀지. 그곳으로 잠수하다, 물에 담그다
- The entire region was submerged beneath a lake of meltwater.
  그 전 지역은 빙하가 녹은 물로 된 호수 밑으로 잠겼다.

substitution
[sʌ̀bstətjúːʃən]

n. 대체, 대용

- 무명가수가 sub(아래서) 스타로 뜨셔, 그 스타로 라이브까페 가수를 대체, 대용
- substitute 대신하다, 대체하다; 대리인, 대체물
- substitute A for B B 대신 A를 쓰다
- Can you substitute for me at the meeting?
  그 회의에 나 대신 참석해주겠어요?

marine
[mərí:n]

a. 바다의, 해양의   n. 해병대

- ¹ 스노쿨링을 하느라 다들 머린(머리는) 물속에 박고 있는 바다의, 해양의 풍경
  ² 머린(머리는) 빡빡 밀고 들어가는 해병대
- a variety of marine life 다양한 해양 생물

submarine
[sʌ̀bmərí:n]

n. 잠수함 a. 해저의

- ¹ 수면 sub(아래에) 머린(머리는) 잠수하고 잠망경만 나온 해저의, 잠수함
  ² [sub(under) + marine(바다의)] 해저의, 잠수함
- ¹ an atom-powered submarine 원자력 잠수함
  ² submarine cables 해저 전선

subside
[səbsáid]

v. 가라앉다, 진정되다

→ sub(아래) side(쪽)으로 가라앉다, 진정되다

The storm began to subside. 폭풍이 가라앉기 시작했다.

suburban
[səbə́ːrbən]

a. 교외의

→ urban(도시의) sub(아래)쪽에 있는, 즉 교외의

- suburb 교외, 변두리

My sister and I decided to buy a house in a suburban area.
언니와 나는 교외에 집을 사기로 했다.

subconscious
[@ sʌbkánʃəs]
[® sʌbkɔ́nʃəs]

a. 잠재의식의 n. 잠재의식

→ sub(아래에) 숨어서 conscious(의식하고 있는), 즉 잠재의식의, 잠재의식

- subconsciously 잠재의식적으로

Experimenters subconsciously adjusted their results to match what they expected to find.
실험자들은 자신들이 발견할 것이라 예상한 것과 일치하도록 잠재의식적으로 결과를 조정했다.

복습	substance	submerge	substitution	marine	submarine
	subside	suburban	subconscious		

접두어 uni-

접두어 uni-는 one(하나)의 의미로 쓰인다. 대표적인 예로 unique(유일한, 독특한)이 있다.

uniform
[júːnifɔrm]

¹ n. 유니폼, 제복 ² a. 한결같은, 동일한

→ ¹ 회사 유니폼이 한결같은, 동일한
² uni(하나의) form(형태)를 가진, 즉 한결같은, 동일한

These have a uniform size. 이것들의 크기는 일정하다.

reunion
[rijúːnjən]

n. 재회, 모임, 동창회

→ re(다시) uni(하나)가 되기 위해 온, 즉 재회, 동창회

family reunion at Christmas 크리스마스 때의 가족 모임

unify
[júːnifài]

v. 통합하다, 통일하다

→ [uni(one) + fy(동·어)] 하나로 만들다, 즉 통합하다, 통일하다

- unification 통일, 단일화

The new leader hoped to unify the department.
새로운 리더는 부서를 통합하길 바랐다.

union
[júːnjən]

n. 연합, 조합, 동맹

- [uni(one) + on] 하나가 되는 것, 즉 **연합, 조합, 동맹**
- European Union 유럽 연합(EU)

unite
[juːnáit]

v. 연합하다, 통합시키다

- [uni(one) + te(동·어)] 하나로 뭉치다, 즉 **연합하다, 통합시키다**
- united 연합한
- unity 연합, 통합, 통일, 일치
- We should unite in fighting poverty and disease.
  우리는 빈곤과 질병에 대항하기 위해 단합해야 한다.

접두어 e-, ex-

접두어 e-와 ex-는 out(밖으로)의 의미로 쓰인다.

evade
[ivéid]

v. 피하다, 회피하다

- 칼의 방향 e(밖으로) 베이지 않으려고 **피하다, 회피하다**
- evasion (책임·의무 등의) 회피
- She managed to evade all the difficult questions.
  그녀는 모든 곤란한 질문들을 가까스로 피했다.

피하다, 회피하다

explode
[iksplóud]

v. 폭발하다, 터지다

- 테러범이 보낸 소포를 ex(밖으로) 풀러도 **폭발하다, 터지다**
- explosion 폭발, 파열
- explosive 폭발의; 폭발물
- ¹ At last his anger exploded. 마침내 그의 분노가 폭발했다.
  ² population explosion 인구의 급증

enormous
[inɔ́ːrməs]

a. 거대한, 엄청난

- 홍수로 인하여 댐 e(밖으로) 물이 넘었수! **거대한, 엄청난** 물
- enormously 엄청나게
- The sense of tone and music in another's voice gives us an enormous amount of information about that person.
  다른 사람의 목소리의 어조와 음악에 대한 감각은 우리에게 그 사람에 관한 엄청난 양의 정보를 제공한다.

복습	uniform	reunion	unify	union	unite
	evade	explode	enormous		

extent
[ikstént]

n. 범위, 정도, 넓이

→ ex(밖으로) ten(10)미터의 범위, 정도, 넓이
- extend 넓히다, 늘리다
- extensible 늘릴 수 있는
- extension 확장, 확대
- extensive 아주 넓은, 광범위한

To what extent would the budget be modified?
예산이 어느 정도로 변경될까요?

exposure
[ikspóuʒər]

n. 드러냄, 폭로

→ 비밀이 ex(밖으로) 퍼져나가게 비밀을 드러냄, 폭로
- expose 드러내다, 폭로하다, 진열하다
- exposition 박람회, 엑스포, 전시

Don't expose babies to strong sunlight.
아기를 강한 햇빛에 노출시키지 마라.

evaluate
[ivǽljuèit]

v. 평가하다

→ 어떤 것의 value(가치)를 e(밖으로) 드러내다, 즉 평가하다

Teachers evaluate their students.
선생님들은 그들의 학생들을 평가한다.

접미어 -ward

접미어 -ward는 '~쪽으로, ~쪽의'의 의미로 쓰인다.

---

upward
[ʌ́pwərd]

ad. 위로 a. 위로 향한

→ [up(위에) + ward(쪽으로)] 위로, 위로 향한

The spaceship blasted upward into the universe.
우주선이 우주 위로 날아올랐다.

downward
[dáunwərd]

ad. 아래쪽으로 a. 아래로 향한

→ [down(아래로) + ward(쪽으로)] 아래쪽으로, 아래로 향한

The stock moved sharply downward.
주가가 급락했다.

backward
[bǽkwərd]

ad. 뒤로, 뒤쪽으로

→ [back(뒤) + ward(쪽으로)] 뒤로, 뒤쪽으로

My 4-year-old son can count up to 100 and backward.
내 4살짜리 아들은 100까지 셀 수 있고 거꾸로도 셀 수 있다.

toward
[tɔːrd, təwɔ́ːrd]

prep. ~쪽으로, ~을 향하여

- [to(~쪽으로) + ward(쪽으로)] ~쪽으로, ~을 향하여
- He turns back toward the safety of his parents' love.
  그는 그의 부모님의 사랑이라는 안전함으로 되돌아온다.

inward
[ínwərd]

a. 마음속의 ad. 안으로

- [in(안) + ward(쪽으로)] 마음속의, 안으로
- ¹ His face expressed his inward happiness.
  그의 얼굴에는 마음속의 행복이 드러나 있었다.
  ² an inward flow 밀물

outward
[áutwərd]

a. 밖으로 향하는 ad. 바깥쪽으로

- [out(밖으로) + ward(쪽으로)] 밖으로 향하는, 바깥쪽으로
- She had a physical strength that matched her outward appearance.
  그녀는 겉으로 보이는 외모에 어울리는 체력을 지니고 있었다.

forward
[fɔ́ːrwərd]

ad. 앞으로, 전방으로

- [for(fore: before를 뜻하는 접두어) + ward(쪽으로)] 앞으로, 전방으로
- Let's move forward. 앞으로 나아가자.

onward
[(미) ánwərd (영) ɔ́nwərd]

ad. 앞으로, 앞으로 계속 a. 향후의

- on(계속) (앞)ward(쪽으로), 즉 앞으로, 앞으로 계속, 향후의
- From the 1920s onward, the family earned massive amount of money.
  1920년대부터 그 가문은 엄청난 돈을 벌었다.

복습

extent	exposure	evaluate	upward	downward
backward	toward	inward	outward	forward
onward				

리얼 생생 수강후기

공부를 잘하는 학생들은 자기만의 암기방법이 있고 공부방법이 있을 텐데, 이건 그것을 표면 위로 떠올려 만든 책인 것 같다. (오*수)

단어 때문에 스트레스를 받으니 한번 해보자라는 오기로 시작을 하게 되었습니다. 그 후 지금은 한 달 반 정도가 지났습니다. 시간은 좀 지나긴 했네요. 원래는 한 달 목표였지만……ㅜ 정말로 유용한 강의였습니다. 이제 암기할 것이 생기면 연상을 해서 외우는 저를 발견하고 있습니다. 영어단어뿐만 아니라 암기에 있어서 새로운 길을 제시해주고 있다고 생각합니다. 거창하게 들릴지 모르지만 연상을 하고 있는 여러분을 발견하고 있을 겁니다.

Lecture 45

어근 spect, spi

어근 spect과 spi는 look(보다)의 의미로 쓰인다.

specific
[spesífik]

a. 구체적인, 명확한, 특정한

¹ 숲에서 픽! 눈에 띄는 호랑이의 구체적인, 명확한, 특정한 줄무늬
² 눈에 픽! 하고 spec(보일) 정도로 구체적인, 명확한, 특정한

- Give me a specific reason.
  저에게 구체적인 이유를 알려주세요.

숲에서 픽! 눈에 띄는 호랑이의 specific 구체적인, 명확한, 특정한 줄무늬

inspect
[inspékt]

v. 점검하다, 조사하다

- 수리공이 자동차 in(안에) 있는 부품들을 spec(보면서) 점검하다, 조사하다
- inspection 조사, 점검
- The police inspected the area to find the suspect.
  경찰은 용의자를 찾기 위해 그 지역을 조사했다.

perspective
[pərspéktiv]

n. ¹ 시각, 관점 ² 원근법

- ¹ 버스가 우유 팩같이 작아 보이는 TV 화면은 원근법적 시각, 관점
- ² 사람 눈을 per(통해서) spect(바라보는) 시각, 관점, 원근법
- ¹ Everything is a matter of perspective.
  모든 것은 관점의 문제이다.
- ² I try to stay away from objects that look incorrect in size, perspective, or design.
  나는 크기, 원근법, 디자인에 있어 부정확하게 보이는 물체들로부터 떨어져 있으려고 노력한다.

despise
[dispáiz]

v. 경멸하다

- 사람을 de(아래로) 깔아서 spi(보다), 즉 경멸하다
- Serena despise anyone who is cruel to animals.
  Serena는 동물에게 잔인한 사람은 누구든 경멸한다.

aspect
[æspekt]

n. 측면, 면, 양상

- ¹ 애의 입장에서 spect(바라보는) 측면, 면, 사태의 양상
- ² [a(to: ~쪽으로) + spect(look)] 사물이나 상황을 a(~쪽으로) spect(바라보는) 방향, 즉 측면, 면, 양상
- We have to look at all aspects before making a decision.
  우리는 결정을 내리기 전에 모든 측면을 살펴야 한다.

introspective
[ìntrəspéktiv]

a. 내성적인, 자기 성찰의

- 마음 intro(속으로) spect(보는), 즉 내성적인, 자기 성찰의
- a thoughtful, introspective young man
  사려 깊고, 내성적인 젊은 남자

retrospect
[rétrəspèkt]

n. 회고 v. 회고하다

- retro(뒤로) 되돌아 spect(보다), 즉 회고, 회고하다
- retrospective 회고의
- In retrospect, it might seem surprising that ~.
  돌이켜보면 ~은 놀라워 보일지도 모른다.

prospect
[práspekt]

n. 가망, 전망

- [pro(forward) + spect(look)] 앞으로 내다보는 것, 즉 가망, 전망
- prospective 유망한, 장래의
- You have bright prospects.
  당신의 장래는 유망하다.

spectacle
[spéktəkl]

n. 광경, 구경거리

- spect(볼) 만한 광경, 구경거리
- spectacular 볼 만한, 장관인
- I was mesmerized by the a magnificent spectacle.
  나는 장엄한 광경에 넋을 잃었다.

spectacles
[spéktəklz]

n. 안경

- spect(보는) 것인데 s(복수의) 2개의 안경알로 보는 것, 즉 안경
- He was wearing new spectacles with gold wire frames.
  그는 금테의 새 안경을 쓰고 있었다.

복습	specific	inspect	perspective	despise	aspect
	introspective	retrospect	prospect	spectacle	spectacles

어근 clud, clus, clos

어근 clud, clus, clos는 close(닫다)의 의미로 쓰인다.

conclude
[kənklúːd]

v. 끝내다, 결론을 내리다

➥ con(함께) 입을 clude(닫고) 회의를 끝내다, 결론을 내리다
- conclusion 결정, 결론
- conclusive (의심할 여지가 없게) 결정적인, 확실한
- ¹ The detective could not conclude the case out of regret.
  형사는 아쉬움으로 사건을 끝낼 수 없었다.
- ² a conclusive evidence 확정적인 증거

include
[inklúːd]

v. 포함하다, 포함시키다

➥ in(안에) 넣고 문을 clude(닫아서) 그 안에 포함하다, 포함시키다
- inclusion 포함
- inclusive 포함하는, 포괄적인
- It is important to include all members of the community when making a rule.
  규칙을 만들 때 공동체 구성원 모두를 포함하는 것이 중요하다.

exclude
[iksklúːd]

v. 제외시키다, 배제하다

➥ ex(밖으로) 내쫓고 clude(닫아서) 제외시키다, 배제하다
- exclusion 제외, 배척
- exclusive 제외하는, 배타적인
- exclusively 배타적으로, 오로지, 전적으로
- When you photograph people, remember to get closer to them to exclude unwanted objects.
  인물 사진을 찍을 때에는 원치 않는 사물들을 배제시키려면 그들에 더욱 가까이 가야 함을 기억하라.

disclose
[disklóuz]

v. 드러내다, 폭로하다

➥ [dis(not) + close(닫다)] 닫지 않고 드러내다, 폭로하다
- disclosure 폭로, 발각
- He disclosed a secret. 그는 한 가지 비밀을 폭로했다.

enclose
[inklóuz]

v. ¹ 에워싸다 ² 동봉하다

➥ en(안에) 넣고 문이나 봉투 덮개를 close(닫아) 에워싸다, 동봉하다
- ¹ They enclosed him. 그들이 그를 둘러쌌다.
- ² Please enclose the application fee within the envelope.
  원서비를 봉투에 동봉해 주세요.

243

어근 astro

어근 astro는 star(별)의 의미로 쓰인다.

astronaut
[ǽstrənɔ̀ːt]

n. 우주 비행사

- [astro(star) + naut(sailor: 항해사)] 별을 항해하는 사람, 즉 우주 비행사
- the first Korean astronaut
  최초의 한국인 우주 비행사

astronomy
[(미) əstrάnəmi]
[(영) əstrɔ́nəmi]

n. 천문학

- [astro(star) + nomy('학문'을 뜻하는 접미어)] 천문학
- astronomical 천문학의, 천문학적인
- The owner of the restaurant actually majored in Astronomy.
  그 식당 주인은 사실 천문학을 전공했다.

astrology
[(미) əstrάlədʒi]
[(영) əstrɔ́lədʒi]

n. 점성술, 점성학

- astro(별)로 미래를 알려고 하는 학문, 즉 점성술, 점성학
- Do you believe in astrology?
  당신은 점성술을 믿으세요?

복습
| conclude | include | exclude | disclose | enclose |
| astronaut | astronomy | astrology | | |

어근 flu

어근 flu는 flow(흐르다)의 의미로 쓰인다.
대표적인 예로 flute(플루트)는 '공기가 흐르듯이 소리가 난다'는 의미에서 나온 말이다.

influenza
[influénzə]

n. 독감 (= flu)

- 코 in(안에) 콧물이 flu(흐르고) 앉아서 쉬어야 하는 독감
- All employees are required to take vaccine against influenza every winter.
  모든 직원은 겨울마다 독감 예방 백신을 맞아야 한다.

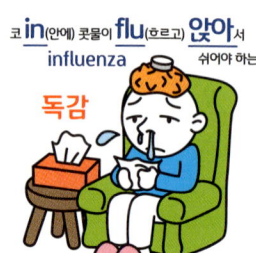

fluent
[flúːənt]

a. 유창한

- 물 flu(흐르는) 듯한 **틈투**(말투)로 **유창한**
- fluently 유창하게
- The lady speaks French fluently.
  그 아가씨는 프랑스어를 유창하게 말한다.

fluctuate
[flʌ́ktʃuèit]

v. 오르내리다, 변동하다

- ¹ 깃발이 바람에 **풀럭**(츄에이트)이며 **오르내리다, 변동하다**
- ² fluc(흐르는) 파도처럼 **오르내리다, 변동하다**
- fluctuation 변동, 오르내림
- The *sanjo* music of Korea fluctuates constantly around the notional pitches.
  한국의 '산조' 음악은 관념상의 음 높이 주위에서 지속적으로 변동한다.

influence
[ínfluəns]

n. 영향 v. 영향을 미치다

- 외국 문명이 우리나라 in(안으로) flu(흘러) 들어와 **영향, 영향을 미치다**
- influential 영향력 있는
- Their votes had been influenced by physical appearance.
  그들의 표는 신체적 외모의 영향을 받았다.

fluid
[flúːid]

¹ n. 액체, 유동체 ² a. 유동적인

- [flu(flow) + id] 흐르는 것, 즉 **액체, 유동체, 유동적인**
- ¹ The doctor advised me to increase fluid intake.
  의사는 나에게 수분 섭취량을 늘리라고 조언했다.
- ² My company's dress policy is quite fluid.
  우리 회사의 복장 방침은 꽤 유동적이다.

어근 bio

어근 bio는 life(생명)의 의미로 쓰인다.
대표적인 예로 인간의 신체적 상태의 주기를 나타내는 생체 리듬인 바이오리듬(biorhythm)이 있다.

biology
[미 baiάlədʒi]
[영 baiɔ́lədʒi]

n. 생물학

- [bio(life) + ology(~학, ~론)] 생명체에 대한 학문, 즉 **생물학**
- biological 생물학의
- I study biology in college.
  나는 대학에서 생물학을 전공한다.

biochemistry
[bàioukémistri]

n. 생화학

- [bio(life) + chemistry(화학)] 생화학
- He is Professor of Biochemistry at Wellford College.
  그는 Wellford 대학의 생화학 교수이다.

antibiotic
[(예) æntibaiátik]
[(영) æntibaiótik]

n. 항생제, 항생물질

- [anti(against) + bio(life) + tic] 항생제, 항생물질
- I take antibiotics regularly.
  나는 주기적으로 항생제를 복용한다.

복습	influenza	fluent	fluctuate	influence	fluid
	biology	biochemistry	antibiotic		

경쌤's TIP

축하합니다.

여러분은 경선식 토플영단어 기본 45강까지 완성하였습니다.

반드시 지켜야 하는 가장 효과적인 복습 방법(5page)을 확인 후 확실하게 복습하세요.

어근 mit, miss

어근 mit, miss는 send(보내다)의 의미로 쓰인다.

emit
[imít]

v. (소리·빛·열 등을) 내다, 발산하다

- 태양이 e(밖으로) 빛과 열을 mit(보내다), 즉 **(빛·열 등을) 내다, 발산하다**
- emission (소리·빛·열 등의) 배출, 배출물, 배기가스
- In the early 1990s Norway introduced a carbon tax on emissions from energy.
  1990년대 초에, 노르웨이는 에너지로부터 나오는 배출물에 탄소세를 도입했다.

transmit
[trænsmít]

v. 보내다, 전송하다

- 국경을 trans(가로질러) 수출품을 mit(보내다), 즉 **보내다, 전송하다**
- transmission 송달, 전송
- The virus can be transmitted through a cough.
  바이러스는 기침으로 전염될 수 있다.

dismiss
[dismís]

v. ¹해고하다 ²해산시키다 ³묵살하다, 일축하다

- 왕이 충언을 하는 신하들을 dis(멀리) 귀향을 miss(보내다), 즉 **해고하다, 해산시키다, 충언을 묵살하다**
- dismissal 해고, 면직
- ¹ He dismissed his servant.
  그는 그의 하인을 해고했다.
- ² The general dismissed his troops earlier than planned.
  장군은 계획된 시간보다 더 일찍 군대를 해산시켰다.
- ³ Though we cannot dismiss Mr. Smith's opinion completely, his argument is not persuasive.
  Smith 씨의 의견을 완전히 묵살해버릴 수는 없지만, 그의 논지에는 설득력이 없다.

submit ❶
[səbmít]

v. 제출하다

- sub(아래) 사람이 직장상사에게 보고서를 mit(보내서) **제출하다**
- Paintings submitted by students will be exhibited.
  학생들에 의해 제출받은 그림들이 전시될 것이다.

submit ❷
[səbmít]

v. 항복하다, 굴복하다

- 자신을 적군의 발 sub(밑으로) mit(보내서) 항복하다, 굴복하다
- submission 항복, 굴복, 제출
- I will not submit to threats.
  나는 위협에 굴복하지 않을 것이다.

어근 liter

어근 liter는 letter(글자)의 의미로 쓰인다.

---

literacy
[lítərəsi]

n. 읽고 쓸 줄 아는 능력

- liter(글자)를 읽고 쓸 줄 아는 능력
- literate 읽고 쓸 줄 아는
- illiterate 문맹의
- literacy rate of a country
  한 나라에서 읽고 쓸 줄 아는 사람들의 비율

literal
[lítərəl]

a. 글자 그대로의

- 한 글자 한 liter(글자) all(모두)의 뜻대로, 즉 글자 그대로의
- Readers need to find more than literal meaning from the literature.
  독자들은 문학에서 문자 그대로의 의미 이상의 것을 찾을 필요가 있다.

literary
[⒤ lítərèri ⒢ lítərəri]

a. 문학의

- liter(글자)로 쓴 문학의
- literature 문학
- Students should develop the ability to comprehend literary allusions.
  학생들은 문학적 암시를 이해하는 능력을 길러야 한다.

복습	emit	transmit	dismiss	submit¹	submit²
	literacy	literal	literary		

어근 sent, sens

어근 sent와 sens는 feel(느끼다)의 의미로 쓰인다.
대표적인 예로 sense(센스, 느낌, 감각)가 있다.

resent
[rizént]

v. 분개하다

- **1** "이젠 못 참아!" 하고 침을 **투!** 뱉으며 **분개하다**
- **2** 그 사람에게서 **re**(뒤로) 돌아서고 싶도록 **sent**(느끼다), 즉 **분개하다**
- resentful 분개한
- resentment 분개, 분노
- I bitterly resent your criticism.
  나는 당신의 비판에 크게 분개하는 바이다.

sensitive
[sénsətiv]

a. 민감한, 섬세한

- **1** 옆방에서 리모컨을 켜도 **센서**가 작동하는 **TV**, 즉 **민감한, 섬세한** TV
- **2** [sensi(feel) + tive(형·어)] 느낌이 많은, 즉 **민감한, 섬세한**
- I'm a sensitive person.
  저는 민감한 사람이에요.

sensation
[sɛnséiʃən]

n. **1** 감각, 느낌 **2** 센세이션, 세상을 떠들썩하게 하는 것

- **sens**(느낌)이 **쎄이션**(쎄다), 즉 쎈 **감각, 느낌**
- sensational 감각의, 선풍적인 인기의
- **1** visual sensation 시각
- **2** The scandal between two legendary celebrities was the sensation of the year.
  전설적인 두 연예인 간의 스캔들은 올해의 가장 큰 사건이었다.

sentimental
[sèntəméntl]

a. 감상적인

- [sent(feel) + ment(명·어) + al(형·어)] 마음으로 느끼는, 즉 **감상적인**
- sentiment 감정, 정서
- The lost earrings had sentimental value to her mother.
  잃어버린 귀걸이는 그녀의 어머니에게 감상적인 가치가 있었다.

dissent
[disént]

v. 반대하다 n. 불찬성

- [dis(not) + sent(feel)] 아니라고 느끼다, 즉 **반대하다, 불찬성**
- Strong bonds make even a single dissent less likely.
  강한 결속력은 단 하나의 반대 의견도 덜 가능하게 만든다.

sensible
[sénsəbl]

a. 분별 있는, 현명한, 느낄 수 있는

- 옳고 그름을 sens(느낄) ible(수 있는), 즉 분별 있는, 현명한, 느낄 수 있는
- insensible 무감각한, 의식하지 못하는
- Hence, the time spent on regular examinations is a sensible investment in good health.
  따라서 정기 검진을 받는 데에 들이는 시간은 건강을 위한 현명한 투자이다.

consent
[kənsént]

n. 동의 v. 동의하다

- 어떤 의견에 con(같이) sent(느끼다), 즉 동의, 동의하다
- They finally consented to go with us.
  그들은 마침내 우리와 함께 가기로 동의했다.

consensus
[kənsénsəs]

n. 의견 일치, 합의

- 모두 그렇게 con(함께) sens(느끼는) 의견 일치, 합의
- The general consensus among historians is that gunpowder was invented in China.
  화약은 중국에서 발명되었다는 것이 역사가들의 일반적인 의견이다.

sensory
[sénsəri]

a. 감각의

- ¹ 어디선가 아주 쎈(센) 소리를 귀로 감각하는, 즉 감각의
- ² [sens(feel) + ory] 감각의
- the sensory perception of touch 접촉에 관한 감각적 지각

| 복습 | resent | sensitive | sensation | sentimental | dissent |
| | sensible | consent | consensus | sensory | |

어근 leg

어근 leg는 law(법)의 의미로 쓰인다.

legitimate
[lidʒítəmət]

a. 합법적인, 정당한

- ¹ 니가 하는 짓도 법에 맞다, 즉 합법적인, 정당한
- ² leg(법)에 맞는, 즉 합법적인, 정당한
- I'm not sure that his business is strictly legitimate.
  나는 그의 사업이 엄격히 적법한 것인지 확실히 모르겠다.

니 짓도 맞다
legitimate

고등학생 X

합법적인, 정당한

illegal
[ilíːgəl]

a. 불법적인

➤ 1 "나는 일리(이리로) 갈 거야." 하며 도로를 건너는 **불법적인** 무단횡단
   2 [il(not) + leg(law) + al(형·어)] **불법적인**

- legal 합법적인, 법에 관련한
- illegally 불법적으로

1 illegal foreign workers 불법 외국인 노동자
2 I'm not of legal age yet to buy beer.
   나는 아직 맥주를 사기에 합법적인 나이가 아니다.

legislation
[lèdʒisléiʃən]

n. 입법, 법률제정, 제정법

➤ 1 "짐이 하는 모든 행동이 법이다. 내가 하는 짓을 법전으로 내셔!", 즉 **입법, 법률제정**
   2 **leg**(law)를 만듦, 즉 **입법, 법률제정**

- legislate 법률을 제정하다

The government passes legislation that makes the desired activity more profitable.
정부는 바람직한 활동을 더 수익성이 있게 만드는 제정법을 통과시킨다.

어근 graph, gram

어근 graph, gram은 write(쓰다)의 의미로 쓰인다.

geography
[⒜ dʒiágrəfi]
[⒝ dʒiɔ́grəfi]

n. 지리, 지리학

➤ 1 **지하**와 지상을 **graph**(그래프)로 그려 연구하는 **지리, 지리학**
   2 **geo**(earth: 땅)에 대해 **graph**(쓴) **지리, 지리학**

a geography book 지리학 책

biography
[⒜ baiágrəfi]
[⒝ baiɔ́grəfi]

n. 전기, 일대기

➤ 사람의 **bio**(life: 삶)에 관해 **graph**(쓴) 것, 즉 **전기, 일대기**

The audience will read about his biography before the presentation.
청중들은 발표 전에 그의 전기를 읽을 것이다.

autograph
[⒜ ɔ́ːtəgræf]
[⒝ ɔ́ːtəgrɑːf]

n. 자필서명, 사인 v. 사인하다

➤ **auto**(self: 자신)이 직접 **graph**(쓴) **자필서명, 사인**

He went backstage and asked for her autograph.
그는 무대 뒤로 가서 그녀에게 사인해 달라고 요청했다.

autobiography
[미] ɔ̀:təbaiágrəfi]
[영] ɔ̀:təbaiɔ́grəfi]

n. 자서전

- auto(self: 자신)의 bio(life: 삶)에 관해 graph(쓴) 자서전
- He published his autobiography last fall.
  그는 지난 가을 자서전을 출판했다.

telegraph
[미] téligræf]
[영] téligrɑ:f]

n. 전보 v. 전보를 보내다

- tele(away: 먼) 곳으로 graph(써서) 보내는 전보
- The spy telegraphed false information to his boss.
  그 스파이는 자신의 상사에게 거짓 정보를 전보했다.

paragraph
[미] pǽrəgræf]
[영] pǽrəgrɑ:f]

n. (문장의) 절, 단락

- 빼라! graph(쓴) 글에서 한 절, 단락을.
- I don't understand the first paragraph.
  저는 첫 번째 단락을 이해하지 못하겠어요.

복습

| legitimate | illegal | legislation | geography | biography |
| autograph | autobiography | telegraph | paragraph | |

리얼 생생 수강후기

왜 진작 이 방법을 택하지 않았을까 싶습니다. 내 지나간 6개월... ㅠㅠ (이*동)

학원도 다니고 여러 인터넷 자료들도 찾아보면서 열심히 공부를 했지만, 항상 아쉬운 건 단어. 외워도 외워도 그 때뿐. 일주일만 지나면 뜻이 가물가물하고, 한 달이 지나면 다시 리셋이 되어버리는 과정을 거의 6개월간 되풀이 했네요. 지푸라기라도 잡는 심정으로 수능 입시 때 기억을 떠올리며 찾아온 경선식 선생님의 해마학습법은 가뭄의 단비처럼 지쳐가는 저의 마음에 한 줄기 희망이 되어주었답니다. 시간이 촉박하여 하루에 4-5강씩 몰아서 듣고 있는데, 정말 신기하게 기억이 다 나는 놀라운 경험, 직접 체험해보지 않으면 결코 알 수 없답니다. 왜 진작 이 방법을 택하지 않았을까 싶습니다. 내 지나간 6개월... ㅠㅠㅠ 지금이라도 경선식 해마학습법을 알게 되셨다면 더이상 고민하지 말고 믿고 따라오세요.
어지간하면 저도 이런 글 안 올리는데, 직접 체험한 이상 혼자만 알고 있기 미안하네요:)

Lecture 47

어근 prin, prim

어근 prin, prim은 first(첫째의, 처음의)의 의미로 쓰인다.
대표적인 예로 prince(왕자 ← 첫째로 중요한 사람)가 있다.

primitive
[prímitiv]

a. 원시의

1 풀이 미치도록 자라서 우거졌던 원시의 시대
2 prim(처음의) 시기의, 즉 원시의

They are still using some rather primitive technology.
그들은 여전히 다소 원시적인 기술을 사용하고 있다.

풀이 미치도록 자라서 우거졌던
primitive 원시의 시대

primate
[práimeit]

n. 영장류

동물 중에 인간이랑 prim(첫째가는) mate(친구)는 영장류

The biology teacher explained that both chimpanzees and humans fall into the primate category.
생물학 교사는 침팬지와 인간 모두 영장류 범주에 속한다고 설명했다.

principle
[prínsəpl, prínsipl]

n. 원리, 원칙, 주의

1 "콩 심은 데 콩 나고 팥 심은 데 팥 난다." 즉, 뿌린 씨의 풀이 난다는 원리, 원칙, 주의
2 [prin(first) + ciple] prin(첫째로) 지켜야 할 원리, 원칙, 주의

Most people pause to reflect on their own moral principles.
대부분의 사람들은 잠시 멈춰서 그들 자신의 도덕적 원칙에 관해 숙고한다.

principal
[prínsəpəl]

1 a. 주요한 2 n. 교장

[prin(first) + cipal] 학교에서 prin(첫째가는) 주요한, 교장

- principally 주로, 대개

1 The lawyer brought in a principal witness.
변호사는 주요 증인을 불러들였다.
2 Our principal is very generous.
우리 교장 선생님은 매우 인자하시다.

prime
[praim]

a. 주요한, 최고의

[prim(first) + e] 첫째가는, 즉 주요한, 최고의

- primary 주요한, 기본적인

Winning is not the prime objective of the Olympics.
이기는 것이 올림픽의 주된 목적이 아니다.

어근 press

어근 press는 push(누르다)의 의미로 쓰인다.

press
[pres]

¹ v. 누르다, 압박하다 n. 누름 ² n. 인쇄(기), 신문

→ 활자를 press(눌러서) 찍어내는 **인쇄기**, 인쇄된 **신문**

¹ The dough is easily flattened with a press of the hand.
반죽은 손으로 누르면 쉽게 납작해진다.

² Before the invention of the printing press, ancestors wrote all the books by hand.
인쇄기 발명 전에 조상들은 모든 책을 손으로 필사했다.

³ press conference 기자회견

oppress
[əprés]

v. 억압하다, 탄압하다

→ 몽둥이로 때리며 **업!(읍!)** 소리가 나도록 사람들을 press(누르다), 즉 **억압하다, 탄압하다**

● oppression 압박, 억압

The people are oppressed by a ruthless military dictator.
그 사람들은 무자비한 군부독재자의 억압을 받고 있다.

suppress
[səprés]

v. 진압하다, 억누르다

→ 경찰이 폭도를 sup(아래로) press(눌러) **진압하다, 억누르다**

The dictator suppressed the freedom of speech.
그 독제자는 언론의 자유를 억압했다.

| 복습 | primitive
press | primate
oppress | principle
suppress | principal | prime |

pressure
[préʃər]

n. 압력, 압박

→ [press(push) + ure(명·어)] 찍어 누름, 즉 **압력, 압박**

blood pressure 혈압

depress
[diprés]

v. ¹ 우울하게 만들다 ² (경기·사업 등을) 부진하게 하다

→ 기분이나 경제를 de(아래로) press(눌러) **우울하게 만들다, 경기를 부진하게 하다**

● depressed 풀이 죽은, 부진한
● depression 의기소침, 경기 침체

¹ The news depressed many manufacturing workers.
그 소식은 많은 제조업 근로자들을 우울하게 했다.

² The government's decision has made depress the domestic pharmaceutical industry.
정부의 결정은 국내 제약 산업을 침체시켰다.

compress
[kəmprés]

v. 압축하다

- [com(강조) + press(push)] 완전히 눌러 **압축하다**
- I tried to wrap and compress it.
  나는 그것을 포장하고 압축하려 했다.

어근 port

어근 port는 carry(나르다, 운반하다)의 의미로 쓰인다.

---

export
v. [ikspɔ́:rt]
n. [ékspɔ:rt]

v. 수출하다 n. 수출

- 나라 ex(밖으로) 상품을 port(나르다), 즉 **수출, 추출하다**
- exporting countries 수출국들

import
v. [impɔ́:rt]
n. [ímpɔ:rt]

v. 수입하다 n. 수입

- 나라 im(in: 안으로) 상품을 port(나르다), 즉 **수입, 수입하다**
- Japan imports semiconductor from the Republic of Korea.
  일본은 대한민국으로부터 반도체를 수입한다.

porter
[pɔ́:rtər]

n. 짐꾼, 운반기

- [port(carry) + er(~하는 사람)] **짐꾼**
- a hotel porter 호텔에서 짐을 들어주는 사람

transport
n. [trǽnspɔ:rt]
v. [trænspɔ́:rt]

n. 운송 v. 운송하다

- 국경선을 trans(가로질러) 수출품을 port(운반하여) **운송, 운송하다**
- Such contamination may result from airborne transport from remote power plants.
  그러한 오염은 멀리 떨어진 발전소로부터 공기로 운반되어 오는 것일지도 모른다.

portable
[pɔ́:rtəbl]

a. 휴대할 수 있는, 휴대용의

- [port(carry) + able(~할 수 있는)] 운반할 수 있는, 즉 **휴대할 수 있는, 휴대용의**
- a little portable TV 작은 휴대용 텔레비전

potable
[póutəbl]

a. 마시기에 적합한

- [pot(항아리, 병) + able(~할 수 있는)] 병에 담겨 있는 물은 마실 수 있는, 즉 **마시기에 적합한**
- The water is potable here.
  이곳의 물은 마시기에 적합하다.

복습	pressure	depress	compress	export	import
	porter	transport	portable	potable	

어근 tempo

어근 tempo는 time(시간)의 의미로 쓰인다.

temporary
[(미)témpərèri]
[(영)témpərəri]

a. 일시적인, 임시의

- 1 수영하고 나서 추워서 입술이 퍼런 것은 **ten**(10)분 정도만 퍼러리. 즉, 일시적인, 임시의 현상
- 2 [**tempo**(time) + **rary**] 짧은 시간대의, 즉 일시적인, 임시의
- temporarily 일시적으로, 임시로
- a temporary address 임시 주소

tempo
[témpou]

n. 속도, 박자, 템포

- '템포가 빠르다, 템포가 느리다'라는 표현에서 템포는 속도, 박자
- The tempo of circulation was impressively fast.
  순환 속도가 인상적으로 빨랐다.

contemporary
[(미)kəntémpərèri]
[(영)kəntémpərəri]

a. 1 현대의 2 동시대의

- **con**(함께) 같은 **tempo**(시간)대를 살아가는, 즉 현대의, 동시대의
- 1 Someone who reads only newspapers and books by contemporary authors looks to me like a near-sighted person.
  신문과 현대 작가들이 쓴 책만 읽는 사람은 내게 근시안적인 사람으로 보인다.
- 2 My grandma was contemporary with the famous band Nirvana.
  우리 할머니는 유명한 밴드 너바나와 동시대 사람이었다.

temporal
[témpərəl]

a. 시간의, 일시적인

- **tempo**(시간)과 관련한, 즉 시간의, 일시적인
- People don't usually think of touch as a temporal phenomenon.
  사람들은 보통 촉각을 시간의 현상으로 생각하지 않는다.

어근 audi

어근 audi는 hear(듣다)의 의미로 쓰인다.
대표적인 예로 audio(오디오)가 있다.

audience
[ɔ́ːdiəns]

n. **청중, 관중**

- 1 [**audi**(hear) + **ence**] 듣는 사람들, 즉 **청중, 관중**
- 2 많은 **청중** 사이에 **어디 앉수**?

The audience was quiet.
청중들은 조용했다.

auditorium
[ɔ̀ːditɔ́ːriəm]

n. **강당, 방청석**

- [**audi**(hear) + **tor** + **ium**(장소의 접미어)] 듣는 장소, 즉 **강당, 방청석**

This class will be in the auditorium.
이번 수업은 강당에서 있을 거야.

audible
[ɔ́ːdəbl]

a. **들을 수 있는, 잘 들리는**

- [**audi**(hear) + (a)**ble**(~할 수 있는)] **들을 수 있는**

an audible signal 들을 수 있는 신호

inaudible
[inɔ́ːdəbl]

a. **들을 수 없는, 들리지 않는**

- [**in**(not) + **audi**(hear) + (a)**ble**(~할 수 있는)] **들을 수 없는, 들리지 않는**

His weak voice was almost inaudible.
그의 작은 목소리는 거의 들리지 않았다.

auditory
[ɔ́ːditɔ̀ːri]

a. **청각의**

- [**audi**(hear) + **tory**] **청각의**

an auditory organ 청각 기관

복습	temporary	tempo	contemporary	temporal	audience
	auditorium	audible	inaudible	auditory	

Lecture 48

어근 fra, frag

어근 fra, frag는 break(깨다, 깨지다)의 의미로 쓰인다.

fragile
[㉠frǽdʒəl]
[㉡frǽdʒail]

a. 부서지기 쉬운, 깨지기 쉬운

- ¹ [프래즐 → 뿌러질] 뿌러질 가능성이 있는, 즉 부서지기 쉬운, 깨지기 쉬운
- ² [frag(break) + ile(형·어)] 부서지기 쉬운, 깨지기 쉬운

例 fragile glass 깨지기 쉬운 유리

fracture
[frǽktʃər]

n. 골절, 파손 v. 골절되다, 부서지다

- ¹ [프랙춰 → 후려쳐] 후려쳐서 뼈가 골절, 파손
- ² [fract(break) + ure(명·어)] 골절, 파손

例 Older people are more prone to fracture. 노인들은 골절되기 더 쉽다.

fragment
[frǽgmənt]

n. 파편, 조각

- ¹ 풀밭에 족제비가 훔쳐 먹은 egg(달걀) 파편, 조각이 많다.
- ² fra(깨진) 파편, 조각이 많다.

例 a fragment of a broken dish 깨진 접시 조각

fraction
[frǽkʃən]

n. ¹ 일부분 ² (수학) 분수

- fract(깨어진) 전체의 일부분, 분수
- fractionally 부분적으로

例 The individual owner suffers only a fraction of the disadvantage.
개별 소유주는 단점의 불과 일부만을 겪게 된다.

어근 ple

어근 ple는 fill(채우다)의 의미로 쓰인다.

plenty
[plénti]

n. 많음, 풍부함 a. 많은 ad. 많이

- ¹ 플랜 A부터 plan T까지 있을 정도로 계획이 많음, 풍부함
- ² [ple(fill) + nty] 채워 넣어서 많음

- plentiful 많은, 풍부한
- There is plenty of time in life for people to follow other interests.
  사람들이 다른 흥밋거리를 쫓을 수 있을 만큼 인생에 있어 시간은 충분하다.

플랜 A부터 plan T까지 있을 정도로 planty
계획이 많음, 풍부함

ample
[ǽmpl]

a. 충분한, 풍부한

1. 'I am full(배부른).' 즉, 음식이 뱃속에 충분한, 풍부한
2. [am + ple(fill)] 채워 넣어서 충분한, 풍부한

- an ample salary 충분한 봉급

supplement
n. [sʌ́pləmənt]
v. [sʌ́pləmènt]

n. 보충 v. 보충하다, 추가하다

1. 단어 10번 써! 수학문제 풀러!(풀어!) 보충수업 할 게 많다, 즉 보충, 보충하다
2. sup(sub: 밑에)까지 ple(채워 넣어) 보충, 보충하다

- The nurse takes nutritional supplements to maintain her condition.
  그 간호사는 컨디션을 유지하기 위해 영양제를 먹는다.

completion
[kəmplíːʃən]

n. 완성, 완료

1. 수학 문제가 컴으로(컴퓨터로) 풀리션(풀리셔). 즉, 숙제 완성, 완료
2. [com(강조) + ple(fill) + tion(명·어)] 공주가 독 안에 물을 완전히 채워 넣어 임무를 완성, 완료

- complete 완전한, 완벽한; 완료하다, 끝마치다
- completely 완전히
- Participants who complete their hike will receive a medal.
  그들의 도보여행을 끝마친 참가자들은 메달을 받을 것이다.

| 복습 | fragile | fracture | fragment | fraction | plenty |
| | ample | supplement | completion | | |

deplete
[diplíːt]

v. 고갈시키다, 감소시키다

1. 비행기 뒤의 연료 뚜껑이 풀리트(풀리어) 연료를 고갈시키다, 감소시키다
2. [de(not) + ple(fill) + te] 채우지 않고 반대로 고갈시키다, 감소시키다

- depletion 고갈, 감소
- We should not deplete the earth of its natural resources.
  우리는 지구의 천연자원을 고갈시켜서는 안 된다.

complement
n. [kάmpləmənt]
v. [kάmpləmènt]

¹ n. 보완, 보충 v. 보완하다, 보충하다 ² n. 보어

1. 컴을(컴퓨터를) 풀러 부족한 메모리를 보완, 보충하다
2. com(강조: 완전히) ple(채워 넣어) 모자라는 부분을 보완, 보충하다

- complementary 보충적인, 보완적인
- The couple complements each other well.
  그 커플은 서로를 잘 보완해 준다.

어근 tract

어근 track은 draw(끌어당기다)의 의미로 쓰인다.
대표적인 예로 tractor, 즉 끌어당기는 견인차인 트랙터가 있다.

attract
[ətrǽkt]

v. 마음을 끌다, 끌어당기다

- 자기 at(to: ~쪽으로) 사람들을 tract(끌어당기다), 즉 **마음을 끌다, 끌어당기다**
- attraction 끌어당김, 매력
- attractive 매혹하는, 마음을 끄는
- Food that looks and smells attractive is taken into the mouth.
  매력적으로 보이고 냄새도 매혹적인 음식은 입으로 취하게 된다.

extract
v. [ikstrǽkt]
n. [ékstrækt]

v. 추출하다 n. 추출, 발췌

- ex(밖으로) tract(끌어당겨) **추출하다**
- extraction 추출, 적출
- fossil fuel extraction technologies 화석연료 추출 기술

detract
[ditrǽkt]

v. (가치·명성 등을) 손상시키다(from)

- 1억 가치의 도자기를 de(아래로) tract(끌어당겨) 깨뜨려 **(가치를) 손상시키다**
- No amount of criticism can detract from her achievements.
  아무리 많은 비판을 해도 그녀의 업적을 손상시키지는 못한다.

distract
[distrǽkt]

v. (주의를) 딴 데로 돌리다, 산만하게 하다

- 마음을 dis(멀리) tract(끌어당기다), 즉 **(주의를) 딴 데로 돌리다, 산만하게 하다**
- Her attention was distracted by a rough, noisy quarrel taking place at the ticket counter.
  매표소에서 일어나는 거칠고 시끄러운 다툼 때문에 그녀의 주의가 산만해졌다.

subtract
[səbtrǽkt]

v. 빼다

- 만원버스에서 정원이 초과된 사람을 sub(아래로) tract(끌어당겨) **빼다**
- 2 subtracted from 7 is 5.
  7에서 2을 빼면 5이다.

abstract ❶
[ǽbstrækt]

a. 추상적인

- 달리기 앱's(앱의) 가상의 트랙 two(2)개를 상상하며 달리는, 즉 **추상적인** 트랙
- Her works are abstract.
  그녀의 작품들은 추상적이다.

abstract ❷
[ǽbstrækt]

v. 추출하다, 뽑아내다

- 여러 페이지의 중요한 앱s(앱들)만 손가락으로 tract(끌어당겨) 1페이지로 **추출하다, 뽑아내다**
- The information was abstracted from an academic thesis.
  그 정보는 학술 논문에서 추출되었다.

복습	deplete	complement	attract	extract	detract
	distract	subtract	abstract¹	abstract²	

어근 dic, dict

어근 dic, dict는 speak(말하다)의 의미로 쓰인다.

verdict
[və́:rdikt]

n. (배심의) 평결, 판단

- 배심원단이 피고가 받을 벌을 dict(말하는) **평결, 판단**
- After listening to the testimony, the members of the jury delivered their verdict.
  증언을 들은 후 배심원들은 그들의 판결을 내렸다.

(배심의) 평결, 판단

dictation
[diktéiʃən]

n. ¹말함, 받아쓰기 ²명령, 지시

- 선생님이 dict(말하는) 것을 시원하게 **받아쓰기** 하라고 **명령, 지시**
- dictate ¹구술하다, 받아쓰게 하다 ²명령하다
- ¹ I'm good at dictation. 나는 받아쓰기를 잘한다.
  ² My mother is always dictating what I wear.
  우리 어머니는 언제나 나에게 어떤 옷을 입어야 할지 명령하신다.

dictator
[díkteitər]

n. 독재자

- dict(말하여) 시키는 or(사람), 즉 **독재자**
- dictatorial 독재자의, 독단적인
- Our boss is a real dictator.
  우리 사장님은 진짜 독재자이다.

contradict
[(미)kɑ̀ntrədíkt]
[(영)kɔ̀ntrədíkt]

v. ¹반박하다, 부인하다 ²모순되다

- [contra(against) + dict(speak)] **반박하다, 부인하다, 모순되다**
- contradiction 반박, 부인, 모순
- ¹ Don't you dare contradict me!
  감히 내 말에 반박하지 마라!
  ² The mind systematically avoids confronting contradiction.
  정신은 체계적으로 모순에 맞서는 것을 피한다.

predict
[pridíkt]

v. 예언하다, 예측하다

- **pre**(미리) **dict**(말하여) 예언하다, 예측하다
- prediction 예언, 예측
- ¹ They predicted that there would be an earthquake.
  그들은 지진이 일어날 것이라고 예언했다.
- ² Not predicting the future would be like driving a car without looking through the windshield.
  미래를 내다보지 않는 것은 자동차 앞유리를 보지 않고 운전하는 것과 같을 것이다.

어근 meter, metr

어근 meter, metr는 measure(측정하다)의 의미로 쓰인다.

geometry
[(미) dʒiámətri]
[(영) dʒiómətri]

n. 기하학

- 지하의 깊이를 **metr**(측정하는) 삼각측량법과 같은 기하학
- geometric 기하학의
- geology 지질학
- He majored in geometry.
  그는 기하학을 전공했다.

barometer
[(미) bərámətər]
[(영) bərómətər]

n. ¹ 기압계 ² 지표, 바로미터

- 공기를 **뷔라**, 그리고 그 공기의 무게, 즉 기압을 **meter**(측정하는) 기압계, 측정 지표
- ¹ Scuba divers use special barometers.
  스쿠버 다이버들은 특수한 기압계를 사용한다.
- ² A stock market is a barometer of economic growth.
  주식시장은 경제 성장의 지표이다.

speedometer
[(미) spidámətər]
[(영) spidómətər]

n. 속도계

- **speed**(속도)를 **meter**(측정하는) 속도계
- The speedometer was touching 120 mph.
  속도계가 시속 120마일에 이르고 있었다.

thermometer
[(미) θərmámətər]
[(영) θəmómətər]

n. 온도계

- **summer**(여름)의 기온을 **meter**(측정하는) 온도계
- The thermometer points 30 degrees.
  온도계가 30도를 가리키고 있다.

복습				
verdict	dictation	dictator	contradict	predict
geometry	barometer		speedometer	thermometer

Lecture 49

어근 sta

어근 sta는 stand(서다, 세우다)의 의미로 쓰인다.

statue
[stǽtʃuː]

n. 동상, 조각상

- 눈발이 날리는 **추**위에도 계속 **sta**(서 있는) **동상, 조각상**
- The Statue of Liberty is a landmark of New York City.
  자유의 여신상은 뉴욕의 랜드마크이다.

stable
[stéibl]

a. 안정적인

- ¹ 아이를 **수태**해서 **이불** 속에 누워 안정을 취하는, 즉 **안정적인**
- ² 쓰러지지 않고 **sta**(서 있을) **ble**(수 있는), 즉 **안정적인**
- stability 안정, 안정도
- instability 불안정성, 불안정
- stabilize 안정시키다
- unstable 불안정한
- The patient's condition is stable.
  환자의 상태는 안정적입니다.

establish
[istǽbliʃ]

v. 설립하다, 확립하다

- 마당 **e**(밖에) 건물 등을 **sta**(세우다), 즉 **설립하다, 확립하다**
- established 확립된, 확실히 자리 잡은
- Would you please establish a new fire station in our area?
  우리 지역에 새 소방서를 하나 세워주지 않겠습니까?

어근 rect

어근 rect는 right(올바른), straight(똑바른)의 의미로 쓰인다.

rectify
[réktəfài]

v. 바로잡다, 수정하다

- [rect(right) + ify(동·어)] 옳게 만들다, 즉 **바로잡다, 수정하다**
- You should rectify your error before it is too late.
  너무 늦기 전에 잘못을 바로잡아야 한다.

rectangle
[réktæŋgl]

n. 직사각형

- 네 개의 rect(똑바른) angle(각, 앵글), 즉 직각을 가진 **직사각형**
- rectangular 직사각형의, 직각의
- The banner needs to be a rectangle to be hung on the pole.
  기둥에 걸기 위해서는 현수막은 직사각형이어야 합니다.

correct
[kərékt]

v. 정정하다, 바로잡다 a. 올바른

- 비뚤어진 코를 rect(똑바르게) **올바른** 모양으로 **바로잡다, 정정하다**
- correctly 올바르게, 정확하게
- correction 정정, 수정, 교정
- incorrect 바르지 않은, 부정확한, 틀린
- After all, no one's instincts are always correct.
  결국, 그 누구의 직관도 항상 올바르지는 않다.

erect
[irékt]

v. (똑바로) 세우다 a. 똑바로 선

- ¹ "걸음마 하려면 이래(이렇게) two(2) 발로 일어서! 아가야." 하고 **(똑바로) 세우다, 똑바로 선**
  ² [e(강조) + rect(straight)] **(똑바로) 세우다, 똑바로 선**
- erection 직립, 건립
- ¹ erect a college 대학을 건립하다
  ² Humans stand erect. 인간은 직립한다.

어근 gen

어근 gen은 birth(태어남)의 의미로 쓰인다.
대표적인 예로 generation(세대)이 있다.

gender
[dʒéndər]

n. 성(性), 성별

- ¹ [젠 더] 남자 아이 고추를 보고 쟨 더 뭐가 달렸네? 즉 **성, 성별**
  ² [gen(birth) + der] 태어날 때 갖고 태어나는 것, 즉 **성별**
- the feminine gender 여성

indigenous
[indídʒənəs]

a. 토착의, 고유의

- 인디언으로 gen(태어난), 즉 아메리카 **고유의, 토착의**
- Tobacco is one of the indigenous plants which the explorers found in this country. 담배는 탐험가들이 이 나라에서 발견한 고유 식물들 중의 하나이다.

복습	statue	stable	establish	rectify	rectangle
	correct	erect	gender	indigenous	

gene
[dʒi:n]

n. 유전자

→ gen(태어날) 때 가지고 태어나는 유전자
- You can't change your genes. 너는 너의 유전자를 바꿀 수 없다.

genetics
[dʒənétiks]

n. 유전학

→ [gene(유전자) + tics(학문에 붙이는 접미어)] 유전학
- genetic 유전의, 유전학의
- genetic defects 유전적 결함

generate
[dʒénərèit]

v. 발생시키다, 일으키다

→ gen(태어나게) ate(동·어: 하다), 즉 발생시키다, 일으키다
- Pedaling a bike at a reasonable pace can generate power.
  적당한 속도로 자전거 페달을 밟는 것은 전력을 발생시킬 수 있다.

regenerate
[ridʒénərèit]

v. 재건하다, 재생시키다

→ re(다시) gen(태어나게) ate(동·어: 하다), 즉 재건하다, 재생시키다
- regeneration 재건, 재생
- Lasers have been used to regenerate parts of damaged teeth.
  손상된 치아의 일부를 재생하는 데 레이저가 사용되어 왔다.

degenerate
v. [didʒénərèit]
a. [didʒénərət]

v. 퇴보하다, 악화되다 a. 퇴보한, 타락한

→ [de(not) + generate(발생시키다)] 새로운 것을 generate(발생시키지) de(않고) 거꾸로 퇴보하다, 악화되다
- His health is degenerating rapidly. 그의 건강이 빠르게 악화되고 있다.

어근 fin

어근 fin은 end(끝)의 의미로 쓰인다.
대표적인 예로 finish(끝내다), final(마지막) 등이 있다.

define
[difáin]

v. 정의하다, 분명히 하다

→ ¹ 뒤에 파인 배수로까지가 우리 땅이라고 정의하다, 분명히 하다
  ² [de(강조) + fin(end) + e(동·어)] 완전히 끝을 정하여 정의하다, 분명히 하다
- definition 정의
- ¹ Whitman defined poetic fame in relation to the crowd.
  Whitman은 군중과 관련하여 시적 명성을 정의하였다.
  ² What is the definition of beauty?
  미의 정의가 무엇인가요?

confine
[kənfáin]

v. 한정하다, 제한하다, 감금하다

- ¹ 큰 파인 구덩이에 사람을 감금하다, 못 나가게 한정하다, 제한하다
- ² [con(강조) + fin(end)] 완전히 끝을 정하다, 즉 한정하다, 제한하다, 감금하다
- confinement 한정, 제한, 감금
- Animal activists think it is cruel to confine whales in an aquarium.
  동물 운동가들은 고래를 수족관에 가두는 것은 잔인하다고 생각한다.

infinite
[ínfənət]

a. 무한한, 끝없는

- [in(not) + fin(end) + ite] 끝이 없는, 즉 무한한
- infinitely 무한히, 대단히
- finite 유한한, 한정된
- ¹ Man's ambition is infinite.
  인간의 욕망은 끝이 없다.
- ² I finally saw the land of infinite opportunities.
  나는 드디어 무한한 기회의 땅을 보았다.

finale
[⑨ fináeli ⑧ fináːli]

n. 대단원, 피날레

- [fin(end) + ale] 마지막 부분, 즉 대단원, 피날레
- Fireworks accompanied the grand finale of the film festival.
  불꽃놀이가 영화제의 대미를 장식했다.

복습	gene	genetics	generate	regenerate	degenerate
	define	confine	infinite	finale	

definite
[défənit]

a. ¹ 한정된 ² 명확한, 확실한

- [de(강조) + fin(end) + ite] de(완전히) fin(끝)이 정해진, 즉 한정된, 끝이 명확한, 확실한
- definitely 분명히, 틀림없이
- I have no definite plans for tomorrow.
  난 내일은 뚜렷한 계획이 없다.

finalize
[fáinəlàiz]

v. 마무리짓다, 완성하다

- [final(마지막의) + ize(동·어)] 마무리짓다, 완성하다
- It takes a long time to finalize the terms of the treaty.
  그 조약의 협정을 마무리하는 데는 오랜 시간이 걸린다.

어근 pass, path

어근 pass, path는 feel(느끼다)의 의미로 쓰인다. 대표적인 예로 telepathy(텔레파시)는 away를 뜻하는 tele와 pathy(feel)가 합쳐져서 된 말로 '멀리서도 서로 느낌이 통하는 것'을 뜻한다.

compassion
[kəmpǽʃən]

n. 연민, 동정심

- 1 놀부 부부가 불쌍한 흥부를 주격으로 com(함께) 팼셔(팼어). 즉, 흥부에게 느껴지는 연민, 동정심
- 2 [com(together) + pass(feel) + ion(명·어)] 같이 느낌, 즉 연민, 동정심
- compassionate 연민의, 동정심 있는
- a woman of great compassion 동정심이 많은 여자

pathetic
[pəθétik]

a. 불쌍한, 애처로운

- 1 흥부를 밥을 퍼주는 주격으로 쎄릭(쎄리다: 때리다), 즉 불쌍한, 애처로운 흥부
- 2 [path(feel) + tic(형·어)] 불쌍함을 느끼는, 즉 불쌍한, 애처로운
- In their thin, weak, and diseased condition, these poor sheep were a pathetic sight. 여위고, 약하고, 병든 상태의 이 불쌍한 양들은 애처로운 모습이었다.

sympathy
[símpəθi]

n. 동정심, 공감

- 다른 사람이 느끼는 것과 sym(same: 같은) path(느낌), 즉 동정심, 공감
- I felt sympathy for the poor boy. 나는 그 가난한 소년에게 동정심을 느꼈다.

passion
[pǽʃən]

n. 열정

- 1 패션디자이너 앙드레김이 가졌었던 패션에 대한 열정
- 2 강하게 pass(느끼는) 것, 즉 열정
- passionate 열정적인
- 1 Can you feel my passion? 나의 열정이 느껴지니?
- 2 He was passionate about his work. 그는 자신의 일에 열정적이었다.

antipathy
[æntípəθi]

n. 반감

- [anti(against) + path(feel) + y] 대항하는 느낌, 즉 반감
- He showed an antipathy to foreigners. 그는 외국인에 대해 반감을 드러냈다.

empathy
[émpəθi]

n. 감정 이입, 공감

- 다른 사람의 감정을 자신의 마음 em(안에) 넣어 path(느끼는) 것, 즉 감정 이입, 공감
- She showed a bit of empathy for him. 그녀는 그에게 약간의 공감을 표시했다.

복습	definite	finalize	compassion	pathetic	sympathy
	passion	antipathy	empathy		

경쌤's TIP

축하합니다. 경선식 토플영단어의 기본 파트 단어를 모두 마쳤습니다.

이제 반드시 아래와 같이 전체 복습을 5회 정도 하고 난 후 파생어 학습까지 완벽히 끝낸 다음 완성 파트를 나가야 합니다.
세 번째 복습부터는 기본 파트 전체 복습에 1~2시간 내외 정도만 걸릴 것이니 5회라고 해서 너무 겁 먹지 마세요.

A 첫 번째 기본 파트 전체 복습 방법

1. 1강부터 5강까지 단어의 뜻을 가리고 0.5초 내에 뜻이 바로바로 생각나지 않는 단어들에 새로운 바를 정자 표시를 하면서 한 강씩 완벽하게 복습합니다.
2. 1에서 표시한 단어들을 다시 한 번 뜻을 가리고 완벽히 암기되었는지 확인한 후 1~5강의 복습을 마칩니다.
3. 6~10강, 11강~15강... 5강 단위로 위와 같은 방식으로 49강까지 복습을 합니다.

B 두 번째부터 다섯 번째 기본 파트 전체 복습 방법

A에서 바를 정자 한 획이라도 있는 단어들만 뜻을 가리고 복습을 합니다.

* 위의 5회에 걸친 복습을 마쳤다면 파생어 학습까지 마치고 완성 단어로 가야 합니다.
  강의를 수강하는 학생들은 파생어에 대한 특강이 있으니 반드시 그것을 듣고 파생어 공부를 하도록 하세요.

경선식에듀 홈페이지(www.kssedu.com) 학습자료실에서 PART I 전체의 파생어 학습방법을 다운로드 받으실 수 있습니다. PART I 전체 표제어에 대한 완벽한 복습을 마친 후 반드시 파생어까지 학습해야 합니다.
파생어를 더욱 쉽고 빠르게 암기하기 위해
반드시! 파생어의 어미 변형에 대한 체계적인 학습을 한 후 파생어를 공부하도록 하세요.

기타 주요어휘

late
[leit]
¹a. 늦은 ad. 늦게 ²a. 작고한
her late mother 그녀의 돌아가신 어머니

arch
[ɑːrtʃ]
n. 아치, 활 모양, 둥근 천장
a bridge with three arches 세 개의 아치가 있는 다리

swan
[⑪swan ⑱swɔn]
n. 백조
Lora danced like a swan. Lora는 한 마리의 백조처럼 춤추었다.

calf
[⑪kæf ⑱kɑːf]
n. 송아지
His cow has produced a calf. 그의 암소가 송아지를 한 마리 낳았다.

lizard
[lízərd]
n. 도마뱀
When a lizard feels danger, it cuts its tail and runs away.
도마뱀은 위험을 느끼면 꼬리를 자르고 도망간다.

scorpion
[skɔ́ːrpiən]
n. 전갈
There are many delicious scorpion restaurants in China.
중국에는 맛있는 전갈집이 많이 있다.

gauge
[geidʒ]
n. 계량기, 측정기
Check out the gas gauge. 연료 계기판을 확인해봐.

ounce
[auns]
n. 온스(1/16파운드)
two ounces of medicine 2온스의 약

Muslim
[⑪mʌ́zlim ⑱múslim]
n. 무슬림, 이슬람교도 a. 이슬람교의
Every company should provide a place for Muslims to pray.
모든 회사는 이슬람교도들이 기도할 수 있는 장소를 제공해야 한다.

lever
[⑪lévər ⑱líːvə]
n. 지레, (기계를 조작하는) 레버
Only authorized personal are allowed to operate the lever.
허가된 사람만 레버를 작동할 수 있습니다.

junk
[dʒʌŋk]
n. 쓰레기, 잡동사니
junk food 몸에 해로운 고칼로리의 즉석 식품

cattle
[kǽtl]
n. 소
Cowboys drive cattle. 카우보이들은 소떼를 몬다.

rat
[ræt]
n. 쥐
The rat has sharp teeth. 쥐는 날카로운 이를 가지고 있다.

bronze
[⑩ brʌnz ⑳ brɔnz]
n. 청동 a. 청동제의
This bowl is bronze. 이 사발은 청동으로 된 것이다.

therefore
[ðéərfɔ̀:r]
ad. 그런 까닭에, 따라서
Therefore, I should take this money. 그러므로 내가 이 돈을 가져야 한다.

saint
[seint]
n. 덕이 높은 사람, 성인, 성-
Saint John 성 요한

rescue
[réskju:]
v. 구출하다, 구조하다 n. 구조, 구출
The dog is excellent at water rescues. 그 개는 물에서의 구조에 뛰어나다.

parliament
[pá:rləmənt]
n. 의회, 국회
Parliament is an important constitutional body responsible for the country's legislation. 의회는 국가의 입법을 책임지는 중요한 헌법 기구이다.

session
[séʃən]
n. (특정한) 기간, 회기, 학기
a training session 훈련 기간

rubber
[rʌ́bər]
n. 천연고무, 고무제품
Most high school students usually wear rubber slippers.
대부분의 고등학생들은 보통 고무 슬리퍼를 신는다.

stiff
[stif]
a. 뻣뻣한
New boots are always stiff. 새 부츠는 항상 뻣뻣하다.

hence
[hens]
ad. 그러므로, 그래서
I am your mother, hence I tell you what to do.
나는 네 엄마야. 그러니까 너한테 무엇을 하라고 말하지.

client
[kláiənt]

n. (소송) 의뢰인, 고객

Client requests can be an essential clue to sales growth.
고객 요청은 매출 성장의 필수적인 단서가 될 수 있습니다.

tag
[tæg]

n. 꼬리표, 가격표

a tag on the package 꾸러미에 붙어 있는 꼬리표

phrase
[freiz]

n. 구, 구절

a well-chosen phrase 잘 선택한 귀절

raisin
[réizn]

n. 건포도

Single raisin contains the same number of calories as a single grape.
건포도 한 알은 포도 한 알과 같은 칼로리를 함유하고 있습니다.

pony
[póuni]

n. 조랑말

I want to ride a pony. 저는 조랑말을 타고 싶어요.

parrot
[pǽrət]

n. 앵무새

Parrots often embarrass their owners by repeating what they say when they are alone.
앵무새는 종종 주인이 혼자 있을 때 하는 말을 반복하여 주인을 당황하게 한다.

do
[du]

v. ¹ (일·행위 등을) 하다 ² (will과 함께 쓰여) 충분하다

This little bed will do for the baby.
이 작은 침대는 아기에게 충분하다.

play
[plei]

¹ v. 경기를 하다 ² v. (악기를) 연주하다 ³ n. 희곡, 연극 v. 상연하다

¹ Paul played the piano. Paul은 피아노를 연주했다.
² He has written a new play. 그는 새 희곡을 한 편 썼다.

rate
[reit]

n. ¹ 속도, 비율 ² 요금, 가격

¹ the birth rate 출생률, 출산율
² Night telephone rates are cheaper. 야간 통화요금이 더 저렴하다.

state
[steit]

¹ v. 진술하다, 말하다 ² n. 국가, 나라, 주 ³ n. 상태, 상황

¹ He stated that he had done his best.
그는 최선을 다했다고 진술했다.
² a welfare state 복지국가
³ a poor state of health 나쁜 건강 상태

character
[kǽriktər]

n. ¹ 성격, 특징 ² 등장인물 ³ 문자

- ¹ a weak character 나약한 성격
- ² a main character 주인공
- ³ Chinese characters 한자

bill
[bil]

n. ¹ 계산서, 청구서 ² 법안 ³ 지폐

- ¹ She was staggered when she received the utility bill.
  그녀는 공과금 청구서를 받았을 때 깜짝 놀랐다.
- ² I want the Congress to pass the bill.
  나는 국회가 그 법안을 통과시키길 바란다.
- ³ He brought a bag full of hundred-dollar bills to buy a diamond ring.
  그는 다이아몬드 반지를 사기 위해 100달러 지폐가 가득 든 가방을 가져왔다.

check
[tʃek]

¹ v. 조사하다 ² n. 꼬리표 v. (수화물에) 꼬리표를 달다 ³ n. 수표, 계산서

- ¹ baggage check 수화물표
- ² a check for $100 100달러 수표

meditate
[médətèit]

v. 숙고하다, 명상하다

- meditation 심사숙고, 명상
- premeditated 미리 계획된
- I like to meditate before an important exam.
  나는 중요한 시험 전에 명상하기를 좋아한다.

corporation
[kɔ̀:rpəréiʃən]

n. 기업, 법인

- corporate 기업의, 법인의
- a trading corporation 무역 회사

institution
[ìnstətjúːʃən]

n. ¹ 기관, 시설 ² 제도

- institute 기관, 협회
- ¹ an educational institution 교육 기관
- ² The abolition of the institution of slavery had a significant impact on society.
  노예 제도의 폐지는 사회에 중대한 영향을 미쳤다.

customs
[kʌ́stəmz]

n. 세관

- go through customs 세관을 통과하다

hydrogen
[háidrədʒən]

n. 수소

- Hydrogen is a colorless, odorless gas.
  수소는 무색 무취의 가스이다.

nitrogen
[náitrədʒən]

n. 질소

Nitrogen is in the air as a gas. 질소는 기체 상태로 공기 중에 있다.

paradigm
[pǽrədàim]

n. 전형적인 예, 패러다임

We need a new paradigm for educating our children.
우리는 우리 아이들을 교육시키는 것에 대한 새로운 전형적인 예를 필요로 한다.

sleepover
[slí:pòuvər]

n. (아이들의) 밤샘 파티

I will have a sleepover this weekend. 나는 이번 주말에 밤샘 파티를 할 것이다.

tobacco
[təbǽkou]

n. 담배

Tobacco companies are responsible for many lung cancer patients.
담배회사들은 많은 폐암환자들에 대해 책임이 있다.

biosphere
[báiəsfìər]

n. 생물권(생물이 살 수 있는 지구 표면과 대기권)

Carbon dioxide is essential to the biosphere.
이산화탄소는 생물권에 필수적이다.

minimize
[mínəmàiz]

v. 최소화하다, 축소하다

▶ [mini(작은, 소형의) + ize(~화하다)] 최소화하다, 축소하다

This mask can minimize the risk of infection.
이 마스크는 감염의 위험을 최소화할 수 있다.

shortcut
[ʃɔ́:rtkʌ̀t]

n. 지름길

▶ [short(짧게) + cut(자르다)] 짧게 길을 갈라서 가는 지름길

I know a shortcut to go there. 나는 그곳으로 가는 지름길을 알고 있다.

sidewalk
[sáidwɔ̀:k]

n. 보도, 인도

▶ [side(옆의) + walk(걷다)] 도로 옆으로 걸어가는 길, 즉 보도, 인도

He fell down on the sidewalk. 그가 보도에서 넘어졌다.

enlighten
[inláitn]

v. 계몽하다, 이해시키다

▶ [en(안에) + lighten(밝게 하다)] 머릿속을 밝게 하다, 즉 계몽하다, 이해시키다

Is there somebody to enlighten me about this situation?
이 상황에 대해 나를 이해시켜줄 사람 있나요?

primary
[(미) práiməri]
[(영) práiməri]

a. [1] 주요한 [2] 최초의

- primarily 주로

Our primary concern is the welfare of the elderly.
우리의 주된 관심사는 노인 복지이다.

MEMO

Lecture 01 ~ Lecture 38
토플 완성 어휘 (토플 100점을 넘기 위한 필수 어휘)

Lecture 01

> **TIP** 파생어는 PART II 전체를 끝낸 후 학습하세요. (6pg TIP 6 참고) | 예문은 PART I, II를 모두 끝낸 후 학습하세요. (6pg TIP 4 참고)

coral
[kɔ́:rəl]

n. 산호

- 바닷물에 **코**를 박고 구경하는 물속의 **산호**
- The Maldives is famous for its coral.
  몰디브는 산호로 유명하다.

twig
[twig]

n. 작은 가지

- 싹이 **트이**고 있는 **작은 가지**
- A bird sat on a twig. 새가 나뭇가지에 앉았다.

symmetry
[símətri]

n. (좌우의) 대칭, 균형

- 가로수 양쪽에 **심어** 놓은 **tree**(나무)들의 좌우 **대칭, 균형**
- This art piece shows perfect symmetry.
  이 예술 작품은 완벽한 대칭을 보여준다.

gull
[gʌl]

n. 갈매기

- **꺼~얼**, 꺼~얼 하고 우는 **갈매기**
- Sea gulls eat fish. 바다 갈매기들은 물고기를 먹는다.

frost
[frɔːst]

n. 서리, 성에

- 기온이 플러스(+) **two**(2), 즉 영상 2도로 내려가서 생긴 **서리, 성애**
- Frost can kill young plants. 서리는 어린 식물을 죽일 수 있다.

parachute
[pǽrəʃùːt]

n. 낙하산

- "**낙하산**을 **펴라**! 그리고 슈우~ 내려와라!"
- He released a parachute. 그는 낙하산을 폈다.

radiate
[réidièit]

v. (빛·열 등을) 방사하다, 방출하다

- **lady**(숙녀)가 에잇! 하고 방귀를 **방사하다, 방출하다**
- radiation (열·에너지 등의) 방사, 방사능
- radioactive 방사능의, 방사성의
- ¹ the energy from solar radiation
  태양 복사로부터 오는 에너지
- ² They were exposed to radiation.
  그들은 방사능에 노출되었다.

punctual
[pʌ́ŋktʃuəl]

a. 시간을 엄수하는

- 늦어서 약속을 펑크 낼까 봐 차를 추월해가며 시간을 엄수하는
- punctually 시간을 엄수하여
- Punctually as always, she heard the car approach and stop outside.
  평소처럼 정확한 시간에 그녀는 자동차가 다가와 밖에서 멈추는 소리를 들었다.

myth
[miθ]

n. 신화, (근거 없는) 이야기

- "사람이 알에서 태어났다는 신화를 믿수?" 즉, 신화, (근거 없는) 이야기
- An old Greek myth tells the story of a farmer.
  오래된 그리스 신화에는 한 농부에 관한 이야기가 있다.

conserve
[kənsə́ːrv]

v. ¹ 보존하다, 보호하다 ² 아끼다, 절약하다

- 그랜드캐니언과 같은 미국의 큰 서부지역을 관광을 위해 보존하다, 보호하다, 개발하지 않고 아끼다
- conservative 보수적인
- conservation 보존, 보호
- ¹ It is essential to conserve energy.
  에너지를 절약하는 것은 중요하다.
  ² Older people are usually more conservative than young people.
  나이 많은 사람들이 대개 젊은 사람들보다 더 보수적이다.

복습					
	coral	twig	symmetry	gull	frost
	parachute	radiate	punctual	myth	conserve

tangle
[tǽŋgl]

v. 얽히다, 얽히게 하다 n. 얽힘

- 탱글탱글 포도송이가 서로 얽히다
- entangle 얽히게 하다
- Three cats tangled all the threads.
  고양이 세 마리가 실을 모두 헝클었다.

converter
[kənvə́ːrtər]

n. 변환시키는 것(사람)

- 옥수수 콘을 버터로 변환시키는 것
- convert 변하게 하다, 전환하다
- He has converted to Catholicism.
  그는 가톨릭교로 개종했다.

contagion
[kəntéidʒən]

n. 전염병, 전염

- 큰 대전 시내에 퍼진 전염병
- contagious 전염성의
- Congratulations, hugs, and laughter were contagious.
  축하, 포옹, 웃음은 전염성이 있다.

bamboo
[bæmbúː]

n. 대나무

→ 뱀처럼 길게 생기고 통소와 같이 부~ 소리를 내는 대나무

Panda bears eat tons of bamboo a day.
팬더는 하루에 수 톤의 대나무를 먹는다.

attic
[ǽtik]

n. 다락(방)

→ 숨바꼭질 놀이에서 애가 틱! 올라가 숨는 다락방

Anne had to hide in the attic.
Anne은 다락방에 숨어야만 했다.

fertile
[@ fə́ːrtl @ fə́ːrtail]

a. 비옥한, 다산의

→ 씨만 뿌리면 잘 퍼틀(퍼트릴) 정도로 땅이 비옥한

1 Plants grow well in fertile soil.
식물은 비옥한 토양에서 잘 자란다.
2 Some fishes are very fertile.
어떤 물고기들은 번식력이 매우 좋다.

hostage
[@ hástidʒ @ hɔ́stidʒ]

n. 인질

→ 인질이 몰래 하수구로 튀지

The captain was taken as a hostage.
기장이 인질로 잡혔다.

obscure
[əbskjúər]

a. 분명치 않은, 모호한

→ 자동차 앞s 헤드라이트를 켜야 할 정도로 어두워 앞이 분명치 않은, 모호한

The source of information is obscure.
정보의 출처는 불분명하다.

vein
[vein]

n. 정맥, (식물의) 잎맥

→ 칼에 베인 정맥에서 피가 철철

The nurse was having a hard time finding veins in my arm.
간호사가 내 팔에서 혈관을 찾는 데 어려움을 겪고 있었다.

artery
[ɑ́ːrtəri]

n. 동맥

→ 간호사가 동맥주사를 놔야 하는데 아앗! 털이 많아서 찾기 힘든 동맥 혈관

a blocked artery 막힌 동맥

복습				
	tangle	converter	contagion	bamboo	attic
	fertile	hostage	obscure	vein	artery

immense
[iméns]

a. 엄청난, 막대한

- 팔을 쫙 벌려가며 "이멘~스(이만~큼) 커!" 즉, 엄청난, 막대한
- immensely 엄청나게, 막대하게
- The incident led to immense losses.
  그 사건은 막대한 손실을 초래했다.

cynic
[sínik]

n. 냉소적인 사람, 비꼬는 사람

- 친구가 쓴 시를 보고 "이것도 시니?" 하고 냉소적인 사람
- cynical 냉소적인, 비꼬는
- I think of myself not as a cynic but as a realist.
  나는 나 자신을 냉소주의자가 아니라 현실주의자라고 생각한다.

predator
[prédətər]

n. 포식자, 포식동물

- 풀숲에도 털이 무성한 사자인 포식자가 숨어 있다.
- Chameleons change their color to hide from predators.
  카멜레온은 포식자로부터 숨기 위해 그들의 색깔을 바꾼다.

plumber
[plʌ́mər]

n. 배관공

- 배관공이 렌치로 풀러, 뭐를(뭔가를).
- We had to call a plumber to unblock the drains.
  우리는 배수구를 뚫기 위해 배관공을 불러야 했다.

thigh
[θai]

n. 허벅지

- 가수 싸이의 톡 튀어나온 엉덩이와 허벅지
- Both men and women are least concerned with their thighs.
  남성과 여성 모두 그들의 허벅지에 대해 가장 덜 신경을 쓴다.

sewage
[sú:idʒ]

n. 하수, 오물

- 水(물) 위에 쥐가 돌아다니는 하수, 오물
- sewer 하수도, 하수구
- The villagers opposed the construction of a sewage disposal plant.
  마을 사람들은 하수 처리 공장의 건설을 반대했다.

oval
[óuvəl]

a. 타원형의

- 오(O)를 옆으로 벌리면 타원형의 모양
- The breadfruit is a round or oval fruit.
  빵나무는 원형이나 타원형의 과일이다.

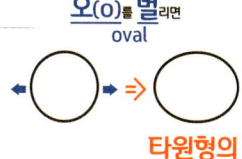

curly
[kə́:rli]

a. 곱슬곱슬한

- 빗질할 때 자꾸 걸리는 곱슬곱슬한 머리
- curly hair 곱슬 머리

constitution ❶
[@ kànstətjúːʃən]
[@ kɔ̀nstitjúːʃən]

n. 구성, 형성

- 큰 스타들이 뜨셔서 별자리를 **구성, 형성**
- constitute 구성하다, 형성하다
- EX) The constitution of the group that is studied depends on the interests of the researcher.
  연구되는 그룹의 구성은 연구원의 관심사에 달려 있다.

constitution ❷
[@ kànstətjúːʃən]
[@ kɔ̀nstitjúːʃən]

n. 헌법

- 쿠데타 이후 국회에 큰 스타들, 즉 장성들이 뜨셔서 만든 **헌법**
- EX) the right to vote under the constitution
  헌법에 따른 투표할 권리

복습	immense	cynic	predator	plumber	thigh
	sewage	oval	curly	constitution[1]	constitution[2]

EVENT 1

빵 절~대 없는 100% 즉석당첨 이벤트!!

60일 무료수강권 득템 룰렛

돌리면 100% 즉시 당첨!
강의 무료수강권부터
다양한 모바일 쿠폰까지 받아가세요~

이벤트 참여방법

룰렛 이벤트 QR코드를 스캔하여
이벤트 참여 후 당첨 상품을 확인하세요!

※ 본 이벤트는 내부 사정에 따라 이벤트 기간 및 상품이 변경될 수 있습니다

EVENT 2

문화상품권 100% 증정!

명예의전당에 이름을 올리면
문화상품권 100% 제공

영단어 초단기 완성하고 문화상품권 받자!

이벤트 참여방법

1. 명예의 전당 이벤트 QR코드 스캔
2. 명예의 전당 등록
3. 누구나 100% 증정! 문화상품권 받기

※ 본 이벤트는 내부 사정에 따라 이벤트 기간 및 상품이 변경될 수 있습니다

Lecture 02

shovel
[ʃʌvl]

n. 삽 v. 삽질하다

- 삽을 이용해서 파다, 즉 삽, 삽질하다
- Dan is digging a hole with a shovel.
  Dan은 삽으로 구멍을 파고 있다.

omit
[oumít]

v. ¹ 생략하다, 빼다 ² ~을 빠뜨리다

- 운동장 땅이 모자라 100미터 달리기 트랙에서 5미터를 생략하다, 빠뜨리다
- omission 생략
- She omitted his name from the list.
  그녀는 목록에서 그의 이름을 빠뜨렸다.

preach
[priːtʃ]

v. 설교하다, 전도하다

- 설교를 뿌리치려는 학생을 잡고 계속 설교하다, 전도하다
- preacher 설교사, 전도사, 목사
- I am tired of listening to your preaching.
  난 당신이 설교하는 것이 듣기 지겨워요.

shave
[ʃeiv]

v. 면도하다

- 전기면도기로 쉐~ 하며 입을 모으고 면도하다
- Did you shave this morning?
  너 오늘 아침에 면도했니?

mustache
[⑩ mʌ́stæʃ]
[⑱ məstáːʃ]

n. 콧수염 (=moustache)

- 너의 콧수염이 멋있대. she(그녀가) 말했어.
- Charlie Chaplin is known for his mustache.
  찰리 채플린은 콧수염으로 유명하다.

beard
[biərd]

n. 턱수염

- 면도칼로 비어두(베어도) 매일 자라는 턱수염
- At last, a car pulled up, and a large man with a beard jumped out.
  마침내 자동차 한 대가 멈추어 섰고 턱수염을 기른 덩치 큰 남자가 뛰어내렸다.
  (*pull up: (말·차 등이) 멈추다)

skeleton
[skélitn]

n. 해골, 뼈대

- 유태인 학살 장소에서 슥 캘리 1톤의 해골, 뼈대를
- The police have discovered a human skeleton.
  경찰이 사람의 해골을 찾아냈다.

realm
[relm]

n. 영역, 왕국

- 주위의 땅을 낼름 차지하여 영역을 넓히는 왕국
- the realm of England 잉글랜드 왕국

dwell ❶
[dwel]

v. 살다, 거주하다

- 신혼집에서 두 사람이 well(잘) 살다, 거주하다
- She dwelled in remote parts of Asia for many years.
  그녀는 수년 동안 아시아의 외딴 곳에서 살았다.

dwell ❷
[dwel]

v. ~을 곰곰이 생각하다 (on)

- 두 앨(애를) 떠올리며 누굴 사귈지 곰곰이 생각하다
- dwell on ~에 대해 곰곰이 생각하다
- She began to dwell on memories of how her mother had lived her life.
  그녀는 자신의 어머니가 어떻게 일생을 살았는가에 대한 기억들을 곰곰이 생각하기 시작했다.

복습	shovel	omit	preach	shave	mustache
	beard	skeleton	realm	dwell¹	dwell²

era
[미 írə, érə]
[영 íərə]

n. 시대, 시기

- 일본 경제 부흥으로 생겼던 80년대 일어의 시대, 시기는 갔다. 한국어의 시대가 오고 있다.
- We are living in the era of the Fourth Industrial Revolution.
  우리는 4차 산업혁명의 시대에 살고 있다.

contemplate
[미 kántəmplèit]
[영 kɔ́ntəmplèit]

v. 심사숙고하다

- 어려운 수학 문제를 간단히 풀래! 하고 간단한 풀이 방법을 심사숙고하다
- She is contemplating a visit to London.
  그녀는 런던을 한번 가볼까 하고 심사숙고하고 있다.

flock
[미 flɑk 영 flɔk]

n. 떼, 무리 v. 떼 지어 모이다

- 날개를 풀럭거리며 철새 떼가 떼 지어 모이다
- A flock of birds flew over my head.
  한 무리의 새가 내 머리 위로 날아갔다.

radical
[rǽdikəl]

a. 급진적인, 근본적인

- 왕을 죽이고 개혁을 하려고 ready(준비된) 칼을 지닐 정도로 급진적인, 근본적인
- radically 급진적으로, 근본적으로
- The new senator wanted to make radical changes.
  새로 부임한 상원의원은 급진적인 변화를 원했다.

aspire
[əspáiər]

v. 열망하다

- 추운 북극에서 나무를 문질러 불을 피우려고 하면서 "어서 fire(불)이 붙어라!" 하고 불을 **열망하다**
- aspiration 열망, 포부
- She aspires to be an actress.
  그녀는 배우가 되기를 열망한다.

scatter
[skǽtər]

v. 흩뿌리다, 흩어지다

- **스케이터**가 달릴 때 스케이트 칼날이 얼음가루를 **흩뿌리다**, 얼음가루가 **흩어지다**
- Books were scattered around the room.
  책들이 방 여기저기에 흩어져 있었다.

wrinkle
[ríŋkl]

n. 주름

- **윙클**(윙크를) 할 때 눈가에 생기는 **주름**
- She's beginning to get wrinkles around her eyes.
  그녀는 눈 주위에 주름살이 생기기 시작했다.

afflict
[əflíkt]

v. 괴롭히다

- 채찍으로 때리며 "넌 이제 **아플리!**" 하며 침을 **투!** 뱉으며 **괴롭히다**
- Severe drought has afflicted the countryside.
  심한 가뭄이 그 시골 지역을 괴롭혀 왔다.

optimist
[미 áptimist]
[영 ɔ́ptimist]

n. 낙관론자, 낙천주의자

- 시합 전에 상대편보다 우리 팀이 **앞선 팀**일 것이라는 **낙관론자, 낙천주의자**
- optimism 낙천주의, 낙관주의
- optimistic 낙천적인, 낙관하는
- 1 a very optimistic view 매우 낙천적인 관점
- 2 In such institutions it is difficult for the staff to retain optimism.
  그러한 시설 내에서 직원들이 낙관주의를 유지하는 것은 어렵다.

pessimist
[pésimist]

n. 비관주의자

- 축구 경기를 관전하며 "한국 팀은 **패스**해봤자 **미스**할 거야 **too**(또)"라고 말하는 **비관주의자**
- pessimism 비관주의
- pessimistic 비관적인
- He is a pessimistic realist.
  그는 비관적인 현실주의자이다.

복습	era	contemplate	flock	radical	aspire
	scatter	wrinkle	afflict	optimist	pessimist

orchard
[ɔ́ːrtʃərd]

n. 과수원

🍂 오! 자두가 열린 과수원

A hole along the wall of our orchard.
나는 우리 과수원의 담을 따라 작은 구멍 하나를 발견했다.

acid
[ǽsid]

a. 신, 산성의 n. 산

🍂 액! 시다, 즉 신, 산성의, 산

A lemon is an acid fruit.
레몬은 신 과일이다.

riddle
[rídl]

n. 수수께끼

🍂 니들(너희들) 이거 알아? 수수께끼

My dad likes to give us riddles.
아빠는 우리에게 수수께끼 내는 걸 좋아하신다.

botany
[⑪ bátəni]
[⑬ bɔ́təni]

n. 식물학

🍂 식물학을 연구하려고 여러 식물들이 자라는 온 밭을 터니

- botanist 식물학자
- His main interest is botany.
  그의 주관심사는 식물학이다.

trim
[trim]

v. 다듬다, 손질하다

🍂 삐져나온 머리를 추림(추리다), 즉 다듬다, 손질하다

She trimmed the top of a hedge.
그녀가 울타리 윗부분을 다듬었다.

comet
[⑪ kámit ⑬ kɔ́mit]

n. 혜성

🍂 혜성이 지구를 까다, 밑 부분을.

The comet is visible to the naked eye.
그 혜성은 육안으로 볼 수 있다.

hindrance
[híndrəns]

n. 방해, 장애물

🍂 여기까지 오는 데 힘들었수, 장애물 때문에.

- hinder 방해하다
- Tourists are allowed to wander without hindrance.
  관광객들은 방해 없이 돌아다닐 수 있다.

texture
[tékstʃər]

n. 감촉, 질감

🍂 손으로 택! 스쳐서 느끼는 감촉, 질감

wood with a rough texture 감촉이 거친 나무

peculiar
[pikjú:ljər]

a. 기묘한, 독특한

- 피클을 처음 먹어보고는 "이게 피클이여?" 맛이 기묘한, 독특한
- She was behaving in a very peculiar way.
  그녀는 아주 별나게 행동하고 있었다.

queer
[kwiər]

a. 기묘한, 괴상한

- 키위를 처음 본 사람이 "이게 키위여?" 털이 숭숭 나고 괴상한, 기묘한
- a queer feeling 기묘한 느낌

복습				
orchard	acid	riddle	botany	trim
comet	hindrance	texture	peculiar	queer

리얼 생생 수강후기

경선식 영단어를 알지 못했더라면 영포자가 되었을지도 모릅니다. (이*서)

모의고사 지문을 읽지도 못하고 해석도 못하던 저로서는 굉장한 발전이 아닐 수 없습니다. 만약 경선식 영단어를 알지 못했더라면 저는 아직도 어휘력이 바닥인 채로 영포자가 되었을지도 모릅니다. 어휘를 모르는데 독해력을 높일 수도 없는 노릇이고, 그저 막막했던 저에게 경선식 영단어는 그저 희망이었습니다. 연상 암기법으로 단어 하나하나를 확실히 외우게 되니 영단어 외우는 시간이 짧아져 다른 공부를 더 할 수 있다는 것이 정말 감격스러웠습니다. 선생님께서 만들어주신 혁신적인 암기법이 제 공부에 불을 붙여 주었습니다. 몇 번씩 반복 학습을 통한 해마기억법으로 저는 아마 평생 이 단어들을 잊지 못할 것 같습니다. 선생님 강의를 들으면서 시간 대비 가장 효율적인 공부를 할 수 있었습니다. 하면 된다는, 저희 의욕에 바람을 불어넣어 주시고, 뇌리에 깊숙이 박혀 절대로 잊을 수 없는 단어 암기법을 만들어주신 경선식 선생님, 인생을 바꿔 주셔서 정말 감사합니다.

Lecture 03

avalanche
[⑩ ǽvəlæntʃ]
[⑲ ǽvəlà:ntʃ]

n. 눈사태, 산사태, 쇄도

- 애가 입을 벌린 채로 취! 하고 재채기하여 생긴 **눈사태, 산사태, 쇄도**
- Many hikers were killed by avalanches in the Swiss Alps.
  스위스 알프스 산맥에서 많은 등산객들이 눈사태로 목숨을 잃었다.

accentuate
[ækséntʃuèit]

v. 강조하다

- [accent(악센트) + ate(동·어)] accent(악센트, 강세)를 주어 **강조하다**
- accent 강세, 강조; 강조하다
- The tight sweater only accentuated his fat stomach.
  그 달라붙는 스웨터는 그의 살찐 배를 강조할 뿐이었다.

paw
[pɔː]

n. (동물의) 발

- 네발동물의 four(4)개의 **발**
- Dogs aren't afraid to get their paws dirty.
  개들은 자신의 발이 더러워지는 것을 두려워하지 않는다.

hay
[hei]

n. 건초 v. 건초를 만들다

- 해가 이렇게 쨍쨍할 때 **건초, 건초를 만들다**
- The children fed the horses hay.
  아이들이 말에게 건초를 먹였다.

carve
[kɑːrv]

v. 새기다, 조각하다

- 나무를 까부리며(까버리며) **새기다, 조각하다**
- We will carve pumpkins for Halloween.
  우리는 핼러윈에 쓸 호박을 조각할 것이다.

나무를 까부리며 carve 새기다, 조각하다

blink
[bliŋk]

v. (눈 등을) 깜박이다, (불빛 등이) 깜박거리다

- 깜박거리는 불빛에 눈이 부셔 윙크하듯이 눈을 **깜박이다**
- She just stood there blinking at them.
  그녀는 눈을 깜박거리면서 그들을 보고 거기에 서 있기만 했다.

naughty
[nɔ́ːti]

a. 버릇없는, 말썽쟁이의

- 어린 녀석이 어른한테 노티 나는 노인네라고 부를 정도로 **버릇없는, 말썽쟁이의**
- I was a naughty boy when I was young.
  나는 어렸을 때 버릇없는 아이였다.

snatch
[snætʃ]

v. 낚아채다, 납치하다

- 유괴범이 엄마 **손**에서 아이를 **취**하여 **낚아채다, 납치하다**
- He snatched the gun from her hand.
  그는 그녀의 손에서 총을 낚아챘다.

utterly
[ʌ́tərli]

ad. 완전히

- 도둑에게 집이 **어! 완전히 털리**다
- Men and women are so utterly different.
  남자와 여자는 아주 완전히 다르다.

utter
[ʌ́tər]

¹ a. 완전한 ² v. 말하다

- ¹ utterly(완전히)의 형용사형, 즉 **완전한**
- ² **어떠어떠**하다고 **말하다**
- ¹ I am an utter stranger to this place. 나는 이곳이 완전히 낯설다.
- ² My cousin didn't utter a word all night. 내 사촌은 밤새 한마디도 하지 않았다.

복습	avalanche	accentuate	paw	hay	carve
	blink	naughty	snatch	utterly	utter

roam
[roum]

v. 돌아다니다, 거닐다

- **Rome**(로마) 시내를 **돌아다니다, 거닐다**
- Giraffes or elephants roam over wide areas.
  기린이나 코끼리는 넓은 지역을 돌아다닌다.

mummy
[mʌ́mi]

n. 미라

- 몸이 붕대로 칭칭 감긴 **미라**
- ¹ an Egyptian mummy 이집트 미라
- ² Then I had visions of mummies coming toward us with cold, dead hands.
  그때 나는 차가운 죽은 손으로 우리를 향해 다가오는 미라의 환영을 보았다.

steer
[stiər]

v. (차·보트 등을) 조종하다

- 은행 강도가 **숙 튀**어버리기 위해 자동차를 **조종하다**
- He steered an automobile toward the beach.
  그는 차를 해안 쪽으로 조종했다.

spur
[spəːr]

n. 박차, 자극제 v. 박차를 가하다

- "나는 **수퍼**~맨이다! 이 일을 다 할 수 있어!" 하고 스스로에게 **박차, 박차를 가하다**
- Failure spurred her to try harder.
  실패는 그녀로 하여금 더 열심히 노력하도록 자극하였다.

prudent
[prú:dnt]

a. 신중한, 조심성 있는

- 테러범이 보낸 소포를 **푸르던 two**(2)명의 폭발물 처리반이 **신중한, 조심성 있는**
- prudence 신중함
- You should make a prudent investment.
  당신은 신중한 투자를 해야 한다.

reluctance
[rilʌ́ktəns]

n. 싫음, 꺼림

- 차 사는 데 **일억**의 **돈을 쓰**자는 남편의 제안이 **싫음, 꺼림**
- reluctant 싫어하는, 마음이 내키지 않는
- be reluctant to ~할 마음이 내키지 않다
- The player was reluctant to accept the club's offer.
  그 선수는 클럽의 제안을 받아들이기를 꺼렸다.

arrogant
[ǽrəgənt]

a. 거만한, 오만한

- 권투 조금 배웠다고 "애라! 권투 받아볼래?" 하며 **거만한, 오만한**
- arrogance 거만, 오만
- Oliver is too arrogant to listen to his mentor's advice.
  Oliver는 너무 오만해서 멘토의 조언을 따르지 않는다.

oak
[ouk]

n. 오크(떡갈나무·참나무 등의 총칭)

- 보통 오바이트할 때 나무 밑에 하듯이 **떡갈나무** 밑에 **오욱!**
- We'll cut the oak tree.
  우리는 저 떡갈나무를 벨 거야.

metro
[métrou]

n. ¹ 지하철 ² 대도시

- **밑으로 지하철**이 다니는 **대도시**
- ¹ a metro station 지하철역
- ² Seoul is a metro city with more than nine million population.
  서울은 9백만 명 이상의 인구를 가진 대도시이다.

metropolis
[(미)mitrάpəlis]
[(영)mitrɔ́pəlis]

n. 수도, 중심지

- 사람도 많고 범죄도 많은 **수도, 중심지** 치안을 **맡으라! police**(경찰)이.
- a great metropolis like Seoul 서울과 같은 거대한 수도

복습				
roam	mummy	steer	spur	prudent
reluctance	arrogant	oak	metro	metropolis

drench
[drentʃ]

v. 흠뻑 젖게 하다

- **들엔**(들에는) 비가 와서 재채기를 '**취**' 하며 감기가 걸릴 정도로 비가 **흠뻑 젖게 하다**
- Their faces were drenched with sweat.
  그들의 얼굴은 땀에 흠뻑 젖어 있었다.

barley
[bá:rli]

n. 보리

- 보리를 절구로 빻을리
- Most Korean restaurants offer free barley tea.
  대부분의 한국 식당에서는 무료 보리차를 제공합니다.

conquer
[(미)káŋkər (영)kóŋkər]

v. 정복하다

- 징기스칸이 커다란 땅을 정복하다
- conquest 정복
- He planned to conquer new territories.
  그는 새 영토들을 정복할 것을 계획했다.

patrol
[pətróul]

n. 순찰 v. 순찰하다

- 도둑을 잡기 위해 마을 전역에 경찰과 개를 퍼트릴, 즉 순찰, 순찰하다
- Security guards make hourly patrols of the site.
  보안요원들이 그 구역을 시간마다 순찰한다.

miser
[máizər]

n. 구두쇠

- 친구가 연필을 빌려달라고 집어 들자 아까워서 "my(나의) 연필 줘!" 하며 연필심 닳는 것조차 아까워하는 구두쇠
- miserly 구두쇠인
- My uncle is a wealthy miser.
  우리 삼촌은 돈 많은 구두쇠이다.

delicate
[délikət]

a. 섬세한, 민감한, 연약한

- 두부에 칼을 댤리! 그랬더니 바로 cut(잘려질) 정도로 섬세한, 민감한, 연약한 두부
- Babies have very delicate skin.
  아기들의 피부는 매우 연약하다.

barter
[bá:rtər]

v. 물물교환하다 n. 물물교환

- 서로 "이거 받어!" 하며 물물교환하다
- Before it's invention mankind used the barter system of trading objects for other objects or services.
  그것의 발명 이전에 인류는 물건을 다른 물건이나 용역과 교환하는 물물교환 제도를 이용했다.

alter
[ɔ́:ltər]

v. 바꾸다, 수정하다

- 계약서를 all(모두) 터서 다시 바꾸다, 수정하다
- The plane altered course. 비행기가 항로를 바꿨다.

alternative
[ɔ:ltə́:rnətiv]

n. ¹ 양자택일 ² 대안, 대체

- [alter(바꾸다) 너 TV] alter!(바꿔!) 너의 소니 TV를 대안인 삼성 TV와 LG TV 둘 중에서 양자택일하여, 대체해라!

- alternatively 대안으로, 그 대신에
- Have you got an alternative suggestion?
  대안으로 제안할 것이 있습니까?

alternate
a. [ɔ́:ltərnət]
v. [ɔ́:ltərnèit]

a. 번갈아 하는, 하나 거르는   v. 번갈아 하다

- 청소하는 너와 쉬고 있는 너 서로 alter!(바꿔!)
  너희들 two(두 사람), 즉 번갈아 하는, 계속 하지 않고
  하나 거르는
- alternately 번갈아, 교대로
- 1 red lines alternate with blue
    푸른 줄과 번갈아 있는 붉은 줄
  2 I go to church on alternate Sundays.
    나는 한 주 걸러 일요일마다 교회에 간다.
  3 The process of alternately producing and relieving tension was what made the activity stimulating.
    번갈아서 긴장감을 만들고 완화시키는 과정이 그 활동을 자극적으로 만드는 것이었다.

번갈아 하는, 하나 거르는

복습					
drench	barley	conquer	patrol	miser
delicate	barter	alter	alternative	alternate

경쌤's TIP

복습 없이 진도만 나가는 것은 절대 금물입니다.

반드시 지켜야 하는 가장 효과적인 복습 방법(5page)을 확인 후 확실하게 복습하세요.

Lecture 04

embark
[imbá:rk]

v. ¹ 시작하다, 착수하다 ² 승선시키다, 승선하다

- 출발시간에 **임박**해서 배에 사람들을 **승선시키다, 시작하다**
- ¹ The team is about to embark on a major project.
  그 팀은 곧 주요 프로젝트에 착수할 예정이다.
- ² Passengers with cars will embark first.
  차를 가진 승객들이 먼저 탑승할 것이다.

cannon
[kǽnən]

n. 대포 v. 대포를 쏘다

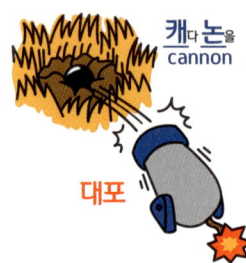

- **대포**가 움푹 **캐**다 **논**바닥을, 즉 **대포**, **대포를 쏘다**
- A cannon ball destroyed the wall.
  대포알 하나가 그 벽을 파괴했다.

squash
[⑩ skwɑʃ ⑭ skwɔʃ]

v. 짓누르다, 으깨다 n. 과즙, 음료

- **수컷**이(남자가) 사과 하나쯤은 한 손으로 **으깨다**, **과즙**을 내다
- He stepped on a spider and squashed it.
  그는 거미를 밟아 그것을 짓눌렀다.

digestion
[daidʒéstʃən, didʒéstʃən]

n. 소화

- **die**(죽다) 제가 **수천** 개의 햄버거를 먹다가, 즉 **소화**를 못 시켜서
- digest 소화하다, 요약하다; 요약
- ¹ Cabbage is good for digestion.
  양배추는 소화에 좋다.
- ² Some foods take longer to digest.
  어떤 식품은 소화하는 데 더 오랜 시간이 걸린다.
- ³ She digested this old book.
  그녀는 이 오래된 책을 요약했다.

peninsula
[⑩ pənínsjulə]
[⑭ pinínsjələ]

n. 반도

- [피닌설러 → **피난 살러**] 중국 동포들이 중국 공산당을 피해 한**반도**로 **피난 살러** 오다
- Typhoon Chantu will land on the Korean Peninsula on the 14th.
  태풍 찬투가 14일 한반도에 상륙할 것이다.

rag
[ræɡ]

n. 누더기, 걸레

- 무릎이 헤져서 **leg**(다리)가 보일 정도의 **누더기** 바지
- ragged 낡아빠진, 남루한
- ragged clothes 낡아빠진 옷

adhere
[ədhíər, ædhíər]

v. 들러붙다, 고수하다

- 파리가 어디 앉을까 생각하다가 "here(여기)!!" 하고 들러붙다
- We will adhere to the rule.
  우리는 그 규칙을 고수할 것이다.

weave
[wi:v]

v. 짜다, 엮어 만들다

- 겨울에 입으려고 옷을 털실로 짜다, 엮어 만들다
- She weaves baskets for living.
  그녀는 생계를 위해 바구니를 짠다.

status
[stéitəs]

n. ¹ 지위 ² 상황

- 나이가 들어 부장 자리에 stay(머무는) 것이 텄수, 즉 지금은 부장 지위를 잃은 상황
- ¹ social status 사회적 지위
- ² the current status of the world's chemical products market
  세계 화학제품 시장의 현재 상황

status quo
[stéitəs kwòu]

현재의 상황

- 코앞에 닥친 status(상황), 즉 현재의 상황
- In-service teachers wanted to maintain the status quo.
  현직 교사들은 현 상태를 유지하기를 원했다.

| 복습 | embark | cannon | squash | digestion | peninsula |
| | rag | adhere | weave | status | status quo |

stifle
[stáifl]

v. 숨을 막다, 억누르다

- 납치범이 스타의 입을 가려 숨을 막다, 억누르다
- stifling 숨 막힐 듯한
- I felt thirsty in the stifling heat.
  숨 막히는 더위 속에서 나는 갈증을 느꼈다.

momentous
[mouméntəs]

a. 중대한, 중요한

- 수능시험 한 moment(순간)의 실수로 대학 합격이 텄수. 즉, 중대한, 중요한 순간
- momentary 순간의, 찰나의
- It will be a momentous decision for me.
  그것은 나에게 중대한 결정이 될 것이다.

enthusiasm
[inθú:ziæzm]

n. 열정, 열의, 열광

- 사장이 늘어진 직원들에게 "잉~ 쓰지 애 좀!(애 좀 쓰지!)" 즉, 열정, 열의를 갖고 일하지!
- enthusiastic 열광적인, 열렬한
- His enthusiasm for cycling was great.
  자전거에 대한 그의 열정은 대단했다.

presume
[prizú:m]

v. 추정하다, 추측하다

- 프리즘을 이용한 실험으로 빛은 무지개색으로 이루어졌음을 **추정하다, 추측하다**
- presumably 아마, 추측상
- At least eight are still missing, but presumed dead.
  적어도 8명은 여전히 실종 상태이지만, 사망한 것으로 추정되고 있다.

dose
[dous]

n. 1회 분량, 복용량

- 술의 알코올 도수에 따라 마실 수 있는 최대 **1회 분량, 복용량**
- overdose 과다 복용; 과다 복용하다
- We have to follow the prescribed dose of the drug.
  우리는 그 약의 처방된 복용량을 따라야 한다.

mischievous
[místʃivəs]

a. 말썽꾸러기의, 짓궂은

- [미스치버스] 미치겠어! **말썽꾸러기의, 짓궂은** 동생 때문에.
- mischief 장난, 못된 짓
- mischievously 장난스럽게
- a mischievous child 말썽꾸러기 아이

vague
[veig]

a. 모호한, 희미한

- 칼에 베이고 피를 많이 흘려 정신이 혼미해 앞이 **모호한, 희미한**
- vaguely 모호하게, 희미하게
- Hannah vaguely heard her mother's voice.
  Hannah는 어렴풋하게 엄마의 목소리를 들었다.

formula
[fɔ́:rmjulə]

n. 공식, 식

- four(4)컵의 물 넣어! 그것이 라면 끓일 때의 **공식, 식**
- I have to memorize a mathematical formula tonight.
  나는 오늘 밤 수학 공식을 외워야 한다.

verse
[və:rs]

n. 운문, 시

- 글짓기 하랬더니 벌써 쓰다. 짧은 **운문, 시**를 썼기 때문에
- Shakespeare wrote mostly in verse.
  셰익스피어는 대부분 운문으로 썼다.

prose
[prouz]

n. 산문, 산문체

- 선생님이 짧은 시를 이해하기 쉽게 긴 **산문, 산문체**로 풀어주다
- a prose writer 산문 작가

복습	stifle	momentous	enthusiasm	presume	dose
	mischievous	vague	formula	verse	prose

disguise
[disgáiz]

v. 변장하다, 숨기다   n. 변장

- "this(이) 가위 주세요." 하고 범인이 머리를 잘라 **변장하다**
- She disguised her voice very cleverly.
  그녀는 아주 영리하게 자신의 목소리를 변조했다.

simultaneous
[(미)sàimltéiniəs]
[(영)sìmltéiniəs]

a. 동시의

- 식목일에 정부가 정한 나무를 **심**을 시간이 **ten**(10)시**이었수**, 즉 **동시의** 전국적인 나무심기 운동
- simultaneously 동시에
- New media can be defined by four characteristics simultaneously.
  새로운 매체는 네 가지 특성들로 동시에 정의될 수 있다.

revenue
[(미)révənu:]
[(영)révənjù:]

n. 수입, 수익

- "이거 팔면 **내**가 얼마나 **버누**?" 즉, 내 **수입, 수익**이 얼마지?
- Advertising revenue fell from $10 million to $7 million.
  광고 수익은 천만 달러에서 7백만 달러로 떨어졌다.

plow (=영국: plough)
[plau]

v. (밭을) 갈다, 쟁기질하다   n. 쟁기

- 땅속에 숨어 있는 **풀 나와**! 하며 **밭을 갈다**
- People used to use cows to plow the land.
  사람들은 땅을 갈기 위해 소를 이용하곤 했다.

ruin
[rú:in]

v. 파멸시키다, 망치다   n. 파멸

- 루이 16세인 **루인**(루이는) 프랑스혁명이 일어나도록 프랑스를 **파멸시키다, 망치다**
- Don't let this election ruin your friendship.
  이 선거가 너희의 우정을 망가뜨리지 않도록 하렴.

satire
[sǽtaiər]

n. 풍자

- 개그맨들이 "이게 요즘 **세태여**!" 하며 요즘 세태를 **풍자**
- satirical 풍자적인
- The overall tone of the book is satirical.
  그 책의 전반적인 어조는 풍자적이다.

요즘 세태를 **풍자**
코미디 쇼
코로나 때문에 얼굴 까먹겠구나
이게 요즘 **세태여**!
satire

reckless
[rékləs, réklis]

a. 앞뒤를 가리지 않는, 무모한

- "로미오에게 **내**가 **끌렸수**" 하며 집안의 반대에도 하는 **앞뒤를 가리지 않는, 무모한** 사랑
- Reckless investors treat investing like a gamble.
  앞뒤를 가리지 않는 투자자들은 투자를 도박처럼 여긴다.

astray
[əstréi]

a. 길을 잃은, 잘못된 길로 빠진

🌶 "이 길이 아니야. 어서 방향을 틀래이!" 하며
길을 잃은, 잘못된 길로 빠진

- stray 잘못된 길로 들어서다, 빗나가다
- We were led astray by a misleading sign.
  우리는 잘못된 표지판을 보고 길을 잃었다.

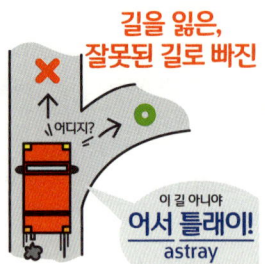

cliff
[klif]

n. 절벽, 낭떠러지

🌶 암벽등반을 위해 **클립** 모양의 쇠에 밧줄을 걸고 오르는 **절벽, 낭떠러지**

- Don't go too close to the edge of the cliff.
  절벽의 가장자리 쪽으로 너무 가까이 가지 마시오.

creep
[kri:p]

v. 기다, 살금살금 움직이다 (creep - crept - crept)

🌶 암벽등반에서 **클립** 모양의 쇠에 밧줄을 걸고 떨어지지 않으려고 **기다, 살금살금 움직이다**
(creep은 cliff보다 긴 음을 가졌기 때문에 좀 더 길게 살금살금 움직임으로 구별)

- They crept downstairs, anxious not to wake the baby.
  그들은 아기를 깨우지 않으려고 아래층으로 살금살금 내려갔다.

복습	disguise	simultaneous	revenue	plow	ruin
	satire	reckless	astray	cliff	creep

Lecture 05

erode
[iróud]

v. 침식시키다, 서서히 약화시키다

- 쥐가 이로 wood(나무)를 갉아서 침식시키다
- erosion 침식
- The value of the cryptocurrency has been eroded lately.
  최근 암호 화폐의 가치가 약화되고 있다.

Jew
[dʒu:]

n. 유대인, 유대교 신자

- 주~여 하며 예수를 숭배하는 유대인, 유대교 신자
- Jewish 유대인의, 유대교의
- a clash between Palestinians and Jewish settlers
  팔레스타인인들과 유대 정착민들 사이의 충돌

유대인, 유대교 신자

sermon
[sə́:rmən]

n. 설교, 훈계

- 교장선생님이 단상에 서면 항상 하는 설교, 훈계
- The teacher gave a long sermon about respecting diversity.
  선생님은 다양성 존중에 대해 긴 설교를 했다.

bait
[beit]

n. 미끼

- 낚시 배에 지렁이 미끼가 놓여 있다
- The fish took the bait. 물고기가 미끼를 물었다.

refrain
[rifréin]

v. 그만두다, 삼가다

- if(만약) rain(비)가 오면 경기를 그만두다, 삼가다
- refrain from ~을 삼가다
- Customers are requested to refrain from smoking.
  고객들은 흡연을 자제해 달라는 요청을 받는다.

decay
[dikéi]

v. 썩다, 부패하다 n. 부패

- ¹ 고구마 뒤의 썩은 부분을 캐이(캐내다: 도려내다), 즉 고구마가 썩다, 부패하다
- ² 정치인의 뒤를 캐니 썩다, 부패하다
- a decayed tooth 충치

nominate
[⑩námineìt]
[⑬nɔ́mineìt]

v. (후보자로) 지명하다, 임명하다

- 반장 후보자로 남이 내 이름을 네이트(내다), 즉 지명하다, 임명하다
- nomination 지명, 임명
- nominee 지명(임명)된 사람
- I nominated Bill to represent us at the meeting.
  나는 Bill을 그 모임의 대표로 지명했다.

showcase
[ʃóukèis]

n. 진열장, 공개행사

- 상품이나 신제품 등을 show(보여주는) 유리 case(상자), 즉 진열장, 공개행사
- The idol group will have its first showcase next week.
  그 아이돌 그룹은 다음 주에 첫 공개행사를 가질 것이다.

faint ①
[feint]

a. 희미한, 약한

- 페인트칠이 오래되어 색깔이 희미한, 약한
- The children saw a faint light in the forest.
  아이들은 숲에서 희미한 불빛을 보았다.

faint ②
[feint]

v. 기절하다

- ¹ 밀폐된 곳에서 독한 페인트 냄새를 오래 맡아 기절하다
- ² 정신이 faint(희미한), 즉 기절하다
- She fainted at the news.
  그 소식에 그녀는 기절했다.

| 복습 | erode
decay | Jew
nominate | sermon
showcase | bait
faint¹ | refrain
faint² | |

versus
[və́:rsəs]

prep. ~ 대 (vs.)

- 철수 대(vs.) 영희가 싸우다 벌썼수.
- ¹ South Korea versus North Korea 남한 대 북한
- ² Many struggles such as rich versus poor are fought under deeply held beliefs. 빈부 간의 대립과 같은 많은 투쟁들이 확고한 신념 아래에 이루어지고 있다.

breeze
[bri:z]

n. 산들바람 v. 산들바람이 불다

- 산들바람을 타고 산등성이를 따라 불이 주~욱 번지다
- The grass dances upon a gentle breeze.
  풀밭이 온화한 산들바람에 맞춰 춤을 춘다.

reed
[ri:d]

n. 갈대, 갈대밭

- 갈대밭에 누워 read(독서하다)
- ¹ a reed pipe 갈대 피리
- ² The local human population was cutting down the reed beds at a furious rate. 지역 주민들은 엄청난 속도로 갈대밭을 베고 있었다.

cherish
[tʃériʃ]

v. 소중히 여기다, 소중히 간직하다

- 체리같이 상큼한 she(그녀)를 소중히 여기다
- You know that I cherish you.
  내가 너를 소중하게 생각하는 거 알잖아.

admiral
[ǽdmərəl]

n. 해군 대장, 제독

➤ 빡빡머리인 해병대의 **해군 대장**의 자식이기에 **애**도 머리를 같이 빡빡 **밀**을

▣ Admiral Soonshin Yi gave the command to open fire.
이순신 장군은 발포 명령을 내렸다.

razor
[réizər]

n. 면도칼, 면도기

➤ **레이저**(laser) 광선이 잘라내듯 수염 등을 자르는 **면도기**

▣ an electric razor 전기면도기

choir
[kwáiər]

n. 합창단, 성가대

➤ 합창단에서 **가요**를 부르는 **합창단, 성가대**

▣ a female choir 여성 합창단

vicious
[víʃəs]

a. 사악한, 사나운

➤ 사람을 칼로 **비셨수**. 그 정도로 **사악한, 사나운**

• vice 악, 악덕, 부도덕

▣ a vicious criminal 악랄한 범인

lumber
[lʌ́mbər]

n. 목재

➤ 조립식 가구의 조립을 위해 **number**(번호)가 쓰여 있는 **목재**

▣ He stored some lumber for the winter.
그는 겨울을 나기 위해 약간의 목재를 저장했다.

timber
[tímbər]

n. 목재

➤ 생존게임을 위해 집 짓는 한 **team**(팀)의 사람들이 **목재**를 구해와 **뷔!**

▣ the world's largest importer of timber 세계 최대의 목재 수입국

복습				
versus	breeze	reed	cherish	admiral
razor	choir	vicious	lumber	timber

ban
[bæn]

n. 금지 v. 금지하다

➤ 영화의 외설적인 장면을 **뺀**, 즉 **금지, 금지하다**

▣ I think government should put a ban on the import of alcohol.
나는 정부가 주류 수입을 금지해야 한다고 생각한다.

stripe
[straip]

n. 줄무늬, 줄

➤ 타자 앞에 그려놓은 **스트라이크**(strike)존 **줄무늬, 줄**

• striped 줄무늬가 있는

▣ a striped shirt 줄무늬 셔츠

bystander
[báistændər]

n. 구경꾼

- [by(옆에) + stand(서다) + er(~사람)] 참여하지 않고 옆에 서 있는 사람, 즉 **구경꾼**
- They are just bystanders.
  그들은 단지 구경꾼들일 뿐이다.

graze
[greiz]

v. (가축을) 방목하다, 풀을 뜯어먹다

- 가축이 뜯어먹을 풀을 찾아 "그래, 이주하자!" 즉, **방목하다, 풀을 뜯어먹다**
- 1 All the cattle-owners are permitted to graze their animals free of charge.
  모든 소 주인은 무료로 그들의 동물들을 방목하는 것이 허용된다.
  2 cows grazing in the fields
  들판에서 풀을 뜯고 있는 소들

aisle
[ail]

n. (극장·비행기 등의 좌석 사이의) 통로, 복도

- 아일(아이를) 안전하게 창가 쪽 좌석이 아닌 **통로** 쪽 좌석에 앉히는
- I prefer aisle seats to window seats.
  저는 창가 쪽보다 통로 쪽 좌석을 선호합니다.

splendid
[spléndid]

a. 빛나는, 화려한, 훌륭한

- 어두운 밤에 **숯불 낸** 것처럼 **빛나는, 화려한, 훌륭한**
- Thank you for the splendid lunch.
  훌륭한 오찬에 감사드립니다.

숯불 낸 것처럼
splendid
빛나는, 화려한, 훌륭한

sin
[sin]

n. 죄, 죄악

- "신이시여, 저의 **죄**를 용서하소서!"
- He came into the world to save us from our sins.
  그는 우리를 죄에서 구원하기 위하여 세상에 왔다.

pastime
[⑩pǽstàim]
[⑬pá:stàim]

n. 오락, 기분전환

- **time**(시간)을 **pass**(보내는) **오락, 기분전환**
- My favorite pastime is to watch movies.
  내가 가장 좋아하는 여가 활동은 영화를 보는 것이다.

rein
[rein]

1 n. 고삐 v. 고삐를 죄다 2 v. 억제하다

- **rain**(비)로 길이 미끄러워 말의 **고삐를 죄다**, 속도를 **억제하다**
- 1 She pulled the reins to stop the horse.
  그녀는 말을 세우려고 고삐를 당겼다.
  2 My father advised me to rein on spending.
  아버지는 나에게 지출을 자제하라고 조언하셨다.

rain(비)로 길이 미끄러워
rein
워워~
말의 고삐를 죄다, 속도를 억제하다

reindeer
[réindiər]

n. 순록

- 썰매를 끌기 위해 rein(고삐)를 단 deer(사슴)인 순록
- Let's go hunting reindeer.
  순록을 사냥하러 갑시다.

복습	ban	stripe	bystander	graze	aisle
	splendid	sin	pastime	rein	reindeer

경쌤's TIP

축하합니다.

여러분은 경선식 토플영단어 완성 5강까지 완성하였습니다.

반드시 지켜야 하는 가장 효과적인 복습 방법(5page)을 확인 후 확실하게 복습하세요.

Lecture 06

collective
[kəléktiv]
a. 집단의, 공동의
- 옛날 칼라 TV가 있는 부잣집에서 마을 사람들이 집단, 공동의 TV 시청
- Making a musical requires collective efforts.
  뮤지컬을 만들기 위해서는 공동의 노력이 필요하다.

grin
[grin]
v. (이를 드러내고) 히죽 웃다, 활짝 웃다
- 친구가 잘 때 얼굴에 그린 수염을 보고 모두 히죽 웃다, 활짝 웃다
- Joyce grinned mischievously at him.
  Joyce는 장난스럽게 그를 보고 히죽 웃었다.

decent
[díːsnt]
a. ¹ 품위 있는 ² (수준이) 괜찮은, (상황에) 적절한
- 상갓집에서 나서지 않고 그저 뒤에 슨(서 있는) two(2)명의 품위 있는, 괜찮은 검은 양복을 입은 사람의 복장이 적절한
- decently 품위 있게
- decency 품위, 예절 바름
- ¹ That dress isn't decent.
  그 드레스는 품위가 없다.
- ² The rival firm offered me a decent wage increase.
  경쟁사는 나에게 상당한 임금 인상을 제안했다.

glare
[glɛər]
¹ n. 눈부신 빛 ² v. 노려보다 n. 노려봄
- 자동차 불빛에 눈이 부시자 노려보며 "그것 좀 끌래요?" 즉, 눈부신 빛, 노려보다
- ¹ the glare of the sun 태양의 눈부신 빛
- ² Kim Yeon-koung shot a warning glare to her competitor.
  김연경은 자신의 경쟁자에게 경고의 눈빛을 보냈다.

auction
[ɔ́ːkʃən]
n. 경매 v. 경매하다
- "2억 나왔습니다. 3억 없나요? 하나, 둘, 셋! 낙찰!" 옥을 두고 숫자를 셔(세어) 경매, 경매하다
- I want to sell furniture by auction.
  나는 경매로 가구를 팔고 싶다.

misery
[mízəri]
n. 고통, 비참함
- 팥쥐 엄마가 "넌 밥 먹지 말고 저리!"라고 하자 "me(나를) 저리 가서 굶으라고요?" 콩쥐의 고통, 비참함
- miserable 비참한, 괴로운
- Stinging cold wind completes your misery.
  찌르는 것 같은 차가운 바람이 당신의 비참함에 정점을 찍는다.

stain
[stein]

n. 얼룩, 때 v. 얼룩지게 하다, 더럽히다

- 숯 공장에서 숯에 공장 in(안에서) 묻은 얼룩, 때, 더럽히다
- stainless 더럽혀지지 않은, 스테인리스로 만든
- A dried paint stain may be impossible to remove.
  마른 페인트 얼룩은 제거할 수 없을 수도 있다.

genuine
[dʒénjuin]

a. 진짜의, 진실한

- 쟤 누인(누이는) 진짜로, 진실한 사람이야.
- genuinely 진실로, 정말
- Where there is genuine interest, one may work diligently.
  진정한 흥미가 있다면 열심히 일할지도 모른다.

straightforward ❶
[strèitfɔ́:rwərd]

a. 정직한

- straight(똑바로) forward(앞으로) 정도로만 가는 정직한 사람
- I am usually straightforward about money.
  나는 대체로 돈에 관해서는 솔직한 편이다.

straightforward ❷
[strèitfɔ́:rwərd]

a. 간단한, 쉬운

- straight(똑바로) forward(앞으로)만 가면 되는 간단한, 쉬운 길
- Technical aspects of painting restoration are quite straightforward.
  그림 복원의 기술적인 측면들은 꽤 간단하다.

복습					
collective	grin	decent	glare	auction	
misery	stain	genuine	straightforward¹	straightforward²	

foster
[fɔ́:stər]

v. ¹ 조성하다 ² 기르다, 양육하다

- 서울대학! 포스터(poster)를 벽에 붙여 학습 분위기를 조성하다, 그렇게 아이를 기르다
- ¹ He might foster the rather undesirable impression of being an irresponsible consumer.
  그는 무책임한 소비자라는 다소 바람직하지 않은 인상을 조성할 수도 있다.
- ² They have fostered over 60 children in the last ten years.
  그들은 지난 10년 동안 60명 이상의 아이들을 양육해 왔다.

animate
v. [ǽnimèit]
a. [ǽnəmət]

v. ~에 생명을 주다, 만화 영화로 만들다 a. 생기 있는, 살아 있는

- 생기 있는, 살아 있는 그림인 animation에서 그림에 생명을 주다
- animation 생기, 만화 영화
- The cat lay so still it didn't seem animate.
  고양이가 너무 가만히 누워 있어서 살아 있는 것처럼 보이지 않았다.

tub
[tʌb]

n. 욕조, 통

- 욕조, 물통에 물을 더 부!(부어라!)
- My mother is cleaning the tub.
  어머니는 욕조를 청소하고 계신다.

욕조, 물통에 물을 더 부(부어라!)
tub

grid
[grid]

n. 격자무늬, 바둑판 모양

- 연습장에 격자무늬를 그리고 오목을 두다
- New York's grid of streets
  뉴욕의 격자무늬 거리

solitary
[⑪ sálətèri]
[⑲ sɔ́lətəri]

a. 혼자 있는, 고독한

- ¹ 무인도로 살러 들어가 머리털이 백발이 되도록 혼자 있는, 고독한
- ² [soli(solo : 단독의) + tary(형·어)] 혼자 있는, 고독한
- solitude 고독
- We may want some stillness and solitude.
  우리는 어느 정도의 고요함과 고독을 원할 수도 있다.

bond
[⑪ band ⑲ bɔnd]

n. 결합, 유대, 속박

- 두 사람을 본드로 결합한 것처럼 강한 유대
- He formed special bonds with the artists he worked with.
  그는 그가 함께 일했던 예술가들과 특별한 유대감을 형성했다.

ritual
[rítʃuəl]

a. 의식의 n. (종교적) 의식

- 이 춤은 우리 부족의 (종교적) 의식이니 니도(너도) 춤을 추얼!
- rite (종교적) 의식
- Some athletes have their own rituals before the game.
  몇몇 운동선수들은 경기 전에 그들만의 의식을 치른다.

우리 부족의 (종교적) 의식이니
니도(너도) 춤을 추얼!
ritual

stubborn
[stʌ́bərn]

a. 끈질긴, 고집 센

- 공연장에 새벽부터 줄을 서서 스타를 본 끈질긴, 고집 센 팬들
- Scrooge is a stubborn old man.
  스크루지는 고집 센 노인이다.

grasp ❶
[⑪ græsp ⑲ gra:sp]

v. 꽉 잡다

- 굴에 습기가 많아 미끄러질까 봐 서로 손을 꽉 잡다
- She grasped it tightly as a powerful fish took her line.
  힘센 물고기가 그녀의 낚싯줄을 당기자 그녀는 그것을 꽉 붙잡았다.

grasp ❷
[미 græsp 영 grɑːsp]

v. 완전히 이해하다

→ 그래! 그렇구나! 하고 수학공식을 습득하다, 즉 완전히 이해하다

☞ The intern tried to grasp the essentials of the argument.
인턴은 논쟁의 핵심을 파악하려고 애썼다.

복습	foster	animate	tub	grid	solitary
	bond	ritual	stubborn	grasp¹	grasp²

choke
[tʃouk]

v. 질식시키다

→ ¹ chalk(분필) 가루가 선생님을 질식시키다
² 격투기에서 길로틴 초크와 같은 초크 기술로 질식시키다

☞ The fumes almost choked me.
그 연기에 나는 거의 질식할 뻔했다.

skylark
[skáilàːrk]

n. 종달새

→ sky(하늘)에서 락(rock) 음악을 노래하는 종달새

☞ a pretty skylark 한 마리의 예쁜 종달새

jar
[dʒɑːr]

n. 항아리, 단지

→ 참기름을 짜서 담는 항아리, 단지

☞ a candy jar 캔디 단지

참기름을 짜서 담는 jar
항아리, 단지

deplore
[diplɔ́ːr]

v. 개탄하다

→ 보신탕집으로 뒤에 끌고 가는 개를 풀러! 하며 사람들이 개탄하다

☞ We all deplore the current situation.
우리 모두는 현재의 상황을 개탄한다.

tap ❶
[tæp]

¹ v. (가볍게) 두드리다 n. 두드리는 소리   ² v. 이용하다

→ 갤럭시탭의 앱을 열기 위해 톡 두드리다, 자판이 아닌 화면을 두드리는 것을 이용하다

☞ ¹ They heard a tap at the door.
그들은 문을 두드리는 소리를 들었다.
² We can tap into famous people in advertisements.
우리는 광고에 유명한 사람들을 이용할 수 있다.

tap ❷
[tæp]

n. (병 등의) 주둥이, (수도)꼭지

→ [탭 → top] 병이나 수도의 top(꼭대기) 부분에 있는 주둥이, 꼭지

☞ She drinks water right off the tap.
그녀는 수도꼭지에서 바로 물을 마신다.

grumble
[grʌ́mbl]

v. 투덜거리다, 불평하다

- 고깃집에서 고기를 굽는데 끄럼(그을음)이 불에서 난다고 투덜거리다, 불평하다
- He is always grumbling about his food.
  그는 늘 음식 투정을 한다.

raft
[⑪ræft ⑲rɑːft]

n. 뗏목, 고무보트 v. 뗏목으로 건너다

- 강에서 하는 래프팅(rafting)은 뗏목이나 고무보트로 급류를 타는 레포츠
- The raft floated away down the river.
  뗏목이 강을 떠내려갔다.

seasoned ❶
[síːznd]

a. 조미한, 양념한

- 여러 season(계절)을 거쳐 숙성시킨 된장, 고추장으로 조미한, 양념한
- seasoning 조미, 조미료
- The meat needs to be seasoned first.
  고기에 양념을 먼저 해야 한다.

seasoned ❷
[síːznd]

a. 경험 많은, 숙련된

- 여러 season(계절)을 거쳐 기술을 익혀 경험 많은, 숙련된
- a seasoned traveler 경험이 풍부한 여행가

복습	choke	skylark	jar	deplore	tap¹
	tap²	grumble	raft	seasoned¹	seasoned²

Lecture 07

potent
[póutnt]

a. 강력한

→ (대)포가 튼튼한 강력한 대포

The drug is highly potent, but it might cause side effects.
그 약은 매우 강력하지만 부작용을 일으킬 수도 있다.

phase
[feiz]

n. 시기, 단계, 국면

→ 한 달간 일했으니 페이(봉급) 주세요~. 즉, 페이를 줄 시기, 단계, 국면

The whole world is going through a difficult phase.
전 세계가 어려운 시기를 겪고 있다.

tyrannical
[tirǽnikəl]

a. 독재적인, 포악한

→ 남한으로 튀래니(튀려고 하니) 칼로 죽이는 독재적인, 포악한 북한의 김정은

- tyrant 독재자, 폭군
- tyranny 독재 정치, 포학

Students fought against the tyrannical system.
학생들은 폭정에 대항하여 싸웠다.

algebra
[ǽldʒibrə]

n. 대수학

→ "이 공식 앨지?(알지?) 풀어!" 하고 가르치는 대수학

In algebra, the sign *x* usually indicates an unknown quantity.
대수학에서 *x* 표시는 보통 모르는 양을 나타낸다.

domain
[douméin]

n. 영토, 영역, 범위, (인터넷) 도메인

→ 충청도, 경상도처럼 도로 매인(매여 있는) 영토, 영역, 범위

Military history is really outside my domain.
군대 역사는 사실 내 분야 밖이다.

toss
[tɔːs]

¹v. (가볍게) 던지다, (공을) 토스하다 ²v. 뒹굴다, 뒤척이다

→ 배구에서 몸을 날려 토스로 공을 가볍게 던지다, 그런 후 바닥에 뒹굴다

¹ I tossed the ducks some bread. 나는 오리에게 빵을 좀 던져 주었다.
² I couldn't sleep, but kept tossing and turning in bed all night.
나는 잠을 못 자고 밤새 뒤척였다.

trivial
[tríviəl]

a. 쓸데없는, 하찮은

→ 열매도 못 맺는 tree(나무)를 비얼!(베어!) 즉, 쓸데없는, 하찮은 나무

We decide what is important or trivial in life.
우리는 인생에서 무엇이 중요한지 또는 사소한지 결정한다.

duplicate
n. [djúːplikət]
v. [djúːplikèit]

n. 복사, 사본 v. 복사하다

- 원판과 복사지 두 개로 풀리게 복사하다, 복사
- The thieves were equipped with duplicate keys to the safe.
  도둑들은 복제한 금고 열쇠를 가지고 있었다.

icon ❶
[(미) áikɑn (영) áikɔn]

n. 우상

- 아이가 징기스칸을 우상으로 삼다
- Yuna Kim is an icon for many Koreans.
  김연아는 많은 한국인들에게 우상이다.

icon ❷
[(미) áikɑn (영) áikɔn]

n. (컴퓨터 화면의) 아이콘, 상징

- 컴퓨터 바탕화면 아이콘들은 각 웹들의 상징
- iconic ~의 상징이 되는, 우상의
- New York's iconic Empire State Building
  뉴욕의 상징인 엠파이어스테이트 빌딩

복습	potent	phase	tyrannical	algebra	domain
	toss	trivial	duplicate	icon¹	icon²

mirage
[mirάːʒ]

n. 신기루, 망상

- "저거 미라지?" 하고 보이는 신기루, 망상
- A mirage is an illusion. 신기루는 환영이다.

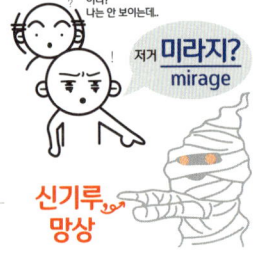

dialect
[dáiəlèkt]

n. 방언, 사투리

- 전라도 고향에 전화 다이얼을 돌려서 "거시기 있는가?" 하고 사투리를 냈다
- a play written in dialect 방언으로 쓰여진 희곡

harsh
[hɑːrʃ]

a. ¹ (행동·성격·목소리 등이) 거친 ² 가혹한, 혹독한

- 훈련으로 100바퀴 뛰게 하여 하~ 하~ 하고 숨을 쉬다, 즉 숨이 거친, 훈련이 가혹한, 혹독한
- ¹ The harsh sound made him nervous.
  거친 소리가 그를 긴장하게 했다.
- ² I tried not to let their harsh words break me.
  나는 그들의 가혹한 말들이 나에게 상처가 되지 않도록 노력했다.

draft
[(미) dræft (영) drɑːft]

¹ n. 원고, 초안 v. 초안을 잡다 ² n. 선발 v. 선발하다

- 영화감독이 들판 전투 장면을 찍기 위해 들에부터 나가 시나리오 원고, 초안을 잡다. 그 동네 사람 중에 엑스트라를 선발, 선발하다
- ¹ I'm still drafting the first chapter. 난 아직도 첫 장의 초안을 쓰고 있다.
- ² The team was able to draft the star player.
  그 팀은 스타 선수를 선발할 수 있었다.

fallacy
[fǽləsi]

n. 오류, 잘못

- 하늘 = SCKY로 적어 "빽라(빼라) C", 즉 철자상의 오류, 잘못
- The professor pointed out the fallacy of the research.
  교수는 그 연구의 오류를 지적했다.

assertion
[əsə́:rʃən]

n. 주장

- 우물쭈물하지 말고 너의 의견을 어서 션하게(시원하게) 주장해라!
- assert 주장하다
- The following assertion was thrown during the trial.
  재판 중에 다음과 같은 주장이 제기되었다.

profound
[prəfáund]

a. 심오한, 깊은

- 경전의 숨은 뜻을 풀어 found(발견한) 부처님의 심오한, 깊은 뜻
- profoundly 심오하게, (영향 등을) 깊이
- Television, cars, and computers have changed our lives profoundly.
  텔레비전, 자동차, 컴퓨터는 우리의 삶을 심오하게 변화시켰다.

velocity
[(미) vəlásəti]
[(영) vilásəti]

n. 속도, 속력

- 빌라가 많은 마을 내에서는 thirty(30) km 이하의 속도로
- The racing car reached a velocity of 200 kph.
  경주용 자동차는 시속 200킬로미터에 달했다.

vital ❶
[váitl]

a. 생명의, 생기 넘치는

- 바위에도 털 같은 이끼가 자라 생명의, 생기 넘치는
- vitality 생명력, 활기
- She is a very vital person.
  그녀는 대단히 생기가 넘치는 사람이다.

생명의, 생기 넘치는

vital ❷
[váitl]

a. 필수적인, 중요한

- 바위에 털처럼 자라는 이끼는 물고기 먹이로 필수적인, 중요한
- [1] The heart performs a vital bodily function.
  심장은 생명 유지에 필수적인 신체 기능을 수행한다.
- [2] Recovery from disease is of vital concern to the whole primitive community.
  질병으로부터의 회복은 전체 원시 사회에 중요한 관심사이다.

복습	mirage	dialect	harsh	draft	fallacy
	assertion	profound	velocity	vital[1]	vital[2]

knight
[nait]

n. (중세의) 기사, 무사

- 나이트클럽 앞에서 돈키호테 이름표를 달고 기사, 무사의 복장을 한 웨이터
- The brave knight saved the king.
  용감한 기사가 왕을 구했다.

monk
[mʌŋk]

n. 수도승

- monkey(원숭이) 손오공이 따라다녔던 삼장법사 수도승
- Buddhist monks 불교 승려

nurture
[nə́:rtʃər]

v. 양육하다, 키우다

- 미숙아를 인큐베이터에 넣죠. 즉, 인큐베이터에 넣어 양육하다, 키우다
- children nurtured by loving parents 애정어린 부모의 양육을 받은 아이들

inhibit
[inhíbit]

v. 억제하다, 막다, 금지하다

- [in(not) 히빝(흰 빛)] in(안 돼!) 흰 빛, 즉 백색가루인 마약을 막다, 금지하다
- inhibition 억제, 금지
- This kind of bias might inhibit economically rational judgment.
  이런 종류의 편견은 경제적으로 합리적인 판단을 못하게 할 수도 있다.

prohibit
[prouhíbit]

v. 금지하다, 막다

- 프로선수들은 흰 빛의 백색가루인 마약을 하면 바로 퇴출시킬 정도로 금지하다, 막다
- prohibition 금지, 방해
- prohibit A from -ing A로 하여금 ~하는 것을 금지하다(막다)
- He was prohibited from taking part in the vote.
  그는 투표에 참여하는 것이 금지되었다.

protest
v. [prətést]
n. [próutest]

v. 항의하다, 주장하다 n. 항의, 시위

- 약물을 이용하는 프로선수들이 많아지자
  프로들 약물 테스트하라고 항의하다, 주장하다
- Demonstrators protested against the new legislation.
  시위자들은 새 법령에 항의했다.

dynasty
[dáinəsti]

n. 왕조, 왕가

- 진시황제처럼 왕조, 왕가의 임금이 die(죽으면) 하인들도 무덤에 산 채로 넣수. 그러니 빨리 튀어!
- Joseon dynasty 조선 왕조

dismay
[disméi]

n. 놀람, 당황, 실망 v. 당황시키다

- 엄마가 숨겨진 빵점짜리 시험지를 발견하고 "this(이게) 메이야?(뭐야?)" 하며 놀람, 당황, 실망
- He was dismayed to learn the truth.
  그는 진상을 알고 당황했다.

profess
[prəfés]

v. **주장하다, 고백하다**

- 경찰서에 가서 "내가 프로선수를 팼수!" 하고 **주장하다, 고백하다**
- Many have professed disgust at the use of weapon.
  많은 사람들은 무기의 사용을 혐오스럽다고 주장했다.

confess
[kənfés]

v. **자백하다, 고백하다**

- "나도 con(함께) 팼수." 하고 경찰에 **자백하다, 고백하다**
- confession 자백, 고백
- The prisoner refused to confess.
  그 죄수는 자백하기를 거부했다.

복습				
knight	monk	nurture	inhibit	prohibit
protest	dynasty	dismay	profess	confess

세계 여러 논문에 실린 연상법의 탁월한 효과(1)

제목

Retention of foreign vocabulary learned using the keyword method: a ten-year follow-up
(연상법을 사용하여 배운 외국어 어휘에 대한 기억력: 10년간의 추적조사)

발행처

Taylor & Francis (영국)

This article assesses one individual's level of recall for foreign vocabulary learned ten years previously using the keyword method(연상법). Without any revision at all, he remembered 35% of the test words with spelling fully correct and over 50% with only very minor errors of spelling. After 10 minutes spent looking at a vocabulary list, recall increased to 65% and 76% respectively. After a period of revision lasting a further 1½ hours, recall was virtually 100%. This level of recall was maintained for at least one month. The results indicate that 1) the keyword method (as incorporated in Linkword courses) may be used to learn a large list of vocabulary; and 2) this method of learning is not inimical to retention in the long term.

요약

어떤 사람이 10년 전에 연상법으로 암기한 외국어 단어들에 대해 어떠한 복습도 전혀 하지 않았지만 그 단어들의 35%를 스펠링까지 정확하게 기억해냈고, 50%가 넘는 단어들은 스펠링에서 매우 적은 실수를 했지만 기억해냈다. (10년이 지난 시점에) 10분 정도 그 단어들을 본 후 기억은 각각 65%, 76% 상승했다. 1시간 30분 공부한 후에 100% 다 기억했고 그 기억은 적어도 한 달간 유지되었다. **위의 결과는 연상법은 많은 양의 단어를 학습하는 데 사용될 수 있고 장기기억에 전혀 해가 되지 않는다는 것을 보여준다.**

＊**해마학습법(연상법)은 유치한 말장난이 아닙니다. 과학입니다.**
국내 및 국제 암기대회에서 우승을 해왔던 **암기왕들은 예외 없이 연상법**을 사용하고 있습니다. 전 세계적으로 기억법(mnemonics) 중에서 연상법(the keyword method)을 활용한 많은 책, 논문, 교수법 등이 존재하고, 연상법은 탁월한 효과를 주는 방법으로 널리 인정되고 있습니다.

Lecture 08

pave [peiv]

v. (길을) 포장하다

- 길이 **패**이면 시멘트를 **부**어서 **(길을) 포장하다**
- pavement 포장 도로, 보도
- They pave roads at the end of every year.
  그들은 매년 연말에 길을 포장한다.

fade [feid]

v. 시들다, (빛깔·소리 등이) 희미해지다

- 이마에 주름이 **패**이듯 오래되어 **시들다, 희미해지다**
- The name of the rock band once written across the T-shirt has faded.
  티셔츠에 쓰여 있던 록밴드의 이름이 흐려졌다.

vigor [vígər]

n. 활기, 정력

- 작은 아이에게 보약을 먹여서 **bigger**(더 큰), 즉 **활기, 정력**
- vigorous 원기 왕성한, 활기찬
- He is vigorous in body and in mind.
  그는 심신이 모두 원기 왕성하다.

scan [skæn]

v. 자세히 살피다, 훑어보다 n. 정밀 검사

- **스캔**한 것을 확대하여 **자세히 살피다, 훑어보다, 정밀 검사**
- Concealed video cameras scan every part of the town center.
  몰래 카메라가 도심지의 구석구석을 자세히 살핀다.

dizzy [dízi]

a. 어지러운, 현기증 나는

- [디지 → 뒤 찌(찧다)] 머리 **뒤**를 돌에 **찧**어서 **어지러운, 현기증 나는**
- I felt dizzy when I looked down from the bridge.
  다리에서 내려다보니 현기증이 났다.

pupil [pjú:pil]

n. ¹ 학생, 제자 ² 눈동자, 동공

- 밤새 공부해서 **퓨~** 코피를 흘리고 **동공**이 풀린 **학생**
- ¹ There are 30 pupils in the class. 학급에는 30명의 학생이 있다.
  ² constricted pupils 수축된 동공

soothe [su:ð]

v. 달래다, 진정시키다

- "**술** 드세요. 그리고 화 푸세요." 하며 **달래다, 진정시키다**
- ¹ She soothed a crying baby. 그녀가 우는 아기를 달랬다.
  ² I need a bath to soothe pains.
  나는 통증을 가라앉히기 위해 목욕이 필요하다.

budget
[bʌ́dʒit]

n. 예산 v. 예산을 세우다

- 올해 얼마를 비용으로 써서 얼마를 벌지? 하고 예산, 예산을 세우다
- The carpet's price exceeds our budget.
  그 카펫 가격은 우리 예산을 초과한다.

strife
[straif]

n. 싸움, 투쟁

- 수(숫자)로 two(2) 투견이 life(목숨)을 걸고 싸움, 투쟁
- a labor strife 노동 쟁의

strive
[straiv]

v. 분투하다, 노력하다

- 투수가 스트라익 존으로 공을 1000개 넘게 부어대며(던지며) 훈련하다, 즉 분투하다, 노력하다
- All participants must strive to survive.
  모든 참가자는 살아남기 위해 노력해야 한다.

복습	pave	fade	vigor	scan	dizzy
	pupil	soothe	budget	strife	strive

wreck
[rek]

n. 난파선, 파괴된 차 v. 파괴하다

- 폭풍우 속 흔들리는 난파선에서 뱃멀미로 모두 왝! 왝!
- Two wrecks block the entrance to the harbor.
  두 대의 난파선이 항구로 들어가는 입구를 막고 있다.

label
[léibəl]

n. 상표, 라벨 v. 꼬리표를 달다

- ¹ 내의를 벌려 확인하는 상표, 라벨
- ² 철자상으로 읽으면 라벨, 즉 상표, 라벨
- I tend to read the dietary information on the label thoroughly.
  나는 라벨에 적힌 식이정보를 꼼꼼히 읽는 편이다.

crawl
[krɔːl]

v. 기어가다 n. 기어가기

- 절벽 위에서 밧줄을 끌어올리고 아래에서는 밧줄을 잡고 기어가다
- The baby crawled to where the toys were.
  아기가 장난감이 있는 곳으로 기어갔다.

elastic
[ilǽstik]

a. 탄력 있는, 신축성 있는, 고무로 된

- 쓰러진 오뚜기가 "일래스(일어슬래)" 하며 틱! 탄력 있는
- The brand is famous for its elastic yoga pants.
  그 브랜드는 탄력 있는 요가 바지로 유명하다.

flour
[fláuər]

n. 밀가루

- 케이크 위에 장식한 flower(꽃)은 밀가루로 만든 꽃
- There are various types of flour.
  밀가루는 다양한 종류가 있다.

케이크 위에 장식한 **flower**(꽃)은
flour
밀가루로 만든 꽃

glow
[glou]

n. 불빛 v. 빛나다

- 어두운 굴로 들어갈 때 햇불의 불빛이 빛나다
- It was made calm by the glow of the firelight.
  그것은 난로 불빛으로 평온해졌다.

cargo
[káːrgou]

n. 화물

- 화물을 다 싣고 화물 car(차)가 go(가다)
- A ship traveling through rough seas lost 12 cargo containers.
  거친 바다를 항해하던 배가 12개의 화물 컨테이너를 잃어버렸다.

discreet
[diskríːt]

a. 신중한, 조심스러운

- this(이) 수돗물은 배탈이 날 수 있으니 끓이고 또 끓여 two(2)번 끓여 마실 정도로 신중한, 조심스러운
- He is very discreet in giving his opinions.
  그는 자기 의견을 말하는 데 매우 신중하다.

discrete
[diskríːt]

a. 분리된, 별개의

- this(이것은) 끓이어(끓여) 놓은 two(2)번 주전자의 물이고 저것은 안 끓인 1번 주전자 물로 분리된, 별개의
  (discreet에서는 ee가 같이 있고 discrete는 ete로 e가 각각 분리된, 별개의)
- The engineer had to buy discrete components.
  엔지니어는 개별 부품을 구입해야 했다.

discretion
[diskréʃən]

n. ¹ 자유재량 ² 신중함

- ¹ 의사선생님이 허리 디스크래. 션하게(시원하게) 수술을 받을지 말지는 내 자유재량에 달렸어.
  ² [discreet(신중한)의 명사형] 신중함
- ¹ Tipping is at your discretion.
  팁은 재량껏 주면 됩니다.
  ² Students should show discretion in choosing major.
  학생들은 전공을 선택할 때 신중함을 보여야 한다.

허리 **디스크래. 션**하게
discretion 수술을 받을지 말지는
환자의 **자유재량**

복습				
wreck	label	crawl	elastic	flour
glow	cargo	discreet	discrete	discretion

costume
[미kástjuːm]
[영kɔ́stjuːm]

n. 의상, 복장

- 가수가 춤을 추며 노래 부를 때 입는 의상, 복장
- My friend bought a costume for Halloween.
  내 친구는 핼러윈을 위해 의상을 구입했다.

absently
[ǽbsəntli]

ad. 멍하니, 무심코

- [absent(결석한) + ly(부·어)] 정신이 absent(결석한) 상태로, 즉 멍하니, 무심코
- He stared sky absently.
  그는 하늘을 멍하니 응시했다.

curse
[kəːrs]

v. 욕설을 퍼붓다, 저주하다 n. 저주, 욕설

- 가래침을 커억! 슉 뱉으며 욕설을 퍼붓다, 저주하다
- The witch started to curse at the little princess.
  마녀는 어린 공주에게 저주를 퍼붓기 시작했다.

torch
[tɔːrtʃ]

n. 햇불

- 두 개의 부싯돌을 서로 치어(쳐) 불을 붙인 햇불
- He lighted a torch.
  그는 햇불을 밝혔다.

chore
[tʃɔːr]

n. (가정의) 허드렛일, 잡일

- 방안의 쓰레기를 초어!(치워!) 즉, 허드렛일, 잡일
- Rapunzel has to finish the chores before dinner.
  라푼젤은 저녁식사 전에 집안일을 끝내야 한다.

booth
[미buːθ 영buːð]

n. (칸막이를 한) 작은 공간, 부스, 매점

- 신문을 신문사별로 몇 부수씩 앞에 꽂아놓고 파는 매점, 부스
- ¹ a public phone booth 공중전화박스
  ² an information booth 안내소

adversity
[ædvə́ːrsəti]

n. 역경, 고난

- 추운 겨울에 애도 벗어 티를, 즉 역경, 고난
- Some heroes shine in the face of great adversity.
  어떤 영웅들은 큰 역경에 마주칠 때 빛난다.

durable
[djúərəbl]

a. 오래가는, 내구력이 있는

- 오래 써서 드러블(더러울) 정도로 오래가는, 내구력이 있는
- trousers made of durable material
  오래가는 재질로 만든 바지

dense
[dens]

a. 밀집한, 빽빽한

- [덴스 → 댄스] 주말에 댄스장이 사람들로 밀집한, 빽빽한
- density 밀도, 농도
- densely 조밀하게
- Seoul is an area of dense population.
  서울은 인구 밀도가 높은 지역이다.

condense
[kəndéns]

v. 압축하다, 응축시키다, 요약하다

- con(함께) dense(밀집한) 상태로 모으다, 즉 압축하다, 응축시키다, 요약하다
- Employees learned how to condense milk.
  종업원들은 우유를 응축하는 법을 배웠다.

복습	costume	absently	curse	torch	chore
	booth	adversity	durable	dense	condense

경쌤's TIP

경선식 토플영단어 기본(PART I) 전체 단어를 복습하세요!

반드시 지켜야 하는 가장 효과적인 복습 방법(5page)을 확인 후 확실하게 복습하세요.

지나간 공부는 왠지 다시 하기 귀찮고 차라리 새로운 것을 하고 싶어 하는 것이 보통 사람들의 마음입니다. 하지만 지금 복습을 미루면 나중에 그 복습 시간이 몇 배로 늘어나게 됩니다. 꼭 복습하세요!

Lecture 09

stumble
[stʌ́mbl]

v. 걸려 넘어지다, 비틀거리다

- 숲 덤불에 걸려 넘어지다, 비틀거리다
- I stumbled over a tree root.
  나는 나무뿌리에 발이 걸려 넘어졌다.

chant
[⑩ tʃænt ⑨ tʃɑ:nt]

n. 노래, 성가, 슬로건 v. (노래·성가를) 부르다, 슬로건을 외치다

- 길거리에서 술에 취한 투로 노래를 부르다, 슬로건을 외치다
- "We are the champions!" chanted the fans.
  "우리는 챔피언이다!"라고 팬들이 슬로건을 외쳤다.

drain
[drein]

v. 배수하다 n. 배수로, 배수관

- 드러운(더러운) rain(비)를 배수관으로 배수하다
- We had to call in a plumber to unblock the drains.
  우리는 배관공을 불러서 배수관을 뚫어야 했다.

feast
[fi:st]

n. 축제, 향연

- 대천 머드축제, 해운대 모래축제와 같이 피서지 two(2) 곳에서 펼쳐지는 여름 축제, 향연
- a wedding feast 결혼 피로연

scheme
[ski:m]

n. 계획, 책략

- 이번 주말의 계획은 스키임(스키 타러 가는 것임)
- The scheme will not work unless it is carefully managed.
  그 계획은 세심하게 관리하지 않으면 효과가 없을 것이다.

stalk
[stɔ:k]

¹ v. 살그머니 접근하다 ² n. 줄기

- stalker(스토커)처럼 악령이 깃든 식물의 줄기가 사람에게 살그머니 접근하다
- ¹ hunters stalking deer
  사슴에게 몰래 접근하는 사냥꾼들
- ² I cut stalks of wheat.
  나는 밀의 줄기를 잘랐다.

barbaric
[bɑ:rbǽrik]

a. 야만의, 미개한

- 볼 테면 봐봐릭!(봐봐라!) 하며 옷도 안 입고 다니는 야만의, 미개한 부족
- barbarian 야만인
- The way the seals are killed is barbaric.
  물개를 죽이는 방법은 야만적이다.

glance
[@glæns ⑱glɑ:ns]

v. 흘긋 보다 n. 흘긋 봄

- 과거시험에서 각자 쓴 <u>글</u>을 <u>낸</u>(내는) 때에 옆 사람 글을 흘긋 보고 따라 <u>쓰</u>다, 즉 **흘긋 보다**
- Now and again she would glance up at the clock.
  가끔씩 그녀는 시계를 흘긋 보곤 했다. (*now and again = now and then: 때때로, 가끔)

seal ❶
[si:l]

v. 봉하다, 밀봉하다 n. 봉인

- 실로 꿰매서 자루 입구를 <u>봉인</u>, **봉인하다**
- Recommendations must be sealed.
  추천서는 밀봉되어야 한다.

seal ❷
[si:l]

n. 바다표범

- 항상 바닷물에 <u>씰</u>(씻을), 그래서 반들거리는 **바다표범**
- seal hunters 바다표범 사냥꾼

복습	stumble	chant	drain	feast	scheme
	stalk	barbaric	glance	seal¹	seal²

fatigue
[fəti:g]

n. 피로 v. 지치게 하다

- 회사에서 밤늦게까지 <u>버티고</u> 있어 **피로, 지치게 하다**
- She felt the stress and fatigue on her shoulder.
  그녀는 어깨에 스트레스와 피로를 느꼈다.

prone
[proun]

a. ~하기 쉬운, ~하는 경향이 있는

- 1등 했다고 울고, 패배했다고 울고, <u>프로</u> 선수들이 <u>운</u>, 즉 울<u>기 쉬운</u>, 우는 **경향이 있는**
- be prone to ~하기 쉽다, ~하는 경향이 있다
- Babies are prone to disease.
  아기들은 질병에 걸리기 쉽다.

lyric
[lírik]

n. 서정시, 노래 가사

- 나는 새처럼 노래하<u>리</u>, 날아가<u>리</u>, 떠나<u>릭</u>! **서정시, 노래 가사**
- The singer wrote the lyric herself.
  그 가수가 직접 가사를 썼다.

collision
[kəlíʒən]

n. 충돌

- 차가 가로수에 쿵! 하고 <u>걸리젼</u>(걸리셔), 즉 **충돌**
- collide 부딪치다, 충돌하다
- I tried to avoid a collision.
  나는 충돌을 피하려고 했다.

priest
[priːst]

n. 성직자

- 속세에 얽매이지 않고 마음이 freest(가장 자유로운) 성직자
- He's a catholic priest.
  그는 가톨릭 성직자이다.

leisurely
[líːʒərli]

a. 한가로운 ad. 느긋하게

- [leisure(레저, 여가; 한가한) + ly(부·어)] 낚시와 같은 레저를 즐기듯 한가로운, 느긋하게
- They're out for a leisurely walk.
  그들은 한가로운 산책을 위해 밖에 나왔다.

stout
[staut]

a. 뚱뚱한, 튼튼한

- 매우 뚱뚱한 사람이 가수 스타가 되겠다고 하자 친구들이 웃다
- David is a short, stout man with big feet.
  David는 큰 발을 가진 키가 작고 건장한 남자이다.

thorn
[θɔːrn]

n. (식물의) 가시

- 벌이 톡 쏜 침과 같은 가시
- Thorns need to be removed to make a bouquet.
  부케를 만들려면 가시를 제거해야 한다.

initial
[iníʃəl]

¹ a. 처음의, 최초의 ² n. 머리글자

- Kyung Sun Sik의 이니셜은 KSS, 즉 처음의 글자를 모은 머리글자
- ¹ My initial reaction was to refuse.
  나의 최초의 반응은 거절하는 것이었다.
- ² We engraved our initials in our wedding rings.
  우리는 결혼반지에 우리의 이니셜(이름 머리글자들)을 새겼다.

initiate
[iníʃièit]

v. 시작하다, 착수하다

- [initial(처음의) + ate(동·어)] 처음으로 시작하다, 착수하다
- We initiated our business with no preparation.
  우리는 어떠한 준비도 없이 사업을 시작했다.

복습				
fatigue	prone	lyric	collision	priest
leisurely	stout	thorn	initial	initiate

souvenir
[sùːvəníər]

n. 기념품

- 관광지에서 "수건이여!" 하며 파는 기념품
- I bought souvenirs for my wife.
  나는 아내를 위해서 기념품을 샀다.

plural
[plúərəl]

n. 복수, 복수형 (약어로 pl.)

- 한 다발을 풀르(럴)어서 여러 개인 복수가 되다
- 'Geese' is the plural of 'goose.'
  'Geese'는 'goose(거위)'의 복수형이다.

pest
[pest]

n. 해충

- 썩은 폐수에서 사는 two(2)마리의 해충
- Flies and mosquitoes are pests.
  파리와 모기는 해충이다.

sword
[sɔːrd]

n. (긴) 칼, 검

- 강도가 칼, 검을 꺼내자 경찰이 총을 쏘다
- sword dance 칼춤, 검무

강도가 **칼, 검**을 꺼내자 경찰이 총을 **쏘다** sword

ointment
[ɔ́intmənt]

n. 연고

- 연고 성분에 피부를 진정시키는 오이도 많다
- an ointment to reduce soreness
  따끔거림을 줄여주는 연고

dock
[㉠ dɑk ㉡ dɔk]

n. 부두, 선착장

- 닻을 내리고 배를 정박하는 부두, 선착장
- Mr. Joo escaped from the boat before it reached the dock.
  주 씨는 배가 선착장에 도착하기 전에 배에서 탈출했다.

starvation
[stɑːrvéiʃən]

n. 굶주림, 기아

- 굶주림, 기아로 쏙 들어간 배는 마치 극심한 다이어트를 하는 스타들의 배이셔.
- starve 굶어 죽다, 굶주리다
- He would have eventually died of starvation.
  그는 결국 굶주림으로 죽었을 것이다.

backfire
[bǽkfàiər]

v. 역효과를 낳다

- fire(불)로 공격한 것이 바람에 의해 back(뒤로) 되돌아와 역효과를 낳다
- The empty apology backfired on him.
  공허한 사과가 오히려 그에게 역효과를 가져왔다.

coordinate ❶
[kouɔ́ːrdinət]

n. 좌표

- 얼굴을 좌표에 그릴 때 코를 어디 넣지? 즉, 코의 좌표
- The map application automatically copied the coordinates to the navigation system.
  지도 애플리케이션은 자동으로 좌표를 내비게이션 시스템에 복사했다.

코는 어디 그려 넣지? coordinate 코의 **좌표**

coordinate ❷
[kouɔ́ːrdinèit]

v. 조화시키다, 조정하다

➤ 코디네이터가 의상을 조화시키다, 조정하다
- coordination 조화, 조정
- ex) The manager coordinated all the schedules.
  매니저가 모든 일정을 조정했다.

복습				
souvenir	plural	pest	sword	ointment
dock	starvation	backfire	coordinate¹	coordinate²

리얼 생생 수강후기

1주일 지나고도 외웠던 700개의 단어가 그대로 다 기억이 나더라고요. (윤*희)

저는 정말 어휘에 약한 학생이었습니다. 시험 점수가 들쑥날쑥한 편이고 낮았습니다. 다른 영단어책 쓰면서 엄청 외웠었는데... 투자한 시간에 비해 암기된 단어는 깨알같이 적고...

그러다 겨울방학 기간에 지인의 추천으로 경선식 단어장을 사게 되었고 정말 마지막으로 여기에 걸어보자는 마음으로 강의를 들었습니다.

선생님의 말씀대로 누적복습 꾸준히 하고... 대.박. 1주일이 지나고도 외웠던 700개의 단어가 다 기억이 나더라고요. 수업시간에는 어휘에 관한 선생님의 질문에 꼬박꼬박 자신 있게 대답하게 되고 지금 너무 행복해요. ^-^

Lecture 10

hatch
[hætʃ]

v. 부화하다

- 알이 해의 열기에 취~직! 부화하다
- The eggs have started to hatch.
  알이 부화하기 시작했다.

reservoir
[rézərvwà:r]

n. 저수지

- 낚시로 레저를 즐기기 위해 저수지를 봐!
- We used to visit the reservoir once a week.
  우리는 일주일에 한 번 저수지를 방문하곤 했다.

adolescence
[ædəlésns]

n. 청소년기, 사춘기

- 애들이 학교에서 lesson(수업)을 받고 있는, 즉 청소년기, 사춘기 애들
- adolescent 청년기의, 청춘의
- My sister spent her adolescence in the U.S.A.
  우리 언니는 미국에서 청소년기를 보냈다.

cling
[kliŋ]

v. 매달리다, 달라붙다, 고수하다 (cling - clung - clung)

- 클(큰) 링으로 된 귀걸이가 귀에 매달리다, 달라붙다
- She clung to the hope that he was still alive.
  그녀는 그가 아직 살아 있을 것이라는 희망에 매달렸다.

broom
[bru:m]

n. 빗자루

- 아이들이 "부릉 부릉" 하며 타고 노는 빗자루
- The witch is holding a broom in her hand.
  그 마녀는 손에 빗자루를 들고 있다.

throne
[θroun]

n. 왕위, 왕좌

- 수로왕이 운(우는) 이유는 빼앗긴 왕위, 왕좌 때문
- He is a rightful heir to the throne.
  그는 정당한 왕위 계승자이다.

gloomy
[glú:mi]

a. 음울한, 우울한

- 구름이 어둡게 드리워 음울한, 우울한
- She looked gloomy.
  그녀는 우울해 보였다.

commodity
[kəmádəti]
[kəmɔ́dəti]

n. 상품, 물품

- 시장에서 파는 커다란 마더(엄마) 티셔츠와 같은 **상품, 물품**
- Garlic is an important commodity.
  마늘은 중요한 물품이다.

pit
[pit]

n. 구멍, 구덩이

- 핏! 하고 날아온 총알에 몸에 **구멍**이 나다
- The dog is digging a pit.
  개가 구덩이를 파고 있다.

pitfall
[pítfɔ:l]

n. 함정, 위험

- **pit**(구멍)으로 **fall**(떨어지게) 파놓은 **위험**한 **함정**
- Test takers should watch out for pitfalls.
  수험생들은 함정에 주의해야 한다.

복습				
hatch	reservoir	adolescence	cling	broom
throne	gloomy	commodity	pit	pitfall

errand
[érənd]

n. 심부름

- 애가 **run**도(달리기도) 잘하여 보낸 **심부름**
- Her mother sent the girl on an errand for the first time.
  그 소녀의 어머니는 처음으로 그녀를 심부름 보냈다.

assassination
[əsæsənéiʃən]

n. 암살

- 없앴어, **nation**(나라)의 중요 인물을, 즉 **암살**
- assassinate 암살하다
- The head director ordered to investigate the assassination.
  본부장은 암살을 조사하라고 명령했다.

ordeal
[ɔːrdíːəl]
[ɔːdíːl, ɔ́ːdiːl]

n. 시련

- "어딜 도망가?" 하며 폭력배들에게 잡혀서 겪는 **시련**
- Despite the ordeal, she didn't lose her smile.
  시련에도 불구하고 그녀는 미소를 잃지 않았다.

curator
[kjuəréitər]

n. 감독, 관리자, 큐레이터(박물관·미술관 등의 전시 책임자)

- 영화에서 **큐래이!** 하고 소리치는 경상도 **or**(사람), 즉 영화 **감독, 관리자**
- It's difficult to become a curator at the National Museum.
  국립 박물관의 큐레이터가 되는 것은 어렵다.

refuge
[réfju:dʒ]

n. 피난처, 피신

- 전쟁이 나서 **내빼지**, 즉 **피난처**로 **피신**
- refugee 피난민, 망명자
- They planned to escape to another refuge by that vessel.
  그들은 그 배로 다른 피난처로 도망갈 계획을 짰다.

applaud
[əplɔ́:d]

v. 박수갈채를 보내다

- 마술사가 자신을 묶고 있던 쇠사슬을 **어! 풀러도** 관중들이 **박수갈채를 보내다**
- applause 박수갈채
- The audience applauded the director.
  관객들은 감독에게 박수갈채를 보냈다.

wicked
[wíkid]

a. 못된, 사악한

- 나를 밟고 **위**에서 **키득**대는 **못된, 사악한** 일진들
- a wicked witch 사악한 마녀

treaty
[trí:ti]

n. 조약, 협정

- 인도네시아의 tree(나무)와 중국의 tea(차)를 맞바꾸자는 **tree tea 조약, 협정**
- A peace treaty was signed between countries.
  국가 간에 평화 조약이 체결되었다.

bulb
[bʌlb]

n. 전구

- **ball**(공)처럼 둥글게 **부**어 있는 **전구**
- The light bulb went out.
  전구가 불이 나갔다.

skeptical
[sképtikəl]

a. 의심 많은, 회의적인

- 마약 탐지견인 **수캐**가 **티끌** 하나하나까지 냄새를 맡을 정도로 **의심 많은, 회의적인**
- Investors were skeptical of the project.
  투자자들은 그 프로젝트에 회의적이었다.

복습				
errand	assassination	ordeal	curator	refuge
applaud	wicked	treaty	bulb	skeptical

canal
[kənǽl]

n. 운하, 수로

- **운하, 수로**에 걸려 못 빠져나가는 배를 **꺼낼**
- Panama canal is the most famous canal in the world.
  파나마 운하는 세계에서 가장 유명한 운하이다.

belly
[béli]

n. 배, 복부

- ¹ 벨리 댄스(belly dance)는 배, 복부를 움직여 추는 춤
  ² 일본이 전쟁에서 지자 "내가 내 배를 벨리!" 하고 찌르는 자신의 배, 복부
- The dog was lying on her belly.
  그 개는 배를 깔고 누워 있었다.

closet
[⑪klázit ⑬klɔ́zit]

n. 벽장

- 벽문을 열고 close(닫을) 수 있게 짓다, 즉 벽장
- I used to hide in the closet when I was a kid.
  나는 어렸을 때 옷장에 숨곤 했어요.

embrace
[imbréis]

v. 포옹하다, 포용하다 n. 포옹

- 부부가 임블에(이불에) 있수, 즉 이불에서 포옹하다, 포용하다
- The water seemed to welcome and embrace her.
  물이 그녀를 환영하고 감싸는 것처럼 보였다.

monitor
[⑪mɑ́nitər]
[⑬mɔ́nitər]

¹ n. 모니터 ² v. 감시하다, 관찰하다

- CCTV의 모니터를 보면서 감시하다, 관찰하다
- Citizens need to monitor politicians.
  시민들은 정치인들을 감시할 필요가 있다.

CCTV 모니터
monitor
감시하다

swoop
[swu:p]

v. 급강하하다, 급습하다

- 독수리가 스웁!(쑤욱!) 급강하하다, 먹이를 급습하다
- Planes swooped over the ship.
  비행기들이 그 배를 급습했다.

cohesion
[kouhí:ʒən]

n. 결합, 화합

- 코를 맞대고 (했어), 뽀뽀를. 즉, 결합, 화합
- cohesive 접착력 있는, 부착성의
- The voters were trying to build social cohesion.
  투표자들은 사회적 화합을 형성하려고 애쓰고 있었다.

murmur
[mə́:rmər]

v. 속삭이다, 중얼거리다 n. 속삭임, 중얼거림

- 뭐, 뭐라고 속삭이다, 중얼거리다
- He murmured loving words into her ear.
  그는 그녀의 귀에 대고 사랑의 밀어를 속삭였다.

뭐 뭐…
murmur
속삭이다, 중얼거리다

quarters
[kwɔ́:rtərz]

n. 거처, 숙소

- 방을 넷에서 quarter(1/4)씩 나누어 쓰는 거처, 숙소
- the servants quarters 하인들의 숙소

headquarters
[hédkwɔ̀ːrtərz] n. 본부, 본사

- [head(머리, 상부) + quarters(거처, 숙소)] 상부 사람들이 거처하는 **본부, 본사**
- military headquarters 군사 본부

복습	canal	belly	closet	embrace	monitor
	swoop	cohesion	murmur	quarters	headquarters

경쌤's TIP

축하합니다.

여러분은 경선식 토플영단어 완성 10강까지 완성하였습니다.

반드시 지켜야 하는 가장 효과적인 복습 방법(5page)을 확인 후 확실하게 복습하세요.

Lecture 11

sprout
[spraut]

v. 싹트다, 생기다 n. 싹

- 수풀에서 땅 out(밖으로) 싹트다, 생기다
- Buds sprout in the spring.
  봄에 싹들이 돋아난다.

buildup
[bíldʌp]

n. 증강, 강화, 발전

- 높은 빌딩을 한 층씩 한 층씩 up(위로) build(세워) 증강, 강화, 발전
- The present authorities should stop at once the arms buildup.
  현 당국은 즉시 군사력 증강을 중단해야 한다.

sprint
[sprint]

v. (단거리를) 전력질주하다 n. 단거리 경기

- 스프링의 two(2)개의 반발력을 왼발, 오른발에 받은 것처럼 전력질주하다, 단거리 경기
- sprinter 단거리 선수
- He had to sprint to catch the bus.
  그는 버스를 잡기 위해 전력질주를 해야 했다.

dye
[dai]

n. 염료 v. 염색하다 (dye - dyed - dyed)

- 얼굴에 묻으면 검어지니까 얼굴에는 닿이지(닿지) 않도록 머리에만 염색하다
- I'm sure she dyed her hair.
  나는 그녀가 머리를 염색했다고 확신해.

roar
[rɔːr]

v. 함성을 지르다, 으르렁거리다 n. 함성, 으르렁 소리

- 무대에 오른 가수가 청중의 함성 소리에 노래를 시작하기 힘이 들자 "함성을 lower!(낮춰주세요!)" 즉, 함성, 함성을 지르다
- the roar of the crowd 군중들의 함성

buddy
[bʌ́di]

n. 여보게, 친구

- 친구인 벗이 지나가자 "여보게, 친구!"
- an old buddy 오랜 친구

remedy
[rémədi]

n. 1 치료 2 해결책

- 피를 흘리는 머리를 잡고 병원에 가서 "내 머리 좀 치료해줘요!"
- 1 The doctor had to find a new remedy.
  의사는 새로운 치료법을 찾아야 했다.
- 2 There is no simple remedy for unemployment.
  실업 문제에는 간단한 해결책이 없다.

shepherd
[ʃépərd]

n. 양치기

→ 양을 몰고 다니는 셰퍼드 개는 양치기 개

The shepherd boy raised a Border Collie.
양치기 소년은 보더 콜리를 길렀다.

양치기
셰퍼드
shepherd

maid
[meid]

n. 하녀, 가정부

→ 로봇으로 made(만들어진) 하녀, 가정부

A maid changes the bed sheets every day.
가정부는 침대 시트를 매일 갈아준다.

maiden
[méidn]

¹ n. 소녀, 처녀   ² a. 처녀-, 최초의

→ May(5월)에 벚꽃이 흩날리는 대학교 캠퍼스에서 책을 앞으로 감싸든 소녀, 처녀

¹ The young maiden made my heart beaten.
그 소녀가 나의 마음을 뛰게 만들었다.

² a maiden flight 처녀비행

복습	sprout	buildup	sprint	dye	roar
	buddy	remedy	shepherd	maid	maiden

convict
[kənvíkt]

n. 죄인   v. 유죄를 선고하다

→ 사또가 "주리를 컨(크게) 비트러라(비틀어라)!" 하며 죄인에게 유죄를 선고하다

- conviction 유죄판결, 확신, 신념
- They were convicted of murder.
  그들은 살인에 대해 유죄를 선고받았다.

woe
[wou]

n. 비통, 불행

→ 비통, 불행의 외침, 워우!

- woeful 비참한, 애처로운, 슬픈
- ¹ a tale of woe 고뇌에 찬 이야기
  ² My friend had been watching and listening to the woman's woeful story. 내 친구는 그 여자의 슬픈 이야기를 보고 들어오고 있는 중이었다.

diagnose
[dáiəgnòus]

v. 진단하다

→ "그 사람 die어?(죽었어?)" 그 nose(코)로 숨을 쉬는지 진단하다

- diagnosis 진단
- He was diagnosed as cancer.
  그는 암이라고 진단받았다.

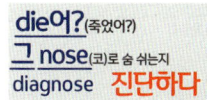

shrug
[ʃrʌg]

v. 어깨를 으쓱하다

➤ "싫어? 그가?" 하며 너무 멋진 그를 싫어하는 친구가 이해가 안 간다며 **어깨를 으쓱하다**

✉ He just shrugged and said, "Sorry, kid."
그는 그저 어깨를 으쓱해 보이며, "미안하다, 얘야."라고 말했다.

cunning
[kʌ́niŋ]

a. 교활한

➤ 선생님 눈을 피해 **컨닝**하는 **교활한** 학생

✉ a cunning trick 교활한 속임수

교활한
컨닝하다
cunning

meteor
[míːtiər]

n. 유성, 별똥별, 운석

➤ 밤하늘에 **유성**이 美(아름답게) **튀어**.

✉ I just saw a meteor.
나는 방금 별똥별을 봤다.

stir
[stəːr]

¹ v. 휘젓다, (마음을) 휘젓다, 동요하다   n. 동요   ² v. 유발하다

➤ 水(물 수)에서 떠오르려고 팔을 **휘젓다**, 그래서 물결을 **유발하다**

✉ ¹ She stirred the milk with beaten eggs.
그녀는 달걀을 푼 우유를 휘저었다.

² ✉ The music echoing from Shain Park stirred memories of a simpler time. Shain 공원에서 울려 퍼지는 음악은 더 소박했던 시절의 기억들을 불러일으켰다.

doctrine
[⑪ dáktrin]
[⑭ dɔ́ktrin]

n. 정책, 주의, (종교의) 교리

➤ 평등하게 다 같이 잘 살 수 있다는 공산주의의 **정책, 주의, 교리**는 결국 **다 틀린**

✉ ¹ Marxist doctrine 마르크스 주의
² Catholic doctrines 가톨릭 교리

apprehend ❶
[æ̀prihénd]

v. 이해하다

➤ "어! 알았어!" 수학 풀이집을 hand(손)에 놓고 보면서 **이해하다**

• misapprehend 오해하다

✉ The students tried to apprehend the chapter.
학생들은 그 장(章)을 이해하려고 노력했다.

apprehend ❷
[æ̀prihénd]

v. ¹ 체포하다 ² 염려하다

➤ 경찰이 범인을 엎으리, 그리고 hand(손)을 뒤로 하여 수갑을 채워 **체포하다**. 범인은 감방 갈 것을 **염려하다**

• apprehension 이해, 염려, 체포
• apprehensive 걱정되는, 불안한

✉ ¹ The police apprehended a serial killer.
경찰이 연쇄 살인범을 체포했다.

² We were apprehensive about the results of the exams.
우리는 시험 결과에 대해 염려하고 있었다.

복습	convict	woe	diagnose	shrug	cunning
	meteor	stir	doctrine	apprehend[1]	apprehend[2]

synthetic
[sinθétik]

a. 합성한, 인조의

→ 新(새로울 신) 쇠를 틱! 하고 만들어내기 위해
여러 금속을 **합성한, 인조의**
- synthesis 합성
- synthesize 합성하다
- These shoes are made of synthetic leather.
  이 신발은 인조가죽으로 만들어졌다.

crust
[krʌst]

n. 빵 껍질, 껍질, 표면

→ 치즈 **크러스트** 피자란 **빵 껍질, 표면** 속에 치즈가 들어있는 피자
- Pork needs to be fried until the crust is golden brown.
  돼지고기는 껍질이 노릇노릇해질 때까지 튀겨야 한다.

striking
[stráikiŋ]

a. 눈에 띄는, 두드러진

→ **스트라익**을 던지는 데 있어서는 **king**(왕)일 정도로 투수들 중에서 **눈에 띄는, 두드러진**
- strikingly 현저하게
- There is a striking contrast between her two novels.
  그녀의 두 소설은 두드러진 대조를 보인다.

rod
[rɑd ⑧ rɔd]

n. 막대, 지팡이

→ 부축하려고 하자 "놔 두어!" 하며 **막대, 지팡이**로 혼자 일어서는 할아버지
- Spare the rod and spoil the child.
  매를 아끼면 아이를 망친다.

execute ①
[éksəkjùːt, éksikjùːt]

v. (직무 등을) 실행하다

→ 직원들에게 애써!(애쓰라고!) 큐! 싸인을 보내자 **(직무를) 실행하다**
- It is not easy to execute strategies successfully.
  전략을 성공적으로 실행하는 것은 쉽지 않다.

execute ②
[éksəkjùːt, éksikjùːt]

v. 처형하다

→ 밭을 망친 멧돼지의 목이 졸려 **액!** 하고 죽자 본보기로 놔두고 그대로 **썩혔다**. 즉, **처형하다**
- execution 실행, 사형(집행)
- The people executed Marie Antoinette.
  사람들은 마리 앙투아네트를 처형했다.

triumph
[tráiəmf]

n. 승리, 대성공

- [트라이엄프 → 트럼프] 트럼프가 미국 대통령 선거에서 이뤘던 승리, 대성공
- triumphant 승리를 얻은, 성공한
- triumphantly 의기양양하게
- one of the triumphs of modern science
  현대 과학의 대성공들 중 하나

smear ①
[smiər]

¹ v. 더럽히다   n. 얼룩   ² n. 중상모략

- 김치 물이 옷에 스미어들어(스며들어) 얼룩지게 더럽히다, 사람을 더럽히는 중상모략
- ¹ a smear of lipstick 립스틱 자국
  ² There was a smear campaign against the candidate.
  그 후보자에 대한 중상모략이 있었다.

smear ②
[smiər]

v. (기름 등을) 바르다

- 김밥을 싸기 위해 먼저 김에 스미어들게(스며들게) 기름을 바르다
- She smeared the ribs with the barbecue sauce.
  그녀는 갈비에 바비큐 소스를 발랐다.

smudge
[smʌdʒ]

n. 자국, 얼룩   v. 번지다, 번지게 하다

- 김치 물이 옷에 스머지(스며들지). 즉, 자국, 얼룩, 번지다
- She smudged my picture!
  그녀가 내 그림을 번지게 했다!

복습				
synthetic	crust	striking	rod	execute¹
execute²	triumph	smear¹	smear²	smudge

Lecture 12

flush
[flʌʃ]

v. ¹ 얼굴이 붉어지다 ² (변기의) 물을 내리다, 씻어내다

- 허리띠를 풀러 쉬를 급히 할 정도로 **얼굴이 붉어지다**, 그다음 **(변기의) 물을 내리다, 씻어내다**
- ¹ His face flushed red with embarrassment.
  그는 당황해서 얼굴이 빨개졌다.
- ² He told me to flush down the toilet.
  그는 나에게 변기의 물을 내리라고 말했다.

virtue
[vəːrtʃuː]

n. 미덕, 선행

- 조상들의 묘를 **벌초**하는 것은 조상을 섬기는 아름다운 **미덕, 선행**
- virtuous 덕 있는, 고결한
- Virtue is its own reward.
  선행은 그 자체가 보상이다.

rot
[미 rɑt 영 rɔt]

v. 썩다, 부패하다

- 낮의 뜨거운 기온 때문에 생선이 **썩다, 부패하다**
- rotten 썩은, 부패한
- Fruits often rot on trees in hot weather.
  더운 날씨에는 종종 과일이 나무에서 썩는다.

bridge
[bridʒ]

¹ n. 다리 ² v. 잇다, (간격 따위를) 메우다

- **bridge**(다리)가 육지와 섬을 **잇다, (간격을) 메우다**
- The construction was the first attempt to bridge Busan and Geoje.
  그 공사는 부산과 거제를 이으려는 첫 번째 시도였다.

howl
[haul]

v. 울부짖다 n. 울부짖음

- 늑대가 "아우~울" 하고 **울부짖다**
- wolves howling in the forest
  숲에서 울부짖는 늑대들

orbit
[ɔ́ːrbit]

n. (천체의) 궤도

- 오~ 빛을 내며 돌고 있는 혜성의 **궤도**
- The spaceship made an orbit of Mars.
  우주선이 화성의 궤도를 돌았다.

staggering
[stǽɡəriŋ]

a. ¹ 비틀거리는 ² 깜짝 놀라게 하는

- 엄청난 수의 깡패가 떼거리로 몰려오자 다리가 비틀거리는, 깜짝 놀라게 하는
- stagger 비틀거리다, 깜짝 놀라게 하다
- ¹ He was staggering after few drinks.
  그는 술을 몇 잔 마신 후에 비틀거렸다.
- ² She could not believe the staggering news.
  그녀는 그 충격적인 소식을 믿을 수가 없었다.

arouse
[əráuz]

v. 자극하다, (감정 등을) 불러일으키다

- "어라! 우주 핵 로켓을 북한이 발사했어?" 즉, 남한을 자극하다, 긴장감 같은 감정을 불러일으키다
- rouse (잠을) 깨우다, (감정 등을) 불러일으키다
- The documentary aroused diverse emotions.
  그 다큐멘터리는 다양한 감정을 불러일으켰다.

signify
[sígnəfài]

v. 의미하다, 뜻하다

- [sign(싸인, 신호) + i + fy(동·어)] 포수가 투수에게 보내는 sign(싸인)은 커브를 던지라는 것을 의미하다, 뜻하다
- The color signifies peace.
  그 색은 평화를 의미한다.

esteem
[istíːm]

v. 존경하다 n. 존경

- 이 steam(증기) 기관을 발명한 제임스 와트를 사람들이 존경, 존경하다
- The veterans are held in great esteem.
  퇴역군인들은 크게 존경받고 있다.

복습					
flush	virtue	rot		bridge	howl
orbit	staggering	arouse		signify	esteem

whirl
[hwəːrl]

v. 빙빙 돌다 n. 빙빙 돌기

- 독수리가 먹이를 찾느라고 훨훨 날며 하늘을 빙빙 돌다
- seagulls whirling over the ship
  배 위를 빙빙 도는 갈매기들

imitate
[ímitèit]

v. 모방하다, 모조하다

- ¹ 모조품은 단속 때문에 잘 보이지 않는 이 밑에 있다, 즉 모방하다, 모조하다
- ² 모조품을 이미테이션(imitation)이라고 한다.
- imitation 모방, 모조품
- There are hundreds of great people to imitate and copy.
  모방하고 따라 할 수백 명의 위대한 사람들이 있다.

diffuse
v. [difjú:z]
a. [difjú:s]

v. 퍼지다, 분산시키다   a. 널리 퍼진, 분산된

- 뒤에서 피우는 담배 연기가 퍼지다, 널리 퍼진
- diffusion 발산, 확산
- The scent diffused into other rooms.
  향기가 다른 방들로 퍼졌다.

rifle
[ráifl]

n. 소총

- 전투에서 적의 life를(생명을) 빼앗는 소총
- The soldier loaded three bullets into a rifle.
  그 병사는 총알 3발을 소총에 장전했다.

sue
[su:]

v. 고소하다

- 자동차가 속도를 위반하고 슈우~ 하고 달리는 것을 보고 고소하다
- She's suing for a divorce.
  그녀는 이혼 소송 중이다.

spice
[spais]

n. 양념

- 양념으로 쓸 쓴(썬) 파 있수?
- spicy 양념 맛이 강한, 매운
- Merchants traded spices on the Silk Road.
  상인들은 실크로드에서 향신료를 거래했다.

hedge
[hedʒ]

n. 울타리

- 울타리 아래로 해가 지다
- She kicked the ball over the hedge.
  그녀는 공을 울타리 너머로 찼다.

vertical
[vé:rtikəl]

a. 수직의, 세로의

- "저 독립투사는 수직의, 세로의 자세로 매달아놔도 안 불고 끝까지 버틸걸?"
- Vertical videos are in vogue these days.
  요즘에는 세로 영상이 유행이다.

zeal
[zi:l]

n. 열정, 열의

- 경쟁자에게 질까 봐 열정, 열의를 다하다
- zealous 열광적인, 열심인
- I always choose zeal over ability.
  나는 항상 능력보다 열정을 선택한다.

zealot
[zélət]

n. 광신자, 열성적인 사람

- [젤럿 → (철자상) 질럿] "믿습니까?" "믿습니다!"라고 광신자, 열성적인 사람들이 소리를 질럿!
- a religious zealot 종교적 광신자

복습	whirl	imitate	diffuse	rifle	sue
	spice	hedge	vertical	zeal	zealot

famine
[fǽmin]

n. 기아, 굶주림

- 살을 빼서 미인이 되려고 굶주림
- Many children are still suffering from famine.
  많은 아이들은 여전히 기아로 고통받고 있다.

bulletin
[búlətin]

n. 게시, 뉴스 단신

- 교무실로 불러 혼내려고 했지만 튄 학생들을 게시한 학교 뉴스 단신
- the notice on the bulletin board 게시판에 있는 통지

irritable
[íritəbl]

a. 화를 잘 내는

- 이리들이 살고 있는 이리 터에 불을 들이대자 으르렁거리면서 화를 잘 내는
- irritate 화나게 하다, 짜증나게 하다
- irritation 짜증나게 함, 화
- Her continual complains irritate me.
  그녀의 끊임없는 불평이 나를 짜증나게 한다.

dragonfly
[drǽgənflai]

n. 잠자리

- 옛날 공룡시대에는 잠자리가 용처럼 커서, dragon(용)처럼 큰 fly(파리)라는 이름에서 유래했다고 한다.
- Dragonflies can usually be seen in autumn.
  잠자리는 보통 가을에 볼 수 있다.

diploma
[diplóumə]

n. 졸업장, 수료증

- 학점이 D뿔(D+) 넘어서 졸업 학점을 인정받아 받는 졸업장
- This is my high school diploma.
  이것은 나의 고등학교 졸업장이다.

D뿔(D+) 넘어 졸업장 받다
diploma

swarm
[swɔːrm]

n. (벌·개미 등의) 떼, 무리 v. 들끓다

- 수많은 worm(벌레) 떼가 들끓다
- The road is swarming with people.
  거리는 사람들로 가득 차 있다.

ambiguous
[æmbígjuəs]

a. 모호한, 분명하지 않은

- 누가 이겼는지 모호한, 분명하지 않은, 그래서 내 생각에, I am 비겼수!
- That sentence is ambiguous.
  그 문장은 모호하다.

blaze
[bleiz]

n. 불꽃, 화재　v. 타오르다

- 불을 내이즈(내다). 그래서 불꽃이 타오르다
- ex The car blazed in flame.
  그 차는 화염에 휩싸였다.

announce
[ənáuns]

v. 발표하다, 알리다

- ¹ 아나운서(announcer)가 뉴스를 발표하다, 알리다
  ² [an(to) + nounce(speak)] 사람들에게 말하여 발표하다, 알리다
- announcement 발표
- announcer 아나운서, 발표자
- ex The director announced that she would resign.
  그 이사는 사임할 것이라고 발표했다.

pronounce
[prənáuns]

v. ¹ 발음하다　² 선언하다, 단언하다

- [pro(forward) + nounce(speak)] 사람들 pro(앞으로) 나가 nounce(말하다), 즉 선언하다, 단언하다
- pronunciation 발음
- ex ¹ People pronounce the word differently in this part of the country.
  이 지방에서는 사람들이 그 단어를 다르게 발음한다.
  ² The judge pronounced life sentence.
  판사는 무기징역을 선고했다.

불을 내이즈(내다)
blaze

불꽃이 타오르다

복습	famine	bulletin	irritable	dragonfly	diploma
	swarm	ambiguous	blaze	announce	pronounce

경쌤's TIP

공부를 하기 싫은 이유 중에 가장 큰 이유는 무엇일까요?

아마도 목표 없이 수동적인 공부를 하거나
여러분이 정한 목표를 간절하게 바라는 마음이 부족하기 때문일 것입니다.
그리고 머리로만 그 목표를 생각하다 보면 너무나 자주 그 목표를 잊어버리게 될 것입니다.
목표를 크게 적어서 항상 볼 수 있는 곳에 붙여놓도록 하세요.
그 목표를 이루었을 때의 희열과 여러분 못지않게 기뻐하실 부모님의 얼굴을 떠올려보세요.
그리고 **너무도 애절히, 너무도 간절히 그 목표를 갈구하세요!!!**

Lecture 13

cuisine
[kwizíːn]

n. 요리, 요리법

▸ 요리하다 솥이 뜨거워 귀를 쥔

▫ Today was the first day I've tried Mediterranean cuisine.
나는 오늘 지중해 요리를 처음 먹어봤다.

recipe
[résəpi]

n. 조리법, 요리법

▸ "생선을 조리할 때 피를 냈어. 그 다음 깨끗하게 씻고…" 등과 같은 조리법, 요리법

▫ My grandmother had the best pork rib recipe.
우리 할머니의 돼지갈비 요리법은 최고였다.

eyebrow
[áibràu]

n. 눈썹

▸ 눈에 눈썹이 들어가면 eye(눈)을 후! 하고 불어.

▫ You have brown eyebrows. 너는 갈색의 눈썹을 가졌어.

segment
[ségmənt]

n. 한 조각, 부분

▸ 깨진 유리 조각을 한 조각 한 조각 세구(세고) 보니 많다.

▫ The manager divided the project into segments.
팀장이 프로젝트를 여러 부분으로 나누었다.

sheer
[ʃiər]

a. 순전한 ad. 순전히

▸ "너무 시어!" 100% 순전한 레몬 100% 음료

▫ He gave up smoking by sheer force of will.
그는 순전히 의지의 힘으로 담배를 끊었다.

concrete
[⑪ kánkriːt]
[⑱ kɔ́ŋkriːt]

¹n. 콘크리트 ²a. 구체적인

▸ 콘크리트의 구체적인 재료는 시멘트, 자갈, 모래…

▫ Our project is not yet concrete. 우리의 계획은 아직 구체적이지 않다.

juvenile
[⑪ dʒúːvənl]
[⑱ dʒúːvənàil]

n. 청소년 a. 청소년의, 어린애 같은

▸ 학교에서 주번을 하는 아이, 즉 청소년, 청소년의

▫ Juvenile crime is increasing at an alarming rate.
청소년 범죄가 무서운 속도로 증가하고 있다.

crude
[kruːd]

a. 천연 그대로의, 조잡한

▸ 공원에 나무 수십 그루를 다듬지 않고 그대로 두어 천연 그대로의, 조잡한

▫ ¹ crude oil 원유
² It's a fairly crude device. 그것은 상당히 조잡한 장치이다.

dew
[dju:]

n. 이슬

- ¹ 듀~르륵 풀잎에서 흐르는 이슬
- ² 마운틴 듀(mountain dew)는 '산 이슬'이란 뜻
- The grass is still wet with dew.
  잔디가 아직도 이슬에 젖어 있다.

듀~르륵 흐르는 이슬
dew

ape
[eip]

n. 침팬지, 고릴라, 유인원

- 애가 입을 모으고 턱을 만지면서 흉내 내는 침팬지, 유인원
- An ape is a tailless monkey.
  유인원이란 꼬리 없는 원숭이이다.

복습	cuisine	recipe	eyebrow	segment	sheer
	concrete	juvenile	crude	dew	ape

transient
[(미)trǽnʃənt]
[(영)trǽnziənt]

a. 잠시 머무르는, 일시적인

- train(기차)가 역에 쉬언트(쉬는), 즉 잠시 머무르는, 일시적인
- transitory 일시적인, 금방 지나가는
- Ron applied for a transient job in Spain.
  Ron은 스페인의 임시직에 지원했다.

dairy
[déəri]

n. 낙농장 a. 낙농의, 우유로 만든

- 낙농장에서 우유를 짜기 위해 젖소 밑에 양동이를 대리!
- a dairy farmer 낙농업자

젖소 밑에 양동이를 대리!
dairy
낙농장, 우유로 만든

reciprocal
[risíprəkəl]

a. 상호간의, 서로간의

- 성이 이씨인 이씨 브로커가 상호간의, 서로간의 사업을 연결시켜 주는
- reciprocal help 상호 협조

monumental
[(미)mànjuméntl]
[(영)mònjuméntl]

a. 기념비적인

- "아테네 신전은 관광객이 아직도 많아유. 지금은 기둥인 맨 틀만 남았지만." 그 정도로 기념비적인 문화유산
- monument [(미)mánjumənt (영)mónjumənt] 기념비, 기념물
- Gwangju Democratization Movement is monumental and should be recognized more.
  광주민주화운동은 기념비적이고 더 많이 알려져야 한다.

delude
[dilú:d]

v. 속이다, 현혹하다

- 뒤루드(뒤로) 몰래 속이다
- delusion 기만, 현혹
- The candidates deluded the voters with election promises.
  그 후보자들은 선거 공약으로 유권자들을 현혹했다.

patriot
[(미)péitriət]
[(영)pætriət]

n. 애국자

- 자신의 돈을 pay(지불)하고 목화 tree(나무)를 몰래 얻어온 문익점은 애국자
- patriotism 애국심
- patriotic 애국의, 애국적인
- Richard was represented as a true patriot.
  Richard는 진정한 애국자로 그려졌다.

probe
[proub]

n. 조사 v. 조사하다, 탐사하다

- 가방을 풀어 부(으세요)! 하고 경찰이 가방을 조사, 조사하다
- The submarine probed the deep ocean.
  잠수함은 깊은 바다를 탐사했다.

withhold
[wiðhóuld]

v. (정보 등을) 주지 않다, 보류하다

- 자기만 with(가지고) hold(유지하다), 즉 (정보 등을) 주지 않다, 발표를 보류하다
- ¹ The corrupt cop withheld crucial evidence.
  부패경찰은 결정적인 증거를 주지 않았다.
- ² The judge had no choice but to withhold the decision.
  판사는 판결을 보류할 수밖에 없었다.

collapse
[kəlǽps]

v. 무너지다, 쓰러지다 n. 붕괴

- 태풍에 텐트가 걸레처럼 쓰러지다, 즉 무너지다, 쓰러지다
- The wind caused the tent to collapse.
  바람에 텐트가 무너졌다.

contemptuous
[kəntémptʃuəs]

a. 경멸하는, 경멸적인

- 미친 사람처럼 길에서 큰 템포(빠르기)로 춤을 추었수. 그래서 주위 사람들이 경멸하는
- contempt 경멸
- He was openly contemptuous of his professor.
  그는 노골적으로 그의 교수를 경멸했다.

복습	transient	dairy	reciprocal	monumental	delude
	patriot	probe	withhold	collapse	contemptuous

affluent
[ǽfluənt]

a. 부유한, 풍족한

- 잘 먹어서 애가 허리띠를 플루언트(풀르는) 부유한, 풍족한 가정
- affluence 부유, 풍족
- His parents were very affluent.
  그의 부모님은 매우 부유하셨다.

passive
[pǽsiv]

a. 수동적인, 활기 없는, 소극적인

- 우리 집 개는 **패**야만 음식을 **씹으**(씹어) 먹는다. 즉, 먹는 것에 **수동적인, 소극적인**
- passively 수동적으로
- actively 능동적으로

The company was criticized for the passive response.
그 회사는 소극적인 대응으로 비난을 받았다.

irrigate
[írigèit]

v. 물을 끌어 대다

- 논이 있는 **이리로** 저수지 수문인 **gate**(문)을 연결하여 **물을 끌어 대다**
- irrigation 관개, 물을 끌어 댐

They have built canals to irrigate the desert.
그들은 사막에 물을 공급하기 위해 수로를 건설했다.

worship
[wə́ːrʃip]

n. 숭배, 예배 v. 숭배하다, 예배하다

- **war**(전쟁) 중인 **ship**(배)에서 전사하신 이순신 장군을 **숭배하다**, 사당을 지어 매일 **예배하다**

They do not worship youth.
그들은 젊음을 숭배하지 않는다.

demonstrate ❶
[démənstrèit]

v. 시범을 보이다, 입증하다

- 홈쇼핑 방송에서 파마약을 머리에 **대면 straight**(똑바로) 바로 펴진다는 것을 **시범을 보이다, 입증하다**

The purpose of the exercise is to demonstrate the importance of an individual's action.
그 활동의 목적은 개인행동의 중요성을 입증하는 것이다.

demonstrate ❷
[démənstrèit]

v. 데모하다, 시위하다

- "시장은 직접 우리를 **대면**하고 귀를 기울여라!" 외치며 **street**(거리)에서 **데모하다, 시위하다**
- demonstration 시범, 입증, 데모, 시위

They demonstrated against the government's nuclear policy.
그들은 정부의 핵 정책에 반대하여 시위를 하였다.

appease
[əpíːz]

v. 달래다

- 우는 아이를 **업히**게 해서 **달래다**

He is trying to appease her anger.
그는 그녀의 화를 달래려고 노력 중이다.

subtle
[sʌ́tl]

a. 미묘한, 섬세한

- 줄지어 있는 여러 학원 **셔틀**버스들의 차이가 **미묘한**, 그래서 **섬세한** 관찰력이 필요한

a subtle distinction 미묘한 차이

beware
[biwέər]

v. 경계하다, 조심하다

- 비가 **where**(어디서) 몰려오고 있어? 하고 선장이 폭풍우에 대비해 **경계하다, 조심하다**
- Swimmers should beware of strong tides.
  수영하는 사람들은 강한 조류를 조심해야 한다.

wary
[wέəri]

a. 경계하는, 조심하는

- 폭풍이 **where리?**(어디리?) 하고 선장이 **경계하는, 조심하는**
- The teacher guided students to be wary of strangers.
  선생님은 학생들이 낯선 사람을 경계하도록 지도했다.

복습	affluent	passive	irrigate	worship	demonstrate[1]
	demonstrate[2]	appease	subtle	beware	wary

Lecture 14

dodge
[ⓜdɑdʒ ⓔdɔdʒ]

v. (재빨리) 홱 몸을 피하다, 회피하다

- 술래의 손에 **닿지** 않으려고 **홱 몸을 피하다**
- dodge difficult math problems 어려운 수학 문제를 회피하다

advent
[ǽdvent]

n. 출현, 도래

- 성공하여 **애두**(애도) **벤츠**를 타고 고향에 **출현, 도래**
- Life was transformed by the advent of the steam engine.
  삶은 증기 엔진의 출현으로 완전히 바뀌었다.

pertinent
[pə́ːrtinənt]

a. ¹ 관계있는 ² 적절한

- 파티는 한 달에 **two**(2)번만 **관계있는** 사람들과 하는 것이 **적절한**
- pertain 관련되다
- ¹ The point is not pertinent to the matter.
  그 점은 그 문제와 관련이 없다.
- ² Startups need to set pertinent prices for the market.
  스타트업은 시장에 맞는 적절한 가격을 책정해야 한다.

optimal
[ⓜáptiməl]
[ⓔɔ́ptiməl]

a. 최상의, 최적의

- 1등인 맨 **앞 팀을** 이긴, 즉 **최상의, 최적의** 팀
- optimum 최적조건; 최적의
- optimize 최대한 활용하다, 최적화하다
- The optimal temperature range for growing mushrooms is from 55°F to 72°F. 버섯을 키우기 위한 최적의 온도 범위는 화씨 55도에서 72도 사이이다.

tremendous
[triméndəs]

a. 엄청난, 굉장한

- 옮기는 데 **three**(3) **men**(사람들)을 더 쓰게 되는 **엄청난, 굉장한** 크기의 짐
- tremendously 엄청나게
- Cultures sometimes vary tremendously.
  문화는 때때로 엄청나게 다양하다.

flourish
[ⓜfləˊːriʃ ⓔflʌ́riʃ]

v. (동물·식물 등이) 잘 자라다, 번창하다

- 닭장에서 닭을 **풀러리! she**(그녀가). 그렇게 방목했더니 닭이 **잘 자라다**, 농장이 **번창하다**
- The Renaissance flourished in the 16th and 17th centuries.
  르네상스는 16세기와 17세기에 번창했다.

sibling
[síbliŋ]

n. 형제자매

- **씨**(씨앗)를 **불리**어 생긴 **형제자매** 씨앗
- disputes between siblings 형제 간의 말다툼

flesh
[fleʃ]

n. 육체, 살, 피부

🍃 사건 현장을 **후레쉬**로 비췄더니 보이는 변사체의 **육체, 살, 피부**

📖 The accident resulted only a few flesh wounds.
그 사고로 몇 군데의 찰과상만 입었다.

acquaint
[əkwéint]

v. 알리다, 숙지시키다

🍃 "어쿠! 저 여자는 두목 **애인**이야." 건들면 안 된다고 **알리다, 숙지시키다**

- acquaintance 아는 사이
- be acquainted with ~을 잘 알다, ~에 정통하다

📖 ¹ I am not acquainted with the lady. 나는 저 부인을 잘 모른다.
² He was well acquainted with the literature of Latin America.
그는 라틴 아메리카 문학에 정통한 사람이었다.

tender
[téndər]

a. ¹ (고기 따위가) 부드러운, 연한 ² 다정다감한

🍃 ¹ 치킨 **텐더**(chicken tender), **텐더** 스트립스 (tender strips)는 고기가 **부드러운, 연한**
² 사랑한다는 말을 하루에도 **ten**(10)번 **더** 해줄 정도로 **다정다감한**

- tenderly 부드럽게, 상냥하게

📖 ¹ The steak was very tender.
스테이크는 정말 부드러웠다.
² He has a mellow and tender voice.
그는 감미롭고 다정다감한 목소리를 가졌다.

| 복습 | dodge | advent | pertinent | optimal | tremendous |
| | flourish | sibling | flesh | acquaint | tender |

dormant
[dɔ́:rmənt]

a. 잠자고 있는, 활동을 중단한

🍃 **door**(문)을 지키는 **man**(남자), 즉 경비 아저씨가 **잠자고 있는**

📖 The seeds of many wild plants remain dormant for months until winter is over. 많은 야생 식물의 씨앗이 겨울이 끝날 때까지 여러 달을 휴면 상태로 남아 있다.

messy
[mési]

a. 어질러진, 엉망인

🍃 매가 호박씨를 파먹어 **어질러진, 엉망인**

📖 My room is a little messy.
내 방은 약간 어질러져 있다.

flatter
[flǽtər]

v. 아첨하다, 추켜세우다

🍃 사장님께 미사여구가 **full**(가득한) **letter**(편지)로 **아첨하다, 추켜세우다**

- flattery 아첨, 아부

📖 Lia flattered Roy with compliments.
Lia는 Roy를 칭찬으로 추켜세웠다.

sound
[saund]

¹n. 소리 v. ~처럼 들리다 ²a. 건전한 ³a. (잠이) 깊은

- 클래식 음악 sound(소리)를 듣고 깊은 잠을 자는 건전한 취미
- I'm usually a sound sleeper.
  나는 보통 깊이 잠든다.

penetrate
[pénətrèit]

v. (탄알·창 등이) 관통하다, 꿰뚫다

- 종이에 펜을 넣어 (비)틀래이! 그렇게 펜이 종이를 관통하다, 꿰뚫다
- penetration 관통, 침투, 통과
- The bullet penetrated Scarlet's heart.
  총알이 Scarlet의 심장을 관통했다.

stitch
[stitʃ]

n. 한 땀 v. 꿰매다, 수를 놓다

- 수를 놓는 것을 teach(가르치며) 한 땀 한 땀, 꿰매다, 수를 놓다
- Can you stitch this button onto my shirt?
  내 셔츠에 이 단추 좀 달아주겠니?

obsolete
[ὰbsəlíːt]
[ɔ́bsəlìːt]

a. 더 이상 쓸모가 없는, 구식의

- 갓, 호롱불 등과 같이 앞(예전)에 썰(썼던) 물건이라 이제는 더 이상 쓸모가 없는, 구식의
- New technology made mp3 players obsolete.
  새로운 기술은 mp3 플레이어를 더 이상 쓸모가 없게 만들었다.

diplomat
[dípləmæt]

n. 외교관

- 황산벌에서 협상을 위해 뒤에 있는 풀밭으로 가서 met(만났던) 신라군과 백제군의 두 외교관
- diplomacy 외교, 외교술
- diplomatic 외교의, 외교적인
- My uncle is a U.S. diplomat assigned to the embassy in Seoul.
  나의 삼촌은 주한 미국 대사관에 파견된 미국 외교관이다.

barrier
[bǽriər]

n. 장벽, 장애물

- 적을 막기 위해 쌓은 장벽, 장애물 위로 기어오르는 적을 베리! 어? 또 올라오네!
- the language barrier 언어 장벽

oath
[ouθ]

n. 맹세, 서약

- 다시는 음주운전하지 않겠다는 맹세, 서약을 오(5)번 쓰세요!
- The knight took an oath of loyalty to the Queen.
  기사가 여왕에게 충성을 맹세했다.

복습				
dormant	messy	flatter	sound	penetrate
stitch	obsolete	diplomat	barrier	oath

gourmet
[gúərmei]

n. 미식가 a. 미식가용의

- 구워서 매일 맛있는 것을 먹는 미식가
- Wilderness dining has two extremes: gourmet eaters and survival eaters.
  야생에서의 식사는 양극단이 있는데, 그것은 미식가와 생존을 위해 먹는 사람이다.

irrespective
[ìrispéktiv]

a. 상관없는, 관계없는

- 이리s(이리들이) 팩! 집에 들어와도 TV만 보는 아이, 즉 이리가 들어오든 말든 상관없는, 관계없는
- irrespective of ~와 관계(상관)없이
- Every employee should be treated equally, irrespective of race.
  모든 직원들은 인종에 관계없이 동등하게 대우받아야 한다.

slang
[slæŋ]

n. 슬랭, 속어, 은어

- 술 마시고 취해서 하는 랭귀지, 즉 속어, 은어
- Internet slang changes rapidly.
  인터넷 속어는 빠르게 변한다.

seizure
[síːʒər]

n. ¹압수 ²장악 ³붙잡음 ⁴발작

- "에이 씨! 내꺼 줘!" 하고 엄마가 공부하라고 압수하여 장악한 핸드폰을 빼앗기지 않으려고 붙잡음. 결국 발작을 일으킴
- seize 압수하다, 장악하다, 붙잡다
- He seized a rope.
  그는 밧줄을 꽉 붙잡았다.

adverse
[ædvə́ːrs]

a. 불리한, 부정적인, 반대의

- 북한에서는 김정은에 대해 부정적인, 반대의, 불리한 말을 하는 어른도, 애도 벌서!
- Smoking has an adverse effect on lungs.
  흡연은 폐에 악영향을 미친다.

hostile
[⑩hástl ⑪hɔ́stail]

a. 적대적인

- 하수구를 옆집으로 틀어 더러운 물을 보낼 정도로 옆집에 적대적인
- hostility 적개심
- John showed his hostility to the idea by refusing to discuss it.
  John은 그 생각을 논의하는 것을 거절함으로써 그것에 대한 적대감을 보여주었다.

veterinarian
[vètərənéəriən]

n. 수의사

- "동전을 삼킨 개의 배를 털어내어리!" 하고 치료하는 수의사
- Veterinarian visited a barn to examine horses.
  수의사는 말을 검사하기 위해 헛간을 방문했다.

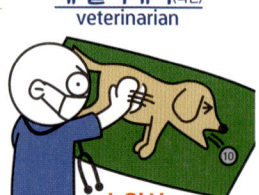
배 털어내어(리연)
veterinarian
수의사

due ①
[dju:]

a. ¹ 지급 기일이 된 ² 정당한, 적절한

→ "빨리 돈 주!(주세요!)" 지급 기일이 된, 일한 만큼의 정당한, 적절한 요구
- undue 부당한, 지나친
- unduly 부당하게, 지나치게

¹ He had been putting off doing his chemistry report which was due on Monday. 그는 월요일이 제출 기한인 화학 보고서 작성을 미뤄 왔다.

² He was prisoned without due cause. 그는 정당한 이유 없이 투옥되었다.

due ②
[dju:]

a. ¹ ~ 때문에(to) ² ~하기로 되어 있는(be ~ to)

→ 돈 주!(주세요!), 즉 일을 완수했기 때문에 주기로 되어 있는 돈 주세요.
- due to ~에 기인하여, ~ 때문에
- be due to ~할 예정이다

¹ The accident was due to his careless driving.
그 사고는 그의 부주의한 운전으로 인해 발생했다.

² He is due to arrive in Seoul this evening.
그는 오늘 저녁에 서울에 도착할 예정이다.

overdue
[òuvərdjú:]

a. (지불·반납 등의) 기한이 지난, 지체된

→ [over(~ 넘어) + due(만기가 된)] 만기가 넘은, 즉 기한이 지난, 지체된

Utility bills are overdue.
공과금이 연체되었다.

복습				
gourmet	irrespective	slang	seizure	adverse
hostile	veterinarian	due¹	due²	overdue

Lecture 15

splash
[splæʃ]

v. (물·흙탕 등을) 튀기다, 첨벙거리다

➤ 수풀에 쉬를 하여 흙탕물을 튀기다

- Golden retrievers love to splash water when it rains.
  골든 리트리버는 비가 올 때 물을 튀기는 것을 좋아한다.

workout
[wə́:rkàut]

n. 운동

➤ 운동 삼아 곡괭이질을 하며 out(밖에서) work(일하다), 즉 밖에서 일하는 것은 운동도 된다.

- I need more workout session to lose weight.
  살을 빼려면 운동 시간이 더 필요하다.

vogue
[voug]

n. 유행

➤ 많은 학생들이 보구(보고) 있는 경선식영단어가 요즘 유행

- Crocs shoes are in vogue right now.
  요즘 크록스 신발이 유행이다.

anatomy
[ənǽtəmi]

n. 해부, 분석, 해부학, (해부학적) 구조

➤ 개구리 안에 창자 더미를 관찰하기 위한 해부, 분석, 구조

- ¹ human anatomy 인체 해부학
- ² The book attempts an anatomy of the situation in South Africa.
  그 책은 남아프리카 상황에 대한 분석을 시도하고 있다.

dusky
[dʌ́ski]

a. 어둑어둑한

➤ 좀 더 스키를 탈래! 어둑어둑한 밤이지만.

- dusk 황혼, 땅거미
- It was still dusky when he woke up.
  그가 일어났을 때는 아직 어둑어둑했다.

devastate
[dévəstèit]

v. 엄청난 충격을 주다, 완전히 파괴하다

➤ 大(큰) 버스가 자동차와 충돌하여 엄청난 충격을 주다, 완전히 파괴하다

- Infectious diseases devastated not just the caged fish, but local wild fish populations too.
  전염성 질병은 가두리에 있는 어류뿐만 아니라 지역의 야생 어류 개체군 또한 황폐화시켰다.

fuss
[fʌs]

n. 소란, 야단법석

➤ 만원인 출근 버스를 서로 빨리 타려고 소란, 야단법석

- She's making an awful fuss about the high rent.
  그녀는 높은 집세에 대해 야단법석을 떨고 있다.

furnish
[fə́ːrniʃ]

v. ¹ 제공하다, 주다 ² (필수품·가구 등을) 비치하다

- ¹ 급식소에서 국을 **퍼니**(퍼서) **she**(그녀가) 사람들에게 **제공하다, 주다**
- ² **furniture**(가구) 등을 **비치하다**
- furnish A with B A에게 B를 공급하다
- ¹ He furnished the hungry with food.
  그는 굶주린 사람들에게 먹을 것을 주었다.
- ² I need some more money to furnish my house.
  나는 내 집에 가구를 비치하기 위해 좀 더 많은 돈이 필요하다.

petition
[pətíʃən, pitíʃən]

n. 탄원, 탄원서

- 정부에 탄원하느라 입에서 **피 튀셔**, 즉 **탄원, 탄원서**
- He put his signature to the petition.
  그는 청원서에 서명했다.

analogy
[ənǽlədʒi]

n. 유사, 유추, 비유

- 아내와 **유사**하여 자신의 아내라고 **유추**하고 다가가 "내 **아내인 너지?**"라고 묻다.
- analogous 유사한, 비슷한
- superficial analogies between the eye and a camera
  눈과 카메라 사이의 피상적인 비유

복습	splash	workout	vogue	anatomy	dusky
	devastate	fuss	furnish	petition	analogy

mortal
[mɔ́ːrtl]

a. 죽어야 할 운명의, 치명적인

- 닭의 **목을 틀**, 즉 **죽어야 할 운명의, 치명적인**
- mortality 죽을 운명, 사망률
- immortal 불멸의, 불사신의
- Poetic greatness would grant them a kind of earthly immortality.
  시적 위대함은 그들에게 일종의 현세의 불멸을 부여할 것이다.

peer
[piər]

¹ n. 동료 ² v. 응시하다

- **피어** 있는 꽃을 벚꽃놀이 온 **동료**들이 모두 **응시하다**
- ¹ Peer reviews matter the most in the promotion.
  승진에서는 동료 평가가 가장 중요하다.
- ² He peered at me through thick glasses.
  그는 두꺼운 안경 너머로 나를 뚫어지게 쳐다보았다.

dreary
[dríəri]

a. ¹ 음울한 ² 따분한

- 구름이 **드리우리**, 그래서 기분이 **음울한**, 비올까 봐 나가지 못해 **따분한**
- ¹ a dreary winter's day 어느 음울한 겨울날
- ² Her speech was so dreary. 그녀의 연설은 너무 따분했다.

unanimous
[ju:nǽniməs]

a. 만장일치의

- 유난히(유난스럽게) 너만 반대하면 못써! 즉, 만장일치의
- unanimously 만장일치로
- unanimity 만장일치
- The bill passed unanimously in Senate.
  그 법안은 상원에서 만장일치로 통과되었다.

respective
[rispéktiv]

a. 제각각의, 각자의

- respect(존경하는) 사람을 묻는 TV 프로그램에서 방청객의 대답은 엄마, 아빠, 대통령... 모두 제각각의, 각자의
- The panels are well-known specialists in their respective fields.
  패널들은 각자의 분야에서 잘 알려진 전문가들이다.

eloquent
[éləkwənt]

a. 웅변의, 달변의

- 앨(애를) 해설자 자리에 넣어 권투 해설하게 할 정도로 웅변의, 달변의
- eloquently 웅변(능변)으로
- She speaks so eloquently.
  그녀는 아주 유창하게 말한다.

testimony
[(미)téstimòuni]
[(영)téstiməni]

n. 증거, 증언

- 식별기로 test한 money가 위조지폐로 사기 사건의 증거
- His testimony conflicts with yours.
  그의 증언은 당신의 증언과 어긋난다.

kin
[kin]

n. 친족, 친척

- 자신이 king(왕)과 친척이라며 으스대다
- females who warn close kin by emitting alarm calls
  경고음을 냄으로써 가까운 친족에게 경고하는 암컷들

sage
[seidʒ]

n. 현인 a. 현명한

- 현명한, 현인께서 ~라고 say지(말하셨지).
- You should consult the sages.
  당신은 현명한 사람들에게 상담해야 합니다.

sagacious
[səgéiʃəs]

a. 현명한, 영리한, 슬기로운

- 현명한 주부라서 싸게 샀수.
- Tim is a sagacious young man.
  Tim은 영리한 청년이다.

복습	mortal	peer	dreary	unanimous	respective
	eloquent	testimony	kin	sage	sagacious

fling
[fliŋ]

v. 내던지다 (fling - flung - flung)

- 헤어져! 하며 커플 반지를 풀어서 ring(반지)를 애인에게 내던지다
- The naughty boy flung a stone at a window.
  그 말썽쟁이 소년은 창문을 향해 돌을 던졌다.

conceal
[kənsíːl]

v. 숨기다, 감추다

- 큰 실수 한 것을 사장님이 모르게 숨기다, 감추다
- Sumi could not conceal her happiness.
  수미는 자신의 행복을 숨길 수 없었다.

dissolve
[⑩ dizálv ⑧ dizɔ́lv]

v. 녹이다, 용해되다

- 커피와 설탕가루를 컵에 넣은 뒤에 물을 잘 부어 녹이다, 용해되다
- dissolved salts 용해된 소금

polish
[⑩ páliʃ ⑧ pɔ́liʃ]

v. 닦다, 윤내다

- 사과를 예쁘게 닦아 팔리! 하고 she(그녀가) 사과를 닦다, 윤내다
- She is polishing the floor.
  그녀가 마루를 닦고 있다.

render ❶
[réndər]

v. ¹ …을 ~하게 하다 ² 주다, 제공하다

- 심부름센터에 돈을 낸다(주다, 제공하다). 그리고 ~하게 하다
- ¹ Families were rendered poor due to the national economic crisis.
  국가 경제 위기로 가정은 궁핍해졌다.
  ² We should render help to the disaster victims.
  우리는 재난 피해자들에게 도움을 주어야 한다.

render ❷
[réndər]

v. 표현하다

- 시나 음악이 어떠한 느낌을 낸다(표현하다)
- O'Neill rendered the boy's longing for mother in his music.
  O'Neill은 그의 음악에서 소년의 어머니에 대한 그리움을 표현했다.

dormitory
[⑩ dɔ́ːrmitɔ̀ːri]
[⑧ dɔ́ːrmitəri]

n. 기숙사

- 2002 월드컵 때 도둑이 월드컵 행사 도우미들이 살고 있는 기숙사를 털이(털다)
- This dormitory is very old.
  이 기숙사는 매우 오래되었다.

sidestep
[sáidstèp]

v. 피하다, 회피하다

- side(옆으로) step(걸음)을 옮겨 **피하다**
- They can sidestep most of the ethical issues.
  그들은 대부분의 윤리적인 문제도 피할 수 있다.

terminal
[tə́:rminl]

¹ a. 끝의, 종말의 ² n. 종점, 터미널

- 버스 **터미널**이란 버스가 도착하는 **끝**의, 마지막 지점인 **종점**
- terminate 끝내다, 끝나다
- terminal cancer 말기 암

exterminate
[ikstə́:rminèit]

v. 근절하다, 박멸하다

- [ex(밖으로) + terminate(끝내다)] 끝장내서 밖으로 내쫓아 **근절하다, 박멸하다**
- What exterminated the dinosaur?
  무엇이 공룡을 멸종시켰는가?

복습	fling	conceal	dissolve	polish	render¹
	render²	dormitory	sidestep	terminal	exterminate

경쌤's TIP

축하합니다.

여러분은 경선식 토플영단어 완성 15강까지 완성하였습니다.

반드시 지켜야 하는 가장 효과적인 복습 방법(5page)을 확인 후 확실하게 복습하세요.

Lecture 16

persevere
[@pɜ̀ːrsəvíər]
[@pɜ̀ːsivíər]

v. 인내하다

- 팔굽혀펴기를 하면서 "팔십일이여, 팔십이여!(82여!)" 하며 힘든 것을 인내하다
- perseverance 인내
- perseverant 인내심이 강한
- If you persevere, I am sure you'll succeed.
  네가 참고 견디면 성공하리라고 나는 확신한다.

crane
[krein]

n. ¹ 학, 왜가리 ² 크레인, 기중기

- 건축 현장의 크레인처럼 긴 목을 가진 학, 왜가리
- ¹ During the Joseon Dynasty, people used to raise cranes as pets.
  조선시대에는 사람들이 학을 애완동물로 기르곤 했다.
- ² The workers needed a crane to move the piano.
  일꾼들은 피아노를 옮기기 위해 크레인이 필요했다.

pledge
[pledʒ]

n. 맹세 v. 맹세하다

- "사자야, 나를 풀래?(풀어줄래?) 그러면 은혜를 꼭 갚을게."라고 쥐가 맹세, 맹세하다. 풀려난 쥐가 나중에 그물을 끊고 사자를 구해준 이솝 이야기
- He made a pledge in front of everyone.
  그는 모두 앞에서 맹세했다.

margin
[máːrdʒin]

n. ¹ (점수・득표) 차이 ² 여유, 여백 ³ 판매 수익, 이문

- 마진(이문)이란 판매가에서 원가를 뺀 차이로 원가에 붙인 여유 돈
- ¹ He was elected by a margin of 2 votes.
  그는 2표 차이로 선출되었다.
- ² We have a margin of 10 minutes.
  우리에겐 10분의 여유가 있다.

tenant
[ténənt]

n. 세입자, 임차인

- ten(10)마리의 ant(개미)는 우리 집 벽 속에 세 들어 사는 세입자
- It is wrong to ask the tenants to pay a large increase.
  세입자들에게 큰 인상액을 지불하도록 요청하는 것은 잘못된 것이다.

spank
[spæŋk]

v. (체벌로 엉덩이를) 찰싹 때리다

- 잘못한 아이를 스팽! 소리가 나도록 찰싹 때리다. 아이는 아파서 크으~
- Some parents believe that spanking children is the best way to punish.
  어떤 부모들은 아이들을 때리는 것이 벌을 주는 가장 좋은 방법이라고 믿는다.

keen
[kiːn]

a. ¹ 날카로운, 예리한 ² ~을 열망하는

➤ 사막에서 목이 말라 **킨** 사이다의 톡 쏘는 **날카로운 맛을 열망하는**

¹ The sword is very keen. 그 칼은 매우 날카롭다.
² Carine was very keen to learn about French culture.
  Carine은 프랑스 문화에 대해 매우 배우고 싶어 했다.

archaeology
[⑩ ɑ̀ːrkiálədʒi]
[⑱ ɑ̀ːrkiɔ́lədʒi]

n. 고고학

➤ 출토된 고대 **악기**들의 제작년도, 쓰임에 대해 세상에 **알려지도록** 연구하는 **고고학**

- archaeologist 고고학자

Dr. Kim teaches archaeology at the University of Michigan.
김 박사는 미시간 대학에서 고고학을 가르친다.

thereby
[ðɛərbái]

ad. 그것에 의하여, 그것 때문에

➤ **there**(그곳에서) 일어난 일 **by**(~에 의해), 즉 **그것에 의하여, 그것 때문에**

He turned 18, thereby gaining the right to vote.
그는 18세가 되었고, 그에 따라 투표권을 얻었다.

squeeze
[skwiːz]

v. 꽉 쥐다, 쥐어 짜내다

➤ 머리를 **슥!** 잡고 **퀴즈** 문제를 맞히려고 머리를 **꽉 쥐다, 쥐어 짜내다**

She squeezed a tube of toothpaste.
그녀가 치약 튜브를 짰다.

복습	persevere	crane	pledge	margin	tenant
	spank	keen	archaeology	thereby	squeeze

fortress
[fɔ́ːrtris]

n. 요새

➤ 동서남북으로 **four**(4)그루의 **trees**(나무들)이 막고 있는 **요새**

- fort 요새

They attacked our fortress. 그들은 우리의 요새를 공격했다.

browse
[brauz]

v. (가게 안의 물건을) 둘러보다, (책을) 여기저기 훑어보다

➤ **브라우즈**(블라우스)를 사려고 **(가게 안의 물건을) 둘러보다**

Please feel free to browse. 마음 놓고 둘러보세요.

grip
[grip]

¹ v. 꽉 잡다 n. 꽉 잡음, 손잡이 ² n. 파악, 이해

➤ ¹ "사랑했던 시절이 **그립**다!" 하고 떠나려는 애인을 **꽉 잡다**
  ² "나는 삼각함수는 **grip**(꽉 잡고) 있어!"라고 할 때 '꽉 잡는' 것은 **파악, 이해**

¹ He felt a tight grip on his hand.
  그는 자기 손을 꼭 잡는 것을 느꼈다.
² The students got a grip on the chapter.
  학생들은 그 장을 완전히 이해했다.

sophisticated
[səfístikèitid]

a. ¹ 세련된, 교양 있는 ² 정교한, 복잡한

➤ [소피스티케이티드] 오줌이란 말 대신 "소피 보고 오겠습니다."라고 세련된, 교양 있는 말을 쓸 정도로 언어 선택에 있어 정교한, 복잡한

✉ ¹ She chose sophisticated clothes.
그녀는 세련된 옷을 선택했다.

² The common ancestor of Neanderthals and modern people may have already been using pretty sophisticated language.
네안데르탈인들과 현대인들의 공통 선조는 꽤 정교한 언어를 이미 사용하고 있었을지도 모른다.

precipitation
[prisìpitéiʃən]

n. 강수, 강수량

➤ 풀이 10피트 정도 잠긴 정도의 강수, 강수량

✉ Some parts of the country were damaged due to heavy precipitation.
폭우로 일부 지역이 피해를 입었다.

duration
[djuréiʃən]

n. 지속, 지속 기간

➤ 고기를 숙성시키기 위해 3일간 두래이! 시원한 냉장고에. 즉, 3일간의 지속, 지속 기간

✉ The duration of copyright protection has increased steadily over the years. 저작권 보호 지속 기간은 수년에 걸쳐 꾸준하게 증가해 왔다.

circulate
[sə́:rkjulèit]

v. 돌다, 순환하다, 유포하다

➤ circle(원)을 그리며 돌다, 순환하다

• circuit 순회, 회로

✉ The machine circulated the air. 그 기계는 공기를 순환시켰다.

appliance
[əpláiəns]

n. 가전제품, 전기 기구

➤ 어, fly(비행할) 때는 안 써! 즉, 항공 통신 안전을 위해 비행기 안에서는 안 쓰는 휴대폰, 컴퓨터, 전기 기구, 가전제품을 비행기 모드로 해놔야 해.

✉ an electrical appliance 전기 기구

authentic
[ɔ:θéntik]

a. 진짜의, 진품인

➤ 망치로 쳐도 깨지지 않는 오! 쎈 티가 나는 진짜의, 진품인 다이아몬드

• authenticate 진짜임을 입증하다
• authentication 입증, 인증

✉ Any factual claim can be authenticated.
어떠한 사실적 주장도 진짜임이 입증될 수 있다.

오! 쎈 티가 나는
authentic
진짜의, 진품인

shortcoming
[ʃɔ́:rtkʌ̀miŋ]

n. 단점, 결함

➤ 주문한 것보다 short(짧은) 바지가 coming(온), 즉 단점, 결함

✉ Keith was unexpectedly producing the performance of a lifetime despite the shortcomings of the piano.
Keith는 예기치 않게 피아노의 결함에도 불구하고 생애 최고의 공연을 하고 있었다.

복습	fortress	browse	grip	sophisticated	precipitation
	duration	circulate	appliance	authentic	shortcoming

lodge
[(미) lɑdʒ (영) lɔdʒ]

n. 오두막, 숙소

- 천장이 왜 이리 **낮지**? 작은 **오두막, 숙소**이기 때문에
- a hunting lodge 사냥꾼용 오두막집

bid
[bid]

¹n. 입찰, 입찰가 v. 입찰하다 ²v. 명령하다 (bid - bade - bidden)

- "**비 드러**!(들어!) 다른 업체가 **입찰**하지 못하게 막아!" **명령하다**
- bidding 입찰, 명령
- ¹ The artwork was sold at the highest bid.
  그 예술작품은 최고의 입찰가로 팔렸다.
- ² She bade me come in.
  그녀는 나에게 들어오라고 명령했다.

boost
[buːst]

v. 증가시키다, 북돋우다 n. 상승, 부양책

- 엄청난 뉴스를 발표하여 신문 판매 **부수**를 **two**(2)배로 **증가시키다, 북돋우다**
- boost the Korean economy 한국 경제를 활성화하다

joint
[dʒɔint]

¹ a. 공동의 ² n. 관절, 연결 부위

- ¹ 같은 조(A조, B조…) **into**(안으로) 들어가서 조원들과 **공동의** 과제를 하는
- ² 팔꿈치 **관절**에 머리를 넣고 **쪼인** 레슬링의 헤드록 기술
- ¹ The act of communicating is always a joint, creative effort.
  의사소통 행위는 항상 공동의 창의적 노력이다.
- ² Volleyball players get extra pressure on knee joints.
  배구 선수들은 무릎 관절에 더 많은 압력을 받는다.

commute
[kəmjúːt]

n. 통근 v. 통근하다

- 새벽과 밤, 날이 **거무스름한 two**(2) 시간대에 버스로 **통근하다**
- a long commute 장거리 통근

cosmos
[(미) kɑ́zməs, kɑ́zmous]
[(영) kɔ́zmɔs]

n. ¹ 우주 ² 코스모스

- **코스모스**가 광활한 **우주**에 둥둥 떠 있는 것을 상상
- cosmic 우주의
- Scientists now use the A.I. system to explore the cosmos.
  과학자들은 이제 우주를 탐험하기 위해 인공지능 시스템을 사용한다.

코스모스가 둥둥 떠 있는 우주
cosmos

propagate
[미 prápəgèit]
[영 prɔ́pəgèit]

v. ¹ 선전하다, 전파하다 ² 번식하다

- 전단지를 퍼라 퍼, 학교 gate(문) 앞에서. 즉, 전단지를 나눠주며 선전하다 그리고 선전하여 널리 퍼트리듯 번식시키다
- propaganda (정치적 허위·과장) 선전
- ¹ Most of us would probably come to see the movies as propaganda.
  우리 대부분은 아마도 그 영화들을 선전으로 보게 될 것이다.
- ² Dandelion propagates by flying seeds.
  민들레는 씨앗을 날려 번식한다.

hospitality
[미 hɑ̀spitǽləti]
[영 hɔ̀spitǽləti]

n. 환대, 후한 대접

- 같은 병원들이 몰려 있어 경쟁이 심한 hospital(병원)에서 손님들을 환대, 즉 병원들 경쟁이 심해진 요즘 병원에서 환자들을 잘 돌보아주고 환대하는 모습 연상
- The refugees thanked the citizens for warm hospitality.
  난민들은 시민들에게 따뜻한 환대에 감사해했다.

mighty
[máiti]

a. 강력한, 힘센

- 근육이 부풀어 오르며 my(나의) 티셔츠가 찢어지면서 강력한, 힘센 헐크로 변하다
- The passengers gave it a mighty push to lift a train car.
  승객들은 기차칸을 들어 올리려고 힘껏 밀었다.

almighty
[ɔːlmáiti]

a. 전능한

- al(모든) mighty(강력한) 힘을 다 갖고 있는, 즉 전능한
- The emperor believed he had an almighty power.
  황제는 자신이 전능한 힘을 가지고 있다고 믿었다.

복습				
lodge	bid	boost	joint	commute
cosmos	propagate	hospitality	mighty	almighty

세계 여러 논문에 실린 연상법의 탁월한 효과(2)

발췌 논문 제목

The keyword method: An alternative vocabulary strategy for developmental college readers (핵심어 방법[연상법]: 발전적인 대학 독서가들을 위한 대안적 어휘 전략)

저자명

Judy Roberts, Nancy Kelly (미국)

Forty college students attending a private university in the Southeast were randomly assigned unfamiliar words with either paired keywords and images or dictionary-based definitions. The results of the study suggest the superiority of the keyword method as measured by both immediate and delayed tests of recall.

(40명의 대학생을 통한 실험 연구 결과에 따르면 단기 기억과 장기 기억 실험 모두에서 연상법이 단순암기보다 월등함을 보인다.)

발췌 논문 제목

Exploring New Applications of the Keyword Method to Acquire English Vocabulary (영어 어휘 습득을 위한 연상법의 새로운 적용을 탐구하기)

저자명

Enrique Avila, Mark Sadoski (스페인)

Results showed that the keyword method produced superior recall and comprehension both immediately and after 1 week. Results further demonstrated that the keyword method is readily adaptable to actual ESL classrooms. * ESL: English as a second language

(연구 결과 연상법은 즉각적으로 그리고 1주일 후에도 월등한 암기와 이해를 하게 했다. 또한 연상법은 영어수업에 순조롭게 적용될 수 있음이 증명되었다.)

Lecture 17

alley
[ǽli]

n. 골목, 오솔길

- 이상한 나라의 엘리스가 토끼를 따라간 골목, 오솔길
- The sandwich store in the alley received three Michelin stars.
  골목에 있는 샌드위치 가게는 미슐랭 별을 3개 받았다.

footwear
[fútwèər]

n. (신발·양말 등과 같이) 신는 것 (= footgear)

- [foot(발) + wear(의류)] 발에 신는 것
- The sandal is among the earliest forms of footwear.
  샌들은 가장 초창기 형태의 신발에 속한다.

slam
[slæm]

v. (문 등을) 쾅 닫다, 털썩 내려놓다

- ¹ 퇴근한 남편에게서 술 냄새가 진동하자 문을 쾅 닫다, 받아준 가방을 털썩 내려놓다
  ² 슬램 덩크(slam dunk)로 공을 골대에 털썩 내려놓다
- Don't slam the door. 문을 쾅 닫지 마라.

damp
[dæmp]

a. 축축한, 습기 찬 n. 습기

- 댐에서 푸우~ 하고 안개의 습기를 손으로 걷어내다, 즉 축축한, 습기 찬
- a cold and damp basement room 춥고 눅눅한 지하방

channel
[tʃǽnl]

n. ¹ 수로, 해협 ² (방송) 채널

- 수로, 해협에 물고기를 잡는 채를 놀(놓을)
- ¹ The channel is blocked by a giant ship.
  거대한 배가 수로를 막고 있다.
  ² The plan includes 200 channels.
  그 요금제에는 200개의 채널이 포함되어 있다.

terrain
[təréin]

n. 지역, 지형

- 일기예보에 따라 rain(비)가 올 터(지역)
- The area is large and consists of tough terrain.
  그 지역은 넓고, 거친 지형으로 구성되어 있다.

herd
[hə:rd]

n. (가축 등의) 떼, 무리

- 호두를 줍고 있는 다람쥐 떼, 무리
- a herd of cows 소 떼

호두를 줍고 있는 다람쥐 떼, 무리
herd

obsession
[əbséʃən]

n. 강박관념, 집착

- 머리를 흔들어 항상 따라다니는 공부에 대한 **강박관념**을 **없앴어!**
- obsess ~ 생각만 하게 하다, 강박감을 갖다
- Scientists, especially young ones, can get too obsessed with results.
  과학자들, 특히 젊은 과학자들은 결과에 너무 집착할 수 있다.

bundle
[bʌ́ndl]

n. 묶음, 다발

- **번들**거리는 포장지로 포장한 꽃 한 **묶음, 다발**
- Pam bought a bundle of flowers in the morning.
  Pam은 아침에 한 다발의 꽃을 샀다.

pitch
[pitʃ]

¹ v. 던지다 ² n. 음의 높낮이

- ¹ **pitcher**(투수)가 공을 **던지다**
- ² **음의 높낮이**에 맞춰 **피아노를 치다**
- ¹ Imagine that baseballs are pitched to two different batters.
  야구공들이 두 명의 다른 타자들에게 던져지는 것을 상상해 봐라.
- ² Infrasound is a low-pitched sound.
  초저주파는 낮은 음역의 소리이다.

복습				
alley	footwear	slam	damp	channel
terrain	herd	obsession	bundle	pitch

savage
[sǽvidʒ]

a. 야만적인, 사나운

- 잡은 **새**를 칼로 **비지**(베지) 그리고 그대로 먹는 **야만적인, 사나운**
- savage customs 야만적인 풍습

Easter
[íːstər]

n. 부활절

- 서쪽으로 져서 죽었던 태양이 **East**(동쪽)에서 **떠올라** 다시 부활한 **부활절**
- Christmas and Easter are Christian festivals.
  크리스마스와 부활절은 기독교 축제이다.

paradoxical
[⑩ pæ̀rədáksikəl]
[⑬ pæ̀rədɔ́ksikəl]

a. 모순된, 역설적인

- 단순히 **패러** 갔다는 말과 **독**이 묻은 **식칼**을 들고 간 것은 **모순된, 역설적인**
- paradox 모순
- It is paradoxical that obesity is increasing in the United States while more people are dieting than ever before.
  미국에서 어느 때보다 많은 사람들이 다이어트를 하는 반면, 비만이 증가하고 있다는 것은 모순된 것이다.

tremble
[trémbl]

v. 떨다 n. 떨림

- 뛰는 아이들 때문에 트렘블린 가죽이 **떨다**
- Hannah was nervous and trembling.
  Hannah는 초조했고 떨고 있었다.

accommodate
[@ əkámədèit]
[@ əkɔ́mədèit]

v. (살거나 지낼) 공간을 제공하다, 수용하다

- "너희 집에서 살아도 돼?"라고 묻자 "어! 그래, 우리 집에서 머리도 **깜아**, 그리고 애인이랑 데이트도 해."라며 **지낼 공간을 제공해 주다**, 자기 집에 **수용하다**
- accommodation 거처, 숙박시설
- We need a room that can accommodate 10 people.
  우리는 10명을 수용할 수 있는 방이 필요하다.

array
[əréi]

v. 배열하다, 배치하다 n. 배열, 정렬

- 어뢰 일(1) 어뢰 이(2)... 배 위에 어뢰를 **배열하다, 배치하다**
- There was a array of luxury bags in the closet.
  옷장 안에는 명품 가방들이 즐비했다.

abundant
[əbʌ́ndənt]

a. 풍부한

- 어, 번 돈 투성일 정도로 돈이 **풍부한**
- abundance 풍부
- Fish are abundant in this lake.
  이 호수에는 물고기가 많다.

align
[əláin]

v. 일렬정돈하다, 정렬하다

- a(하나의) line(줄)로 **일렬정돈하다, 정렬하다**
- alignment 일렬정돈, (정치적) 지지
- The chairs were neatly aligned in rows.
  의자들이 깔끔하게 일렬로 정돈되어 있었다.

charter ❶
[tʃá:rtər]

n. 헌장, 선언문

- 단체의 사람들이 볼 수 있도록 **차트**로 만든 **헌장, 선언문**
- the charter of the United Nations 유엔 헌장

charter ❷
[tʃá:rtər]

n. (버스·비행기 등의) 전세

- 단체의 사람들이 **차**로 **떠나기** 위해 빌린 **전세** 버스
- His charter flight will be delayed a few hours.
  그의 전세기는 몇 시간 정도 늦어질 것이다.

복습				
savage	Easter	paradoxical	tremble	accommodate
array	abundant	align	charter[1]	charter[2]

martial
[mɑ́ːrʃəl]

a. 전쟁의, 군대의

- 우리 군대가 적군에 **맞설**, 즉 **전쟁의, 군대의**
- martial music 군악

pinch
[pintʃ]

v. 꼭 집다, 꽉 죄다, 꼬집다

- 떨어진 **핀**을 **취**하기 위해 엄지와 검지로 **꼭 집다, 꽉 죄다**
- He pinched me. 그는 나를 꼬집었다.

ascend
[əsénd]

v. 오르다, 상승하다

- 어! 풍선을 놓쳐 하늘로 **send**(보내다), 즉 풍선이 **오르다, 상승하다**
- ascent 상승
- The rocket ascended with a roar.
  로켓이 굉음을 내며 올라갔다.

pistol
[pístl]

n. 권총

- **peace**(평화)를 **틀**어버리는 **권총**
- I snatched his pistol up.
  나는 그의 권총을 뺏었다.

strain
[strein]

n. 긴장, 큰 부담 v. 긴장시키다

- 스트레스로 땀이 **rain**(비) 오듯 흐르는 **긴장, 큰 부담**
- The strain is hard to bear.
  그 긴장감은 견디기 힘들다.

dual
[djúːəl]

a. 둘의, 이중의

- 두 개의 **얼**굴을 가진, 즉 **둘의, 이중의**
- Copyright laws serve a dual purpose.
  판권 법률들은 이중의 목적에 기여한다.

tuition
[tjuːíʃən]

n. 수업, 수업료

- 엄마가 준 **수업료**를 갖고 **튀셔**(가출하셔).
- Carla could not sign for the class due to high tuition.
  Carla는 비싼 수업료 때문에 그 수업에 등록하지 못했다.

dispense ❶
[dispéns]

v. 나누어주다, 제공하다

- "**this**(이) 펜을 쓰세요." 하고 답안지 마킹용 펜을 **나누어주다, 제공하다**
- They dispensed blankets to the poor.
  그들은 가난한 사람들에게 담요를 나누어주었다.

dispense ❷
[dispéns]

v. (~ with) ~ 없이 지내다, 없애다, 생략하다

➤ "**this**(이) 펜 쓰세요." 하고 자신은 펜 **없이 지내다**

- dispense with ~ 없이 지내다, ~을 생략하다
- I can dispense with your help.
  나는 너의 도움 없이 지낼 수 있어.

indispensable
[ìndispénsəbl]

a. 없어서는 안 되는, 절대 필요한

➤ [**in**(not) + **dispense**(~ 없이 지내다) + **able**(~할 수 있는)] ~ 없이 지낼 수 없을 정도로 **없어서는 안 되는, 절대 필요한**

- This is an indispensable advice.
  이것은 꼭 필요한 충고이다.

복습	martial	pinch	ascend	pistol	strain
	dual	tuition	dispense¹	dispense²	indispensable

리얼 생생 수강후기

70배(?)는 잘 외워지는 경선식 영단어 이런 게 바로 기적일까요? (신*원)

경선식 선생님의 그 표정, 몸짓, 말투를 느끼면서, 또 그 행동들을 따라하면서 하였더니 거의 70배?는 잘 외워지는 느낌이더라고요! 술술 외워지니깐 저도 기분도 좋고 계속하고 싶은 마음이 들었어요. 심지어 숙어들까지 연상법으로도 강의에서 설명해주시는 경선식 선생님 리스펙트합니다!! 이 강의는 장난도 개그도 아닌 진짜 영어 공부를 절실하게 잘하고 싶은 학생들의 강의인데... 경선식 선생님 말대로, 복습을 꾸준히 한다면 잊어버릴 일도, 또는 연상법만 기억날 일도 없고 바로바로 영단어가 튀어나와 완전한 내 것이 될 수 있어요. 경선식 영단어를 강추하며, 훨씬 절실하고 잘 외우고 싶은 학생이 있다면, 강의까지 사서 들으시면 좋을 것 같아요!

Lecture 18

awkward
[ɔ́:kwərd]

a. 어색한, 불편한

- 옷이 너무 커도 입으면 어색한, 불편한
- I felt awkward watching a romantic movie with my brother.
  나는 형과 로맨틱 영화를 보면서 어색함을 느꼈다.

sway
[swei]

v. 흔들리다 n. 흔들림

- 水 way(물길), 즉 강이나 바닷길이 바람과 파도에 흔들리다
- The lavender fields were swaying in the wind.
  라벤더 들판이 바람에 흔들리고 있었다.

entrepreneur
[(미)à:ntrəprəné:r]
[(영)ɔ̀ntrəprəné:r]

n. 사업가, 기업가

- [안트러프러너 → 안 뚫어 풀어 넣어] "하수구가 안 뚫어질 때 풀어 넣어!"라고 광고에 나와 말하는 뚫어뻥 사업가, 기업가
- An entrepreneur performs many different tasks.
  기업가는 많은 다양한 일들을 수행한다.

manipulate
[mənípjuleit]

v. (교묘히, 부정하게) 조종하다, 다루다

- 심부름센터에 money를 full(가득) 네이트(내서) 돈으로 사람을 (교묘히, 부정하게) 조종하다, 다루다
- My boss often manipulates new hires.
  내 상사는 종종 신입사원들을 교묘히 조종한다.

humane
[hju:méin]

a. 인도적인, 자비로운

- ¹ "아휴~ 올무에 매인 고라니를 풀어주자!" 하는 인도적인, 자비로운 사람
  ² human(인간)다운, 즉 인도적인, 자비로운
- We need the bill of the humane treatment of refugees.
  우리는 난민에 대한 인도적 대우에 관한 법안이 필요하다.

attribute
[ətríbju:t]

v. ~ 탓으로 돌리다

- [어츠리뷰트 → 어쭈리 붙어?] "어쭈리 붙었어? 서울대를? 순전히 운이 좋았구나." 하며 운 탓으로 돌리다
- attribute A to B A를 B의 탓으로 돌리다
- Not all residents attribute environmental damage to tourism.
  모든 주민들이 환경 피해의 원인을 관광 사업으로 돌리지는 않는다.

운 탓으로 돌리다
어쭈리 서울대를 붙어?
attribute

tow
[tou]

v. 끌다 n. 견인

- 土(흙 토)를 갈기 위해 牛(소 우)가 쟁기를 끌다, 견인
- If you park your car here, the police might tow it away.
  차를 여기 주차하면 경찰이 견인해갈 것입니다.

compartment
[kəmpá:rtmənt]

n. (짐)칸, 칸막이한 객실

- 큰 비어 있는 part(부분)이 많다. 즉, 짐칸, 칸막이한 객실
- ¹ overhead compartment (비행기 등의) 머리 위에 있는 짐칸
  ² a smoking compartment (열차의) 흡연실

regime
[reiʒí:m]

n. 정권, 통치

- 왕으로서 내 이 나라를 짐이 몸소 통치하리라.
  즉, 정권, 통치
- a military regime 군사 정권

clarity
[klǽrəti]

n. 명료, 명확, 맑음

- 광고판이 멀리서도 보이게 클(큰) letter(글자)로 튀는, 즉 명료, 명확
- clarify 분명히 하다, 명확히 하다
- clarity of expression 설명의 명료함

복습	awkward	sway	entrepreneur	manipulate	humane
	attribute	tow	compartment	regime	clarity

flip
[flip]

v. 홱 뒤집다, 휙 젖히다, 톡 치다

- 뱀 사냥꾼이 뱀을 잡으려고 풀잎을 뒤집다, 휙 젖히다, 막대기로 톡 치다
- Amanda carefully flipped over 3 tarot cards.
  Amanda는 조심스럽게 타로카드 3장을 뒤집었다.

cognition
[⑪kɑgníʃən]
[⑱kɔgníʃən]

n. 깨달음, 인식

- 스님이 되려고 머리를 까구 나니(삭발하니) 션(시원)하게 머릿속으로 들어오는 깨달음, 인식
- cognitive 정신적인, 인식의
- The loss of cognitive intrigue may be initiated by the sole use of play items.
  인지적 호기심의 상실은 놀잇감을 한 가지 방식으로 사용함으로써 시작될지도 모른다.

bin
[bin]

n. 쓰레기통, 통, (짐 등을 위한) 칸

- 빈(비어 있는) 통
- The dormitory should have a bigger trash bin.
  기숙사에는 더 큰 쓰레기통이 있어야 한다.

twinkle
[twíŋkl]

v. 반짝반짝 빛나다

- two(두) 눈을 윙클(윙크를) 할 때마다 눈동자가 반짝반짝 빛나다
- Polaris twinkled in the night sky. 북극성은 밤하늘에서 반짝였다.

boycott
[⑪bɔ́ikɑt ⑬bɔ́ikɔt]

v. 구매를 거부하다, 참가를 거부하다 n. (참가·구매) 거부 운동

- boy(소년)들이 동물을 죽여 만든 밍크코트를 입지 말자고 구매를 거부하다, 거부 운동
- People boycotted the brand for supporting crime groups.
  사람들은 범죄 단체를 지지한다는 이유로 그 브랜드를 보이콧했다.

sniff
[snif]

v. 코를 킁킁거리다, 냄새를 맡다

- "순이가 방귀를 뀐 거 아니야? 푸으! 냄새야!" 하고 코를 킁킁거리다, 냄새를 맡다
- The dog sniffed at her. 그 개가 킁킁대며 그녀의 냄새를 맡았다.

barren
[bǽrən]

a. 메마른, 불모의, 불임의

- 배론(배로는) 갈 수 없는 물이 메마른, 불모의 강
- Patients and staff can get away from barren, indoor surroundings.
  환자와 직원들은 메마른 실내 환경으로부터 벗어날 수 있다.

crater
[kréitər]

n. 분화구, (폭탄·운석 등에 의해 생긴) 큰 구멍

- 크레이(크게) 터져서 생긴 분화구, 큰 구멍
- a bomb crater 폭탄이 터져 움푹 패인 곳

bully
[búli]

v. 괴롭히다, 겁주다 n. 괴롭히는 사람

- "너의 과거를 다 불리!(불어버릴리!)" 하며 괴롭히다, 겁주다
- It is not okay to bully others. 남을 괴롭히면 안 된다.

upcoming
[ʌ́pkʌ̀miŋ]

a. 다가오는, 앞으로 곧 생길

- 내가 있는 산꼭대기 up(위로) coming(오고 있는) 늑대, 즉 다가오는, 위험이 앞으로 곧 생길
- I will vote in the upcoming election.
  나는 다가오는 선거에서 투표할 것이다.

복습	flip	cognition	bin	twinkle	boycott
	sniff	barren	crater	bully	upcoming

hypothesis
[⑪haipɑ́θəsis]
[⑬haipɔ́θəsis]

n. 가설, 가정

- 북한이 금강산댐을 건설한다고 했을 때 정부에서는 "만약 댐을 high(높게) 파서 남한을 씻어 낼 정도로 많은 물을 쏟아내면…"이란 가설, 가정을 세우고 그에 대한 대비책을 촉구했었다.
- hypothetical 가상적인, 가설의
- the "biodiversity-invasibility hypothesis" by Elton
  Elton에 의한 '생물 다양성-침입성 가설'

agenda
[ədʒéndə]

n. 협의사항, 안건

- 어젠 결론을 못 내서 오늘 한 번 더 협의할 **협의사항, 안건**
- What is the agenda for the meeting today?
  오늘 회의의 안건은 무엇입니까?

dash
[dæʃ]

v. 황급히 가다, 돌진하다 n. 돌진, 질주

- 첫눈에 반한 그녀에게 대시하기 위해 그녀를 쫓아 **황급히 가다, 돌진하다**
- She dashed into the shop. 그녀가 상점 안으로 급히 들어왔다.

stigma
[stígmə]

n. 수치, 오명

- [스티그머 → 수치구먼] 수치구먼! 즉 **수치, 오명**
- stigmatize 오명을 씌우다, 비난하다
- The stigma of being a thief will haunt him for the rest of his life.
  도둑이라는 오명이 평생 그를 따라다닐 것이다.

titanic
[taitǽnik]

a. 매우 거대한, 엄청난

- 타이타닉(Titanic)호는 **매우 거대한** 배
- The entrepreneur took a titanic leap with his new invention.
  그 기업가는 자신의 새로운 발명품으로 엄청난 도약을 했다.

clone
[kloun]

n. 복제 생물, 복제품

- 시골의 같은 크기의 클(큰) 논들은 크기나 모양이 똑같은 **복제품**
- She's almost a clone of her mother, isn't she?
  그녀는 어머니를 거의 빼닮았어, 그렇지 않니?

stock ❶
[⑪stak ⑭stɔk]

n. ¹ 주식 ² 비축, 재고

- (코)스탁과 같은 **주식**으로 재산을 **비축, 재고**
- stock market 주식 시장
- ¹ Jane has made a great deal of money on the stock market.
  Jane은 주식 시장에서 엄청난 돈을 벌었다.
- ² We are out of stock. 우리는 재고가 없다.

stock ❷
[⑪stak ⑭stɔk]

n. 가축

- 수탉과 같은 **가축**
- The rancher had to sell all the stocks to avoid bankruptcy.
  그 목장주는 파산을 피하기 위해 모든 가축을 팔아야 했다.

livestock
[⑪láivstak]
[⑭láivstɔk]

n. 가축

- live(살아 있는) 수탉은 **가축**
- He planted crops to feed his livestock.
  그는 가축에게 먹일 작물을 심었다.

stockpile
[stǽkpàil]

n. 비축, 비축량 v. 비축하다

➥ [stock(비축) + pile(쌓아올린 더미)] 비축, 비축량, 비축하다
▫ stockpiles of nuclear weapons 핵무기 비축량

복습	hypothesis	agenda	dash	stigma	titanic
	clone	stock¹	stock²	livestock	stockpile

리얼 생생 수강후기

기존 단어장에 비해 10배 이상 오래가서 신기했었습니다. (김*상)

다른 단어장으로 외울 때는 하루 만에 거의 다 까먹고 다시 외우고를 반복하였지만, 경선식 영단어장으로 외울 때는 한 번 외워 놓으면 기존 단어장에 비해 10배 이상 오래가서 신기했었습니다. 어떤 방식보다 빠르게 외워지는데 암기의 지속력까지 오래가는 게 장점인 것 같습니다. 게다가 영어단어는 지루하고 힘들게 암기해야 한다는 관념을 깨고 보다 쉽고 재미있게 외울 수 있었어요.

Lecture 19

celebrity
[səlébrəti]

n. 유명인사, 명성

- 마음이 설레부렸지, 유명인사를 만나서.
- a Hollywood celebrity 할리우드의 저명인사

disposable
[dispóuzəbl]

a. 일회용의

- 일회용의 휴지이지만 다시 사용하려고 this(이것)을 four(4)번 접을
- We use a lot of disposable products every day.
  우리는 매일 많은 양의 일회용 물건을 사용한다.

admonish
[(미) ædmániʃ]
[(영) ədmɔ́niʃ]

v. 혼내다, 훈계하다

- "어디 이렇게 이불에 많이 쉬를 했어?!" 하며 혼내다, 훈계하다
- He was frequently admonished by his teachers for being late.
  그는 지각한다고 선생님들께 자주 혼났다.

parcel
[páːrsl]

n. 소포, 꾸러미

- 재배한 파를 쏠어서 도시에 사는 자식들 수에 맞게 꾸러미로 나누어 소포로 보내다
- The parcel will be delivered this afternoon.
  소포가 오늘 오후에 배달될 예정입니다.

molecule
[(미) máləkjùːl]
[(영) mɔ́ləkjùːl]

n. 분자

- 수백 년간 귤이 마르고 말러 남은 귤의 분자
- All substances can be divided into molecules.
  모든 물질은 분자로 쪼개질 수 있다.

provoke
[prəvóuk]

v. ¹ (특정한 반응을) 유발하다 ² 화나게 하다

- 유명한 프로선수들을 파파라치 기자들이 따라다니면서 들볶으고 화를 유발하다, 화나게 하다
- ¹ The documentary was intended to provoke discussion.
  그 다큐멘터리는 토론을 유도하기 위한 것이었다.
- ² Excessive control provoked protesters.
  지나친 통제는 시위대를 화나게 했다.

bustle
[bʌ́sl]

v. 북적대다, 서두르다 n. 혼잡

- 아침 출근 버스를 타려고 북적대다, 서두르다, 혼잡
- The city center was bustling with life.
  도심지는 활기차게 북적거렸다.

compact
[kəmpǽkt, kámpækt]

a. 소형의

- 컴퓨터가 백팩에 two(2)개나 들어갈 정도로 **소형의** 컴퓨터
- a compact car 소형 자동차

bush
[buʃ]

n. 관목, 덤불

- 사자가 숨어있어 부시럭거리는 소리가 나는 **관목, 덤불**
- a rose bush 장미 덤불

pat
[pæt]

v. 토닥거리다, 쓰다듬다

- pet(애완동물)을 **토닥거리다, 쓰다듬다**
- My dog wants me to pat him all day.
  내 개는 내가 하루 종일 쓰다듬어 주길 바란다.

복습	celebrity	disposable	admonish	parcel	molecule
	provoke	bustle	compact	bush	pat

exert
[igzə́:rt]

v. 노력하다

- 올림픽 금메달을 위해 모래가마니를 등에 이구 산꼭대기 절을 two(2)번이나 오르내릴 정도로 **노력하다**
- exertion 노력, 분투
- You'll have to exert yourself more if you want to pass the exam.
  시험에 합격하길 원하면 더 노력을 해야 할 것이다.

junction
[dʒʌ́ŋkʃən]

n. 교차로, 연결 지점

- 강원도 정선은 강릉행 철도와 대구행 철도의 **교차로**이자 **연결 지점**
- An accident occurred at a junction.
  교차로에서 사고가 발생했다.

state-of-the-art

a. 최신식의, 최첨단의

- art(예술)의 state(상태), 즉 예술의 경지에 오를 정도로 **최신식의, 최첨단의** 기술
- state-of-the-art computer program 최신식 컴퓨터 프로그램

specimen
[spésimən]

n. 견본, 표본

- 숲에 있는 식물의 씨 중에 뭔 씨앗이 있는지 전시해 놓은 **견본, 표본**
- There were some fine specimens of fossils in the museum.
  그 박물관에는 훌륭한 화석 표본이 몇 점 있었다.

longitude
[⑭lándʒətjùːd]
[⑭lɔ́ndʒitjùːd]

n. 경도

- long(길게) 지구에 그어진 two도(2도)의 **경도**
- at a longitude of ten degrees west 서경 10도에서

latitude
[lǽtətjùːd]

n. 위도

- 위도상으로 내 터(땅)은 북위 two도(2도)
- The latitude of the oil tanker is 28 degrees north.
  그 유조선의 위도상 위치는 북위 28도이다.

forbid
[fərbíd]

v. 못하게 하다, 금지하다 (forbid - forbade - forbidden)

- 퍼붓는 비두(비도) 어선의 출항을 못하게 하다, 금지하다
- forbidden 금지된
- It is forbidden to smoke in this room.
  이 방에서는 흡연이 금지되어 있다.

worn-out
[wɔ́ːrnàut]

a. 닳아 해진, 낡은

- 많이 worn(입혀져서) out(밖으로) 살이 다 보일 정도로 닳아 해진, 낡은
- worn 해진, 닳은
- worn-out trousers 닳아빠진 바지

feminine
[fémənin, féminin]

a. 여성의

- 이 힘든 일에서 빼! 민이는. 여성의 힘으로 안 되는 일이야.
- He worked hard for feminine welfare.
  그는 여성의 복지를 위해 열심히 일했다.

steep
[stiːp]

a. 가파른, 비탈진

- 水(물 수)가 deep(깊은) 동해안 해안은 가파른, 비탈진
- steep cliff 가파른 절벽
- The mountain is steepest at the summit, but that's no reason to turn back. 산은 정상에서 가장 가파르지만, 그것이 돌아설 이유는 되지 않는다.

복습	exert	junction	state-of-the-art	specimen	longitude
	latitude	forbid	worn-out	feminine	steep

combustible
[kəmbʌ́stəbl]

a. 불에 타기 쉬운

- 큰 버스는 타기 쉽다 불에, 즉 불에 타기 쉬운
- combustion 연소
- Passengers are banned from taking combustible goods aboard.
  승객들은 가연성 물품을 가지고 타는 것이 금지되어 있다.

blend
[blend]

v. 섞다, 혼합하다 n. 혼합(물)

- 철판에 기름을 붓고 불낸다, 그 다음 고기와 야채를 섞다, 혼합하다
- Mark blended two liquids in a beaker.
  Mark는 비커에 두 개의 액체를 섞었다.

quote
[kwout]

v. 인용하다, 예로 들다

- 상대 후보의 꼬투리를 잡기 위해 그 사람이 실수로 한 말을 인용하다, 예로 들다
- quotation 인용
- The pious man is always quoting from the Bible.
  그 독실한 사람은 항상 성경에서 인용하곤 한다.

addict
n. [ǽdikt]
v. [ədíkt]

n. 중독자 v. 중독시키다

- 마약 기운이 떨어지자 "어딕트?(어디 있지?) 어딕트?" 하며 손을 벌벌 떨며 찾는 마약 중독자, 중독시키다
- addiction 중독, 탐닉
- Don't addict yourself to gambling.
  도박에 빠지지 마라.

마약 중독자, 중독시키다

altitude
[ǽltətjùːd]

n. 높이, 고도

- 마술사가 앨(애를) 떠 있게 마술을 부려 뜨드(뜨다) 높이 10미터로.
- We are flying at an altitude of 20,000 feet.
  우리는 고도 20,000피트 상공을 날고 있습니다.

vast
[⑪ væst]
[⑬ vɑːst]

a. 엄청난, 거대한

- 크기, 양에 있어서 best! 즉, 엄청난, 거대한
- vastly 광대하게, 엄청나게
- The vast crowd fell silent. 그 많은 군중이 조용해졌다.

capital ①
[kǽpitl]

¹n. 수도 ²n. 대문자 ³a. 중요한, 주요한

- ¹ [cap(head를 뜻하는 어근) + ital] 나라의 cap(머리)에 해당되는 중요한, 수도
  ² [cap(head) + ital] 영어신문의 cap(머리)글자로 쓰는 대문자
- ¹ Ottawa is the capital of Canada.
  오타와는 캐나다의 수도이다.
  ² America is written with a capital 'A'.
  America는 대문자 'A'로 쓴다.
  ³ Language is a capital instrument in communication.
  언어는 의사소통하는 데 주요한 도구이다.

capital ②
[kǽpitl]

n. 자본 a. 자본의

- 현대캐피털, 하나캐피털은 자본을 빌려주는 회사
- We borrow environmental capital from future generations.
  우리는 미래세대로부터 환경 자본을 빌린다.

per
[pəːr]

prep. ~당, ~마다

- 한 사람당 한 개씩 퍼 주다, 즉 ~당, ~마다
- Heart beats 80 to 100 times per minute.
  심장은 분당 80에서 100회 뛴다.

per capita
1인당, 두당

- [per(~당) + cap(head를 뜻하는 어근) 타] 두당(1인당) 한 개씩 타 가세요!
- average earnings per capita 1인당 평균 소득

복습	combustible	blend	quote	addict	altitude
	vast	capital¹	capital²	per	per capita

리얼 생생 수강후기

이 좋은 걸 아직도 안 듣고 있다고?? 효과는 100%입니다. (김*름)

영어 단어가 부족하다고 느끼신다면 경선식 영단어를 추천합니다. 정말 솔직하게 얘기하자면 '이게 어떻게 외워져? ㅋㅋㅋ', '저건 너무 억지야.'라고 생각했어요. 그런데 저는 밥 먹을 때나 화장실 갈 때, 버스 타면서 계속 경선식 선생님의 목소리가 귀에서 맴돌았고 머릿속에서 영어 단어와 뜻이 계~속 생각이 났습니다. 효과는 100%입니다. 강의를 듣고 난 후 복습만 열심히 계속한다면 그 후에 단어를 보고 뜻이 생각이 나거든요. 확실히 다른 영어 단어책보다는 외우는 속도가 훨씬 빠릅니다. 영어 단어가 부족하다고 느껴진다면 샘플강의를 집중해서 한번만 들어보세요. 머리에서 유레카!가 외쳐질 거예요. 손은 이미 결제하고 있을걸요. (저처럼 ㅋㅋ) 이 강의가 별 10점이 만점이면 저는 별 10개 ★★★★★★★★★★!!

Lecture 20

arbitrary
[ⓐá:rbətrèri]
[ⓔá:rbitrəri]

a. 제멋대로인, 독단적인

- 만화를 보고 싶은 아이의 요구에도 **아비**(아버지)가 TV채널을 **틀어리**. 즉, **독단적인, 제멋대로인**
- arbitrarily 독단적으로, 제멋대로
- ¹ arbitrary decisions 독단적인 결정
  ² This is entirely arbitrary. 이것은 완전히 독단적이다.

catastrophe
[kətǽstrəfi]

n. 재난, 재앙

- 지구 **겉에 수두룩**한 **피**, 즉 **재난, 재앙**
- The emigration of scientists is a catastrophe for the country.
  과학자들의 이민은 그 나라의 재난이다.

bias
[báiəs]

n. 편견, 치우침 v. 치우치게 하다

- 두 떡볶이 가게 중에 **buyers**(사는 사람들)이 원조 떡볶이 집에만 **치우침**, 그 집만 맛있을 것이란 **편견**
- biased 치우친, 편견이 있는
- unbiased 편견 없는
- Many errors and biases seem irrational on the surface.
  많은 실수들과 편견들은 표면상 비논리적이게 보일 수 있다.

heap
[hi:p]

n. (쌓아 올린) 더미 v. 쌓아 올리다

- 화장실에서 **히프** 밑에 똥을 **쌓아 올리다**, 똥 **더미**
- a heap of sand 모래 더미

troop
[tru:p]

n. 군대, 부대, 무리

- **츠룹 츠룹** 발소리를 내며 행진하는 **군대, 부대, 무리**
- Troops landed in a war zone.
  군대가 전쟁 지역에 상륙했다.

츠룹 **츠룹** 발소리를 내며 행진하는 troop

군대, 부대, 무리

sneer
[sniər]

v. 비웃다, 조롱하다

- "이름이 **순이야?**" 하며 이름이 촌스럽다고 **비웃다, 조롱하다**
- He's always sneering at my suggestions.
  그는 항상 내 제안을 비웃는다.

cozy
[kóuzi]

a. 아늑한, 안락한

- 아기가 **코~** 하고 잠자지, **아늑한, 안락한** 담요에서.
- a cozy sofa 아늑한 소파

shabby
[ʃǽbi]

a. 낡아빠진

- 새는 비가 뚝뚝 떨어지는 낡아빠진 오두막집
- His old suit looks shabby.
  그의 오래된 정장은 낡아 보인다.

broth
[brɔːθ]

n. 수프, 죽

- 뜨거운 수프, 죽을 식혀 먹으려고 후~ 불었수.
- Holly had chicken broth after a physical examination.
  Holly는 건강검진 후에 닭죽을 먹었다.

pros and cons

득과 실, 찬반양론

- 플러스가 될 것과 and 깐 것(뺀 것)이 될 것, 즉 득과 실, 찬반양론
- It is important to look into pros and cons before making a decision.
  결정을 내리기 전에 득과 실을 조사하는 것이 중요하다.

복습	arbitrary	catastrophe	bias	heap	troop
	sneer	cozy	shabby	broth	pros and cons

stationary
[⊕stéiʃənèri]
[⊛stéiʃənəri]

a. 움직이지 않는, 고정시켜 놓은

- 달리던 기차를 station(역)에 넣어리, 그래서 움직이지 않는, 고정시켜 놓은
- a stationary exercise bike 고정된 운동용 자전거

vanguard
[vǽngàːrd]

n. (군대 공격이나 사회운동의) 선봉, 선구자

- 제일 먼저 앞으로 뱅! 가다, 즉 선봉, 선구자
- The vanguard of such a migration must have been small in number.
  이러한 이주의 선봉대는 숫자가 매우 적었음에 틀림없다.

blush
[blʌʃ]

v. 얼굴을 붉히다, 빨개지다 n. 홍조

- 자신이 짝사랑하는 she(그녀)를 불러 놓고는 얼굴을 붉히다, 빨개지다
- The boy blushes easily.
  그 소년은 쉽게 얼굴을 붉힌다.

vivid
[vívid]

a. 생생한, 선명한

- [비비드 → 비비다] 눈을 비비다. 그랬더니 앞에 보이는 것이 생생한, 선명한
- vividly 생생하게
- Cosmetic advertisements usually use vivid colors.
  화장품 광고는 보통 선명한 색을 사용한다.

눈을 비비다
vivid

보이는 것들이 더 생생한, 선명한

metabolism
[mitǽbəlìzm]

n. 신진대사

- 밑에 엉덩이 벌리고 방귀를 뀌는 것은 신진대사
- metabolic 신진대사의
- A certain type of cell in our body controls our metabolism.
  우리 몸속의 특정 종류의 세포는 우리의 신진대사를 조절한다.

alumni
[əlʌ́mnai]

n. 동창생 (alumnus의 복수형)

- 얼렁(얼른) 나이 먹어서 동창회 때 만나자는 동창생
- We will hold an alumni meeting this weekend.
  우리는 이번 주말에 동창회를 할 것이다.

distress
[distrés]

v. 괴롭히다 n. 고통

- 디게(엄청) 스트레스 받게 하다, 즉 괴롭히다, 고통
- It causes distress in our relationships.
  그것은 우리의 관계에 고통을 불러일으킨다.

allot
[⑪ əlát ⑬ əlɔ́t]

v. 할당하다, 분배하다

- 나만 a lot(많이) 가지고 있으니 친구들에게 할당하다, 분배하다
- allotment 할당, 분배
- allotted 할당된, 부여된
- They allotted profits to all employees.
  그들은 전 직원에게 이익을 분배했다.

paralyze
[pǽrəlàiz]

v. 마비시키다, 무력하게 만들다

- 마취 주사로 실험용 쥐의 폐를 놔야쥐, 그렇게 마비시키다
- My arms and legs were paralyzed.
  내 팔과 다리는 마비되었다.

trepidation
[trèpidéiʃən]

n. 공포, 두려움

- 참수시키는 형틀에 피데이! 하고 참수를 기다리는 사람이 느끼는 공포, 두려움
- trepid 소심한, 겁이 많은
- intrepid 대담한, 용감한
- We drove to the hospital full of fear and trepidation.
  우리는 공포와 불안에 휩싸여 병원으로 달려갔다.

복습	stationary	vanguard	blush	vivid	metabolism
	alumni	distress	allot	paralyze	trepidation

deteriorate
[ditíəriərèit]

v. 악화되다, 나빠지다

- 주가가 뒤로 튀어서 주식 rate(등급)이 떨어져 경제가 악화되다, 나빠지다
- deterioration 악화, 저하
- The extra grazing contributes to the deterioration of the pasture.
  추가적인 방목은 목초지 악화에 공헌한다.

aviation
[èiviéiʃən]

n. 비행, 항공

- A지역에서 B지역으로 다시 A지역으로 시원하게 바람을 가르며 비행
- Major domestic aviation companies went bankrupt.
  국내 주요 항공사들이 파산했다.

wretched
[rétʃid]

a. 비참한, 불쌍한

- [레치드 → 외치듯] 불속에서 살려달라고 외치듯 비참한, 불쌍한
- people living in wretched poverty 비참한 가난 속에 살고 있는 사람들

persecution
[pə̀:rsikjú:ʃən]

n. (특히 종교상의) 박해, 괴롭힘

- 조선시대 천주교인들에게 벌을 시키셔, 즉 박해, 괴롭힘
- persecute 박해하다, 괴롭히다
- religious persecution 종교적 박해

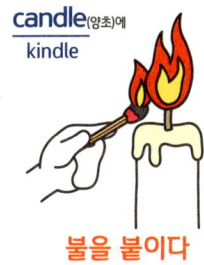
candle(양초)에 kindle
불을 붙이다

kindle
[kíndl]

v. 불을 붙이다, (감정을) 불붙이다

- [kindle → candle] candle(양초)에 불을 붙이다
- She had kindled love in his heart.
  그녀가 그의 마음에 사랑의 감정을 불붙였다.

congregate
[káŋgrigèit]

v. 모이다

- 학생들이 깡그리 학교 gate(문) 앞에 모이다
- Crowds began to congregate to celebrate New Year.
  새해를 축하하기 위해 사람들이 모여들기 시작했다.

conduce
[kəndjú:s]

v. 도움이 되다, 공헌하다

- 콩으로 만든 쥬스가 건강에 도움이 되다, 공헌하다
- conducive 도움이 되는, 공헌하는
- Blueberries are known to conduce eyesight.
  블루베리는 시력에 도움이 되는 것으로 알려져 있다.

longevity
[⑩lɑndʒévəti]
[⑭lɔndʒévəti]

n. 장수

- long(길게) 쟤가 버티어 장수하다
- He attributed his longevity to two factors—taking exercise and not smoking. 그는 자신이 장수하는 것을 두 가지 이유 때문으로 여겼다. 바로 운동과 금연이다.

omen
[⑪ óumən]
[⑬ óumen]

n. 징조, 조짐

오우! 뭔가 일어날 것 같은 **징조, 조짐**

words of ill omen 나쁜 징조의 말

ominous
[⑪ ámines]
[⑬ ɔ́minəs]

a. 불길한

"의사선생님, 혹시 나에게 **암이 났수?**(생겼수?)" 즉, 암이 걸렸을 것 같은 **불길한** 느낌

Those black clouds look a bit ominous.
저 먹구름이 약간 불길해 보인다.

복습	deteriorate	aviation	wretched	persecution	kindle
	congregate	conduce	longevity	omen	ominous

경쌤's TIP

축하합니다.

여러분은 경선식 토플영단어 완성 20강까지 완성하였습니다.

반드시 지켜야 하는 가장 효과적인 복습 방법(5page)을 확인 후 확실하게 복습하세요.

Lecture 21

whim
[hwim]

n. 변덕, 일시적 기분

- 갈대처럼 기분에 따라 이리저리 잘 **휨**, 즉 **변덕, 일시적 기분**
- whimsical 변덕스러운
- Staff are moved from one department to another at the whim of the boss. 직원들이 사장의 변덕에 따라 이 부서에서 저 부서로 이동된다.

mash
[mæʃ]

v. 으깨다, 짓이기다 n. 으깬 음식

- 매를 들고 **she**(그녀)가 마늘을 마구 두들겨 **으깨다**
- mashed potatoes 으깬 삶은 감자 요리

annihilate
[ənáiəlèit]

v. 전멸시키다, 붕괴시키다

- 얼음 속에 **언** 아이를 밖으로 꺼내**이트**(꺼내려고) 얼음을 **붕괴시키다, 전멸시키다**
- Prodo annihilated a force of 20,000 enemy troops. Prodo는 2만 명의 적군을 전멸시켰다.

hub
[hʌb]

n. 중심지, (바퀴 등의) 중심

- 차력사가 '**헙!**' 하고 몸의 **중심**인 배에 힘을 모으다
- Incheon is a commercial hub. 인천은 상업 중심지이다.

salute
[səlúːt]

v. 경례하다, 인사하다

- "**서울루**(서울로) **two**(2)일 휴가 다녀오겠습니다!" 하고 상관에게 **경례하다, 인사하다**
- The soldiers saluted to the deceased. 군인들은 고인에게 경례를 했다.

thermal
[θə́ːrməl]

a. 열의, 뜨거운

- **summer**(여름)이라 **열의, 뜨거운**
- thermal energy 열에너지

boast
[boust]

v. 자랑하다

- "내가 **boss**(두목) 다음 **two**(2)인자야!"라고 **자랑하다**
- That is nothing to boast about. 그건 자랑할 게 못 돼.

mitigate
[mítigèit]

v. 누그러뜨리다, 완화시키다

- [미티게이트 → 미친 개 있다!] 으르렁거리는 **미친 개가 앞에 있다!** 그래서 "워~ 워~" 하며 성질을 **누그러뜨리다**
- mitigation 완화
- painkillers to mitigate the pain 통증을 완화시키기 위한 진통제

coincide
[kòuinsáid]

v. 일치하다, 동시에 일어나다

- coin(동전)의 앞 side(면)과 뒷 side(면)은 액수가 일치하다, 앞면에 생기는 일은 뒷면도 생겨 동시에 일어나다
- coincidence (우연의) 일치, 동시에 일어남
- coincident 일치하는, 동시에 일어나는
- Our holidays don't coincide. 우리의 휴가가 일치하지 않는다.

delegate
n. [déligət, déligèit]
v. [déligèit]

n. 대표, 대리인 v. 위임하다

- 회사를 대리하여 gate(문) 앞에서 손님을 맞는 회사의 대표, 대리인
- delegation 대표단, 위임
- We sent two delegates to the meeting. 우리는 모임에 두 명의 대표자를 보냈다.

복습	whim	mash	annihilate	hub	salute
	thermal	boast	mitigate	coincide	delegate

traitor
[tréitər]

n. 반역자, 배신자

- 반역자, 배신자는 감옥 쇠창살 틀에 갇혀 있다
- a traitor to the country 나라의 반역자

hollow
[⑩hálou ⑱hɔ́lou]

a. 속이 빈, 움푹 들어간

- hole(구멍) 안이 low(낮은), 즉 속이 빈, 움푹 들어간
- The sculpture is hollow inside. 그 조각상은 속이 비어 있다.

amend
[əménd]

v. (법을) 개정하다, 수정하다

- a(하나의) man(사람)만 선출했던 부통령을 두 사람으로 개정하다, 수정하다
- amendment 수정, 개정
- amend the Constitution 헌법을 개정하다

collate
[kəléit]

v. 대조하다, (정보 등을) 분석하다

- 신발 한쪽을 찾으려고 같은 컬레인지 대조하다, 분석하다
- They collated information about the archery team. 그들은 양궁 팀에 대한 정보를 분석했다.

courteous
[kə́ːrtiəs]

a. 공손한, 예의 바른

- 임금을 뵐 때 장군들은 지니고 있는 칼을 몸에서 띠었수. 즉, 임금에게 공손한, 예의 바른
- courtesy 공손, 예의 바름
- courteously 예의 바르게
- The staff are friendly and courteous. 직원들이 친절하고 예의 바르다.

riot
[ráiət]

n. 폭동 v. 폭동을 일으키다

- 대통령이 공약한 것을 안 지키자 "다 lie엇!(거짓말이엇!)" 하며 국민들이 폭동, 폭동을 일으키다
- Riots broke out in several areas.
  몇몇 지역에서 폭동이 일어났다.

via
[váiə]

prep. ~을 경유하여, ~을 통하여

- 가는 길에 왠 큰 바위여? 그래서 옆길을 경유하여, 다른 길을 통하여 가다
- The plane will go to the U.S.A. via Japan.
  그 비행기는 일본을 거쳐 미국으로 갈 것이다.

stun
[stʌn]

v. 기절시키다, 깜짝 놀라게 하다

- 스턴트맨이 위험천만한 곡예로 사람들을 깜짝 놀라게 하다, 기절시키다
- stunning 놀랄 만한, 멋진
- a stunning achievement 놀랄 만한 업적

allege
[əlédʒ]

v. ¹ (증거 없이) 주장하다, ² 혐의를 제기하다

- 저 사람이 훔쳐 간 게 맞다고 증거도 없이 열 내지, 즉 주장하다, 혐의를 제기하다
- allegation (증거 없는) 주장, 혐의
- ¹ He alleged that the player bribed the referee.
  그는 그 선수가 심판에게 뇌물을 주었다고 주장했다.
- ² The prosecutor alleged the singer's murder.
  검사는 그 가수의 살인 혐의를 제기했다.

resort
[rizɔ́:rt]

¹ n. 휴양지, 리조트 ² n. 의존(to), 수단 v. 의존하다

- 은퇴 후에 무료함을 달래는 수단으로 리조트에 의존, 의존하다
- War should be a last resort.
  전쟁은 마지막 수단이여야 한다.

복습	traitor	hollow	amend	collate	courteous
	riot	via	stun	allege	resort

pang
[pæŋ]

n. 심한 고통

- 머리가 팽! 돌 정도의 심한 고통
- pangs of hunger 심한 허기증

bribe
[braib]

n. 뇌물 v. 뇌물로 매수하다

- 탐관오리가 "가지고 온 것을 부으라이! 부어!" 하며 받아 챙기는 뇌물
- bribery 뇌물의 증여(받음)
- The officer accepted a bribe.
  그 관리는 뇌물을 받았다.

immune
[imjúːn]

a. 면역의, 면역이 된, 면제된

- 밖에는 전염병이 돌아 **이 문**을 꼭 닫고 있으면 병균이 차단되어 **면역의, 면역이 된**, 병으로부터 **면제된**
- immunity 면역, 면제
- Drinking alcohol can weaken our immune system.
  음주는 우리의 면역체계를 약화시킬 수 있다.

tumble
[tʌ́mbl]

v. 굴러 떨어지다, 폭락하다

- **덤불**에 발이 걸려 산 밑으로 **굴러 떨어지다**
- The girl tumbled down the stairs.
  그 소녀는 계단에서 굴러 떨어졌다.

덤불에 걸려 tumble
굴러 떨어지다

prosecute
[⑪prásikjùːt]
[⑬prɔ́sikjùːt]

v. 기소하다, 고소하다

- 승부 조작을 **프로**가 **시켰다**고 그 프로 선수를 **기소하다, 고소하다**
- prosecutor 기소자, 고소자
- The journalist was prosecuted for fake news.
  그 기자는 가짜 뉴스로 기소되었다.

spontaneous
[⑪spɑntéiniəs]
[⑬spɔntéiniəs]

a. 자발적인, 자연적인

- **습한** 한증막에 **ten**(10)**분이었수**. 그러면 나오지 말라고 해도 자발적으로 나온다. 즉 **자발적인, 자연적인**
- spontaneously 자발적으로, 자연스럽게
- spontaneous applause 자발적인 박수갈채

frigid
[frídʒid]

a. 몹시 추운, 냉랭한

- 얼어서 미끄러워질까 봐 길에 물을 **뿌리지도** 못할 정도로 **몹시 추운, 냉랭한**
- a frigid climate 매우 추운 기후

rhyme
[raim]

n. 운, 운율 (=rime)

- "솔이 아니라 **라임**."이라며 라 음에 맞춰 읽는 시의 **운율**
- rhymes 시, 운문
- poem in rhyme 운율이 있는 시

stake
[steik]

n. ¹ 말뚝, 화형대 ² 지분

- **스테이크**(steak)를 **말뚝, 화형대**에 꽂아 굽다. 두 명이 먹을 것이니 그 **스테이크**의 50%는 내가 먹을 **지분**
- ¹ She put up a stake to drive birds away.
  그녀는 새들을 쫓아내기 위해 말뚝을 세웠다.
  ² 10% stake in the business
  그 사업에서의 10% 지분

at stake
위험에 처한, (목숨·성패가) 달려있는

- **at stake** (화형대에서) 죽을 **위험에 처한, (목숨·성패가) 달려있는**
  1. My life is at stake. 내 목숨이 위험에 처해 있다.
  2. a contract at stake 성패가 달려있는 계약

복습	pang	bribe	immune	tumble	prosecute
	spontaneous	frigid	rhyme	stake	at stake

리얼 생생 수강후기

책으로 공부하다가 강의를 수강한 대부분의 학생들은
책만으로 공부하는 것과 강의를 들으면서 공부하는 것의 효과 차이는 매우 크다고 말합니다.

단어 외우기가 이렇게 쉬운 줄 몰랐습니다. 기억이 너무 생생하게 잘 납니다. (남*희)

선생님의 강의를 들으니 교재보다 시간 + 암기가 3~4배의 효과가 있었습니다. 무엇보다도 기억할 대상을 연상을 통해 이미지화하여 암기하다 보니 제일 암기하기가 힘든 다의어도 쉽고 정확하고 빠르게 암기하고, 오랫동안 기억할 수 있는 점이 가장 장점이고 매력적입니다. 그리고 가장 중요한 것은 꾸준한 복습이 필요하다는 것입니다. 강의에서 선생님이 늘 강조해주십니다. 5강씩 누적 복습, 10강씩 누적 복습 이것만 지켜서 공부하면 경선식영단어만 공부해도 충분할 거란 생각이 들어요. 선생님 고맙습니다. 단어 외우기가 이렇게 쉬운 줄 몰랐습니다. 기억이 너무 생생하게 잘 납니다. 다른 분들도 이런 기쁨을 빨리 강의를 통해 느껴봤으면 좋겠어요. 감사합니다.

Lecture 22

voucher
[váutʃər]

n. 상품권, 할인권, 쿠폰

- 상품권을 받은 아내의 얼굴을 봐! 웃죠? 내가 좋아할 거라 했잖아.
- The voucher is valid between March and May.
  그 교환권은 3월에서 5월 사이에 유효하다.

whip
[hwip]

¹ v. 채찍질하다 n. 채찍 ² v. 휘젓다, 휙 움직이게 하다

- 휩! 하는 소리를 내며 채찍질하다, 채찍을 휘젓다
- ¹ Prisoners were whipped to get confessions out of them.
  죄수들은 자백을 하도록 채찍질을 당했다.
- ² Whip the egg whites until it becomes stiff.
  달걀흰자를 뻑뻑해질 때까지 휘저어라.

gross
[grous]

a. ¹ 모두 합해, 총- ² 심한, 엄청난

- 연쇄살인범이 살해한 사람이 모두 합해 100명이란 말에 "그럴 수가! 심하네! 엄청나네!"
- GDP stands for gross domestic product.
  GDP는 국내총생산을 뜻한다.

sneak
[sni:k]

v. 몰래 움직이다, 몰래하다

- 스네이크(뱀)이 먹이를 잡으려고 몰래 움직이다
- Cleo sneaked out of her dorm.
  Cleo는 몰래 기숙사를 빠져나갔다.

sovereign
[⑪sávərin]
[⑬sɔ́vərin]

¹ n. 군주, 국왕 a. 최고 권력을 가진 ² a. 자주적인, 독립된

- 안중근 의사가 일본의 군주 이토 히로부미를 자주적이고 독립된 조선을 만들기 위해 쏴버린
- ¹ a loyalty to sovereign
  군주에 대한 충성심
- ² They asked the UN to recognize them as a sovereign nation.
  그들은 유엔에 자신들을 독립된 국가로 인정해 줄 것을 요청했다.

deter
[ditə́ːr]

v. 방해하다, 저지시키다

- 뒤 터는 자기 땅이라며 지나가는 행인들을 방해하다, 저지시키다
- deterrent 방해하는; 제지, 억제
- The heavy snow deterred us from going outside.
  세찬 눈으로 우리는 밖에 나가지 못했다.

방해하다, 저지시키다

jam
[dʒæm]

¹v. 쑤셔 넣다 ²v. (막혀서) 꼼짝 못하다 n. 막힘, 교통 체증

- 잼을 식빵 속에 **쑤셔 넣다**, 그리고 날파리가 잼에 붙어서 **꼼짝 못하다**
- ¹ They were jammed into his small car.
  그들은 그의 작은 차에 쑤셔 넣어졌다.
- ² The street was jammed with cars.
  거리가 차들로 꼼짝 할 수 없었다.

pedestrian
[pədéstriən]

n. 보행자

- 손과 발 **four**(4)개를 나무에 **댔수**, 절벽 사이에 놓인 **tree**(나무) **on**(위로) 걷는 **보행자**들이.
- Tourists may cause traffic and pedestrian congestion.
  관광객들이 교통과 보행자 혼잡을 초래할지도 모른다.

traumatic
[⑩ trəmǽtik]
[⑱ trɔːmǽtik]

a. 정신적 쇼크의, 대단히 충격적인

- ¹ 팔을 비틀어 매를 **틱!** 하고 때려서 **정신적 쇼크를 받은**
- ² **trauma**(트라우마)의 형용사형
- trauma (정신적) 외상, 쇼크, 트라우마
- These people suffer from an inevitable social and mental trauma.
  이러한 사람들은 피할 수 없는 사회적, 정신적 외상 때문에 고통을 받는다.

foul
[faul]

¹n. 파울, 반칙 ²a. 더러운, 아주 나쁜 v. 더럽히다

- **파울**(반칙)을 범하는 **더러운, 아주 나쁜** 놈
- The factory is filled with foul air.
  그 공장은 더러운 공기로 가득 차 있다.

복습

| voucher | whip | gross | sneak | sovereign |
| deter | jam | pedestrian | traumatic | foul |

accountable
[əkáuntəbl]

a. 책임이 있는

- 불장난하다가 **어! 카운터**에 불 낸 것에 대해 **책임이 있는** 종업원
- Everybody is accountable for their own actions.
  모든 사람들은 자신의 행동에 대한 책임이 있다.

blast
[⑩ blæst]
[⑱ blɑːst]

v. 폭발하다 n. 폭발, 돌풍

- 가스통에 **불**을 **냈어**. 그랬더니 **투!** 하고 **폭발하다**
- many victims of a bomb blast 폭탄 폭발의 많은 희생자들

sprinkle
[spríŋkl]

v. (흩)뿌리다 n. 보슬비

- 스프링클러(sprinkler)가 물을 (흩)**뿌리다**
- Sprinkle top with cheese and bake for 20 minutes.
  치즈를 위에 뿌리고 20분간 구우세요.

scant
[skænt]

a. 부족한, 빈약한

- 내가 사탕을 빼먹어서 수가 맞을 can't(수가 없는), 즉 숫자가 부족한, 빈약한
• scanty 부족한, 빈약한
- a scant supply of water 불충분한 물의 공급

brochure
[미 brouʃúər]
[영 bróuʃər]

n. 팸플릿, (안내·광고용) 책자

- 행사 안내를 위한 책자(팸플릿)을 주면서 "보러 오셔!"
- We have enclosed our brochure for your reference.
참고할 수 있도록 우리의 안내 책자를 동봉해놓았습니다.

보러 오셔!
brochure 팸플릿, 안내용 책자

eclipse
[iklíps]

n. (해·달의) 식 v. (빛을) 가리다

- 눈부신 빛을 가리기 위해 이 큰 잎을 쓰세요.
- The wolves started howl during the eclipse.
늑대들이 월식 동안 울부짖기 시작했다.

blur
[blə:r]

v. 희미해지다, 흐릿하게 하다 n. 희미한 것

- 아이가 "엄마~" 하고 불러도 엄마가 저 멀리 희미해지다
- blur the conviction 확신을 약화시키다

fake
[feik]

n. 위조품 a. 모조의, 가짜의

- pay(지불한) 돈이 크(큰) 그림이 가짜의, 위조품
- This is a guarantee that all merchandise is authentic and not fakes.
이것은 모든 상품이 가짜가 아닌 진품이라는 것에 대한 보증서이다.

patent
[미 pǽtnt]
[영 péitnt]

a. 특허의 n. 특허권

- 어떤 상품의 패턴 one(1)이 인기를 끌자 모방 방지를 위해 패턴 two(2)로 특허권을 얻다
- He got a patent for his invention.
그는 그의 발명으로 특허를 얻었다.

pose
[pouz]

¹ n. 자세, 포즈 v. 자세를 취하다 ² v. (질문·문제 등을) 제기하다

- 모델이 포즈(자세)를 취하자 사진작가가 그 자세는 나쁘다며 문제를 제기하다
- ¹ He was sitting in a relaxed pose.
그는 느긋한 자세로 앉아 있었다.
² Nuclear weapons pose a threat to everyone.
핵무기는 모두에게 위협을 가한다.

복습					
	accountable	blast	sprinkle	scant	brochure
	eclipse	blur	fake	patent	pose

notorious
[nout∫ə́:riəs]

a. 악명 높은

→ "너! 인간의 도리도 없수! 악명 높은 놈!"
- notoriously 악명 높게
- Agreeing on international taxes on emissions was notoriously hard.
  배출가스에 대한 국제적인 세금에 동의하는 것이 악명이 높을 정도로 힘들었다.

mandate
[mǽndeit]

¹ n. 지시, 명령　v. 명령하다　² n. 권한　v. 권한을 주다

→ 조선시대 때는 부모님만이 딸에게 어떤 man(남자)와 데이트를 하라고 지시할 권한을 갖고 있었다.
- ¹ the country that mandated seat belts
  안전벨트를 명령한(의무화한) 나라
- ² Kyle does not have a mandate over recruitment.
  Kyle은 채용에 대한 권한이 없다.

anecdote
[ǽnikdòut]

n. 일화

→ [애닉도우트 → 애니(c) 노트] 애니가 노트에 써놓은 일화
- The actress told a funny anecdote about her trip to Germany.
  그 여배우는 독일 여행에 관한 재미있는 일화를 들려주었다.

readily
[rédəli]

ad. 기꺼이, 선뜻

→ [ready(준비가 된) + ly(부·어)] 이미 ~을 할 준비가 된 상태로, 즉 기꺼이, 선뜻
- I readily accept that the making of racial jokes is unacceptable in any circumstances.
  나는 인종과 관련된 농담은 어떤 상황에서도 받아들여지지 않는다는 것을 기꺼이 인정한다.

stress
[stres]

¹ n. 압박, 스트레스　² n. 강조, 강세　v. 강조하다

→ 매일 공부만 강조하는 부모님의 말에 스트레스를 받다.
- stress cultural values rather than utilitarian ones
  공리적인 가치보다 문화적인 가치를 강조하다

punctuate
[pʌ́ŋkt∫uèit]

v. 구두점을 찍다, 중단시키다

→ 세게 구두점을 찍다가 종이를 펑크내다. 그리고 구두점으로 문장을 중단시키다
- punctuation 구두점, 중단
- Long track records of success are punctuated by slips.
  오랜 성공의 기록은 작은 실수들에 의해 중단된다.

frenzy
[frénzi]

n. 광분, 광란

→ friend(친구) 쥐들이 만나 반갑다며 "찍! 찍! 찍!" 광분, 광란
- frenzied 열광한, 광란의
- during the post-Revolution frenzy
  혁명 후 광란의 기간 동안

reign
[rein]

n. 통치, 통치 기간 v. 통치하다

- 농사가 비에 달려있던 시절 **rain**(비)를 내리게 할 수 있는 능력으로 제사장이 부족을 **통치, 통치하다**
- in the reign of Queen Victoria 빅토리아 여왕 통치 기간에

garment
[gá:rmənt]

n. 의복, 옷

- 가면두(가면도) 같이 착용하는 **의복, 옷**
- The designer prepared more than 100 garments for the fashion show.
  그 디자이너는 패션쇼를 위해 100벌 이상의 옷을 준비했다.

discern
[disə́:rn]

v. 식별하다, 알아차리다

- 여러 청년 중에서 "**this**(이) **son**(아들)이 내 아들이야!" 하고 **식별하다**
- We can discern different colors.
  우리는 다른 색깔들을 구별할 수 있다.

복습					
	notorious	mandate	anecdote	readily	stress
	punctuate	frenzy	reign	garment	discern

Lecture 23

dubious
[djú:biəs]

a. 의심스러운

- "금고에 금덩어리가 두 개 비었수! 누가 가져간 거 아니야?" 즉, 의심스러운
- It's dubious if they'll come.
  그들이 올지 의심스럽다.

harness
[há:rnis]

¹ n. 마구 v. 마구를 채우다   ² v. 이용하다

- 야생마 길들이기 하니? 마구, 고삐를 쓰도록(이용하다) 해 봐.
- ¹ harness a horse to a wagon
  마차에 말을 마구로 채우다
- ² We can harness the power of the waves to generate electricity.
  우리는 파도의 힘을 이용하여 전기를 생산할 수 있다.

scoop
[sku:p]

n. 국자 v. (국자로) 뜨다

- 소꿉놀이를 하며 장난감 국자로 모래를 뜨다
- We quickly scooped ice cream into their rice bowls.
  우리는 재빨리 그들의 밥그릇에 아이스크림을 떠주었다.

staple
[stéipl]

a. 중요한, 주요한   n. 주요 부분

- 추위와 도둑을 피해 집 안에 stay(머물러야) 하는 풀(난초), 즉 중요한 풀
- Speaker is one of the staple items of the company.
  스피커는 그 회사의 주요 품목 중 하나이다.

score
[skɔ:r]

n. ¹ 스코어, 득점 ² 20, 스무 개, (pl.) 다수

- 축구에서 스코어가 20:0으로 다수의 점수가 난
- ¹ The final score was 40. 최종 점수는 40점이었다.
  ² a score of people 20명의 사람들
  ³ Scores of people gathered in front of the Royal Palace.
  많은 사람들이 왕궁 앞에 모였다.

villain
[vílən]

n. 악당

- "네가 한 짓에 대해 빌어야 해, 넌! 악당아!"
- He played the major villain in the drama.
  그는 그 드라마에서 주요 악당 역을 연기했다.

axis
[æksis]

n. 중심축, 축선

- 11명의 애들 중에서 six(6번)째를 중심축으로 회전
- The earth spins on its axis.
  지구는 중심축으로 자전한다.

monastery
[미] mánəstèri]
[영] mɔ́nəstəri]

n. 수도원

- 기도를 해서 몸속에 들어있는 마녀s(마녀들)을 때리어(때려) 쫓아버리는 장소인 수도원
- Those in a monastery lead a restrained life.
  수도원의 사람들은 절제된 생활을 한다.

drawback
[drɔ́:bæk]

n. 문제점, 결점

- 블랙홀이 우주선을 빠져나가지 못하게 back(뒤로) draw(끌어당기는) 문제점, 결점
- One obvious drawback is the danger involved.
  한 가지 명백한 문제점은 관련된 위험이다.

pinpoint
[píinpɔ̀int]

v. 정확히 집어내다 a. 정확한

- pin(핀) point(끝)으로 정확히 집어내다
- I have still not exactly pinpointed Maddy's character.
  나는 여전히 Maddy의 성격을 정확히 알아내지 못했다.

복습	dubious	harness	scoop	staple	score
	villain	axis	monastery	drawback	pinpoint

malicious
[məlíʃəs]

a. 악의 있는

- ¹ 내게 악의 있는 사람이 나를 때리려 하자 사람들이 말리셨수.
- ² [mal(bad) + icous] 악의 있는
- Posting malicious coments could be a crime.
  악의적인 댓글을 올리는 것은 범죄가 될 수 있다.

hail
[heil]

n. 우박, 빗발침 v. 빗발치다

- 해일이 몰려오듯이 우박이 빗발치다
- The roof was damaged by hail.
  지붕이 우박으로 인해 피해를 입었다.

해일처럼 우박이 빗발치다
hail

hover
[미] hávər [영] hɔ́vər]

v. (새·헬리콥터 등이) 떠다니다, 맴돌다

- harbor(항구) 위로 갈매기가 떠다니다, 맴돌다
- There was a helicopter hovering overhead.
  머리 위를 맴도는 헬리콥터가 한 대 있었다.

bypass
[미] báipæs]
[영] báipɑ:s]

n. 우회로 v. 우회하다

- by(옆으로) pass(통과하여) 우회하다
- It is better to take the road that bypasses the town altogether.
  그 마을을 완전히 우회하는 길을 택하는 것이 낫다.

banner
[bǽnər]

n. 현수막

- 인터넷 **배너** 광고는 **현수막**처럼 띄워서 하는 광고
- Some protesters carried a banner and others carried picket signs.
  몇몇 시위자들은 현수막을 들었고 다른 이들은 피켓을 들었다.

cutting-edge
[kʌ́tiŋedʒ]

a. 최첨단의

- **cutting**(자르는) 칼 **edge**(끝)에 다이아몬드를 넣어 어떤 것도 자를 수 있는 **최첨단의** 칼
- It is a matter of who finds new cutting-edge technology first.
  그것은 누가 먼저 새로운 최첨단 기술을 발견하느냐의 문제이다.

scrub
[skrʌb]

v. 북북 문지르다 n. 문질러 씻기

- 자고 있는데 빨래를 **북북 문지르다**. **시끄럽**!(시끄러워!)
- We scrubbed the tables clean.
  우리는 테이블을 깨끗하게 문질러 닦았다.

flake
[fleik]

n. 얇은 조각

- 콘플레이크(cornflakes) 시리얼은 옥수수를 눌러 쪄낸 **얇은 조각**
- a snow flake 눈송이

landmark
[lǽndmàːrk]

n. [1] 주요 지형지물, 랜드마크 [2] 획기적인 사건

- 어떤 **land**(땅, 지역)을 상징하는 **mark**(표시)로 가장 눈에 띄거나 유명한 **주요 지형지물**. 그리고 **land**(땅)에 **mark**(표시)를 남길 만하다는 의미에서 **획기적인 사건**
- [1] The tower became a new landmark of the city.
  그 탑은 그 도시의 새로운 랜드마크가 되었다.
  [2] The judge made a landmark decision.
  그 판사는 획기적인 판결을 내렸다.

milestone
[máilstòun]

n. 이정표, (역사·인생 등의) 중요한 단계[사건]

- **stone**(돌)에 몇 마일(**mile**)인가를 새긴 **이정표**와 같이 인생에서 기억될 **중요한 단계**
- She recalled every single milestone in his life.
  그녀는 그의 인생의 모든 중요한 사건들을 상기해보았다.

복습				
malicious	hail	hover	bypass	banner
cutting-edge	scrub	flake	landmark	milestone

epoch
[⑪épək ⑫íːpɔk]

n. 신기원, 신시대

- 어린 **애**인 박혁거세가 **퍽**! 알을 깨고 나와서 연 **신기원, 신시대**
- Einstein's theories marked a new epoch in mathematics.
  아인슈타인의 이론은 수학에서 신기원을 이룩했다.

gasp
[⑪ gæsp ⑬ gɑːsp]

v. 헐떡거리다, 숨이 차다

➤ 개스다! 읍! 하고 헐떡거리다, 숨이 차다

▣ The runner was gasping for breath.
그 주자는 숨이 차서 헐떡거리고 있었다.

throng
[θrɔːŋ]

n. 군중, 떼 v. 떼 지어 모이다

➤ 수많은 사람들이 long(길게) 줄 서 있는 군중, 떼, 떼 지어 모이다

▣ A large throng gathered to see Justin Bieber.
저스틴 비버를 보기 위해 많은 인파가 몰려들었다.

hypocrisy
[⑪ hipákrəsi]
[⑬ hipɔ́krəsi]

n. 위선, 위선 행위

➤ 속으로는 욕하면서 히~ 하고 밖으로만 씨익 웃는 위선, 위선 행위

- hypocrite 위선자
- hypocritical 위선적인

▣ His hypocrisy makes me sick.
그의 위선이 나는 역겹다.

loop
[luːp]

n. (올가미나 동그라미 모양의) 고리

➤ 로프(rope)로 묶어 만든 고리

▣ The sheriff tied a loop of rope around the criminal's wrists.
보안관이 범죄자의 손목에 밧줄을 동여맸다.

plot
[⑪ plɑt ⑬ plɔt]

¹ n. 음모 v. 음모를 꾸미다 ² n. 줄거리 ³ n. 작은 땅, 구획

➤ 소설 내용 중 작은 땅의 풀숲에 숨었다가 낫으로 적을 베려는 음모, 음모를 꾸미다. 그러한 줄거리

▣ ¹ They plotted to kick him out of the firm.
그들은 그를 회사에서 쫓아낼 음모를 꾸몄다.

² The plot of the play is complicated.
그 연극의 줄거리는 복잡하다.

³ My parents own a corn plot.
우리 부모님은 옥수수밭을 소유하고 계신다.

sanitary
[⑪ sǽnətèri]
[⑬ sǽnitəri]

a. 위생적인, 위생의

➤ "새니? 머리털이?" 즉, 머리카락이 절대 들어가지 않도록 하는 위생적인 주방 모자

- sanitation 공중위생, 위생 설비

▣ The restaurant didn't seem sanitary.
그 식당은 위생적인 것 같지 않았다.

homage
[⑪ hámidʒ]
[⑬ hɔ́midʒ]

n. 경의, 존경

➤ home(가정)에서 age(나이)가 많은 할아버지에 대한 가족들의 경의, 존경

▣ They expressed homage to the sacrifice of firefighters.
그들은 소방관들의 희생에 경의를 표했다.

fable
[féibl]

n. 우화, 전설

- 긴 병에 담긴 음식을 여우는 먹지 못했지만 학은 다 먹고 빼, 입을. 즉, 그러한 이솝 우화
- Aesop's Fable 이솝 우화

astound
[əstáund]

v. 깜짝 놀라게 하다

- 강도가 어서 따운 돼! 하고 뒤통수를 내리쳐서 깜짝 놀라게 하다
- astounding 깜짝 놀랄만한
- It was an astounding achievement.
  그것은 놀라운 업적이었다.

복습	epoch	gasp	throng	hypocrisy	loop
	plot	sanitary	homage	fable	astound

리얼 생생 수강후기

신박함과 기발함에 감탄했습니다! 마치 저에게 한 줄기 빛처럼 느껴졌어요! (이*연)

경선식 영단어 강의는 고3 때 처음 들었었는데 그때 제 짝꿍이 저 따라 이 강의를 듣고 '애들한테 이 강의 얘기해주지 마! 이거 우리만 듣자. ㅎㅎ'라고 했던 기억이 있네요. 마치 저에게 한 줄기 빛처럼 느껴졌어요! 바로 인강을 끊었고 수강한 지 2주? 정도 안 돼서 한 권 마스터한 것 같습니다! 저는 정말 들으면서 '와 어떻게 이렇게 생각하실 수 있지?' 하며 그 신박함과 기발함에 감탄했습니다. 하기도 싫고 막막했던 영단어를 이렇게 쉽고 재밌게 외울 수 있게 해주셔서 정말 감사하고 경선식 쌤 존경합니다. *_*

Lecture 24

shudder
[ʃʌ́dər]

v. 떨다, 몸서리치다

- 레몬이 사과보다 셔 더! 하며 떨다, 몸서리치다
- The girl started to cry, shuddering her shoulder.
  그 소녀는 어깨를 떨며 울기 시작했다.

burrow
[미 bə́:rou]
[영 bʌ́rou]

n. 굴 v. 굴(땅)을 파다

- 캠핑 나와서 쓰레기를 뭐! low(낮게) 파놓은 굴에. 즉, 굴, 굴을 파다
- I guessed the rain had washed out his burrow.
  나는 비에 그것의(마멋의) 굴이 휩쓸려갔을 것이라고 생각했다.

spine
[spain]

n. 척추, 등뼈

- 사람의 쑥 파인 S라인 허리 부분의 척추, 등뼈
- It was possible to injure one's spine by carrying heavy loads.
  무거운 짐을 드는 것은 척추를 상하게 할 수 있다.

swamp
[미 swɑmp]
[영 swɔmp]

n. 늪, 습지

- 늪지에서 swam(수영해서) '프우~' 하고 빠져나오다
- Shrek lives next to a swamp in the woods.
  Shrek은 숲속의 습지 옆에 산다.

insolent
[ínsələnt]

a. 건방진, 버릇없는

- 인솔하는 선생님께 "인솔하는 넌 뭐야?" 하며 침을 투! 뱉는 건방진, 버릇없는 학생
- insolence 오만, 무례
- Insolent behavior 건방진 행동

aristocrat
[ərístəkræt]

n. 귀족

- 어린 나이에 스타(별)을 단 장군이 되어 아랫사람들을 부리는 귀족
- aristocracy 귀족제도, 귀족계층
- Anastasia wanted to marry a rich aristocrat.
  Anastasia는 부유한 귀족과 결혼하기를 원했다.

rigorous
[rígərəs]

a. 엄격한

- 귀가 시간이 늦었다고 아버지가 "니 문 걸었수!" 할 정도로 엄격한
- Dr. Kang insisted on a rigorous system for animal abuse.
  강 박사는 동물 학대에 대한 엄격한 제도를 요구했다.

paddle
[pǽdl]

n. 노 v. 노를 젓다

- 오리 배와 같이 **pedal**(페달)을 밟아 **노를 젓다**
- The man is using a paddle to steer the boat.
  그 남자는 보트를 조종하기 위해 노를 사용하고 있다.

fabric
[fǽbrik]

n. ¹ 직물, 천 ² 구조, 조직

- ¹ **직물, 천**에 남은 냄새를 **빼버릭**(빼버리는) **페브리즈**
  ² [패브릭 → 빼버리!] 우리 **조직**에서 저 놈을 **빼버리!**(빼버려!)
- ¹ This clothing is made of luxurious fabric.
  이 옷은 굉장히 고급스러운 직물로 만들어졌다.
  ² One of the important fabrics of our society is the family.
  우리 사회의 중요한 구조 중 하나가 가족이다.

blizzard
[blízərd]

n. 눈보라

- 일기예보에서 눈과 함께 바람이 **불리 저 두** 지역에, 즉 두 지역에 몰아칠 **눈보라**
- I was lost in the blizzard. 나는 눈보라 속에 길을 잃었다.

복습	shudder	burrow	spine	swamp	insolent
	aristocrat	rigorous	paddle	fabric	blizzard

rub
[rʌb]

v. 비비다, 문지르다

- **love**(사랑)하는 사람들이 서로 얼굴을 **비비다, 문지르다**
- Rubbing eyes with hands can be harmful to the eyes.
  손으로 눈을 비비는 것은 눈에 해로울 수 있다.

sector
[séktər]

n. 분야, 부문

- 셋(3) **터**(땅)에 각각 고추터, 감자터, 호박터로 나뉜 **분야, 부문**
- The oil industry is a key sector in the country's economy.
  석유 산업은 그 나라 경제의 핵심 분야이다.

lag
[læg]

v. 뒤처지다 n. 뒤처짐, 지연

- **leg**(다리)를 다쳐서 무리에서 **뒤처지다**
- jet lag 시차증(비행기(jet) 여행으로 두 지역 간 시간의 뒤처짐(lag)으로 생긴 시차로 인한 피로감)
- Even the team that wins the game might make mistakes and lag behind.
  경기를 승리한 팀조차도 실수를 저지르고 뒤처질 수 있다.

segregate
[ségrigèit]

v. 격리하다, 분리하다, 차별하다

- 병에 걸린 가축들을 **싸그리** 몰아넣고 **gate**(문)을 닫아 **격리하다, 분리하다**
- segregation 격리, 분리, 차별
- The pupils were segregated by age.
  학생들은 나이에 따라 분리되었다.

usher
[ʌ́ʃər]

n. (극장·교회 등의) 안내인 v. 안내하다

- 문 앞에서 "어서 옵셔!" 하는 **안내인, 안내하다**
- The usher guided us to the window seat.
  안내원이 우리를 창가 자리로 안내했다.

bound
[baund]

¹ v. 튀어오르다 ² v. 경계를 두다, 한정하다 ³ a. ~로 향하는, ~행의(for)
⁴ v. ~하게 되어 있다

- 공이 **바운드**(튀어오르다)되어 골대로 향하여 득점이 되게 되어 있다
- be bound to ~하게 되어 있다
- rebound 다시 튀어나오다(튀어오르다)
- ¹ bounded work time
  한정된 근로 시간
  ² This train is bound for Busan.
  이 열차는 부산행 열차이다.
  ³ They were bound to strike back to survive.
  그들은 살아남기 위해 반격할 수밖에 없었다.

dismal
[dízməl]

a. 우울하게 하는, 음울한

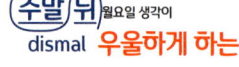

- 주말의 **뒤** 월요일에 학교 갈 생각이 **우울하게 하는**
- The painting is somewhat dismal.
  그 그림은 다소 음울하다.

sumptuous
[sʌ́mptʃuəs]

a. 고가의, 호화로운

- 구매한 옷 가격의 **sum**(합계)가 **프~** 등이 오싹할 정도로 **추웠수**. 즉, **고가의, 호화로운**
- a sumptuous velvet dress
  호화로운 벨벳 드레스

salvage
[sǽlvidʒ]

n. 구조 v. 구조하다

- 이번 장마는 저수지가 **샐** 많은 **비지**. 저수지 아래에 사는 사람들을 미리 **구조, 구조하다**
- Firefighters salvaged my daughter.
  소방관들이 내 딸을 구조했다.

salvation
[sælvéiʃən]

n. 구원, 구조

- 암초에 부딪혀 바닷물이 **샐** 배이셔. 해경이 와서 선원들을 **구조, 구원**
- The new welfare system has been a salvation for many retailers.
  새로운 복지 제도는 많은 소매업자들에게 구원이 되어 왔다.

복습	rub	sector	lag	segregate	usher
	bound	dismal	sumptuous	salvage	salvation

euthanasia
[⑨jù:θənéiʒə]
[⑨jù:θənéiziə]

n. 안락사

➤ 안락사 받기 전에 유서 내시어!

She is in favor of voluntary euthanasia.
그녀는 자발적인 안락사를 찬성한다.

numb
[nʌm]

a. 마비된, 감각이 없는

➤ 넘(너무) 추워서 손가락이 마비된, 감각이 없는

My cheeks are numb from the cold weather.
날씨가 추워서 볼에 감각이 없다.

stab
[stæb]

v. 찌르다

➤ 펜싱 경기에서 스텝을 밟으며 상대방을 찌르다

The killer stabbed on her back.
그 살인자는 그녀의 등을 찔렀다.

rash
[ræʃ]

a. 성급한, 경솔한

➤ 아이가 "내 쉬! 내(가) 쉬할 거야." 하며 옷에 싸버릴 정도로 성급한, 경솔한

That was a rash promise.
그것은 경솔한 약속이었다.

banish
[bǽniʃ]

v. 추방하다, 내쫓다

➤ 우리나라에서 빼니 she(그녀)를, 즉 추방하다, 내쫓다

The foreigner was banished.
그 외국인은 추방당했다.

crave
[kreiv]

v. 간청하다, 갈망하다

➤ 마지못해 "그래, 입어~" 할 정도로 동생이 제발 옷 한 번만 빌려달라고 간청하다, 갈망하다

He craves attention like a child.
그는 어린아이처럼 관심을 갈망한다.

verge
[və:rdʒ]

n. 가장자리, 직전

➤ 뻘로 이루어진 地(땅 지)는 육지의 가장자리, 바다의 직전

She pushed the car to the verge.
그녀가 차를 길가로 밀었다.

brink
[briŋk]

n. 가장자리, 직전

➤ 불이 잉크의 가장자리까지 번져 불붙기 직전

Those flowers bloom on the brink of a cliff.
그 꽃들은 벼랑 끝에서 핀다.

on the verge of (이제 막) ~되려고 하는, ~ 직전의

➥ 직역하면 ~의 직전에 있는, 즉 이제 막 ~되려고 하는, 직전의
- They were on the verge of falling.
  그들은 금방 쓰러질 것만 같았다.

on the brink of (이제 막) ~되려고 하는, ~ 직전의

➥ 직역하면 ~의 직전에 있는, 즉 이제 막 ~되려고 하는, 직전의
- He was on the brink of a nervous breakdown.
  그는 신경쇠약 직전이었다.

복습	euthanasia	numb	stab	rash	banish
	crave	verge	brink	on the verge of	on the brink of

Lecture 25

hideous
[hídiəs]

a. 무시무시한, 끔찍한

- 귀신이 히~ 하고 뒤에 있었수. 즉, 무시무시한, 끔찍한
- a hideous crime 끔찍한 범죄

weary
[wíəri]

a. 피곤한, 지친, 싫증난

- 먼 길을 걸어가던 어린애들이 "We(우리는) 어리다! 어른들처럼 못 걸어요!" 즉, 지친, 피곤한, 싫증난
- weariness 피로, 싫증
- He grew weary of her lies.
  그는 그녀의 거짓말에 지쳤다.

indubitable
[indjú:bitəbl]

a. 의심할 여지없는, 확실한

- 계약서에 찍힌 도장의 인주 자국을 비춰볼 때 승인한 것은 의심할 여지없는, 확실한
- He has indubitable talent as an athlete.
  그는 운동선수로서 확실한 재능을 가지고 있다.

smother
[smʌ́ðər]

v. 숨막히게 하다, 질식시키다

- 물속에 숨어 더! 하며 물속에 밀어 넣으며 숨막히게 하다, 질식시키다
- He was smothered with smoke.
  그는 연기로 질식했다.

herald
[hérəld]

v. 알리다 n. 전령

- [헤럴드 → 캐럴도] 캐럴도 크리스마스가 다가왔다고 알리다, 전령
- ¹ Soldiers heralded our arrival with a fanfare.
  군인들이 팡파레를 울려 우리의 도착을 알렸다.
- ² the herald of spring 봄의 전령

abolish
[(미)əbáliʃ]
[(영)əbɔ́liʃ]

v. 없애다, 폐지하다

- 진공청소기로 먼지를 어! 빨리 쉬이~ 먼지를 없애다, 폐지하다
- The protesters asked the government to abolish the law.
  시위자들은 정부에 그 법을 폐지할 것을 요구했다.

drudgery
[drʌ́dʒəri]

n. 고된 일, 지겨운 일

- 벽돌을 들어서 저리 옮겨야 하는 고된 일, 지겨운 일
- He was ready to do all kinds of drudgery.
  그는 온갖 고역을 마다하지 않았다.

epic
[épik]

n. 서사시

- 애가 픽! 알에서 나와 신라를 세우고… 등과 같은 서사시
- an epic about the Roman Empire 로마 제국에 대한 서사시

dunk
[dʌŋk]

v. ¹덩크슛 하다 ²담그다, 적시다

- 던킨(Dunkin) 도넛 = 도넛을 dunk(담그다, 적시다) + 커피 in(안에)
- She sat reading a magazine, dunking cookies in her coffee.
  그녀는 앉아서 잡지를 읽으며 쿠키를 커피에 적셔 먹고 있었다.

vomit
[⑪vámit]
[⑬vɔ́mit]

v. 구토하다

- 200미터 상공에서 봐 밑을! 무섭고 어지러워서 구토하다
- She was stricken by pain and began to vomit.
  그녀는 고통에 짓눌렸고 토하기 시작했다.

복습	hideous	weary	indubitable	smother	herald
	abolish	drudgery	epic	dunk	vomit

hierarchy
[háiərà:rki]

n. 계급제도, 계층

- higher(더 높은) 계층을 아끼는 계급제도, 그에 따른 계층
- The marine has a strict hierarchy.
  해병의 계급 제도는 엄격하다.

ruthless
[rú:θləs]

a. 무자비한

- 그게 누구일지라도 총으로 싹 쓸렀수(쓸었수). 무자비한 히틀러
- ruthlessly 무자비하게
- a ruthless dictator 무자비한 독재자

futile
[⑪fjú:tl ⑬fjú:tail]

a. 효과 없는, 헛된

- 어떤 시도를 해본 후 "휴~ 틀렸어", 즉 효과 없는, 헛된
- It is futile to discuss such a matter nowadays.
  이제 와서 그러한 문제를 논의하는 것은 쓸데없는 짓이다.

intrude
[intrú:d]

v. 침범하다, 방해하다

- 어른들이 대화하는 방 into(안으로) rude(버릇없이) 침범하다, 대화를 방해하다
- intrusion 침입, 방해
- I'm sorry to intrude, but could I talk to you for a moment?
  방해해서 죄송하지만, 잠시 이야기할 수 있을까요?

tricky
[tríki]

a. 까다로운

- 정원사에게 정원의 **tree**의 **키**를 매일 똑같은 크기로 만들게 하는 **까다로운** 집주인
- It's a tricky problem to handle.
  그것은 다루기 어려운 문제이다.

rove
[rouv]

v. 헤매다, 방랑하다

- **love**(사랑)을 찾아 **헤매다, 방랑하다**
- They roved around the lobby.
  그들은 로비를 이리저리 배회했다.

sob
[⑨ sɑb ⑨ sɔb]

v. 흐느껴 울다

- 죽은 사부님을 부여잡고 "**사부~~**" 하며 **흐느껴 울다**
- The child began to sob loudly.
  그 아이는 크게 흐느껴 울기 시작했다.

ponder
[⑨ pándər]
[⑨ póndər]

v. 곰곰이 생각하다

- 피자 한 **판 더** 시킬까? 다이어트해야 하는데… 하고 **곰곰이 생각하다**
- She pondered about the event to be held tomorrow.
  그녀는 내일 진행할 행사에 대해 곰곰이 생각했다.

shoal
[ʃoul]

n. (물고기) 떼, 무리, (보통 pl.) 다수, 다량

- 에어쇼를 보러 올 **다수**의 사람 **떼, 무리**
- a shoal of fishes 물고기 떼

contrive
[kəntráiv]

v. ¹ 고안하다 ² 어떻게든 ~하다, 용케 ~하다

- **권투**를 **라이브**로 현장에서 보면서 식사할 수 있는 레스토랑을 **고안하다**, 그것을 어떠한 돈이 들던 만들어내다, 즉 **어떻게든 ~하다**
- contrivance 고안, 발명품
- ¹ contrive a device 장치를 고안하다
  ² The couple contrived to live with their small income.
  그 부부는 적은 수입으로 어떻게든 살아갔다.

복습					
hierarchy	ruthless	futile	intrude	tricky
rove	sob	ponder	shoal	contrive

---

cramped
[kræmpt]

a. 비좁은, 갑갑한

- 램프의 요정이 **크~ 램프**에 **ed**(갇혀), 즉 **비좁은, 갑갑한**
- Even though the house was small, it didn't feel cramped.
  집이 작기는 했지만, 답답하지는 않았다.

neuron
[njúrɑn]
[njúərɔn]

n. 뉴런, 신경세포

- new(새로운) 것을 learn(배우면) 그것을 뇌에 전달해 주는 **신경세포**
- neuro- 신경을 뜻하는 접두어
- neuroscience 신경과학
- neurology 신경학
- neural 신경의

The level of modern neuroscience has improved a lot.
현대 신경과학의 수준이 많이 향상되었다.

candid
[kǽndid]

a. 솔직한

- 나는 말을 can(할 수 있다) 유리잔을 깬 것은 내가 did(했다고), 즉 **솔직한**

I want you to be candid about your fault.
나는 네가 너의 잘못에 대해 솔직하기를 원한다.

forthwith
[fɔ̀ːrθwíθ]

ad. 당장, 곧

- 버스를 나와 with(함께) 타고 경찰서로 **당장, 곧** 가자.

Class will be over forthwith.
수업이 곧 끝날 것이다.

flea
[fliː]

n. 벼룩

- 풀 위에 있는 이와 같은 **벼룩**

She bought everything from a flea market.
그녀는 모든 것을 벼룩시장에서 샀다.

haze
[heiz]

n. 연무, 안개

- **연무, 안개**가 해를 가리고 있어 사람들이 해를 잊으(잊어).
- hazy 안개 낀, 흐릿한

He couldn't see the other cars because of the haze.
그는 안개 때문에 다른 차들을 볼 수 없었다.

hijack
[háidʒæk]

v. (비행기·차량을) 납치하다

- high(높은) 하늘에 떠 있는 비행기가 놀라서 쨱! 비명을 지르도록 **납치하다**

The system was developed to prevent a hijack.
그 시스템은 비행기 납치를 막기 위해 개발되었다.

larvae
[lάːrviː]

n. 애벌레들 (larva의 복수형)

- [1] [라비(larvae) → 나비] **나비**가 되기 직전의 **애벌레**
- [2] 라바(larva)는 **애벌레**를 주인공으로 한 애니메이션

Larvae on the road are easy to be stepped on by people.
길 위의 애벌레는 사람들에게 밟히기 십상이다.

rationale
[@ rǽʃənæ̀l]
[@ rǽʃənɑ́:l]

n. 이유, 근거

- 사장이 "지각한 사유서(이유, 근거)를 내셔!"라고 말하자 빨리 적어서 낼
- The claim needs to be followed by more rationales.
  그 주장은 더 많은 근거가 필요하다.

chunk
[tʃʌŋk]

n. 덩어리

- 포식자를 겁주기 위해 천 마리의 물고기가 모여 이루는 크(큰) 덩어리
- The patissier put a large chunk of butter in the croissant.
  그 제빵사는 큰 버터 덩어리를 크루아상에 넣었다.

복습					
	cramped	neuron	candid	forthwith	flea
	haze	hijack	larvae	rationale	chunk

경쌤's TIP

축하합니다.

여러분은 경선식 토플영단어 완성 25강까지 완성하였습니다.

반드시 지켜야 하는 가장 효과적인 복습 방법(5page)을 확인 후 확실하게 복습하세요.

Lecture 26

divert
[⑩daivə́:rt, divə́:rt]
[⑲daivə́:rt]

v. (방향·생각·기분 등을) 바꾸게 하다

🐟 피 냄새가 상어가 피 흘리는 **다이버 to**(쪽으로) **방향을 바꾸게 하다**
- diversion (방향·기분 등을) 바꾸기
- Efforts to assist him in his struggles may divert him from seeking the solution.
  그가 힘들어할 때 그를 도와주려고 노력하는 것이 그가 해결책을 찾는 것으로부터 생각을 바꾸게 할 수도 있다.

betray
[bitréi]

v. ¹ 배반하다 ² (정보·감정 등을) 드러내다

🐟 경비병에게 탈옥하는 동료를 가리키며 "저쪽을 **비추래이**!" 하고 **배반하다, (정보를) 드러내다**
- ¹ She felt cheated and betrayed.
  그녀는 기만당하고 배신당한 기분이 들었다.
- ² She betrayed her true self to the therapist.
  그녀는 치료사에게 자신의 진짜 모습을 드러냈다.

clumsy
[klʌ́mzi]

a. 어설픈, 서투른

🐟 뚱뚱한 **클**(큰) **놈**의 **쥐**가 뒤뚱뒤뚱 구멍도 못 빠져나갈 정도로 **어설픈, 서투른**
- He is clumsy at sports. 그는 운동에 서툴다.

stroll
[stroul]

v. 거닐다, 산책하다 n. 산책

🐟 커피를 들고 **straw**를(빨대를) 빨면서 **거닐다, 산책하다**
- She strolls along the beach. 그녀가 해안을 따라 산책한다.

gust
[gʌst]

n. 질풍, 돌풍

🐟 **가스**통이 **투**! 폭발하여 그 여파로 생긴 **질풍, 돌풍**
- a violent gust of wind 맹렬한 돌풍

hibernate
[háibərnèit]

v. 동면하다

🐟 곰이 **하~** 입김으로 손을 녹이고 **입어**! 겨울 **내의**를. 그리고 **동면하다**
- Bears hibernate in winters.
  곰은 겨울에 동면한다.

siege
[si:dʒ]

n. 포위 공격, 포위

🐟 쥐를 **see**(보고) 잡기 위해 **포위, 포위 공격**
- besiege 포위하다, 둘러싸다
- When you walk into a store, you are besieged by information.
  당신이 가게 안으로 걸어 들어갈 때 당신은 정보에 의해 둘러싸인다.

illumination
[ilù:minéiʃən]

n. 조명, 조도

- 연극 감독이 조명 감독에게 "일번 room이(방이) 빛을 내셔!" 즉, 조명, 조도를 비추셔!
- illuminate (불빛을) 비추다
- the faint illumination of a torch
  횃불의 희미한 조명

entail
[intéil]

v. 수반하다

- 잉! 뱀이 tail(꼬리)를 수반하다
- A decision entails responsibilities.
  결정은 책임을 수반한다.

static
[stǽtik]

a. 정지 상태의, 고정된

- stay(유지하다) 틱! 멈춘 상태를. 즉, 정지 상태의, 고정된
- His earnings have remained static for five years.
  그의 수입은 5년 동안 변동이 없었다.

복습					
	divert	betray	clumsy	stroll	gust
	hibernate	siege	illumination	entail	static

nibble
[níbl]

v. 야금야금 먹다

- 한닙을(한입을), 두닙을(두입을) 야금야금 먹다
- He nibbled my fingers.
  그것(마멋)은 나의 손가락을 조금씩 물어뜯었다.

pier
[piər]

n. 부두, 방파제

- 해일이 몰려온다! 방파제, 부두에서 피햐!(피해)
- The ship is unloading containers at the pier.
  배가 부두에서 컨테이너를 내리고 있다.

pious
[páiəs]

a. 신앙심이 깊은, 독실한

- 108배를 했던 장소가 무릎에 움푹 파이었수, 즉 신앙심이 깊은, 독실한
- a pious Christian 독실한 기독교 신자

scorn
[skɔ:rn]

n. 경멸 v. 경멸하다

- 지하철에서 수많은 팝콘을 여기저기 흘리며 먹는 사람을 경멸, 경멸하다
- scornful 경멸적인, 경멸하는
- Mary scorns hypocrites.
  Mary는 위선자들을 경멸한다.

bulk
[bʌlk]

n. ¹ 부피, 크기, 거대함 ² 대량, 대부분

- 떼 지어 사는 벌 집단의 크기, 즉 부피, 크기, 거대함, 대량의 벌
- ¹ In spite of its bulk, the animal is very fast.
  큰 몸집에도 불구하고 그 동물은 매우 빠르다.
- ² Wholesalers sell goods in bulk at lower prices.
  도매상들은 더 낮은 가격에 대량으로 물건을 판다.

secure
[sikjúər]

¹ a. 안전한 ² v. 얻다, 획득하다

- ¹ [씨큐어 → 시켜] 위험한 장면은 스턴트맨을 시켜 배우가 안전한
- ² 씨를 키워서 열매를 얻다, 획득하다
- ¹ The rock climber's rope was secure.
  암벽 등반가의 밧줄이 안전하게 잘 매여졌다.
- ² I am trying to secure his consent.
  나는 그의 동의를 얻기 위해 노력하고 있다.

curb
[kəːrb]

v. 억제하다 n. 연석(차도와 인도 사이의 경계가 되는 돌)

- ¹ 커브(curve)길에서 자동차가 속도를 억제하다
- ² 커브길에서 자동차가 인도로 넘어오는 것을 막기 위한 연석
- ¹ ways to curb carbon dioxide emissions
  이산화탄소 배출을 억제하는 방법들
- ² He pulled over by the curb.
  그는 연석 옆으로(길가에) 차를 세웠다.

console
[kənsóul]

v. 위로하다

- 큰 소가 '음매~' 하고 울어서 위로하다
- consolation 위로, 위안
- Nothing could console her when her pet dog died.
  그녀의 반려견이 죽었을 때 그녀를 위로할 수 있는 것은 아무것도 없었다.

ballroom
[bɔ́ːlrùːm]

n. 연회장, 무도회장

- 사람들이 만나서 서로 볼 room, 즉 연회장, 무도회장
- This ballroom can accommodate up to 300 people.
  이 연회장은 300명까지 수용할 수 있다.

ambassador
[æmbǽsədər]

n. (외국에 파견되는) 대사

- 그 나라의 우리 자국민이 핍박을 받고 있다고! 엠(음), 배를 써서 더 많은 대사를 보내야겠군.
- The Finnish ambassador came back to Korea.
  핀란드 대사가 한국으로 돌아왔다.

복습	nibble	pier	pious	scorn	bulk
	secure	curb	console	ballroom	ambassador

tentative
[téntətiv]

a. 임시의, 잠정적인

- 난민들을 위해 준비한 **임시**의 **텐트**와 **TV**
- All the plans are tentative at the moment.
  현재로서는 모든 계획이 잠정적이다.

aesthetic
[esθétik]

a. 미적인, 심미적인

- **S**라인의 여인을 **쇠**로 **틱**! 하고 만든 **미적인** 작품
- Their work has little aesthetic appeal.
  그들의 작품은 미적 매력이 거의 없다.

integrity
[intégrəti]

n. ¹ 진실함 ² (나뉘지 않고) 완전한 상태

- **잉태**된 아이가 **그렇지**, 즉 거짓 없이 **진실함**, 엄마랑 **나뉘지 않고 완전한 상태**
- ¹ Integrity is the basis of a journalist's reliability.
  진실함은 기자의 신뢰성의 기본이다.
  ² The integrity of the ancient building was restored.
  완전한 상태의 고대 건물이 복원되었다.

airs
[ɛərz]

n. 젠체하는 태도

- 허파에 잔뜩 **air**(바람)을 넣고 **젠체하는 태도**
- put on airs 젠체하다
- She dislikes people who put on airs.
  그녀는 잘난 체하는 사람들을 싫어한다.

허파에 **air**(바람)
airs
젠체하는 태도

pension
[pénʃən]

n. 연금

- 퇴직 후 **연금**으로 시골 **펜션**에서 살다
- Most people will not live on a state pension alone.
  대부분의 사람들이 국민연금만으로 생활하지는 않을 것이다.

dogged
[dɔ́:gid]

a. 완강한, 고집 센

- **dog**(개)처럼 한 번 물면 놓지 않는 **완강한, 고집 센**
- They were dogged about winning business.
  그들은 사업에서 이기려고 완강히 애를 썼다.

tribute
[tríbju:t]

n. 경의, 찬사

- 화환과 같은 **tree**(나무)에 붙인 **경의, 찬사** 문구
- People paid tribute to the soldiers who sacrificed their lives.
  사람들이 목숨을 희생한 군인들에게 경의를 표했다.

tree에 붙다
tribute
경의, 찬사

norm
[nɔːrm]

n. 기준, 표준

- 경찰이 잡으려는 놈은 표준 키와 몸무게를 가졌어.
- MZ generation is setting the new norm.
  MZ 세대는 새로운 기준을 세우고 있다.

poll
[poul]

n. 투표, 여론조사

- 후보자 중에서 폴(표를) 누구에게 투표할 것인지 여론조사하다
- Recent polls indicate that voters are most concerned about economic issues. 최근의 여론조사들은 유권자들이 경제 문제에 가장 관심이 있다는 것을 보여준다.

custody
[kʌ́stədi]

n. ¹ 감금 ² 보호 (관리), 양육권

- "TV 꺼! 그리고 study(공부해)!" 아이를 방에 감금하고 TV나 게임 등으로부터 보호 관리하다
- ¹ He spent a week in custody waiting for the trial.
  그는 일주일 동안 재판을 기다리면서 감금되어 있었다.
- ² The grandmother got custody of the children.
  할머니가 아이들의 양육권을 얻었다.

복습	tentative	aesthetic	integrity	airs	pension
	dogged	tribute	norm	poll	custody

경쌤's TIP

제자님들! 경선식이 다시 한 번 강조할게요!

1강~25강 전체 단어 복습을 하지 않은 학생들은 반드시! 1강~25강 전체 단어 복습을 하세요!!!

지금까지 공부해온 단어를 누적 복습 없이 지나가면 나중에 복습 시간이 2배 이상 걸릴 수도 있으니 경쌤에서 복습하라고 할 때 꼭 해야 합니다.

Lecture 27

haunt
[hɔ:nt]

v. ¹ (유령 등이) 출몰하다 ² (나쁜 생각·문제 등이) 늘 따라다니다, 괴롭히다

- 장화홍련전에서 혼(귀신) two(2)명이 밤마다 **출몰하다**, 사또를 **늘 따라다니다, 괴롭히다**
- ¹ We decided to visit haunted places for Halloween.
  우리는 핼러윈에 귀신이 출몰하는 곳을 방문하기로 했다.
  ² haunting memories 늘 따라다니는 기억들

ascribe
[əskráib]

v. ~의 탓으로 돌리다

- "어서 TV를 끄라이! TV 때문에 네 성적이 그 모양이지!" 하며 성적의 원인을 TV **탓으로 돌리다**
- Sean ascribed the failure to external factors.
  Sean은 그 실패를 외부요인 탓으로 돌렸다.

sip
[sip]

v. 찔끔찔끔 마시다

- 과립 음료의 과립을 **씹**으면서 **찔끔찔끔 마시다**
- She sipped at her mineral water.
  그녀는 생수를 조금씩 마셨다.

casualty
[kǽʒuəlti]

n. 사상자, 피해자

- 무덤을 **캐주얼**(캐주어)(티), 죽은 **사상자, 피해자**들을 위해
- Casualties from the fighting are being treated in a nearby hospital.
  그 싸움에서의 사상자들은 가까운 병원에서 치료받고 있는 중이다.

trifle
[tráifl]

n. ¹ 약간(a trifle) ² 하찮은 것, 사소한 일

- 하루살이 two(2)마리의 life를(생명을) 눈 깜짝하지 않고 손바닥으로 죽일 정도로 하루살이 **약간**은 **하찮은 것**
- trifling 하찮은, 시시한
- ¹ She seems a trifle nervous.
  그녀는 약간 초조한 것처럼 보인다.
  ² a few trifling errors 몇 가지 사소한 실수

vice versa
[⑱váis(ə) və́:rsə]
[⑲váisi və́:rsə]

그 반대 또한 마찬가지임

- 먼저 때린 철수가 나빠! 하지만 **그 반대 또한 마찬가지임**.
  즉, 영수는 철수를 때리려고 바위를 써? 벌 서!
- It became clear that I was imprinting the woodchuck and vice versa.
  내가 그 마멋을 내 마음에 새기고 반대로 그 마멋 또한 나를 마음에 새기고 있다는 것이 확실해졌다.

cluster
[klʌ́stər]

n. 무리, 떼, (과실·꽃 등의) 송이

- 밤하늘에 끌러놓은 star들의 무리, 떼
- a cluster of flowers 꽃송이 다발

frugal
[frúːgəl]

a. 절약하는, 검소한

- 수돗물을 아끼기 위해 매일 우물물을 푸러 갈 정도로 절약하는, 검소한
- a frugal housekeeper 검소한 주부

vulgar
[vʌ́lgər]

a. 저속한, 상스러운

- 배우들이 벌거벗고 나오는 저속한, 상스러운 영화
- He frowned at his friend's vulgar jokes.
  그는 친구의 저속한 농담에 눈살을 찌푸렸다.

저속한, 상스러운 영화
벌거벗은 vulgar

caterpillar
[kǽtərpilər]

n. 애벌레

- 캐낸 터(땅)에서 움츠린 몸을 쭉 필라. 즉, 애벌레
- The caterpillar will be a butterfly.
  그 애벌레는 나비가 될 것이다.

| 복습 | haunt | ascribe | sip | casualty | trifle |
| | vice versa | cluster | frugal | vulgar | caterpillar |

linger
[líŋgər]

v. 오래 남다, 오래 머물다

- 링거 바늘을 빼고 싶은데 링거가 오래 남다, 그래서 침상에 오래 머물다
- There is no time to linger.
  꾸물거릴 시간이 없다.

blunder
[blʌ́ndər]

n. 실수

- 주유소에서 큰 실수를 저지르면 불난다
- ¹ She was confused at her blunder.
  그녀는 자기 실수에 당황했다.
- ² The quiet, narrow streets of the neighborhood witnessed the blunders of yet another new driver.
  조용하고 좁은 인근 도로에서 아직 또 다른 초보 운전자는 실수를 연발했다.

skid
[skid]

v. 미끄러지다 n. 미끄러짐

- 스키두(스키도) 잘 미끄러지다, 미끄러짐
- Cars often skid on ice.
  차는 빙판길에서 종종 미끄러진다.

미끌어지다
스키(두) skid

speculate
[spékjulèit]

v. 추측하다

- 숲에서 어미 새와 아기 새 소리가 들리자 '아마도 숲에서 어미 새가 새끼들을 키울 것 같다'는 생각을 내에이트(내다), 즉 추측하다
- Fans already speculate that Apple will come up with a new iPhone next Spring.
  팬들은 이미 애플이 내년 봄에 새로운 아이폰을 내놓을 것이라고 추측하고 있다.

fuzzy
[fʌ́zi]

a. 희미한, 불명확한

- 공책에 물이 엎질러져 글씨가 퍼지다, 그래서 글씨가 희미한, 불명확한
- These photographs have come out all fuzzy.
  이 사진들이 모두 희미하게 나왔다.

assess
[əsés]

v. (가격·재산 등을) 평가하다, 가늠하다

- 세금 징수원이 집안의 고급 사치품들을 a(하나) a(하나) 셋수, 즉 (가격·재산 등을) 평가하다, 가늠하다
- Before asking for money for car repairs, we must first assess the damage that the accident caused.
  자동차 수리비를 요구하기 전에 우리는 먼저 그 사고가 야기한 손상을 평가해야만 한다.

plunge
[plʌ́ndʒ]

v. ¹ 빠지게 하다 ² 뛰어들다, 급락하다

- 피리 부는 사나이가 물속에 풀렁! 하고 쥐들을 빠지게 하다, 쥐가 뛰어들다
- ¹ The news plunged us into despair.
  그 소식은 우리를 절망 속으로 빠지게 했다.
- ² They plunged into icy water.
  그들은 얼음물 속으로 뛰어들었다.

anthropology
[⑩ ænθrəpάlədʒi]
[⑭ ænθrəpɔ́lədʒi]

n. 인류학

- 인간이 안쓰러워 어떻게 하면 인간이 행복해질 수 있는지 연구하는 ology(학문), 즉 인류학
- Archaeology is a subfield of anthropology.
  고고학은 인류학의 하위 분야이다.

stern
[stəːrn]

a. 엄격한, 단호한

- 엄격한, 단호한 해병대 교관 앞에서 속 떤(떠는) 훈련병
- Her father looked rather stern.
  그녀의 아버지는 꽤 엄격해 보였다.

confer
[kənfəːr]

v. ¹ 수여하다 ² 협의하다

- 1등상으로 콘을 퍼주는 게 어떨지 협의하다. 결국 콘을 퍼서 수여하다
- conference 회의, 협의
- ¹ An honorary degree was conferred on him by Oxford University.
  옥스퍼드 대학에서 그에게 명예학위가 수여되었다.
- ² a summit conference 정상회담

복습	linger	blunder	skid	speculate	fuzzy
	assess	plunge	anthropology	stern	confer

agony
[ǽɡəni]

n. 심한 고통, 괴로움

- 치통으로 "애고! 이가 아파라." 즉, 심한 고통, 괴로움
- The wounded man was in agony.
  그 부상자는 몹시 고통스러워하고 있었다.

progress
n. [próuɡres, práɡres]
v. [prəɡrés]

n. 진전, 진행 v. 진전하다, 진행하다

- 남들이 이제 나의 골프 실력을 프로 선수 같다고 그랬수. 아마추어에서 프로의 진전, 진행
- progressive 진보적인, 꾸준히 진행하는
- progressively 점진적으로, 계속해서
- [1] Scientific progress has not cured the world's ills by abolishing wars and starvation.
  과학적 진보는 전쟁과 기아를 없앰으로써 세계의 재난을 치료하지 못해 왔다.
- [2] progressive education 진보적인 교육

adornment
[ədɔ́:rnmənt]

n. 장식품, 장식

- 귀부인이 "나는 아, 돈 많다." 하며 자랑하는 목걸이, 귀걸이, 팔찌 등의 장식품, 장식
- adorn 장식하다, 꾸미다
- a simple dress without adornment
  장식이 없는 간소한 드레스

exaggerate
[iɡzǽdʒərèit]

v. 과장하다

- 웃는다고 해서 입이 찢어질 수는 없지만 "이그~ 좋아서 입이 째저레이트(째지다)"라고 과장하다
- exaggeration 과장
- You're exaggerating the difficulties.
  당신은 어려움을 과장하고 있어요.

thump
[θʌmp]

n. 탁, 쿵 v. 탁 치다, 쿵 떨어지다

- 덤프트럭이 짐을 내릴 때 나는 소리, 즉 탁, 쿵, 탁 치다, 쿵 떨어지다
- I heard a thump from upstairs.
  나는 위층에서 쿵 하는 소리를 들었다.

cavity
[kǽvəti]

n. [1] 충치 [2] 빈 구멍

- 충치균이 이빨을 캐버리, 그래서 생긴 충치, 빈 구멍
- [1] My little brother had three cavities.
  내 남동생은 세 개의 충치를 갖고 있었다.
- [2] The doctor found a cavity in his heart.
  의사는 그의 심장에서 구멍을 발견했다.

충치균이 이빨을
캐버리
cavity

충치, 빈 구멍

merge
[məːrdʒ]

v. 합병하다, 합치다

- 협력 회사가 서로 왕래하기에 너무 멀지, 그래서 합병하다, 합치다
- merger 합병
- ¹ The bank merged with its major rival.
  그 은행은 주된 라이벌 은행과 합병했다.
- ² I've seen couples from different ethnic groups merge into harmonious relationships.
  나는 다른 인종집단 출신의 커플들이 조화로운 관계로 융합되는 것을 보아 왔다.

head-on
[hèdɔ́ːn]

a. 정면의, 정면으로 부딪친 ad. 정면으로

- 마주 오던 사람의 head(머리)가 내 머리로 온, 즉 정면의, 정면으로 부딪친
- The car hit the tree head-on.
  그 차는 나무를 정면으로 들이받았다.

subsequently
[sʌ́bsikwəntli]

ad. 그 뒤에, 나중에

- 섭씨 40도일 것이란 어제의 일기예보가 그 뒤에, 나중에 보니 섭씨 20도로 큰(크게) 틀린.
- subsequent 다음의, 뒤따르는
- Anne's diary was subsequently translated into various languages.
  Anne의 일기는 그 후 다양한 언어로 번역되었다.

perish
[périʃ]

v. 죽다, 썩다, 소멸하다

- 파리가 쉬~잉 몰려 있는 동물의 사체, 즉 죽다, 썩다, 소멸하다
- perishable 썩기 쉬운, 소멸하기 쉬운
- The old religion is perishing.
  그 오래된 종교가 사라지고 있다.

복습					
	agony	progress	adornment	exaggerate	thump
	cavity	merge	head-on	subsequently	perish

Lecture 28

vulnerable
[vʌ́lnərəbl]

a. 상처받기 쉬운, 피해를 입기 쉬운

- 잡은 벌을 넣어라 불에! 그러면 벌이 상처받기 쉬운, 피해를 입기 쉬운
- As safety features are added to vehicles and roads, drivers feel less vulnerable.
  안전장치들이 차량과 도로에 더해지면서, 운전자들은 덜 취약하다고 느낀다.

project
n. [prάdʒekt, prɔ́dʒekt]
v. [prədʒékt]

¹ n. 프로젝트, 계획 v. 계획하다, 예상하다   ² v. (빛·영상 등을) 투영하다

- projector(프로젝터)로 영상을 투영하다
- ¹ The team started a new project.
  그 팀은 새로운 프로젝트를 시작했다.
- ² Laser images were projected onto a big screen.
  레이저 영상이 큰 화면에 투영되었다.

alienate
[éiljənèit]

v. 소외시키다, (관계가) 멀어지게 하다

- alien(외계인)같이 이상한 놈. 에잇! 저리가! 즉, 소외시키다, 멀어지게 하다
- alien 외국의, 이질적인; 외계인
- alienation 소외, 따돌림
- Many artists feel alienated from society.
  많은 예술가들이 사회로부터 소외감을 느낀다.

parasite
[pǽrəsàit]

n. 기생충, 기생동물

- 닭고기 등을 날로 먹으면 페로(폐에) 쌓이는 기생충
- parasitic 기생하는, 기생충의
- He lives a parasitic existence, constantly borrowing money from his friends.
  그는 끊임없이 친구들에게 돈을 빌리며 기생충같이 산다.

mourn
[mɔːrn]

v. 슬퍼하다, 애도하다

- 죽어서 먼 곳으로 가신 고인에 대해 슬퍼하다, 애도하다
- Few will mourn his death.
  그의 죽음을 슬퍼할 사람은 거의 없을 것이다.

moan
[moun]

v. 신음하다, 불평하다 n. 신음 (소리), 불평

- 그동안 모은 돈을 주식으로 다 날렸다며 신음하다, 불평하다
- the moans of the wounded
  부상자들의 신음 소리

mimic
[mímik]

v. 흉내를 내다, 모방하다

- 미미인형은 사람을 똑같이 **흉내를 내다, 모방하다**
- He tried to mimic his teacher's voice and gestures.
  그는 그의 선생님의 목소리와 몸짓을 흉내 내려고 했다.

ranch
[⑪ræntʃ ⑬rɑːntʃ]

n. 대목장

- 말이 ran(달렸다). 치! 달려봤자 빠져나갈 수 없는 **대목장**
- a sheep ranch in Australia 오스트레일리아의 양 목장

chamber
[tʃéimbər]

n. 방, 회의실

- 외출할 때는 **방, 회의실** 문 열쇠가 채임(채웠나) 잘 봐.
- *Harry Potter and the Chamber of Secrets* is the second novel of the series.
  <해리포터와 비밀의 방>은 시리즈의 두 번째 소설이다.

vanish
[vǽniʃ]

v. 사라지다, 없어지다

- 홍길동을 칼로 베니 쉬이~ 하고 갑자기 **사라지다, 없어지다**
- The jewel vanished from the museum.
  그 보석이 박물관에서 사라졌다.

복습	vulnerable	project	alienate	parasite	mourn
	moan	mimic	ranch	chamber	vanish

---

frowning
[fráuniŋ]

a. 얼굴을 찌푸린

- 식사 때마다 고기반찬이 없고 매번 풀만 나오자 "또 풀 나오니?" 하며 **얼굴을 찌푸린**
- • frown 얼굴을 찌푸리다
- Frowning can develop into wrinkles.
  인상을 찌푸리면 주름이 생길 수 있다.

vow
[vau]

n. 맹세, 서약 v. 맹세하다, 서약하다

- 신라시대 충성을 맹세하는 내용의 임신서기석과 같이 지워지지 않게 바우(바위)에 새긴 **맹세, 서약**
- They vowed to love each other forever.
  그들은 서로를 영원히 사랑하기로 맹세했다.

fumble
[fʌ́mbl]

v. 손으로 더듬다, 더듬으며 찾다

- 펌!(펑!) 하고 전구가 터지며 불이 꺼지자 주위를 **손으로 더듬다**, 나가는 문을 **더듬으며 찾다**
- He is fumbling for the light switch.
  그는 전등 스위치를 더듬어 찾고 있다.

plight
[plait]

n. 곤경, 궁지

- 뒤에서 fly(날아오는) two(2)대의 적의 비행기, 즉 **곤경, 궁지**
- The CEO claimed he went through lots of plights.
  그 CEO는 자신이 많은 곤경을 겪었다고 주장했다.

sturdy
[stə́:rdi]

a. 튼튼한, 견고한

- 며칠을 밤새워 study(공부해도) 끄떡없을 정도로 **튼튼한, 견고한**
- The elephant has sturdy legs.
  코끼리는 튼튼한 다리를 갖고 있다.

apparatus
[(미) ӕpərǽtəs]
[(영) ӕpəréitəs]

n. 기구, 장치

- 인형 뽑는 **기구, 장치**에서 애가 인형을 **퍼래이**(퍼내다가) **텄수**.
- The hospital suffered from an apparatus shortage.
  그 병원은 장비 부족에 시달렸다.

offspring
[ɔ́:fspriŋ]

n. 자식, (동물의) 새끼

- 어미 배에서 off(떨어져 나와) 스프링처럼 통통 튀어 다니는 캥거루의 **자식, 새끼**
- These legends should be handed down to our offspring.
  이 전설들은 우리 자손들에게 전해져야 한다. (*hand down: 후세에 전하다, 물려주다)

friction
[fríkʃən]

n. 마찰, (사람 사이의) 마찰

- 부싯돌을 서로 **후리션**(후리셔). 즉, **마찰**
- friction among countries 국가 간의 마찰

deploy
[diplɔ́i]

v. ¹ (군대·무기를) 배치하다 ² 활용하다

- 대포 여러 대를 **뒤 풀밭에 놓이게 배치하다**, 적군이 지나갈 때 **활용하다**
- ¹ Tanks are being deployed all along the front line.
  최전선을 죽 따라서 탱크들이 배치되고 있다.
- ² We can deploy the energy of the sun.
  우리는 태양 에너지를 활용할 수 있다.

cripple
[krípl]

n. 불구자, 장애자 v. 불구가 되게 하다

- 풀이 밭에서 **크리**(크다, 자라다). 그 풀을 낫으로 잘라 **불구자, 장애자**로 만들다
- crippled 무력한, 불구가 된
- He became a cripple from an unfortunate motorcycle accident.
  그는 불운한 오토바이 사고로 불구가 되었다.

복습				
	frowning	vow	fumble	plight	sturdy
	apparatus	offspring	friction	deploy	cripple

behold
[bihóuld]

v. 보다, 바라보다

- 비를 hold(쥐고) 쥐가 나오기를 기다리며 쥐구멍을 보다, 바라보다
- It was a magnificent sight to behold.
  그것은 보기에도 훌륭한 광경이었다.

shrub
[ʃrʌb]

n. 관목(키가 작고 덤불을 이루는 나무)

- 관목 덤불에 숨어서 she(그녀)가 나와 love(사랑)을 나눴던 관목
- My dad planted shrubs around the house.
  아빠는 집 주위에 관목을 심으셨다.

thrift
[θrift]

n. 검소, 절약

- 세 명이 소변을 본 후, 즉 three(3)명부터 화장실 물을 내려 물을 아낄 정도의 검소, 절약
- thrifty 검소한, 절약하는
- My parents are very thrifty.
  우리 부모님은 매우 검소하시다.

lad
[læd]

n. 소년, 젊은이

- red(붉은) 티셔츠를 입고 응원하는 붉은악마의 소년, 젊은이
- The lad voluntarily helped elders.
  그 젊은이는 자발적으로 어른들을 도왔다.

petty
[péti]

a. 보잘것없는, 작은, 사소한

- 햄버거 패티가 빵 크기에 비해 아주 작아 보잘것없는, 작은, 사소한
- petty thieves 좀도둑들

wane
[wein]

v. 작아지다, 약해지다 n. 작아짐, 약해짐

- 발전하는 한국인들과 달리 왜인(일본인)은 세계에서 입지가 작아지다, 약해지다
- The emperor's power waned at the end.
  황제의 권력은 결국 약해졌다.

allude
[əlú:d]

v. 암시하다, 넌지시 언급하다

- 동물보호 모임 사람들 all(모두) 누드 시위로 모피를 입지 말자는 것을 암시하다, 넌지시 언급하다
- allusion 암시, 언급
- The author alluded to social problems in the fairy tale.
  그 작가는 동화에서 사회 문제를 넌지시 언급했다.

pollination
[⑩pɑ̀lənéiʃən]
[⑯pɔ̀lənéiʃən]

n. 수분, 꽃가루받이

- 벌이 꽃가루를 몸에 발라 다른 꽃에 내이션(내셔), 즉 수분, 꽃가루받이
- pollinate 수분하다
- pollen 꽃가루

⬛ The plant must undergo an appropriate pollination process to bear fruit.
그 식물은 열매를 맺기 위해 적절한 수분 과정을 거쳐야 한다.

basin
[béisn]

n. ¹ 강 유역 ² 분지 ³ 대야 ⁴ (요트 등의) 정박지

🔹 배가 있은(있는) 강 유역, 정박지

⬛ ¹ the Amazon basin 아마존 강 유역
  ² ⬛ Kathmandu sits almost in the middle of a basin.
    카트만두는 분지의 거의 정중앙에 위치해 있다.

strenuous
[strénjuəs]

a. ¹ (일·운동 등이) 힘든, 격렬한 ² 분투적인

🔹 힘든 업무에 분투적인 노력을 하다가 스트레스로 누웠수.

⬛ ¹ The next few weeks will be strenuous.
    다음 몇 주가 아주 힘들 것이다.
  ² Tom has been making a strenuous effort to lose weight.
    Tom은 살을 빼기 위해 고군분투했다.

복습	behold	shrub	thrift	lad	petty
	wane	allude	pollination	basin	strenuous

418

Lecture 29

tranquil
[trǽŋkwil]

a. 조용한, 고요한
- 칙칙폭폭 시끄러운 train(기차)를 kill(죽여서) 이제는 조용한, 고요한
- Shirley loves looking at the tranquil scenery of the countryside.
  Shirley는 시골의 고요한 풍경을 보는 것을 좋아한다.

epidemic
[èpidémik]

n. 유행병, 전염병
- 모든 애들이 온 몸에 피가 나는 大(대) 유행병, 전염병
- pandemic 전 세계적인 유행병
- The epidemic is spreading.
  그 전염병이 퍼지고 있다.

breast
[brest]

n. 유방, 가슴
- breath(숨)을 쉴 때 움직이는 two(2)개의 유방, 가슴
- breast cancer 유방암

solemn
[미sáləm 영sóləm]

a. 엄숙한, 근엄한
- 소개팅 분위기가 썰렁해질 정도로 상대방이 엄숙한, 근엄한
- a solemn face 엄숙한 얼굴

corps
[미kɔːr 영kɔːrz]

n. 군단, 부대
- [코어s → (철자상) 꼽수] 우리 군단, 부대의 장병들이 동시에 적장의 심장에 창을 꼽수.
- aviation corps 항공부대

corpse
[kɔːrps]

n. 시체, 송장
- 코 없수. 즉, 코가 없이 두 구멍만 남은 해골이 된 시체, 송장
  (corpse는 e(이)가 있으니 코는 없어도 e(이)는 있는 시체, 송장으로 corps와 구별)
- The corpse was barely recognizable. 그 시체는 거의 알아보기 힘들었다.

diarrhea
[dàiərí:ə]

n. 설사
- 아랫배가 아파서 die어!(죽겠어!) 하는 아이를 똥을 뉘어(누게 해서) 설사하게 함
- Elsa suffered from diarrhea for several days.
  Elsa는 며칠 동안 설사로 고생했다.

mob
[미mab 영mɔb]

n. 군중, 폭도
- 마부들이 경주하는 경마장에 모인 군중, 돈을 잃자 폭도로 돌변
- The mob armed themselves with sticks and stones.
  폭도들이 방망이와 돌로 무장했다.

heredity
[hərédəti, hirédəti]

n. 유전

➤ 엄마 닮아 피부가 희래(희네), 그래서 더 티가 나는 유전

▣ the problem of heredity versus environment 유전 대 환경의 문제

sly
[slai]

a. 교활한, 음흉한

➤ 슬쩍 lie(거짓말하는) 교활한, 음흉한 사람

▣ He was as sly as a fox.
그는 여우같이 교활한 사람이었다.

| 복습 | tranquil | epidemic | breast | solemn | corps |
| | corpse | diarrhea | mob | heredity | sly |

deem
[di:m]

v. ~으로 생각하다, 간주하다

➤ 오리 그림과 "-UCK"란 글자를 보고 "첫 글자는 아마도 D임"이라고 D로 생각하다, 간주하다

▣ something that purists deem important
순수주의자들이 중요하다고 여기는 어떤 것

lore
[lɔ:r]

n. 구전 지식, 민간전승

➤ [로어 → 老(늙을 로) 語(말씀 어)] 老(늙은) 사람들이 젊은 사람들에게 전해주는 語(말), 즉 구전 지식, 민간전승

▣ Most traditional lore is about good overcoming evil.
대부분의 전통적인 설화는 선이 악을 극복하는 것에 관한 것이다.

ensue
[insú:]

v. (일·결과가) 뒤따르다

➤ 가게 인수 후에 (부도, 유령 출몰과 같은 사건이) 뒤따르다

● ensuing 다음의, 뒤따르는

▣ Sincere apologies are readily accepted by the victims and reconciliations ensue. 진심 어린 사과는 쉽사리 피해자에게 받아들여지고 화해가 뒤따른다.

summon
[sʌ́mən]

v. (증인 등을) 소환하다, 호출하다, 소집하다

➤ 증인이 되어줄 someone(누군가를) 소환하다, 호출하다

▣ He was summoned for speeding.
그는 속도위반으로 소환되었다.

ventilation
[vèntiléiʃən]

n. 환기, 통풍

➤ 아기 엉덩이가 짓물러서 기저귀 팬틸(팬티를) 내리셔. 즉, 아기 엉덩이를 위한 환기, 통풍

● ventilate 환기하다
● vent 통풍구, 구멍

▣ The gym upgraded its ventilation system.
체육관은 환기 시스템을 업그레이드했다.

measles
[míːzlz]

n. 홍역

→ 홍역으로 얼굴에 열꽃이 피어 美(아름다움)이 줄즈(줄다).

- Measles has spread throughout the country.
  홍역이 전국적으로 번졌다.

transition
[trænzíʃən]

n. 변천, 변화

→ 자전거, 자동차, 기차 순으로 발전해왔고 지금은 train(기차)의 시대는 지셔(지고 있어). 그리고 비행기가 뜨고 있어. 즉, 변천, 변화

- The company needs to make a major transition.
  그 회사는 대대적인 변화를 할 필요가 있다.

stall
[stɔːl]

¹ n. (시장의) 가판대 ² v. 멈추다, 지연시키다

→ 수많은 tall(키 큰) 건달들이 자릿세를 달라고 가판대를 엎어서 결국 장사를 멈추다

- ¹ My boyfriend likes to buy jewels from a stall.
  내 남자친구는 가판대에서 보석을 사는 것을 좋아한다.
- ² The musical has been stalled due to technical difficulties.
  그 뮤지컬은 기술적인 문제로 인해 중단되었다.

pragmatic
[prægmǽtik]

a. 실용적인

→ 앞에 뾰족한 고무가 달려 프라그까지 매번 틱! 하고 없애주는 실용적인 칫솔

- The curriculum contains pragmatic skills.
  그 교과 과정에는 실용적인 기술이 포함되어 있다.

verify
[vérifài]

v. 진실을 입증하다, 확인하다

→ 칼로 베리! 파이를. 그렇게 이 가게에서 파는 파이 속에서 파리가 나왔다는 진실을 입증하다, 확인하다

- I don't know if the story is true, and I'll try to verify it.
  그 이야기가 진실인지는 모르겠지만 내가 그것을 입증해 보겠다.

복습	deem	lore	ensue	summon	ventilation
	measles	transition	stall	pragmatic	verify

forge
[fɔːrdʒ]

v. ¹ 위조하다 ² 만들어내다, 구축하다

→ 위조수표라서 잉크가 물에 퍼지다, 즉 위조하다, 만들어내다

- forgery 위조죄, 위조품
- ¹ He forged hundred-dollar bills.
  그가 100달러 지폐를 위조했다.
- ² The media group promised to forge programs based on diversity.
  그 미디어 그룹은 다양성을 기반으로 프로그램을 만들겠다고 약속했다.

위조수표니까 잉크가 퍼지다
forge

위조하다, 만들어내다

censor
[sénsər]

v. 검열하다, 검열하여 삭제하다

- 공항 등에 있는 직원이 센서(sensor)로 사람이나 물건을 검열하다
- censorship 검열, 검열관
- The government of China defends its right to censor the Internet.
  중국 정부는 인터넷을 검열할 권리를 옹호한다.

subordinate
[səbɔ́:rdənət]

¹a. 종속된 ²n. 부하

- "그 사람을 부하로 써보지." 하고 조직에 넣다, 즉 조직에 종속된, 부하로 써보다
- You should not say that women are subordinate to men.
  여성이 남성에게 종속되어 있다고 말하면 안 된다.

heir
[ɛər]

n. 상속인, 후계자

- [에어 → 애여?] 어마어마한 재산을 물려받을 상속인, 후계자가 저렇게 어린 애여?
- She became an heir to a large estate.
  그녀는 넓은 토지의 상속인이 되었다.

vendor
[véndər]

n. 판매인, 행상인

- 차량의 한 종류인 밴을 더 팔아보려고 하는 판매인, 행상인
- Street vendors are part of the unique character of our downtown.
  행상인들은 우리 마을의 독특한 특색을 나타내는 일부분이다.

complimentary
[㉮ kɑ̀mpləméntəri]
[㉯ kɔ̀mpləméntəri]

a. ¹칭찬하는 ²무료의

- 재고 컴을(컴퓨터를) 풀러 가난한 men(사람들)에게 떨이로(무료의 가격으로) 나눠주어 사람들이 칭찬하는
- compliment 칭찬, 찬사; 칭찬하다
- ¹ He paid her a compliment by saying her cake was the best he had ever eaten.
  그는 그녀가 만든 케이크는 그가 먹어본 것 중에 최고라고 말하며 그녀를 칭찬했다.
- ² The hotel offers two complimentary bottled water.
  호텔에서는 생수 두 병을 무료로 제공한다.

robust
[roubʌ́st]

a. 튼튼한

- [로우버스트 → 로버트] 로보트처럼 튼튼한
- Although China's economic growth has slowed, it is still very robust.
  비록 중국의 경제 성장은 둔화되었지만, 여전히 매우 건실하다.

calamity
[kəlǽməti]

n. 재앙, 재난

- 홍수의 재앙, 재난으로 옷가게에서 걸레가 된 멋있는 티셔츠들
- The climate crisis will lead to global calamity.
  기후 위기는 세계적인 재난으로 이어질 것이다.

fiscal
[fískəl]

a. 재정적인, 회계의

🌶 **피서** 가려고 **칼**을 들고 강도짓을 하는 것은 돈이 없어서인 **재정적인** 이유

✉ My accountant sends me fiscal reports every quarter.
내 회계사는 매 분기마다 나에게 회계 보고서를 보내준다.

surmise
[sərmáiz]

v. 추측하다 n. 추측

🌶 시간이 지나도 오시지 않자 "**설마** 약속을 **잊으신** 거 아니야?" 하고 **추측, 추측하다**

✉ Conan's surmise turned out to be true.
Conan의 추측은 사실로 드러났다.

복습	forge	censor	subordinate	heir	vendor
	complimentary	robust	calamity	fiscal	surmise

리얼 생생 수강후기

해마학습법으로 효율적인 공부를 하세요. (유*현)

저처럼 짧은 기간 내에 많은 강의를 들어야 해서 불안하신 분들, 조급하신 분들, 연상법을 통해 단어가 주는 느낌이나 어감을 중심으로 기억한다면 뜻을 완벽하게 외워야 한다는 큰 부담 없이 쉽게 공부할 수 있을 것 같습니다! 이것이 연상법의 가장 큰 장점이 아닐까 생각합니다.ㅎㅎ 수능이든, 토익 토플이든 영어시험을 준비할 때 문제 풀면서 단순히 모르는 단어를 적어 외우는 식으로 공부하고, 단어가 실전에서 하나도 생각나지 않아 헛된 시간낭비를 하시는 분들께 해마학습법을 강추합니다! 해마학습법을 통해 효율적인 공부를 하셨으면 좋겠습니다!^.^

Lecture 30

menace
[ménəs]

n. 협박, 위협

- 유괴범이 "네 아들 여기 **매놨어**, 돈 가져와!" 하고 전화로 **협박, 위협**
- Pollution of the air has become a menace in many cities.
  대기 오염은 많은 도시에서 위협이 되어 왔다.

hamper
[hǽmpər]

v. 방해하다

- 김밥 싸려고 구워놓은 **햄**을 옆에서 아들이 **퍼**먹어서 **방해하다**
- Rescue efforts were hampered by the remoteness of the area.
  구조 노력은 외진 그 지역의 위치 때문에 방해를 받았다.

smallpox
[smɔ́:lpɑ̀ks]

n. 천연두, 마마

- small(작은) 물집이 생겨 **팍**! 터져 짓무르는 병인 **천연두, 마마**
- Some pediatricians do not recommend smallpox vaccination for children.
  일부 소아과 의사들은 어린이들에게 천연두 예방접종을 권장하지 않는다.

slender
[sléndər]

a. 호리호리한, 날씬한, 빈약한

- "이젠 일어**슬랜**다." 하고 병상에서 일어나려고 하는 **호리호리한, 빈약한** 환자
- Her waist is slender.
  그녀의 허리는 날씬하다.

coerce
[kouə́:rs]

v. 강요하다, 강제하다

- 코로나 때문에 **코**에다가 **all**(모두) 마스크를 **쓰**라고 정부에서 **강요하다, 강제하다**
- coercive 강제적인
- He coerced me to follow his rules.
  그는 나에게 그의 규칙을 따르도록 강요했다.

haul
[hɔ:l]

v. 끌어당기다

- 맨홀 hole(구멍)에 빠진 사람을 **끌어당기다**
- The fishermen hauled the ropes.
  그 어부들은 밧줄을 끌어당겼다.

plausible
[plɔ́:zəbl]

a. (이유·논리 등이) 그럴듯한, 정말 같은

- 종이를 **풀**로 붙이고 **접을**(접은) 건축 모형이 **그럴듯한, 정말 같은**
- His story was highly plausible.
  그의 이야기는 완벽하게 그럴듯했다.

demolish
[⑩dimáliʃ ⑯dimɔ́liʃ]

v. 파괴하다(raze), 철거하다

➥ 뒤에서 **말리시**는데도 술에 취해서 물건들을 **파괴하다**
- demolition 파괴, 철거
- The factory is due to be demolished next year.
  그 공장은 내년에 철거될 예정이다.

spawn
[spɔːn]

v. (물고기·개구리 따위가) 알을 낳다, (어떤 결과를) 낳다

➥ 개구리가 **스폰 스폰 알을 낳다**
- Every spring on California's beaches, thousands of tiny fish come ashore to spawn.
  매년 봄 캘리포니아 해변에는 수천 마리의 작은 물고기들이 알을 낳기 위해 해안으로 온다.

cornerstone
[kɔ́ːrnərstòun]

n. 초석, 토대

➥ 건물을 지을 때 사방 **corner**(모퉁이)에 놓는 **stone**(돌), 즉 **초석, 토대**
- His policy became the cornerstone of national health care system.
  그의 정책은 국가 보건 의료 시스템의 초석이 되었다.

복습				
menace	hamper	smallpox	slender	coerce
haul	plausible	demolish	spawn	cornerstone

bewilder
[biwíldər]

v. 당황하게 하다

➥ 화가 난 사장님에게 커피를 쏟아 **비윌**(비위를) 더 건드려 **당황하게 하다**
- She bewildered her boss with questions irrelevant to the topic.
  그녀는 주제와 무관한 질문으로 상사를 당황시켰다.

torment
n. [tɔ́ːrment]
v. [tɔːrmént]

n. 고통, 고뇌 v. 고통을 주다

➥ 또 멍이 **two**(2)개나 들게 때려 **고통, 고통을 주다**
- His shyness made public speaking a constant torment to him.
  그는 소심해서 사람들 앞에서 연설하는 것이 그에게는 계속된 고통이었다.

forbear
[fɔːrbɛ́ər]

v. ~을 삼가다, 참다

➥ 인간이 되기 **for**(위하여) 웅녀인 **bear**(곰)이 동굴에서 나가는 것을 **삼가다**, 쑥과 마늘을 먹으며 **참다**
- forbearance 관용, 용서
- The soldier managed to forbear her tears.
  그 군인은 간신히 눈물을 참았다.

compulsory
[kəmpʌ́lsəri]

a. 강제적인, 의무적인

➥ 지하철에서 험상궂은 인상으로 껌 좀 사달라는 **껌 팔**(파는) 소리는 **강제적인, 의무적인**
- Is military service compulsory in your country?
  당신 나라에서는 군복무가 의무입니까?

chivalry
[ʃívəlri]

n. 기사도 (정신)

➤ she(그녀)를 위해 차 문을 벌리(벌려주다), 즉 여성을 위하는 기사도 (정신)

▫ He showed his chivalry spirit.
그는 기사도 정신을 발휘했다.

lurk
[lə:rk]

v. 숨다, 잠복하다

➤ 돼지 삼형제가 문을 lock(잠그고) 숨다, 잠복하다

▫ The detectives lurked for days to catch the suspect.
형사들은 용의자를 잡기 위해 며칠 동안 잠복해 있었다.

prairie
[préəri]

n. 대초원

➤ 풀에(풀밭에) 오리들이 풀을 뜯어먹고 있는 대초원

▫ My dream is to ride on a horse in a prairie.
내 꿈은 초원에서 말을 타는 것이다.

drizzle
[drízl]

n. 이슬비 v. 이슬비가 내리다

➤ 들이(들판이) 줄줄 물이 흐르게 만드는 이슬비

▫ A light drizzle fell in the morning.
아침에 약간의 이슬비가 내렸다.

chubby
[tʃʌ́bi]

a. 통통한, 토실토실한

➤ 조선시대 조강지처는 매일 일하느라고 마르지만 사랑만 받는 첩이 통통한, 토실토실한

▫ My heart swells as much as my chubby bags.
내 마음은 나의 불룩한 가방만큼 많이 부풀어 오른다.

handy
[hǽndi]

a. [1] 편리한, 유용한 [2] 능숙한 [3] (손에 닿을 정도로) 가까이 있는

➤ 일을 하는 책상 위에 컴퓨터, 계산기, 복사기, 프린터 등이 hand(손)에 닿을 정도로 가까이 있는, 편리한, 유용한, 그리고 그 모든 것을 다루는 것에 능숙한

▫ [1] A portable drill is handy to use at home.
휴대용 드릴은 집에서 사용하기 편리하다.
[2] My mother is handy with a sewing machine.
나의 어머니는 재봉틀을 다루는 데 능숙하시다.
[3] Mr. Rogers always keeps his toolbox handy.
Rogers 씨는 공구 상자를 항상 가까이에 둔다.

복습	bewilder	torment	forbear	compulsory	chivalry
	lurk	prairie	drizzle	chubby	handy

bizarre
[bizά:r]

a. 기괴한, 특이한

- 빗자루를 타고 날아다니는 기괴한 마귀할멈
- That's the most bizarre thing I've heard this year.
  그것은 내가 올해 들은 것 중 가장 기괴한 일이다.

ubiquitous
[ju:bíkwitəs]

a. 어디에나 존재하는

- 자신이 가는 곳 어디에나 존재하는 스토커에게 "You(당신)! 제발 내 눈앞에서 비키세요!"라고 말하는
- Troubles are ubiquitous. 어려움은 도처에 있다.

stale
[steil]

a. 신선하지 않은, 퀴퀴한

- 스~ 하고 생선의 tail(꼬리)에서 신선하지 않은 냄새가 나는
- When the bread is stale, the crust becomes tough or hard.
  빵이 신선하지 않으면 껍질이 거칠고 딱딱해진다.

demanding
[⑪diméndiŋ]
[⑱dimά:ndiŋ]

a. 요구가 많은, (일이) 힘든

- 직장 상사가 이것도 해라, 저것도 해라 demand(요구하다), 즉 요구가 많은, (일이) 힘든
- This homework is so demanding that I can't handle it.
  이 과제는 너무 벅차서 나는 할 수가 없다.

queue
[kju:]

n. 줄, 대기 행렬 v. 줄을 서서 기다리다

- 의자왕에 관한 영화를 찍을 때 3000궁녀들이 낙화암에서 감독의 '큐!' 싸인을 줄을 서서 기다리다
- People had to stand in a queue for hours to buy a ticket.
  사람들은 표를 사기 위해 몇 시간 동안 줄을 서야 했다.

viable
[váiəbl]

a. ¹ 실행 가능한 ² 생존 가능한

- 얼어 죽을 것 같은 산에서 나무를 비벼 불을 만들면서 "여기 봐요!" 불 피우는 것이 실행 가능한, 그래서 생존 가능한
- viability 실행 가능성, 생존능력
- ¹ It's not a viable plan for success.
  그것은 성공을 위한 실행 가능한 계획이 아니다.
- ² Our project is to find a viable planet.
  우리의 프로젝트는 생존 가능한 행성을 찾는 것이다.

slaughter
[slɔ́:tər]

v. 도살하다, 학살하다 n. 도살, 학살

- 조선 시대 참수형을 하는 망나니가 술로 '터~' 하고 칼에 뿌리고 도살하다
- The slaughter of innocent people continues in Cambodia.
  캄보디아에서는 무고한 사람들의 학살이 계속되고 있다.

cater
[kéitər]

v. 음식을 공급하다

- 케잌을 떠서 여러 사람에게 음식으로 공급하다
- Do you want to use our catering service for your reception?
  연회에 저희 음식제공 서비스를 이용하시겠어요?

ratify
[rǽtəfài]

v. 승인하다, 비준하다

- letter(글자)가 파인 도장으로 승인하다
- ratification 승인, 비준
- Congress ratified the treaty.
  의회가 그 조약을 승인했다.

span
[spæn]

n. ¹ 지속 기간 ² 거리, 폭, 범위

- 스페인까지 가는 거리와 시간
- lifespan 수명
- ¹ over a span of ten years 10년이라는 기간에 걸쳐
  ² The bridge has a span of 100 meters.
    그 다리는 폭이 100미터다.

복습				
bizarre	ubiquitous	stale	demanding	queue
viable	slaughter	cater	ratify	span

경쌤's TIP

축하합니다.

여러분은 경선식 토플영단어 완성 30강까지 완성하였습니다.

반드시 지켜야 하는 가장 효과적인 복습 방법(5page)을 확인 후 확실하게 복습하세요.

Lecture 31

perplex
[pərpléks]

v. 당황하게 하다

➤ 선생님이 four(4)번 일어나서 이 문제를 풀랬수. 그렇게 4번을 **당황하게 하다**
- perplexity 당황, 곤혹
- I was perplexed by his strange behavior.
  나는 그의 이상한 행동에 당황했다.

ailment
[éilmənt]

n. 병, 질병

➤ 여러 학원을 다니느라 애에게 일이 많다. 그래서 생긴 스트레스성 **병, 질병**
- ail 괴롭히다, 병들게 하다
- ailing 병든
- His ailment requires intense treatment.
  그의 병은 강한 치료법이 필요하다.

dilute
[미dilú:t]
[영dailú:t]

v. 묽게 하다, 희석시키다, 약화시키다

➤ 숫자 16의 힘을 die(죽이려고) 루트(√)를 씌워 4로 **약화시키다**
- dilute the exactness of mathematics
  수학의 정확성을 약화시키다

cordial
[미kɔ́:rdʒəl]
[영kɔ́:rdiəl]

a. 진심에서 우러난, 우호적인

➤ 서로 코가 땅에 닿도록 하는 절은 **진심에서 우러난, 우호적인** 절
- cordiality 충심, 성심
- a cordial reception 진심 어린 접대

vain
[vein]

a. [1] 헛된 [2] 허영심이 많은

➤ 사려고 했던 것보다 두 배를 장바구니 in(안에) 넣은, 즉 **헛된** 물건을 잔뜩 살 정도로 **허영심이 많은**
- in vain 헛되이, 허사가 된
- [1] Bella was worried that she might hold a vain hope.
  Bella는 자신이 헛된 희망을 가질까 봐 걱정했다.
- [2] The doctor was arrogant, vain, and self-serving.
  그 의사는 거만하고 허영심이 강하고 이기적이었다.

vanity
[vǽnəti]

n. [1] 허영심, 자만심 [2] 헛됨

➤ 장바구니에 필요한 물건의 배를 넣지. 즉, **허영심, 헛됨**
- [1] He wasted all his fortune with vanity.
  그는 허영심으로 전 재산을 탕진했다.
- [2] The rich man realized the vanity of wealth in the face of death.
  그 부자는 죽음 앞에서 부의 헛됨을 깨달았다.

plague
[pleig]

n. 전염병

- 옛날에는 해골이 그려진 **flag**(깃발)을 달아서 **전염병** 지역임을 알려 못 들어오게 했음
- The plague killed an estimated 455 million people.
  그 전염병은 약 455만 명의 목숨을 앗아갔다.

groan
[groun]

n. 신음 v. 신음하다

- **구로**공단에서 일하는 것이 힘들어 조용히 **운**, 즉 **신음, 신음하다**
- She groaned with pain. 그녀가 아파서 신음했다.

devoid
[divɔ́id]

a. ~이 빠진, ~이 없는

- 야간 자율 학습 시간에 **뒤에**(뒷자리에) **보이**는 두 학생의 몰래 빠진 자리, 즉 **~이 빠진, ~이 없는**
- a person devoid of humor 유머가 없는 사람

wail
[weil]

v. 울부짖다 n. 통곡

- **왜 일**(1)등을 빼앗겼을까? 하며 **울부짖다, 통곡**
- The child's wailing kept us awake at night.
  아이가 울부짖는 소리 때문에 우리는 밤새 잠을 자지 못했다.

복습	perplex	ailment	dilute	cordial	vain
	vanity	plague	groan	devoid	wail

fetch
[fetʃ]

v. (가서) 가지고 오다, 데리고 오다

- 북한 학생이 학교에 김일성 **뺏지**를 잊고 와서 집에 가서 **가지고 오다**
- My dog likes to fetch a ball.
  내 개는 공을 가져오는 것을 좋아한다.

stride
[straid]

n. 걸음 v. 성큼성큼 걷다

- 수(숫자)로 **two**(2)개의 발로 **ride**(타다). 즉, **걸음, 성큼성큼 걷다**
- He walked in front of me and interrupted my stride.
  그가 내 앞으로 걸어 들어와서 나의 걸음을 방해했다.

rote
[rout]

n. (반복에 의한 기계적) 암기

- [로우트 → 로보트] **로보트**같이 선생님이 시키는 대로 반복에 의한 **(기계적) 암기**
- Rote learning discourages a deeper understanding of the subject.
  기계적인 암기 학습법은 그 주제에 대한 더 깊은 이해를 저해한다.

clatter
[klǽtər]

n. 덜거덕(털커덕)하는 소리 v. 덜거덕 소리를 내다

- **클**(큰) **letter**(글자)가 쓰인 간판이 강풍에 **덜거덕 소리를 내다**
- Don't clatter your knives and forks.
  나이프와 포크를 달그락거리지 마라.

acoustic
[əkúːstik]

a. ¹ 청각의, 음향의 ² (음악) 전자 장치를 쓰지 않은

- 어! 방귀를 꾸스(꾸었수) 틱! 소리 나는, 즉 청각의, 음향의, 전자 장치를 쓰지 않은 진짜 소리
- ¹ The museum offers acoustic experiences for the blind.
  그 박물관은 시각장애인들을 위한 음향 체험을 제공한다.
  ² an acoustic guitar (전자 장치를 쓰지 않은) 통기타

amphibian
[æmfíbiən]

¹ n. 양서류 ² a. 수륙 양용의

- 양서류인 개구리가 운다. 앰! 피해라. 곧 비온다!
- ¹ Salamanders, toads, frog are amphibian.
  도롱뇽, 두꺼비, 개구리는 양서류이다.
  ² The company had a tour program using an amphibian vehicle.
  그 회사는 수륙 양용 차량을 이용한 여행 프로그램을 가지고 있었다.

default
[difɔ́ːlt]

n. (채무·약속 등의) 불이행 v. 실행하지 않다

- 뒤로 팔 two(두) 쪽을 보내 뒷짐만 지고 시킨 일을 불이행
- He lost his credit score with defaults.
  그는 채무 불이행으로 신용 점수를 잃었다.

wax
[wæks]

¹ n. 왁스, 밀랍 ² v. (달이) 차오르다, 점차 커지다

- 돼지 저금통의 돈의 액수가 점차 커지다
- ¹ a wax candle 양초
  ² The moon waxes from new to full.
  달은 초승달에서 보름달로 차오른다.

divine
[diváin]

a. 신의, 신성한

- 뒤 봐 人(사람 인), 즉 뒤에 일어날 일을 보는 사람이 가진 신의, 신성한 능력
- Mount Sinai is one of the most divine places in the world.
  시나이 산은 세계에서 가장 신성한 장소 중 하나이다.

dispatch
[dispǽtʃ]

v. 급파하다, 발송하다, 빨리 해치우다

- this(이) 택배를 빼서 치우다, 즉 배달원을 급파하다, 택배를 발송하다, 빨리 해치우다
- Korean soldiers have been dispatched to the area.
  한국군이 그 지역으로 급파되었다.

복습	fetch	stride	rote	clatter	acoustic
	amphibian	default	wax	divine	dispatch

deputy
[dépjuti]

a. (최고 계급 다음 가는 직급인) 부-(부대표, 부사장…) n. 대리인

- 대표 2번째인 부대표, 즉 대표의 대리인
- He has become deputy mayor.
  그는 부시장이 되었다.

limp
[limp]

¹ a. 기운 없는, 축 처진 ² v. 절뚝거리다

- 다리의 **림프**관이 막혀서 걷기 힘들다는 의사선생님의 말을 듣고 **축 처진** 모습으로 **절뚝거리다**
- ¹ The plant is limp in the heat.
  그 식물은 더위에 축 늘어져 있다.
- ² That dog must be hurt — it's limping.
  저 개가 다쳤나봐. 다리를 절고 있어.

delinquent
[dilíŋkwənt]

a. ¹ 비행의, 과실 있는 ² 채무 불이행의

- [딜린퀀트 → 빌린 권투] 돈을 **빌린** 사람을 **권투**로 때려 **채무 불이행한** 사람에게 **비행을 저지른**
- ¹ They visited the center for delinquent youths.
  그들은 비행 청소년 센터를 방문했다.
- ² A delinquent person can't make a credit card.
  연체자는 신용카드를 만들 수 없다.

enchant
[@intʃǽnt]
[@intʃάːnt]

v. 매혹하다

- 월미도와 차이나타운이 있는 **인천**의 **two**(2) 관광명소가 사람들이 놀라오도록 **매혹하다**
- Fans were enchanted by the way he smiled.
  팬들은 그의 미소 짓는 모습에 매혹되었다.

hands-on
[@hǽndzán]
[@hǽndzɔ́n]

a. 직접 해보는

- **hands**(손을) 뱀 **on**(위에) 대고 만져보는, 즉 **직접 해보는**
- The company prefers people with hands-on experience.
  그 회사는 실무 경험이 있는 사람들을 선호한다.

ecstasy
[ékstəsi]

n. 황홀, 무아지경

- 흠모하던 스타를 만나자 "액! 스타씨!" 소리치며 느끼는 **황홀, 무아지경**
- Girls were in ecstasy with magnificent views.
  소녀들은 웅장한 경치에 황홀경에 빠졌다.

optician
[@aptíʃən]
[@ɔptíʃən]

n. 안경사, 안경점

- **안경사**가 맞춰준 안경으로 앞이 탁 **트이션**(트이다)
- optical 시각적인
- There are many optical illusions.
  많은 시각적 환영들이 있다.

discourse
[dískɔːrs]

n. 강연, 담화

- "**this**(이) 등산 **코스**는 위험한 코스로…" 하고 산악대장이 학생들에게 **강연, 담화**
- It is crucial to create a social discourse about diversity.
  다양성에 대한 사회적 담론을 만드는 것은 중요하다.

bail
[beil]

n. 보석(금) v. 보석으로 풀어주다

- 보석금을 냈으니 빼! 죄수번호 1번
- The judge refused his application for bail.
  판사는 그의 보석 신청을 기각했다.

momentum
[mouméntəm]

n. 추진력, 가속도

- 몸엔(몸에는) 땀이 날 정도의 추진력, 가속도로 달리다
- The sled gained momentum as it ran down the slope.
  썰매는 비탈길을 달려 내려가면서 추진력을 얻었다.

복습				
deputy	limp	delinquent	enchant	hands-on
ecstasy	optician	discourse	bail	momentum

리얼 생생 수강후기

모든 강의를 8일 만에!! (김*광)

암기보다 이해 위주로 공부를 하는 제게 있어 영어 단어를 외운다는 것은 맨땅에 헤딩하는 것과 같이 정말 막막한 일이었습니다. 많은 단어들을 A4 용지에 쓰면서 외워도 보고 영어 단어 수첩을 만들어 보기도 했지만, 투자한 시간에 비해 가장 효과가 없는 부분이라고 느껴졌습니다. 하지만 영어 시험에서 우수한 성적을 받기 위한 가장 기본적인 요소는 얼마나 많은 단어를 알고 있냐는 것이었습니다. 그리하여 영단어 책을 알아보게 되면서 경선식 에듀의 강의까지 함께 수강하게 되었습니다. 점점 쌓이는 어휘력을 통해 연상암기법의 효과를 잘 알 수 있었습니다. 모든 강의를 8일 안에 마칠 수 있었습니다. 영어 단어가 쉽게 외워지니까, 그만큼 강의를 수강하는 속도 또한 점점 빨라졌습니다. 결국, 마지막 테스트에서도 만점을 받을 정도로 거의 모든 단어를 암기할 수 있게 되었습니다. 정말 효율적으로 영어 단어를 외울 수 있는 방법이지 않을까 생각합니다.^^

Lecture 32

harassment
[hərǽsmənt]

n. 괴롭힘, (성적) 추행

- "하랬으면 해!" 하며, 빵 심부름을 하라고 했으면 하라며 일진이 괴롭힘
- harass 괴롭히다
- sexual harassment of women in an office
  사무실에서 여성에 대한 성적 추행

exempt
[igzémpt]

a. 면제되는 v. 면제하다

- 특차 exam(시험)에 붙으면 일반 전형 시험이 면제되는
- exemption 면제
- Foreigners on a tourist visa are exempt from this tax.
  관광 비자를 소지한 외국인들은 이 세금에서 면제된다.

eligible
[élidʒəbl]

a. 적격의, 자격이 있는

- 엘리라는 사람이 옷을 접을! 즉, 엘리가 옷을 접는 일을 잘하여 적격의, 자격이 있는
- All eligible voters need to participate in the discussion.
  투표권이 있는 모든 이들은 토론에 참여해야 한다.

mortgage
[mɔ́:rgidʒ]

n. 저당, 담보 대출

- "이게 내 목이지? 내 목을(목숨을) 저당잡고 돈 좀 꿔 줘!"
- Mortgage needs to be paid in 10 years.
  담보 대출금은 10년 안에 갚아야 한다.

turmoil
[tə́:rmɔil]

n. 소란, 소동

- 사람들이 더 모일, 그래서 시끌벅적한 소란, 소동
- The whole nation is in a turmoil.
  나라 전체가 소란스럽다.

lethal
[lí:θəl]

a. 죽음을 초래할, 치명적인

- 니(너)를 총으로 쏠, 그래서 죽음을 초래할, 치명적인
- This frog is lethal enough to kill a human.
  이 개구리는 사람을 죽일 수 있을 만큼 치명적이다.

quarantine
[kwɔ́:rənti:n]

n. (전염병 때문에) 격리 v. 격리하다

- 코로나 바이러스가 코로 튄 사람을 격리, 격리하다
- The Apollo 11 astronauts were quarantined when they returned to the Earth.
  아폴로 11호 비행사들은 지구로 귀환했을 때 격리되었다.

vibrant
[váibrənt]

a. [1] (소리·음성이) 떨리는 [2] 활기찬, 힘찬

- 친구들과 노래방에서 바이브레이션을 넣어(넣어) 활기차게 노래하는, 즉 (소리·음성이) 떨리는, 활기찬, 힘찬
- vibrate 떨다, 진동하다
- They would see in his poems a vibrant cultural performance.
  그들은 그의 시에서 활기찬 문화적 공연을 보게 될 것이다.

eradicate
[irǽdikèit]

v. 뿌리 뽑다, 근절하다

- 나무를 이래(이렇게) 뒤를 캐서 뿌리째 뽑다
- Many countries have now succeeded in eradicating the malarial mosquito.
  많은 나라들은 말라리아모기를 박멸하는 데 이제 성공했다.

extrovert
[ékstrəvə̀:rt]

n. 외향적인 사람

- 바른 자세로 앉아 있는 소심한 학생과 달리 책상 extro(밖으로) 발 two(2)개를 내밀고 앉은 외향적인 사람
- introvert 내성적인 사람
- If you are an extrovert, you are quite likely to enjoy it.
  만약 당신이 외향적이라면 그것을 꽤 즐길 것 같다.

복습				
harassment	exempt	eligible	mortgage	turmoil
lethal	quarantine	vibrant	eradicate	extrovert

dismantle
[dismǽntl]

v. 해체하다, 철거하다

- this(이) 맨 틀(뼈대인 철근)만 남기고 건물을 해체하다, 철거하다
- We don't want to dismantle this beautiful house.
  우리는 이 아름다운 집을 철거하고 싶지 않다.

metaphor
[métəfɔ̀:r]

n. 은유, 비유

- 낭떠러지까지 four(4) 메터(미터)를 '死(죽을 사) 메터'로 표시한 것은 4미터 더 가면 죽는 것을 은유, 비유한 것
- metaphorical 은유의, 비유적인
- The student had hard time understanding metaphors in the book.
  그 학생은 책 속의 은유를 이해하는 데 어려움을 겪었다.

clutch
[klʌtʃ]

v. 붙들다, 꽉 잡다

- 개 목줄을 끌렀지. 그래서 도망가지 못하도록 붙들다, 꽉 잡다
- A drowning man will clutch at a straw.
  물에 빠진 사람은 지푸라기라도 잡는다.

loom
[luːm]

v. ~처럼 보이다, 어렴풋이 나타나다

- 밤만 되면 호텔 그 **room**(방)에서 유령**처럼 보이는** 것이 **어렴풋이 나타나다**
- looming 어렴풋이 나타나는
- A shape loomed up in the dark kitchen.
  어두운 부엌에 한 형체가 어렴풋이 나타났다.

lament
[ləmént]

v. 슬퍼하다 n. 슬픔

- 애절한 **로맨틱**(romantic)한 영화를 보고 **슬퍼하다**
- lamentable 슬픈, 한탄스러운
- An old man lamented the death of his only daughter.
  한 노인은 외동딸의 죽음을 슬퍼했다.

myriad
[míriəd]

n. 무수히 많음 a. 무수한

- 한 학년 올라가기 전에 형이 쓰던 책과 자습서를 **미리 얻어** 자습서가 **무수히 많음**
- the complex and myriad differences in its members' sales taxes
  그것의 회원국들의 판매세에 있어서 복잡하고도 많은 차이점들

wag
[wæg]

v. (꼬리 등을) 흔들다

- **왜구**(일본)이 미국에게 잘 보이려고 **(꼬리를) 흔들다**
- a dog wagging its tail 꼬리를 흔들고 있는 개

sabotage
[sǽbətɑ̀ːʒ]

n. (공장 설비 따위의) 파괴, 방해 v. 파괴하다, 방해하다

- [새버타지 → 새 거 타지] 노동자들이 불을 질러 공장 설비 **새 거**가 불에 **타지**. 즉, **파괴하다**, 영업 **방해**
- Anxiety also sabotages academic performance of all kinds.
  걱정은 또한 모든 종류의 학업을 방해한다.

liability
[làiəbíləti]

n. ¹ 책임 ² 골칫거리

- **liar**(거짓말쟁이)가 회삿돈을 **빌려 튀**었는데, 그것은 사장인 내 **책임, 골칫거리**
- ¹ An employer has legal liability for an accident at work.
  고용주에게 직장에서 일어나는 사고에 대한 법적 책임이 있다.
- ² He is a liability in our team.
  그는 우리 팀에서 골칫거리이다.

pending
[péndiŋ]

¹ a. 미결의, 계류 중인 ² a. 임박한, 곧 있을 ³ prep. (어떤 일이) 있을 때까지

- 계약이 **임박한** 계약서에 **pen**(펜)으로 **딩**! 하고 마침표를 찍을 **때까지, 미결**의 상태로 남아 있는
- impending 임박한, 곧 닥칠
- ¹ The criminal case is still pending.
  그 범죄 사건은 아직 미결 상태로 남아 있다.
- ² He smiled in anticipation of her pending arrival.
  그는 그녀가 곧 도착할 것을 예상하고 미소를 지었다.
- ³ Both suspects were freed on bail pending further inquiries.
  두 용의자 모두 추가 조사가 있을 때까지 보석으로 풀려났다.

복습	dismantle	metaphor	clutch	loom	lament
	myriad	wag	sabotage	liability	pending

hygiene
[háidʒi:n]

n. 위생

- 위생을 위해 열심히 닦아서 주방이 하얘진
- It's vital to keep one's personal hygiene.
  개인 위생을 유지하는 것은 중요하다.

threshold
[θréʃhould]

n. 문지방, 문턱, 한계점

- 신을 신고 들어갈 수 있는 한계점인 문지방에서 쓰레빠(슬리퍼)를 벗어서 hold(들고 있는)
- We are at the threshold of virtual reality technology.
  우리는 가상현실 기술의 문턱에 있다.

freight
[freit]

n. 화물, 화물 운송

- 석탄 화물을 삽으로 푸래이(퍼라)! two(두 번)!
- Today, thousands of products are being delivered by air freight.
  오늘날, 수천 개의 제품들이 항공 화물로 배달되고 있다.

brew
[bru:]

v. (차를) 끓이다, (맥주 등을) 양조하다

- 장작이 잘 타게 입으로 바람을 불어 차를 끓이다, 양조하다(끓여서 만들다)
- A sweet, dark brown ale is brewed in southern England.
  달콤한 짙은 갈색 에일은 영국 남부에서 양조된다.

rhetoric
[rétərik]

n. 미사여구, 수사학

- 갖가지 미사여구를 넣은 사랑 고백 letter리(편지리).
  (수사학: 문장과 언어의 효과적이고 미적인 표현을 연구하는 학문)
- The professor didn't like using rhetoric in his writings.
  그 교수는 자신의 글에 미사여구를 사용하는 것을 좋아하지 않았다.

maxim
[mæksim]

n. 격언, 금언

- '시간은 금이다.'라는 이 맥심(격언)을 명심하라!
- My uncle keeps a list of the maxim in his wallet.
  나의 삼촌은 지갑에 격언 목록을 가지고 다니신다.

formidable
[fɔ́:rmidəbl]

a. 무시무시한(dreadful, threatening), 엄청난

- 머리 form이(형태가) double(두 개) 달린 무시무시한 뱀
- The enemy was so formidable that it was very difficult to predict the result of war. 적이 너무나 가공할 만해서 전쟁의 결과를 예측하기란 매우 어려웠다.

blunt
[blʌnt]

¹ a. 무딘, 뭉툭한 v. 무디게 하다   ² a. 퉁명스러운, 직설적인

- two(두 번) 불렀는데도 대답도 않는다면 그 사람은 무딘 사람이거나 퉁명스러운 사람
- ¹ a blunt knife 무딘 칼
- ² She received a blunt reply from his sister.
  그녀는 언니에게서 퉁명스러운 답을 받았다.

falter
[fɔ́ːltər]

v. (마음·안정성·말 등이) 흔들리다

- 나무가 흔들려 새 알이 fall(떨어져) 터지다,
  즉 나무가 흔들리다
- He walked with faltering steps.
  그는 뒤뚱뒤뚱 걸었다.

swap
[미 swap 영 swɔp]

v. (서로) 교환하다, 교대로 하다

- 바다 밑 수압 때문에 혼자서 탐사하기 힘들어서 서로 교대로 하다
- We ended up swapping our telephone numbers.
  우리는 결국 전화번호를 교환했다.

복습	hygiene	threshold	freight	brew	rhetoric
	maxim	formidable	blunt	falter	swap

리얼 생생 수강후기

한 가지 아쉬운 점은 왜 이 강의를 일찍 접하지 못했을까 하는 점입니다.^^ (김*하)

사실 저에게 영어에서 가장 취약점이라고 할 수 있는 것 중 하나가 어휘파트였습니다. 단어의 양도 양이지만 단어도 쉽게 외우기 힘든 수준 있는 어휘가 많아서 소화하기가 힘들더라고요. 시중에 있는 암기하기 쉬운 여러 보카책을 구입해 보아도 답답함은 해결되지 않았습니다. 하지만 인터넷에서 우연히 본 동영상강의 하나가 제 마음을 사로잡았고 바로 경선식에듀에 가입해서 지금 열심히 그리고 재밌게! 어휘를 공부하고 있습니다.

신기한 것은 굳이 외우려고 노력을 쏟지 않아도 저절로 외워지는 것입니다. 안 외워지는 단어를 꾸역꾸역 머릿속에 넣을 때와 달리 강의만 들으면 어려움 없이 단어가 모두 기억되었고 또 그것이 장기기억으로 이어진다는 것이 저에겐 정말 큰 매력이었습니다.

Lecture 33

sinister
[sínistər]

a. 불길한, 사악한

- 하늘의 신이 떨어뜨린 별똥 star(별)은 나라의 큰 인물이 죽을 불길한 징조이거나 사악한 악마가 태어날 징조
- The sinister aspect of this attack is that there was no warning.
  이 공격의 사악한 측면은 경고가 없었다는 것이다.

entity
[éntəti]

n. 실체, 존재, 독립체

- 유령은 티(티셔츠) 안으로 enter(들어가면) 그 실체와 존재가 보인다.
- Some countries demanded to be recognized as separate entities.
  일부 국가는 별도의 독립체로 인정받을 것을 요구했다.

stack
[stæk]

n. 더미, 많음 v. 쌓다, 쌓이다

- 햄버거 빵 위에 스테이크 고기 더미를 쌓다
- ¹ Workers have to move the stack of woods.
  일꾼들은 나무 더미를 옮겨야 한다.
- ² The workers stacked woods.
  일꾼들이 나무를 쌓아올렸다.

archive
[á:rkaiv]

n. 기록 보관소, (기록·데이터 등의) 보관

- "후세들이 알까? 아담과 이브를?" 하며 역사가들이 아담과 이브 역사를 기록하여 기록 보관소에 보관
- They carefully searched through historical archives to discover the facts.
  그들은 그 사실들을 밝혀내기 위해 역사 기록 보관소를 샅샅이 뒤졌다.

naive
[na:íːv]

a. 순진한

- "나, 이브는 세상에 처음 만들어져 순진한 소녀예요."
- It's naive to think that you can find happiness on your own.
  행복을 스스로 찾을 수 있다고 생각하는 것은 순진하다.

municipal
[mjuːnísipəl]

a. 시의, 지방자치의

- 들어가는 문이 18개인 성곽으로 둘러싸인 시의, 지방자치의
- The municipal council all but ignored the gravity of the pollution.
  시의회는 공해의 심각함을 거의 무시했다. (*all but = almost: 거의)

humiliate
[hjuːmílièit]

v. 창피를 주다

- 방귀를 뀌었다고 "후~ 냄새!" 하고 밀리(밀다) "에잇!" 즉, 창피를 주다
- Teachers should not humiliate students in front of their peers.
  교사는 또래들이 있는 앞에서 학생들에게 창피를 주어서는 안 된다.

ludicrous
[lú:dikrəs]

a. 바보 같은, 터무니없는

- 옷이 못에 걸린 줄도 모르고 "누가 뒤를 끌어(당겼)수?" 하는 바보 같은 모습
- It was ludicrous to think that the project could be finished in a day.
  그 프로젝트가 하루 만에 끝날 수 있다고 생각한 것은 터무니없는 생각이었다.

manifest
[mǽnifèst]

a. 분명한 v. 드러내다, 나타나다

- 다른 선수들보다 many(많이) fast(빨라서) 1등으로 들어올 것이 분명한, 드러내다
- His childhood memories manifest in his paintings.
  그의 어린 시절의 추억이 그의 그림들에 분명히 드러난다.

nautical
[nɔ́:tikəl]

a. 선박의, 해상의, 항해의

- 노를 틱! 틱! 젓는 바다 위의 배, 즉 선박의, 해상의, 항해의
- Institute of Nautical Archaeology 해양 고고학 연구소

복습	sinister	entity	stack	archive	naive
	municipal	humiliate	ludicrous	manifest	nautical

heyday
[héidèi]

n. 전성기

- 헤이! 헤이! 하며 힘차게 인사하고 다니는 day(날), 즉 전성기
- She was a great singer in her heyday.
  그녀는 전성기 때 위대한 가수였다.

streamline
[strí:mlàin]

v. 간소화하다, 능률화하다

- 여러 줄기의 stream(개울)을 한 line(줄)로 합쳐 간소화하다
- Airports need to streamline operations.
  공항은 운영을 간소화할 필요가 있다.

cardinal
[káːrdənl]

a. 기본적인, 중요한

- (신용)카드는 늘 소지해야 한다. 소비생활에 기본적인, 중요한 신용카드
- Equality is a cardinal principle in international relations.
  평등은 국제관계의 기본 원칙이다.

laden
[léidn]

a. (~을) 잔뜩 실은, (~이) 가득한

- 광주리에 물건을 잔뜩 lay(놓고) 팔로 든, 즉 짐을 잔뜩 실은
- value-laden ways of encountering the world
  세상을 마주하는 가치가 가득한 방식

aftermath
[ǽftərmæ̀θ]

n. (전쟁·사고 등의) 여파, 영향

- 아이에게 회초리 등과 같은 매를 쓰고 난 after(후에) 일어난 여파, 영향
- the aftermath of the war 전쟁의 여파

pound
[paund]

¹ v. 사정없이 치다 ² n. (화폐·중량) 파운드

- ¹ 파! 파! 하고 **사정없이 치자** 운다.
- ² 격투기에서 상대방을 눕히고 **사정없이 치는** 것을 **파운딩**이라고 합니다.
- They get pounded out by norms.
  그들은 규범들에 의해 두들겨 맞는다.

revolve
[⑩riválv]
[⑲rivɔ́lv]

v. (~의 주위를) 돌다, 회전하다

- 자전거 페달을 **니가 밟으면** 바퀴가 **돌다, 회전하다**
- Their everyday lives revolve around their cattle.
  그들의 일상생활은 그들의 소를 중심으로 돌아간다.

nuisance
[njúːsns]

n. 성가신 사람(것), 골칫거리

- 팀에 **누(累)**가 되는 **선수**, 즉 **성가신 사람, 골칫거리**
- The neighbor next door is a real nuisance.
  옆집 이웃은 정말 골칫거리이다.

성가신 사람(것), 골칫거리

eccentric
[ikséntrik]

a. 별난, 괴상한

- 나무에 이가 달려 **이**가 **쎈 tree**(나무), 즉 **별난, 괴상한** 나무
- His eccentric behavior cost him a job.
  그는 별난 행동으로 일자리를 잃었다.

feasible
[fíːzəbl]

a. 실현 가능한

- 삼성 폴더블폰이 나와 폰 화면을 **피고(펴고) 접**을 수 있는 것이 **실현 가능한**
- **feasibility** 실행할 수 있음, 실행 가능성
- a feasible plan to use the building
  그 건물을 사용할 수 있는 실현 가능한 계획

복습	heyday	streamline	cardinal	laden	aftermath
	pound	revolve	nuisance	eccentric	feasible

acute
[əkjúːt]

a. ¹ (감각·이해력이) 예리한 ² 극심한

- **어! cute**(귀여운) 고양이의 **예리한** 발톱에 할퀴어서 통증이 **극심한**
- ¹ an acute observer of the social problems
  사회문제에 대한 예리한 관찰자
- ² an acute shortage of water
  극심한 물 부족

gadget
[gǽdʒit]

n. 기계장치, 도구

- 이 금고를 딴 **기계장치**나 **도구**를 봤을 **때 걔 짓**이다.
- She purchased a new gadget for her technology hobby.
  그녀는 기술과 관련된 취미로 인해 새로운 도구를 구입했다.

alleviate
[əlí:vièit]

v. 완화시키다

→ 마법사가 "올리!(오너라!) 비가 에잇!" 하자 비가 와서 가뭄을 **완화시키다**
- alleviation 완화, 경감
- I need to do something to alleviate his anxiety.
  나는 그의 걱정을 덜기 위해 무언가를 해야 한다.

obese
[oubí:s]

a. 뚱뚱한, 비만인

→ 오(5) 그릇이나 비었수! 그러니까 네가 **뚱뚱한, 비만인**
- obesity 비만, 비대
- The number of extremely obese children are increasing in the U.S.
  미국에서는 고도비만 어린이 수가 증가하고 있다.

aggravate
[ǽgrəvèit]

v. 악화시키다

→ 멍든 곳을 egg로(계란으로) 문지르다 껍질이 깨져 베이트(베이다), 즉 멍든 곳이 피까지 나게 **악화시키다**
- Attempts to restrict parking in the city center have further aggravated the problem of traffic congestion.
  도시 중심가에서의 주차를 제한하려는 시도는 교통체증 문제를 더욱 악화시켰다.

aggregate
n.a. [ǽgrigət]
v. [ǽgrəgèit]

n. 합계 a. 총- v. 종합하다

→ egg로(달걀로) 달걀 가게 gate(문) 앞에 쌓아놓은 달걀의 **총, 합계, 종합하다**
- aggregation 집합, 집합체
- They aggregate the demands of citizens and communicate these to government officials.
  그들은 시민들의 요구를 종합하여 정부 관계자들에게 전달한다.

alias
[éiliəs]

a. 일명 ~라 불리는 n. 가명

→ **가명**을 쓴 범인의 주민등록증을 보며 이름이 틀리니 범인이 "얘일 리 없수!" 하는 경찰
- Paul Sopworth, alias Rupert Sharp, was sentenced today to 3 years in jail.
  가명이 Rupert Sharp인 Paul Sopworth는 오늘 3년의 징역형을 선고받았다.

flare
[flɛər]

n. 불길, 불꽃 v. 확 타오르다

→ 불을 내어 **불길**이 **확 타오르다**
- The flare of the match lit up her face perfectly.
  성냥의 불꽃이 그녀의 얼굴을 완전히 비추었다.

불을 내어! flare
불길, 확 타오르다

feat
[fi:t]

n. [1] 업적 [2] 재주, 묘기

→ 표창을 핏! 핏! 잘 던지는 **재주**를 이용하여 적을 쓰러뜨려 큰 **업적**을 쌓은
- [1] The construction of this tunnel was a brilliant feat of engineering.
  이 터널의 건설은 공학의 빛나는 업적이었다.
- [2] the feat of jumping through hoops
  고리를 통과하여 넘는 재주

elusive
[ilú:siv]

a. **[1]** 파악하기 힘든, 찾기 힘든 **[2]** 달아나기 쉬운

- 야구에서 1루에 나간 김씨가 부~~ 하며 투수를 놀리며 2루로 도루해서 **달아나기 쉽고**, 도루를 할지 안 할지 **파악하기 힘든**
- elude 피하다, 회피하다

[1] Creativity is an elusive thought process that happens deep in the subconscious.
창의성은 잠재의식 깊은 곳에서 일어나는 파악하기 힘든 사고 과정이다.

[2] The jail has an elusive structure.
그 감옥은 달아나기 쉬운 구조이다.

복습				
acute	gadget	alleviate	obese	aggravate
aggregate	alias	flare	feat	elusive

리얼 생생 수강후기

진짜 5배 이상 빨리 외워지고 너무 재미있으니까 하루에 10강도 들었습니다! (이*정)

제가 평소에 후기를 잘 남기지 않는데 이 강의는 저에게 큰 도움을 주었고 선생님께 감사한 마음을 이렇게나마 전하고 싶어 후기를 쓰게 되었습니다. 좋은 암기 방법은 없을까? 하고 유튜브에 '단어 빨리 외우는 법'이라고 치고 찾아보다가 이 '경선식영단어'를 알게 되었습니다. 둘러보던 중 샘플 강의를 듣게 되었는데 이게 무슨 일인가?! 저에게 너무 잘 맞는 거예요!! 해마학습법이 너무 귀에 쏙쏙 잘 들어와서 이건 내 거다! 하며 시작하게 되었습니다. 빨리 외워지고 너무 재미있으니까 하루에 10강도 들었습니다! 이 강의를 들으니 진짜 5배 이상 빨리 외워지고 자고 일어나도 기억에 남았습니다. 그리고 5강 단위로 누적 복습을 하니 정말 단어에 대한 기억이 오래 가더라고요! 저는 처음에 제가 천재인 줄 알았다니까요? 갑자기 머리가 좋아졌나 싶기도 했어요. ㅎㅎ 정말 이건 강의 들어본 사람 아니면 아무도 뭐라 할 자격이 없습니다!!!

Lecture 34

mock
[⑩ mɑk ⑲ mɔk]

v. 흉내 내며 놀리다, 조롱하다

- "본인은 전 재산이 29만원이야."라고 전두환 전 대통령 목소리를 흉내 내며 놀리다, 조롱하다
- mockery 조롱, 흉내 냄
- It is wrong to mock disabled people.
  장애인을 조롱하는 것은 잘못된 것이다.

discrepancy
[diskrépənsi]

n. 불일치, 차이

- 자신과 의견이 불일치한다고 "this(이게) 자꾸 그래봐, 씨! 흥!" 하며 돌아서다
- a small discrepancy in opinions between my friends
  내 친구들 사이에 작은 의견의 불일치

gale
[geil]

n. 강풍, 돌풍

- 강풍이 곧 개일 것이다.
- There will be gales on the south coast tonight.
  오늘 밤 남쪽 해안에 강풍이 있을 것이다.

comb
[koum]

¹ n. 빗 v. 빗질하다   ² v. 샅샅이 찾다〔뒤지다〕

- 머릿니를 찾기 위해 빗질하면서 샅샅이 찾다
- ¹ Every time I comb my hair, a lot of it falls out.
  머리를 빗을 때마다 머리카락이 많이 빠진다.
- ² Rescue teams continue to comb through the forest for survivors.
  구조대가 생존자를 찾아 숲을 계속 샅샅이 뒤지고 있다.

stew
[stjuː]

v. (음식을) 끓이다   n. 끓인 요리

- 水(물)속에 '튜우~' 하고 음식을 넣어 끓이다
- She bought a pound of pork for a stew.
  그녀는 찌개를 끓이기 위해 1파운드의 돼지고기를 샀다.

poultry
[⑩ póultri]
[⑲ póəultri]

n. (닭·오리 등의) 가금(家禽)류

- 펄~ 펄~ 날아 tree(나무) 가지 위에 앉은 가금류
- Poultry exports account for 2% of Thailand's total exports.
  가금류 수출은 태국의 총 수출량의 2%를 차지하고 있다.

procure
[⑩ proukjúər]
[⑲ ⑳ prəkjúər]

v. 얻다, 획득하다

- 제자를 프로 선수로 키워 챔피언 벨트를 얻다, 획득하다
- My friend managed to procure tickets to the basketball game.
  내 친구는 용케 농구 경기 입장권을 구했다.

membrane
[mémbrein]

n. (세포·조직 등의) 막, 얇은 막

- man(사람)의 brain(두뇌)를 덮고 있는 얇은 세포막
- A vibrating membrane in the ear helps to convey sounds to the brain.
  귀의 진동막은 소리를 뇌에 전달하는 것을 돕는다.

glimpse
[glimps]

v. 흘끗 보다 n. 흘끗 봄

- [글림프스 → 올림프스] 호기심을 못 참고 올림푸스 신전의 메두사를 흘끗 보다
- Astronomers caught a glimpse of a new comet, named *Borisov*.
  천문학자들은 '보리소프'라는 이름의 새로운 혜성을 보았다.

massacre
[mǽsəkər]

n. 대량 학살 v. 학살하다

- 사람들의 목을 매서 '커~억!' 하고 학살하다
- Israeli soldiers carried out a massacre during the War of Independence.
  이스라엘 병사들은 독립 전쟁 중에 대량 학살을 자행했다.

복습	mock	discrepancy	gale	comb	stew
	poultry	procure	membrane	glimpse	massacre

volatile
[⑩válətil]
[⑱vólətàil]

a. ¹ 변덕스러운, 불안정한 ² 휘발성의

- ¹ "저놈은 우리 조직을 배신하고 제 발로 튈(도망갈) 변덕스러운 놈이야!"
- ² 발이 달린 기체 분자가 액체 표면에서 발로 튐, 즉 공기 속으로 날아가는 휘발성의
- ¹ Most agricultural prices seem more volatile these days.
  대부분의 농산물 가격은 요즘 더욱 변동이 심한 것 같다.
- ² Methanol is a volatile substance.
  메탄올은 휘발성 물질이다.

ballot
[bǽlət]

n. 무기명 투표

- 찬성하는 사람은 흰 ball(공)을, 반대하는 사람은 검은 ball(공)을 투표함에 넣은 데서 유래된 단어로 무기명 투표
- 80% of the workforce voted for a strike in a secret ballot.
  비밀 투표에서 종업원의 80%가 파업에 찬성했다.

foe
[fou]

n. 적, 원수

- 포를 적, 원수에게 발사
- Smoking is a foe of health.
  흡연은 건강의 적이다.

dim
[dim]

a. 어둑한, 흐릿한

- 딤섬 안에 새우가 들었는지, 고기가 들었는지 모를 정도로 딤섬 겉피가 어둑한, 흐릿한
- a dim memory 희미한 기억

thesis
[θíːsis]

n. (학위) 논문, 논지

- 식물 연구가가 각종 과일의 씨앗과 씨앗에 관해 쓰는 논문
- She is writing her doctorate thesis on sharing economy.
  그녀는 공유 경제에 관한 박사 학위 논문을 쓰고 있다.

taboo
[təbúː]

n. 터부, 금기

- [터 不(아닐 부)] "이 터는 들어오면 不!(안 돼!)" 금기시되는 터
- Problems that were once taboo are now discussed openly.
  한때 금기시되던 문제들이 이제는 공공연히 논의되고 있다.

bliss
[blis]

n. 더없는 행복

- "미스코리아 진은… 경이롬!" 하고 내 이름이 불리수(불렸수), 즉 더없는 행복
- blissful 더없이 행복한, 즐거운
- A hot bath after a long day is absolute bliss.
  긴 하루 후에 뜨거운 물로 목욕을 하는 것은 더할 나위 없이 행복한 일이다.

artillery
[ɑːrtíləri]

n. 대포, 포병대

- 아! (맞았어!) 대포의 파편이 틸러리! 즉, 대포, 포병대
- They have best artillery in the world.
  그들은 세계 최고의 포병을 보유하고 있다.

tilt
[tilt]

n. 경사, 기울어짐 v. 기울다

- 경사진 기와지붕 위로 틸 two(2)개의 빗방울
- the tilt of the Earth's axis
  지구 축의 기울어짐

tint
[tint]

n. 색깔, 색조, (머리의) 염색 v. 염색하다

- 머리를 노란 색깔로 염색하여 무리 중에서 틴(튀는) two(두 명)
- The paint is white with a blue tint.
  그 페인트는 푸른 색조가 도는 흰색이다.

복습					
	volatile	ballot	foe	dim	thesis
	taboo	bliss	artillery	tilt	tint

onset
[ɔ́ːnset, ɑ́ːnset]

n. 습격, (질병 등의) 시작

- "적이 온다. 하나, 둘, 셋!" 하는 신호와 함께 습격을 시작
- Experts at the emergency room prepare for sudden onset.
  응급실의 전문가들은 갑작스러운 발병에 대비한다.

florist
[flɔ́:rist]

n. 꽃집 주인

- 난초와 같은 꽃과 풀로 생계를 꾸려가는 ist(사람), 즉 꽃집 주인
- My sister is a florist.
  우리 언니는 꽃집 주인이다.

hurl
[həːrl]

v. ¹ 세게 던지다 ² (모욕·비난 등을) 퍼붓다

- 많은 사람들이 돌을 줄로 매달아 휠휠 돌리다가 세게 던지다, 퍼붓다
- ¹ He hurled a stone at the bird.
  그는 그 새에게 돌을 세게 던졌다.
  ² The two men began hurling abuse at each other.
  두 남자가 서로에게 욕설을 퍼붓기 시작했다.

pneumonia
[njumóunjə]

n. 폐렴

- 폐렴에 걸려 콜록이며 병상에 누워 있는 모녀
- Smoking is a major cause of pneumonia.
  흡연은 폐렴의 주요 원인이다.

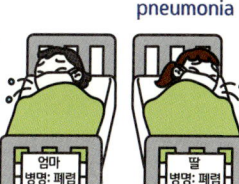
폐렴에 걸려 병상에 누워 있는 모녀
pneumonia

blacksmith
[blæksmiθ]

n. 대장장이

- 대장간 숯과 그을음으로 black(검은) 얼굴을 한 스미쓰 씨는 대장장이
- The blacksmith made a new shoe for the horse.
  대장장이는 그 말에게 새 편자를 만들어 주었다.

gulf
[gʌlf]

n. 만

- 걸프전이 일어났던 이라크의 걸프만
- the Gulf of Mexico 멕시코만

gill
[gil]

n. (보통 pl.) 아가미

- 물고기 아가미에 낚싯바늘이 낄
- Dolphins don't have a gill.
  돌고래는 아가미가 없다.

아가미에 낚싯바늘이 낄
gill

quota
[kwóutə]

n. 할당량, (허용되는) 한도

- 전체의 quarter(1/4)이 내게 주어진 할당량, (허용되는) 한도
- The countries have reached an agreement on fishing quotas.
  그 나라들은 어획 할당량에 대한 합의에 도달했다.

saddle
[sædl]

n. (말·자전거 등의) 안장 v. 안장을 얹다

- 말과 친한 새들이 앉아 있는 안장
- Saddle the horse.
  말에 안장을 얹어라.

dough
[dou]

n. 밀가루 반죽

- 도우넛을 만들기 위한 **밀가루 반죽**
- The dough stuck to my fingers.
  밀가루 반죽이 내 손가락에 들러붙었다.

복습	onset	florist	hurl	pneumonia	blacksmith
	gulf	gill	quota	saddle	dough

리얼 생생 수강후기

최소 10배는 더 오래 암기된다고 느꼈습니다. (이*림)

예전에는 그냥 무작정 단어 암기가 될 때까지 뜻을 가리고 영어단어만 계속 보는 방법으로 암기를 했지만 이런 방식을 사용하니까 단어 암기에 소요되는 시간이 너무 길어서 30단어를 외우는 데 1시간이 넘게 걸렸던 적도 많았던 것 같습니다. 또 심지어 그렇게 외웠는데도 다음날이 되면 거의 까먹어서 다시 복습해야 했습니다.

하지만 경선식 영단어로 준비해보니 영단어 강의만 들어도 영단어가 거의 100퍼센트 암기가 되었고 복습만 해주면 절대 잊어버릴 수 없었습니다. 그래서 예전에 암기했던 방식과 경선식 영단어를 비교해보면 비교가 안 될 정도로 경선식 영단어가 더 효율적이었습니다.

Lecture 35

cradle
[kréidl]

n. 요람, 발상지

- 앞으로 **클 애들**을 넣어 재우는 **요람**
- The baby fell from a cradle.
  아기가 요람에서 떨어졌다.

capricious
[kəpríʃəs]

a. 변덕스러운

- 또 헤어졌지만 쟤네 원래 **커플이셨수**. 만났다 헤어지기를 반복할 정도로 **변덕스러운**
- capriciously 변덕스럽게
- We can't go camping while the weather is so capricious.
  우리는 날씨가 너무 변덕스런 기간에는 야영을 갈 수 없다.

diabetes
[dàiəbíːtiːz]

n. 당뇨병

- 비틀즈 캔디 많이 먹으면 **die어!**(죽어!) **비틀즈** 캔디는 설탕이 많아 **당뇨병** 걸려!
- Mia has type-1 diabetes. Mia는 1형 당뇨병을 갖고 있다.

specification
[spèsəfikéiʃən]

n. (자세한) 설명서

- 설명서에 ¹**숲에서 피나도록 산삼을 캐셔** ²**약탕기에 넣으셔** ³**20일간 찌셔** 등과 같은 약탕기의 **자세한 설명서**
- specify 일일이 상술하다
- If possible, include detailed specifications and a list of users.
  가능하면 상세한 명세서와 사용자 명단을 함께 보내 주십시오.

mutable
[mjúːtəbl]

a. 변하기 쉬운, 변덕스러운

- [**묻혀 + able**(~하기 쉬운)] 하얀 옷은 때를 **묻히기 쉬운**, 즉 **변하기 쉬운, 변덕스러운**
- immutable 불변의, 변경할 수 없는
- mutant 돌연변이; 돌연변이의
- Language is a mutable thing, and usage changes over time.
  언어는 변하기 쉬운 것으로 어법은 시간이 흐르면서 변화한다.

offset
[ɔ́ːfsèt]

v. 상쇄하다, 보충하다 (offset - offset - offset)

- **없애**서 **상쇄하다**, 그리고 **없앤** 만큼 다른 것으로 **보충하다**
- Emissions caused by the flight can be offset by this climate protection projects. 이 기후 보호 프로젝트에 의해 비행으로 인한 배기가스 방출이 상쇄될 수 있다.

debris
[⑩dəbríː]
[⑨débriː, déibriː]

n. 잔해, 부스러기

- 새가 **the**(그) **부리**로 모이를 쪼아서 부서진 **잔해들**
- Marine debris is all the man-made stuff.
  해양의 부스러기들은 모두 사람에 의해 만들어진 것이다.

diaper
[dáiəpər]

n. 기저귀

- 기저귀가 거칠어서 다리가 쓸려 아기가 말한다. "다리 아퍼!"
- The baby now brings his own diaper.
  그 아기는 이제 자신의 기저귀를 직접 가지고 온다.

detergent
[ditə́:rdʒənt]

n. 세제

- 박스의 뒤 모서리가 터져 쏟아진 가루 세제
- laundry detergent 세탁용 세제

뒤 모서리가 터져 쏟아진 가루 세제
detergent

wholesome
[hóulsəm]

a. 건강에 좋은, 유익한

- 홀로 섬에서 자연을 만끽하는 것은 건강에 좋은, 유익한
- wholesome foods 건강식

복습	cradle	capricious	diabetes	specification	mutable
	offset	debris	diaper	detergent	wholesome

rapture
[ræptʃər]

n. 황홀, 황홀감

- 술에 취해 무아지경으로 랩을 하며 춤을 춰, 즉 황홀, 황홀감
- rapt 넋을 빼앗긴, 황홀해하는
- rapturous 황홀해하는
- He stares me with rapture.
  그가 황홀하게 나를 응시한다.

vine
[vain]

n. 포도 덩굴, 덩굴 식물

- [vine → wine(와인)] wine(와인)을 만드는 포도 덩굴
- vineyard 포도밭
- Vines have very long roots.
  포도 덩굴은 뿌리가 매우 길다.

lure
[luər]

v. 유혹하다 n. 유혹, 미끼

- 남편이 침대에서 "여보~ 얼른 와서 누워~" 하며 아내를 유혹하다
- The mountains around the river have lured poets and artists for centuries. 그 강 주위의 산들은 수세기 동안 시인과 예술가들을 유혹해 왔다.

coffin
[kɔ́(:)fin]

n. 관

- ¹ 다시 살아나오지 못하게 말뚝이 꼽힌 드라큘라의 관
  ² 외부를 꽃으로 장식하여 꽃이 핀 관
- The coffin is made of marble.
  그 관은 대리석으로 만들어졌다.

말뚝이 꼽힌 드라큘라의 관
coffin

portal
[pɔ́ːrtl]

n. 대문, 입구

- 성의 **대문, 입구**를 향해 포를 틀어라!
- I believe there is a portal to another universe somewhere.
  나는 어딘가에 다른 우주로 가는 입구가 있다고 믿는다.

pimple
[pímpl]

n. 여드름, 뾰루지

- 얼굴에 핀 밥풀만 한 **여드름, 뾰루지**
- a pimple on one's chin 턱에 난 여드름

vex
[veks]

v. 괴롭히다, 화나게 하다

- 시간 많고 돈 없는 백수인 친구가 바쁜 친구를 불러내어 **괴롭히다, 화나게 하다**
- I am vexed with you for keeping me waiting.
  나를 기다리게 하니까 너에게 신경질이 난다.

benign
[bináin]

a. (기후·성격 등이) 온화한, 상냥한

- [beni(good) + gn] 1년에 비가 nine(9)번만 올 정도로 기후가 **온화한**
- The benign old lady was taking care of many homeless people.
  온화한 그 노부인은 많은 집 없는 사람들을 돌보고 있었다.

reckon
[rékən]

v. (~라고) 생각하다, 예상하다

- 이 금도끼는 내 껀(내 것은) 아니라고 **생각하다**
- We reckon her as our best player.
  우리는 그녀를 우리의 최고의 선수라고 생각한다.

brag
[bræg]

n. 자랑 v. 자랑하다

- 바캉스 다녀와서 태양 불에 그을린 구리빛 피부라며 **자랑, 자랑하다**
- He's bragging about his new car. 그는 자기 새 차를 자랑하고 있다.

복습	rapture	vine	lure	coffin	portal
	pimple	vex	benign	reckon	brag

lofty
[lɔ́ːfti]

a. 매우 높은, 숭고한

- 높이나 가치 등에서 높은 티가 나는, 즉 **매우 높은, 숭고한**
- He has a lofty position on the faculty.
  그는 교수진에서 높은 자리에 있다.

installment
[instɔ́ːlmənt]

n. 할부, 할부금

- 건물을 인수하고 세입자에게 탈 month(달)마다의 **할부금**
- Consumers can purchase almost anything on the installment plan.
  소비자들은 할부로 거의 모든 것을 살 수 있다.

Confucius
[kənfjúːʃəs]

n. 공자

🌱 공자를 모시는 사당에서 큰 향을 피우셨수.
- Confucian 공자의, 유교의
- Confucianism 유교(사상)
- The Asian culture is generally related to Confucianism.
  아시아 문화는 전반적으로 유교사상과 연관되어 있다.

inaugurate
[inɔ́ːgjurèit]

v. 취임시키다, 개시하다

🌱 인호를 구(9) rate(등급), 즉 9급 공무원으로 취임시키다, 9급 일을 개시하다
- inaugural 취임의, 개시의
- inauguration 취임(식), 개시
- The new president gave an inauguration speech.
  새 대통령은 취임 연설을 했다.

patron
[péitrən]

n. 후원자, 고객

🌱 어떤 단체나 상점에 돈을 pay(지불하기) 위해 들어온 후원자, 고객
- She was the patron of many artists and philosophers, including Voltaire.
  그녀는 볼테르를 포함한 많은 예술가들과 철학자들의 후원자였다.

freak
[friːk]

¹ n. 별난 사람(것), 괴짜 a. 별난, 기이한 ² v. 기겁하다

🌱 뿌리가 나무 기둥보다 더 크(큰) 별난, 기이한 나무에 사람들이 기겁하다
- ¹ The famous scientist was once called freak.
  그 유명한 과학자는 한때 괴짜로 불렸다.
- ² If he knew the whole truth, he would freak out completely.
  그가 모든 사실을 알게 되면 완전히 기겁할 것이다.

airborne
[ɛ́ərbɔ̀ːrn]

a. 하늘에 떠 있는, 공중에 떠 있는

🌱 풍선이 air(공중)에 떠 있는 것을 본, 즉 하늘에 떠 있는, 공중에 떠 있는
- The newborns developed allergies due to airborne pollutants.
  그 신생아들은 공기 중에 떠다니는 오염물질 때문에 알레르기가 생겼다.

hilarious
[hiléəriəs]

a. 재미있는, 즐거운

🌱 모두가 신고 있던 하이힐에서 내려와 춤을 추며 노는 재미있는, 즐거운 파티
- hilarity 환희, 유쾌
- Everybody was telling all kinds of hilarious stories.
  모든 이들이 온갖 종류의 재미있는 이야기를 하고 있었다.

fallout
[fɔ́ːlàut]

n. (핵폭발물의) 낙진, (좋지 못한) 결과, 여파

🌱 핵폭탄이 fall(떨어져서) out(밖으로) 튀는 낙진과 같은 (좋지 못한) 결과, 여파
- There can be a prolonged fallout from the explosion.
  그 폭발로 인한 긴 여파가 있을 수 있다.

flop
[⑩ flɑp ⑤ flɔp]

v. ¹ 쿵 떨어지다, 털썩 주저앉다 ² 완전 실패하다

색종이 붙이는 **풀**로 **납**을 벽에 붙여놓자 무거워서 바로 **쿵 떨어지다**, (벽에 붙이는 것을) **완전 실패하다**

¹ An old man flopped back on the street.
한 노인이 도로 위에 털썩 주저앉았다.

² The movie flopped at the box office.
그 영화는 흥행에 실패했다.

복습	lofty	installment	Confucius	inaugurate	patron
	freak	airborne	hilarious	fallout	flop

경쌤's TIP

축하합니다.

여러분은 경선식 토플영단어 완성 35강까지 완성하였습니다.

반드시 지켜야 하는 가장 효과적인 복습 방법(5page)을 확인 후 확실하게 복습하세요.

Lecture 36

backbone
[bǽkbòun]

n. 척추, 중추

- back(등, 뒤쪽)에 있는 bone(뼈), 즉 척추, 중추
- The patient had major surgery on his backbone.
  그 환자는 척추에 큰 수술을 받았다.

down-to-earth
[dàun tuː ə́ːrθ]

a. 현실적인, 실제적인

- 상상 속 하늘나라가 아닌 지구 아래 세상으로, 즉 현실적인, 실제적인
- She wanted to date a down-to-earth man.
  그녀는 현실적인 남자와 교제하고 싶어 했다.

tailored
[téilərd]

a. (옷이) 잘 맞도록 만든, 맞춤의

- [tailor(재단사; 맞추어 만들다) + ed] 잘 맞도록 만든, 맞춤의
- A coach can provide insights that are tailored to the needs of the individual, the team and the organization.
  코치는 개인, 팀, 조직의 필요에 맞는 통찰력을 제공할 수 있다.

fiber
[fáibər]

n. 섬유, 섬유질

- 미에로 화이바는 섬유질 음료
- Dried fruits are especially high in fiber.
  말린 과일에는 섬유질이 특히 많다.

commonplace
[(미)kámənplèis]
[(영)kɔ́mənplèis]

a. 평범한, 아주 흔한

- common(보통의) 여러 place(장소)에 있을, 즉 '주변에 널린'이란 의미에서 평범한, 아주 흔한 장소
- Air travel is commonplace nowadays.
  비행기 여행은 이제 일반적이 되었다.

workload
[wə́ːrklòud]

n. 업무량, 작업량

- [work(일, 작업) + load(짐을 싣다)] 실려진 일의 양, 즉 업무량, 작업량
- ¹ a heavy workload 과중한 업무량
- ² As for women, 'workload and time' is preferred to 'sustainability' in their job seeking. 여성들의 경우 구직에 있어 '업무량과 근무 시간'이 (직장을 계속 유지할 수 있는) '지속성'보다 더 우선시된다.

bygone
[báigɔ̀(ː)n]

a. 과거의, 지나간 n. (pl.) 과거, 과거의 일

- by(옆으로) 지나서 gone(가버린) 과거의, 지나간
- Old friends talked about bygone years all night long.
  오랜 친구들은 밤새도록 지나간 세월들에 대해 이야기했다.

linear
[líniər]

a. 직선의, 선형의, 1차의

- line(선)의 성질인, 즉 **직선의, 선형의, 1차의**
- ¹ The linear width of the desk is 1.4m.
  그 책상의 직선 폭은 1.4m이다.
- ² Students learn about linear equations in middle school.
  학생들은 중학교에서 1차 방정식에 대해 배운다.

accountant
[əkáuntənt]

n. 회계사, 경리

- 돈을 하나 a(하나) count(세는) ant(~사람), 즉 **회계사, 경리**
- My accountant is very strict on due dates.
  내 회계사는 기한에 매우 엄격하다.

-legged
[(형)légid (형)légd]

a. ~한 다리가 있는, 다리가 ~한

- [leg(다리) + ed(형·어)] **~한 다리가 있는, 다리가 ~한**
- cross-legged 책상다리의
- long-legged 다리가 긴
- Tiger is a four-legged animal.
  호랑이는 4개의 다리가 있는 동물이다.

remainder
[riméindər]

n. 나머지

- [remain(남다, 남겨지다) + er(~것)] **나머지**
- We spent the remainder of the day sightseeing.
  우리는 그날 하루의 남은 시간을 관광을 하며 보냈다.

복습

backbone	down-to-earth	tailored	fiber	commonplace
workload	bygone	linear	accountant	-legged
remainder				

---

warlike
[wɔ́ːrlàik]

a. 호전적인, 전쟁의

- [war(전쟁) + like(좋아하다)] 전쟁을 좋아하는, 즉 **호전적인, 전쟁의**
- a warlike nation 호전적인 나라

check-up
[tʃékəp]

n. 점검, 검사, 건강진단

- [check(점검하다) + up(강조)] **점검, 검사, 건강진단**
- medical check-up 건강검진

panel
[pǽnl]

n. ¹ (목재·유리·금속으로 된 사각형) 판 ² 패널, (방송) 토론자단

- 철자대로 읽으면 **판넬**, 즉 건축 등에 쓰는 (목재·유리·금속으로 된 사각형) **판**
- ¹ a door with wooden panel 나무판을 댄 문
- ² a panel of experts 전문가로 구성된 패널

revival
[riváivəl]

n. 소생, 부활, 회복

- 옛 노래를 **리바이벌**했다는 말은 옛 노래의 **소생, 부활, 회복**
- revive 소생시키다, 부활하다, 회복하다
- The musical was about the revival of constitutional monarchy.
  그 뮤지컬은 입헌군주제의 부활에 관한 것이었다.

trek
[trek]

n. 길고 고된 여행, 트레킹 v. 오래 걷다

- 경보 달리기 **트랙**(경주로)를 **오래 걷다, 길고 고된 여행**
- We had to trek for miles through forests and over mountains.
  우리는 숲을 통과하고 산을 넘어 수 마일을 걸어야 했다.

err
[ɛər]

v. 실수하다, 잘못하다

- [error(실수, 잘못)의 동사형] **실수하다, 잘못하다**
- All men are prone to err.
  모든 사람은 실수하기 쉽다.

erroneous
[iróuniəs]

a. 잘못된, 틀린

- [error(실수, 잘못)의 형용사형] **잘못된, 틀린**
- Some people had erroneous information about the vaccine.
  일부 사람들은 백신에 대한 잘못된 정보를 가지고 있었다.

downplay
[dàunpléi]

v. ~을 경시하다

- 상대팀을 **down**(아래로) 보고 **play**(경기하다), 즉 **~을 경시하다**
- They also tend to downplay the consequences of their actions.
  그들은 또한 그들의 행동에 대한 결과를 경시하는 경향이 있다.

questionnaire
[kwèstʃənéər]

n. 질문서, 설문지

- **question**(질문)이 담겨있는 **질문서, 설문지**를 적어서 **내어**.
- I was asked to fill out the questionnaire before the test.
  나는 시험 전에 설문지를 작성해 달라는 요청을 받았다.

childlike
[tʃáildlàik]

a. (좋은 뜻으로) 어린애다운, 천진난만한

- [child(아이) + like(~ 같은)] **어린애다운, 천진난만한**
- That professor still has childlike innocence.
  그 교수는 아직도 어린아이 같은 순수함을 가지고 있다.

childish
[tʃáildiʃ]

a. (부정적인 뜻으로) 어린애 같은, 유치한

- [child(아이) + ish(형·어)] **어린애 같은, 유치한**
  (childlike에는 like(좋아하다)가 포함되어 있으니 좋은 의미로 childish와 구별)
- Some showed childish behavior out of jealousy.
  일부는 질투심에 어린애 같은 행동을 보였다.

복습	warlike err childish	check-up erroneous	panel downplay	revival questionnaire	trek childlike

gifted
[gíftid]

a. 타고난 재능이 있는

➥ 하늘로부터 재능을 gifted(선물 받은), 즉 **타고난 재능이 있는**
- The teacher found Katie gifted at the ballet.
  선생님은 Katie가 발레에 재능이 있다는 것을 알게 되었다.

eardrum
[íərdrʌ̀m]

n. 고막

➥ **ear**(귀)에서 **drum**(드럼, 북)과 같이 울려서 소리를 듣게 하는 **고막**
- Using canal-type earphones can damage the eardrum.
  커널형 이어폰을 사용하면 고막이 손상될 수 있다.

name-brand
[néim brǽnd]

a. 유명 상표의

➥ **name**(이름) 있는 **brand**(상표), 즉 **유명 상표의**
- She wants only name-brand products.
  그녀는 유명 상표의 제품들만 원한다.

requisite
[rékwəzit]

a. 필요한, 필수의 n. 필요조건

➥ [**require**(필요로 하다) + **site**] 필요한, 필수의, 필요조건
- Experience in a similar field is a requisite for the job.
  비슷한 분야에서의 경험은 그 일의 필수조건이다.

recipient
[risípiənt]

n. 받는 사람, 수령인

➥ [**recipi**(→ receive: 받다) + **ent**(~하는 사람)] 받는 사람, 수령인
- recipients of awards 수상자들

melancholy
[⑨mélənkàli]
[⑬mélənkəli]

n. 우울 a. 우울한, 구슬픈

➥ 우리가 **우울할** 때 '기분이 **멜랑꼴리**하다'라고 쓰는 말
- I'm melancholy now. 나 지금 우울해.

zip
[zip]

¹ v. (총알·차 등이) 지잎! 소리 내며 나아가다 ² n. 지퍼 v. 지퍼를 잠그다
³ n. 우편번호

➥ ¹ **zipper**(지퍼)의 동사형
  ² 집 주소의 **우편번호**
- ¹ They zipped past us. 그들은 우리를 휙 앞질러 갔다.
  ² The zip on my jacket is stuck. 내 재킷의 지퍼가 꼼짝 않는다.
  ³ The zip code is 150-738. 우편 번호는 150-738입니다.

county
[káunti]

n. (행정 구역상) 주, 군

- [county → country] 한 country(시골)이 속해 있는 주, 군
- Ganghwa county 강화군

twofold
[túːfould]

a. 2배의, 2중의 ad. 2배로

- ¹ two(2)개가 fold(접혀서), 즉 2배의, 2중의
- ² [two(2) + fold(~배, ~중의)] 2배의, 2중의
- threefold 3배의, 3중의
- fivefold 5배의, 5중의
- ¹ twofold increase 두 배의 증가
- ² The cost of a dozen roses rose twofold.
  장미 한 다발의 가격이 2배 올랐다.

near-sighted
[níər sàitid]

a. 근시의, 근시안적인

- near(가까운) sight(광경)만 잘 보는, 즉 근시의, 근시안적인
- My manager is a near-sighted person, so she only focuses on what she has in her hands.
  우리 매니저는 근시안적인 사람이라서 손에 쥐고 있는 일에만 집중한다.

far-sighted
[fáːr sàitid]

a. 원시의, 선견지명이 있는

- far(멀리 있는) sight(광경)만 잘 보는, 즉 원시의, 선견지명이 있는
- a far-sighted decision 선견지명이 있는 결정

복습					
	gifted	eardrum	name-brand	requisite	recipient
	melancholy	zip	county	twofold	near-sighted
	far-sighted				

경쌤's TIP

진짜 공부를 하세요!

공부는 거짓말을 하지 않습니다.

10분을 하더라도 집중해서 하세요.

보여주기 위해 책상에 그저 머물러있기보다는

여러분 미래를 위한 진짜 재미난 공부를 하세요!

Lecture 37

categorize
[kǽtəɡəràiz]

v. 분류하다

- [category(종류, 부류) + ize(동·어)] 분류하다
- His work is difficult to categorize.
  그의 일은 분류하기가 힘들다.

shorthand
[ʃɔ́ːrthæ̀nd]

n. 속기

- short(짧게) 글을 hand(손)으로 줄여서 쓰는 속기
- The rapporteur took notes in shorthand.
  조사 위원은 속기로 메모를 했다.

hemisphere
[hémisfìər]

n. 반구, 반구체

- [hemi(half: 반) + sphere(구, 구체)] 반구, 반구체
- the northern hemisphere 북반구

ongoing
[(미) ángòuiŋ]
[(영) ɔ́ngòuiŋ]

a. 계속 진행 중인

- on(계속) going(가고 있는), 즉 계속 진행 중인
- The project is ongoing well.
  그 프로젝트는 순조롭게 계속 진행 중이다.

everlasting
[(미) èvərlǽstiŋ]
[(영) èvərlɑ́ːstiŋ]

a. 영원한, 변치 않는

- [ever(언제나) + last(지속하다) + ing(형·어)] 영원한, 변치 않는
- Everlasting Conflict: Taxpayers vs. Collectors
  영원한 갈등: 납세자 대 징수자

wilderness
[wíldərnis]

n. 황야, 황무지

- [wild(야생의) + er + ness(명·어)] 야생의 땅, 즉 황야, 황무지
- The Antarctic is the world's last wilderness.
  남극은 세상의 마지막 황무지이다.

annex
[ənéks]

[1] n. 부속 건물, 별관   [2] n. 부속 문서, 부록   [3] v. 합병하다

- [an(to) + next(옆의)] [1] 본 건물 옆에 붙어 있는 별관 [2] 문서 옆쪽에 붙어 있는 부록
  [3] 옆으로 붙여 합병하다
- annexation 합병
- [1] an annex of the Shilla Hotel 신라호텔의 부속 건물
  [2] The annex list needs to be included in document.
  부속 문서 목록은 문서에 포함되어야 한다.
  [3] the annexation of a territory 영토 합병

righteous
[ráitʃəs]

a. 올바른, 정당한

- right(옳은)의 파생어
- Vicky had to prove her action was righteous.
  Vicky는 자신의 행동이 옳았다는 것을 증명해야 했다.

startup
[stáːrtʌp]

n. 신생 벤처기업

- start(시작)하여 up(위로) 올라가려는 신생 벤처기업
- The startup is backed by investors.
  그 신생 벤처기업은 투자자들의 지원을 받는다.

dioxide
[⑨daiáksaid]
[⑨daiɔ́ksaid]

n. 이산화물

- [di(two) + oxi(oxygen: 산소) + de] 두 개의 산소가 결합하여 생성하는 물질, 즉 이산화물
- carbon dioxide 이산화탄소

amplifier
[ǽmpləfàiər]

n. 증폭기, 앰프

- 앰프는 소리를 증폭시키는 기구인 amplifier(증폭기, 앰프)
- amplify 확대하다, 증폭시키다, 더 자세히 말하다
- Electric guitars can be played without an amplifier.
  전자 기타도 앰프 없이 연주할 수 있다.

복습					
	categorize	shorthand	hemisphere	ongoing	everlasting
	wilderness	annex	righteous	startup	dioxide
	amplifier				

tackle
[tǽkl]

¹ n. (스포츠) 태클 ² v. (문제와) 맞붙어 싸우다

- 축구에서 태클로 공격을 막아내려고 하듯 어떤 문제와 맞붙어 싸우다
- ¹ He received a yellow card for a rough tackle.
  그는 거친 태클로 옐로카드를 받았다.
- ² They had a long meeting on how to tackle the problem.
  그들은 그 문제와 어떻게 싸울 것인가에 대해 긴 회의를 가졌다.

mindset
[máindsèt]

n. 사고방식

- mind(생각)이 set(정해진) 방식, 즉 사고방식
- The MZ generation's mindset about a job is different from previous generations.
  직업에 대한 MZ 세대의 사고방식은 이전 세대와 다르다.

stricken
[stríkən]

a. ¹ ~에 시달리는, ~당한 ² (질병 등에) 걸린

- strike(때리다)의 과거분사로, 무엇에 **stricken**(맞아서) **~에 시달리는, ~당한**, 그리고 질병에 **stricken**(맞아서) **(질병에) 걸린**
- ¹ The ocean is stricken with pollutants.
  바다는 오염물질에 시달리고 있다.
  ² Josh is stricken with a terrible cold.
  Josh는 지독한 감기에 걸렸다.

fingerprint
[fíŋgərprìnt]

n. 지문

- [**finger**(손가락) + **print**(인쇄, 자국)] **지문**
- A couple of fingerprints were left on the computer.
  컴퓨터에 지문이 여러 개가 남아 있었다.

reddish
[rédiʃ]

a. 불그스름한

- [**red**(빨간) + **ish**(형·어)] **불그스름한**
- He was born with reddish skin.
  그는 불그스름한 피부를 가지고 태어났다.

tip
[tip]

n. ¹ 팁, 봉사료 ² 팁, 조언 ³ 끝, 끝부분

- [tip → top(꼭대기)] **top**(꼭대기) **끝, 끝부분**
- Be careful with the tip of the umbrella.
  우산 끝부분을 조심하세요.

infrastructure
[ínfrəstrʌ̀ktʃər]

n. ¹ 하부구조 ² 사회 기반 시설(인프라)

- [**infra**(under) + **structure**(구조)] **하부구조, 인프라**
- ¹ The question is whether the network infrastructure is ready for that.
  문제는 네트워크 하부구조가 그것에 대한 준비가 되어 있느냐는 것이다.
  ² The city has the best infrastructure for trade business.
  그 도시는 무역 사업을 위한 최고의 기반 시설을 갖추고 있다.

wasteland
[wéistlænd]

n. 황무지, 불모지

- [**waste**(쓰레기) + **land**(땅)] 쓰레기나 다름없는 땅, 즉 **황무지, 불모지**
- The king sent people to the wasteland to expand the territory.
  왕은 영토를 넓히기 위해 사람들을 황무지에 보냈다.

wetland
[wétlænd]

n. 습지, 습지대

- [**wet**(젖은) + **land**(땅)] **습지, 습지대**
- Lotus grows well on a wetland.
  연꽃은 습지에서 잘 자란다.

coup
[kuː]

n. 쿠데타

- [쿠 → 쿠(데타)] 쿠데타
- The United States played a key role in the military coup in Bolivia.
  미국은 볼리비아의 군사 쿠데타에 중요한 역할을 했다.

pharmaceutical
[fàːrməsjúːtikəl]

a. 제약의, 약학의

- [pharmacy(약국) + ceutical] 제약의, 약학의
- The pharmaceutical company is developing the new drug using microbes. 그 제약 회사는 미생물을 이용한 신약을 개발 중에 있다.

복습				
tackle	mindset	stricken	fingerprint	reddish
tip	infrastructure	wasteland	wetland	coup
pharmaceutical				

blackout
[blǽkàut]

n. 등화관제, 정전, (정부·경찰에 의한) 보도 통제

- [black(검은) + out(강조)] 완전히 검게 안 보이도록 하는 것, 즉 등화관제, 정전, 보도 통제
- Traffic in the city slowed to a crawl because of the blackout.
  정전으로 시내 교통이 정체되었다.

mentor
[méntɔːr]

n. 스승, 멘토

- men(사람들)에게 도를 가르치는 스승, 멘토
- The young girl's mentor was his older sister.
  그 어린 소녀의 스승은 그녀의 언니였다.

periodic
[pìəriádik]
[pìəriɔ́dik]

a. 정기적인, 주기적인

- [period(기간, 주기) + ic(형·어)] 프로농구에서의 1피리어드(period)와 같은 정기적인, 주기적인 기간
- He suffers periodic mental breakdowns.
  그는 주기적인 정신 분열로 고생하고 있다.

compute
[kəmpjúːt]

v. 계산하다, 산출하다

- 컴퓨터(computer)는 처음에 숫자를 계산하기 위해 만들어진 기계
- NASA computed the distance to the nearest black hole.
  NASA는 가장 가까운 블랙홀까지의 거리를 계산했다.

differentiate
[dìfərénʃièit]

v. 구별하다, 차별하다

- different(다른) 것들과 다르게 ate(하다), 즉 구별하다, 차별하다
- differential 차별하는; 차이
- It is challenging to differentiate identical twins.
  일란성 쌍둥이를 구별하는 것은 어려운 일이다.

partition
[pɑ:rtíʃən]

n. 분할, 칸막이 v. 분할하다

- **part**(부분)을 **띠셔**(떼어내셔), 즉 **분할, 분할하다**
- The country was partitioned into India and Pakistan.
  그 나라는 인도와 파키스탄으로 분할되었다.

critique
[krití:k]

n. 비평, 평론 v. 비평하다

- [**critic**(비판적인)의 파생어] **비평, 평론, 비평하다**
- The book presents a critique of the government's policies.
  그 책은 정부의 정책들에 대한 비평을 전하고 있다.

blackmail
[blǽkmèil]

v. 협박하다, 갈취하다 n. 협박, 갈취

- **black**(검은) 마음으로 쓴 **mail**(우편)으로 **협박하다**, 돈을 **갈취하다**
- Hackers blackmailed the actor with fake evidence.
  해커들은 가짜 증거로 그 배우를 협박했다.

customize
[kʌ́stəmàiz]

v. 사용자의 요구에 맞추다, 주문 제작하다

- [**customer**(고객) + **ize**(동·어)] 고객에게 맞추다, 즉 **주문 제작하다**
- We develop customized exercise programs to help members meet their goals. 우리는 회원 각자의 목표 달성에 도움을 주는 맞춤 운동 프로그램을 개발한다.

proponent
[prəpóunənt]

n. 제안자, 지지자

- 어떤 법안을 **propose**(제안하는) **ent**(사람), 즉 그 법안의 **제안자, 지지자**
- The president was a proponent of black women's rights.
  대통령은 흑인 여성 권리의 지지자였다.

up-to-date
[ʌ̀p tu: déit]

a. 최신의

- [**up**(위에) + **to**(~로) + **date**(날짜)] 가장 위에 있는 **날짜로**, 즉 **최신의**
- Satellite technology is critical, providing up-to-date information about the place and time of a cyclone's landfall.
  인공위성 기술은 사이클론이 상륙하는 장소와 시간에 대한 최신 정보를 제공하는 중요한 기술이다.

복습

blackout	mentor	periodic	compute	differentiate
partition	critique	blackmail	customize	proponent
up-to-date				

Lecture 38

quest
[kwest]

n. 탐색, 추구

- 이게 뭘까? 하고 question(질문)을 던지며 어떤 것에 대한 탐색, 답을 추구
- the quest for profit 이윤 추구

spatial
[spéiʃəl]

a. 공간의, 장소의

- space(공간)과 관련된, 즉 공간의
- Preschoolers and young school-age children confuse temporal and spatial dimensions.
  미취학 아동과 어린 학령기 아동은 시간 차원과 공간 차원을 혼동한다.

artifact
[á:rtəfækt]

n. 공예품, 인공 유물

- 조상들이 art(예술) 작품으로 fact(만든) 공예품, 인공 유물
- Treasure hunters have accumulated valuable historical artifacts.
  보물 사냥꾼들은 가치 있는 역사적 유물을 축적해 왔다.

hybrid
[háibrid]

n. 잡종, 혼성체

- 하이브리드카(hybrid car)란 석유 연료와 전기 모두 쓸 수 있는 잡종, 혼성체
- Today most maize seeds cultivated are hybrids.
  오늘날 재배되는 대부분의 옥수수 종자는 잡종이다.

ultraviolet
[ʌ̀ltrəváiəlet]

a. 자외선의 n. 자외선

- [ultra(beyond를 뜻하는 접두어) + violet(보라색)] 보라색 바깥쪽의, 즉 자외선의, 자외선
- ultraviolet rays 자외선

cosmetic
[⑩kɑzmétik]
[⑲kɔzmétik]

¹ n. 화장품 ² a. 성형의

- 가슴에 틱! 바르는 바디로션 화장품, 가슴에 틱! 보형 물질을 넣는 성형의
- ¹ cosmetics for dry skin type 건성피부를 위한 화장품
  ² cosmetic surgery 성형수술

befall
[bifɔ́:l]

v. (~에게 어떤 일이) 일어나다 (befall - befell - befallen)

- 비가 갑자기 fall(떨어지듯) 예상 못한 어떤 일이 일어나다
- A great misfortune befell him. 커다란 불행이 그에게 닥쳤다.

firsthand
[fə́:rsthǽnd]

a. 직접의 ad. 직접적으로

- 다른 사람의 두 번째 손이 아닌 자신의 first(첫 번째) hand(손)으로, 즉 직접의, 직접적으로
- I think that the best way to learn about life is by experiencing it firsthand. 인생에 대하여 배우는 최선의 방법은 직접 경험을 통해서라고 생각한다.

secondhand
[sékəndhænd]

¹ a. 간접적인 ad. 간접적으로 ² a. 중고의

➥ 다른 사람의 second(두 번째) hand(손)을 거친, 즉 간접적인, 중고의

¹ I heard the news secondhand.
나는 그 소식을 간접적으로 들었다.
² a secondhand car 중고차

vegetation
[vèdʒətéiʃən]

n. 식물, 초목

➥ vegetable(채소)와 같은 식물, 초목

in sections of the buildings where vegetation was low
초목이 적은 건물 구역에서

vegetarian
[vèdʒətéəriən]

n. 채식주의자 a. 채식주의의

➥ vegeta(ble)(야채, 채소)만 먹는 ian(~하는 사람), 즉 채식주의자, 채식주의의

Quite a few of my friends are vegetarians.
내 친구들 중 상당수가 채식주의자이다.

challenging
[tʃælindʒiŋ]

a. ¹ 도전해볼 만한 ² 도전적인, 힘든

➥ [challenge(도전하다) + ing(형·어)] 도전해볼 만한 일, 또는 도전적으로 닥쳐오는 힘든 일

It can be challenging to teach students from multicultural backgrounds in one class.
다문화 배경을 가진 학생들을 한 수업에서 가르치는 것은 어려울 수 있다.

복습

quest	spatial	artifact	hybrid	ultraviolet
cosmetic	befall	firsthand	secondhand	vegetation
vegetarian	challenging			

---

communal
[⑪ kəmjúːnəl]
[⑬ kɔ́mjúːnəl]

a. 공동의, 집단의

➥ community(공동체)의, 즉 공동의, 집단의

communal responsibilities 공동 책임

communism
[⑪ kámjunìzm]
[⑬ kɔ́mjunìzm]

n. 공산주의

➥ [community(공동체) + ism(~주의)] 공산주의

• communist 공산주의자

We are against communism.
우리는 공산주의에 반대한다.

mysterious
[mistíəriəs]

a. 이해하기 힘든, 불가사의한

➥ [mystery(미스터리)의 형용사형] 이해하기 힘든, 불가사의한

A mysterious old man is living next door.
신비에 싸인 한 노인이 옆집에 살고 있다.

abnormal
[æbnɔ́:rməl]

a. 비정상의, 이상한

➦ normal(보통의) 상태에서 ab(멀리) 떨어진, 즉 **비정상의, 이상한**

▫ an abnormal custom 이상한 관습

mystical
[místikəl]

a. 신비로운, 신령스러운 (=mystic)

➦ [mystery(신비) + cal(형·어)] **신비로운, 신령스러운**

▫ I had a mystical experience in the woods.
나는 숲에서 신비로운 경험을 했다.

exemplary
[igzémpləri]

a. 모범적인, 본보기의

➦ 성실함의 example(예, 본보기)가 너리(너다), 즉 **모범적인, 본보기의**

● exemplify ~의 예가 되다, 예를 들다

▫ His diligence was exemplary.
그의 성실함은 모범적이었다.

deadlock
[(미)dédlɑk]
[(영)dédlɔk]

n. 교착 상태, 막다른 골목

➦ dead(죽은 듯이, 완전히) lock(잠긴) **교착상태**

▫ The negotiations had reached a deadlock.
협상은 막다른 상태에 다다랐다.

abuse
v. [əbjú:z]
n. [əbjú:s]

v. 학대하다, 욕하다, 남용하다 n. 남용, 학대, 욕설

➦ 어부가 낚싯대를 막대기로 use(사용하여) 아이를 때리며 욕하다, 즉 **학대하다, 욕하다**, 낚싯대를 **남용하다**

● abusive 남용하는, 욕설을 퍼붓는

▫ ¹ child abuse 아동 학대
² an abusive phone call 욕설 전화

petroleum
[pətróuliəm]

n. 석유

➦ [퍼트로울리엄 → 퍼 틀어 올리엄] 지하에서 긴 관으로 퍼서 **틀어 올리엄**(올려) 시추하는 **석유**

▫ An asphalt is a semi-solid form of petroleum.
아스팔트는 석유의 반고체 형태이다.

lotus
[lóutəs]

n. (식물) 연(蓮)

➦ 연꽃이 수심이 low(낮은) 연못에 **떴수**.

▫ Lotus flowers are in bloom on a pond.
연못에 연꽃이 활짝 피었다.

lousy
[láuzi]

a. 아주 안 좋은, 형편없는

➦ loud(시끄럽고) 쥐가 나와 **아주 안 좋은, 형편없는** 모텔

▫ The disease prevalent in this town is due to lousy sanitation.
이 마을에 널리 퍼진 질병은 형편없는 위생 시설 때문이다.

company
[kʌ́mpəni]

n. ¹ 회사 ² 일행, 동료 ³ 함께 있음

→ **company**(회사)에서 함께 일하는 **동료**들과 매일 **함께 있음**

¹ Can I go to the party with my company?
나의 일행과 그 파티에 가도 될까요?

² I enjoy your company.
나는 너와 함께 있어 즐겁다.

복습					
	communal	communism	mysterious	abnormal	mystical
	exemplary	deadlock	abuse	petroleum	lotus
	lousy	company			

경쌤's TIP

경선식 토플영단어 기본(PART I) 전체 단어를 다시 한 번 복습하세요!

반드시 지켜야 하는 가장 효과적인 복습 방법(5page)을 확인 후 확실하게 복습하세요.

MEMO

Lecture 39 ~ Lecture 50
토플 완성 어휘 (토플 100점을 넘기 위한 필수 어휘)

Lecture 39

접두어 in-

접두어 in-은 in(~ 안에), not의 의미로 쓰인다.

intuition
[intjuːíʃən]

n. 직관, 직감

- 머리 in(안에서) 바로 튀션(튀어나오셔), 즉 직관, 직감
- intuitive 직관에 의한, 직관적인
- I had an intuition that something was wrong.
  나는 무엇인가 잘못되었다는 직감이 들었다.

inhabit
[inhǽbit]

v. ~에 살다, 거주하다

- 집 in(안으로) 해빛(햇빛)이 잘 들어오는 남향집에서 살다, 거주하다
- inhabitant 거주자, 주민
- Only artists inhabit the region.
  그 지역에는 예술가들만이 살고 있다.

instinct
[ínstiŋkt]

n. 본능

- 몸이나 머리 ins(안에서) 바로 팅크트(팅겨져) 나오는 행동이나 반응, 즉 본능
- instinctive 본능적인
- Animals act based on their instinct.
  동물은 그들의 본능에 따라서 행동한다.

induce
[indjúːs]

v. 권유하다, 유도하다

- in(안에) 들어가 쥬스 한 잔 하고 가라고 권유하다, 유도하다
- ¹ We could not induce her to come.
  우리는 그녀가 오도록 설득할 수 없었다.
- ² The mere threat of punishment is enough to induce the desired behavior.
  벌칙을 주겠다는 단순한 위협은 바라는 행동을 유도하기에 충분하다.

insulate
[⑩ínsəlèit]
[⑭ínsjulèit]

v. ¹ (보호) 격리하다 ² 절연하다, 단열하다

- 경찰서 in(안에서) 술이 취해 길가에 쓰러진 사람을 밤이 late(늦어) (보호) 격리하다. 밖으로 나가지 못하게 막다, 즉 절연하다, 단열하다
- insulation 절연, 단열, 보호 격리
- ¹ The poor child was insulated from his parents.
  그 불쌍한 아이는 그의 부모로부터 보호 격리되었다.
- ² insulate an electric wire 전선을 절연 처리하다

integrate
[íntəgrèit]

v. 통합시키다, 통합되다

- 한반도 in(안에) 있는 삼국의 터를(땅을) great(커다란) 통일신라로 통합시키다, 통합되다
- disintegrate 해체되다, 분해되다, 붕괴되다
- Learning is more efficient when it is integrated with play.
  학습은 놀이와 통합될 때 더 효율적이다.

integral
[íntigrəl]

a. (전체 구성을 위해) 필수적인

- 우리나라 축구팀 응원을 위해서는 in(안에) 빨간 티셔츠가 그럴(그러할), 즉 필수적인
- Living simply was integral to his life philosophy.
  검소하게 사는 것은 그의 인생철학에 있어 필수적이었다.

inflict
[inflíkt]

v. (괴로움·상처 등을) 가하다, 괴롭히다

- 집 in(안에서) 풀릭트(풀어서) 나온 개가 행인에게 (상처를) 가하다
- They inflicted heavy losses on the enemy.
  그들은 적에게 큰 손실을 가했다.

incorporate
[inkɔ́ːrpərèit]

v. ¹ 통합하다 ² 포함하다

- 코 in(안에) 코딱지들을 퍼레이(퍼내어) 돌돌 말아 통합하다, 모든 코딱지를 포함하다
- ¹ a firm incorporated with another 다른 회사와 합병된 회사
- ² The analyst incorporated sensitive information in the report.
  그 분석가는 민감한 정보를 보고서에 포함시켰다.

복습	intuition	inhabit	instinct	induce	insulate
	integrate	integral	inflict	incorporate	

---

intense
[inténs]

a. 강렬한, 극심한, 열정적인

- 영어 단어를 노트 in(안에) 10번씩이나 쓰면서 하는 강렬한, 열정적인 공부
- intensely 강렬하게, 극심하게, 열정적으로
- intensify 격해지다, 강화하다
- intensity 강렬함, 강도
- The brains of both humans and dogs tend to intensify one sense at a time. 인간과 개 양쪽 모두의 뇌는 한 번에 한 가지 감각을 강화하는 경향이 있다.

interior
[intíəriər]

a. 내부의, 안쪽의

- 공이 우리 코트 in(안으로) 튀어리(어), 즉 내부의, 안쪽의 방향으로
- the interior dimensions of a room 방의 내부 넓이

inflame
[infléim]

v. 격분시키다, 악화시키다

- 마음 in(속에) flame(불꽃)이 타오르게 하다, 즉 격분시키다, 악화시키다
- These tendencies can inflame the anger of the hurt person.
  이러한 경향은 상처 입은 사람의 노여움을 악화시킬 수 있다.

index
[indeks]

n. ¹ 찾아보기, 색인 ² 지표, 지수

- 동네 주민 각 가정 댁 in(안에) 소, 돼지 수(숫자)로 알아보는 동네의 경제 지표, 지수
- ¹ University textbooks usually have an index for terms at the end.
  대학 전공책은 보통 마지막에 용어에 대한 색인을 가지고 있다.
- ² The stock index had rose 197 points.
  주가지수가 197포인트 올랐다.

investigate
[invéstigèit]

v. 조사하다, 수사하다

- "핏자국으로 봐서 방 in(안에서) 칼로 벳수. 그리고 튀었어, gate(문) 밖으로." 하고 형사가 범행 현장을 조사하다, 수사하다
- investigation 조사, 수사
- The police investigated the crime.
  경찰은 그 사건을 조사했다.

insane
[inséin]

a. 제정신이 아닌, 미친

- 정신병원 in(안에) 쇠창살에 갇힌 人(사람 인)은 제정신이 아닌, 미친 사람
- sane 제정신의, 사리분별이 있는
- an insane person 미친 사람

inject
[indʒékt]

v. 주사하다, 주입하다

- 피부 in(안에) 제트기처럼 앞이 뾰족한 주사기로 주사하다, 주입하다
- injection 주사, 주입
- The nurse injected painkillers into the patient.
  간호사가 환자에게 진통제를 주사했다.

infest
[infést]

v. 들끓다, 우글거리다

- 출근버스 in(안으로) fast(빠르게) 몰려들어 사람들이 들끓다, 우글거리다
- The prison is infested with bugs.
  감옥에는 벌레가 들끓는다.

intrigue
[intríːg]

¹ v. (호기심·흥미를) 끌다 n. 흥미 ² v. 음모를 꾸미다 n. 음모

- 사냥꾼이 덫 in(안에) trick(음모, 트릭)으로 먹이를 놓아 멧돼지의 흥미를 끌다
- intriguing 음모를 꾸미는, 흥미를 자아내는
- The wonder of science is lost along with cognitive intrigue.
  과학에 대한 경이감은 인지적 흥미와 더불어 상실된다.

inevitable
[inévitəbl]

a. 피할 수 없는

- 막다른 쥐구멍 in에(안에) 비춰 불을! 그러자 쥐가 피할 수 없는
- ¹ Defeat looks inevitable.
  패배는 피할 수 없을 것처럼 보인다.
- ² These people suffer from an inevitable social and mental trauma.
  이 사람들은 피할 수 없는 사회적, 정신적 트라우마로부터 고통받는다.

복습	intense	interior	inflame	index	investigate
	insane	inject	infest	intrigue	inevitable

intricate
[íntrikət]

a. 얽힌, 복잡한

- 땅 in(안에) tree(나무) 뿌리를 cut(잘라야) 할 정도로 서로의 뿌리가 얽힌, 복잡한
- an intricate machine 복잡한 기계

inventory
[⑩ínvəntɔ̀:ri]
[⑱ínvəntə̀:ri]

n. 재고조사, 물품 목록

- 전당포 창고 in(안에서) 번(벌은) 물건들을 털어내어 물품 목록과 재고조사하다
- A detailed inventory of the museum's contents is not yet available.
  그 박물관의 상세한 소장품 목록을 아직은 구할 수 없다.

intimidate
[intímidèit]

v. 겁주다, 위협하다

- 카페 in(안에서) 건달 한 팀이 데이트하자고 한 여성을 겁주다, 위협하다
- The bank robbers intimidated people with toy guns.
  은행 강도들은 장난감 총으로 사람들을 위협했다.

timid
[tímid]

a. 겁 많은, 소심한

- 건달 한 팀이 두렵다고 떨고 있는, 즉 겁 많은, 소심한
- My dog is a bit timid.
  내 개는 약간 겁이 많다.

inferior
[infíəriər]

a. 열등한, ~보다 못한

- 친구들은 취직했는데 혼자서만 취직을 못해 방 in(안에서) 담배만 피어리(피우리). 즉, 열등한, ~보다 못한
- She thinks everyone is inferior to her.
  그녀는 모두가 그녀보다 열등하다고 생각한다.

inherent
[inhíərənt]

a. 내재하는, 타고난

- 내 몸 in(안에) here(이곳에) 가지고 있는, 즉 내재하는, 타고난
- ¹ the inherent conflicts in our society
  우리 사회에 내재된 갈등
- ² an inherent right
  생득권(태어날 때부터 가지고 있는 권리)

indulge
[indʌ́ldʒ]

v. (환락·욕망 등에) 빠지다, 탐닉하다, 제멋대로 하게 하다

- 마약과 술 중독으로 이불 in(속에서) 떨지. 즉, (환락에) 빠지다, 탐닉하다, 제멋대로 하게 하다
- indulgent 제멋대로 하게 하는, 관대한
- Jack indulged in gambling, losing his fortune.
  Jack은 도박에 빠져 재산을 잃었다.

interrogate
[intérəgèit]

v. 심문하다, 질문하다

- "in(안에서) 테러를 저지르고 gate(문)으로 빠져나왔지?" 하고 심문하다, 질문하다
- interrogation 심문, 질문
- He was interrogated by the police for over 10 hours.
  그는 10시간 넘게 경찰의 심문을 받았다.

inordinate
[inɔ́:rdinət]

a. 과도한, 지나친

- 잡은 물고기가 과도한, 지나친. 그래서 모두 병 in(안에) 오디(어디) 넣지?
- inordinately 과도하게, 지나치게
- inordinately high prices 지나치게 높은 가격

intrinsic
[intrínsik]

a. 고유의, 본질적인

- 울릉도 in(안에서) 추린(추려낸) 오징어는 울릉도 고유의, 본질적인 것
- extrinsic 외부의, 외래의
- 1 Educators need to pursue the intrinsic value of education.
  교육자들은 교육의 본질적인 가치를 추구할 필요가 있다.
- 2 Extrinsic feedback is important to a beginner.
  초보자에게는 외적인 피드백이 중요하다.

복습				
intricate	inventory	intimidate	timid	inferior
inherent	indulge	interrogate	inordinate	intrinsic

Lecture 40

innate
[inéit]
a. 타고난, 선천적인
- 태어날 때부터 내 몸 **in**에(안에) 갖고 **잇트**(있다), 즉 **타고난, 선천적인**
- innate ability 타고난 능력

insure
[inʃúər]
v. 보장하다, 보험에 들다
- 마음 **in**(속에) 미래 대책에 대한 **sure**(확신하는) 마음이 들도록 **보험에 들다**, 미래를 **보장하다**
- insurance 보험, 보험료
- This insurance plan insures against all damage up to the value of USD 3,000. 이 보험 프로그램은 미화 3,000달러까지 모든 피해를 보장한다.

infer
[infə́:r]
v. 추론하다, 추정하다
- 머리 **in**(속의) 생각을 **퍼**내다, 즉 **추론하다, 추정하다**
- inference 추론, 추리
- It can be inferred that she is innocent.
그녀는 결백하다고 추정될 수 있다.

inborn
[inbɔ́:rn]
a. 타고난, 선천적인
- 몸 **in**(안에) 가지고 **born**(태어난), 즉 **타고난, 선천적인**
- Humans have an inborn tolerance for risk.
인간은 위험에 대해 타고난 내성이 있다.

numerous
[njú:mərəs]
a. 수많은, 무수한
- [**numer**(=number) + **ous**(형·어)] 숫자가 많은, 즉 **수많은, 무수한**
- numerical 수의, 숫자로 나타낸
- Numerous colorful butterflies will welcome me into their kingdom.
수많은 화려한 나비들이 그들의 왕국으로 나를 맞이할 것이다.

innumerable
[injú:mərəbl]
a. 무수한, 헤아릴 수 없는
- [**in**(not) + **numer**(=number) + **able**(~할 수 있는)] 숫자를 헤아릴 수 없을 정도로 **무수한, 헤아릴 수 없는**
- He has invented innumerable excuses.
그는 무수한 변명들을 만들어냈다.

inalienable
[inéiljənəbl]
a. 양도할 수 없는, 빼앗을 수 없는
- [**in**(not) + **alien**(외계인) + **able**(~할 수 있는)] 외계인에게 ~할 수 없는, 즉 이 지구를 **양도할 수 없는**
- Everyone has an inalienable right.
누구나 양도할 수 없는 권리가 있다.

475

접두어 mono-

접두어 mono-는 one(하나)의 의미로 쓰인다.
대표적인 예로 monorail(모노레일)은 레일이 1개인 철로를 달리는 열차를 뜻한다.

monologue
[(미)mánəlɔ̀:g]
[(영)mɔ́nəlɔ̀g]

n. 독백

- [mono(one) + logue(speak: 말하다)] 혼자 말하는 것, 즉 독백
- The play starts with an old man's monologue.
  그 연극은 한 노인의 독백으로 시작한다.

monopoly
[(미)mənápəli]
[(영)mənɔ́pəli]

n. 독점

- mono(혼자)만 팔리, 즉 독점
- K company is criticized for its monopoly.
  K사는 독과점으로 비난을 받고 있다.

monotonous
[(미)mənátənəs]
[(영)mənɔ́tənəs]

a. 단조로운, 지루한

- [mono(하나의) + ton(tone: 음조, 톤) + ous(형·어)] 하나의 톤으로 계속되는 소리, 즉 단조로운, 지루한 소리
- monotonously 단조롭게
- monotony 단조로움
- a monotonous work 단조로운 일

monarchy
[(미)mánərki]
[(영)mɔ́nərki]

n. 군주 정치

- 임금 mon(혼자서) archy(govern: 통치하다), 즉 군주 정치
- monarch 군주, 왕
- The tiger is the monarch of the jungle.
  호랑이는 정글의 왕이다.

복습	innate	insure	infer	inborn	numerous
	innumerable	inalienable	monologue	monopoly	monotonous
	monarchy				

접두어 e-, ex-

접두어 e-와 ex-는 out(밖으로)의 의미로 쓰인다.

exquisite
[ikskwízit]

a. 정교한, 섬세한, 아름다운
- 귓속은 예민하여 ex(밖으로) 귀지 two(2)개를 꺼내는 정교한, 섬세한 작업
- These miniatures are very exquisite.
  이 미니어쳐들은 정말 정교하다.

expedition
[èkspədíʃən]

n. 탐험, 탐험대
- "각자 ex(밖으로) 퍼지셔!" 즉, 각자 흩어져서 탐험하는 탐험대
- members of the Mount Everest expedition
  에베레스트산 탐험대원들

external
[ikstə́:rnl]

a. 외부의, 밖의
- ex(밖으로) 터널을 나온, 즉 터널 외부의, 밖의
- the external walls of the building 건물의 외벽

extinguish
[ikstíŋgwiʃ]

v. (불·빛 등을) 끄다
- 소방관이 호수 ex(밖으로) 물을 퉁기시다, 즉 불을 끄다
- extinguisher 소화기
- The soldier extinguished all the lights in the castle.
  그 병사는 성의 모든 불을 껐다.

extinct
[ikstíŋkt]

a. (생명·생물이) 멸종된
- 공룡이 혜성의 충돌로 지구 ex(밖으로) 팅크트(튕겨져) 나가 멸종된
- These animals are virtually extinct.
  이 동물들은 사실상 멸종된 상태다.

exterior
[ikstíəriər]

a. 외부의 n. 외부
- 운동장 ex(밖으로) 공이 튀어리, 즉 운동장 외부의 방향으로
- the exterior walls of a house 집의 외벽

exploit
[ikspló̱it]

v. ¹ 개척하다, 개발하다 ² 착취하다, (부당하게) 이용하다
- 세상 ex(밖으로) 군인들을 풀러(풀어) 식민지를 개척하다, 착취하다
- ¹ exploit solar energy 태양 에너지를 개발하다
  ² The university exploited daily workers.
  그 대학은 일용직 근로자들을 착취했다.

exotic
[미igzátik]
[영igzɔ́tik]

a. 이국적인

- 파란 눈의 외모를 보니 나라 ex(밖에서) 자가(쟤가) 틱! 하고 건너왔나봐. 즉, 외모가 **이국적인**
- None of the wildlife I saw was exotic.
  내가 본 어떠한 야생생물도 이국적이지 않았다.

ego
[미í:gou]
[영í:gəu, égəu]

n. 자아, 자존심

- 1등을 놓쳤다고 교실 e(밖으로) go(나가버리는) 것은 **자아**가 강하고, **자존심** 때문
- The mentor's compliments boosted her ego.
  그 멘토의 칭찬이 그녀의 자존심을 높였다.

복습	exquisite	expedition	external	extinguish	extinct
	exterior	exploit	exotic	ego	

접두어 em-, en-

접두어 em-, en-은 in(~ 안에)의 의미 또는 동사형을 만드는 접두어로 쓰인다.

embargo
[미imbáːrgou]
[영imbáːgəu]

n. (수출·수입) 금지, 통상 금지

- "선박을 항구 em(안에) 박어! 그리고 나오지 마!" 즉, **통상금지**
- Government have put an embargo on exports of semiconductor.
  정부는 반도체 수출을 금지했다.

embryo
[émbriòu]

n. 태아, 배아, 싹

- 엄마의 배 em(안에서) 자라날 뿌리요, 즉 **태아**
- The ultrasound can locate where the embryo is implanted.
  초음파는 배아가 이식된 위치를 찾아낼 수 있다.

empirical
[impírikəl]

a. 경험에 의거한, 실증적인

- 상점 em(안에 있는) 피리를 그냥 사지 않고 꼭 call(불어보고) 사는, 즉 **경험에 의거한, 실증적인**
- A theory needs to be supported with solid empirical evidence.
  이론은 확실한 경험적 증거로 뒷받침될 필요가 있다.

embody
[영imbádi]
[미imbɔ́di]

v. ¹ 구체화하다, 구현하다 ² 포함하다

- 악마가 자기 em(안에) 사람의 body(육체)를 넣다, 즉 구체화하다, 그 육체를 포함하다
- ¹ The animation embodied the lost empire of Atlantis.
  그 애니메이션은 잃어버린 아틀란티스 제국을 구현했다.
- ² The new policy embodies many improvements.
  그 새 정책은 많은 개선 사항을 포함하고 있다.

embed
[imbéd]

v. 깊숙이 박다, 끼워 넣다

- bed(침대)의 이불 em(안으로) 얼굴을 깊숙이 박다, 끼워 넣다
- The children embedded themselves in the sand.
  아이들은 모래에 그들 자신을 깊숙이 묻었다.

encyclopedia
[insàikləpí:diə]

n. 백과사전

- 싸이클경기가 뭔지 궁금하면 책 en(안의) 싸이클 (부분으)로 피시어, 즉 모든 내용이 다 있는 백과사전
- An encyclopedia includes many subjects.
  백과사전은 많은 주제를 포함한다.

enhance
[영inhǽns]
[미inhá:ns]

v. (질·능력 등을) 높이다, 향상시키다

- 닭장 en(안의) hen(암탉)을 먹고 힘을 쓰다, 즉 힘을 높이다, 향상시키다
- Being observed enhances performance.
  관찰 받는 것은 수행능력을 향상시킨다.

entitle
[intáitl]

v. ¹ 자격을 주다, 권리를 주다 ² 제목을 붙이다

- [en(동·접) + title(제목, 자격)] 자격을 주다, 제목을 붙이다
- entitlement 자격, 권리
- ¹ New laws were passed that gave workers holiday entitlements.
  노동자들에게 휴가의 권리를 주는 새로운 법이 통과되었다.
- ² He also wrote a brief introduction to economics entitled *The Economic Organization*.
  그는 또한 <The Economic Organization>이라는 제목의 짧은 경제학 소개서를 썼다.

enact ❶
[inǽkt]

v. 행하다

- [en(동·접) + act(행동)] 행하다
- A strange ritual was being enacted before our eyes.
  우리 눈앞에서 이상한 의식이 행해지고 있었다.

enact ❷
[inǽkt]

v. (법을) 제정하다

- 어떤 태두리 en(안에서) act(행동하도록) (법을) 제정하다
- Singapore enacted a law to ban smoking in public places in the 1970s.
  싱가포르는 1970년대에 공공장소에서의 흡연을 금지하는 법을 제정했다.

| embargo | embryo | empirical | embody | embed |
| encyclopedia | enhance | entitle | enact[1] | enact[2] |

경쌤's TIP

축하합니다.

여러분은 경선식 토플영단어 완성 40강까지 완성하였습니다.

반드시 지켜야 하는 가장 효과적인 복습 방법(5page)을 확인 후 확실하게 복습하세요.

Lecture 41

접두어 re-

접두어 re-는 back(~ 뒤에), again(다시)의 의미로 쓰인다.

recur
[rikə́:r]

v. ¹ 재발하다 ² 되돌아가다 ³ 반복되다

➥ 수술했던 종기가 re(다시) 커져서 재발하다, 수술 전으로 되돌아가다, 반복되다

- recurrent 재발하는, 순환하는
- recurrence 재발, 순환

¹ If the company does not change the system, the same problem will recur. 회사가 시스템을 바꾸지 않으면, 똑같은 문제가 재발할 것이다.
² The topic of the meeting recurred to the labor shortage.
그 회의의 주제는 노동력 부족 문제로 다시 돌아갔다.
³ The main idea recurs throughout the book.
그 책 전반에 걸쳐 주제가 반복된다.

resolve
[⑪ rizálv]
[⑱ rizɔ́lv]

v. ¹ 결심하다 ² 해결하다

➥ ¹ 망친 시험을 다음엔 re(다시) 잘 보겠다고 엄마 앞에서 결심하다, 그렇게 엄마의 노여움을 해결하다
² [re(강조) + solve(해결하다)] 해결하다

¹ She resolved to work harder.
그녀는 보다 열심히 일하기로 결심했다.
² The best way to resolve a dilemma is simply to start writing.
딜레마를 해결하는 가장 좋은 방법은 그저 글을 쓰기 시작하는 것이다.

resolution ❶
[rèzəlú:ʃən]

n. ¹ 결심, 결의안 ² 해결

➥ 사업 실패 후 허리띠를 re(다시) 졸르션(졸라 매서). 즉, 굳은 결심에 의해 사업 문제를 해결

- resolute 굳게 결심한, 단호한
- resolutely 단호하게

¹ My New Year's resolution is to read more books.
나의 새해 결심은 독서를 더 많이 하는 것이다.
² The committee came up with a resolution of the climate crisis.
위원회는 기후 위기에 대한 해결책을 내놓았다.
³ refuse resolutely 단호히 거절하다

resolution ❷
[rèzəlú:ʃən]

n. 해상도

➥ [레절루션 → 내 절두 시원] 산속 깊이 있는 내 절두 시원하게 보이는 해상도 높은 TV

My computer has a high resolution.
내 컴퓨터는 높은 해상도를 가졌다.

resilient
[rizíljənt]

a. 탄력 있는, (부상 등에) 회복력 있는

- 스펀지를 찌르면 re(다시) 찔린언트(찔린) 부분이 튀어 나오는, 즉 **탄력 있는, 회복력 있는**
- resilience 탄력, 회복력
- The new mattress is more resilient than he anticipated.
  새 매트리스는 그가 예상했던 것보다 더 탄력 있다.

rebel
n. a. [rébəl]
v. [ribél]

n. 반역자 a. 반역의 v. 반역하다

- 두목을 re(뒤에서) 칼로 벨, 즉 **반역자, 반역의, 반역하다**
- rebellion 반역, 반란
- The entire staff of the embassy had to leave the country because of the rebels. 반란군 때문에 대사관 직원 전체가 그 나라를 떠나야 했다.

revolt
[rivóult]

v. 반란을 일으키다 n. 반란, 폭동

- 죽일 기회를 엿보려고 두목을 re(뒤에서) 몰래 볼, 즉 **반란을 일으키다, 반란, 폭동**
- The violent revolt spread throughout the city.
  격렬한 폭동이 도시 전체로 번졌다.

retrieve
[ritríːv]

v. 되찾다, 회복하다

- 6.25 전쟁으로 벌거숭이였던 산이 re(다시) tree(나무)들이 부유하게 옛 모습을 **되찾다, 회복하다**
- The girls retrieved their freedom through peaceful protests.
  소녀들은 평화적인 시위를 통해 자유를 되찾았다.

replica
[réplikə]

n. 복제품, 복제, 복사

- 세포 하나가 두 개로 re(다시) 플리어 **복사, 복제**
- It is hard to distinguish a replica from an original product.
  원래 제품과 복제품을 구별하는 것은 어렵다.

복습					
recur	resolve	resolution[1]	resolution[2]	resilient
rebel	revolt	retrieve	replica	

repent
[ripént]

v. 후회하다, 뉘우치다

- 문제의 답을 re(다시) pen(펜)으로 two(2)번으로 고쳤던 것을 **후회하다, 뉘우치다**
- repentance 후회, 뉘우침
- repentant 후회하는, 뉘우치는
- He soon repented his actions. 그는 곧 자신의 행동을 후회했다.

reprove
[riprúːv]

v. 꾸짖다

- 틀렸으니 re(다시) 풀으브!(풀어봐!) 하고 **꾸짖다**
- reproof 꾸지람
- The teacher reproved her students. 선생님은 학생들을 꾸짖었다.

revere
[rivíər]

v. 존경하다, 숭배하다

➤ 어른과 술을 마실 때 몸을 re(뒤로) 돌려서 beer(맥주)를 마실 정도로 어른을 존경하다, 숭배하다
- reverence 존경, 숭배
- irreverent 불손한

Students revere those who fought for national independence.
학생들은 민족 독립을 위해 싸운 사람들을 존경한다.

resume
v. [rizúːm]
n. [rézumèi]

¹ v. 다시 시작하다 ² n. 이력서

➤ 회사에서 해고당한 후 re(다시) 주먹을 불끈 쥠(쥠). 그리고 여기저기 이력서를 내고 다시 시작하다

¹ If our situation changes, we will call you to resume delivery.
저희 상황이 바뀐다면, 배달을 다시 시작하라고 전화드리겠습니다.

² Please submit your resume.
이력서를 제출해 주세요.

recruit
[rikrúːt]

v. (신입사원 등을) 모집하다

➤ re(다시) 배 crew(승무원) two(2)명을 모집하다

The organization is recruiting volunteers.
그 기구는 자원봉사자를 모집 중이다.

recite
[risáit]

v. 암송하다, 낭독하다

➤ re(다시) 경선식영단어 인터넷 싸이트의 단어를 암송하다, 낭독하다
- recital 리싸이틀, 연주회, 발표회, 암송, 낭독

¹ The student recites a poem. 그 학생이 시를 암송한다.

² a Chopin recital 쇼팽 연주회

resourceful
[risɔ́ːrsfəl]

a. 지략이 뛰어난

➤ 조조가 적들을 re(뒤에서) 쐈수, 풀 뒤에 숨어서. 즉, 지략이 뛰어난

Dominic is a resourceful leader. Dominic은 지략이 뛰어난 리더이다.

refine
[rifáin]

v. 정제하다, 개선하다

➤ re(다시) fine(맑은) 상태로 만들다, 즉 정제하다, 개선하다

Crude oil is refined into petroleum products like gasoline.
원유는 휘발유와 같은 석유제품으로 정제된다.

recount
[rikáunt]

v. ¹ 다시 세다, 재검표하다 ² 이야기하다, 말하다

➤ ¹ re(다시) count(세다), 즉 다시 세다, 재검표하다

² 말했던 것을 re(다시) 하나하나 count(세면서) 말하다

¹ Trump requested some states to recount the votes.
Trump는 일부 주에 재검표를 요청했다.

² Repeatedly recounting humorous incidents reinforces unity.
유머러스한 사건들을 되풀이해서 자세히 이야기하면 단합이 강화된다.

refreshments
[rifréʃmənts]

n. 다과, 음식물

- 회의하다가 지쳤을 때 re(다시) 마음을 fresh(상쾌하게) 해주는 다과, 음식물
- refreshing 신선한, 상쾌한
- Lunch is not provided, so please bring your own refreshments.
  점심은 제공되지 않으므로, 각자의 간단한 간식을 가져오시기 바랍니다.

복습	repent	reprove	revere	resume	recruit
	recite	resourceful	refine	recount	refreshments

regress
[rigrés]

v. 퇴보하다

- re(뒤로) 그랬수(갔수), 즉 퇴보하다
- regression 후퇴, 역행
- They had mentally regressed.
  그들은 정신적으로 퇴보했다.

rechargeable
[ritʃá:rdʒəbl]

a. 재충전할 수 있는

- [re(다시) + charge(충전하다) + able(~할 수 있는)] 재충전할 수 있는
- rechargeable batteries
  재충전 배터리

reinforce
[rì:infɔ́:rs]

v. 강화하다, 보강하다

- re(다시) in(안에) force(힘)을 넣어주다, 즉 강화하다, 보강하다
- reinforce a wall with mud
  진흙으로 벽을 보강하다

renowned
[rináund]

a. 유명한, 명성 있는

- 알려지고 또 re(다시) known(알려진), 즉 유명한, 명성 있는
- The French are renowned for their cooking.
  프랑스인들은 요리로 유명하다.

reform
[rifɔ́:rm]

v. 개혁하다, 개선하다

- 오래된 것을 허물고 re(다시) form(형태)를 새롭게 만들어 개혁하다, 개선하다
- reformation 개선, 개혁
- Artists during the Renaissance reformed painting.
  르네상스 시대의 예술가들은 화법을 개혁했다.

rephrase
[ri:fréiz]

v. (뜻을 더 분명히 하기 위해) 바꾸어 말하다

- re(다시) phrase(구절)을 (뜻을 더 분명히 하기 위해) 바꾸어 말하다
- The anchor asked the panel to rephrase her question.
  앵커가 패널에게 질문을 정리해 다시 바꿔서 말해달라고 요청했다.

rejoice
[ridʒɔ́is]

v. 기뻐하다

- re(다시) joy(기쁨)을 뒤집어쓰다, 즉 기뻐하다
- We rejoiced that the war was over.
  우리는 전쟁이 끝난 것을 크게 기뻐했다.

retail
[ríːteil]

n. 소매 a. 소매의 v. 소매하다

- re(뒤에) 달린 쥐 tail(꼬리)만큼 작은 규모로 소매, 소매하다
- retailer 소매 상인
- Pandemic continues to force retail stores to close.
  대유행병으로 소매점들이 어쩔 수 없이 계속 문을 닫고 있다.

rehabilitate
[rìːhəbílətèit]

v. 재활시키다, 원상태로 회복시키다

- re(다시) abilit(ability: 능력)을 갖게 하다, 즉 재활시키다, 원상태로 회복시키다
- rehabilitation 재활, 회복, 복귀
- The therapist made an exercise program to rehabilitate the patients.
  치료사는 환자들을 재활시키기 위한 운동 프로그램을 만들었다.

reproduce
[rìːprədjúːs]

v. 복제하다, 번식하다

- 똑같이 re(다시) produce(생산하다), 즉 복제하다, 번식하다
- reproduction 복제, 번식
- the optimal habitat for reproduction
  번식을 위한 최적의 서식지

복습				
regress	rechargeable	reinforce	renowned	reform
rephrase	rejoice	retail	rehabilitate	reproduce

세계 여러 논문에 실린 연상법의 탁월한 효과(3)

발췌 논문 제목

핵심어 기법(keyword method = 연상법)의 활용이 한국 고등학생의 영어 어휘 학습에 미치는 영향

저자명

정주안 (이화여대 석사논문)

핵심어 기법(연상법)을 활용한 실험 집단이 단순 암기 방법을 활용한 통제 집단보다 높은 점수를 나타내었고 이러한 결과는 핵심어 기법의 활용이 단순 암기 방식보다 어휘 학습에 더 큰 긍정적 영향을 미치는 것을 알려준다.

어휘 기억 측면에서 핵심어 기법의 활용은 단순 암기 방식에 비해 더 높은 효율성을 보이므로 학습자들에게 핵심어 기법의 이와 같은 효율성을 잘 인식시켜 **개인별 어휘 학습에 적극 활용할 수 있도록 장려하는 것이 좋을 것이다.**

Lecture 42

접두어 co-, col-, com-, con-

접두어 co-, col-, com-, con-은 together(~와 함께), with(~을 가지고)의 의미로 쓰인다.

coalition
[kòuəlíʃən]

n. **연합체, 연합**

- 딸기주스와 사과주스를 co(함께) 얼리션(얼리다), 그렇게 딸기사과 아이스크림 **연합체**가 되다
- Clubs from various universities formed a coalition.
  여러 대학의 동아리들이 연합체를 결성했다.

compile
[kəmpáil]

v. ¹ **편집하다** ² **수집하다**

- ¹ 여러 자료를 모아 큰 **파일**로 **편집하다, 수집하다**
- ² **com**(함께) **파일**(file)을 모아 **편집하다, 수집하다**
- ¹ The professor compiled a list of questions from the survey replies.
  그 교수는 설문조사 응답에서 나온 질문 목록을 편집했다.
- ² Editors compiled the pictures from the school's cloud.
  편집자들은 학교의 클라우드에서 사진들을 수집했다.

commission
[kəmíʃən]

n. ¹ **위원회** ² **위탁, 위임** ³ **수수료, 커미션**

- **com**(함께) 학교폭력 방지 **mission**(임무)를 **위탁, 위임**받은 학교폭력 **위원회**
- ¹ The commission was particularly sensitive about the power relationship.
  위원회는 권력 관계에 대해 특히 민감했다.
- ² The CEO gave the commission of authority to the lawyer.
  최고 경영자는 그 변호사에게 권한을 위임했다.
- ³ The headquarter gets a 10% commission on retail sales.
  본사는 소매 판매에서 10%의 수수료를 받는다.

compatible
[kəmpætəbl]

a. ¹ **양립할 수 있는** ² **호환이 되는**

- 두 패거리가 뜻이 맞아 **com**(함께) 패거리를 합쳐 인원이 **double**(2배인) 한 패가 될 수 있는, 즉 서로 **양립할 수 있는, 호환이 되는** 두 패거리
- ¹ Peace and war are not compatible. 평화와 전쟁은 양립할 수 없다.
- ² This printer is compatible with most computers.
  이 프린터는 대부분의 컴퓨터들과 호환된다.

comprehend
[ⓜkɑ̀mprihénd]
[ⓔkɔ̀mprihénd]

v. ¹ **포함하다** ² **이해하다**

- 문제집 안에 **com**(함께) 풀이집 핸드북을 **포함하다**, 그것을 보고 **이해하다**
- comprehension 이해, 포함
- comprehensive 포괄적인, 종합적인

✎ ¹ The lecture comprehends hands-on experience.
그 강의는 실전 경험을 포함한다.
² The students pretended to comprehend the contents of the lecture.
학생들은 강의 내용을 이해한 척했다.

commence
[kəméns]

v. 시작하다, 시작되다

☞ 논술시험 시작종이 울리자 com(함께) men(사람들이) 쓰기 **시작하다**
✎ Shall we commence the ceremony? 식을 시작할까요?

converge
[kənvə́:rdʒ]

v. 한 점에 모이다, 모여들다

☞ "con(함께) 돈을 벌지." 하며 신당동에는 떡볶이 가게, 춘천에는 닭갈비 가게들과 같이 같은 종류의 장사들이 **한 점에 모이다**
- convergent 점차 집합하는, 한 점에 모이는
- convergence 수렴, 집합
✎ All the paths across the park converge at the main gate.
공원을 가로지르는 모든 길은 정문에서 한데 모인다.

confederate
v. [kənfédərèit]
a. [kənfédərət]

v. 동맹하다 a. 동맹의, 연합한

☞ "너희들은 com(함께한) 패더라이(패더라)!" 즉, **동맹의, 동맹하다**
- federal 동맹의, 연합의
✎ The confederate army won the battle. 연합군이 전쟁에서 승리했다.

complacent
[kəmpléisnt]

a. 현실에 안주하는, 자기만족의

☞ 공부 안 하고 친구들과 com(함께) play(놀면서) **현실에 안주하는, 자기만족의**
✎ I became too complacent lately.
나는 요즘 너무 현실에 안주했다.

복습	coalition	compile	commission	compatible	comprehend
	commence	converge	confederate	complacent	

composite
[⑪ kəmpázit]
[⑱ kɔ́mpəzit]

a. 합성의, 혼합된

☞ 빨강 물감과 파란 물감이 물에 com(함께) 빠짓(빠져) **합성의, 혼합된**
✎ Police announced that it was a composite picture.
경찰은 그것이 합성된 사진이라고 발표하였다.

cohere
[kouhíər]

v. 일관성 있다

☞ 일요일 아침마다 부부가 한 번도 빠지지 않고 co(함께) here(이곳) 교회에 온다, 즉 **일관성 있다**
- coherent 일관성 있는, 논리 정연한
- coherence 일관성
✎ His behavior failed to cohere with what he preaches.
그의 행동은 그가 설교하는 것과 일관성이 없었다.

consolidate
[⑩ kənsάlidèit]
[⑭ kɔ́nsɔ́lidèit]

v. ¹ 합병하다, 통합하다 ² 공고히 하다, 강화하다

➤ 두 회사가 "con(함께) 살리! 데이트하듯." 하며 **합병하다, 공고히 하다**

¹ Two airlines consolidated last June.
두 항공사는 지난 6월에 합병했다.

² He will have a chance to consolidate his position at the top.
그는 최고위 자리를 공고히 할 기회를 갖게 될 것이다.

contour
[⑩ kάntuər]
[⑭ kɔ́ntuər]

n. ¹ 윤곽 ² 등고선

➤ ¹ 큰 **tour**(여행)을 할 행선지들을 지도 위에 선으로 연결하여 **윤곽**을 그리다
² **con**(같은) 높이로 **tour**(여행하며) 지나가는 선, 즉 **등고선**

¹ She wanted to make distinct contours with makeup.
그녀는 화장으로 뚜렷한 윤곽을 만들고 싶어 했다.

² A contour line connects all points that lie at the same elevation.
등고선은 동일한 고도에 있는 모든 점을 연결한다.

consonant
[⑩ kάnsənənt]
[⑭ kɔ́nsənənt]

n. 자음 a. 자음의

➤ **con**(함께) 써 넌(넣은) **two**(2)개의 **자음**, 즉 ㄲ, ㄸ, ㅃ, ㅆ…
반면 모음은 ㅏㅏ, ㅜㅜ처럼 같이 써넣지 못한다.

"P" is a consonant.
'P'는 자음이다.

vowel
[váuəl]

n. 모음 a. 모음의

➤ [바우얼 → 아우어] '아' '우' '어'는 **모음**

Korean has 10 vowels while English has 5 vowels.
한국어는 10개의 모음이 있는 반면, 영어는 5개의 모음이 있다.

coexistence
[kòuigzístəns]

n. 공존

➤ [**co**(함께) + **existence**(존재함)] **공존**

peaceful coexistence of human beings and animals
인간과 동물의 평화로운 공존

correlate
[kɔ́:rəlèit]

v. 연관성이 있다

➤ [**cor**(함께) + **relate**(관련시키다)] **연관성이 있다**

• correlation 상호관계

Obesity correlates with diabetes.
비만은 당뇨병과 관련이 있다.

복습	composite	cohere	consolidate	contour	consonant
	vowel	coexistence	correlate		

접두어 inter-

접두어 inter-는 between(~ 사이에)의 의미로 쓰인다.

interfere
[íntərfíər]

v. 방해하다, 간섭하다

➤ 말하고 있는 두 사람 inter(사이에) 끼어들어가 담배를 피워 대화를 방해하다, 간섭하다

▸ Don't interfere with my study.
내 공부를 방해하지 마.

interpret
[intə́:rprit]

v. 통역하다, 해석하다

➤ 두 사람 inter(사이에서) 말을 풀이해서 통역하다, 해석하다

- interpretation 해석, 통역
- misinterpret 잘못 해석하다, 잘못 이해하다

▸ The review paper offered a new interpretation of the research.
비평 논문이 그 연구에 관한 새로운 해석을 내놓았다.

intermission
[ìntərmíʃən]

n. 중간 휴식 시간

➤ 하나의 미션과 다음 mission(임무) inter(사이의) 중간 휴식 시간

▸ There will be a short intermission at the end of Act 2.
2막이 끝나면 짧은 휴식 시간이 있을 것이다.

interface
[íntərfèis]

n. 접속, 접속기 v. 접속하다

➤ 두 기기 inter(사이에) 서로 face(얼굴)을 맞대고 접속, 접속기, 접속하다

▸ the interface between computer and smartphone
컴퓨터와 스마트폰 사이의 접속

intervene
[ìntərvíːn]

v. 끼어들다, 간섭하다

➤ 말하고 있는 두 사람 inter(사이의) 빈 공간에 끼어들다, 간섭하다

- intervention 간섭, 중재

▸ 1 Police came, but did not intervene.
경찰이 왔지만, 개입하지 않았다.

▸ 2 They will happen only through state intervention.
그것들은 오로지 국가의 간섭을 통해서 발생할 것이다.

intersect
[ìntərsékt]

v. 가로지르다, 교차하다

➤ 길 inter(사이를) 쌕! 하고 two(2) 길이 서로를 가로지르다, 교차하다

- intersection 교차, 횡단, 교차점

▸ A road and a railway intersect on 5th avenue.
5번가에서 도로와 철도가 교차한다.

intercept
[íntərsépt]

v. 가로막다, 가로채다

- ¹ 두 사람 inter(사이에서) 오고가는 공을 쎕!(쌔비다), 즉 **가로막다, 가로채다**
- ² 축구, 농구에서 **인터셉트**로 상대방의 공을 **가로막다, 가로채다**
- Messi intercepted Ronaldo's ball. 메시가 호날두의 공을 가로챘다.

interval
[íntərvəl]

n. (시간의) 간격

- 두 사건 inter(사이에) 벌어진 **시간의 간격**
- You should keep your language lessons at regular intervals.
  당신은 당신의 언어 수업을 규칙적으로 계속해야 한다.

interaction
[ìntərǽkʃən]

n. 상호 작용

- 두 사람 inter(사이에서) 오가는 action(활동), 즉 **상호 작용**
- interact 상호 작용을 하다, 교류하다
- the interaction of supply and demand 공급과 수요의 상호 작용

interplay
[íntərplèi]

n. 상호 작용

- 사람과 사람 inter(사이에) 이루어지는 play(활동), 즉 **상호 작용**
- Companies nowadays should consider the interplay between generations.
  요즘 기업들은 세대 간의 상호 작용을 고려해야 한다.

복습	interfere	interpret	intermission	interface	intervene
	intersect	intercept	interval	interaction	interplay

리얼 생생 수강후기

영어에 대한 자신감 향상! 영어에 대한 두려움을 극복하게 해주셨습니다. (민*환)

들어보면 아십니다. 영단어를 외우는 데 처음으로 직접 쓰고 또 외우고 또 쓰고 외우고를 하지 않아도 인강 들으며 따라 하면서 누적복습만 했는데 기억이 그대로 계속 갑니다. 하루에 700개 암기를 처음으로 해보았고, 영어에 대한 자신감 향상, 영어에 대한 두려움을 극복하게 해주셨습니다. 강의를 만들어주신 경선식 선생님에게 정말 감사의 인사를 드리고 싶습니다.

Lecture 43

접두어 pro-

접두어 pro-는 forward(앞으로), before(~ 전에)의 의미로 쓰인다.

prominent
[미] práminənt
[영] prɔ́minənt

a. 두드러진, 유명한

- "노래를 누가 제일 잘하니?"라고 선생님이 묻자 학생들이 **pro**(앞으로) 미는 **two**(2)명의 **두드러진, 유명한** 학생
- One prominent scholar said, "Anything can look like a failure in the middle."
  한 저명한 학자는 "어떠한 것도 중간에서는 실패로 보일 수 있다."라고 말했다.

proclaim
[미] proukléim
[영] prəkléim

v. 선언하다, 선포하다

- 사람들 **pro**(앞에) 대고 **claim**(주장하다), 즉 **선언하다, 선포하다**
- The government proclaimed a public holiday.
  정부는 공휴일을 선포했다.

prophecy
[미] práfəsi
[영] prɔ́fəsi

n. 예언

- **pro**(앞으로) 일어날 **four**(4)가지 사건을 꿈으로 **see**(보고) 말함, 즉 **예언**
- prophesy 예언하다, 예언하다
- Apollo was the Greek god of the arts, prophecy and light.
  아폴로는 그리스의 예술, 예언, 빛의 신이었다.

promotion ①
[prəmóuʃən]

n. 승진, 진급

- 직원을 **pro**(앞으로) **모션**(모셔), 즉 **승진, 진급**
- Sutton worked hard for her promotion.
  Sutton은 승진을 위해 열심히 일했다.

promotion ②
[prəmóuʃən]

n. 홍보, (판매) 촉진

- 손님을 **pro**(앞으로) **모션**(모셔)놓고 **홍보, (판매) 촉진**
- promote ¹승진시키다 ²홍보하다, (판매) 촉진하다
- Julia met her fans at a movie promotion event.
  Julia는 영화 홍보 행사에서 팬들을 만났다.

접두어 im-

접두어 im-은 in(~ 안에), not의 의미로 쓰인다.

impulse
[ímpʌls]

n. 충동, 자극

- 소매치기가 남의 가방 im(안으로) 팔을 스윽 넣어 훔치고 싶은 **충동, 자극**
- impulsive 충동적인
- Gary had an impulse to shout.
  Gary는 소리치고 싶은 충동을 느꼈다.

implement
n. [ímpləmənt]
v. [ímpləmènt]

¹ n. 도구, 기구 ² v. 이행하다

- im(안에) 있는 나사를 풀려면 two(2)개의 십자, 일자 드라이버 **도구, 기구**로 작업을 **이행하라**!
- ¹ farm implements 농기구
  ² The school will implement new policies from next week.
  그 학교는 다음 주부터 새로운 정책을 이행할 것이다.

implore
[impló:r]

v. 애원하다, 간청하다

- 철창 im(안에) 잡혀있는 아들을 풀어주세요! 하고 **애원하다, 간청하다**
- They implored her to help.
  그들은 그녀에게 도움을 간청했다.

복습	prominent	proclaim	prophecy	promotion¹	promotion²
	impulse	implement		implore	

plea
[pli:]

n. 애원, 간청, 변호

- 감옥에 있는 자식을 풀리게 해달라고 **애원, 간청, 변호**
- plead 애원하다, 변호하다
- The parents made a plea to kidnappers.
  부모는 납치범들에게 애원했다.

impair
[impέər]

v. 손상시키다, 해치다

- 칼에 베어 살점이 im(안으로) 움푹 패어지도록 피부를 **손상시키다, 해치다**
- Too much alcohol impairs your ability to drive.
  지나친 술은 운전 능력을 저해한다.

impose
[impóuz]

v. (의무·세금 등을) 부과하다, 강요하다

- 세금을 쌀로 거두었던 조선 시대에 관료가 돌아다니며 "자루 im(안에) 쌀을 퍼주시오!" 하고 세금을 **부과하다, 강요하다**
- imposition (의무·세금·짐 등을) 지움, 부과

📖 We try to impose our values on others by wanting them to live by what we feel is "right."
우리는 우리가 '옳다'고 느끼는 것에 따라 다른 이들이 살기를 바람으로써 우리의 가치관을 다른 이들에게 강요하려 한다.

imply
[implái]

v. 암시하다, 의미하다

➤ 꿀단지 im(안에)까지 들어가 달라붙어 죽은 fly(파리) 이솝 우화는 즐거움도 도가 지나치면 해가 된다는 것을 **암시하다, 의미하다**
- implication 암시, 함축
- 📖 Silence does not always imply consent.
  침묵이 항상 동의를 의미하는 것은 아니다.

implicit
[implísit]

a. 암시된, 내포된

➤ 암호 im(안에) **암시된, 내포된** 것이 풀리었다.
- 📖 His statement contained an implicit acknowledgement that he had made a mistake.
  그의 진술은 그가 실수를 했다고 은연중에 인정하는 내용을 포함했다.

imprison
[imprízn]

v. 감옥에 넣다

➤ prison(감옥) im(안으로) 넣다, 즉 **감옥에 넣다**
- 📖 The men were imprisoned.
  그 남자들은 투옥되었다.

impoverish
[⑪impávəriʃ]
[⑫impɔ́vəriʃ]

v. 가난하게 하다

➤ [im(강조) + pover(poverty: 가난) + ish(동·어)] **가난하게 하다**
- 📖 starving writers and their impoverished descendants
  굶주리는 작가들과 그들의 빈곤한 후손들

imprint
n. [ímprint]
v. [imprínt]

n. 자국, 각인 v. 새기다

➤ 나무판 im(안에) print(인쇄하다), 즉 **자국, 각인, 새기다**
- 📖 The dog left imprints on the painted bench.
  개가 페인트칠을 한 벤치에 발자국을 남겼다.

impure
[impjúər]

a. 순수하지 않은, 불순물이 섞인

➤ [im(not) + pure(순수한)] **순수하지 않은**
- 📖 They are steamed, boiled, and then washed many times to remove any impure materials.
  그것들은 어떠한 불순물들도 제거하기 위해 찌고 삶은 후 여러 번 세척된다.

복습	plea	impair	impose	imply	implicit
	imprison	impoverish	imprint	impure	

접두어 fore-

접두어 fore-는 before(~ 전에, 먼저, 미리), front(앞, 앞의)의 의미로 쓰인다.

forecast
[fɔ́ːrkæ̀st]

n. 예측, 예보 v. 예측하다, 예보하다

- fore(미리) 개스(방귀)를 two(2)번 뀌겠다고 예보하다, 친구들은 방귀를 낄 것을 예측하다
- The forecast says there will be storms this weekend.
  일기예보에 의하면 이번 주말에는 폭풍우가 친다고 한다.

foretell
[fɔːrtél]

v. 예고하다, 예언하다

- fore(미리) tell(말하여) 예고하다, 예언하다
- 1 Nobody foretells his fate.
  아무도 자기 운명을 예언하지 못한다.
  2 Moles are believed to foretell the future.
  (피부의) 점은 미래를 예언한다고 믿어진다.

foremost
[fɔ́ːrmoust]

a. 맨 앞의, 최고의, 가장 중요한

- [fore(앞의) + most(가장)] 맨 앞의, 최고의, 가장 중요한
- O'Neill is the world's foremost violist.
  오닐은 세계 최고의 비올라 연주자이다.

forearm
[fɔ́ːrɑːrm]

n. 전박

- fore(앞부분)에 있는 arm(팔), 즉 전박
- 1 forearm muscle 전박근
  2 Next, make bigger circles with your forearms.
  다음으로, 전박으로 더 큰 원을 그려라.

forefather
[fɔ́ːrfɑ̀ːðər]

n. 선조, 조상

- fore(전에) 존재했던 father(아버지), 즉 선조, 조상
- We learned how forefathers spent their Chuseok.
  우리는 선조들이 추석을 어떻게 보냈는지 배웠다.

foresee
[fɔːrsíː]

v. 예견하다, 예측하다

- [fore(미리) + see(보다)] 예견하다, 예측하다
- A stockbroker needs the ability to foresee the market.
  증권 중개인은 시장을 예측할 수 있는 능력이 필요하다.

접두어 counter-

접두어 counter-는 against(~에 대항하여, ~에 반대하여)의 의미로 쓰인다.

counterpart
[káuntərpà:rt]

n. 짝의 한 쪽, 상대물, 대응물

- [counter(against) + part(부분)] 상대(대응)되는 부분, 즉 짝의 한 쪽, 상대물, 대응물
- Night is the counterpart of day.
  밤은 낮과 상응한다.

counterclockwise
[kàuntərklákwàiz]

ad. 시계 반대 방향으로 (= anticlockwise)

- [counter(agianst) + clock(시계) + wise(~ 방향으로)] 시계 반대 방향으로
- clockwise 시계 방향으로
- Mark turned the roulette counterclockwise.
  Mark는 룰렛을 시계 반대 방향으로 돌렸다.

counteract
[kàuntərǽkt]

v. 대항하다, 상쇄하다, 중화시키다

- [counter(against) + act(행동하다)] 대항하다, 상쇄하다, 중화시키다
- Social sharing may help to counteract some natural tendency.
  사회적 공유는 어떤 자연적인 성향을 중화시키는 데 도움이 될 수도 있다.

복습	forecast	foretell	foremost	forearm	forefather
	foresee	counterpart	counterclockwise	counteract	

접두어 de-

접두어 de-는 down(아래로), not의 의미를 가진다.

decline
[dikláin]

¹ n. 쇠퇴, 감소, 하락 v. 쇠퇴하다 ² v. 거절하다

- 집값이 de(아래로) 클(큰) line을 그리며 쇠퇴, 하락. 그래서 집 구매를 거절하다
- ¹ All the patients are declining in health.
  모든 환자들은 건강이 나빠지고 있다.
- ² Tyler declined a job offer from a top law firm.
  Tyler는 일류 로펌의 일자리 제안을 거절했다.

defy
[difái]

v. 반항하다, 거역하다

- 땅 de(아래로) 엄마가 사준 파이를 던지면서 안 먹겠다고 반항하다, 거역하다
- defiance 반항, 거역
- In an act of defiance they continued to play their music loud.
  반항의 행동으로 그들은 계속 음악을 크게 틀었다.

depict
[dipíkt]

v. 그리다, 묘사하다

- 나뭇가지로 땅 de(아래에) pict(picture: 그림)을 그리다, 묘사하다
- depiction 묘사, 서술
- Her novel depicts life in Victorian London.
  그녀의 소설은 빅토리아 시대의 런던의 생활상을 묘사하고 있다.

descend
[disénd]

v. 내려가다, 계통을 잇다

- de(아래로) send(보내어) 내려가다, 계통을 잇다
- descent 내려감, 혈통
- descendant 자손, 후예
- Evolution works to maximize the number of descendants that an animal leaves behind.
  진화는 동물이 뒤에 남기는 후손들의 수를 최대로 하도록 작용한다.

degrade
[digréid]

v. (가치·품위 등을) 떨어뜨리다

- de(아래로) grade(등급)을 떨어뜨리다
- Pollution is degrading the environment.
  오염이 환경의 질을 떨어뜨리고 있다.

department
[dipá:rtmənt]

n. 부서, 매장, 학과

- 회사, 백화점 등의 조직 de(아래에) part(부분)으로 나누어진 ment(것), 즉 **부서, 매장, 학과**
- ¹ the Department of Education 교육부
  ² a department store 백화점

deforest
[di:fɔ́:rist]

v. 삼림을 벌채하다

- forest(숲)을 베어 de(아래로) 쓰러지게 하다, 즉 **삼림을 벌채하다**
- deforestation 삼림 벌채(파괴)
- carbon emissions from mostly tropical deforestation
  대부분 열대지방의 벌채로부터 오는 탄소 배출

복습 | decline | defy | depict | descend | degrade
       | department | deforest

접두어 a-

접두어 a-는 not(~이 아닌)의 의미로 쓰인다.

vocation
[voukéiʃən]

n. 천직, 직업

- 나는 식당 **부엌에 있션**(있어), 즉 주방장이 **천직, 직업**
- The pastor felt it was his vocation to minister to the sick.
  그 목사는 아픈 사람들을 돌보는 것이 자신의 천직이라고 느꼈다.

avocation
[ævəkéiʃən]

n. 부업, 취미

- [a(not) + vocation(천직, 직업)] **부업, 취미**
- She does translation work as an avocation.
  그녀는 부업으로 번역 일을 한다.

amoral
[eimɔ́(:)rəl]

a. 도덕과 관계없는, 도덕관념이 없는

- [a(not) + moral(도덕적인)] **도덕과 관계없는, 도덕관념이 없는**
- Knowledge is amoral.
  지식은 도덕과 관계가 없다.

atypical
[eitípikəl]

a. 이례적인, 전형적이 아닌

- [a(not) + typical(전형적인)] **전형적이 아닌**
- The subject's responses are typical or atypical.
  피험자의 반응은 전형적이거나 이례적이다.

asymmetrical
[èisəmétrikəl]

a. 비대칭의

- [a(not) + symmetrical(대칭적인)] 비대칭의
- a strange asymmetrical design 이상한 비대칭 디자인

접두어 out-

접두어 out-은 outside(밖의, 밖에, 밖으로), better than(~보다 더 나은), more than(~보다 더 많이)의 의미로 쓰인다.

outing
[áutiŋ]

n. 소풍, 여행

- out(밖으로) 팅! 뛰쳐나가 떠나는 소풍, 여행
- My daughter went on her first outing today.
  내 딸은 오늘 첫 소풍을 갔다.

outfit
[áutfit]

n. 옷, 복장

- 집 out(밖으로) 나갈 때 fit(딱 맞춰) 입는 옷, 복장
- I need to buy a new outfit for the party.
  나는 파티에 입을 새 옷을 사야 한다.

outcast
[(미)áutkæst]
[(영)áutkà:st]

n. 쫓겨난 사람, 따돌림 받는 사람

- 모임 out(밖으로) cast(내던져진), 즉 쫓겨난 사람, 따돌림 받는 사람
- The aged are often treated like outcasts by a kind of culturally prejudiced attitude.
  나이든 사람들은 종종 일종의 문화적으로 편협된 태도에 의해 내쫓긴 사람처럼 취급받는다.

복습				
	vocation	avocation	amoral	atypical	asymmetrical
	outing	outfit	outcast		

mode
[moud]

n. ¹ 방법, 방식 ² 유행

- 경선식 연상법과 같이 요즘, 즉 모두 사용하는 방식, 유행
- ¹ His mode of doing business is aggressive.
  그의 사업 방식은 공격적이다.
  ² the latest mode 최신 유행

outmoded
[àutmóudid]

a. 유행에 뒤진, 구식의

- mode(유행) out(밖에) 있는, 즉 유행에 뒤진, 구식의
- outmoded idea 시대에 뒤떨어진 생각

499

outlandish
[àutlǽndiʃ]

a. 이국적인, 기이한

- 우리나라 out(밖에) 있는 land(나라)에서 온 듯한, 즉 **이국적인, 기이한**
- outlandish clothes 이국적인 옷

outlet
[áutlet]

n. ¹ 배출구 ² 할인점, 아울렛

- [out(out) + let(하게 하다)] out(밖으로) 나가도록 let(허락하는) 것, 즉 **배출구**
- The lake has no outlet.
  그 호수는 (물이) 나가는 배출구가 없다.

outgrow
[àutgróu]

v. ¹ ~보다 더 커지다 ² 나이가 들면서 ~에서 벗어나다
³ (옷 따위가) 몸이 커져서 못 입게 되다

- [out(~보다 더 많이) + grow(자라다)] (옷 따위가) 몸이 커져서 못 입게 되다, ~보다 더 커지다
- ¹ My little brother outgrew me when he entered high school.
  내 남동생은 고등학교에 입학하고 나보다 몸집이 더 커졌다.
- ² Most kids simply outgrow nightmares on their own.
  대부분의 아이들은 성장하면 저절로 악몽을 꾸지 않는다.

outlast
[⑩ àutlǽst]
[⑨ àutlá:st]

v. ~보다 더 오래가다

- [out(~보다 더 많이) + last(지속하다)] **~보다 더 오래가다**
- Jazz will outlast rock music.
  재즈는 록 음악보다 오래갈 것이다.

outlive
[àutlív]

v. ~보다 더 오래 살다

- [out(~보다 더 많이) + live(살다)] **~보다 더 오래 살다**
- Whales outlive almost every other creature.
  고래는 거의 모든 다른 생물체보다 오래 산다.

outrun
[àutrÁn]

v. 뛰어 앞지르다

- [out(~보다 더 잘) + run(뛰다)] **뛰어 앞지르다**
- Can a man outrun a horse?
  사람이 말보다 빨리 달릴 수 있을까?

outweigh
[àutwéi]

v. ~보다 무게가 더 나가다, ~보다 중요하다

- [out(~보다 더 많이) + weigh(무게가 나가다)] **~보다 무게가 더 나가다, ~보다 중요하다**
- Human lives outweigh money.
  사람의 생명은 돈보다 중요하다.

outpace
[àutpéis]

v. 앞지르다

- out(~보다 더 많이) pace(속도)가 빠르다, 즉 **앞지르다**
- Mr. Park outpaced his rival in Olympics.
  박 씨는 올림픽에서 그의 경쟁자를 앞질렀다.

복습	mode	outmoded	outlandish	outlet	outgrow
	outlast	outlive	outrun	outweigh	outpace

리얼 생생 수강후기

큰 노력을 하지 않았는데, 저절로 단어가 암기가 되었다는 점!! (이*예)

경선식 영단어를 처음 접하고, 강의와 함께 암기하니 놀랍게도 큰 노력을 하지 않았는데, 저절로 단어가 암기가 되었다는 점이 매우 쉽고 흥미를 붙일 수 있는 점이었습니다.

연상 암기로 진행을 했다고 해서 혼동이 잠시 있을 순 있어도, 다시 한번 복습하면 단어가 머릿속에 저장이 바로 되었습니다. 연상 암기가 방해가 된다기보다 오히려 신기하게도 독해를 할때 자연스럽게 뇌에 박힌 덕분인지 단어를 기억하고 독해할 수 있었습니다.

Lecture 45

> **접두어**
> **ac(c)-, af(f)-, ag(g)-, al(l)-, ap(p)-, as(s)-, at(t)-**
>
> 접두어 ac(c)-, af(f)-, ag(g)-, al(l)-, ap(p)-, as(s)-, at(t)-는 to(~ 쪽으로, ~에게)의 의미로 쓰인다.

assign
[əsáin]

v. 할당하다, 선임하다, (때·장소를) 지정하다

- [as(to) + sign(사인, 신호)] 대원들 as(쪽으로) 손짓으로 사인을 보내 임무를 할당하다, 가야 할 장소를 지정하다
- assignment 할당, 임명, 할당된 일, 숙제, 지정
- He was assigned to a small school in a poor rural county.
  그는 가난한 시골 마을에 있는 작은 학교에 배정되었다.

allocate
[æləkèit]

v. 할당하다, 배정하다

- [al(to) + locate(위치하다)] ~쪽으로 위치하게 하다, 즉 할당하다, 배정하다
- allocation 할당
- issues of allocating unfit tasks to humans in automated systems
  자동화된 시스템에서 인간에게 부적합한 과제를 할당하는 것의 문제들

assure
[əʃúər]

v. 장담하다, 보장하다

- as(~에게) sure(확신하는), 즉 장담하다, 보장하다
- A win would assure them a place in the finals.
  우승하면 그들은 결승전에 진출할 수 있을 것이다.

reassure
[rìːəʃúər]

v. 안심시키다

- 의사선생님이 괜찮을 거라고 re(다시) assure(장담하다), 즉 환자를 안심시키다
- The police tried to calm and reassure the victim.
  경찰은 피해자를 진정시키고 안심시키려고 애썼다.

accustom
[əkʌ́stəm]

v. 익숙하게 하다

- custom(관습)이 되는 ac(쪽으로) 가져가다, 즉 익숙하게 하다
- be accustomed to + 명사/동명사 ~에 익숙해지다
- I am already accustomed to a new culture.
  나는 이미 새 문화에 익숙해졌다.

접두어 dis-

접두어 dis-는 not(~이 아닌), away(멀리 떨어진)의 의미로 쓰인다.

discharge
[distʃáːrdʒ]

v. (회사·형무소·군대·병원 등에서) 내보내다, 방출하다 n. 해고, 석방, 제대

- dis(멀리) 발로 차지. 그렇게 사람을 내보내다, 해고, 석방, 제대
- discharged from military service 군에서 제대한

discard
[diskáːrd]

v. 버리다, 폐기하다

- [dis(away) + card(카드)] 카드놀이에서 불필요한 card(카드) 패를 dis(멀리) 버리다, 폐기하다
- They've even invented items that are meant to be used once and discarded.
  그들은 심지어 한 번 사용되고 버려지도록 되어 있는 물건들을 발명해 왔다.

distort
[distɔ́ːrt]

v. 일그러뜨리다, 왜곡하다

- ¹ this 티비 화면이 또 트러지네. 즉, 일그러뜨리다, 왜곡하다
- ² [dis(강조) + tort(twist: 비틀다)] 완전히 비틀다, 즉 일그러뜨리다
- Newspapers often distort facts.
  신문은 흔히 사실을 왜곡한다.

일그러뜨리다, 왜곡하다

| 복습 | assign | allocate | assure | reassure | accustom |
| | discharge | discard | distort | | |

disperse
[dispə́ːrs]

v. 해산시키다, 흩어지다

- 군중을 경찰들이 dis(멀리) 팔로 스윽 밀어 해산시키다, 흩어지다
- dispersal 해산, 분산
- At the request of the police, the huge crowd dispersed and everyone went home.
  경찰의 요청으로 그 많은 군중은 해산하여 모든 사람들이 집으로 갔다.

displace
[displéis]

v. ¹ 대체하다 ² 쫓아내다

- dis(멀리) 그 place(위치)에 있던 사람을 쫓아내다, 그리고 다른 사람으로 대체하다
- ¹ The company aims to displace plastic with reusable packaging.
  그 회사는 재사용 가능한 포장으로 플라스틱을 대체하는 것을 목표로 한다.
- ² The dam will displace thousands of people and destroy the ecosystem.
  그 댐은 수천 명의 사람들을 쫓아내고 생태계를 파괴할 것이다.

쫓아내다 / 대체하다

disabled
[diséibld]

a. 불구가 된, 무능력해진

- [dis(not) + able(~할 수 있는) + d(형·어)] ~을 할 수 없게 된, 즉 **무능력해진**, 그리고 손이나 발을 사용할 수 없게 된, 즉 **불구가 된**
- disability 무능, 장애
- They provide free medical treatment for disabled children of poor families.
  그들은 가난한 가정의 장애아들을 위해 무료 진료를 제공한다.

disapprove
[dìsəprúːv]

v. 찬성하지 않다, 못마땅해하다

- [dis(not) + approve(승인하다)] 찬성하지 않다, 못마땅해하다
- Environmental activists disapproved of the government's decision.
  환경 운동가들은 정부의 결정에 못마땅해했다.

접미어 -scope

접미어 -scope는 '관찰 기기'의 의미로 쓰인다.

---

periscope
[périskòup]

n. 잠망경

- 물 밖으로 빼리, 그리고 scope(보는 기구), 즉 **잠망경**
- Marines are accustomed to using periscope.
  해병대원들은 잠망경을 쓰는 데 익숙해져 있다.

telescope
[téləskòup]

n. 망원경

- [tele(away) + scope(관찰 기기)] 멀리 관찰하는 기기, 즉 **망원경**
  (tele는 telephone(전화기), television(TV) 등에서 알 수 있듯, away(멀리)를 뜻한다.)
- I like seeing the sky at night through telescope.
  나는 밤에 망원경을 통해 하늘을 보는 것을 좋아한다.

microscope
[máikrəskòup]

n. 현미경

- [micro(small) + scope(관찰용 기구)] 작은 물건을 관찰하는 기구, 즉 **현미경**
- You can only see it with a microscope.
  그것은 현미경이 있어야만 볼 수 있다.

scope
[skoup]

n. 범위, 여지, 기회

- 인류는 telescope, microscope와 같은 scope(보는 기기)를 통해 멀리, 또는 작은 **범위**를 볼 수 있는 **여지, 기회**가 생겼다.
- the size and scope of potential or actual losses
  잠재적 혹은 실제적 손실의 규모와 범위

| 복습 | disperse telescope | displace microscope | disabled scope | disapprove | periscope |

접두어 trans-, tres-

접두어 trans-, tres-는 across(가로질러, 건너편으로)의 의미로 쓰인다.

transform
[trænsfɔ́:rm]

v. 변형시키다, 바꾸다

→ 이쪽 형태에서 저쪽 형태로 trans(가로질러) form(형태)를 **변형시키다, 바꾸다**

- transformation 변형
- Each listener could transform the music depending upon his or her own personal tastes.
  각 청취자는 자신의 개인적인 취향에 따라 음악을 변형시킬 수 있었다.

translate
[trænsléit]

v. 번역하다, 통역하다

→ 이쪽 언어에서 저쪽 언어로 trans(가로질러) 쓸래!(이트), 즉 **번역하다, 통역하다**

- The publisher translated the book into 10 languages.
  출판사는 그 책을 10개 국어로 번역했다.

transplant
n. [trǽnsplænt]
v. [trænsplǽnt]

n. 이식 v. 이식하다, 옮겨 심다

→ 이쪽 사람에서 저쪽 사람으로 장기를 trans(가로질러) plant(심어) **이식하다, 옮겨 심다**

- organs available for transplant
  이식 가능한 장기들

transparent
[trænspǽrənt]

a. 투명한, 비치는

→ 유리를 trans(가로질러) parent(부모님)이 보일 정도로 유리가 **투명한, 비치는**

- The barista filled the transparent container with lemonade.
  바리스타는 투명한 용기에 레모네이드를 채웠다.

transfer
[trænsfə́:r]

v. 옮기다, 이동하다, 갈아타다

→ 노선을 trans(가로질러) four(4)호선 지하철로 **옮기다, 이동하다, 갈아타다**

- Please transfer the call and I'll take it in my office.
  전화를 돌려주세요. 내 사무실에서 받겠어요.

transaction
[trænsǽkʃən]

n. 거래, 매매, (업무의) 처리

- 상인들이 국경을 **trans**(가로질러) 하는 **action**(활동), 즉 거래, 매매, 물건을 팔아 처리
- The court ruled that his transaction was illegal.
  법정은 그의 거래가 위법이라고 판결했다.

trespass
[tréspəs]

v. 침입하다, 침해하다

- 군인들이 국경선을 **tres**(across: 가로질러) **pass**(지나가다), 즉 다른 나라를 침입하다, 침해하다
- They trespassed on the King's domain.
  그들은 왕의 영토를 침입하였다.

복습	transform	translate	transplant	transparent	transfer
	transaction	trespass			

경쌤's TIP

축하합니다.

여러분은 경선식 토플영단어 완성 45강까지 완성하였습니다.

반드시 지켜야 하는 가장 효과적인 복습 방법(5page)을 확인 후 확실하게 복습하세요.

접두어 over-

접두어 over-는 '위에', '~에 걸쳐서', '~ 이상으로'의 의미로 쓰인다.

overlap
[òuvərlǽp]

v. 겹치다, 겹치게 하다

- 배달 음식을 싼 랩 over(위에) 랩을 또 씌워 겹치다, 겹치게 하다
- Alert window overlaps with an existing alert window.
  경고 창이 기존 경고 창과 겹친다.

overthrow
[òuvərθróu]

v. 뒤집어엎다, 전복시키다

- 부패한 정부를 over(위로) throw(던져서) 뒤집어엎다, 전복시키다
- The younger generation attempted to overthrow the old system.
  젊은 세대는 낡은 제도를 뒤집어엎으려고 시도했다.

overbearing
[òuvərbɛ́əriŋ]

a. 거만한, 남을 지배하려 드는

- 남들 over(위에) 군림하려는 행동이 몸에 배어리, 즉 거만한, 남을 지배하려 드는
- Blair's boyfriend is selfish and overbearing.
  Blair의 남자친구는 이기적이고 거만하다.

overstate
[òuvərstéit]

v. 과장하다

- over(~ 이상으로) state(말하다), 즉 과장하다
- Headlines in many newspapers often overstate the case.
  많은 신문의 헤드라인은 종종 사건을 과장한다.

접두어 pre-

접두어 pre-는 before(이전에, 미리, ~ 앞에)의 의미로 쓰인다.

prestige
[prestí:ʒ]

n. 명성, 위신

- 다른 사람들보다 pre서(앞에서) 튀지, 즉 명성, 위신
- prestigious 이름이 난, 세상에 알려진
- BTS gained international prestige with their songs.
  BTS는 그들의 노래로 국제적인 신망을 얻었다.

predicament
[pridíkəmənt]

n. 곤경, 궁지

- 곤경에 처해 눈 pre(앞에) 디커먼트(시커멓다).
- The directors faced a predicament in trying to meet the deadline.
  관리자들은 마감 시간을 맞추려고 노력하는 데 있어서 곤경에 직면했다.

preliminary
[⑨prilímineèri]
[⑲prilíminəri]

a. 예비의, 서두의

- 비가 올 것 같으니 예비의 우산을 pre(미리) 내 님이 가방 안에 넣으리.
- After some preliminary remarks, the ceremonies got under way.
  몇 차례 예비 발언이 있은 후, 그 의식은 진행되었다.

preside
[prizáid]

v. 주재하다, 사회를 보다

- pre(앞에) 있는 side(측면)으로 나와 주재하다, 사회를 보다
- Jane was appointed to preside at the meeting.
  Jane이 모임을 주재하도록 임명되었다.

preview
[prí:vjù:]

n. 미리 보기, 시사회 v. 미리 보여주다

- [pre(미리) + view(보기)] 미리 보기, 시사회, 미리 보여주다
- The magazine company invited influencers to preview a film.
  잡지사는 영화 시사회에 인플루언서들을 초대했다.

복습

| overlap | overthrow | overbearing | overstate | prestige |
| predicament | preliminary | preside | preview | |

---

preface
[préfis]

n. 머리말, 서문

- 책에 있어 pre(앞의) face(얼굴)에 해당하는 머리말, 서문
- Mr. Kyung wrote a preface to a book.
  경 선생님은 책에 서문을 썼다.

prefix
[prí:fiks]

n. 접두사

- 단어의 pre(앞에) fix(고정시키다, 붙이다), 즉 접두사
- The English Language will have either a Greek or Latin prefix.
  영어는 그리스어나 라틴어 접두사를 갖고 있다.

suffix
[sʌ́fiks]

n. 접미사

- [suf(under) + fix(고정시키다, 붙이다)] 아래[뒤]에 붙이는 말, 즉 접미사
- In the word "backward", "ward" is a suffix.
  'backward'라는 단어에서 'ward'는 접미사이다.

premature
[prìːmətʃúər]

a. 예정보다 이른, 시기상조의

➤ pre(미리) mature(성숙한), 즉 예정보다 이른, 시기상조의

▣ The Chinese government bears a heavy responsibility for his premature death.
그의 조기 사망에 대해 중국 정부는 무거운 책임을 지고 있다.

preoccupied
[(미)priákjupaid]
[(영)priókjupaid]

a. (생각·걱정에) 사로잡힌, 몰두한

➤ 다른 생각보다 pre(먼저) 어떠한 생각에 머리가 occupied(점거된), 즉 그 생각에 사로잡힌, 몰두한

• preoccupation (생각·걱정에) 사로잡힘, 몰두

▣ the visual preoccupation of early humans with the nonhuman creatures
초기 인류의 인간 이외의 생명체들에 대한 시각적 집착

preconceive
[prìːkənsíːv]

v. 선입견을 갖다, 예상하다

➤ pre(미리) conceive(생각하다), 즉 선입견을 갖다, 예상하다

• preconception 예상, 선입견

▣ Their friendship developed by confronting preconceived ideas about race.
그들의 우정은 인종에 대한 선입견과 맞서면서 발전했다.

접두어 post-

접두어 post-는 after(~ 후에, 뒤에, 나중에)의 의미로 쓰인다.

postpone
[poustpóun]

v. 연기하다

➤ post(나중에) 만나자고 phone(전화)하여 만남을 연기하다

▣ Many couples postponed their wedding due to the pandemic situation.
많은 커플들이 전염병 상황 때문에 결혼을 연기했다.

posterior
[(미)pɑstíəriər]
[(영)pɔstíəriər]

a. ¹ 나중의, 이후의 ² 뒤쪽의

➤ [post(뒤에) + eri + or(비교급 어미)] 더 뒤에 있는, 즉 나중의, 뒤쪽의

▣ ¹ posterior to the year 2002 2002년 이후의
   ² The posterior ribs were broken.
   뒤쪽의 갈비뼈가 부러졌다.

postwar
[pòustwɔ́ːr]

a. 전후의

➤ [post(~후의) + war(전쟁)] 전후의

▣ The book is about the postwar situation in the Korean peninsula.
그 책은 한반도의 전후 상황에 관한 것이다.

복습	preface	prefix	suffix	premature	preoccupied
	preconceive	postpone	posterior	postwar	

접두어 eco-

접두어 eco-는 '환경', '생태'를 뜻한다.

eco-friendly
[ìːkoufréndli]

a. 친환경적인

- [eco(환경, 생태) + friendly(친근한, 우호적인)] 친환경적인
- The company promised to make eco-friendly cars.
  그 회사는 친환경 자동차를 만들겠다고 약속했다.

ecology
[⑩ikάlədʒi]
[⑧ikɔ́lədʒi]

n. 생태학, 생태

- [eco(환경, 생태) + logy(학문을 뜻하는 접미어)] 생태학, 생태
- ecological 생태학의
- ecologist 생태학자
- Smog-choked cities are threatening ecology.
  스모그로 가득 찬 도시들은 생태를 위협하고 있다.

ecosystem
[íːkousìstəm]

n. 생태계

- [eco(환경, 생태) + system(체계)] 생태계
- The villagers worked hard to restore the ecosystem.
  마을 사람들은 생태계를 복원하기 위해 열심히 노력했다.

기타 접두어

autonomous
[⑩ɔːtάnəməs]
[⑧ɔːtɔ́nəməs]

a. 자주적인, 자치의, 자율적인

- ¹ 삼팔선을 오! 타넘었수. 이제 공산당의 명령에 따라 사는 삶을 버리고 남한에서 자주적인, 자율적인 삶을 얻었수.
  ² auto(self: 스스로) 결정하거나 다스리는, 즉 자주적인, 자치의, 자율적인
- There are 117 autonomous countries of the People's Republic of China.
  중화 인민 공화국에는 117개의 자치현이 있다.

automate
[ɔ́:təmèit]

v. 자동화하다

- [auto(self) + mate] 스스로 움직이게 하다, 즉 자동화하다
- automation 자동화
- This factory was automated in 1995.
  이 공장은 1995년에 자동화되었다.

semicircle
[sémisə̀:rkl]

n. 반원

- [semi(half를 뜻하는 접두어) + circle(원)] 반원
- Campers sat in a semicircle around a bonfire.
  야영객들은 모닥불 주위에 반원형으로 앉았다.

semifinal
[sèmifáinl]

n. 준결승

- [semi(half를 뜻하는 접두어) + final(마지막의, 결승전)] 준결승
- Japan lost to Korea in the semifinal.
  일본은 준결승전에서 한국에게 패배했다.

psychiatry
[saikáiətri]

n. 정신의학

- [psych(mind를 뜻하는 접두어) + iatry(heal)] 정신을 고치는 분야, 즉 정신의학
- psychiatrist 정신과 의사
- Psychiatry experts investigated an unsolved case together.
  정신의학 전문가들이 함께 미제 사건을 조사했다.

centennial
[senténiəl]

a. 100년마다의, 100년간의

- [cent('100'을 뜻하는 접두어) + ennial(→ annual: 1년마다의)] 100년마다의
- He collects centennial coins of the world.
  그는 전 세계의 100주년 동전을 수집한다.

복습	eco-friendly	ecology	ecosystem	autonomous	automate
	semicircle	semifinal	psychiatry	centennial	

Lecture 47

어근 spire

어근 spire는 breathe(숨쉬다, 호흡하다)의 의미로 쓰인다.

conspire
[kənspáiər]

v. 공모하다, 음모를 꾸미다

- 1 두 사람은 con(함께) 음모를 꾸미는 스파이여!, 즉 공모하다, 음모를 꾸미다
- 2 con(함께) spire(호흡하며) 공모하다, 음모를 꾸미다
- conspiracy 음모, 공모
- They conspired against the new mayor.
  그들은 새 시장에게 불리한 음모를 꾸몄다.

공모하다, 음모를 꾸미다

inspire
[inspáiər]

v. 영감을 불어넣다

- 1 머리 in(s)(안에) 영감의 fire(불)길이 타오르게 하다, 즉 영감을 불어넣다
- 2 머리 in(s)(안에) 영감이 spire(숨 쉬게 하다), 즉 영감을 불어넣다
- inspiration 영감
- Other poets might look for their inspiration from the goddess of poetry.
  다른 시인들은 시의 여신으로부터 그들의 영감을 찾았을지도 모른다.

perspire
[pərspáiər]

v. 땀을 흘리다, 땀이 나다

- 1 펄펄 끓는 水(물)과 가스 fire(불)이 있는 주방에서 주방장이 땀을 흘리다, 땀이 나다
- 2 피부를 per(through: 통하여) spire(숨쉬다), 즉 땀을 흘리다, 땀이 나다
- perspiration 땀
- She felt nervous and started to perspire.
  그녀는 긴장해 땀을 흘리기 시작했다.

expire
[ikspáiər]

v. 만료되다, 숨을 거두다

- 1 ex(밖에) 무덤이 파이어 있다. 왜냐하면 목숨이 만료되다, 숨을 거두다
- 2 ex(밖으로) 마지막 spire(숨을 내쉬다), 즉 목숨이 만료되다, 숨을 거두다
- When does your driving license expire?
  당신의 운전면허는 언제 만기가 되나요?

respire
[rispáiər]

v. 호흡하다, 숨쉬다

- 1 fire(화재)를 re(s)(뒤로) 하고 호흡하다, 숨쉬다
- 2 [re(again) + spire(breathe)] 호흡하다
- respiration 호흡
- Doctors recommend patients to respire through their noses.
  의사들은 환자들에게 코로 숨을 쉴 것을 권한다.

어근 chron

어근 chron은 time(시간)의 의미로 쓰인다.

chronic
[⑩ krá:nik ⑱ krɔ́nik]

a. 만성적인, 고질적인

➡ ¹ 기침을 한 달째 계속하고 있는 친구에게 "아직도 그러니?" 즉, 만성적인, 고질적인 기침
² [chron(time) + ic(형·어)] 시간을 따라 계속되는, 즉 만성적인, 고질적인

▣ chronic indigestion 만성 소화불량

synchronous
[síŋkrənəs]

a. 동시에 일어나는

➡ ¹ syn(same: 같은) chron(시간)에 일어나는, 즉 동시에 일어나는
² synchronized swimming은 선수들의 동작이 동시에 일어나는 수영 종목
- synchronize 동시에 일어나다

▣ Zoom is one of the examples of synchronous communication.
Zoom은 동시 커뮤니케이션의 한 예시이다.

chronological
[⑩ krà:nəlá:dʒikəl]
[⑱ krɔ̀nəlɔ́dʒikəl]

a. 연대순의, 연대기의

➡ chron(시간)의 ology(study: 연구, 학문)에 따른, 즉 연대순의, 연대기의
- chronologically 연대순으로

▣ Too many writers interpret the term *logical* to mean chronological.
글을 쓰는 너무 많은 사람들이 '논리적'이라는 용어를 연대기적이라는 의미라고 해석한다.

복습				
conspire	inspire	perspire	expire	respire
chronic	synchronous	chronological		

어근 med, mid

어근 med, mid는 middle(중간, 중앙)의 의미로 쓰인다.
대표적인 예로 스테이크 요리에서 중간 정도 익히는 것을 medium이라고 한다.

humid
[hjú:mid]

a. 습한

➡ 지하철에서 휴~ 하고 입김을 불어대는 사람들 mid(중앙에) 둘러싸여 있어서 습한

▣ It was also so hot and humid that I could not enjoy the tour fully.
너무도 덥고 습하여 나는 그 여행을 완전히 즐길 수 없었다.

midwife
[mídwàif]

n. 산파, 조산사

➤ 신체 mid(중간)에 있는 배에서 wife(아내)로부터 아이를 꺼내주는 산파, 조산사
- Her job is a midwife.
  그녀의 직업은 조산사이다.

intermediate
[intərmí:diət]

a. 중간의, 중급의

➤ ¹ 상급과 초급 inter(사이의) med(중간)인, 즉 중급의, 중간의
² [inter(between) + medi(middle) + ate] 중간의, 중급의
- This country is now at an intermediate stage of development.
  이 나라는 지금 중간 발달 단계에 있다.

median
[mí:diən]

a. 중앙의, 평균치의

➤ [med(middle) + ian] 중앙의, 평균치의
- The median age of the group is 42. 그 그룹의 평균 나이는 42세이다.

medieval
[mì:díí:vəl]

a. 중세의

➤ med(중간의) 시기, 즉 중세의
- medieval history 중세의 역사

mediate
[mí:dièit]

v. 중재하다, 조정하다

➤ [medi(중간의) + ate(동·어)] 사람들 중간에서 중재하다, 조정하다
- The UN played a mediating role. UN은 중재 역할을 했다.

medium
[mí:diəm]

¹ a. 중간의 ² n. 매개물, 매체

➤ [med(middle) + ium(장소를 나타내는 접미어)] 중간의, 매개물, 매체
- ¹ a medium steak 중간 정도로 익힌 스테이크
  ² SNS is a powerful medium these days.
    요즘에는 SNS가 강력한 매체이다.

Mediterranean
[mèdətəréiniən]

n. 지중해 a. 지중해의

➤ [medi(middle) + 터(땅, 육지) + ranean] 육지와 육지의 중간에 있는 바다, 즉 지중해
- a Mediterranean climate 지중해성 기후

amid
[əmíd]

prep. ~하는 가운데, ~의 한복판에 (=amidst)

➤ [a + mid(middle)] ~하는 가운데, ~의 한복판에
• mid 중앙의, 중간의
- I stood amid a sea of corn.
  나는 바다 같은 옥수수밭 한복판에 서 있었다.

복습	humid	midwife	intermediate	median	medieval
	mediate	medium	Mediterranean	amid	

어근 scribe, script

어근 scribe, script는 write(쓰다)의 의미로 쓰인다.

inscribe
[inskráib]

v. 새기다, 쓰다

- 돌, 나무, 종이 등의 in(안에) 글씨를 scribe(쓰다), 즉 새기다, 쓰다
- My mom inscribed my name in the Bible.
  우리 엄마는 성경책에 내 이름을 적어 넣었다.

prescribe ❶
[priskráib]

v. (약·치료법 등을) 처방하다

- 약국에 가기 pre(전에) 의사가 처방전을 scribe(써주다), 즉 약을 처방하다
- The doctor prescribed for my cold.
  의사는 내 감기약을 처방해주었다.

prescribe ❷
[priskráib]

v. 규정하다

- 선생님이 교실 pre(앞에) 학급 규칙을 scribe(써서) 붙여놓다, 즉 규칙을 규정하다
- The school prescribed how students should dress.
  그 학교는 학생들이 어떻게 옷을 입어야 하는지를 규정했다.

script
[skript]

n. 대본, 원고

- 종이에 script(쓴) 대본, 원고
- The famous writer wrote the script for the movie.
  유명한 작가가 영화의 대본을 썼다.

postscript
[póustskript]

n. 추신(P.S.), 후기

- 편지를 다 쓴 post(후에) 추가로 script(쓰는) 추신, 후기
- She likes to leave interesting postscripts at the end of an email.
  그녀는 이메일 끝에 재미있는 추신을 남기는 것을 좋아한다.

manuscript
[mǽnjuskript]

n. (책 등의) 원고

- [manu(hand) + script(write)] 손으로 쓴 원고
- The manuscript will be ready for publication after light revisions.
  그 원고는 약간의 수정 후에 출판이 가능할 것이다.

transcribe
[trænskráib]

v. 기록하다, 옮겨 적다

- 생각이나 말을 글로 tran(across: 옮겨) scribe(쓰다), 즉 기록하다, 옮겨 적다
- A well-trained monk could transcribe around four pages of text per day.
  잘 훈련된 수도승은 하루에 약 4쪽의 문서를 베껴 쓸 수 있었다.

subscriber
[səbskráibər]

n. 구독자, 가입자

- 가입서 sub(아래에) 있는 서명란에 서명을 scribe(쓰는) er(사람), 즉 구독자, 가입자
- subscribe 구독하다, 가입하다
- subscription 구독, 구독료
- Most consumer magazines depend on subscriptions and advertising.
  대부분의 소비자 잡지들은 구독과 광고에 의존한다.

복습

| inscribe | prescribe¹ | prescribe² | script | postscript |
| manuscript | transcribe | subscriber | | |

리얼 생생 수강후기

나의 은인, 경선식선생님... (조*주)

단어를 외우는 게 너무 귀찮아서 따로 외운 적이 없는데 고등학교 때 경선식선생님을 알게 되었어요. 그 이후로 경선식선생님 단어책을 보면서 수능, 토익을 포함한 많은 영어 시험들을 잘 볼 수 있었어요. 대학교에 다니면서 영어과외도 많이했는데 제가 가르치는 학생들에게 경선식선생님 단어책을 사서 외우도록 했고 그 아이들 모두 단어에는 도가 트게 되었습니다. ㅎㅎ 사실 전공이 영문과라 영어공부를 많이 해야 했는데, 낯선 단어들이 정말 많거든요. 그래서 책에 없는 단어들을 외울 때에도 경선식선생님의 연상 암기법을 적용해서 저만의 단어로 만들어 외웠고요, 지금은 다른 시험을 준비하느라 또 경선식영단어를 수강하고 있네요. 책만 보기엔 시간이 너무 많이 걸릴 것 같아서 단기간에 끝내려고 강의까지 듣고 있는데 훨씬 효율적이네요. 정말~~ 단어 외우기 힘들어하는 다른 사람들에게도 제가 경선식선생님 단어책을 항상 추천해요. 주변에 다 영어공부하는 친구들이라 저 때문에 경선식선생님 단어책 사는 사람들 정말 많아요. ㅎㅎ 그 정도로 백 마디 천 마디 칭찬이 아깝지 않은 책과 강의입니다. 경선식선생님, 정말 감사합니다.^^

어근 verb

어근 verb는 speech(말)의 의미로 쓰인다.

verbal
[və́:rbəl]

a. 말의, 구두의
- ¹ 법을 떠나서 말로 해결하자, 즉 말의, 구두의 해결
- ² [verb(speech) + al(형·어)] 말의, 구두의
- The tenant demanded they keep their verbal contract.
  세입자는 그들에게 구두 계약을 지킬 것을 요구했다.

verb
[və:rb]

n. 동사
- 동작을 나타내는 verb(말), 즉 동사
- Simple sentences have one subject and one verb.
  단문은 하나의 주어와 하나의 동사를 가지고 있다.

adverb
[ǽdvə:rb]

n. 부사
- [ad(to) + verb(speech)] 동사나 형용사 등의 다른 verb(말) ad(쪽으로) 붙여서 그 말을 수식해주는 부사
- An adverb describes a verb or an action. 부사는 동사나 행동을 설명한다.

proverb
[(미) práva:rb]
[(영) próvə:rb]

n. 속담
- ¹ pro(예전에) 있었던 verb(말), 즉 속담
- ² '도둑이 제 발 저린 법이지.'와 같이 pro(예전에) 조상들이 '~법이지'라고 썼던 속담
- Proverbs give us a lesson. 속담은 우리에게 교훈을 준다.

어근 pel

어근 pel은 drive(몰고 가다)의 의미로 쓰인다.

expel
[ikspél]

v. 내쫓다, 방출하다
- ¹ ex(밖으로) 나가도록 몽둥이로 팰, 즉 내쫓다, 방출하다
- ² [ex(밖으로) + pel(몰고 가다)] 밖으로 몰아내다, 즉 내쫓다
- Holden has been expelled from 3 schools.
  Holden은 3개의 학교에서 퇴학당했다.

repel
[ripél]

v. 밀어내다, 물리치다

- 1 re(뒤에서) 적을 쫓아가며 펠(패다), 즉 밀어내다, 물리치다
- 2 re(뒤에서) pel(몰고 가서) 밀어내다, 물리치다
- Brandon bought a insect spray to repel insects at the camping site.
  Brandon은 캠핑장에서 곤충을 물리치기 위해 살충제 스프레이를 샀다.

compel
[kəmpél]

v. 강제로 ~하게 하다

- 1 일진들이 com(함께) 학생을 펠, 그래서 빵을 사오게 하다. 즉, 강제로 ~하게 하다
- 2 com(함께) 한 사람을 pel(몰아가서) 강제로 ~하게 하다
- The law compels the attendance of witnesses.
  그 법률은 증인의 출석을 강제한다.

impel
[impél]

v. (강제로) ~하게 하다

- 1 소들을 우리 im(in: 안으로) 들어가게 몽둥이로 펠, 즉 (강제로) ~하게 하다
- 2 [im(in) + pel(drive)] 어떠한 행동 안으로 몰고 가서 (강제로) ~하게 하다
- Poverty impelled the girl to participate in the crime.
  가난이 그 소녀로 하여금 범죄에 가담하게 했다.

| 복습 | verbal | verb | adverb | proverb | expel |
| | repel | compel | impel | | |

propel
[prəpél]

v. 추진하다, 나아가게 하다

- [pro(앞으로) + pel(몰고 가다)] 추진하다, 나아가게 하다
- propeller 추진기, 프로펠러
- The team used paddles to propel the boat.
  그 팀은 배를 나아가게 하기 위해 노를 사용했다.

dispel
[dispél]

v. (근심·의심 등을) 떨쳐 버리다, 없애다

- 근심, 의심 등을 dis(멀리) pel(몰고 가서) 떨쳐 버리다, 없애다
- Ryan tried to dispel doubts about the news.
  Ryan은 그 소식에 대한 의심을 떨쳐 버리려고 애썼다.

어근 equ, equa, equi

어근 equ, equa, equi는 same(같은)의 의미로 쓰인다.
대표적인 예로 equal(동등한, 같은)이 있다.

equivalent
[ikwívələnt]

a. 동등한, 대등한

→ 결승선에 equi(똑같이) 발을 넌 two(2)명의 육상 선수의 실력이 **동등한, 대등한**

ex) They are equivalent in meaning.
그것들은 뜻에 있어 대등하다.

equilibrate
[ikwíləbrèit]

v. 균형 잡다, 평형이 되다

→ ¹ 물고기는 머리와 꼬리가 equally(똑같이) 뜨도록 부레가 이트(있다), 즉 부레가 **균형 잡다, 평형이 되다**

² [equi(equal) + librate] 동등한(equal) 상태가 되도록 하다, 즉 **균형 잡다**

• equilibrium 균형, 평형

ex) He tried to equilibrate supply with demand.
그는 공급을 수요와 균형 맞게 하려고 노력했다.

equator
[ikwéitər]

n. 적도

→ 북반구와 남반구를 equa(똑같은) 크기로 터를(땅을) 반으로 나누는 **적도**

ex) It is very hot near the equator.
적도 부근은 매우 덥다.

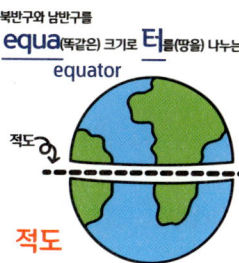

equalize
[í:kwəlàiz]

v. 평등하게 하다, 균등하게 하다

→ equa(동등한) 상태로 lize(되게 하다), 즉 **평등하게 하다, 균등하게 하다**

ex) The board should equalize wages between genders.
이사회는 성별 간의 임금을 평등하게 해야 한다.

equality
[⑩ikwáləti]
[⑲ikwɔ́ləti]

n. 평등, 균등

→ equa(동등한) 상태, 즉 **평등, 균등**

ex) equality between men and women 남녀평등

equate
[ikwéit]

v. 동일시하다

→ equa(동등한) 것으로 보다, 즉 **동일시하다**

ex) The speaker equated wealth with success.
그 강연자는 부를 성공과 동일시했다.

equation
[ikwéiʒən]

n. 방정식, 등식

→ '$3x+1=7$'과 같이 좌변과 우변이 equa(같은) 식, 즉 **방정식, 등식**

ex) The equation between public leadership and dominance is questionable.
대중적인 지도력과 지배력 사이의 등식은 의심스럽다.

복습				
propel	dispel	equivalent	equilibrate	equator
equalize	equality	equate	equation	

어근 rupt

어근 rupt는 break(깨다, 깨지다)의 의미로 쓰인다.

erupt
[irʌ́pt]

v. (화산 등이) 분출하다, 폭발하다

- 용암이 e(밖으로) rupt(깨져서) 나오다, 즉 **분출하다, 폭발하다**
- eruption 분출, 폭발
- The volcano erupted long time ago.
  그 화산은 오래전에 폭발했다.

corrupt
[kərʌ́pt]

a. 부패한, 타락한

- 코가 rupt(깨질) 정도로 **부패한, 타락한** 냄새가 나는 정치인
- corruption 타락
- They've bribed the corrupt cop.
  그들은 부패한 경찰을 매수해 왔다.

abrupt
[əbrʌ́pt]

a. 갑작스러운

- ¹ 어부의 배가 느닷없이 rupt(깨지다). **갑작스러운** 상어의 공격
  ² [ab(away) + rupt(break)] 가스통이 깨져서 멀리 날아가다, **갑작스러운** 폭발
- abruptly 갑자기
- She intruded into the conversation with an abrupt question.
  그녀는 느닷없는 질문을 던지며 대화에 끼어들었다.

disrupt
[disrʌ́pt]

v. 방해하다, 지장을 주다

- this(이) 유리컵을 rupt(깨트려서) 회의를 **방해하다, 지장을 주다**
- Climate change could disrupt the agricultural economy.
  기후 변화는 농업 경제에 지장을 줄 수 있다.

interrupt
[ìntərʌ́pt]

v. (말·행동을) 방해하다, 중단시키다

- 두 사람 inter(사이에) 끼어들어 대화를 rupt(깨다), 즉 **(말·행동을) 방해하다, 중단시키다**
- interruption 방해, 중단
- Miley interrupted the meeting because of an emergency.
  Miley는 긴급 상황 때문에 회의를 방해했다.

bankrupt
[bǽŋkrʌpt]

a. 파산한

- bank(은행)이 rupt(깨져서) **파산한**
- bankruptcy 파산
- The company went bankrupt, resulting in hundreds losing their jobs.
  그 회사는 파산하여 수백 명이 그들의 직업을 잃게 했다.

어근 onym

어근 onym은 name(이름)의 의미로 쓰인다.

synonym
[sínənim]

n. 동의어

- [syn(same을 뜻하는 접두어) + onym(name)] 같은 이름, 즉 동의어
- 'Shut' and 'close' are synonyms.
  shut과 close는 동의어이다.

antonym
[ǽntənim]

n. 반의어

- [ant(anti: opposit: 반대) + onym(name)] 반대 이름, 즉 반의어
- 'Old' has two possible antonyms — young and new.
  old는 가능한 반대말이 두 개인데, 그것은 young과 new이다.

anonymous
[⑩ ənánəməs]
[㉹ ənɔ́nəməs]

a. 익명의

- [an(not) + onym(name) + ous(형·어)] 이름이 없는, 즉 익명의
- anonymously 익명으로
- The president received an anonymous letter yesterday.
  대통령은 어제 익명의 편지를 받았다.

복습				
erupt	corrupt	abrupt	disrupt	interrupt
bankrupt	synonym	antonym	anonymous	

Lecture 49

어근 ceed, cede, cess

어근 ceed, cede, cess는 go(가다)의 의미로 쓰인다.

exceed
[iksíːd]

v. 초과하다, 넘다

➥ 그릇 ex(밖으로) ceed(가서) 넘치다, 즉 초과하다, 넘다
- excess 초과, 과도, 지나침
- excessive 초과하는, 지나친

¹ The price will not exceed $100.
가격이 100달러를 넘지는 않을 것이다.

² Surely these adaptations are good news for species hard-pressed by excessive fishing?
확실히 이러한 적응들은 과도한 어업활동에 의해 심하게 압박받는 종들에게 있어 좋은 소식인가?

process
[(명) práses]
[(동) próuses]

n. 과정, 처리

➥ ¹ 목표를 향해 pro(앞으로) cess(가면서) 처리해야 하는 과정
² 컴퓨터의 프로세서(processor)란 처리 장치
- processor 처리 장치, 처리하는 사람

The paper-making process starts when the branches of a tree are cut off.
종이를 제조하는 과정은 나무의 가지를 자르면서 시작된다.

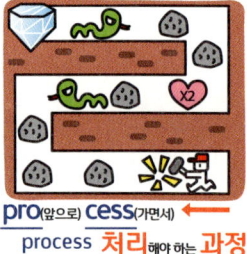

pro(앞으로) cess(가면서) ←
process 처리해야 하는 과정

recess
[risés]

n. 휴식, 휴회

➥ 전방에서 싸우다가 후방인 re(뒤로) cess(가서) 휴식, 휴회

Kids ran around during recess.
아이들이 쉬는 시간에 뛰어다녔다.

access
[ǽkses]

¹ n. 접근, 출입 v. 접근하다   ² n. 이용 권한 v. 이용하다

➥ ac(to: ~쪽으로) cess(가다), 즉 접근, 출입, 접근하여 이용할 권한

¹ I have no access to the Internet now.
난 지금 인터넷에 접근할 수 없다.(이용할 수 없다.)

² We can access these stories wirelessly by mobile devices as well as our computers.
우리는 컴퓨터뿐만 아니라 모바일 기기로 이런 이야기들을 무선으로 이용할 수 있다.

precede
[prisíːd]

v. ~에 앞서다, 선행하다

- 다른 것보다 pre(먼저) cede(가다), 즉 ~에 앞서다, 선행하다
- precedent 전례, 관례
- unprecedented 전례가 없는
- The outlining process needs to precede the actual writing.
  실제 글쓰기 전에 개요 짜기 과정이 선행되어야 한다.

predecessor
[(미) prédəsèsər]
[(영) príːdisèsər]

n. 전임자, 선배, 이전 모델

- pre(먼저) de(강조; 완전히) cess(간) or(사람), 즉 전임자, 선배
- Molly's predecessor was bad at organizing folders.
  Molly의 전임자는 폴더 정리를 잘 못했다.

proceed
[prəsíːd, prousíːd]

v. 진행하다, 나아가다, 계속하다

- [pro(앞으로) + ceed(가다)] 진행하다, 나아가다, 계속하다
- procession 행진, 행렬
- Ben was allowed to proceed with the project. Ben이 프로젝트 진행을 허락받았다.

recede
[risíːd]

v. 물러나다, 약해지다

- [re(뒤로) + cede(가다)] 물러나다, 약해지다
- Japan receded from the battle. 일본은 그 전쟁에서 후퇴했다.

recession
[riséʃən]

n. 경기 후퇴, 불경기

- ¹ 나라의 돈이 re(뒤로) 셋션(셌어). 그래서 경기 후퇴, 불경기
- ² [경기가 re(뒤로) + cess(가다) + ion(명·어)] 경기 후퇴, 불경기
- The whole country is in economic recession. 온 나라가 경기 침체 상황이다.

복습				
exceed	process	recess	access	precede
predecessor	proceed	recede	recession	

어근 herit

어근 herit는 '물려주다, 물려받다'의 의미로 쓰인다.

heritage
[héritidʒ]

n. (국가·문화의) 유산

- [herit(물려주다) + age(명·어)] (국가·문화의) 유산
- The child acquires the heritage of his culture by observing and imitating adults. 그 아이는 어른들을 관찰하고 흉내 내는 것에 의해 그의 문화 유산을 획득한다.

heritable
[hérətəbl]

a. 물려줄 수 있는, 유전성의

➥ [herit(물려주다) + able(~할 수 있는)] 물려줄 수 있는, 유전성의

The color of a person's eyes is highly heritable. 사람의 눈 색깔은 매우 유전성이 높다.

inherit
[inhérit]

v. 물려받다, 상속받다

➥ 가문 in(안에) 있는 재산을 herit(물려받다), 즉 물려받다, 상속받다
- inheritance 상속, 유산
- inheritable 상속할 수 있는, 유전되는

Our children will inherit the losses. 우리의 아이들이 그 손실을 물려받을 것이다.

어근 vis(e), vid

어근 vis(e), vid는 look(보다)의 의미로 쓰인다.
대표적인 예로 television(tele는 away의 뜻이므로 멀리 있는 것을 본다는 의미)과 video가 있다.

supervise
[súːpərvàiz]

v. 감독하다, 지휘하다

➥ 감독관이 근로자들을 super(over: 위에서) vise(바라보며) 감독하다, 지휘하다

Steve had supervised one of his company's warehouses for four years.
Steve는 4년간 그의 회사의 창고 하나를 감독했다.

vision
[víʒən]

n. 시력, 환상, 전망

➥ [vis(look) + ion(명·어)] 보이는 것, 즉 시력, 환상, 전망
- visionary 환영의, 예지력 있는

He lost his vision from the accident. 그는 사고로 시력을 잃었다.

visual
[víʒuəl]

a. 시각의, 시각적인

➥ [vis(look) + ual(형·어)] 시각의, 시각적인
- visualize 눈에 보이게 하다
- visually 시각적으로, 겉보기로는

Audio-visual aids can enhance the students' learning.
시청각 교재는 학생들의 학습 효과를 높일 수 있다.

visible
[vízəbl]

a. (눈에) 보이는, 뚜렷한

➥ [vis(look) + ible(~할 수 있는)] 눈에 보일 수 있는, 즉 (눈에) 보이는, 뚜렷한
- invisible 눈에 보이지 않는

Stars are barely visible due to poor weather.
날씨가 좋지 않아 별들이 거의 보이지 않는다.

revise
[riváiz]

v. 개정하다, 수정하다

- 글을 re(다시) vise(보면서) 개정하다, 수정하다
- revision 개정, 수정
- ¹ revise the constitution 헌법을 개정하다
  ² Revise your essay. 에세이를 수정하세요.

improvise
[ímprəvàiz]

v. (음악·연설 등을) 즉흥적으로 하다

- [im(not) + pro(before) + vise(look)] 악보나 연설문을 앞에 두어 보지 않고 즉흥적으로 하다
- In jazz, on the contrary, the performers often improvise their own melodies.
  반대로 재즈에서는 공연하는 사람들이 종종 자신들의 멜로디를 즉흥적으로 연주한다.

provision
[prəvíʒən]

n. ¹ 대비, 준비 ² (-s) 식량 ³ 공급, 제공

- ¹ pro(앞으로) 식량이 부족할 미래를 vis(보고) 식량을 대비
  ² [provide(공급하다)의 명사형] 공급, 제공
- ¹ Our budget should make provision for public infrastructure maintenance.
  우리의 예산은 공공부문의 인프라 정비를 위한 준비를 해야 한다.
  ² They did not have a sufficiency of provisions for themselves.
  그들은 자신들을 위한 충분한 식량을 가지고 있지 않았다.
  ³ The provision of healthcare to patients is undergoing changes.
  환자에게 의료 서비스를 제공하는 것은 변화를 겪고 있다.

복습	heritage	heritable	inherit	supervise	vision
	visual	visible	revise	improvise	provision

어근 pend, pens

어근 pend, pens는 hang(매달다)의 의미로 쓰인다.
대표적인 예로 목걸이에 달린 보석이나 액세서리를 펜던트(pendent)라고 한다.

suspend
[səspénd]

v. ¹ 매달다 ² 중지시키다, 미루다

- '엘리베이터 운영 중지'라고 엘리베이터 문에 써서 pend(매달다), 엘리베이터 운행을 중지시키다, 미루다
- suspension 매달기, 미결, 중지
- ¹ A lamp was suspended from the ceiling above us.
  우리 위로 램프 하나가 천장에 매달려 있었다.
  ² They suspended the event due to a terror threat.
  그들은 테러 위협 때문에 행사를 중단했다.

append
[əpénd]

v. 첨가하다, 첨부하다

- [ap(to) + pend(hang)] ~쪽으로 매달다, 즉 **첨가하다, 첨부하다**
- appendix 부속물, 부록
- I will append the receipt. 영수증을 첨부하겠습니다.

pendulum
[péndʒuləm]

n. (시계 등의) 진자, 추

- pend(매달린) **진자, 추**
- In 1656, Dutch astronomer Christian Huygens constructed the first pendulum clock.
  1656년 네덜란드의 천문학자 Christian Huygens는 최초의 추시계를 고안하였다.

어근 just

어근 just는 right(옳은, 올바른)의 의미로 쓰인다.

---

justice
[dʒʌ́stis]

n. 정의, 공정

- [just(right) + ice(명·어)] 올바른 것, 즉 **정의, 공정**
- His never-failing kindness and his sense of justice made him a leader in any society he entered.
  그의 변함없는 친절함과 정의감은 그가 합류하는 어떤 사회에서도 그를 지도자로 만들었다.

justify
[dʒʌ́stəfài]

v. 정당화하다

- [just(right) + ify(동·어)] 올바른 것처럼 만들다, 즉 **정당화하다**
- justification 정당화
- unjustified 정당하지 않은
- Ethnocentrism tempts moderns into unjustified criticisms of the peoples of the past.
  자기 민족 중심주의는 현대인들을 유혹해 과거의 민족들에 대한 정당하지 않은 비판에 빠지게 한다.

adjust
[ədʒʌ́st]

v. 조정하다, 적응하다

- [ad(to) + just(right)] 올바른 쪽으로 맞추다, 즉 **조정하다, 적응하다**
- adjustment 조정, 순응, 적응
- ¹ adjust the focus of a camera 카메라의 초점을 조정하다
- ² Writing is an essential tool that will help you adjust to Korean university life. 글쓰기는 당신을 한국 대학생활에 적응하도록 도와줄 필수적인 도구이다.

unjust
[ʌndʒʌ́st]

a. 부당한, 불공평한

- [un(not) + just(right)] **부당한, 불공평한**
- He argued that the slave trade was cruel and unjust.
  그는 노예 매매가 잔인하고 부당하다고 주장했다.

복습	suspend	append	pendulum	justice	justify
	adjust	unjust			

경쌤's TIP

이제 마지막 한 강이 남았습니다.

아무리 좋은 책과 강의라도 마지막 장까지 끝낸다는 것은 쉽지 않습니다.

그럼에도 불구하고 여러분들은 너무나 훌륭한 일을 해낸 것입니다.

경쌤이 마음을 담아 박수를 보냅니다. ^^

경선식에듀 홈페이지(kssedu.com) 학습자료실에서

PART II 전체의 **파생어 학습방법**을 다운로드 받으실 수 있습니다.

PART II 전체 표제어에 대한 완벽한 복습을 마친 후 반드시 파생어까지 학습해야 합니다.

파생어를 더욱 쉽고 빠르게 암기하기 위해

반드시!

파생어의 어미 변형에 대한 체계적인 학습을 한 후 파생어를 공부하도록 하세요.

Lecture 50

어근 cred

어근 cred는 believe(믿다)의 의미로 쓰인다. 대표적인 예로 credit card(신용 카드)가 있다.

sacred
[séikrid]

a. 신성한, 종교적인

- 목사가 "Say!(말하세요!) 주님을 cred(믿는다고)."라고 말하는 신성한, 종교적인 기도회
- Priests recommend visitors to take off their hats in the sacred place.
  성직자들은 방문객들에게 신성한 장소에서 모자를 벗으라고 권고한다.

incredible
[inkrédəbl]

a. 믿어지지 않는, 놀라운

- [in(not) + cred(believe) + ible(~할 수 있는)] 믿을 수 없을 정도의, 즉 믿어지지 않는, 놀라운
- It seems almost incredible that they should live so long.
  그들이 그렇게 오래 산다는 것은 거의 믿을 수 없는 것처럼 보인다.

credible
[krédəbl]

a. 믿을 수 있는, 신뢰할 수 있는

- [cred(believe) + ible(~할 수 있는)] 믿을 수 있는
- a credible witness 믿을 수 있는 증인

creditable
[kréditəbl]

a. 칭찬할 만한, 훌륭한

- [1] credit(신용)이 남들의 double(두 배)일 만큼 칭찬할 만한, 훌륭한 사람
  [2] [cred(believe) + it + able(~할 만한)] 신뢰할 만하여 칭찬할 만한, 훌륭한
- credit 신용, 칭찬, 명예
- Her performance was creditable.
  그녀의 공연은 훌륭했다.

어근 lingual

어근 lingual은 language(말, 언어)의 의미로 쓰인다.

lingual
[língwəl]

a. 말의, 언어의

- [language(언어)와 비슷한 철자와 뜻으로 암기] 말의, 언어의
- linguist 언어학자, 여러 언어에 능통한 사람
- Many people in Hong Kong are bi-lingual.
  홍콩의 많은 사람들은 이중 언어를 사용한다.

monolingual
[⑩ mànəlíŋgwəl]
[⑱ mɔ̀nəlíŋgwəl]

a. 1개 국어를 사용하는

➥ [mono(one: 하나의) + lingual(말의, 언어의)] 1개 국어를 사용하는

teach foreign languages to monolingual Americans
1개 국어를 사용하는 미국인들에게 외국어를 가르치다

bilingual
[bailíŋgwəl]

a. 2개 언어를 사용하는

➥ [bi(two: 2개의) + lingual(언어의)] 2개 언어를 사용하는

bilingual dictionary 2개 국어 사전

multilingual
[mʌ̀ltilíŋgwəl]

a. 여러 언어를 사용하는

➥ [multi(many: 많은) + lingual(언어의)] 여러 언어를 사용하는

Pakistan is a multilingual country.
파키스탄은 여러 언어를 사용하는 국가이다.

복습

| sacred | incredible | credible | creditable | lingual |
| monolingual | bilingual | multilingual | | |

어근 magn

어근 magn은 great(큰, 커다란)의 의미로 쓰인다.

---

magnificent
[mægnífəsnt]

a. 웅장한, 멋진, 훌륭한

➥ [magni(커다란)] 웅장한, 멋진, 훌륭한

The Parthenon is a magnificent structure.
파르테논 신전은 웅장한 건축물이다.

magnitude
[mǽgnətjùːd]

n. 크기, 규모

➥ [magni(커다란) + tude(명·어)] 커다란 정도, 즉 크기, 규모

She didn't realize the magnitude of the problem.
그녀는 그 문제의 심각성을 깨닫지 못했다.

magnet
[mǽgnit]

n. 자석

➥ magn(커다란) 자기장 net(망)을 갖고 있는 자석

A magnet attracts iron.
자석은 쇠를 끌어당긴다.

529

magnify
[mǽgnəfài]

v. 확대하다

→ [magn(커다란) + ify(동·어)] 확대하다

A microscope magnifies bacteria.
현미경은 박테리아를 확대해준다.

어근 lateral

어근 lateral은 side(측면)의 의미로 쓰인다.

bilateral
[bailǽtərəl]

a. 양측의, 쌍방의

→ [bi(two) + lateral(side)] 양측의, 쌍방의

They have been negotiating a bilateral trade deal.
그들은 쌍방 무역협정을 협의해 오고 있다.

unilateral
[jùːnilǽtərəl]

a. 일방적인, 단독의

→ [uni(one) + lateral(side)] 하나의 측면으로 치우치는, 즉 일방적인

I'm completely new to this kind of unilateral contract.
나는 이러한 종류의 일방적인 계약은 완전히 처음이다.

multilateral
[mʌ̀ltilǽtərəl]

a. 다자간의, 다각적인

→ [multi(many) + lateral(side)] 여러 측면이 관계하고 있는, 즉 다자간의, 다각적인

The multilateral talks broke down due to China's opposition.
다자간 회담은 중국의 반대로 인해 결렬되었다.

어근 vac(u)

어근 vac(u)는 empty(빈)의 의미로 쓰인다.

vacuum
[vǽkjuəm]

n. 진공 v. 진공청소기로 청소하다

→ [vacu(empty) + um(명·어)] 진공, 진공청소기로 청소하다

I vacuumed my apartment today.
나는 오늘 내 아파트를 진공청소기로 청소했다.

vacant
[véikənt]

a. (자리·방·일자리 등이) 비어 있는

- [vac(empty) + ant(형·어)] 비어 있는
- vacate (자리·방 등을) 비우다
- vacancy 결원, 공석, 빈 방
- The assistant position in the fashion department is currently vacant.
  패션부의 보조직은 현재 공석이다.

evacuate
[ivǽkjuèit]

v. 피신시키다, (건물 등을) 비우다

- [e(out) + vacu(empty) + ate(동·어)] 건물 밖으로 비우게 하다, 즉 **피신시키다, (건물 등을) 비우다**
- evacuation 비움, 대피
- Families in the area were urged to evacuate their homes immediately.
  그 지역에 거주하는 가족들은 즉시 집에서 대피하라는 재촉을 받았다.

복습				
magnificent	magnitude	magnet	magnify	bilateral
unilateral	multilateral	vacuum	vacant	evacuate

경쌤's TIP

5page 반드시 지켜야 하는 가장 효과적인 복습 방법과 같은 방법으로 완성 전체 복습을 5회 반복하세요.

기타 주요어휘

reef [riːf]
n. 암초
- The rich coral reef attracts many tourists.
  풍부한 산호초는 많은 관광객을 끌어모은다.

mop [미 mɑp] [영 mɔp]
n. 자루걸레 v. 자루걸레로 닦다
- I will mop the floor.
  나는 마룻바닥을 걸레로 닦을 것이다.

rigid [rídʒid]
a. ¹ 엄격한, 융통성 없는 ² 뻣뻣한, 단단한
- ¹ He was raised in a rigid family.
  그는 엄격한 가정에서 자랐다.
- ² The pole is rigid enough to support the stage decorations.
  그 기둥은 무대 장식을 지탱할 수 있을 만큼 단단하다.

chapel [tʃǽpəl]
n. 예배당
- She is praying in the chapel.
  그녀는 예배당에서 기도하고 있는 중이다.

sack [sæk]
¹ n. 큰 자루, 봉지 ² n. 해고 v. 해고하다
- ¹ My mom bought a sack of corn.
  엄마는 옥수수 한 자루를 사셨다.
- ² The new director will sack the staff who is constantly late.
  신임 팀장은 계속 지각하는 직원을 해고할 것이다.

mercury [mə́ːrkjuri]
n. 수은
- the potential problems of organic mercury in fish
  물고기에 들어 있는 유기 수은의 잠재적 문제

confidential [미 kɑ̀nfədénʃəl] [영 kɔ̀nfədénʃəl]
a. 비밀의
- Social Security numbers are strictly confidential.
  사회 보장 번호는 철저히 비밀에 붙여진다.

susceptible [səséptəbl]
a. 민감한, 영향 받기 쉬운
- Lack of sleep makes you susceptible to colds.
  수면 부족은 당신이 감기에 걸리기 쉽게 만든다.

mold(= mould)
[mould]

¹ v. 틀에 넣어 만들다 n. 틀 ² n. 곰팡이

> ¹ Nora put the signed golf ball into a plastic mold.
> Nora는 사인 골프공을 플라스틱 틀에 넣었다.
> ² The boys removed mold stains from the wall before applying wallpaper.
> 소년들은 벽지를 바르기 전에 벽에서 곰팡이 얼룩을 제거했다.

mole
[moul]

n. ¹ 사마귀, (피부의) 검은 점 ² 두더지

> ¹ I have blue moles on my face.
> 나는 얼굴에 파란 점들이 있다.
> ² I found a mole family in the backyard.
> 나는 뒤뜰에서 두더지 가족을 발견했다.

marble
[máːrbl]

n. 대리석 a. 대리석으로 된

> The marble is from Italy.
> 그 대리석은 이탈리아산이다.

paste
[peist]

n. 풀, 밀가루 반죽 v. 풀로 붙이다

> She is pasting posters onto the wall.
> 그녀가 포스터를 벽에 붙이고 있다.

growl
[graul]

v. 으르렁거리다

> He growled a few words to us.
> 그는 우리에게 으르렁거리듯 몇 마디 했다.

butcher
[bútʃər]

¹ n. 정육점 주인 ² v. 도살하다

> ¹ The butcher grinds a knife every morning.
> 정육점 주인은 매일 아침 칼을 간다.
> ² The old lady butchered a chicken to make soup.
> 노부인은 수프를 만들기 위해 닭을 도살했다.

fur
[fəːr]

n. 모피 a. 모피의

> Fake fur can help the fashion industry to reduce its use of real fur.
> 가짜 모피는 패션 산업이 진짜 모피의 사용을 줄이도록 도울 수 있다.

crusade
[kruːséid]

n. 십자군 전쟁, 개혁 운동

> a crusade against corruption
> 부패에 맞선 강력한 개혁 운동

crash
[kræʃ]

v. 충돌하다, (항공기가) 추락하다 n. 굉음, 충돌

> More than 15 people were injured in the crash.
> 그 충돌 사고로 15명 이상이 부상을 입었다.

clash
[klæʃ]

n. 충돌, 분쟁

- a clash of two cultures
  두 문화의 충돌

council
[káunsəl]

n. 의회, 위원회

- She's a member of the town council.
  그녀는 마을 의회의 일원이다.

version
[və́:rʒən]

n. ~판(版), 버전

- an uncut version of a film
  영화의 무삭제판

mayor
[(미)méiər]
[(영)méə]

n. 시장

- The mayor was forced into resigning.
  시장은 강요에 못 이겨 사임했다.

pastor
[(미)pǽstər]
[(영)pá:stər]

n. 목사

- The pastor asked the congregation to pray.
  목사는 집회 참석자들에게 기도하라고 했다.

flick
[flik]

¹v. 잽싸게 움직이다, 휙 누르다, 휙 털다 ²n. 영화

- ¹ He flicked the light switch on when he entered the room.
  그는 방에 들어섰을 때 전기 스위치를 휙 눌렀다.
- ² I like an action flick.
  나는 액션영화를 좋아한다.

dynamics
[dainǽmiks]

n. 역학, 힘, 활력

- dynamic 활력적인, 에너지 넘치는; 역학
- I want to live in a dynamic city.
  나는 활력이 넘치는 도시에서 살기를 원한다.

waggle
[wǽgl]

v. 흔들다, 흔들리다

- Waggle this bottle before you open it.
  열기 전에 이 병을 흔들어주세요.

by-product
[báiprɑ̀dʌkt]

n. 부산물

- [by(옆에) + product(생산물)] 생산물 옆에 따라오는 **부산물**
- These eggs are by-products of keeping chickens.
  이 달걀들은 닭을 키우며 얻는 부산물이다.

mobilize
[móubəlàiz]

v. 동원하다, 집결시키다

➤ [mobile(이동식의) + ize(~화하다)] 한 곳으로 이동시켜 **동원하다, 집결시키다**

▫ Reserve troops were ordered to mobilize.
예비군 동원령이 내려졌다.

prototype
[próutətàip]

n. 원형(原型), 견본

▫ The prototype for the next generation of fighter plane is displayed in the machine fair. 차세대 전투기의 견본이 기계박람회에 전시되고 있다.

poke
[pouk]

v. 쿡 찌르다

➤ 포크(fork)로 스테이크 조각을 **쿡 찌르다**

▫ He poked the bush with a stick.
그가 막대기로 덤불을 쿡 찔렀다.

plasticity
[plæstísəti]

n. 가소성(다른 형태로 쉽게 만들어지는 성질)

➤ 플라스틱은 녹여서 **어떠한 형태로든 만들어질 수 있는 성질**을 갖고 있다.

▫ We can make use of the plasticity of this material.
우리는 이 물질의 가소성을 이용할 수 있다.

overtime
[óuvərtàim]

n. 초과근무, 야근

➤ [over(~이상의) + time(시간)] 정규 시간을 초과하는 시간에 하는 근무, 즉 **초과근무**

▫ I worked overtime yesterday so I'm really tired today.
나는 어제 야근을 해서 오늘 매우 피곤하다.

serve
[səːrv]

v. ¹ 서빙하다 ² 서브를 넣다 ³ 도움을 주다, 기여하다

➤ 서빙하면서 손님에게 **도움을 주다**

▫ Lemon serves to prevent skin aging.
레몬은 피부 노화 방지에 도움을 준다.

address
n. [ədrés, ǽdres]
v. [ədrés]

¹ n. 주소 ² v. 연설하다 n. 연설 ³ v. (어려운 문제 등을) 다루다, 처리하다

➤ "**주소**가 **어디랬어**?" 하며 길 잃은 아이의 집을 찾는 문제를 **처리하다**

▫ ¹ He wrote down the address for delivery.
그는 배달할 주소를 받아적었다.
² She was excited to address people.
그녀는 사람들에게 연설할 생각에 흥분되었다.
³ Today's meeting will address the issue of pollution.
오늘 회의에서는 오염 문제에 대해 다룰 것이다.

luggage
[lʌ́gidʒ]

n. 수하물, 여행용 짐

➤ baggage(수하물, 짐)와 비슷한 발음과 같은 의미로 암기

▫ I am taking three pieces of luggage on this trip.
나는 이번 여행에 3개의 수하물을 가져간다.

ministry
[mínəstri]

n. (정부의 각) 부처

- minister(장관)이 이끄는 정부의 각 **부처**
- The U.S. Department of Defense is shaped like a pentagon.
  미국 국방부는 오각형 모양이다.

yolk
[jouk]

n. (달걀의) 노른자

- 욕을 하며 계란을 던지자 터지는 **노른자**
- I hate egg yolk.
  나는 계란 노란자를 싫어한다.

refrigerator
[rifrídʒərèitər]

n. 냉장고

- refrigerate 냉장하다
- If possible, refrigerate for two hours.
  가능하다면, 두 시간 동안 냉장 보관하세요.

civic
[sívik]

a. 시민의, 시의

- 시에 사는 big(큰) 규모의 **시민의, 시의**
- Civic groups opposed the creation of the park.
  시민단체는 공원 조성을 반대했다.

expressly
[ikspre´sli]

ad. 분명하게, 명확하게

- express(표현할) 때는 **분명하게, 명확하게** 하자.
- I told you clearly that you had to come by 1 o'clock.
  나는 당신에게 1시까지 와야 한다고 명확하게 말했었다.

in spite of

~에도 불구하고

- He attended in spite of his cold.
  감기에도 불구하고 그는 참석했다.

pervade
[pərvéid]

v. 만연하다, 스며들다

- 칼에 팔을 베이다. 그래서 옷에 피가 **스며들다, 만연하다**
- pervasive 만연하는, 스며드는
- Smartphone gambling is pervasive among teenagers these days.
  요즘 스마트폰 도박이 10대들 사이에 만연해 있다.

perpetual
[pərpétʃuəl]

a. 영속하는, 끊임없는

- He will live in perpetual fear from now on.
  그는 앞으로 끊임없는 공포 속에 살게 될 것이다.

luxurious
[lʌgʒúəriəs]

a. 호화로운, 사치스러운

- luxury 호화로움, 사치, 사치품
- She was wearing luxurious jewelry.
  그녀는 호화로운 보석을 착용하고 있었다.

breadth
[bredθ, bretθ]

n. 폭, 너비

- broad(넓은)의 파생어
- This room is three meters in breadth.
  이 방은 폭이 3미터이다.

embassy
[émbəsi]

n. 대사관

- I asked the Korean embassy for help.
  나는 한국대사관에 도움을 요청했다.

ostrich
[◎ ɔ́:stritʃ, ástritʃ]
[영 ɔ́:stritʃ]

n. 타조, (비유적으로) 현실 도피적인 사람

- 오스트레일리아에 rich(풍부한) 타조
- Ostrich eggs are very large.
  타조알은 매우 크다.

spectrum
[spéktrəm]

n. (빛의) 스펙트럼, 범위

- 무지개 스펙트럼에서 빨주노초파남보의 각각의 범위
- The spectrum of this exam looks so much.
  이번 시험 범위는 매우 많아 보인다.

protocol
[próutəkɔ̀:l]

n. 협약, 규약

- The protocols that we have negotiated are part of the treaty.
  우리가 협상했던 협약은 그 조약의 일부이다.

score
[skɔ:r]

n. ¹ 악보, 음악 ² 득점, 점수

- 작곡 시험에서 좋은 스코어(점수)를 받은 악보
- I can play this without looking at this score.
  나는 악보를 보지 않고 이것을 연주할 수 있다.

notwithstanding
[◎ nàtwiðstǽndiŋ]
[영 nɔ̀twiθstǽndiŋ]

¹ prep. ~에도 불구하고 ² ad. 그럼에도 불구하고

- [not(~이 아닌) with(함께) standing(서 있는)] 쌍둥이 둘이 함께 서 있지 않고 서로 멀리 떨어져 있음에도 불구하고 둘이 너무 닮아 쌍둥이임을 알아차릴 수 있다.
- Notwithstanding the bitter cold, many people came out to exercise.
  강추위에도 불구하고 많은 사람들이 운동하러 나왔다.

MEMO

Lecture 01 ~ Lecture 15
토플 고난도 어휘 (토플 110점을 넘기 위한 필수 어휘)

Lecture 01

동영상 강의

> TIP 파생어는 PART III 전체를 끝낸 후 학습하세요. (6pg TIP 6 참고) | 예문은 PART I, II, III를 모두 끝낸 후 학습하세요. (6pg TIP 4 참고)

plummet
[plʌ́mit]

v. 수직으로 떨어지다, 급락하다
- 낙하산을 풀어 밑으로 **수직으로 떨어지다, 급락하다**
- The price of corn is about to plummet.
  옥수수 값이 폭락하려고 한다.

shun
[ʃʌn]

v. 피하다
- 시원한 그늘로 가서 sun(태양)을 **피하다**
- He tried to shun contact with us.
  그는 우리와의 접촉을 피하려 했다.

curtail
[kəːrtéil]

v. 줄이다, 축소하다
- 가위로 cut(잘라) 거추장스러운 개 tail(꼬리)의 길이를 **줄이다, 축소하다**
- We were told to curtail our coffee breaks because they were too long.
  우리는 커피 마시는 휴식 시간이 너무 길어서 줄이라는 말을 들었다.

detriment
[détrimənt]

n. 손해, 손상
- 대출이 많다. 그래서 그 많은 이자 때문에 매달 **손해**를 보다
- detrimental 손해를 입히는, 해로운
- Bacteria can be both detrimental and helpful to humans.
  박테리아는 인간에게 유해할 수도 이로울 수도 있다.

smuggle
[smʌ́gl]

v. 밀수하다, 몰래 갖고 들어오다[나가다]
- 국경 경비병의 눈에 띄지 않도록 뿌연 스모그를 이용하여 **밀수하다**
- He was caught by the customs officer trying to smuggle in drugs.
  그는 마약을 몰래 들여오려고 하다가 세관 직원에게 적발되었다.

tangible
[tǽndʒəbl]

a. 실체가 있는, 분명한
- ten(10)개의 저 불빛은 (헛것이 아닌) **실체가 있는, 분명한** UFO이다.
- intangible 무형의, 막연한
- ¹ There are tangible benefits for both communities.
  양쪽 사회 모두에게 실질적인 이득이 있다.
- ² There are no tangible grounds for suspicion.
  의심할 만한 확실한 근거는 하나도 없다.

sanction
[sǽŋkʃən]

n. ¹ 제재 ² 허가

- 우리 바다에서 **생선**을 잡는 것을 해양경찰이 중국 어선은 **제재**, 우리 어선은 **허가**
- ¹ Plausible international sanctions should be organized against terrorism.
  테러에 대비하여 현실적인 국제적 제재가 계획되어야 한다.
- ² These changes will require the sanction of the court.
  이들 변경은 법원의 허가를 필요로 할 것이다.

unleash
[ʌnlíːʃ]

v. 속박을 풀다, (반응·감정 등을) 촉발시키다

- ¹ "**언니 쉬!** 내가 구해줄게." 하며 묶여있는 언니에게서 몰래 **속박을 풀다**
- ² 속박을 풀다 → 마음속에 있는 감정의 **속박을 풀어서** 밖으로 나오게 **촉발시키다**
- The news unleashed a storm of protest.
  그 소식은 거센 항의를 촉발했다.

commend
[kəménd]

v. 칭찬하다, 추천하다

- ¹ 이 성형외과에서 예쁘게 **코**를 **맨들**어 주었다고 **칭찬하다, 추천하다**
- ² **recommend**(추천하다)와 관련시켜 암기
- He is frequently commended on his training style.
  그는 그의 훈련 스타일에 대해 자주 칭찬받는다.

startle
[stáːrtl]

v. 깜짝 놀라게 하다

- 육상 대회에서 "**start**를(출발을) 해!"라는 신호로 화약 총을 '땅!' 하고 발사해 선수들을 **깜짝 놀라게 하다**
- startling 깜짝 놀라게 하는, 놀라운
- He startled the boy who was trying to unlock the car.
  그는 차 문을 열려고 하던 소년을 깜짝 놀라게 했다.

복습				
plummet	shun	curtail	detriment	smuggle
tangible	sanction	unleash	commend	startle

disparate
[⑩ díspərət, dispǽrət]
[⑭ díspərət]

a. 다른, 이질적인

- 빨간 사과들 사이에서 **this**(이것만) **퍼렇다**. 즉, **다른, 이질적인**
- disparity 차이, 불일치
- parity 동등
- It isn't easy to look for the balance between two disparate cultures.
  두 개의 다른 문화 사이의 균형을 찾는 것은 쉬운 일이 아니다.

tariff
[tǽrif]

n. 관세

- 미국이 중국에 보복 **관세**를 **때리뿌**리다
- The U.S. harms the global trading system with unfair tariffs.
  미국은 부당한 관세들로 세계 무역 체제에 해를 끼치고 있다.

maritime
[mǽritàim]

a. 바다의, 해양의

- merry(즐거운) time(시간)을 보내는 바다의, 해양의 휴양지
- Chile faces a dispute with Peru over maritime boundaries.
  칠레는 해양 경계선에 대해 페루와의 분쟁에 직면해 있다.

sober
[⑪sóubər]
[⑲sáubə]

a. ¹ 술 취하지 않은 ² 진지한

- 술을 so(그렇게) 입속에 뭐 대도 술 취하지 않은, 진지한
- sobriety 술 취하지 않음, 맨 정신
- ¹ He has promised to stay sober after multiple problems with alcohol.
  그는 술로 인한 여러 가지 문제를 겪은 후 술을 끊겠다고 약속했다.
- ² Here is a sober assessment of the present stage of the crisis.
  위기의 현 단계에 대한 냉철한 평가가 여기에 있다.

peasant
[pézənt]

n. 농민, 소작농

- [페전트 → 패(하다) 전투] 총을 든 군인에 대항하여 곡괭이를 들고 싸워 전투에서 패한 농민, 소작농
- A poor peasant with good health is happier than the rich person with poor health.
  건강한 가난한 농민이 건강이 나쁜 부자보다 더 행복하다.

extravagant
[ikstrǽvəgənt]

a. 도가 지나친, 낭비하는

- [익스트래버건트 → 엑스트라배 권투] (영화의) 엑스트라 주제에 엑스트라배 권투 시합을 개최할 정도로 도가 지나친, 돈을 낭비하는
- ¹ The prices in this cafe are extravagant!
  이 카페의 가격은 터무니없이 비싸!
- ² She is extravagant with her money.
  그녀는 돈 씀씀이가 헤프다.

moratorium
[mɔ̀:rətɔ́:riəm]

n. 지불유예, 일시적 활동 중단

- 빌린 돈을 나중에 몰아서 드리움. 즉, 그때까지 지불유예
- They want a two-year moratorium on commercial Pacific bluefin tuna fishing.
  그들은 상업적 태평양 참다랑어 어획을 2년간 유예하기를 원한다.

fallacious
[fəléiʃəs]

a. 잘못된, 틀린

- 잘못된 행동이나 틀린 문제로 선생님께 손바닥을 맞기 위해 학생이 앞으로 팔을 내셨수.
- fallacy 오류, 그릇된 생각
- Some people still cling to the fallacy that the earth is flat.
  어떤 사람들은 여전히 지구가 평평하다는 잘못된 생각을 고수한다.

prolific
[prəlífik]

a. 다작의, 다산의, 풍부한

- 작품이나 자식들을 많이 풀어리(풀어라) 픽! 픽! - 다작의, 다산의, 풍부한
- proliferate 확산하다, 증식하다
- proliferation 확산, 증식
- The writers of mystery fiction who turn out several books a year may be considered prolific.
  일 년에 몇 권씩의 책을 출간하는 추리소설 작가들은 다작하는 것으로 여겨질 수 있다.

itinerary
[미 aitínərèri]
[영 aitínərəri]

n. 여정, 여행 일정

- 여행 가방에 여행 일정에 맞춰 입기 위해 이 티셔츠를 넣어리.
- It can be challenging to plan an itinerary and determine which attractions to spend your money on.
  여행 일정을 계획하고 당신의 돈을 쓸 명소를 결정하는 것은 어려울 수 있다.

복습

| disparate | tariff | maritime | sober | peasant |
| extravagant | moratorium | fallacious | prolific | itinerary |

protagonist
[proutǽgənist, prətǽgənist]

n. 주인공, 주창자

- 액션 영화에서 프로 태권도 선수가 주인공
  (pianist에서처럼 'ist'는 '~사람'을 뜻하는 어미)
- Frodo is the protagonist in "the Lord of the Rings."
  Frodo는 <반지의 제왕>의 주인공이다.

nocturnal
[미 nɑːktə́ːrnəl]
[영 nɔktə́ːrnl]

a. 밤의, 야행성의

- 낮에도 밤처럼 어두운 터널 속에 있는 야행성의 박쥐
- You are now free to resume your nocturnal sightseeing tour of our city.
  당신은 이제 우리 도시의 야간 관광을 자유롭게 재개할 수 있다.

physiology
[미 fiziάːlədʒi]
[영 fiziɔ́lədʒi]

n. 생리학, 생리작용

- 코에 피지가 생기거나 몸에서 allergy(앨러지: 알레르기) 반응을 일으키는 현상은 신체의 생리작용
- Physiology and anatomy are basic to medical science.
  생리학과 해부학은 의학에서 기본이다.

underscore
[ʌ̀ndərskɔ́ːr]

v. 밑줄을 긋다, 강조하다

- 중요한 부분 글씨 under(밑에) 선을 속 그어 밑줄을 긋다, 강조하다
- She underscored her points by quoting Arabic verses from the Quran.
  그녀는 쿠란의 아랍어 시구를 인용하여 자신의 주장을 강조했다.

rip-off
[ríp:f]

n. 착취, 바가지 (물품)

- 남아 있는 동전 한 닢까지 off(떼어서) 착취, 바가지
- Black Friday just becomes a huge consumer rip-off.
  블랙 프라이데이는 그저 엄청난 소비자 바가지 씌우기일 뿐이다.

enzyme
[énzaim]

n. 효소

- 과일, 설탕, 발효액을 넣고 착즙기 en(안에서) 짜임(짜다). 거기서 나오는 효소
- Enzyme rich foods, like fresh fruits and vegetables and whole grains, assure us the main components of anti-aging.
  신선한 과일과 채소, 곡물류 같은 효소가 풍부한 음식은 우리에게 노화 방지의 주성분을 보장한다.

ravel
[rǽvəl]

v. 엉클다, 복잡하게 만들다

- 형제끼리 서로 "이것은 내 이불이야!" 하면서 이불을 몸으로 서로 돌돌 말면서 엉클다
- unravel (엉클어진 것을) 풀다
- The affairs were gradually raveled by her lies.
  그 사건은 그녀의 거짓말로 점점 더 복잡하게 되었다.

frivolous
[frívələs]

a. 경솔한, 경박한

- 지하철에서 옆 사람 생각 안 하고 free(자유롭게) 다리를 벌렸수. 즉, 경솔한, 경박한 행동
- frivolity 경솔, 경박, 천박
- Despite its studied frivolity, the novel is concerned with a very interesting subject.
  그것의 의도적인 경박함에도 불구하고, 그 소설은 아주 흥미로운 주제를 다루고 있다.

exacerbate
[igzǽsərbèit]

v. 악화시키다

- [이그재서베이트 → 이그~ 째서 배렸다] 의료사고로 "이그~ 쌍꺼풀 수술을 하려고 눈을 째서 외모를 더욱 배렸다." 즉, 외모를 더 악화시키다
- Apart from age, environmental stress and pollution, and unhealthy diet can exacerbate the aging process.
  나이와는 별도로, 환경적 스트레스와 공해, 그리고 건강에 좋지 않은 식단은 노화 과정을 악화시킬 수 있다.

template
[témpleit, témplət]

n. 형판, 견본

- ten(10)개의 plate(접시)를 견본으로 찍어내는 형판
- A copy of the template is available in the library.
  그 견본의 복사본은 도서관에서 구할 수 있다.

복습				
protagonist	nocturnal	physiology	underscore	rip-off
enzyme	ravel	frivolous	exacerbate	template

Lecture 02

configure
[kənfígjər]

v. 구성하다

- [컨피겨 → 큰 피겨] 큰 피겨스케이팅 쇼단을 구성하다
- configuration (컴퓨터) 환경설정, 배열, 구성
- You will be asked to configure the conditions for the policy.
  당신은 그 정책에 대한 조건을 구성하라는 요구를 받을 것이다.

affiliate
[əfílièit]

v. 제휴하다, 연계하다, 가입하다   n. 계열회사

- 작은 회사가 큰 회사에 "업힐리 에잇!" 하며 제휴하다
- affiliation 제휴, 가입
- The school is affiliated with a national association of driving schools.
  그 학교는 전국 운전 학원 연합에 가입해 있다.

illicit
[ilísit]

a. 불법의

- [일리싯 → 일리 쉿!] 일리(이리로) 들어와 쉿! 하며 운영하는 불법의 도박장
- A police team arrested six persons for possessing illicit liquor.
  한 경찰 팀이 불법 주류를 소지한 혐의로 6명을 체포했다.

versatile
[⑪və́:rsətl]
[⑲və́:rsətàil]

a. 재주 많은, 다용도의

- 여러 가지 일을 벌써 다 일을 끝냈다. 즉, 재주가 많은
- The piano is a classic, versatile instrument that anyone can learn how to play.
  피아노는 누구나 연주하는 법을 배울 수 있는 고전적인 다방면에 쓰이는 악기다.

meticulous
[mətíkjuləs, mətíkjələs]

a. 꼼꼼한, 세심한

- 방안에 뭐 하나 티끌이 없수. 즉, 청소에 꼼꼼한, 세심한
- She is meticulous in every way and very professional.
  그녀는 모든 면에서 꼼꼼하고 매우 전문가적이다.

laudatory
[⑪lɔ́:dətɔ̀:ri]
[⑲lɔ́:dətəri]

a. 칭찬하는, 감탄하는

- 밍크의 털을 만지며 "너도 털이 정말 좋구나!" 하고 칭찬하는, 감탄하는
- laud 칭찬하다, 찬양하다
- Her laudatory review of a book by him shows their similar interest in the dark truths of humanity.
  그가 쓴 책에 대한 그녀의 칭찬하는 리뷰는 인간성의 어두운 진실에 대한 그들의 비슷한 관심을 보여준다.

demented
[diméntid]

a. 미친, 발광한

- 뒤에 맨 티만 입고(아래는 아무것도 입지 않고) 따라오는 미친, 발광한 사람
- dementia 치매
- She was almost demented with grief after the loss of her husband.
  그녀는 남편을 잃은 후 슬픔으로 거의 미쳐버렸다.

condone
[kəndóun]

v. 용서하다, 용납하다

- 피해자에게 큰돈을 주니까 죄를 용서하다, 용납하다
- I don't condone his coming late to work.
  나는 그가 출근이 늦는 것을 용인하지 않는다.

deviate
[dí:vièit]

v. 벗어나다

- 전속력으로 달려 뒤에서 따라오는 비로부터 "에잇!" 벗어나다
- The bus deviated from its usual route because of construction downtown.
  시내의 공사 때문에 버스가 평상시의 노선에서 이탈했다.

lucrative
[lú:krətiv]

a. 수지맞는, 수익성이 좋은

- "Look!(봐!) 너 TV에 맛집 사장으로 나왔어! 이제 수지맞는 장사를 하겠다!"
- The failure to win the lucrative contract signaled the beginning of its decline.
  수지맞는 계약을 따내지 못한 것은 쇠퇴의 시작임을 뜻했다.

복습				
configure	affiliate	illicit	versatile	meticulous
laudatory	demented	condone	deviate	lucrative

marsh
[mɑ:rʃ]

n. 습지, 늪

- 습지, 늪에 빠져 허우적대며 물을 다 마시다
- Marshes help prevent storm surge from flooding coastal roadways.
  습지는 폭풍 해일이 해안가 도로를 침수시키는 것을 막는 데 도움이 된다.

stringent
[stríndʒənt]

a. 엄격한

- "string(끈)으로 전투 포로를 묶어!"라고 소리치는 엄격한 장군
- The conditions for a loan are stringent.
  대출 조건이 엄격하다.

lavish
[lǽviʃ]

a. 아끼지 않는, 낭비하는, 호화로운

- "내 BC카드를 긁자!"라며 돈을 아끼지 않는, 낭비하는, 호화로운
- He was lavish with his praise for the project.
  그는 그 프로젝트에 대해 칭찬을 아끼지 않았다.

bolster
[bóulstər]

v. 지지하다, 뒷받침하다, 강화하다

- 공연을 볼 팬클럽 회원들이 스타를 응원하며 지지하다, 뒷받침하다
- We need to seek greater economic integration to bolster regional competitiveness.
  우리는 지역 경쟁력을 강화하기 위해 더 큰 경제통합을 추구할 필요가 있다.

adjacent
[ədʒéisnt]

a. 근처의, 인접한

- "여기가 어디제이(어디지)?" 하며 근처의 건물들을 둘러보다
- The children sat down on adjacent desks.
  아이들은 근처에 있는 책상에 앉았다.

hurdle
[hə́:rdl]

n. 허들, 장애, 난관   v. 뛰어넘다

- [허들] 육상 허들 경기에서 허들은 달릴 때의 장애, 난관
- The language barrier is the biggest hurdle, experts say.
  언어의 장벽이 가장 큰 장애라고 전문가들은 말한다.

augment
[ɔ:gmént]

v. 증가시키다, 증대시키다, 증가[증대]하다

- [오그멘트 → 5 9 많다] 5개를 9개로 증가시켜 많다
- augmentation 증가, 증대
- Nowadays accidents and crimes augment in an alarming way.
  요즘 사고와 범죄가 놀랄 만큼 증가하고 있다.

diverge
[daivə́:rdʒ]

v. 갈라지다, 분기하다

- [다이벌지 → 다리 벌리지] 다리를 벌려 양다리가 갈라지다, 분기하다
- divergent 갈라지는, 분기하는, 벗어난
- divergence 갈라짐, 분기
- They diverge in their approach to solving the problem.
  그들은 그 문제를 해결하는 접근방식에서 의견이 갈린다.

tenacious
[tənéiʃəs]

a. 완강한, 끈질긴

- 식사값을 자신이 더 내겠다며 완강한, 끈질긴 주장으로 결국 더 내셨수.
- The party has kept its tenacious hold on power for more than twenty years.
  그 정당은 20년이 넘는 기간 동안 집요하게 권력을 잡아 왔다.

altruism
[ǽltru:izm]

n. 이타주의

- 가난한 집에서 엄마가 앨(애를) true(진심으로) 사랑하여 자신이 먹을 고구마 1개를 더해서 2개를 줌, 즉 이타주의
- altruistic 이타적인
- Some are altruistic only to members of their own family.
  일부 사람들은 그들 가족의 구성원들에게만 이타적이다.

복습	marsh	stringent	lavish	bolster	adjacent
	hurdle	augment	diverge	tenacious	altruism

spectrum
[spéktrəm]

n. (빛의) 스펙트럼, 범위

- 무지개 빛깔의 스펙트럼에서는 빨주노초파남보의 각각의 범위
- The spectrum of this exam looks so much.
  이번 시험 범위는 매우 많아 보인다.

penal
[pí:nəl]

a. 형벌의, 처벌의

- 축구에서 처벌로 주는 penalty(페널티) 킥
- penalty 형벌, 벌금
- The penal system in Singapore has undergone key shifts through the decades.
  싱가포르의 형벌 제도는 수십 년 동안 중요한 변화를 겪어 왔다.

contentious
[kənténʃəs]

a. 논쟁의, 논쟁을 초래하는

- contend(싸우다, 논쟁하다)와 관련하여 암기
- contend 싸우다, 논쟁하다
- contention 말다툼, 논쟁
- The use of capital punishment remains a contentious issue worldwide.
  사형제도의 사용은 전 세계적으로 논쟁을 일으키는 문제로 남아 있다.

stereotype
[stériətàip]

n. 고정관념

- 모노 음악도 많은데 모든 음악이 stereo(스테레오) type(형태)일 것이란 고정관념
- It is a stereotype that all women cry easily.
  모든 여성들이 잘 운다는 것은 고정관념이다.

takeover
[téikòuvər]

n. (기업 등의) 인수

- [take(취하다, 받다) + over(넘겨)] 넘겨받는 것, 즉 인수
- As a result of the takeover, he lost his job and fell into a state of depression.
  기업 인수의 결과로 그는 실직을 했고 우울한 상태에 빠졌다.

whereby
[hwɛərbái]

ad. 그에 따라서, 그것에 의하여

- [where(어디) + by(~에 의해)] 그 어디에서의 상황에 의해, 즉 그에 따라서
- We have a system whereby you can book appointments with a named doctor one month in advance.
  우리는 당신이 한 달 전에 지정된 의사와의 진찰을 예약할 수 있는 시스템을 가지고 있다.

cite
[sait]

v. (예를) 들다, 인용하다

- 인터넷의 어떤 **사이트**(site)의 글을 가져와 **인용하다, 예를 들다**
- I will just cite some figures for comparison.
  나는 단지 비교를 위해 몇 가지 수치를 인용할 것이다.

egoism
[(미)í:gouìzəm, égouìzəm]
[(영)égəuìzm, í:gəuìzm]

n. 이기주의, 이기심

- 배식으로 나온 1인당 한 개 주는 돈까스를 "나에게만 **이거 2**(개) **줌!**(주어라!)"라고 말하는 **이기주의, 이기심**
- ego 자아, 자존심, 자부심
- egoist 이기주의자
- egocentric 자기중심적인, 이기적인
- His vanity and egoism ultimately made him lose everything that he won.
  그의 허영심과 이기주의는 결국 그가 얻은 모든 것을 잃게 만들었다.

derivative
[dirívətiv]

a. 도출해낸 n. 파생물

- [derive(이끌어내다)의 파생어] 어떤 것에서 **이끌어낸**, 즉 **도출해낸, 파생물**
- Ethanol is a derivative of corn and other grains.
  에탄올은 옥수수와 다른 곡물들의 파생물이다.

personnel
[pà:rsənél]

n. ¹ (회사의) 인사과 ² (조직·군대의) 인원

- [person(사람) 냄(내다)] **person**(사람)을, 즉 **인원**을 **냄**(내주는) 부서인 **인사과**
- ¹ For more information, please call the personnel department.
  더 많은 정보를 원하시면 인사과로 전화주세요.
- ² The company announced it would cut 10 percent of the present personnel.
  회사는 현재 인원의 10퍼센트를 감축할 거라고 발표했다.

복습				
spectrum	penal	contentious	stereotype	takeover
whereby	cite	egoism	derivative	personnel

Lecture 03

surveillance
[sə:rvéiləns]

n. 감시

- 교도관이 감방을 **survey**(살피며) **감시**
- The suspects were captured by a surveillance camera.
  그 용의자들은 감시 카메라에 잡혔다.

rally
[ræli]

n. 집회 v. 결집하다

- "나도 독립자금을 **낼리!**" 하며 일제에 대한 항거에 온 국민이 모두 **결집하다**
- Thousands of people attended the rally at Seoul City Hall Plaza.
  수천 명의 사람들이 서울 시청 광장에서 열린 집회에 참석했다.

abide by
[əbáid bai]

(법률·합의 등)을 따르다

- **어버이도 by**(옆에서) 어린 자식의 손을 잡고 횡단보도로 건너며 **법률을 따르다**
- Employers must abide by their own disciplinary codes.
  고용주들은 그들 자신의 징계 규정을 준수해야 한다.

faculty
[fǽkəlti]

n. 능력

- 폐가 큰 **티**가 나서 폐활량이 좋아 오래 달릴 수 있는 **능력**
- She seems to have a faculty to making friends.
  그녀에게는 사람을 사귀는 능력이 있는 듯 보인다.

detain
[ditéin]

v. 억류하다, 감금하다

- [뒤태 in] **뒤태**가 이쁜 선녀를 나무꾼이 집 **in**(안에) **억류하다, 감금하다**
- detention 억류, 감금
- He was detained and questioned by immigration officials at an airport.
  그는 공항에서 출입국 관리소 직원들에 의해 억류되고 심문을 받았다.

convene
[kənví:n]

v. (회의 등을) 소집하다, 모임을 갖다

- **convention**(모임, 집회)의 파생어
- The Ministry convened a meeting of representatives of the employees' unions. 노동부는 노동조합 대표 회의를 소집했다.

compelling
[kəmpélin]

a. 강렬한, 설득력 있는

- 일본 앞잡이는 "**com**(함께) **펠리!**" 하고 사람들 앞에 나가 **강렬한** 어조로 말하여 **설득력 있는** 독립운동가
- ^{1} I felt a compelling desire to study.
  나는 공부하고픈 강렬한 욕구를 느꼈다.
- ^{2} There is no compelling reason for revenge.
  복수를 해야 할 설득력 있는 이유가 없다.

scrape
[skreip]

v. 긁다, 긁어내다

- scratch(긁다; 긁힌 자국)와 관련지어 암기
- It is necessary to soften the paint with the flame to scrape it off.
  페인트를 긁어내기 위해 그것을 불로 부드럽게 해야 한다.

shove
[ʃʌv]

v. (거칠게) 밀다, 밀어 넣다

- 배구에서 써브할 때 공을 밀어서 상대 진영에 밀어 넣다
- Could you help me shove this furniture aside?
  이 가구를 한쪽으로 미는 것을 좀 도와주실래요?

albeit
[ɔːlbíːit]

conj. 비록 ~이기는 하나 (= although)

- 비록 학점이 all(모두) B이기는 하나 다음에는 A를 받을 것이다.
- They finally sat by the breakfast table, albeit reluctantly.
  비록 마지못해서이긴 했지만, 그들은 결국 아침 식탁에 앉았다.

복습

| surveillance | rally | abide by | faculty | detain |
| convene | compelling | scrape | shove | albeit |

---

homosexual
[hòuməsékʃuəl]

a. 동성애의

- homo(같은) sex(성별)끼리 사랑하는, 즉 동성애의
- cf. heterosexual 이성애의
- 12 European countries still have laws that discriminate against homosexual individuals.
  유럽 12개국은 여전히 동성애자를 차별하는 법을 가지고 있다.

steadfast
[(미)stédfæst]
[(영)stédfɑːst]

a. (태도·목표가) 변함없는

- [steady(안정된) + fast(빠른)] 마라톤에서 steady(안정된) fast(빠른) 속도로 계속 달려 자세나 속도가 변함없는
- He has remained steadfast in his opinion.
  그는 자신의 의견을 굽히지 않고 있다.

fetus
[fíːtəs]

n. 태아

- 돼지가 태아를 분만할 때 피가 튀었수.
- The mother and fetus are both patients who deserve care.
  산모와 태아는 둘 다 보살핌을 받아야 하는 환자이다.

phobia
[(미)fóubiə]
[(영)féubiə]

n. 공포증

- 홍수로 지하방에 갇혀 있는데 계속 퍼붓는 비야!, 이러다 죽겠다는 공포증
- She has a social phobia.
  그녀는 대인 공포증이 있다.

evoke
[ivóuk]

v. (기억 · 감정 등을) 불러일으키다, 떠올려 주다

- 이 voca(단어)의 뜻을 연상으로 **떠올려 주다**
- The sight of the old tower always evoked a sense of wonder to him.
  그 오래된 탑의 광경은 항상 그에게 경이감을 불러일으켰다.

carbohydrate
[kà:rbouháidreit]

n. 탄수화물

- [carbon(탄소) + hydr(water) + ate] carbon(탄소)와 hydr(水)로 만들어진 **탄수화물**
- The main component of rice is carbohydrate.
  쌀의 주성분은 탄수화물이다.

orthodox
[ɔ́:rθədɑ̀ks]
[ɔ́:rθədɔ̀ks]

a. 정통의, 전통적인

- "남편이 죽으면 **독수**공방하는 것이 **옳소!**"라고 하는 **전통적인** 유교사상
- We would prefer a more orthodox approach to the problem.
  우리는 그 문제에 대해 좀 더 정통적인 접근방식을 선호한다.

lateral
[lǽtərəl]

a. 옆의, 측면의

- ¹ 여자친구가 앉을 수 있도록 공원 벤치의 **옆의** 자리의 먼지를 내가 **털을**
- ² [lateral(side를 뜻하는 어근)] **옆의, 측면의**
- The column is weak and requires lateral support.
  기둥이 약해서 측면 지지대가 필요하다.

tenure
[ténjər]

n. 재임 기간, (주택 · 토지의) 거주권

- ten year(10년의) **재임 기간**, 또는 ten year(10년) 동안 거주할 권리, 즉 **거주권**
- He remained popular throughout his tenure of the office of mayor.
  그는 시장 재임 기간 내내 인기가 있었다.

pivot
[pívət]

n. 중심점, 중심

- 하나 둘 나무 가죽(皮 가죽 피)를 벗기면 나오는 **중심점**
- pivotal 중추적인, 중요한
- Oil was the pivot of the whole question.
  석유가 모든 문제의 핵심이었다.

복습				
homosexual	steadfast	fetus	phobia	evoke
carbohydrate	orthodox		lateral	tenure	pivot

repeal
[ripí:l]

v. (법률 등을) 폐지하다 n. 폐지

- 커피나 콜라 등을 리필해 주던 식당에서 손해를 보자 리필 서비스를 **폐지하다**
- Civil right advocates are campaigning for the repeal of the new labor laws.
  시민권 옹호자들은 그 새 노동법의 폐지를 위한 캠페인을 하고 있다.

windfall
[wíndfɔːl]

n. 바람에 떨어진 과실, 뜻밖의 횡재

- [wind(바람) + fall(떨어지다)] 바람에 떨어진 과실, 뜻밖의 횡재
- This price war on oil will be a windfall for Korea.
  이번의 원유 가격 전쟁이 한국에게는 뜻하지 않은 횡재가 될 것이다.

incumbent
[inkʌ́mbənt]

a. ¹ 의무로서 지워지는 ² 현직의, 재임 중인

- income(수입)을 버는 것은 가장의 의무로서 지워지는 것이기에 짤리지 말고 현직에 있어야 한다.
- It is now incumbent on me to correct my error.
  이제 내 잘못을 바로잡아야 할 의무가 나에게 있다.

provisional
[prəvíʒənl]

a. 임시의, 일시적인

- "방송 사고로 지금 내보낼 TV 프로(프로그램)이 비잖아. 임시 방송이라도 내보내!"
- This trade data is provisional and subject to change.
  이 거래 자료는 잠정적인 것으로 변경될 수 있다.

query
[(미)kwíri, kwéri]
[(영)kwíəri]

n. 문의, 의문 v. 문의하다, 의문을 제기하다

- 어떤 것에 의문이 들어 캐리(캐다), 즉 의문을 제기하다
- If you have a query about a parcel you are waiting for, you can contact the retailer you ordered from.
  만약 당신이 기다리고 있는 소포에 대한 질문이 있다면, 당신은 당신이 주문한 소매점에 연락할 수 있다.

impeach
[impíːtʃ]

v. 탄핵하다, 고발하다

- peach(복숭아) 상자 im(안에) 들은 검은돈을 받은 대통령을 탄핵하다, 고발하다
- He was impeached for providing false information on federal income tax forms.
  그는 연방 소득세 양식에 대한 허위 정보를 제공했다는 이유로 탄핵되었다.

contestant
[kəntéstənt]

n. 경쟁자, (대회·시합 등의) 참가자

- [contest(경쟁하다) + ant(~사람, ~것)] 서로 contest(경쟁하는) ant(사람), 즉 경쟁자
- Some said he was the most popular contestant in the event's entire history.
  몇몇 사람들은 그가 이 행사가 생긴 이래 가장 인기 있는 참가자였다고 말했다.

concede
[kənsíːd]

v. 인정하다, 수긍하다

- "서울은 큰 시다"라는 말에 인정하다, 수긍하다
- I had to concede the logic of the decision.
  나는 그 결정의 논리를 인정해야 했다.

markedly
[máːrkidli]

ad. 현저하게, 두드러지게

🔖 책에 **mark**(표시)를 해서 **현저하게, 두드러지게** 보이는
- marked 현저한, 두드러진
- The number of fights has gone down markedly.
  싸움의 횟수가 현저하게 줄어들었다.

pacific
[pəsífik]

a. 평화로운

🔖 [Pacific(태평양)] 잔잔하고 **평화로운 Pacific**(태평양)
- They have terminated a pacific era, during which the country made unexampled progress in wealth, industry, and prosperity.
  그들은 그 나라가 부, 산업, 번영에서 전례 없는 발전을 이룬 평화의 시대를 종식시켰다.

| 복습 | repeal | windfall | incumbent | provisional | query |
| | impeach | contestant | concede | markedly | pacific |

Lecture 04

comparatively
[kəmpǽrətivli]

ad. 비교적, 상대적으로

- [compare(비교하다) + tive + ly] 비교적으로, 즉 상대적으로
- It is comparatively warm this winter. 이번 겨울은 비교적 따뜻하다.

deflate
[difléit]

v. ¹ 공기를 빼다 ² 오므라들다 ³ (통화를) 수축시키다, (물가를) 떨어뜨리다

- [디플레이트] inflate(팽창시키다, 통화를 팽창시키다)의 반대말
- deflation 디플레이션, 물가하락, 통화수축, 공기를 뺌
- ¹ He found a deflated balloon in the street.
  그는 거리에서 바람 빠진 풍선을 발견했다.
  ² The economic recession has deflated prices.
  불경기로 물가가 떨어졌다.

irreversible
[irivə́:rsəbl]

a. 되돌릴 수 없는

- [ir(not) + reverse(뒤집다) + ible(~할 수 있는)] 되돌릴 수 없는
- Water pollution causes irreversible damage to the sea.
  수질오염은 바다에 되돌릴 수 없는 피해를 입히고 있다.

appraise
[əpréiz]

v. 평가하다, 감정하다

- [ap(to) + praise(칭찬하다)] ~에게 칭찬하거나 비평하면서 그 사람을 평가하다, 감정하다
- appraisal 평가, 감정
- He has to supervise and appraise all staff regularly and carefully.
  그는 모든 직원들을 규칙적이고 신중하게 감독하고 평가해야 한다.

superb
[su:pə́:rb]

a. 최고의, 매우 훌륭한

- 다른 것들보다 super(위에) 있는, 즉 최고의, 매우 훌륭한
- superbly 최고로, 훌륭하게
- He did a superb job on his kitchen renovation.
  그는 부엌을 개조하는 일을 훌륭히 해냈다.

infrared
[infrəréd]

a. 적외선의 n. 적외선

- [infra(under) + red(빨간색)] 파장이 red(빨간색)보다 더 infra(아래에) 있는 적외선
- The alarm emits infrared light which are used to detect any intruder.
  그 경보 장치는 침입자를 탐지하기 위해 사용되는 적외선을 방출한다.

entice
[intáis]

v. 유인하다, 꾀다

- 여자 스파이가 치마 en(안에) 타이즈를 보여주며 적을 유인하다, 꾀다
- enticing 마음을 끄는, 유혹적인
- He has fallen in love with the lady with a very enticing smile.
  그는 매우 유혹적인 미소를 가진 숙녀와 사랑에 빠졌다.

enlighten
[inláitn]

v. 깨우치게 하다, 계몽하다

- 머리 en(안에) light(빛)을 밝혀 깨우치게 하다
- The object of the exercise is to amuse and enlighten the general reader.
  그 연습의 목표는 일반 독자를 즐겁게 하고 계몽시키는 것이다.

encroach
[inkróutʃ]

v. 침입하다, (권리·생활 등을) 침해하다

- 집 en(안으로) cockroach(바퀴벌레)가 침입하다, 그리고 가구 등을 갉아먹으며 침해하다
- encroachment 침입, 침해
- The railway could encroach on the habitat of the snow leopard.
  철도가 눈표범의 서식지를 침해할 수 있다.

endorse
[indɔ́:rs]

v. ¹ 지지하다 ² (수표에) 이서하다

- 수표 en(안에) 돈 액수를 쓰고서 이서하다. 그리고 그것을 정치가에게 줄 만큼 그 정치가를 지지하다
- ¹ We're going to endorse the policy.
  우리는 그 정책을 지지할 것이다.
- ² Once you endorse a check, whoever finds it can cash it themselves.
  일단 당신이 수표에 배서하면, 그것을 발견한 사람은 누구나 그것을 현금으로 바꿀 수 있다.

복습: comparatively / deflate / irreversible / appraise / superb / infrared / entice / enlighten / encroach / endorse

destabilize
[di:stéibəlaiz]

v. 불안정하게 하다

- [de(not) + stable(안정된) + ize(동·어)] 불안정하게 하다
- We are not seeking to destabilize his regime.
  우리는 그의 정권을 불안정하게 할 의도가 없다.

deactivate
[di:ǽktiveit]

v. (작동을) 정지시키다, 비활성화하다

- [de(not) + active(활동적인) + ate(동·어)] 정지시키다, 비활성화하다
- activate 작동시키다, 활성화시키다
- Is there someone who knows how to deactivate the alarm?
  이 경보 장치를 멈추는 방법을 아시는 분 있나요?

debilitate
[dibílətèit]

v. 약화시키다

- [de(not) + bilit(→ ability: 능력) + ate(동·어)] 능력을 없게 만들다, 즉 약화시키다
- Huge debts are debilitating their economy.
  엄청난 빚이 그들의 경제를 약화시키고 있다.

decode
[diːkóud]

v. (암호 등을) 해독하다

- [de(not) + code(암호, 부호)] 암호의 기능을 없애다, 즉 그 반대로 해독하다
- I could not decode the doctor's handwriting.
  나는 의사선생님의 손 글씨를 해독할 수 없었다.

deduct
[didʌ́kt]

v. 감하다, 공제하다

- 사또에게 바칠 떡을 이방이 de(밑으로) 떡 하나를 빼서 자기 몫으로 공제하다
- deductible 공제 가능한
- Your employer will deduct income tax from your salary.
  고용주는 당신의 월급에서 소득세를 공제할 것이다.

disarm
[disɑ́ːrm]

v. 무장해제하다

- [dis(away) + arm('무기'를 뜻하는 어근)] 무기를 멀리 없애다, 즉 무장해제하다
- The terrorist group has shown no signs of being willing to disarm.
  그 테러리스트 단체는 무장 해제를 하려는 조짐을 보이지 않아 왔다.

discontent
[dìskəntént]

n. 불만 a. 불만스러운

- [dis(not) + content(만족한)] 불만, 불만스러운
- There are signs of discontent with pay and conditions.
  봉급과 조건들에 대한 불만족의 조짐들이 있다.

disobey
[dìsəbéi]

v. 복종하지 않다

- [dis(not) + obey(복종하다)] 복종하지 않다
- Adolescent boys often disobey their parents.
  사춘기의 소년들은 종종 그들의 부모님에게 반항한다.

disqualify
[diskwάləfài]

v. 자격을 박탈하다

- [dis(not) + qualify(자격을 주다)] 자격을 박탈하다
- He was disqualified from the competition for using drugs.
  그는 약물 사용으로 그 시합에서 실격당했다.

dissatisfy
[dissǽtisfài]

v. 불만을 품게 하다

- [dis(not) + satisfy(만족시키다)] 불만을 품게 하다
- He was dissatisfied at not getting better treatment.
  그는 보다 나은 대우를 받지 못하는 데 대해 불만을 느꼈다.

복습	destabilize	deactivate	debilitate	decode	deduct
	disarm	discontent	disobey	disqualify	dissatisfy

unveil
[ʌ̀nvéil]

v. 베일을 벗다, 정체를 드러내다

- [un(not) + veil(베일)] 베일을 벗다
- The entry list has been unveiled for the British Championship.
  브리티시 선수권대회의 참가자 명단이 공개되었다.

undo
[ʌndúː]

v. 원상태로 돌리다

- [un(not) + do(행하다)] 이미 do(행한) 일의 un(반대), 즉 원상태로 돌리다
- What's done cannot be undone.
  일단 행한 일은 돌이킬 수 없다.

unruly
[ʌnrúːli]

a. 다루기 힘든, 제멋대로 구는

- [un(not) + rule(규칙) + y(형·어)] 규칙을 따르지 않는, 즉 다루기 힘든, 제멋대로 구는
- There was an unruly crowd of around 4,000 demonstrators on the street.
  제어하기 힘든 약 4,000명의 시위대가 거리에 운집해 있었다.

untimely
[ʌntáimli]

a. 때 이른, 시기상조의

- [un(not) + time(시간, 때) + ly] 때가 아닌, 즉 때 이른, 시기상조의
- His untimely death at 25 made his parents heartbroken.
  25세에 그의 때 이른 죽음은 그의 부모님의 마음을 아프게 만들었다.

untie
[ʌntái]

v. 풀다, 끄르다

- [un(not) + tie(묶다)] 풀다
- This long end is later used to untie the rope.
  이 긴 끝부분은 후에 밧줄을 푸는 데 사용된다.

undress
[ʌndrés]

v. 옷을 벗다, 옷을 벗기다

- [un(not) + dress(옷을 입히다)] 옷을 벗기다
- The doctor asked the parents to undress the baby for the examination.
  의사는 부모에게 검사를 위해 아기의 옷을 벗기라고 요청했다.

antibody
[ǽntibàdi]

n. 항체

- [anti(against) + body(體 몸 체)] 항체
- I think his antibody neutralizes toxin in his body.
  나는 그의 항체가 체내에서 독소를 중화시킨다고 생각한다.

antisocial
[ǽntisòuʃəl]

a. 반사회적인, 비사교적인

- [anti(against) + social(사회의)] 반사회적인, 비사교적인
- We believe antisocial actions are often attempts to dominate figures in authority.
  우리는 반사회적 행동이 종종 권위 있는 인물들을 지배하려는 시도라고 생각한다.

overturn
[òuvərtə́:rn]

v. 뒤집히다, 뒤집다

- [over(~ 위로) + turn(돌리다)] 밑이 over(위로) 향하도록 turn(돌리다), 즉 **뒤집다**
- The boys ran down the street overturning boxes of fruit.
  그 소년들은 과일 상자들을 뒤엎으며 도로를 달려 내려갔다.

oversight
[óuvərsàit]

n. ¹ 간과, 실수 ² 감독, 관리

- ¹ [over(~ 넘어서) + sight(봄)] 대충 **넘어서 봄**, 즉 **간과**
- ² [over(~ 위에서) + sight(봄)] 위에서 아랫사람들을 **보면서 감독, 관리**
- ¹ An oversight in proofreading often results in printed errors.
  교정 시의 부주의는 종종 인쇄된 활자의 오류를 유발한다.
- ² He has direct oversight of the investment bank.
  그는 그 투자은행을 직접 감독하고 있다.

복습				
unveil	undo	unruly	untimely	untie
undress	antibody	antisocial	overturn	oversight

Lecture 05

infringe
[infríndʒ]

v. (법규를) 위반하다, (권리 등을) 침해하다

- 남의 앞마당 in(안에) 있는 잔디를 그냥 풀인지 알고 밟고 지나가 사유지를 **침해하다**
- In the UK, people can use material protected by copyright in certain ways without infringing copyright.
  영국에서, 사람들은 저작권에 의해 보호되는 자료를 저작권을 침해하지 않고 특정한 방법으로 이용할 수 있다.

ingenious
[indʒíːnjəs]

a. (생각 등이) 기발한, 창의적인

- 머리 in(안에) 지녔수, **기발한, 창의적인** 생각을.
- ingenuity 발명의 재주, 창의력
- It is very ingenious of him to come up with such a effective way to minimize the cost.
  그가 비용을 최소화하기 위해 그렇게 효과적인 방법을 생각해 낸 것은 매우 기발하다.

inquisitive
[inkwízətiv]

a. 호기심 많은, 꼬치꼬치 캐묻는

- ¹ 마음 in(속에) **퀴즈**가 많은, 즉 **호기심이 많은, 꼬치꼬치 캐묻는**
- ² inquire(묻다)의 파생어
- Stay inquisitive about the world around you.
  당신을 둘러싼 세계에 대해 호기심을 가져라.

incur
[inkə́ːr]

v. 초래하다, 발생시키다

- 담배가 암이 몸 in(안에서) 커지는 것을 **초래하다, 발생시키다**
- Farmers in the western state incurred a heavy loss due to unseasonal rains.
  서부 지역의 농부들은 계절에 맞지 않는 비로 큰 손실을 입었다.

insolvent
[insálvənt]

a. 파산한

- 곳간 in(안에) 쌀이 다 burnt(타버려) **파산한**
- insolvency 파산
- He revealed that he was insolvent.
  그는 자신이 파산했다고 밝혔다.

predominant
[⑪ pridámənənt]
[⑭ pridɔ́minənt]

a. 두드러진, 우세한

- [pre(before: 앞에서) + dominant(우세한)] **두드러진, 우세한**
- predominate 두드러지다, 우세하다(outweigh)
- In most developing countries human labour is still predominant.
  대부분의 개발도상국에서 인간의 노동력은 여전히 지배적이다.

prerequisite
[pri:rékwəzit]

n. 전제조건 a. 전제조건이 되는

- [pre(before) + require(요구하다) + site] 앞서 요구하는 것, 즉 전제조건
- A college degree is still a prerequisite for many jobs.
  대학 학위는 여전히 많은 직업의 전제조건이다.

predate
[pri:déit]

v. (시기적으로) ~보다 앞서다

- [pre(before) + date(날짜)] 실제 날짜보다 전인, 즉 (시기적으로) ~보다 앞서다
- The garage predated the house by several years.
  그 차고는 그 집을 몇 년 앞질렀다.

precarious
[prikéəriəs]

a. 불안정한, 위태로운

- [pre(before) + care(걱정하다) + ious] 미리 걱정되어 마음이 불안정한
- The gallery is in a financially precarious state.
  그 미술관은 재정적으로 불안정한 상태에 있다.

folly
[⑪fáli ⑱fɔ́li]

n. 어리석음

- 1+1도 빨리 못 푸는 어리석음
- To imagine this disease to be contagious was the height of folly.
  이 병이 전염된다고 상상하는 것은 어리석음의 극치였다.

복습

| infringe | ingenious | inquisitive | incur | insolvent |
| predominant | prerequisite | predate | precarious | folly |

---

implant
[implǽnt]

v. 심다, 주입하다

- ¹ [im(in) + plant(심다)] 심다, 주입하다
- ² 임플란트로 인공치아를 심다
- Early experiences can implant strong fears in the subconscious.
  초기의 경험들은 잠재의식 속에 강한 두려움을 심을 수도 있다.

impediment
[impédimənt]

n. 장애, 방해

- 방 in(안에) 폐지 많다. 그래서 지나다니는 데 장애, 방해
- impede 방해하다, 훼방하다
- The environment has become a major impediment to economic growth.
  환경이 경제 성장에 큰 장애가 되어 왔다.

improbable
[⑪imprábəbl]
[⑱imprɔ́bəbl]

a. 일어날 것 같지 않은, 희한한

- [im(not) + probable(있음 직한)] 일어날 것 같지 않은
- It seems improbable that he will gain victory over them.
  그가 그들을 이기는 일은 일어날 것 같지 않다.

implicate
[ímplikèit]

v. 연루시키다

- 교도서 im(안에서) 풀리어 나온 용의자에 대해 다시 사건을 캐내어 **연루시키다**
- A lot of people were implicated in the scandal.
  많은 사람들이 그 추문에 연루되어 있었다.

impetus
[ímpitəs]

n. 자극, 자극제

- 싸우다가 맞아 코 im(안에서) 피가 튀었수. 그것이 **자극, 자극제**가 되어 더 싸우려고 하다
- The Civil War provided an impetus to Michigan's growth.
  남북 전쟁은 미시간주의 성장에 원동력을 제공했다.

imperative
[impérətiv]

a. 필수적인, 반드시 해야 하는

- 죽을 수도 있으니 환자의 몸 im(안에) 페로 튜브를 꽂아 응급처치를 **반드시 해야 하는**
- It is imperative that applicants check their email regularly.
  지원자들은 그들의 이메일을 정기적으로 확인하는 것이 필수이다.

malnutrition
[mælnju:tríʃən]

n. 영양실조

- [mal(bad) + nutrition(영양)] 나쁜 영양상태, 즉 **영양실조**
- The dog died from malnutrition.
  그 개는 영양실조로 죽었다.

malfunction
[mælfʌ́ŋkʃən]

n. 고장, 오동작 v. 오작동하다

- ¹ [mal(bad) + function(작동)] 고장, 오작동
- ² [맬펑크션 → 매일 펑크셔] 이 차는 매일 펑크가 난다, 즉 고장
- The disregard to this indication may lead to product malfunction or failure.
  이 표시를 무시하면 제품의 오작동이나 고장으로 이어질 수도 있다.

surname
[sə́:rnèim]

n. (이름의) 성

- [sur(over) + name(이름)] 이름 맨 위(앞)에 있는 **성**
- What's the most common surname?
  가장 흔한 성이 뭐지요?

surcharge
[sə́:rtʃɑ:rdʒ]

n. 추가 요금

- [sur(over) + charge(요금)] **추가 요금**
- There has always been a surcharge for taxi fares after midnight.
  자정 이후에는 택시 요금 할증이 항상 있어 왔다.

복습				
implant	impediment	improbable	implicate	impetus
imperative	malnutrition	malfunction	surname	surcharge

relentless
[riléntləs]

a. 무자비한, 가차 없는

- 월세를 못 낸 소녀가장에게 "re(다시)는 방을 rent(빌려주는) 일 less(없어)!"라고 말하는 무자비한, 가차 없는 집주인
- relentlessly 가차 없이
- He finally encountered his most relentless enemy.
  그는 마침내 그의 가장 가차 없는 적과 마주쳤다.

recessive
[risésiv]

a. [생물] 열성(劣性)의

- 1 사람은 원숭이에서 출발하여 re(뒤에) 태어나는 후손으로 갈수록 쎄게 씹어 없애서 꼬리가 사라진, 즉 **열성의** 꼬리 유전자
  2 [re(back) + cess(go) + ive(형·어)] 뒤로 가는, 즉 **열성(劣性)의**
- In terms of genetics, it is known that a baldness is dominant to men and recessive to women.
  유전적으로 대머리는 남성에게는 우성, 여성에게는 열성으로 알려져 있다.

renounce
[rináuns]

v. 포기하다, 단념하다

- [re(back) + nounce(speak)] re(뒤로) 물러난다고 nounce(말하다), 즉 **포기하다, 단념하다**
- Many were executed for refusing to renounce their religion.
  많은 사람들이 종교를 포기하기를 거부하여 처형되었다.

retention
[riténʃən]

n. 보유, 유지

- 집 re(뒤에) 있는 ten(10)개의 고급차를 **보유, 유지**
- retain 보유하다, 유지하다
- The reward program helped improve customer retention.
  그 보상 프로그램은 고객 유지 향상에 도움이 되었다.

repercussion
[rìːpərkʌ́ʃən]

n. 파급효과, 영향

- [re(back) 퍼커션(→ four 쿠션)] 던진 공이 re(뒤로) 튀어 four(4)번의 **쿠션**을 일으키며 유리창 등을 파괴하며 생기는 **파급효과, 영향**
- No one anticipated the unfortunate repercussion of the price freeze.
  어느 누구도 가격 동결에 따른 그 유감스러운 파급효과를 예상하지 못했다.

exile
[égsail, égzail]

n. 추방, 망명

- [ex(out) 사일(→ 미사일)] 나라 ex(밖으로) 미사일에 태워 **추방**!
- They learned nothing during their twenty years of exile.
  그들은 20년간의 망명 중에 아무것도 배운 것이 없었다.

counter
[káuntər]

1 n. 계산대, 판매대 2 n. 정반대 v. 반박하다

- [counter(against, opposite)] **정반대, 반박하다**
- Those powerful arguments are not easily countered.
  그러한 강력한 주장들은 쉽게 반박할 수가 없다.

extraterrestrial
[èkstrətəréstriəl]

a. 외계의, 우주의　n. 우주인(E.T.)

- [extra(outside) 터(땅) restrial] 지구의 터 밖의, 즉 외계의
- Scientists are searching for extraterrestrial life in a number of different ways.
  과학자들은 많은 다양한 방법으로 외계의 생명체를 찾고 있다.

prolong
[prəlɔ́ːŋ]

v. 늘이다, 연장하다

- 시간을 pro(앞으로) long(길게) 늘이다, 연장하다
- The medication will prolong his life for a good while.
  그 약물은 한동안은 그의 생명을 연장해줄 것이다.

transcend
[trænsénd]

v. 초월하다

- 어떤 한계를 trans(가로질러) send(보내다), 즉 초월하다
- transcendent 탁월한, 초월적인
- His stories express themes that transcend age and nationality.
  그의 이야기들은 나이와 국적을 초월하는 주제를 표현한다.

복습				
relentless	recessive	renounce	retention	repercussion
exile	counter	extraterrestrial	prolong	transcend

Lecture 06

binary
[báinəri]

a. 둘로 이루어진, 이진법의

- [bi(two) 너리(넣어리)] 0과 1 **두 개를 넣어리**. 즉, 0과 1 **둘로 이루어진, 이진법의**
- The binary system is used in computers. 이진법은 컴퓨터에 사용된다.

aboriginal
[æbərídʒənl]

a. 원주민의, 토착의

- [ab(강조) + original(본래의, 원래의)] **원주민의, 토착의**
- Each aboriginal tribe has different rituals and worships different things.
  각각의 토착 부족은 저마다 다른 종교의식을 가지고 저마다 다른 것을 숭배한다.

conspicuous
[kənspíkjuəs]

a. 눈에 잘 띄는

- 1 무대 앞의 **큰 수**의 사람들이 **비켰수**. 그래서 무대가 **눈에 잘 띄는**
- 2 [con(together) + spic(see) + uous] 롯데타워같이 먼 곳 사람까지 **con**(함께) **spic**(볼) 수 있을 정도로 **눈에 잘 띄는**
- These notices must be posted in a conspicuous place.
  이 공지사항들은 반드시 눈에 잘 띄는 곳에 붙여야 한다.

bureaucracy
[⑩bjuərákrəsi]
[⑱bjuərɔ́krəsi]

n. 관료 정치, 관료 체제, 관료

- [뷰로(~부로) + cracy(govern: 통치하다)] 의회나 정당이 아닌 행정**부로**(행정부의 관료들이) 통치하는 **관료 정치**
- They have a good opportunity to eliminate unnecessary bureaucracy.
  그들은 불필요한 관료주의를 제거할 좋은 기회를 가지고 있다.

beneficiary
[⑩bènəfíʃieri]
[⑱benəfíʃiəri]

n. 수익자, 수혜자

- 1 [bene(good) + ficiary] 좋은 것을 받는 사람, 즉 **수익자, 수혜자**
- 2 **수익자, 수혜자**가 수익을 얻어 형편이 **2배나 피셔리**.
- He named his mother Brenda as the beneficiary of the insurance policy.
  그는 자신의 어머니인 Brenda를 보험 수혜자로 이름을 올렸다.

flux
[flʌks]

n. 흐름, 끊임없는 변화

- [flux(flow)] **flux**(흐르는) 물처럼 **흐름, 끊임없는 변화**
- Every artist is in a state of flux, or he or she wouldn't be an artist.
  모든 예술가들은 유동적인 상태에 있다. 그렇지 않으면 예술가가 아닐 것이다.

influx
[ínflʌks]

n. 유입, 쇄도

- [in(in) + flux(flow)] **in**(안으로) **flux**(흘러) 들어옴, 즉 **유입**
- The newly constructed airport is very helpful in accommodating the influx of visitors.
  새로 건설된 공항은 쇄도하는 방문객들을 수용하는 데 큰 도움이 되고 있다.

lash
[læʃ]

v. ¹ 채찍질하다, 후려치다 ² 단단히 묶다

- 조선시대 큰 잘못을 한 내시를 끈으로 **단단히 묶다, 채찍질하다**
- ¹ The rain lashed down outside the window.
  비가 창밖을 세차게 내리쳤다.
- ² They were enormous logs of wood that had been lashed together.
  그것들은 함께 묶여 있던 거대한 통나무들이었다.

invisible
[invízəbl]

a. 볼 수 없는, 보이지 않는

- [in(not) + vis(look) + ible(~할 수 있는)] 볼 수 없는, 보이지 않는
- visible (눈에) 보이는, 명백한
- The hearing aids were designed to be invisible.
  그 보청기는 눈에 보이지 않게 설계되었다.

visionary
[(미)víʒənèri]
[(영)víʒənəri]

a. ¹ 환영의, 환각의 ² 예지력 있는

- (헛것이나 미래를) vis(보는), 즉 **환영의, 예지력 있는**
- vision 시력, 환영, 예지력
- ¹ Such visionary experiences can be categorized in several ways.
  그러한 환영을 본 경험은 여러 가지로 방법으로 분류될 수 있다.
- ² A visionary leader cannot achieve a breakthrough all by himself.
  선견지명이 있는 지도자도 혼자서 돌파구를 얻을 수는 없다.

복습	binary	aboriginal	conspicuous	bureaucracy	beneficiary
	flux	influx	lash	invisible	visionary

avert
[əvə́:rt]

v. 피하다, 얼굴(눈)을 돌리다

- ¹ "어! 벌이다!" 하고 **피하다, 얼굴(눈)을 돌리다**
- ² [a(to) + vert(turn)] 얼굴이나 눈을 a(~쪽으로) vert(돌려) **피하다, 얼굴(눈)을 돌리다**
- He tried to avert the accident by shouting a warning.
  그는 소리쳐 경고하여 사고를 피하려 했다.

invert
[invə́:rt]

v. 거꾸로 하다, 뒤집다

- ¹ 아이 옷 in(안에) 벌이 들어가자 벌이 나오게 하려고 아이를 **거꾸로 하다, 뒤집다**
- ² [in(in) + vert(turn)] in(안에) 있는 것을 vert(돌려) 밖으로 **뒤집다**
- Bats have plenty of reasons to choose the inverted lifestyle.
  박쥐가 거꾸로 매달려 사는 생활 방식을 선택하는 데는 여러 이유가 있습니다.

inverse
[invə́:rs]

a. 반대의

- ¹ [인버스 → 잉! 버스] 버스를 잘못 타서 잉! 버스가 **반대의** 방향으로 가네!
- ² [in(강조) + verse(turn)] 완전히 뒤집어 **반대의**
- There is an inverse ratio between the strength of light and its distance.
  빛의 세기와 그 거리는 반비례한다.

converse
[kənvə́ːrs]

¹ v. 대화를 나누다 ² a. 정반대

- ¹ [conversation(대화)의 동사형] 대화를 나누다
- ² 큰 버스가 사고로 뒤집혀 위아래가 정반대가 된
- conversely 거꾸로, 반대로
- ¹ After you start working on the project, converse with them on regular basis.
  그 프로젝트를 시작한 후에는 정기적으로 그들과 대화하라.
- ² Conversely, she doesn't want to go there.
  반대로 그녀는 그곳에 가기를 원치 않는다.

horrendous
[hɔːréndəs, hɑréndəs]

a. 참혹한, 끔찍한

- 죄인을 넣을 지하감옥에 미리 호랭이를 뒀수. 그래서 호랑이에게 먹히는 참혹한, 끔찍한 광경
- It was a shocking and horrendous experience.
  그것은 충격적이며 끔찍한 경험이었다.

equity
[ékwəti]

n. 공평, 공정

- [equi(equal) + ty] 공평, 공정
- Social equity is concerned with justice and fairness of social policy.
  사회적 형평성은 사회정책의 정의와 공정성과 관계가 있다.

equilibrium
[ìːkwəlíbriəm, èkwəlíbriəm]

n. 균형, (마음의) 평정

- [equi(equal) + librium] 같은 무게, 또는 흔들리지 않는 같은 마음, 즉 균형, (마음의) 평정
- Cells strive to keep an internal equilibrium by adjusting their processes.
  세포는 처리 과정을 조정하여 내부의 균형을 유지하기 위해 노력한다.

equitable
[ékwətəbl]

a. 공평한, 공정한

- [equi(equal) + table] 공평한, 공정한
- Many mothers could benefit from an equitable division of household duties.
  많은 어머니들이 공평한 가사 분담으로 이득을 볼 수 있다.

symbiosis
[sìmbaióusis, sìmbióusis]

n. 공생

- [sym(together) + bio(life) + sis(명·어)] sym(함께) bio(삶), 즉 공생
- A fetus is in symbiosis with its mother before being born.
  태아는 태어나기 전에 어머니와 공생관계에 있다.

biodiversity
[bàioudaivə́ːrsəti, bàioudivə́ːrsəti]

n. 생물의 다양성

- [bio(life: 생명) + diversity(다양성)] 생물의 다양성
- Climate change is a significant threat to biodiversity.
  기후변화는 생물의 다양성에 중대한 위협이다.

복습	avert	invert	inverse	converse	horrendous
	equity	equilibrium	equitable	symbiosis	biodiversity

anarchy
[ǽnərki]

n. 무정부상태, 혼란

- [an(not) + archy(govern)] 통치하는 정부가 없는 상태, 즉 **무정부상태, 혼란**
- anarchist 무정부주의자
- After the economic crisis, the country fell into a state of anarchy.
  경제공황 후 그 나라는 무정부상태에 빠졌다.

pesticide
[péstisàid]

n. 살충제, 농약

- [pest(해충) + cide(kill)] 해충을 죽이는 것, 즉 **살충제**
- If you want to kill fleas, you have to use a pesticide.
  벼룩을 죽이려면 살충제를 사용해야 한다.

judicial
[dʒu:díʃəl]

a. 사법의, 재판의

- [jud(judge: 판사, 판단) + icial] **사법의, 재판의**
- After the trial, they had lost all faith in the judicial system.
  그 재판 이후, 그들은 사법 제도에 대한 믿음을 모두 잃었다.

demographic
[dèməgrǽfik]

n. 인구통계학의

- [demo(people) + graph(write) + ic(형·어)] demo(사람)의 수를 graph(적는) 학문, 즉 **인구통계학의**
- They are studying demographic change in multicultural families.
  그들은 다문화 가구에서의 인구통계학적 변화를 연구하고 있다.

photosynthesis
[fòutəsínθəsis]

n. 광합성

- [photo(light) + syn(together) + thesis(put)] 식물이 photo(빛)과 공기와 물을 syn(함께) thesis(놓고) 양분을 만들어내는 과정, 즉 **광합성**
- They make their food and energy through a process called photosynthesis.
  그들은 광합성이라 불리는 과정을 통해 영양분과 에너지를 만든다.

frail
[freil]

a. 연약한, 허약한

- [fra(break) + il] fra(깨질) 정도로 **연약한, 허약한**
- frailty 허약함, 취약점
- The frail little girl was just starting to get her strength.
  그 연약한 어린 소녀는 이제 막 기력을 찾기 시작하고 있었다.

endemic
[endémik]

a. (특정 지역) 고유의, 풍토성의 n. 풍토병

- [en(in) + dem(people) + ic] 특정 지역 in(안의) dem(사람들) 사이에서 나온, 즉 고유의, 고질적인, 풍토성의
- Floods and droughts have caused high incidences of tropical endemics.
  홍수와 가뭄은 열대지방 풍토병의 높은 발병률을 야기해 왔다.

apathy
[ǽpəθi]

n. 무관심, 무감정

- [a(not) + pathy(feel)] 느끼지 못함, 즉 무관심, 무감정
- apathetic 무관심한, 무감정한
- He has an apathy to all that concerns others.
  그는 다른 사람과 관계된 모든 것에 대해 무관심하다.

crumble
[krʌ́mbl]

v. 허물어지다, 허물어뜨리다

- 그런 큰불이 나서 건물을 허물어뜨리다
- Using your fingers, crumble the ingredients with the fingertips.
  손가락을 이용해 재료를 손끝으로 바스러뜨리세요.

abstain
[əbstéin, æbstéin]

v. ¹ 삼가다, 자제하다 ² (투표에서) 기권하다

- [abs(→ ab: away) + tain(hold)] tain(잡고) 있던 담배나 투표권 등을 abs(멀리)하여 자제하다, 기권하다
- abstinence 자제, 금욕
- abstain from ~을 삼가다
- ¹ His doctor ordered him to abstain from beer and wine.
  의사는 그에게 맥주와 와인을 자제하라고 지시했다.
  ² The leaders asked their representatives to abstain from voting.
  지도자들은 대표들에게 투표를 기권할 것을 요청했다.

복습	anarchy	pesticide	judicial	demographic	photosynthesis
	frail	endemic	apathy	crumble	abstain

Lecture 07

faction
[fǽkʃən]

n. 당파, 파벌

- **패션**으로 나뉘는 **파벌**, 즉 청바지파, 반바지파……
- They tried to settle the differences between the two factions.
  그들은 두 당파 간의 의견 차이를 해결하려고 노력했다.

culprit
[kʌ́lprit]

n. 범인, 범죄자

- **칼**을 **뿌리**며 사람들에게 상처를 입히는 **범죄자**
- The culprit was caught using evidence found in a reservoir.
  저수지에서 발견된 증거로 범인이 붙잡혔다.

autopsy
[미] ɔ́:tɑ:psi]
[영] ɔ́:tɔpsi]

n. (사체의) 부검

- **오! 톱**으로 시체를 잘라 자세히 **see**(보는) (사체의) 부검
- The autopsy revealed that he had died of a heart attack.
  부검 결과 그의 사인은 심장마비로 밝혀졌다.

convoy
[미] kɑ́:nvɔi]
[영] kɔ́nvɔi]

n. 호송, 호위

- 덩치가 큰 **boy**(소년)들이 어떤 사람을 **호위, 호송**
- We've been tracking this convoy for days.
  우리는 며칠 동안이나 이 호송대를 추적해 왔다.

veto
[미] ví:tou]
[영] ví:təu]

n. 거부권 v. 거부하다

- 놀러 나가자는 친구의 제안에 **비**가 **또** 온다며 안 된다고 **거부하다**
- The chairman has the right to veto any of the board's proposals.
  의장은 이사회의 어떤 제안도 거부할 권리를 가지고 있다.

perverse
[pərvə́:rs]

a. (사고방식·태도가) 비뚤어진[삐딱한]

- **비뚤어진, 삐딱한** 생각으로 상대방이 무엇을 하던 욕을 **퍼붰수**(퍼부었수).
- Being in a perverse mood, she stomped out of the room and slammed the door.
  비뚤어진 기분으로 그녀는 발을 구르며 방을 나가 문을 쾅 닫았다.

defer
[difə́:r]

v. 미루다, 연기하다

- 흙 푸는 작업을 하다가 힘들어서 "**뒤**에(나중에) **퍼**!" 하며 일을 **미루다, 연기하다**
- We are relieved that they have deferred the decision.
  우리는 그들이 결정을 연기한 것에 대해 안도한다.

limply
[límpli]

ad. 무기력하게, 축 쳐져서

- 내 님이 다리가 풀리어 무기력하게, 축 쳐져서 걷다
- limp 무기력한, 축 쳐진; 절뚝거리다
- Her hand, which had been lying limply on the blanket, moved slightly.
  이불 위에 축 쳐져 있던 그녀의 손이 살짝 움직였다.

sanctuary
[⑩sǽŋktʃuèri]
[⑱sǽŋktʃuəri]

n. 피난처, 보호구역

- 쌩~ 부는 바람이 크~ 추워리. 그래서 바람을 피할 수 있는 피난처, 보호구역으로 가다
- Policymakers used to classify a place as a sanctuary city.
  정책입안자들은 한 장소를 보호 도시로 분류하곤 했다.

loathsome
[lóuðsəm]

a. 몹시 싫은, 혐오스러운

- 등에 load(실은) some(몇 개의) 무거운 짐이 몹시 싫은 당나귀
- loathe 몹시 싫어하다, 혐오하다
- He became loathsome to me from that day.
  그날 이후로 나는 그가 혐오스러워졌다.

복습: faction　culprit　autopsy　convoy　veto
perverse　defer　limply　sanctuary　loathsome

blatant
[bléitənt]

a. 뻔한, 노골적인

- 불을 내었으니 집이 탄 것은 뻔한
- blatantly 뻔뻔스럽게도, 노골적으로
- The referee ignored a blatant handball and several other offences.
  심판은 노골적인 핸드볼과 몇몇 다른 반칙을 무시했다.

grievance
[grí:vəns]

n. 불평, 불만

- "우린 세 명인데 피자를 그리로(그쪽으로) 반이나 주면 어떡해! 쓰!" 하며 불평, 불만
- Julie has many grievances against her government.
  Julie는 그녀의 정부에 대해 많은 불만을 가지고 있다.

residual
[rizídʒuəl]

a. 남겨진, 잔여의

- 이 쥐가 주얼(주워) 먹는 남겨진 음식
- residue 나머지, 찌꺼기
- I showed up an hour early to handle some residual business.
  나는 몇몇 잔업을 처리하기 위해 한 시간 일찍 나타났다.

slack
[slæk]

a. 느슨한, (사업 등이) 부진한　n. 느슨함, 부진

- 토끼가 거북이와의 경주에서 "여기서 잠시 슬래!(멈출래!)" 하며 토끼의 정신상태가 느슨한
- There is still some slack in the labour market.
  노동시장에는 아직 약간의 침체가 있다.

abortion
[əbɔ́ːrʃən]

n. 유산, 낙태

- 유산으로 출혈이 있는 위독한 부인을 빨리 업으션(업으셔), 그리고 병원으로 가셔.
- abortive 유산한, 실패의
- He spent much of his career advocating against abortion.
  그는 자신의 경력의 많은 시간을 낙태 반대 운동에 바쳤다.

acclaim
[əkléim]

v. 갈채를 보내다 n. 환호, 찬사

- 어! 국민들이 클(크게) 대통령의 name(이름)을 부르며 환호하고 갈채를 보내다
- The novelist has been acclaimed as one of the most talented writers in Asia.
  그 소설가는 아시아에서 가장 재능 있는 작가 중 한 사람으로 찬사를 받아 왔다.

setback
[sétbæk]

n. 차질, 좌절

- [set(놓다) + back(뒤로)] 하던 일을 back(뒤로) set(놓다), 즉 차질, 좌절
- The golfer had a setback in his return from the injury.
  그 골프선수는 부상으로부터 회복하는 데 차질을 빚었다.

contingent
[kəntíndʒənt]

¹ n. 대표단 ² a. 우연한, 불확정한

- 큰 팀을 전투에 대표단으로 내보냈지만 누가 이길지는 불확정한
- contingency 우연, 만일의 사태
- The largest contingent was from Russia.
  가장 대규모 대표단은 러시아 대표단이었다.
  We should make contingency plans.
  우리는 만일의 사태에 대비한 계획을 세워야 한다.

amnesty
[ǽmnəsti]

n. 사면, 특별사면

- 어머니가 보석금 Million(100만원) 넣어!(넣었어!) 감방에서 튀어나와! 즉, 사면, 특별사면
- Some 500 political prisoners have been released under the terms of the amnesty law.
  사면법 조항에 따라 정치범 500여 명이 석방되었다.

void
[vɔid]

a. 텅 빈, ~이 전혀 없는(of) n. 빈 곳, 공백

- 교실에 결석한 boy(소년) 두 명의 자리가 텅 빈
- ¹ The story is quite void of foundation.
  그 이야기는 전혀 근거가 없다.
- ² To fill the void left by someone we loved is not easy.
  사랑하는 사람이 남긴 공백을 채우는 것은 쉽지 않다.

복습	blatant	grievance	residual	slack	abortion
	acclaim	setback	contingent	amnesty	void

reiterate
[riːítəreit]

v. 되풀이하다

- re(다시) 이따가 또 하다, 즉 **되풀이하다**
- He reiterated that housing policy basically was being shaped by tax policy.
  그는 주택 정책은 기본적으로 조세 정책에 의해 형성되고 있다고 반복했다.

ascertain
[æsərtéin]

v. 확인하다, 알아내다

- [as(to) + certain(확실한)] 확실한 쪽으로 가져가다, 즉 **확인하다**
- The experts were unable to ascertain the cause of the explosion.
  전문가들은 그 폭발의 원인을 알아낼 수 없었다.

deregulate
[diːrégjulèit]

v. 규제를 철폐하다

- [de(not) + regulate(규제하다)] **규제를 철폐하다**
- deregulation 규제 철폐, 규제 완화
- The sharing economy offers a golden opportunity to deregulate.
  공유경제는 규제를 철폐할 절호의 기회를 제공한다.

interlock
[미 ìntərlák]
[영 ìntərlɔ́k]

v. 서로 맞물리게 하다, 서로 맞물리다

- 두 고리 inter(사이)를 lock(잠가서) **서로 맞물리게 하다**
- The new invention was possible due to the interlocking theories.
  그 새로운 발명은 연동 이론들 덕분에 가능했다.

overhaul
n. [óuvərhɔ̀ːl]
v. [òuvərhɔ́ːl, óuvərhɔ̀ːl]

n. 점검, 정비 v. 점검하다

- 도로 전체에 over(걸쳐서) hole(구멍)이 난 싱크홀이 있는지 **점검하다**
- They will carry out a complete overhaul of the salary system.
  그들은 월급 체계에 대해 완벽한 점검을 실시할 것이다.

generic
[dʒənérik]

a. 일반적인, 포괄적인

- [generic — general(일반적인)] 비슷한 철자와 의미의 단어로 암기
- Every trademark attorney knows that a generic term cannot be trademarked.
  모든 상표권 변호사들은 일반적인 용어에는 상표권이 부여될 수 없다는 것을 알고 있다.

clutter
[klʌ́tər]

n. 난장판, 혼란 v. 난장판을 만들다

- 클랐다!(큰일 났다!) 부모님 돌아오실 시간인데 집을 **난장판**을 만들어 놨다!
- His room was a clutter of books, papers, and clothes strewn about the floor.
  그의 방은 바닥 여기저기에 흐트러져 있는 책, 종이, 옷가지로 난장판이었다.

toil
[tɔil]

v. 힘들게 일하다 n. 노역, 고역

- 일을 하고 또 일을 하며 **힘들게 일하다**
- Nothing succeeds without toil.
  노력하지 않으면 성공하지 못한다.

squander
[skwándər]

v. 낭비하다

- 돈을 습관적으로 필요한 것보다 더 쓰다, 즉 낭비하다
- Hobbs didn't squander his money on flashy cars or other vices.
  Hobbs는 화려한 차나 다른 타락 행위에 돈을 낭비하지 않았다.

anguish
[ǽŋgwiʃ]

n. 심한 고통, 괴로움

- 심한 고통과 괴로움으로 병원으로 앵! 기시네!(기어가시네!)
- We felt anguish for their suffering.
  우리는 그들의 고통에 대해 괴로움을 느꼈다.

복습	reiterate	ascertain	deregulate	interlock	overhaul
	generic	clutter	toil	squander	anguish

Lecture 08

condolence
[kəndóuləns]

n. 애도, 조의

- 무덤 앞의 비석인 큰 돌 위에 국화꽃을 넣었수. 그리고 애도, 조의
- I respectfully express my condolence.
  삼가 조의를 표합니다.

mundane
[mʌndéin]

a. 일상적인, 재미없는

- Monday는(월요일은) 휴일 주말을 지내고 일상적인, 재미없는 날로 돌아가는 날
- Mara wants to escape from her mundane life.
  Mara는 자신의 평범한 삶에서 벗어나고 싶어 한다.

churn
[tʃə:rn]

v. (물·마음 등을) 휘젓다, 뒤틀리게 하다

- 빨래할 천을 물에 휘젓다, 뒤틀리게 하다
- Fierce winds had churned the water into mountainous waves.
  거센 바람이 바닷물을 휘저어 산더미 같은 파도를 일으키게 했다.

sluggish
[slʌ́giʃ]

a. 느릿느릿 움직이는, 부진한

- slow하게 기시는(기어가시는), 즉 느릿느릿 움직이는
- Stonefish are sluggish fish that live among rocks or coral.
  스톤피쉬는 바다나 산호 사이에 사는 느릿느릿 움직이는 물고기이다.

feeble
[fi:bl]

a. 약한, 미미한

- 皮(가죽 피)는 불에 약한
- Our feeble attempts at mathematics enable us to understand a bit of the universe.
  수학에 대한 우리의 미약한 시도는 우리가 우주의 일부를 이해할 수 있게 해준다.

mutter
[mʌ́tər]

v. 중얼거리다, 투덜거리다

- 뭐라고 떠드는 거야? 즉 중얼거리다, 투덜거리다
- He continued to mutter about how he was trying to do better in life.
  그는 자신이 어떻게 인생에서 더 잘하려고 노력하고 있는지에 대해 계속 투덜거렸다.

fungus
[fʌ́ŋgəs]

n. 균류, 곰팡이류

- 펑! 터지는 화학 가스 폭탄 속의 균류, 곰팡이류
- fungal 균의, 곰팡이의
- This fungus makes wounds in cotton plants.
  이 균류는 목화 식물에 상처를 입힌다.

daunt
[dɔːnt]

v. 위협하다, 기를 죽이다

- 강도가 "돈 내놔!" 하고 침을 '투!' 뱉으며 **위협하다**
- The little girl was daunted by a fierce dog.
  그 어린 소녀는 사나운 개에게 겁을 먹었다.

elicit
[ilísit]

v. (정보·사실·반응 등을) 끌어내다

- [일리싯 → 일리 쉿!] "일리(이리로) 와 봐. 쉿! 나만 알 테니까 얘기해 봐." 하며 정보를 **끌어내다**
- He asked again, but he could elicit no sign of assent from her.
  그가 다시 요청했지만, 그녀로부터 승낙의 기미를 전혀 이끌어낼 수 없었다.

sporadic
[spərǽdik]

a. 때때로 일어나는, 산발적인

- 어항 속에서 **수포**가 뽀글뽀글 **때때로 일어나는**
- More than 100 people have been killed this year in sporadic outbursts of ethnic violence.
  산발적으로 발생한 민족 간 폭력 사태로 인해 올해 100명 이상의 사람들이 목숨을 잃었다.

복습					
	condolence	mundane	churn	sluggish	feeble
	mutter	fungus	daunt	elicit	sporadic

igneous
[ígniəs]

a. 불의, (암석이) 화성의

- 고기가 **불의** 열에 **익으니**.
- ignite 불붙이다, 발화하다
- ignition 점화, 발화
- They are igneous rocks formed by volcanic action.
  그것들은 화산 활동에 의해 형성된 화성암들이다.

thwart
[θwɔːrt]

v. 방해하다, 좌절시키다

- 멧돼지에게 그물을 씌워서 빠져나가는 것을 **방해하다, 좌절시키다**
- Nixon was thwarted in what he tried to do by the opponents.
  닉슨은 하려고 했던 일이 반대자들에 의해 좌절당했다.

rampant
[rǽmpənt]

a. 만연하는, 걷잡을 수 없는

- 램프가 '펑!' 하고 터지자 불길이 **걷잡을 수 없는, 만연하는**
- Cholera is now rampant in Nairobi.
  현재 나이로비에는 콜레라가 만연해 있다.

surreal
[səríːəl]

a. 초현실적인, 비현실적인

- [sur(over) + real(현실적인)] **초현실적인**
- The situation was almost too surreal to believe.
  그 상황은 거의 너무 비현실적이어서 믿을 수 없었다.

grapple
[grǽpl]

v. 움켜쥐다, 붙잡고 싸우다

- 1 "그 apple(사과) 내 거야!" 하며 사과를 서로 움켜쥐다, 붙잡고 싸우다
- 2 격투기에서 그래플링(grappling)이란 붙잡고 싸우는 것을 뜻함
- We grappled with him and took the guns from him.
  우리는 그를 움켜잡고 그에게서 총을 빼앗았다.

dwindle
[dwíndl]

v. 점점 줄어들다

- 두 사람 중에서 win(이긴) 사람들만 올라가는 토너먼트식 경기에서 1등에 가까워질수록 경쟁자가 점점 줄어들다
- The people on this island are dwindling in number.
  이 섬에 사는 종족은 그 수가 점점 줄어들고 있다.

suffocate
[sʌ́fəkèit]

v. 숨을 막다, 질식시키다

- 테러범이 보낸 소포를 깨자 가스가 새어 나와 사람들을 질식시키다
- The conflict was suffocating us. 갈등이 우리를 숨 막히게 하고 있었다.

compulsive
[kəmpʌ́lsiv]

a. 억제하지 못하는, 상습적인

- 매일 껌을 8번 씹어야 할 정도로 껌 씹는 것을 억제하지 못하는, 상습적인
- The child may exhibit a compulsive need to follow rules.
  그 아이는 규칙을 따라야 한다는 강박적인 욕구를 보일지도 모른다.

hallmark
[hɔ́:lmɑ:rk]

n. (전형적인) 특징

- hole(구멍)이 숭숭 나 있는 mark(표시)는 치즈의 전형적인 특징
- The hallmark of Jefferson's life was self-confidence.
  Jefferson의 인생의 특징은 자신감이었다.

audacious
[ɔ:déiʃəs]

a. 대담한

- 육군 대장 앞에서 오대위가 셔스(셔츠)만 입고 가볍게 인사를 할 정도로 대담한
- audacity 대담
- The buyer was audacious in his attempt to take over another company.
  그 구매자는 대담하게 또 다른 회사를 인수하려고 시도했다.

복습

| igneous | thwart | rampant | surreal | grapple |
| dwindle | suffocate | compulsive | hallmark | audacious |

---

oblivious
[əblíviəs]

a. 망각하는, 의식하지 못하는

- 아이를 업올리! 하고 보니 아이가 있어야 할 자리가 비었수! "아이를 어디에 뒀더라?" 할 정도로 망각하는, 의식하지 못하는
- oblivion 망각
- With time the memory faded into oblivion.
  시간이 흐르면서 그 기억은 망각 속으로 흐려졌다.

explicate
[ékspləkèit]

v. 상세히 설명하다, 해석하다

- 수학선생님이 x를 풀어 캐면서 풀이 과정을 **상세히 설명하다**
- inexplicable 불가사의한, 설명할 수 없는
- I asked him to explicate one of his own poems, line by line.
  나는 그에게 그가 쓴 시들 중 한 편을 한 줄 한 줄 상세히 설명해 달라고 부탁했다.

lenient
[líːniənt]

a. 관대한, 너그러운

- "니 년도 참 불쌍하지." 하며 거지에게 동냥을 주는 **관대한** 할머니
- leniency 관대함, 너그러움
- When asking for a lenient sentence, criminals tell judges they made a mistake.
  관대한 형량을 요구할 때, 범죄자들은 판사에게 자신들이 실수를 했다고 말한다.

fortitude
[fɔ́ːrtətjùːd]

n. 용기, 불굴의 정신

- 적들이 몰려오자 펄떡 일어나 '투드드드' 하고 총을 쏴대는 **용기, 불굴의 정신**
- The pioneers' greatest asset was not their material wealth but their fortitude.
  개척자들의 가장 큰 재산은 그들의 물질적 부가 아니라 그들의 용기였다.

cardiac
[káːrdiæk]

a. 심장의

- 강도가 칼을 뒤에서 들이대어서 쿵쾅거리는 **심장의** 박동
- They managed to revive the emergency patient with cardiac massage.
  그들은 심장 마사지로 응급 환자를 가까스로 살려냈다.

counterfeit
[káuntərfit]

a. 가짜의, 위조의

- 카운터에 수표를 내자 점원이 '핏!' 하고 코웃음을 치며 "이거 **가짜의, 위조의** 수표잖아." 하는 모습
- Most people consider counterfeit watches a low-rent business.
  대부분의 사람들은 모조 시계 판매를 저급한 사업으로 여긴다.

scrutinize
[skrúːtinàiz]

v. 면밀히 조사하다, 철저히 검사하다

- 구두쇠 영감 스쿠르지가 구두쇠 티가 나게 10원 하나 손해 볼까 봐 회계장부를 **면밀히 조사하다**
- She scrutinizes their faces to try to discover which object would suit them best.
  그녀는 어떤 물건이 그들에게 가장 잘 어울릴지 알아보기 위해 그들의 얼굴을 세밀히 살핀다.

stagnate
[stǽgneit]

v. 흐르지 않다, 정체하다, 침체하다

- 움직이지 않고 stay(머무르는) 그네 있다, 즉 **정체하다, 흐르지 않다**
- stagnant 정체된, 침체된
- stagnation 침체, 정체
- The region's economy is stagnant, but there are positive signs.
  그 지역의 경제는 침체되어 있지만 긍정적인 조짐이 있다.

envoy
[énvɔi]

n. 특사, 외교사절

- 신라에서 어린 화랑을 **특사**로 보내니 고구려왕이 "엥! **boy**(소년)이네." 하며 어린애가 **특사**로 온 사실에 놀라는
- A United Nations special envoy has been sent to discuss the refugee problem with the government.
  유엔 특사가 정부와 난민 문제를 논의하기 위해 파견됐다.

ambivalence
[æmbívələns]

n. 반대 감정 병존, 양면가치

- [ambi(both) 벌런스(→ 밸런스)] 양쪽의 반대되는 감정이 밸런스를 맞추고 병존함, 즉 **반대 감정 병존, 양면가치**
- ambivalent 반대 감정이 병존하는, 양면적인
- People often feel ambivalent about a lifestyle change.
  사람들은 종종 생활의 변화에 대해 이중적인 감정을 느낀다.

복습	oblivious	explicate	lenient	fortitude	cardiac
	counterfeit	scrutinize	stagnate	envoy	ambivalence

Lecture 09

astute
[əstjú:t]

a. 빈틈없는, 약삭빠른

- 어서 튈 듯 준비가 된, 즉 탈주범이 밤에 잘 때도 신발을 신고 잘 정도로 빈틈없는, 약삭빠른
- It was an astute move to sell the property at that stage.
  그 시기에 그 부동산을 파는 것은 약삭빠른 처사였다.

averse
[əvə́:rs]

a. 싫어하는, 반대하는

- 학생들이 어! 벌스는(벌서는) 것을 싫어하는, 반대하는
- aversion 아주 싫어함, 혐오
- We are averse to such noisy surroundings.
  우리는 그런 시끄러운 환경을 싫어한다.

rebuke
[ribjú:k]

v. 비난하다, 꾸짖다

- 핵무기를 만들고 있는 이북을 뉴수에서 비난하다, 꾸짖다
- The teacher rebuked him for not doing his assignment.
  선생님은 숙제를 하지 않아서 그를 꾸짖었다.

jeopardy
[dʒépərdi]

n. 위험

- 깡패에게 잽혀(잡혀) 뒤를. 그래서 위험에 빠진
- Doctors say her life was not in jeopardy.
  의사들은 그녀의 생명이 위험한 상태는 아니었다고 말한다.

trajectory
[trədʒéktəri]

n. 궤적, 궤도

- 방향을 틀어 제트기가 날아가는 길, 즉 궤적, 궤도
- AI technology has been on an upward growth trajectory.
  인공지능 기술이 성장 상승 궤도에 올라 있다.

immerse
[imə́:rs]

v. ¹ 담그다 ² 몰두시키다

- 세수하려고 이마를 슥! 물에 담그다. 그리고 책 속에 생각을 담거 책에 몰두시키다
- immersion 담금, 몰두
- ¹ Immerse your foot in ice cold water to reduce the swelling.
  붓기를 빼려면 차가운 얼음물에 발을 담그세요.
- ² I immersed myself in work so as to stop thinking about the problem.
  나는 그 문제에 대해 생각하는 것을 그만두기 위해 일에 몰두했다.

buoyancy
[bɔ́iənsi]

n. ¹ 부력 ² (경기) 부양

- 튜브를 탄 boy on sea(바다 위 소년이) 물 위에 뜨게 하는 바닷물의 부력. 그리고 경기가 뜨게 하는, 즉 경기 부양

- buoy 뜨게 하다; 부표
- buoyant 부력 있는, 경기가 좋은

✉ Each of the balloons has its own buoyancy.
각각의 기구는 자체의 부력을 가지고 있다.

permeate
[pə́:rmièit]

v. 스며들다, 침투하다

🍃 범이(호랑이가) '에잇!' 하며 여우굴 속으로 **침투하다**

✉ A powerful scent permeates the room.
독한 냄새가 방 안에 배어 있다.

insomnia
[insámniə]

n. 불면증

🍃 **인삼**을 먹은 아이를 **뉘어!**(뉘우다), 그러나 기운이 뻗쳐 잠을 못 자는 **불면증**

✉ His insomnia led to an incurable mental disease.
그의 불면증은 치료할 수 없는 정신질환으로 이어졌다.

connote
[kənóut]

v. 함축하다, 내포하다

🍃 교과서 내용을 **커**다란 **노트**에 적어 **함축하다, 내포하다**

- connotation 함축, 내포

✉ The word *home* usually connotes comfort and security.
'가정'이라는 말에는 보통 위안과 안전이라는 어감을 내포한다.

복습	astute	averse	rebuke	jeopardy	trajectory
	immerse	buoyancy	permeate	insomnia	connote

edible
[édəbl]

a. 먹을 수 있는, 식용의

🍃 ¹ **애**가 **더블** 버거(햄이 2개 있는 버거)를 거뜬히 **먹을 수 있는**
² "이 곤충도 **먹을 수 있는** 것이니 **얘도 불**에 넣어 굽자!"

✉ It is a popular, edible mushroom.
그것은 인기가 좋은 식용 버섯이다.

obliterate
[əblítərèit]

v. 지우다, (흔적을) 없애다

🍃 어부가 1**리터**의 물을 '에잇!' 하며 몸에 끼얹어 몸에 밴 생선 비린내의 **흔적을 없애다**

✉ The village was totally obliterated by the bomb.
그 마을은 폭탄으로 흔적조차 없어져 버렸다.

philanthropy
[filǽnθrəpi]

n. 박애, 자선 활동

🍃 사고 때문에 **필**(피를) **낸** 곳에서 빗자루로 **쓸어 피**를! 하고 청소하는 **자선 활동**을 하는 **박애** 정신

✉ The Red Cross appealed to philanthropy to save the life of a prisoner.
적십자는 한 죄수의 생명을 구하기 위해 자선을 베풀 것을 호소했다.

spokesperson
[spóukspə̀:rsn]

n. 대변인
- 대신 **spoke**(말해주는) **person**(사람), 즉 **대변인**
- The spokesperson was quick to deny the rumor.
  대변인은 재빨리 그 소문을 부인했다.

restless
[réstlis]

a. (지루해서) 가만히 못 있는
- **rest**(안정)을 취하지 **less**(못하고) **가만히 못 있는**
- The children were very restless during the flight.
  아이들은 비행 동안 잠시도 가만히 있지 않았습니다.

holistic
[hòulístik]

a. 전체론적인
- **whole**(전체의) listic, 즉 **전체론적인**
- A holistic approach is needed to the environmental research.
  환경 연구에는 전체론적인 접근방법이 필요하다.

blueprint
[blú:print]

n. 청사진, 설계도, 계획
- **blue**(파란색) 종이에 **print**(인쇄)한 것, 즉 **청사진**
- The report is being heralded as a blueprint for the future of higher education.
  그 보고서는 고등교육의 미래를 위한 청사진으로 주목받고 있다.

emulate
[émjulèit]

v. (닮고자 하는 대상을) 모방하다, 흉내 내다
- [에뮬레이트 → **simulate**(흉내 내다)] 비슷한 단어와 연관 지어 암기
- People often try to emulate others they see on TV.
  사람들은 종종 TV에서 보는 타인들을 모방하려고 애쓴다.

stipulate
[stípjulèit]

v. 명시하다, 규정하다
- 스티커처럼 붙도록 **풀**을 발라 '에잇!' 하고 회사 규정을 벽에 붙여 **명시하다, 규정하다**
- stipulation 규정, 조항
- The will stipulates that she can live in the house for the rest of her life.
  유언장에는 그녀가 여생을 그 집에서 살 수 있다고 명시되어 있다.

infuriate
[infjúərièit]

v. 격분시키다
- [in(강조) + fury(격분) + ate(동·어)] **격분시키다**
- It was obvious that the woman was infuriated by this incident.
  그 여자가 이 사건에 격분하고 있는 것이 분명했다.

복습				
edible	obliterate	philanthropy	spokesperson	restless
holistic	blueprint	emulate	stipulate	infuriate

turbulent
[tə́:rbjulənt]

a. (날씨가) 사나운, (행동이) 난폭한

- 바람이 더 불어서 날씨가 **사나운**
- On my way to my hometown, I met a turbulent storm.
  고향으로 가는 길에 나는 사나운 폭풍을 만났다.

downsizing
[dáunsàiziŋ]

n. 규모 축소, 인원 감원

- **down**(아래로) 사이즈를 줄임, 즉 **규모 축소, 인원 감원**
- downsize 축소하다
- Our company is in the middle of downsizing.
  우리 회사는 지금 구조 조정 중이다.

increment
[ínkrəmənt]

n. 증가, 증액

- **increase**(증가하여) 많다, 즉 **증가, 증액**
- He was entitled to annual salary increments.
  그는 연봉을 인상 받을 자격이 있었다.

aqua
[ǽkwə]

n. 물, 수분

- 아쿠아리움(aquarium)은 물을 뜻하는 **aqua**와 장소를 뜻하는 접미어 **ium**이 결합한 단어
- aquatic 물의, 물속에서 사는
- If you are on a diving team, you can say you are into aquatic sports.
  만약 당신이 다이빙 팀에 있다면, 당신은 수상 스포츠에 관심이 있다고 말할 수 있다.

pretentious
[priténʃəs]

a. 허세 부리는, 가식적인

- 잘난 **pretend**(체하며) **허세 부리는, 가식적인**
- The movie deals with grand themes, but is never pretentious.
  그 영화는 웅장한 주제를 다루고 있지만 결코 가식적이지 않다.

falsify
[fɔ́:lsəfài]

v. 위조하다, 조작하다

- [**false**(거짓의, 틀린) + **ify**(동·어)] 거짓으로 만들다, 즉 **위조하다, 조작하다**
- They found that the evidence in the file had been falsified.
  그들은 그 파일에 있는 증거가 위조되었다는 것을 발견했다.

kinetic
[kinétik]

a. (물리학에서의) 운동의

- [키네틱 → 긴 애 틱!] 길이가 긴 애들이 틱! 하고 패스를 하는 농구와 같은 **운동의** 활동
- There is no kinetic energy because the car is stationary.
  차가 정지해 있기 때문에 운동에너지는 없다.

inflammable
[inflǽməbl]

a. 타기 쉬운, 가연성의

- [**in**(강조) + **flam**(flame: 불꽃) + **able**(~하기 쉬운)] **타기 쉬운**
- inflame 불태우다, 흥분시키다, 자극하다
- Ethanol is a highly inflammable liquid.
  에탄올은 매우 인화성이 높은 액체이다.

583

instigate
[ínstigèit]

v. 부추기다, 선동하다

- "집 in(안에) 있는 사람들은 튀어나오세요! gate(문) 밖으로!"라고 소리치며 촛불시위에 동참할 것을 부추기다, 선동하다
- instigation 부추김, 선동
- He was charged with instigating acts of individual terrorism.
  그는 개인 테러 행위를 선동한 혐의로 기소되었다.

invincible
[invínsəbl]

a. 천하무적의, 정복할 수 없는

- 그냥 싸워서는 정복할 수 없는 성이기에 성 in(안이) 비어 있을 때 빈 성을 불을 써서 공격해보자!
- He has the reputation of being invincible.
  그는 천하무적이라는 명성을 얻었다.

| 복습 | turbulent | downsizing | increment | aqua | pretentious |
| | falsify | kinetic | inflammable | instigate | invincible |

Lecture 10

inaction
[inǽkʃən]

n. 활동하지 않음, 게으름

- [in(not) + action(활동)] 활동하지 않음
- He is bitter about the inaction of the other political parties.
  그는 다른 정당들이 아무런 조치도 취하지 않은 것에 대해 분개하고 있다.

uprising
[ʌ́pràiziŋ]

n. 봉기, 반란, 폭동

- 아래에서 핍박받던 사람들이 up(위로) rising(일어남), 즉 봉기, 반란, 폭동
- At least 320 people have been killed in the uprising against political corruption.
  최소 320명의 사람들이 정치적 부패에 대한 반란 중 목숨을 잃었다.

upbeat
[ʌ́pbìːt]

a. 낙관적인, 긍정적인

- 주가가 up(위로) 상한가를 beat(치게) 될 것이라며 낙관적인, 긍정적인
- She was upbeat and very knowledgeable. 그녀는 낙관적이고 매우 박식했다.

counterproductive
[káuntərprədʌ̀ktiv]

a. 역효과를 낳는

- counter(반대의) 효과를 productive(생산하는), 즉 역효과를 낳는
- Eating too much protein can be counterproductive to fat loss.
  너무 많은 단백질을 섭취하는 것은 지방 감량에 역효과를 낳을 수 있다.

retard
[ritáːrd]

v. 지연시키다, 늦추다

- 뚱뚱한 친구가 자전거 re(뒤에) 타다. 그래서 속도를 지연시키다, 늦추다
- Soil acidification is retarded by repeated drought.
  계속되는 가뭄으로 토양 산성화가 늦춰지고 있다.

retaliate
[ritǽlièit]

v. 보복하다

- 맞은 것에 re(뒤로) 되돌려 때리다 '에잇!' 즉, 보복하다
- retaliation 보복
- Some anonymous hackers retaliated with attacks on websites owned by a political party.
  일부 익명의 해커들이 한 정당이 소유한 웹사이트들을 공격함으로써 보복했다.

repress
[riprés]

v. 억누르다, 억제하다

- re(뒤에서) press(누르다), 즉 억누르다, 억제하다
- repression 진압, 억제, 억압
- She was unable to repress her feelings.
  그녀는 자신의 감정을 억누를 수 없었다.

omnipotent
[ⓜɑ:mnípətənt]
[ⓔɔmnípətənt]

a. 전능의

- [omni(all) + potent(강력한)] omni(모든) 것에 potent(강력한) 힘이 있는, 즉 전능의
- Africans think of their president as omnipotent.
  아프리카 사람들은 자신들의 대통령을 전능하다고 생각한다.

microbe
[máikroub]

n. 세균, 미생물

- [micro(small) + be(life(생명)를 뜻하는 bio의 변형)] micro(작은) be(생명체), 즉 미생물
- Microbes in our stomach can affect our moods.
  우리 위장 내 세균은 우리의 기분에 영향을 줄 수 있다.

blight
[blait]

¹v. 망치다 ²n. 병폐, 병충해

- 불빛이 반짝이는 나이트클럽은 건전한 사회를 망치는 병폐
- The rice crops have failed because of blight.
  병충해 때문에 벼농사를 망쳤다.

| 복습 | inaction | uprising | upbeat | counterproductive | retard |
| | retaliate | repress | omnipotent | microbe | blight |

disprove
[disprú:v]

v. 틀렸음을 입증하다

- [dis(not) + prove(입증하다)] 아님을 입증하다, 즉 틀렸음을 입증하다
- The theory has now been disproved.
  그 이론은 이제 틀렸음이 입증되었다.

dissimilar
[di(s)símilər]

a. 다른, 같지 않은

- [dis(not) + similar(like)] 같지 않은
- He will play totally dissimilar characters in each movie.
  그는 각 영화에서 완전히 다른 캐릭터를 연기할 것이다.

assimilate
[əsíməlèit]

v. 동화되다

- [as(to) + simil(similar) + ate] 어떤 것을 자신과 같은 쪽으로 가져가다, 즉 동화되다
- Some foreigners assimilate easily into our way of life.
  어떤 외국인들은 우리의 생활방식에 쉽게 동화된다.

succumb
[səkʌ́m]

v. 굴복하다

- 적이 내 발 suc(밑으로) come(오다), 즉 굴복하다
- He never succumbed to the harsh reality, and tried to overcome adversity.
  그는 혹독한 현실에 결코 굴복하지 않고 역경을 극복하려고 노력했다.

denote
[dinóut]
v. 나타내다, 뜻하다

- [de(down) + note(필기하다)] 한자 등의 de(밑에) 그것이 뜻하는 것을 note(필기하다)
- A black or blue spot denotes a nervous illness.
  검거나 푸른 점은 신경성 질병을 나타낸다.

outnumber
[autnʌ́mbər]
v. 수적으로 우세하다

- [out(more) + number(숫자)] 수적으로 우세하다
- In this profession, women outnumber men by two to one.
  이 직종에서는 여자가 남자보다 2 대 1로 수가 더 많다.

liaison
[⑪ liéizɑ:n, líəzɑ:n]
[⑱ liéizn]
n. 연락

- 친구가 전화번호를 주며 이어준 소개팅 상대에게 연락하다
- He should also work in close liaison with the Minister for the Environment. 그는 환경부 장관과도 긴밀히 연락을 취하며 일해야 한다.

preposterous
[pripástərəs]
a. 말도 안 되는, 터무니없는

- [pre(before) + post(after) + erous] 말의 pre(앞) post(뒤)가 맞지 않는, 즉 말도 안 되는, 터무니없는
- Those reports were absolutely preposterous.
  그 보고서들은 정말 터무니없었다.

mediocre
[mì:dióukər]
a. 과히 좋지는 않은, 평범한

- medi(중간) 정도로 옷이 커, 즉 사이즈가 평범한
- mediocrity 평범, 보통
- Many critics said the film's plot was mediocre.
  많은 비평가들은 그 영화의 줄거리가 평범하다고 말했다.

resonant
[rézənənt]
a. 공명하는, (소리가) 깊이 울리는

- [re(back) + son(sound) + ant] re(뒤로) son(소리)가 되돌아와서 공명하는, 깊이 울리는
- resonate 공명하다, (깊게) 울려 퍼지다
- A resonant voice is vital for business leaders.
  깊게 울리는 목소리는 재계 지도자들에게 필수적이다.

복습
disprove	dissimilar	assimilate	succumb	denote
outnumber	liaison	preposterous	mediocre	resonant

accrue
[əkrú:]
v. 증가하다, 누적되다, (이자 등이) 쌓이다

- [어크루 → 억그루] 산에 심었던 10그루의 묘목들이 번식하여 억 그루로 증가하다
- accretion 증가, 첨가
- The arrangements assume that profits will accrue under the policy.
  그 협정은 그 정책에 따라 이익이 증가할 것이라고 가정한다.

solicit
[səlísit]

v. 간청하다, 요청하다

- 강도가 "조용히 안 하면 총을 쏠리!(쏠 거야!) 쉿!" 하자 살려달라고 **간청하다, 요청하다**
- May I solicit your advice on a matter of some importance?
  중요한 문제에 관하여 충고를 좀 요청해도 될까요?

relegate
[réləgèit]

v. 지위를 떨어뜨리다, 강등시키다

- 회사의 부장을 날려라! 그래서 현관 **gate**(문)으로 수위로 떨구는, 즉 **지위를 떨어뜨리다**
- relegation 강등, 격하
- Pluto was relegated to "dwarf-planet" status by the International Astronomical Union in 2006.
  명왕성은 2006년 국제천문연맹에 의해 '왜소 행성'의 지위로 강등되었다.

holocaust
[⑪ hálək`ɔːst]
[⑲ hɔ́lək`ɔːst]

n. ¹ 대참사 ² 홀로코스트(1930~40년대 나치에 의한 유대인 대학살)

- 유태인들을 **hole**로(구덩이로) **꼬시어** 모아놓고 가스나 총으로 죽인 **대학살**
- cf. the Holocaust 나치의 유태인 대학살
- A nuclear holocaust would leave few survivors.
  핵에 의한 대참사는 생존자를 거의 남기지 않을 것이다.

shipment
[ʃípmənt]

n. 선적, 수송

- **ship**(배)에 실을 것이 **많다**. 즉, 배에 물건을 **선적**하여 **수송**
- The shipment was delivered in good condition.
  선적이 양호한 상태로 배달되었다.

paranoid
[pǽrənɔ̀id]

a. 피해망상적인, 병적으로 두려워하거나 의심이 많은(편집증의)

- 단순히 놓여 있는 야구방망이도 자신을 **패려고 놓인** 것이라고 생각하는 **피해망상적인**
- paranoia 피해망상, 편집증
- She got really paranoid and was convinced her boss was going to fire her.
  그녀는 정말로 피해망상적이 되어서 자신의 상사가 자신을 해고할 거라고 확신했다.

niche
[nitʃ]

n. ¹ 꼭 맞는 자리(일) ² (시장의) 틈새

- 니가 **취**해야 할 네게 **꼭 맞는 자리(일), (시장의) 틈새**
- She eventually found a niche for herself in journalism.
  그녀는 마침내 언론계에서 자신에게 꼭 맞는 자리를 찾았다.

buffer
[bʌ́fər]

n. 완충기 v. (충격 등으로부터) 보호하다

- 자동차 **bumper**(범퍼)와 같은 **완충기**가 자동차를 **충격 등으로부터 보호하다**
- Regular exercise acts as a buffer against stress.
  규칙적인 운동은 스트레스를 해소하는 완충제 역할을 한다.

quake
[kweik]

v. 몸을 떨다, 마구 흔들리다 n. 지진

- earthquake(지진)이란 earth(지구)가 마구 **quake(흔들리는)** 현상
- The focus of the quake was 45 km below sea level.
  지진의 진앙지는 해수면 45km 아래였다.

outright
[áutrait]

a. 완전한, 명백한

- [out(out) + right(옳은)] **out**(밖으로) **right**(옳은) 사실이 드러나는, 즉 **완전한, 명백한**
- They later said that the statement was an outright lie.
  그들은 나중에 그 진술이 명백한 거짓말이었다고 말했다.

복습	accrue	solicit	relegate	holocaust	shipment
	paranoid	niche	buffer	quake	outright

Lecture 11

paramount
[pǽrəmàunt]

a. 최고의, 가장 중요한

🐟 [패러마운트 → 페루 mount(Mt. 산)] 산 중에서는 **최고의, 가장 중요한** 산은 잉카문명의 마추픽추가 있는 **페루**의 **Mt.**(산)

📖 Security of the staff was the paramount concern.
직원의 안전이 최고의 관심사였다.

bust
[bʌst]

v. 부수다, 파산하다

🐟 burst(터지다, 파열하다)와 관련시켜 암기

📖 ¹ He bust my chair.
그가 내 의자를 부쉈다.
² Our company will never go bust.
우리 회사는 결코 파산하지 않을 것이다.

audit
[ɔ́:dit]

n. 회계감사, (회사 등의) 감사 v. 회계감사하다

🐟 "장부가 **오딧?**(어디 있어?)" 호통치며 하는 **회계감사**

📖 As usual, the yearly audit will take place in December.
예년과 마찬가지로 연간 감사는 12월에 실시될 것이다.

subsidiary
[(미)səbsídièri]
[(영)səbsídiəri]

a. 자회사의, 부수적인 n. 자회사

🐟 "**삽시다!** 큰 母회사 **뒤에** 따라다니며" 즉, **자회사의, 부수적인**

📖 Setting up a subsidiary in a foreign country can have many positive effects.
외국에 자회사를 설립하는 것은 많은 긍정적인 효과를 가져올 수 있다.

season
[sí:zn]

¹ v. 맛을 내다, 양념하다 ² n. 계절

🐟 계절 → 된장이나 고추장이 여러 **계절**을 거쳐 오래 묵혀 **맛을 내다, 양념하다**

- seasoned 조미한, 맛을 낸, 경험 많은, 노련한
- seasoning 양념

📖 The broth is seasoned very lightly.
이 국은 간이 싱겁게 되었다.

synopsis
[(미)sinápsis]
[(영)sinɔ́psis]

n. 개요, 요약

🐟 국어 1번 문제로 김소월의 **시 납시스!**(나가신다!) 이 시의 **개요**는?
(*납시다: '나가시다'의 옛말)

📖 The book has a brief synopsis on the back cover.
그 책은 뒤표지에 간단한 요약이 실린다.

redress
[ridrés]

v. 바로잡다 n. 보상, 배상

- 구입한 새 드레스가 찢어진 부분이 있어 판매처에 가져갔더니, re(다시) 드레스를 고쳐 **바로잡다**. 또는 돈으로 **배상, 보상**
- We must take steps to redress regional imbalance.
  우리는 지역 불균형을 바로잡는 조치를 취해야 한다.

conglomerate
[kənglάmərit]

n. 대기업

- 큰 글래머같이 덩치 큰 **대기업**
- The population of Seattle is a conglomerate of various people.
  시애틀의 인구는 다양한 사람들로 이루어진 복합체이다.

breach
[briːtʃ]

n. 위반, 파괴

- 규칙 등을 break(깨다), 즉 **위반, 파괴**
- The delay was a breach of the contract.
  그러한 지연은 계약 위반이었다.

portfolio
[@ pɔːrtfóuliòu]
[@ pɔːrtfóuliəu]

n. ¹ 자산구성, 자산 목록 ² (사진·그림 등의) 작품집

- 뽀트 팔리오! 내 **자산구성, 작품집** 중에 뽀트를 팔리오!
- ¹ A property portfolio is a collection of properties owned for investment purposes.
  부동산 목록은 투자 목적으로 소유된 부동산의 집합이다.
- ² She provided us with a stunning portfolio of photos.
  그녀는 우리에게 놀라운 사진 작품집을 제공했다.

복습

| paramount | bust | audit | subsidiary | season |
| synopsis | redress | conglomerate | breach | portfolio |

---

odds
[@ ɑdz @ ɔdz]

n. 가능성, 확률

- [아즈 → 아쭈!] 오디션 참가자의 노래를 듣고 "아쭈! 제법 하는데! **가능성** 있겠어."
- The odds are very much in our favour.
  우리가 성공할 공산이 아주 크다.

advert
n. [ǽdvəːrt]
v. [ædvə́ːrt, ədvə́ːrt]

¹ n. 광고(= advertisement) ² v. ~쪽으로 주의를 돌리다

- ¹ advertisement의 줄임말 advert(**광고**)
- ² 작은 애두(애도) 날아오는 벌! to(쪽으로) **주의를 돌리다**
- inadvertent 부주의한, 무심코의
- inadvertently 부주의하게, 무심코
- ¹ The adverts on television are really annoying sometimes.
  TV광고들은 때때로 정말 짜증난다.
- ² He adverted to the opinion of an honorable and learned member.
  그는 훌륭하고 교양 있는 회원의 의견에 주의를 돌렸다.

handout
[hǽndàut]

n. 유인물, 지원금

- hand(손)에 가진 것을 out(밖으로) 있는 사람들에게 주는 것, 즉 유인물, 지원금
- The professor gave the class handouts that explained the homework.
  교수는 과제를 설명한 유인물을 반 학생들에게 나누어줬다.

needy
[ní:di]

a. 가난한, 궁핍한

- [need(필요로 하다) + y] 돈이나 생필품을 필요로 하는, 즉 가난한, 궁핍한
- They helped needy people by the provision of food, clothing and shelter.
  그들은 의식주를 제공하여 빈곤한 사람들을 도왔다.

leftover
[leftóuvər]

n. 남은 음식, 찌꺼기

- [left(남겨진) + over(넘치는)] 남은 음식, 찌꺼기
- This recipe is about using up all the leftovers in the fridge.
  이 조리법은 냉장고에 있는 남은 음식들을 다 써버리는 것에 대한 것이다.

landslide
[lǽndslaid]

n. ¹ 산사태 ² 압도적 득표(승리)

- [land(땅) + slide(미끄러지다)] 땅이 미끄러지다, 즉 산사태. 그리고 산사태가 난 것처럼 한쪽으로 표가 쏠리는 압도적 득표(승리)
- ¹ All of the family were buried alive by a landslide.
  산사태로 그 가족 전원이 모두 생매장되었다.
- ² Candidate Lee will win the presidential election by landslide.
  이 후보가 압도적인 득표로 대선에서 승리할 것이다.

duty-free
[djù:tifrí:]

a. 면세의

- [duty(의무, 세금) + free(~이 없는)] 세금이 없는, 즉 면세의
- I bought some cosmetics at a duty-free shop in the airport.
  나는 공항 면세점에서 화장품을 몇 개 샀다.

groundbreaking
[gráundbrèikiŋ]

a. 신기원을 이룬, 획기적인

- ground(땅)을 break(깨고) 나와 큰 변화를 이룬, 즉 신기원을 이룬, 획기적인
- This groundbreaking technology will change your life.
  이 획기적인 기술이 여러분의 삶을 변화시킬 것이다.

skyscraper
[skáiskrèipər]

n. 고층빌딩

- sky(하늘)을 scrape(긁을) 정도로 높은 고층빌딩
- Before the explosion, the skyscrapers stood high in the bright blue sky.
  그 폭발 이전에, 고층 건물들이 빛나는 파란 하늘에 높이 서 있었다.

fruition
[fru:íʃən]

n. 결실, 성과

- [fruit(과실; 열매를 맺다) + ion] 결실, 성과
- Every single thing he said came to fruition.
  그가 했던 말 하나하나가 모두 결실을 보았다.

복습	odds	advert	handout	needy	leftover
	landslide	duty-free	groundbreaking	skyscraper	fruition

watershed
[wɔ́:tərʃed]

n. (중요한 변화를 나타내는) 분수령, 분기점

- water(물) 줄기가 다른 갈래로 새드(새듯이) 두 갈래로 갈라지는 분수령, 분기점
- The incident was a watershed in the modern history of Korea.
  그 사건은 현대 한국사의 분수령이 되었다.

waterproof
[wɔ́:tərpru:f]

a. 방수의

- -proof는 '~을 견디는'을 뜻하는 합성어로 쓰인다. 즉, water(물)을 proof(~을 견디는) 방수의
- bulletproof 방탄의
- fireproof 내화의, 불연성의
- soundproof 방음의
- This clothing is waterproof.
  이 옷은 방수성이 있다.

rant
[rænt]

v. 고함치다, 폭언하다

- 건물주가 찾아와 밀린 rent(집세)를 달라고 고함치다, 폭언하다
- He kept ranting on about how unfair it was.
  그는 그것이 얼마나 부당한지에 대해 계속해서 큰소리로 떠들어댔다.

outlying
[autláiiŋ]

a. 외딴, 외진

- 도심지 out(밖에) lying(놓여 있는), 즉 외딴, 외진
- He grew up in an outlying rural area.
  그는 외딴 시골에서 자랐다.

nominal
[⑪ náminəl]
[⑬ nɔ́minl]

a. 이름뿐인, 명목상의

- ¹ 남이 널 사장이라고 부르지만 실제로 이름을 빌려준 이름뿐인, 명목상의 사장이다.
- ² [nomin(name을 뜻하는 어근) + al] 이름뿐인, 명목상의
- Cuba acquired nominal independence when American troops departed in 1902.
  쿠바는 1902년 미국이 (쿠바로부터) 철수하자 명목상의 독립을 획득했다.

theology
[⑪ θiálədʒi]
[⑬ θiɔ́lədʒi]

n. 신학

- 세상에 첫 씨(씨앗)을 심어 세상을 만든 신이 누구인지 알아보는 ology(학문), 즉 신학
- He also read books to expand his knowledge of metaphysics and theology.
  그는 또한 형이상학과 신학의 견문을 넓히고자 책들을 읽었다.

diagonal
[daiǽgənl]

a. 대각선의
- [dia(through) + gon(angle) + al(형·어)] 사각형에서 서로 이웃하지 않는 두 gon(각)의 꼭짓점을 through(통하게) 하는 선, 즉 대각선의
- Slice the sausage into thin diagonal pieces.
  소시지를 얇게 사선으로 잘라라.

forensic
[fərénsik]

a. 법의학적인, 과학 수사의
- 죽은 사람의 입이 퍼런 것은 죽기 전 sick(병든) 상태였던 것이다. 즉, 살해당한 것이 아니라 병으로 죽은 것이란 법의학적인, 과학 수사의 소견
- Without forensic examination, it will be difficult to prove that the suspect is guilty.
  법의학적 검사 없이는 그 용의자가 유죄임을 증명하는 것은 어려울 것이다.

filthy
[fílθi]

a. 아주 더러운
- 코피를 옆 친구 옷에 쓱 닦자, "필(피를) 나에게 묻혀? 씨! 더럽게끔!" 즉, 아주 더러운
- The boys were filthy when they came in from football.
  그 소년들은 축구를 하고 들어왔을 때 아주 지저분한 상태였다.

shrewd
[ʃruːd]

a. 약삭빠른, 상황 판단이 빠른
- 남들 일할 때 혼자 몰래 쉬루(쉬러) 드(들어가는) 약삭빠른, 상황 판단이 빠른 사람
- He was shrewd enough to know that she was hiding something.
  그는 그녀가 무언가를 숨기고 있다는 것을 알 만큼 상황 판단이 빨랐다.

복습	watershed	waterproof	rant	outlying	nominal
	theology	diagonal	forensic	filthy	shrewd

Lecture 12

secular
[sékjulər]

a. 세속적인, 속세의

- 번잡한 **속세의** 생활을 떠나 **새나 키우러** 산으로 들어가다
- There are secular ideologies, such as communism, socialism, liberalism, and capitalism that justify themselves socially.
  사회적으로 스스로를 정당화하는 공산주의, 사회주의, 자유주의, 자본주의와 같은 세속적인 이데올로기가 존재한다.

probation
[⑪ proubéiʃən]
[⑫ prəbéiʃən]

n. 집행유예, 보호관찰

- 풀어주고 또 범행을 하는지 **뵈이도록**(보이도록) 지켜보는 것, 즉 **집행유예, 보호관찰**
- He was released on probation on Thursday after spending over a year in prison.
  그는 1년 넘게 복역한 후, 목요일에 보호관찰 조건으로 석방됐다.

allowance
[əláuəns]

n. ¹ 용돈, 수당 ² 허락, 허용량

- ¹ "**용돈** 받았으면서 **얼라**(어), 돈 **안 써**? 한턱내!"
- ² [allow(허락하다)의 명사형] 허락, 허용량
- Some parents don't give their children a proper allowance.
  어떤 부모님들은 자식들에게 적당한 용돈을 주지 않는다.

hindsight
[háindsàit]

n. (일이 다 벌어진 후에) 사정을 다 알게 됨, 때늦은 깨달음

- [hind(→ behind: 뒤에) + sight(봄)] 뒤에 봄(깨달음), 즉 **때늦은 깨달음**
- foresight 선견지명
- Foresight is better than hindsight.
  선견지명(先見之明)이 때늦은 깨달음보다 낫다.

maternal
[mətə́ːrnl]

a. 어머니의, 어머니다운

- [mater(mother) + nal(형·어)] 어머니의
- When the baby arrived, she slipped into the maternal role with ease and delight.
  아기가 도착했을 때 그녀는 수월하고 즐겁게 어머니 역할 속으로 살며시 빠져들었다.

rookie
[rúki]

n. 초심자, 신인 선수

- [루키 → look 키] 농구에서 **신인 선수**를 뽑을 때는 look 키(키를 본다)
- He is a strong candidate for the Rookie of the Year Award.
  그는 올해의 신인상의 강력한 후보이다.

lame
[leim]

a. ¹ 다리를 저는 ² 설득력 없는

- lame duck(레임덕)이란 대통령 임기 말에 영향력이 떨어져 **다리를 저는** 오리 같은 상태란 의미. 또한 그러한 대통령의 말은 **설득력 없는**
- ¹ She is lame in her right leg from an accident of her childhood.
  그녀는 어릴 적 사고로 오른쪽 다리를 전다.
- ² He gave some lame excuses for being an hour late to work.
  그는 한 시간이나 늦게 출근한 것에 대해 설득력 없는 변명들을 늘어놓았다.

smack
[smæk]

v. 때리다, 강타하다

- 미국 프로레슬링 **스맥**다운(smackdown)에서 선수들이 서로를 **때리다, 강타하다**
- She never smacks her children.
  그녀는 절대로 자신의 아이들을 때리지 않는다.

short-sighted
[ʃɔ́ːrtsáitid]

a. 근시안적인 (= near-sighted)

- [짧게(가깝게) 보는] 당장의 **가까운 것만 보는**, 즉 **근시안적인**
- The short-sighted governmental policy is being criticized by the public.
  정부의 근시안적인 정책이 국민들의 비난을 사고 있다.

grim
[grim]

a. 엄숙한, 암울한, 음산한

- 흉가에 걸려있는 **그림**이 **엄숙한, 암울한, 음산한**
- The report reveals grim prospect for climate change.
  그 보고서는 기후변화에 대한 암울한 전망을 보여준다.

복습				
secular	probation	allowance	hindsight	maternal
rookie	lame	smack	short-sighted	grim

asylum
[əsáiləm]

n. 망명

- [어싸일럼 → 어! 쌓일 넘(넘다)] **어!** 성벽이 쌓일(쌓인) 국경선을 **넘어 망명**
- The refugees sought political asylum in Britain.
  난민들이 영국에 정치적 망명을 요청했다.

fleet
[fliːt]

¹ n. 함대, 선단 ² a. 빠른

- 이순신 장군이 나타나자 일본 **함대**가 **빠르게 flee**(달아나다)
- Smaller players tend to be more fleet of foot.
  작은 체구의 선수들이 발이 빠른 경향이 있다.

nausea
[nɔ́ːziə, nɔ́ːsiə]

n. 메스꺼움, 구역질

- 뱃멀미로 **구역질**이 나자 "No(안 해)! 다시는 sea(바다)로 안 가!"
- Effective cancer-frighting drugs often produce harsh side effects, including nausea.
  효과 있는 항암 치료약들은 종종 메스꺼움을 포함한 심각한 부작용을 일으킨다.

lull
[lʌl]

v. 달래다

- [럴 → 럴 럴] "럴럴럴♬ 까꿍♪" 하며 우는 아이를 **달래다**
- She lulled the baby to sleep and carefully laid him on the bed.
  그녀는 아기를 달래어 재우고 조심스럽게 침대에 눕혔다.

consulate
[(미)kánsələt]
[(영)kɔ́nsjələt]

n. 영사관

- 외국에서 강도를 당하거나 문제가 생겼을 때 **consult**(상담하는) 데 있어 **late**(늦게) 대응하는 어떤 **영사관**
- I asked the Brazilian consulate for help, but they processed it too late.
  나는 브라질 영사관에 도움을 청했지만 너무 늦게 처리를 해주었다.

vigilance
[vídʒiləns]

n. 경계, 조심

- **busy**(바쁜) 앰뷸런스 운전자가 언제라도 출동하려고 바짝 **경계**하고, 운전을 **조심**하는
- vigilant 바짝 경계하는, 조금도 방심하지 않는
- The mother of the sick child sat vigilantly by his bed.
  그 아픈 아기의 엄마는 아기의 침대 옆에 바짝 경계하며 앉아 있었다.

amenity
[əménəti]

n. 생활 편의 시설

- "어, 매뉴 티(셔츠)에 이 앞치마를" 즉, 음식이 옷에 튀지 않게 준비한 앞치마와 같은 식당의 **생활 편의시설**
- A sauna in the hotel would be a useful amenity.
  그 호텔의 사우나는 유용한 편의시설이 될 것이다.

marital
[mǽrətl]

a. 결혼의, 부부의

- [marry(결혼하다) + al(형·어)] **결혼의, 부부의**
- I heard that they have marital problems.
  나는 그들이 부부생활에 대한 문제가 있다고 들었다.

lukewarm
[lùːkwɔ́ːrm]

a. 미지근한, 미온적인

- 손을 **누크**(넣고) 있으니 **warm**(따뜻한) **미지근한** 물
- Boil a glass of water until it is lukewarm. 물 한 잔을 미지근해질 때까지 끓여라.

brisk
[brisk]

a. 활기찬, 호황의

- 새 **부리**에서 나오는 **수끄**, 수끄 하는 **활기찬** 울음소리
- [1] A brisk walk is a great way to stay young and healthy.
  활기찬 걸음걸이는 젊고 건강하게 지내는 좋은 방법이다.
- [2] Dinner business is usually brisk until at least 8 p.m.
  저녁 장사는 보통 최소 저녁 8시까지는 활발하다.

복습				
asylum	fleet	nausea	lull	consulate
vigilance	amenity	marital	lukewarm	brisk

moody
[múːdi]

a. ¹ 기분 변화가 심한 ² 우울한

- mood(기분)이 우울한, 기분 변화가 심한
- ¹ Why are you so moody today?
  너 오늘 왜 그렇게 기분이 안 좋니?
- ² It is difficult to predict his reaction because he is so moody.
  그는 너무나 기분 변화가 심하기 때문에 그의 반응을 예측하기가 힘들다.

genesis
[dʒénəsis]

n. 발생, 기원

- generate(발생시키다)와 관련시켜 암기
- Actually, the song's genesis has nothing to do with being in love.
  사실 이 노래의 기원은 사랑에 빠진 것과는 아무런 관계가 없다.

scam
[skæm]

n. 신용 사기

- 받을 물건 수(숫자)를 캠(캐다). 그랬더니 구매한 것보다 적게 보낸 신용 사기였음.
- The cases of lottery scams are on the rise these days.
  복권 사기의 사례들이 요즘 증가하고 있다.

beetle
[bíːtl]

n. 딱정벌레

- 날개를 비틀어 날지 못하는 딱정벌레
- A child twisted the wings of a beetle, preventing it from flying.
  한 아이가 딱정벌레 날개를 비틀어 날지 못하게 했다.

calculus
[kǽlkjuləs]

n. 미적분학

- 미적분학 문제를 calculate(계산하여) 답지에 써 넣었수.
- Calculus is too difficult for me.
  미적분학은 내게 너무 어렵다.

handcuff
[hǽndkʌf]

n. 수갑 v. 수갑을 채우다

- 경찰이 hand(손)에 '커프!' 소리와 함께 채우는 수갑
- He was put in handcuffs and escorted to the police department.
  그는 수갑이 채워졌고, 경찰서로 인도되었다.

fiasco
[fiǽskou]

n. 대실패

- 피했수! 코를 때리려는 내 주먹을. 나의 공격 대실패!
- My attempt to get Bill and Jane acquainted was a fiasco.
  Bill과 Jane을 소개시켜 주려는 나의 시도는 대실패였다.

pundit
[pʌ́ndit]

n. 박식한 사람, 전문가

- 주식 펀드에 fund(투자할) 때는 it(그것을) 펀드매니저와 같은 전문가나 박식한 사람에게 꼭 물어봐야 한다.
- John Lowerson is one of our pundits on local history.
  John Lowerson은 지역 역사에 관한 전문가들 중 한 명이다.

succinct
[səksíŋkt]

a. 간결한, 간단명료한

- 씽크대 suc(sub: 밑에) 찌꺼기 거르는 통으로 걸러서 **간결한** 건더기만 남은
- He is a confident and succinct communicator.
  그는 자신감 있고 간단명료한 전달자이다.

unison
[júːnəsn]

n. 일치, 조화

- [uni(one) + son(sound)] son(소리)가 uni(하나로) **일치, 조화**
- The choir sang in unison.
  합창단은 조화로운 음으로 노래했다.

복습	moody	genesis	scam	beetle	calculus
	handcuff	fiasco	pundit	succinct	unison

Lecture 13

flirt
[flə:rt]

v. 추파를 던지다 n. 바람둥이

- 해변에서 풀러 two(2)개의 단추를! 근육을 보여주며 여자에게 **추파를 던지다**, 즉 **바람둥이**
- Bill is always trying to flirt with the women at the club.
  Bill은 언제나 클럽에서 여성들에게 추파를 던지려고 한다.

cliche
[⑪klíːʃei]
[⑫klíːʃei]

n. 상투적인 표현, 진부한 말

- '존마탱' 대신 '맛있다'는 요즘 세대들에게 **꿀리는 say**(말), 즉 **진부한 말**
- Cliches give quick expression to ideas but lack originality and freshness.
  상투어는 관념들에 빠른 표현을 제공하지만 독창성과 신선함이 부족하다.

simmer
[símər]

v. 부글부글 끓다, (화가 나서) 부글부글 끓다

- "대머리야 머리 좀 **심어**!"라는 말에 **(화가 나서) 부글부글 끓다**
- ¹ Bring the soup to a boil, then let it simmer gently for 30 minutes.
  수프를 한 번 끓이고 나서 30분 동안 약하게 끓이세요.
- ² He exploded with the rage that had simmered all morning.
  그는 오전 내내 부글부글 끓던 화가 폭발했다.

checkpoint
[tʃékpɔ̀int]

n. 검문소

- [check(검사하다) + point(지점)] **검사하는 지점**, 즉 **검문소**
- Disguised as a peasant, he passed the checkpoint safely.
  그는 농군으로 변장하여 검문소를 무사히 통과했다.

prop
[⑪prɑp ⑫prɔp]

n. 버팀목 v. 떠받치다

- 키우는 풀이 바람에 쓰러지려고 하자 **풀 앞**에 **버팀목**을 대서 **떠받치다**
- He was sitting at the desk with his chin propped up on one hand.
  그는 턱을 한 손으로 떠받친 채 책상에 앉아 있었다.

excise
[éksaiz]

n. 소비세, 물품세

- 이 옷의 **엑스(X) 사이즈**는 국내에 없어 수입해야 하기 때문에 **소비세**가 더 붙는다.
- The excise duty on automobiles will be increased in stages over the next 3 years.
  자동차에 대한 소비세가 향후 3년간 단계적으로 오를 것이다.

green
[gri:n]

a. 미숙한, 익지 않은

- **green**(초록색의) **익지 않은** 과일
- He is green at his job.
  그는 자신의 일에 미숙하다.

coat
[kout]

¹ v. (도료 등을) 흠뻑 칠하다 ² n. 외투, 코트

- **coating**(코팅)의 파생어
- The canvas roof was coated with a paraffin treatment for water resistance.
  그 천막 지붕은 파라핀으로 방수처리가 되어 있었다.

fuel
[fjúːəl]

¹ n. 연료, 기름 ² v. 자극하다

- ¹ 기름과 같은 연료에 불을 피울
- ² 불에 fuel(기름, 연료)를 붓듯이 어떤 상황을 더욱 자극하다
- The hurricane was fueled by the effects of climate change.
  그 허리케인은 기후변화의 영향에 의해 에너지를 얻었다.

deliver
[dilívər]

v. ¹ 배달하다, 전달하다 ² (연설 등을) 하다 ³ 출산하다

- ¹ 생각을 말로 사람들에게 deliver(전달하다), 즉 (연설 등을) 하다
- ² 전달하다 → 아기를 세상에 deliver(전달하다), 즉 출산하다
- ¹ She will deliver a speech during the opening session of the UN General Assembly.
  그녀는 유엔 총회 개회 때 연설을 할 것이다.
- ² The baby was delivered by Caesarean section.
  그 아기는 제왕절개로 출산되었다.

복습				
flirt	cliche	simmer	checkpoint	prop
excise	green	coat	fuel	deliver

biting
[báitiŋ]

a. 물어뜯는 듯한, 얼얼한, 신랄한

- [bite(물다) + ing] 물어뜯는 듯한, 얼얼한, 신랄한
- His biting criticism did not mean that he considered her to be ignorant.
  그의 신랄한 비평은 그가 그녀를 무지하다고 생각한다는 것을 의미하지는 않았다.

guru
[gúruː]

n. 전문가, 권위자

- 바둑에서 9단으로(9루) 올라간 바둑 권위자, 전문가
- Fashion guru Katie Grand will launch her own label this year.
  패션 전문가 Katie Grand는 올해 자신의 상표를 출시할 예정이다.

dividend
[dívidènd]

n. 배당금

- [divide(나누다) + end(끝)] 일이 end(끝나고) 나서 divide(나누어주는) 돈, 즉 배당금
- The final quarter dividend jumped to nearly 8 percent.
  마지막 분기의 배당금이 거의 8퍼센트까지 급등했다.

spell
[spel]

¹ v. 철자를 쓰다 ² n. 주문, 마력

- 이상한 스펠링으로된 고대 문자를 읽으며 거는 **주문**
- ¹ Please tell me how to spell the word. 그 단어의 철자를 가르쳐 주세요.
  ² The wizard cast a spell on the princess. 마법사는 공주에게 주문을 걸었다.

rehearse
[rihə́:rs]

v. 리허설을 하다, 예행연습하다

- 리허설(rehearsal: 예행연습)의 동사형
- We're currently rehearsing for tomorrow's performance.
  우리는 지금 내일 공연의 예행연습을 하는 중이다.

militia
[milíʃə]

n. 시민군, 민병대

- [밀리셔 ― military(군대, 군인)] **시민군**이 탱크를 앞세운 정부군에 **밀리셔**(밀리고 있다).
- The revolution succeeded because of the militia.
  시민군 덕분에 혁명이 성공할 수 있었다.

turnover
[tə́:rnòuvər]

n. ¹ (기업의 직원) 이직률 ² 총 매출액

- ¹ over(저 너머로) 회사로 몸을 turn(돌려서) 이직하는 비율, 즉 **이직률**
  ² 상품이 소비자에게 갔다가 over(저 너머로) turn(돌아서) 회사로 다시 돌아오는 **총 매출액**
- ¹ Programmers have a high turnover rate.
  프로그래머들은 이직율이 높다.
  ² Our company's turnover last year was 30 billion won.
  우리 회사의 작년 총 매출액은 300억원이었다.

fugitive
[fjú:dʒətiv]

n. 도망자, 탈주자

- 퓨~ 하고 담을 넘어 탈주한 저 사람이 TV 속보에 나오다, 즉 **도망자, 탈주자**
- The detective has pursed the fugitive over many years.
  형사는 여러 해 동안 그 탈주자를 추적해 왔다.

centrifugal
[sentrífjugəl]

a. 원심력의

- centri(center: 중심)에서 퓨~ 하고 갈라고 하는(벗어나려고 하는) **원심력의**
- A catapult is a device that uses centrifugal force.
  투석기는 원심력을 이용한 기구이다.

oust
[aust]

v. (일자리·권자에서) 내쫓다

- [oust → out(밖으로)] 밖으로 **내쫓다**
- There is no reason to oust the chairman who is running the House efficiently. 의회를 효율적으로 운영하고 있는 회장을 쫓아낼 이유가 없다.

복습	biting	guru	dividend	spell	rehearse
	militia	turnover	fugitive	centrifugal	oust

downright
[dáunràit]

a. 명백한 ad. 완전히

- 맞고 쓰러진 저 선수는 다운이 right(맞다). 즉, 다운이 완전히, 명백한
- The man was downright rude to us.
  그 남자는 우리에게 노골적으로 무례하게 굴었다.

wrath
[ræθ]

n. 화, 분노

- [래쓰 → 냈수] 화를 냈수
- She incurred her father's wrath by arriving late.
  그녀는 늦게 도착해서 아버지의 노여움을 샀다.

overt
[ouvə́:rt, óuvə:rt]

a. 명백한, 공공연한

- ¹ 오바이트하면 전에 뭘 먹었는지 명백한
- ² over(저 위로) two(2)개의 유에프오가 떠 있음이 명백한
- They showed overt hostility to the strangers.
  그들은 그 낯선 사람들에게 노골적인 적대감을 보였다.

libel
[láibəl]

n. 명예 훼손

- 라이벌 관계의 두 정치가가 서로 상대방을 명예 훼손하다
- The politician was arrested for libel last September.
  그 정치인은 지난 9월에 명예 훼손 혐의로 체포되었다.

exodus
[éksədəs]

n. 이동, 탈출

- 공산주의 동독은 살기 힘드니 엑! 서독으로 이동, 탈출
- There is a mass exodus from Paris every August.
  매년 8월에는 많은 사람들이 파리를 떠난다.

anomaly
[ənáməli]
[ənóməli]

n. 변칙, 이례

- ¹ 어! 나(는) 멀리 떨어져서 싸우는 변칙 복서야. 즉, 붙어서 싸우지 않고 상대편과 멀리 떨어져서 치고 빠지는 변칙 플레이.
- ² [a(not) + nomal(→ normal: 정상의) + y] 정상이 아닌, 즉 변칙, 이례
- Statistical anomalies can make it difficult to compare data.
  통계상의 예외들은 데이터를 비교하는 것을 어렵게 할 수 있다.

sequel
[sí:kwəl]

n. (책·영화 등의) 속편

- '커터칼'이라는 제목의 영화에 이어지는 속편은 '식칼'
- The director has turned down numerous offers to make a sequel to the hit movie.
  감독은 이 흥행 영화의 속편을 만들자는 수많은 제의를 거절해 왔다.

envisage
[invízidʒ]

v. 예상하다, 상상하다

- [en(in) + vis(look) + age] 마음 en(속으로) vis(보다), 즉 예상하다, 상상하다
- We envisage that they will become a market leader in the foods business.
  우리는 그들이 식품 사업에서 시장의 선도자가 될 것으로 예상한다.

jurisdiction
[dʒùərisdíkʃən]

n. 관할권, 사법권

- [jury's(배심원의) + dict('말하다'를 뜻하는 어근) + tion(명·어)] 맡은 사건에 대해 배심원이 말하여 판결할(관할할) 권리, 즉 관할권, 사법권
- These offenders have been removed from the jurisdiction of the juvenile courts.
  이 범죄자들은 청소년 법정의 관할권에서 배제되어 왔다.

humility
[hju:míliti]

n. 겸손

- 다른 사람들을 앞으로 내세우고 자신은 後(뒤 후)로 밀리는(물러나는) 티를 내는 겸손
- His greatest quality was his humility.
  그의 가장 위대한 자질은 겸손이었다.

복습	downright	wrath	overt	libel	exodus
	anomaly	sequel	envisage	jurisdiction	humility

Lecture 14

mingle
[míŋgl]

v. 섞다, 섞이다

- 짜장면을 **빙글 빙글** 돌려서 양념과 면을 **섞다**
- Oil will not mingle with water.
  기름은 물과 섞이지 않는다.

coma
[kóumə]

n. 혼수상태

- 글에 **콤마**(쉼표)가 없어 숨을 쉬지 않고 읽다가 **혼수상태**에 빠진
- He has been in a coma for two and a half years.
  그는 2년 반 동안 혼수상태에 있다.

sedentary
[(미)sédəntèri]
[(영)sédəntəri]

a. 앉아서 일하는, 많이 움직이지 않는

- 조폐공사에서 가만히 앉아 기계에서 나오는 **새 돈**의 먼지 **털**만 하는, 즉 **앉아서 일하는, 많이 움직이지 않는**
- People with sedentary lifestyles have a greater risk of heart attacks.
  앉아서 지내는 생활방식을 지닌 사람들은 심장마비의 위험이 더 크다.

grotesque
[groutésk]

a. 터무니없는, 기괴한

- 뿌리를 내리고 점점 **grow**(자라는) **desk**(책상)이 있다는 친구 말은 **터무니없는, 기괴한** 말
- It's grotesque to imagine police raiding homes and shooting rubber bullets into the neighborhood.
  경찰이 집을 습격하고 이웃에 고무탄을 쏘는 것을 상상하는 것은 우스꽝스럽다.

havoc
[hǽvək]

n. 대파괴, 큰 혼란

- ¹ 핵폭탄이 터진 **대파괴, 큰 혼란**
- ² 회복하기 어려운 **대파괴, 큰 혼란**
- The project will wreak havoc on the local landscape and sea life.
  그 사업은 지역 자연경관과 해양 생태계에 큰 피해를 입힐 것이다.

erratic
[irǽtik]

a. 변하기 쉬운, 일정하지 않은

- 이래(도) 틱! 저래도 틱! **변하기 쉬운**
- She had learned to live with his erratic behaviour.
  그녀는 그의 변덕스러운 행동에 맞춰 사는 법을 터득한 상태였다.

sterile
[(미)stérəl]
[(영)stérail]

a. 불임의, 불모의, 살균한

- **수태**를 못 하는, 즉 **불임의**
- sterilize 불임케 하다, 살균하다
- A mule is a sterile hybrid between a horse and a donkey.
  노새는 말과 당나귀 사이의 생식 능력이 없는 교배종이다.

unscrupulous
[ʌnskrúːpjuləs]

a. 부도덕한, 파렴치한

- 남의 집 안으로 들어가 금고 문을 스크루드라이버로 풀렀수. 즉, 부도덕한, 파렴치한 도둑질
- They had nothing to gain from their unscrupulous behavior.
  그들은 자신들의 부도덕한 행동에서 얻을 것이 아무것도 없었다.

punitive
[pjúːnətiv]

a. 징벌의, 처벌을 위한

- 금연구역에서 담배 피우는 너는 CCTV에 찍혔어. 즉, 징벌의, 처벌을 위한 CCTV
- The Chief Minister responded to the vandalism with harsh punitive measures.
  그 주지사는 공공기물 파손죄에 대해 가혹한 징벌적 조치로 대응했다.

treason
[tríːzn]

n. 반역, 반역죄

- 문익점에게 목화 tree(나무)를 준 중국인은 중국에게는 반역죄
- Hitler was sentenced for high treason for 5 years.
  Hitler는 대반역죄로 5년형을 선고받았다.

복습 | mingle | coma | sedentary | grotesque | havoc
       | erratic | sterile | unscrupulous | punitive | treason

cramp
[kræmp]

n. 경련, 쥐

- 큰 램프 속에 램프의 요정이 장시간 갇혀 있어 경련, 쥐가 나다
- The swimmer got cramp in his legs and had to be helped out of the water.
  그 수영선수는 다리에 쥐가 나서 물 밖으로 나오기 위해 도움을 받아야 했다.

sparse
[spɑːrs]

a. 드문드문한, 희박한

- 일본에 비해 우리나라 스파s(온천들)은 전국에 드문드문한, 희박한
- His pink scalp gleamed through his sparse hair.
  그의 분홍색 두피가 드문드문 난 머리카락 사이로 번들거렸다.

apartheid
[əpáːrtheit, əpáːrtait]

n. (흑인에 대한) 인종 차별 정책

- 흑인을 apart(따로 떨어뜨려) hate(미워하는) 인종 차별 정책
- The government will return the land taken during apartheid to its rightful owners.
  정부는 인종 차별 정책 기간 때 빼앗은 땅을 정당한 소유주들에게 돌려줄 것이다.

lunatic
[lúːnətik]

a. 미친 n. 미치광이

- 보름달만 뜨면 lunar(달의) 빛에 틱! 늑대처럼 변하는 미치광이
- I've got some lunatic chasing me with a gun!
  총을 든 어떤 미치광이가 나를 쫓아오고 있어!

sloppy
[⑩slápi ⑨slɔ́pi]

a. 엉성한, 대충 하는

- 술로, 피로 뒤범벅이 된 추리닝 옷을 입은, 즉 엉성하고 대충 입은
- You're going to get fired if you keep doing such sloppy work.
  그렇게 엉성하게 일을 계속하다가는 해고될 것이다.

proximity
[⑩prɑksíməti]
[⑨prɔksíməti]

n. (거리·시간상으로) 가까움, 근접

- [proximity — approximate(근접한, 대략의)] 비슷한 철자와 의미의 단어로 암기
- A new hotel will be built in the proximity of the airport.
  공항 근처에 새 호텔이 지어질 것이다.

coarse
[kɔːrs]

n. (피부·천·말 등이) 거친

- 코가 추운 바람에 얼수록 코 피부가 거친
- She heard coarse and offensive remarks about trivial matters.
  그녀는 사소한 일에 대해 거칠고 불쾌한 말을 들었다.

cram
[kræm]

v. ¹ 억지로 쑤셔 넣다 ² 벼락치기로 공부하다

- ¹ 식빵 사이에 크림을 억지로 쑤셔 넣다
- ² 머릿속에 억지로 쑤셔 넣듯이 벼락치기로 공부하다
- ¹ He crammed seven people into his car.
  그는 자기 승용차 속에 일곱 명의 사람들을 억지로 쑤셔 넣었다.
- ² I have to cram for the finals.
  기말고사 때문에 벼락공부를 해야 한다.

vicinity
[visínəti]

n. (~의) 근처, 인근

- A __ __ D E F와 같은 문제에서 A와 D 근처에는 B C 넣지.
- There is a train station in the immediate vicinity.
  아주 가까운 인근에 기차역이 있다.

staunch
[stɔːntʃ]

a. 견고한, 확고한

- [스톤치 → stone(돌) 치아] stone(돌)과 같이 치아가 견고한
- The press is a staunch advocate of free speech.
  그 언론사는 언론의 자유를 강력히 옹호한다.

복습				
cramp	sparse	apartheid	lunatic	sloppy
proximity	coarse	cram	vicinity	staunch

onerous
[⑩ánərəs, óunərəs]
[⑨ɔ́nərəs, áunərəs]

a. 아주 힘든, 성가신

- "이 일이 안 어렵수?" 즉, 아주 힘든, 성가신
- This is the most onerous task she has ever undertaken.
  이것은 그녀가 맡았던 일 중에 가장 성가신 일이다.

glossy
[glɔ́si, glɑ́si]

a. 윤이 나는, 반들반들한
- 윤이 나는, 반들반들한 마루에 미끄러져 굴러서 '씨!'
- gloss 광택, 윤
- A glossy coat is a sign of good health in dogs.
  윤기 나는 털은 개의 건강이 좋다는 표시이다.

covert
[kóuvərt, kʌ́vərt]

a. 은밀한, 비밀의
- 아무도 못 보게 cover(덮개)를 two(2)개나 덮을 정도로 은밀한, 비밀의
- The union leaders were found to have covert ties with management.
  그 노조 지도자들이 경영진과 은밀한 관계를 가졌음이 밝혀졌다.

spurious
[spjúəriəs]

a. 가짜의, 겉으로만 그럴싸한
- 수표에 일련번호에 있어야 할 2자가 없수! 이건 가짜의, 겉으로만 그럴싸한
- The judge rejected the spurious claim that the officer created evidence.
  판사는 그 경찰이 증거를 만들어냈다는 거짓 주장을 받아들이지 않았다.

novice
[(미)návis]
[(영)nɔ́vis]

n. 초보자
- 게임 등급 서열은 나비-참새-매-독수리 캐릭터로 서열이 있는 게임에서 나비s(나비들)은 초보자
- This text book is suitable for a novice.
  이 교과서는 입문자에게 알맞다.

sever
[sévər]

v. 절단하다, 끊다
- 차력사가 철근을 이빨로 씹어서 절단하다
- When an attachment is severed by death, grief is the response to the lost attachment.
  애착이 죽음으로 인해 단절될 때, 슬픔은 잃어버린 애착에 대한 반응이다.

flair
[flɛər]

n. 재주, 재능
- 어려운 문제도 "제가 풀래요!"라고 말하는 수학적 재주, 재능
- He doesn't show much flair for the violin.
  그는 바이올린에 대해 그다지 재능을 보이지 않는다.

barrage
[bərɑ́:ʒ]

n. 연속적 사격(질문), (질문 등의) 세례
- 총알이나 질문 세례를 연속해서 뭐라!(부어라!), 즉 연속적 사격(질문)
- The actor was embarrassed by a barrage of questions from the reporters.
  그 배우는 기자들로부터 빗발치는 질문 공세를 받아 당황해했다.

savvy
[sǽvi]

n. 지식, 요령 a. 박식한, 요령 있는

- 지붕에 새는 비를 바로 해결하는 박식한, 요령 있는 사람
- We want an employee who is savvy about global marketing.
  우리는 글로벌 마케팅에 박식한 직원을 원한다.

auxiliary
[ɔːgzíljəri]

a. 보조의 n. 보조자

- 오구 질려리!(질려버렸어!) 나도 시합에 뛰고 싶은데 보조자 역할만 하는 데 질렸어!
- Nursing auxiliaries help nurses with their basic duties.
  간호 보조원들은 간호사들을 도와 그들의 기본적 임무를 수행한다.

복습	onerous	glossy	covert	spurious	novice
	sever	flair	barrage	savvy	auxiliary

Lecture 15

confiscate
[@kánfiskèit]
[@kɔ́nfiskèit]

v. 압수하다

- 경찰이 "너희들 con(함께) 피웠수?" 하며 몸을 캐며(수색하며) 대마초를 **압수하다**
- confiscation 압수
- During the war, many foreign lands were confiscated by the government.
  전쟁 중에 많은 외국 영토가 정부에 의해 몰수되었다.

discount
v. [dískaunt, diskáunt]
n. [dískaunt]

¹ v. ~을 고려하지 않다, 무시하다 ² n. 할인

- [dis(not) + count(셈에 넣다)] 셈에 넣지 않을, 즉 **고려하지 않다**
- I don't discount the possibility that I may be wrong.
  나는 내가 틀릴 수도 있다는 가능성을 무시하지 않는다.

demise
[dimáiz]

n. 사망, 소멸, 종말

- [de(down) + mise(send)] 땅 **de**(밑으로) **mise**(보내다), 즉 **사망, 소멸, 종말**
- ¹ Upon the demise of the duke, a dispute over succession to his property developed.
  그 공작이 사망하자 유산 상속을 놓고 쟁탈전이 일어났다.
- ² Some historians believe that the war ended with the demise of the Soviet Union.
  일부 역사가들은 그 전쟁이 소비에트 연방의 종말로 끝났다고 믿는다.

derail
[diːréil]

v. (기차 등이) 탈선하다, 좌절시키다

- 기차 바퀴가 **rail**(레일) **de**(밑으로) 떨어져 **탈선하다**. 그래서 목적지로 가는 것을 **좌절시키다**
- The killing of two soldiers in Northern Ireland will not derail the peace process.
  북아일랜드에서 두 명의 군인이 살해된 것으로 인해 평화 정착 과정이 궤도를 벗어나지는 않을 것이다.

denounce
[dináuns]

v. 맹렬히 비난하다

- [de(down) + nounce(speak)] 어떤 사람을 **de**(아래로) 낮춰서 **nounce**(말하다), 즉 **맹렬히 비난하다**
- She publicly denounced the actions of the police.
  그녀는 경찰의 행동을 공개적으로 맹렬히 비난했다.

devalue
[diːvǽljuː]

v. 평가 절하하다, ~의 가치를 떨어뜨리다

- [de(down) + value(가치)] **평가 절하하다, ~의 가치를 떨어뜨리다**
- devaluation 평가절하, (가치·신분 등의) 저하
- People must not devalue his achievement.
  사람들은 그의 업적을 평가 절하해서는 안 된다.

frantic
[frǽntik]

a. 정신없는, 광란의

- [프랜틱 → friend 틱!] 교실에서 friend(친구)끼리 틱! 틱! 물건을 던지며 노는 모습이 **정신없는, 광란의**
- The rescuers made frantic attempts to revive her.
  구조대원들이 그녀를 소생시키려고 미친 듯이 매달렸다.

backlash
[bǽklæʃ]

n. 반발

- [back(뒤로) + lash(채찍질하다)] 노예들에게 lash(채찍질을 했더니) 노예들이 돌맹이나 주먹으로 back(뒤로) 되돌려 주는 **반발**
- The move has drawn a backlash from many supporters.
  그러한 움직임은 많은 지지자들로부터 반발을 불러일으켰다.

pluck
[plʌk]

v. 뜯다, 잡아 뽑다

- 닭을 잡아먹기 위해 털을 **뜯다, 잡아 뽑다**. 그러자 플럭! 플럭! 날갯짓을 하다
- He plucked out his mother's grey hairs.
  그는 어머니의 흰머리를 뽑아 드렸다.

precondition
[pri:kəndíʃən]

n. 전제조건

- [pre(before) + condition(조건, 상태)] 앞서 필요한 조건, 즉 **전제조건**
- The basic precondition for negotiation is communication.
  협상의 기본 전제조건은 의사소통이다.

복습	confiscate	discount	demise	derail	denounce
	devalue	frantic	backlash	pluck	precondition

upbringing
[ʌpbríŋiŋ]

n. 교육, 양육

- 아이의 키나 지식수준을 up(위로) bringing(가져옴), 즉 **양육, 교육**
- He had a good upbringing in a stable household.
  그는 안정적인 가정에서 교육을 잘 받았다.

refurbish
[ri:fə́:rbiʃ]

v. (방·건물 등을) 새로 꾸미다, 쇄신하다

- re(다시) 물을 퍼서 빛이 나게 씻어 **새단장하다**
- The shopping mall has been completely refurbished.
  그 쇼핑몰은 완전히 새단장되었다.

remunerate
[rimjú:nərèit]

v. 보상하다, 보수를 주다

- [re(back) 뮤너레(물어내) 이트] 어떤 대가로 re(뒤로) 되돌려 물어내다, 즉 **보상하다**
- remuneration 보수, 보상
- Employers are not obliged to remunerate employees for maternity leave.
  고용주들은 직원들에게 출산 휴가를 보상할 의무가 없다.

reinstate
[rìːinstéit]

v. (원래 상태로) 회복시키다, 복귀시키다

- re(다시) 원래의 자리 in(안의) state(상태)가 되게 하다, 즉 **회복시키다, 복귀시키다**
- He was reinstated to his former position six months later after a court appeal.
  그는 항소심 이후 여섯 달이 지나서 이전 자신의 자리로 복귀되었다.

rebate
[ríːbeit]

n. (금액 일부의) 환불, 리베이트, 사례금

- 이미 지급한 돈을 re(뒤로) 되돌려 **뱉어냄**, 즉 **환불**
- A rebate of 150 will be offered on the purchase of a new washing machine.
  새 세탁기를 구입하면 150달러의 사례금이 제공될 것이다.

reserved
[rizə́ːrvd]

a. ¹ (언동을) 삼가는, 내성적인 ² 예약된, 예비의

- ¹ [re(back) 저브드(접다)] 양반들은 손을 re(뒤로) 접어 다니며 **언동을 삼가는, 내성적인**
  ² [reserve(예약하다)의 형용사형] **예약된**
- The English have a reputation for being reserved.
  영국인들은 과묵한 것으로 평판이 나 있다.
  My reserved seat on the train was occupied by some non-reserved passengers.
  나의 기차 예약석을 몇몇 미예약자 승객들이 차지하고 있었다.

reclaim
[rikléim]

v. ¹ 되찾다 ² (반환을) 요구하다

- re(뒤로) 되돌려달라고 claim(권리 등을 요구하다) **(반환을) 요구하다, 요구하여 되찾다**
- She went to the lost-and-found office to reclaim her missing backpack.
  그녀는 잃어버린 배낭을 되찾기 위해 분실물 센터에 갔다.

remit
[rimít]

¹ v. (돈을) 송금하다 ² n. 소관

- ¹ [re(back) + mit(send)] 돈을 re(뒤로) 되돌려 mise(보내다), 즉 **송금하다**
  ² [리밋 → 니 밑] 그 일은 니 밑에 있는 사람의 **소관**이다.
- I have remitted a million won to you through the bank.
  은행을 통해 네게 100만원을 송금했어.
  The organization did not have a remit to deal with terrorism.
  테러를 다루는 것은 그 기관의 소관이 아니었다.

revert
[rivə́ːrt]

v. (이전 상태로) 되돌아가다

- ¹ [re(back) + vert(turn)] **(이전 상태로) 되돌아가다**
  ² 꿀을 모은 후 re(되돌아서) 벌이 자기 집 to(쪽으로) **되돌아가다**
- Let us revert to the original topic of conversation.
  원래의 대화 주제로 되돌아가 봅시다.

martyr
[máːrtər]

n. 순교자, 희생자

- 모든 책임을 (떠)맡아 죽거나 희생한 순교자, 희생자
- He was recognized as a martyr for civil rights.
  그는 민권을 위한 순교자로 인정받았다.

복습	upbringing	refurbish	remunerate	reinstate	rebate
	reserved	reclaim	remit	revert	martyr

insurgent
[insə́ːrdʒənt]

n. 반란자, 폭도

- "집 in(안에) 누워있는 사람들은, 일어서서 전투에 참여합시다!" 하며 반란을 일으키는 반란자, 폭도
- The insurgents attacked the capital at dawn.
  반군이 새벽에 수도를 공격했다.

incite
[insáit]

v. 선동하다, 조장하다

- 인터넷 쇼핑몰 싸이트 in(안에서) 파격 할인 등의 문구를 내세워 구매를 선동하다, 조장하다
- He incited rebellion against Spain from 1762 to 1765.
  그는 1762년부터 1765년까지 스페인에 맞선 반란을 선동했다.

inquest
[ínkwest, íŋkwest]

n. 검토, 조사

- 미국 조사단이 북한 핵시설 in(안에) 들이닥쳐 question(질문)하며 검토, 조사
- An inquest into the actor's death will be held tomorrow.
  그 배우의 죽음에 대한 사인을 밝히는 조사가 내일 열릴 것이다.

interim
[(미)íntərəm]
[(영)íntərim]

a. 임시의, 잠정적인

- 담임 선생님의 휴가 기간 inter(사이에) 대신하여 임시로 일하는 선생님, 즉 임시의, 잠정적인 선생님
- Both sides signed an interim agreement on major points in the contract.
  양측은 그 계약의 주요 쟁점에 대한 잠정 합의에 서명했다.

interconnect
[ìntərkənékt]

v. 연결시키다, 관련시키다

- [inter(between) + connect(연결하다)] 연결시키다, 관련시키다
- The entire nervous system, blood vessels, the skeletal and muscular systems are all interconnected.
  전반적인 신경 체계, 혈관, 골격과 근육 체계들은 모두 상호 연관되어 있다.

outlaw
[áutlɔː]

n. 범죄자 v. 불법화하다

- law(법) out(밖으로) 하다, 즉 불법화하다, 그리고 law(법)으로 정한 선 out(밖으로) 이탈한 사람, 즉 범죄자
- The two outlaws hid out in the hills for several months.
  그 두 명의 범죄자들은 몇 달 동안 산속에 숨어 있었다.

outcry
[áutkrai]

n. 격렬한 항의, 아우성

- [out(out) + cry(외치다)] 여럿이 밖으로 외치는 격렬한 항의, 아우성
- There was public outcry over the verdict.
  그 평결에 대해 대중의 격렬한 항의가 있었다.

outwit
[àutwít]

v. ~보다 지혜가 더 낫다, ~보다 한 수 앞서다

- [out(better than) + wit(지혜)] 지혜가 ~보다 더 낫다, ~보다 한 수 앞서다
- He tried his best to outwit me.
  그는 나보다 한 수 앞서기 위해 최선을 다했다.

복습	insurgent	incite	inquest	interim	interconnect
	outlaw	outcry	outwit		

MEMO

INDEX

A

a string of	017	according to	129	adore	096
abandon	168	accordingly	129	adorn	412
abide by	550	account	159	adornment	412
abnormal	466	account for	159	advent	343
aboard	034	accountable	385	adventure	131
abolish	399	accountant	455	adverb	517
aboriginal	565	accretion	587	adverse	346
abortion	572	accrue	587	adversity	316
abortive	572	accumulate	118	advert	591
abrupt	520	accumulation	118	advocacy	147
abruptly	520	accuracy	169	advocate	147
absently	316	accurate	169	aerial	095
absolute	140	accusation	086	aesthetic	407
absolutely	140	accuse	086	affair	161
absorb	041	acoustic	431	affection	056
absorbing	041	accustom	502	affiliate	545
absorption	041	acid	285	affiliation	545
abstain	569	acknowledge	156	afflict	284
abstain from	569	acquaint	344	affirm	218
abstinence	569	acquaintance	344	affirmative	079
abstract	260, 261	activate	556	affluence	340
absurd	063	actively	341	affluent	340
abundance	361	acute	441	afford	136
abundant	361	adapt	093	aftermath	440
abuse	466	adaptation	093	agency	106
abusive	466	adapter	093	agenda	367
academic	090	addict	372	agent	106
academy	090	addiction	372	aggravate	442
accelerate	199	address	113, 535	aggregate	442
accent	287	adequate	163	aggregation	442
accentuate	287	adequately	163	aggress	162
access	522	adhere	293	aggression	162
acclaim	572	adjacent	547	aggressive	162
accommodate	361	adjust	526	aggressor	162
accommodation	361	adjustment	526	agony	412
accompany	181	administer	180	agricultural	178
accompanying	181	administration	180	agriculture	178
accomplish	181	administrator	180	aid	018
accomplished	181	admiral	299	ail	429
accord	129	admonish	369	ailing	429
accordance	129	adolescence	323	ailment	429
		adolescent	323	airborne	452
		adopt	093	aircraft	052
		adoption	093	airs	407
		adorable	096	aisle	300
		adoration	096	albeit	551

616

alert	137	amphibian	431	anxious	023		
algebra	307	ample	259	apartheid	606		
alias	442	amplifier	460	apathetic	569		
alien	414	amplify	460	apathy	569		
alienate	414	amuse	125	ape	339		
alienation	414	amusement	125	apparatus	416		
align	361	amusing	125	appeal	053		
alignment	361	analogous	349	appease	341		
alike	195	analogy	349	append	526		
allegation	381	analysis	174	appendix	526		
allege	381	analytic	174	appetite	164		
alleviate	442	analyze	174	applaud	325		
alleviation	442	anarchist	568	applause	325		
alley	359	anarchy	568	appliance	355		
alliance	161	anatomy	348	applicant	069		
allocate	502	anchor	086	application	069		
allocation	502	anecdote	387	apply	069		
allot	376	anguish	574	apply for	069		
allotment	376	animate	303	apply to	069		
allotted	376	animation	303	appraisal	555		
allowance	595	annex	459	appraise	555		
allude	417	annexation	459	appreciate	128		
allusion	417	annihilate	379	appreciation	128		
ally	161	announce	337	apprehend	330		
almighty	357	announcement	337	apprehension	330		
alter	290	announcer	337	apprehensive	330		
alternate	291	annoy	072	appropriate	151		
alternately	291	annoyance	072	approval	085		
alternative	290	annual	065	approve	085		
alternatively	291	annually	065	approximate	173		
altitude	372	anomaly	603	approximately	173		
altruism	547	anonymous	521	apron	106		
altruistic	547	anonymously	521	apt	113		
alumni	376	antarctic	122	aptitude	153		
ambassador	406	antedate	234	aqua	583		
ambiguous	336	anterior	234	aquatic	583		
ambition	157	anthropology	411	arbitrarily	374		
ambitious	157	antibiotic	246	arbitrary	374		
ambivalence	579	antibody	558	arch	269		
ambivalent	579	anticipate	181	archaeologist	354		
amend	380	antipathy	267	archaeology	354		
amendment	380	antiquated	234	architect	135		
amenity	597	antique	234	architectural	135		
amid	514	antisocial	558	architecture	135		
amnesty	572	antonym	521	archive	439		
amoral	498	anxiety	023	arctic	122		

aristocracy	394	astonish	060	autobiography	252
aristocrat	394	astonishing	060	autograph	251
arithmetic	112	astound	393	automate	511
arms	040	astounding	393	automation	511
aroma	192	astray	296	autonomous	510
aromatic	192	astrology	244	autopsy	570
arouse	334	astronaut	244	auxiliary	609
arrange	011	astronomical	244	avail	089
array	361	astronomy	244	available	089
arrest	096	astute	580	avalanche	287
arrogance	289	asylum	596	avenge	070
arrogant	289	asymmetrical	499	avenger	070
arrow	045	at last	073	avenue	043
artery	278	at stake	383	averse	580
article	092	atmosphere	042	aversion	580
artifact	464	atom	065	avert	566
artificial	043	atomic	065	aviation	377
artificially	043	attain	131	avocation	498
artillery	446	attend	104	awe	156
ascend	362	attendant	104	awful	156
ascent	362	attic	278	awfully	156
ascertain	573	attorney	055	awkward	364
ascribe	409	attract	260	ax	011
ash	027	attraction	260	axis	389
ashtray	027	attractive	260		
aspect	241	attribute	364	**B**	
aspiration	284	attribute A to B	364		
aspire	284	atypical	498		
assassinate	324	auction	302	bachelor	100
assassination	324	audacious	577	backbone	454
assault	175	audacity	577	backfire	321
assemble	170	audible	257	backlash	611
assembly	170	audience	257	backward	239
assert	309	audit	590	baggage	102
assertion	309	auditorium	257	bail	433
assess	411	auditory	257	bait	297
asset	182	augment	547	balance	197
assign	502	augmentation	547	bald	078
assignment	502	authentic	355	ballot	445
assimilate	586	authenticate	355	ballroom	406
associate	037	authentication	355	bamboo	278
association	037	author	012	ban	299
assume	071	authoritarian	038	bang	106
assuming that ~	071	authority	038	banish	397
assumption	071	authorization	038	bankrupt	520
assure	502	authorize	038	bankruptcy	520

banner	391	bear	153	biosphere	273
banquet	113	beard	282	biting	601
bar	023	beast	095	bizarre	427
barbarian	318	become	097	blackmail	463
barbaric	318	beehive	161	blackout	462
bare	087	beep	194	blacksmith	447
barely	087	beetle	598	blast	385
bargain	151	befall	464	blatant	571
barley	290	beforehand	163	blatantly	571
barn	158	behalf	041	blaze	337
barometer	262	behold	417	bleed	190
barrage	608	belly	326	blend	371
barren	366	belong	029	blight	586
barrier	345	belong to	029	blink	287
barter	290	belonging	029	bliss	446
basin	418	beloved	196	blissful	446
bay	065	belt	100	blizzard	395
be absorbed in	041	bend	126	block	060
be accustomed to	502	beneath	127	blockade	060
be acquainted with	344	beneficial	143	bloom	169
be anxious about	023	beneficiary	565	blossom	029
be anxious for	023	benefit	143	blow	096
be apt to	113	benign	451	blueprint	582
be bound to	096	bent	126	blunder	410
be charged with	081	besiege	404	blunt	438
be condemned to	067	betray	404	blush	375
be convinced of	089	beverage	032	blur	386
be destined to	021	beware	342	board	033, 034
be doomed to	103	bewilder	425	boast	379
be due to	347	bias	374	bold	078
be engaged in	090	biased	374	boldness	078
be familiar with	026	bible	146	bolster	547
be in charge of	081	bid	356	bond	304
be inclined to	206	bidding	356	book	191
be involved in	206	bilateral	530	booking	191
be jealous of	100	bilingual	529	boost	356
be liable to	133	bill	272	booth	316
be likely to	226	billion	111	border	156
be obliged to	143	bin	365	borderline	156
be on good terms with	082	binary	565	botanist	285
be opposed to	027	bind	096	botany	285
be prone to	319	biochemistry	246	bother	045
be reluctant to	289	biodiversity	567	bounce	200
be subject to	165	biography	251	bound	396
be unlikely to	226	biological	245	boundary	147
bead	104	biology	245	boundless	147

bow	099	bulletin	336	capricious	449
boycott	366	bulletproof	593	capriciously	449
brag	451	bully	366	carbohydrate	552
branch	070	bump	172	cardiac	578
brave	098	bunch	120	cardinal	440
bravery	098	bundle	360	career	108
breach	591	buoy	581	carefree	046
breadth	537	buoyancy	580	careless	188
breakdown	072	buoyant	581	cargo	315
breakthrough	201	burden	105	carve	287
breast	419	burdensome	105	cast	169
breathtaking	194	bureaucracy	565	casual	067
breed	141	burglar	125	casualty	409
breeze	298	burglary	125	catastrophe	374
brew	437	burrow	394	categorize	459
bribe	381	burst	030	cater	428
bribery	381	bush	370	caterpillar	410
bride	107	bust	590	cattle	270
bridegroom	107	bustle	369	cause	187
bridge	333	butcher	533	caution	097
brief	153	by all means	176	cautious	097
brilliance	091	by means of	176	cavity	412
brilliant	091	by no means	176	cease	028
brilliantly	091	by-product	534	ceaseless	028
brink	397	bygone	454	ceiling	136
brisk	597	bypass	390	celebrity	369
broadcast	177	bystander	300	cell	083
brochure	386			cellular	083
bronze	270	**C**		cemetery	110
broom	323			censor	422
broth	375			censorship	422
browse	354	cabin	141	centennial	511
bruise	071	calamity	422	centrifugal	602
brutal	122	calculate	136	certificate	134
brute	122	calculation	136	certify	134
bucket	056	calculator	136	challenging	465
bud	012	calculus	598	chamber	415
buddy	328	calf	269	channel	359
Buddhism	058	canal	325	chant	318
Buddhist	058	candid	402	chaos	172
budget	314	candidate	063	chaotic	172
buffer	588	cannon	292	chapel	532
buildup	328	canyon	089	character	272
bulb	325	capacious	075	charge	081, 082
bulk	406	capacity	075	charitable	160
bullet	123	capital	372	charity	160

charter	361		climate	105		combustion	371
chase	026		cling	323		comet	285
cheat	098		clinic	136		commemorate	218
check	272		clockwise	496		commemoration	218
check-up	455		clone	367		commence	488
checkpoint	600		closely	187		commend	541
chemical	024		closet	326		commerce	023
chemistry	024		clue	034		commercial	023
cherish	298		clumsy	404		commission	487
chew	151		cluster	410		commit	106
chief	133		clutch	435		commitment	216
chiefly	133		clutter	573		committee	217
childish	456		coal	128		commodity	324
childlike	456		coalition	487		common sense	193
chill	012		coarse	607		commonplace	454
chilly	012		coat	601		commonsense	193
chivalry	426		coerce	424		communal	465
choir	299		coercive	424		communism	465
choke	305		coexistence	489		communist	465
chop	074		coffin	450		commute	356
chore	316		cognition	365		compact	370
chronic	513		cognitive	365		companion	217
chronological	513		cohere	488		company	467
chronologically	513		coherence	488		comparable	199
chubby	426		coherent	488		comparative	199
chunk	403		cohesion	326		comparatively	555
churn	575		cohesive	326		compartment	365
circuit	355		coincide	380		compass	117
circulate	355		coincidence	380		compassion	267
cite	549		coincident	380		compassionate	267
civic	536		collaborate	218		compatible	487
civilization	024		collapse	340		compel	518
civilize	024		collate	380		compelling	550
claim	144		colleague	084		compensate	120
clap	042		collect	126		compensation	120
clarify	365		collection	126		compete	217
clarity	365		collective	302		competence	217
clash	534		collide	319		competent	217
classification	016		collision	319		competition	217
classify	016		colonial	092		competitive	217
clatter	430		colonize	092		competitively	217
claw	072		colony	092		compile	487
cleanse	200		coma	605		complacent	488
cliche	600		comb	444		complement	259
client	271		combat	217		complementary	259
cliff	296		combustible	371		complete	259

completely	259	confer	411	consist	050
completion	259	conference	411	consist of	050
compliant	216	confess	311	consistent	050
complicate	145	confession	311	consolation	406
complicated	145	confidential	532	console	406
complication	145	configuration	545	consolidate	489
compliment	422	configure	545	consonant	489
complimentary	422	confine	266	conspicuous	565
comply	216	confinement	266	conspiracy	512
component	134	confirm	218	conspire	512
compose	133, 134	confiscate	610	constitute	280
composite	488	confiscation	610	constitution	280
composition	134	conflict	044	constrain	185
compound	216	conform	216	constraint	185
comprehend	487	confront	217	consulate	597
comprehension	487	confrontation	217	consume	024
comprehensive	487	Confucian	452	consumer	024
compress	255	Confucianism	452	consumption	024
comprise	172	Confucius	452	contagion	277
compromise	216	congest	152	contagious	277
compulsive	577	congestion	152	contaminate	010
compulsory	425	conglomerate	591	contamination	010
compute	462	congregate	377	contemplate	283
conceal	351	congress	157	contemporary	256
concede	553	connotation	581	contempt	340
conceit	012	connote	581	contemptuous	340
conceited	012	conquer	290	contend	027
conceive	013	conquest	290	contention	027
concentrate on	218	conscience	105	contentious	548
concentration	218	conscientious	105	contestant	553
concise	080	conscious	105	context	218
conclude	243	consciously	105	continent	026
conclusion	243	consciousness	105	continental	026
conclusive	243	consensus	250	contingency	572
concrete	338	consent	250	contingent	572
condemn	067	consequence	059	contour	489
condense	317	consequently	059	contract	179
condolence	575	conservation	277	contradict	261
condone	546	conservative	277	contradiction	261
conduce	377	conserve	277	contrary	032
conducive	377	consider	038	contrary to	032
conduct	037	consider A as B	038	contrast	080
conduction	037	considerable	038	contribute	174
conductor	037	considerably	038	contribution	174
cone	142	considerate	038	contrivance	401
confederate	488	consideration	038	contrive	401

controversial	067	corruption	520	crave	397
controversy	067	cosmetic	464	crawl	314
controvert	067	cosmic	356	credible	528
convene	550	cosmopolitan	097	credit	528
convention	175	cosmos	356	creditable	528
conventional	175	costly	196	creep	296
converge	488	costume	316	cripple	416
convergence	488	cottage	096	crippled	416
convergent	488	cotton	169	crisis	140
converse	567	couch	103	criterion	149
conversely	567	council	534	critique	463
convert	277	counsel	093	cross-legged	455
converter	277	counseling	093	crosswalk	076
convey	151	counselor	093	crucial	131
convict	329	count	159	crude	338
conviction	329	count on	159	crumble	569
convince	089	counter	563	crunchy	107
convince A of B	089	counteract	496	crusade	533
convincing	089	counterclockwise	496	crush	086
convoy	570	counterfeit	578	crust	331
cooperate	218	counterpart	496	cube	060
cooperation	218	counterproductive	585	cue	167
coordinate	321, 322	county	458	cuisine	338
coordination	322	coup	462	culprit	570
cope	146	courteous	380	cultivate	140
cope with	146	courteously	380	cultivation	140
copper	077	courtesy	380	cunning	330
copyright	109	cover	122	curator	324
coral	276	coverage	122	curb	406
cordial	429	covert	608	curly	279
cordiality	429	coward	111	currency	083
core	010	cowardice	111	curriculum	023
cornerstone	425	cowardly	111	curse	316
corporate	272	coworker	218	curtail	540
corporation	272	cozy	374	custody	408
corps	419	crack	167	customize	463
corpse	419	cradle	449	customs	272
correct	264	craft	052	cutting-edge	391
correction	264	craftsman	052	cynic	279
correctly	264	crafty	052	cynical	279
correlate	489	cram	607		
correlation	489	cramp	606	**D**	
correspond	111	cramped	401		
correspondence	111	crane	353		
correspondent	111	crash	533	dairy	339
corrupt	520	crater	366	damp	359

dare	162	deforest	498	deregulate	573
daring	162	deforestation	498	deregulation	573
dash	367	defy	497	derivative	549
daunt	576	degenerate	265	derive	152
deactivate	556	degrade	497	descend	497
deadlock	466	degree	044	descendant	497
deadly	192	delegate	380	descent	497
deaf	016	delegation	380	describe	138
debilitate	556	delete	050	desert	031
debris	449	deliberate	138	deserve	086
debt	049	deliberately	138	designate	115
decade	072	delicate	290	despair	013
decay	297	delinquent	432	desperate	084
decease	048	deliver	601	desperately	084
deceit	038	delude	339	despise	241
deceive	038	delusion	339	despite	151
decency	302	demanding	427	destabilize	556
decent	302	demented	546	destination	011
decently	302	dementia	546	destine	021
deception	038	demise	610	destiny	021
decisive	200	demographic	568	detach	028
deck	142	demolish	425	detain	550
declaration	162	demolition	425	detect	058
declare	162	demon	112	detective	058
decline	497	demonstrate	341	detention	550
decode	557	demonstration	341	deter	384
decorate	031	denote	587	detergent	450
decoration	031	denounce	610	deteriorate	377
dedicate	082	dense	317	deterioration	377
dedication	082	densely	317	deterrent	384
deduct	557	density	317	detract	260
deductible	557	department	498	detriment	540
deed	227	depict	497	detrimental	540
deem	420	depiction	497	devaluation	610
default	431	deplete	259	devalue	610
defect	077	depletion	259	devastate	348
defer	570	deplore	305	deviate	546
defiance	497	deploy	416	device	132
deficient	135	deposit	055	devise	132
deficit	135	depress	254	devoid	430
define	265	depressed	254	devote	174
definite	266	depression	254	devotion	174
definitely	266	deprive	158	dew	339
definition	265	deprive A of B	158	diabetes	449
deflate	555	deputy	431	diagnose	329
deflation	555	derail	610	diagnosis	329

diagonal	594	discern	388	dispose	149
diagram	185	discharge	503	disposition	149
dialect	308	discipline	148	disproportionate	179
diameter	024	disclose	243	disprove	586
diaper	450	disclosure	243	disqualify	557
diarrhea	419	discontent	557	disqualify	054
dictate	261	discontinue	230	disregard	170
dictation	261	discord	129	disrespect	229
dictator	261	discount	610	disrespectful	229
dictatorial	261	discourse	432	disrupt	520
differential	462	discreet	315	dissatisfy	557
differentiate	462	discrepancy	444	dissent	249
diffuse	335	discrete	315	dissimilar	586
diffusion	335	discretion	315	dissolve	351
digest	292	discriminate	151	distinct	060
digestion	292	discrimination	151	distinction	060
dignify	098	disengagement	090	distinctive	060
dignitary	098	disgrace	229	distinguish	060
dignity	098	disguise	295	distinguish A from B	060
dilute	429	disgust	012	distort	503
dim	445	disgusting	012	distract	260
dime	116	dish	085	distress	376
dimension	086	disharmony	230	distribute	174
diminish	183	dishonest	230	distribution	174
dine	080	disintegrate	471	disturb	180
dining	080	disinterested	229	ditch	108
dinosaur	127	dislike	230	diverge	547
dioxide	460	dismal	396	divergence	547
dip	084	dismantle	435	divergent	547
diploma	336	dismay	310	diverse	137
diplomacy	345	dismiss	247	diversify	137
diplomat	345	dismissal	247	diversion	404
diplomatic	345	disobedient	054	diversity	137
dipper	084	disobey	557	divert	404
direct	079	disorder	229	divide	019
direction	079	disparate	541	dividend	601
directive	079	disparity	541	divine	431
director	079	dispatch	431	division	019
disability	504	dispel	518	divorce	095
disabled	504	dispense	362, 363	dizzy	313
disapprove	504	dispense with	363	do	271
disarm	557	dispersal	503	do A harm	123
disassemble	170	disperse	503	dock	321
disaster	138	displace	503	doctrine	330
disastrous	138	disposable	369	dodge	343
discard	503	disposal	149	dogged	407

625

domain	307	durable	316	egoist	549
dominant	061	duration	355	elaborate	051
dominate	061	dusk	348	elastic	314
donate	061	dusky	348	elect	132
donation	061	dust	143	election	132
donor	061	dusty	143	element	109
doom	103	dutiful	125	elementary	108
dormant	344	duty	125	elevate	117
dormitory	351	duty-free	592	elevation	117
dose	294	dwell	283	elicit	576
dot	018	dwell on	283	eligible	434
dough	448	dwindle	577	eliminate	184
down-to-earth	454	dye	328	elimination	184
downplay	456	dynamic	534	eloquent	350
downright	603	dynamics	534	eloquently	350
downsize	583	dynasty	310	elude	443
downsizing	583			elusive	443
downward	239	**E**		embargo	478
draft	308			embark	292
drag	137			embarrass	074
dragonfly	336	eager	042	embarrassment	074
drain	318	eardrum	457	embassy	537
dramatic	033	earthquake	110	embed	479
drastic	013	ease	179	embody	479
drastically	013	Easter	360	embrace	326
drawback	390	eccentric	441	embryo	478
dread	084	echo	141	emerge	018
dreadful	084	eclipse	386	emergency	110
dreary	349	eco-friendly	510	emigrate	124
drench	289	ecological	510	emigrant	124
drift	076	ecologist	510	emigration	124
drill	137	ecology	510	eminent	059
drip	014	ecosystem	510	emission	247
drizzle	426	ecstasy	432	emit	247
drought	061	edge	033	empathy	267
drown	021	edible	581	emphasis	049
drudgery	399	edit	035	emphasize	049
dual	362	edition	035	empire	219
dubious	389	editor	035	empirical	478
due	347	editorial	035	empower	219
due to	347	efficiency	026	emulate	582
dull	110	efficient	026	enable	219
dumb	064	efficiently	026	enact	479
dump	055	ego	478	enchant	432
dunk	400	egocentric	549	enclose	243
duplicate	308	egoism	549	encompass	117

encounter	167	envelop	219	ethics	039
encroach	556	envelope	219	ethnic	032
encroachment	556	envisage	604	ethnocentrism	032
encyclopedia	479	envoy	579	euthanasia	397
end	081	enzyme	544	evacuate	531
endanger	219	epic	400	evacuation	531
endangered	219	epidemic	419	evade	238
endeavor	069	epoch	391	evaluate	239
endemic	569	equality	519	evaporate	064
endorse	556	equalize	519	evasion	238
endow	095	equate	519	even	163
endowment	095	equation	519	evenly	163
endurance	043	equator	519	evergreen	192
endure	043	equilibrate	519	everlasting	459
energetic	200	equilibrium	567	evidence	100
enforce	220	equip	053	evident	100
engage	090	equipment	053	evoke	552
engagement	090	equitable	567	evolution	121
enhance	479	equity	567	evolve	121
enlarge	220	equivalent	519	exacerbate	544
enlighten	273, 556	era	283	exaggerate	412
enliven	188	eradicate	435	exaggeration	412
enormous	238	erase	075	exceed	522
enormously	238	eraser	075	excel	193
enroll	219	erect	264	excess	522
enrollment	219	erection	264	excessive	522
ensue	420	erode	297	excise	600
ensuing	420	erosion	297	exclaim	144
ensure	220	err	456	exclude	243
entail	405	errand	324	exclusion	243
entangle	277	erratic	605	exclusive	243
enterprise	174	erroneous	456	exclusively	243
entertain	133	erupt	520	execute	331
entertainer	133	eruption	520	execution	331
entertainment	133	escalate	066	exemplary	466
enthusiasm	293	essence	132	exemplify	466
enthusiastic	293	essential	132	exempt	434
entice	555	establish	263	exemption	434
enticing	555	established	263	exterminate	352
entitle	479	estate	183	exert	370
entitlement	479	esteem	334	exertion	370
entity	439	estimate	184	exhaust	058
entrance	195	estimation	184	exhausted	058
entrant	195	eternal	117	exhaustion	058
entrepreneur	364	eternity	117	exhibit	182
entry	184	ethical	039	exhibition	182

exigency	069	
exigent	069	
exile	563	
exodus	603	
exotic	478	
expedition	477	
expel	517	
expert	133	
expertise	133	
expire	512	
explain	160	
explanation	160	
explicate	578	
explicit	167	
explode	238	
exploit	477	
explosion	238	
explosive	238	
export	255	
expose	239	
exposition	239	
exposure	239	
expressly	536	
exquisite	477	
extend	239	
extensible	239	
extension	239	
extensive	239	
extent	239	
exterior	477	
external	477	
extinct	477	
extinguish	477	
extinguisher	477	
extract	260	
extraction	260	
extraordinary	035	
extraterrestrial	564	
extravagant	542	
extreme	182	
extremely	182	
extrinsic	474	
extrovert	435	
eyebrow	338	

F

fable	393
fabric	395
fabulous	080
face	130
facile	178
facilitate	178
facility	178
faction	570
faculty	550
fade	313
faint	298
fair	040
fairly	040
fairy	019
fairy tale	019
fake	386
falcon	110
fallacious	542
fallacy	309
fallout	452
falter	438
falsify	583
fame	187
familiar	026
famine	336
famous	187
fancy	170
far-sighted	458
fare	061
farewell	079
fascinate	051
fascinating	051
fascination	051
fast	118
fasten	118
fatal	063
fate	063
fatigue	319
feasibility	441
feasible	441
feast	318
feat	442
feature	076

federal	488
feeble	575
feed	074
feminine	371
fertile	278
festive	188
fetch	430
fetus	551
fever	175
fiasco	598
fiber	454
fierce	130
filthy	594
finale	266
finalize	266
finance	187
financial	187
fine	152
fingerprint	461
finite	266
fire	136
fireplace	055
fireproof	593
firm	070
firmly	070
firsthand	464
fiscal	423
fishery	188
fivefold	458
fix	017
flair	608
flake	391
flame	040
flammable	040
flare	442
flatter	344
flattery	344
flaw	017
flea	402
flee	135
fleet	596
flesh	344
flexible	186
flick	534
fling	351
flip	365

flirt	600	forthwith	402	fruitless	188		
float	037	fortitude	578	frustrate	012		
flock	283	fortress	354	frustrated	012		
flood	050	forward	240	frustration	012		
flop	453	fossil	152	fuel	601		
florist	447	foster	303	fugitive	602		
flour	315	foul	385	fulfill	140		
flourish	343	found	102	fulfillment	140		
fluctuate	245	foundation	103	fume	037		
fluctuation	245	founder	102	fumble	415		
fluent	245	fraction	258	function	157		
fluently	245	fractionally	258	fund	095		
fluid	245	fracture	258	fundamental	027		
flush	333	fragile	258	fundamentally	027		
flux	565	fragment	258	funeral	108		
foam	082	fragrance	179	fungal	575		
foamy	082	fragrant	179	fungus	575		
foe	445	frail	568	fur	533		
folk	077	frailty	568	furnish	349		
folly	561	frank	148	furnish A with B	349		
footwear	359	frantic	611	further	028		
for free	045	fraud	177	furthermore	028		
for one's sake	041	freak	452	fuse	200		
for the sake of	041	free	045	fusion	200		
forbear	425	free of	045	fuss	348		
forbearance	425	free of charge	081	futile	400		
forbid	371	freedom	045	fuzzy	411		
forbidden	371	freeze	011				
forearm	495	freezing	011	**G**			
forecast	495	freight	437				
forefather	495	frenzied	387				
foremost	495	frenzy	387	gadget	441		
forensic	594	frequency	051	gain	022		
foresee	495	frequent	051	gale	444		
foresight	595	frequently	051	gallery	145		
foretell	495	freshman	165	garage	063		
forge	421	friction	416	garment	388		
forgery	421	frigid	382	gasp	392		
form	043	frivolity	544	gather	084		
formal	071	frivolous	544	gauge	269		
formation	043	frontier	173	gaze	071		
former	175	frost	276	gear	091		
formidable	437	frown	415	gender	264		
formula	294	frowning	415	gene	265		
fort	354	frugal	410	generalization	193		
forthcoming	198	fruition	592	generalize	193		

generally	193	gravity	022	harass	434
generate	265	graze	300	harassment	434
generic	573	greed	034	harm	123
genesis	598	greedy	034	harmful	123
genetic	265	green	600	harness	389
genetics	265	greenery	115	harsh	308
genius	125	greenhouse	044	harvest	022
genuine	303	greet	034	haste	071
genuinely	303	greeting	034	hasten	071
geography	251	grid	304	hasty	071
geology	186	grief	040	hatch	323
geometric	262	grievance	571	haul	424
geometry	262	grieve	040	haunt	409
germ	010	grievous	040	havoc	605
get rid of	096	grim	596	hawk	056
gifted	457	grin	302	hay	287
gigantic	192	grip	354	hazard	044
gill	447	groan	430	hazardous	044
glacial	177	gross	384	haze	402
glacier	177	grotesque	605	hazy	402
glance	319	groundbreaking	592	head	059
glare	302	groundless	188	head-on	413
glide	120	growl	533	headquarters	327
glimpse	445	grumble	306	heap	374
gloomy	323	guilt	016	heartfelt	190
gloss	608	guilty	016	hedge	335
glossy	608	gulf	447	heed	127
glow	315	gull	276	heedful	127
glue	061	guru	601	heedless	127
goods	140	gust	404	heir	422
gorgeous	128			helpless	188
gossip	066	**H**		hemisphere	459
gourmet	346			hence	270
grab	178			herald	399
gradual	146	habitat	103	herd	359
gradually	146	habitation	103	heredity	420
grant	048	habitual	187	heritable	524
grapple	577	hail	390	heritage	523
grasp	304, 305	hallmark	577	hesitant	072
grasshopper	025	halt	141	hesitate	072
grateful	097	hamper	424	hesitation	072
gratify	097	handcuff	598	heterosexual	551
gratitude	097	handful	197	heyday	440
grave	178	handout	592	hibernate	404
gravely	178	hands-on	432	hideous	399
gravitation	022	handy	426	hierarchy	400

highlight	113	
hijack	402	
hilarious	452	
hilarity	452	
hinder	285	
hindrance	285	
hindsight	595	
hive	161	
hold	056	
holistic	582	
hollow	380	
holocaust	588	
holy	126	
homage	392	
homosexual	551	
hoop	174	
hop	025	
horizon	048	
horizontal	048	
horn	121	
horrendous	567	
hospitality	357	
host	057	
hostage	278	
hostile	346	
hostility	346	
housekeeper	117	
hover	390	
howl	333	
hub	379	
hum	198	
humane	364	
humanitarian	198	
humble	121	
humid	513	
humiliate	439	
humility	604	
humming	198	
hummingbird	198	
hurdle	547	
hurl	447	
hybrid	464	
hydrogen	272	
hygiene	437	
hypocrisy	392	
hypocrite	392	
hypocritical	392	
hypothesis	366	
hypothetical	366	

I

icon	308	
iconic	308	
ideal	131	
identical	066	
identification	066	
identify	066	
identity	066	
ideology	195	
idiot	147	
idol	042	
idolize	042	
igneous	576	
ignite	576	
ignition	576	
ignoble	057	
illegal	251	
illegally	251	
illicit	545	
illiterate	248	
illuminate	405	
illumination	405	
illusion	062	
illustrate	154	
illustration	154	
imitate	334	
imitation	334	
immature	063	
immediate	033	
immediately	033	
immense	279	
immensely	279	
immerse	580	
immersion	580	
immigrant	124	
immigrate	124	
immigration	124	
imminent	041	
immoral	113	
immortal	349	

immune	382
immunity	382
immutable	449
impair	493
impartial	195
impeach	553
impede	561
impediment	561
impel	518
impending	436
imperative	562
imperial	194
impetus	562
implant	561
implement	493
implicate	562
implication	494
implicit	494
implore	493
imply	494
impolite	087
import	255
impose	493
imposition	493
impoverish	494
imprint	494
imprison	494
improbable	561
improvise	525
impulse	493
impulsive	493
impure	494
in a row	055
in alliance with	161
in contrast	080
in proportion to	179
in regard to	171
in spite of	536
in the meantime	199
in this regard	170
in torrents	077
in vain	429
inaction	585
inactive	207
inadequate	163
inadvertent	591

inadvertently	591	infamous	208	innate	475
inalienable	475	infamy	208	innocence	027
inappropriate	151	infancy	205	innocent	027
inaudible	257	infant	205	innovate	089
inaugural	452	infect	206	innovation	089
inaugurate	452	infection	206	innumerable	475
inauguration	452	infectious	206	inordinate	474
inborn	475	infer	475	inordinately	474
incident	197	inference	475	inorganic	035
incite	613	inferior	473	input	222
incline	206	infest	472	inquest	613
include	243	infinite	266	inquire	183
inclusion	243	infinitely	266	inquiry	183
inclusive	243	infirmity	070	inquisitive	560
incorporate	471	inflame	471	insane	472
incorrect	264	inflammable	583	inscribe	515
incredible	528	inflate	067	insect	204
increment	583	inflation	067	insensible	250
incumbent	553	inflexible	186	insert	205
incur	560	inflict	471	insight	207
incurable	207	influence	245	insignificant	115
indebted	049	influential	245	insist	207
indecisive	200	influenza	244	insolence	394
independence	208	influx	565	insolent	394
independent	208	informal	071	insolvency	560
independently	208	infrared	555	insolvent	560
index	472	infrastructure	461	insomnia	581
indicate	087	infringe	560	inspect	241
indication	087	infuriate	582	inspection	241
indicative	087	ingenious	560	inspiration	512
indifference	206	ingenuity	560	inspire	512
indifferent	206	ingratitude	097	instability	263
indifferently	206	ingredient	205	install	205
indigenous	264	inhabit	470	installation	205
indispensable	363	inhabitant	470	installment	451
indivisible	019	inherent	473	instant	111
indoors	207	inherit	524	instantaneous	111
indubitable	399	inheritable	524	instantaneously	111
induce	470	inheritance	524	instigate	584
indulge	473	inhibit	310	instigation	584
indulgent	473	inhibition	310	instinct	470
industrial	033	initial	320	instinctive	470
industrious	033	initiate	320	institute	272
industry	033	inject	472	institution	272
inevitable	472	injection	472	instruct	204
inexplicable	578	inn	116	instruction	204

instructive	204	intersect	490	irrigation	341
instructor	204	intersection	490	**irritable**	336
instrument	205	interval	491	irritate	336
instrumental	205	intervene	490	irritation	336
insulate	470	intervention	490	**isolate**	146
insulation	470	intimacy	205	isolation	146
insult	206	**intimate**	205	**issue**	083
insurance	475	intimately	205	**itch**	162
insure	475	**intimidate**	473	**itinerary**	543
insurgent	613	intolerable	076		
insurmountable	231	intoxicate	017		
intact	208	intrepid	376	**J**	
intake	204	**intricate**	473		
intangible	540	**intrigue**	472		
integral	471	intriguing	472	jam	385
integrate	471	**intrinsic**	474	jar	305
integrity	407	**introspective**	242	**jealous**	100
intellect	194	introvert	435	jealousy	100
intellectual	194	**intrude**	400	**jellyfish**	061
intelligent	194	intrusion	400	**jeopardy**	580
intelligible	194	**intuition**	470	jet lag	395
intense	471	intuitive	470	Jew	297
intensely	471	**invade**	204	jewel	076
intensify	471	**invaluable**	119	jeweler	076
intensity	471	invariable	168	jewelry	076
intensive	206	invariably	168	Jewish	297
interact	491	invasion	204	joint	356
interaction	491	**inventory**	473	journey	069
intercept	491	inverse	566	judicial	568
interconnect	613	invert	566	junction	370
interest	083	**investigate**	472	junk	270
interface	490	investigation	472	jurisdiction	604
interfere	490	**invincible**	584	jury	079
interim	613	invisible	566	justice	526
interior	471	**involve**	206	justification	526
interlock	573	involvement	206	justify	526
intermediate	514	inward	240	**juvenile**	338
intermission	490	**irrational**	154		
internal	204	**irregular**	214		
interplay	491	**irrelevant**	214	**K**	
interpret	490	**irresistible**	214		
interpretation	490	**irrespective**	346	keen	354
interrogate	474	irrespective of	346	kidnap	092
interrogation	474	irreverent	483	kin	350
interrupt	520	**irreversible**	555	**kindergarten**	026
interruption	520	**irrigate**	341	kindle	377

633

kinetic	583	
kneel	196	
knight	310	

L

label	314	
laboratory	101	
lad	417	
ladder	143	
laden	440	
lag	395	
lame	596	
lament	436	
lamentable	436	
landmark	391	
landscape	081	
landslide	592	
lash	566	
last	073	
late	269	
lately	073	
lateral	552	
latest	073	
latitude	371	
larvae	402	
laud	545	
laudatory	545	
launch	016	
laundry	023	
lavish	546	
lawn	051	
layout	054	
lead	158	
leak	019	
lean	048	
leap	022	
lease	056	
leather	123	
leftover	592	
legacy	143	
legal	251	
-legged	455	
legislate	251	
legislation	251	
legitimate	250	
leisurely	320	
lengthen	188	
leniency	578	
lenient	578	
leopard	108	
lessen	188	
lest ~ (should)	121	
lethal	434	
lettuce	126	
lever	269	
liability	436	
liable	133	
liaison	587	
libel	603	
liberal	028	
liberalism	028	
liberate	028	
liberty	028	
lick	049	
lid	116	
lifelong	077	
lifespan	428	
lift	020	
likewise	191	
limp	432	
limply	571	
linear	455	
linger	410	
lingual	528	
linguist	528	
literacy	248	
literal	248	
literary	248	
literate	248	
literature	248	
livelihood	191	
liven	188	
liver	132	
livestock	367	
lizard	269	
loan	135	
loathe	571	
loathsome	571	
locate	029	
located	029	
location	029	
lodge	356	
lofty	451	
log	049	
logger	049	
logic	145	
logical	145	
long	029	
long-legged	455	
longevity	377	
longing	029	
longitude	370	
loom	436	
looming	436	
loop	392	
loose	034	
loosen	034	
lord	178	
lore	420	
lose one's temper	116	
lotus	466	
lousy	466	
loyal	112	
loyalty	112	
lucrative	546	
ludicrous	440	
luggage	535	
lukewarm	597	
lull	597	
lumber	299	
lunatic	606	
lure	450	
lurk	426	
luxurious	537	
luxury	537	
lyric	319	

M

macroeconomic	235	
macroeconomics	235	
magnet	529	
magnificent	529	
magnify	530	
magnitude	529	

maid	329	meal	035	microphone	235
maiden	329	mean	176	microscope	234, 504
maintain	174	means	176	microwave	234
maintenance	174	meantime	199	micro-organism	235
majestic	123	meanwhile	199	mid	514
majesty	123	measles	421	midwife	514
majority	045	measurable	010	mighty	357
make room for	189	measure	010	migrant	124
malfunction	562	mechanic	115	migrate	124
malicious	390	mechanical	115	migration	124
malnutrition	562	mechanism	115	milestone	391
mammal	062	median	514	militia	602
manage	132	mediate	514	mill	153
management	132	medieval	514	million	111
mandate	387	mediocre	587	mindful	189
mandatory	183	mediocrity	587	mindless	189
manifest	440	meditate	272	mimic	415
manipulate	364	meditation	272	mindlessly	189
manual	127	medium	514	mindset	460
manufacture	127	Mediterranean	514	mine	052
manufacturer	127	meet	157	mingle	605
manuscript	515	melancholy	457	minimize	273
marble	533	membrane	445	minister	101
margin	353	menace	424	ministry	536
marine	236	mentor	462	minute	183
marital	597	merchandise	018	mirage	308
maritime	542	merchant	018	misapprehend	330
marked	554	merciful	136	mischance	228
markedly	554	mercury	532	mischief	294
marsh	546	mercy	136	mischievous	294
martial	362	mere	037	mischievously	294
martyr	613	merely	037	misdeed	227
marvel	091	merge	413	miser	290
marvelous	091	merger	413	miserable	302
mash	379	messy	344	miserly	290
mass	070	metabolic	376	misery	302
massacre	445	metabolism	376	misfire	228
masterpiece	163	metaphor	435	misfortune	229
match	138, 139	metaphorical	435	misinterpret	490
maternal	595	meteor	330	mislead	228
mature	063	meticulous	545	misleading	228
maturity	063	metro	289	misplace	228
maxim	437	metropolis	289	misspell	228
mayor	534	micro	234	mist	155
maze	064	microbe	586	mistress	107
meadow	060	microeconomics	235	mistrust	229

misty	155	moratorium	542	narrator	065
misunderstand	228	mortal	349	nasty	110
misunderstanding	228	mortality	349	natal	190
misuse	228	mortgage	434	nationality	026
mitigate	379	moss	121	nationwide	190
mitigation	379	moth	121	native	190
moan	414	motivate	190	naughty	287
mob	419	mould	533	nausea	596
mobilize	535	mount	098	nautical	440
mock	444	mourn	414	navigate	053
mockery	444	mud	170	navigation	053
mode	499	muddy	170	navigator	053
moderate	147	multilateral	530	navy	084
moderately	147	multilingual	529	near-sighted	458
moderation	147	multiple	208	neat	040
modest	186	multiplicity	208	nectar	053
modesty	186	multiply	208	needle	148
modify	180	multitude	208	needy	592
moist	123	mummy	288	negate	079
moisture	123	mundane	575	negation	079
mold	533	municipal	439	negative	079
mole	533	murder	019	neglect	122
molecule	369	murderer	019	negligence	122
momentary	293	murmur	326	negligent	122
momentous	293	mushroom	075	negligible	122
momentum	433	Muslim	269	negotiate	136
monarch	476	mustache	282	nerve	039
monarchy	476	mutable	449	nervous	039
monastery	390	mutant	449	neural	402
monetary	198	mutter	575	neuro-	402
monitor	326	mutual	165	neurology	402
monk	310	myriad	436	neuron	402
monolingual	529	mysterious	465	neuroscience	402
monologue	476	mystical	466	neutral	180
monopoly	476	myth	277	neutralize	180
monotonous	476			nevertheless	138
monotonously	476			nibble	405
monotony	476	**N**		niche	588
monument	339			nightmare	091
monumental	339	naive	439	nitrogen	273
moody	598	naked	122	nobility	057
mop	532	name-brand	457	noble	057
moral	114	namely	196	nocturnal	543
morale	131	nap	173	nod	014
morality	114	narrate	065	nominal	593
morally	114	narration	065	nominate	297

nomination	297	
nominee	297	
nonsense	201	
nonsensical	201	
nonviolent	173	
norm	408	
notable	101	
notate	101	
notation	101	
note	101	
noteworthy	101	
notice	076, 077	
noticeable	077	
notify	076	
notion	079	
notorious	387	
notoriously	387	
notwithstanding	537	
nourish	018	
nourishment	018	
novel	118	
novelist	118	
novice	608	
nowadays	187	
nuisance	441	
numb	397	
numerical	475	
numerous	475	
nursery	196	
nurture	310	
nutrient	117	
nutrition	117	
nutritious	117	

O

oak	289	
oath	345	
obedience	054	
obedient	054	
obese	442	
obesity	442	
obey	054	
object	164	
objection	164	

objective	164	
objectively	164	
obligate	143	
obligation	143	
obligatory	143	
oblige	143	
obliterate	581	
oblivion	577	
oblivious	577	
obscure	278	
observance	033	
observation	033	
observe	033	
obsess	360	
obsession	360	
obsolete	345	
obstacle	053	
obstruct	177	
obstruction	177	
obtain	164	
obtainable	164	
obvious	155	
obviously	155	
occupant	104	
occupation	104	
occupy	104	
occur	084	
odd	169	
odds	591	
of no account	159	
offer	055	
official	127	
officially	127	
offset	449	
offspring	416	
ointment	321	
omen	378	
omission	282	
omit	282	
omnipotent	586	
ominous	378	
on account of	159	
on behalf of	041	
on the brink of	398	
on the contrary	032	
on the verge of	398	

onerous	607	
ongoing	459	
onlooker	092	
onset	446	
onward	240	
operate	051	
operation	051	
opponent	027	
oppose	027	
opposite	027	
opposition	027	
oppress	254	
oppression	254	
opt	197	
optical	432	
optician	432	
optimal	343	
optimism	284	
optimist	284	
optimistic	284	
optimize	343	
optimum	343	
option	197	
optional	197	
oral	143	
orbit	333	
orchard	285	
ordeal	324	
ordinary	035	
organ	034	
organic	035	
organism	034	
orient	130	
orientation	130	
orphan	175	
orphanage	175	
orthodox	552	
ostrich	537	
ounce	269	
oust	602	
out of date	222	
outbreak	221	
outburst	030	
outcast	499	
outcome	222	
outcry	614	

outdated	222	overturn	559	paste	533
outdoors	207	overview	223	pastime	300
outer	221	overweight	223	pastor	534
outfit	499	overwhelm	222	pastoral	123
outgrow	500	overwhelming	222	pasture	123
outing	499	owe	074	pat	370
outlandish	500	owing to	074	patch	148
outlast	500	oyster	069	patent	386
outlaw	613			pathetic	267
outlet	500			patriot	340
outline	221	**P**		patriotic	340
outlive	500			patriotism	340
outlook	221	pacific	554	patrol	290
outlying	593	paddle	395	patron	452
outmoded	499	pale	019	pause	143
outnumber	587	pandemic	419	pave	313
outpace	500	panel	455	pavement	313
output	222	pang	381	paw	287
outrage	030	parachute	276	pay	078
outrageous	030	paradigm	273	paycheck	190
outright	589	paradox	360	pearl	142
outrun	500	paradoxical	360	peasant	542
outspoken	221	paragraph	252	peculiar	286
outstanding	221	parallel	128	pedestrian	385
outward	240	paralyze	376	peel	148
outweigh	500	paramount	590	peer	349
outwit	614	paranoia	588	penal	548
oval	279	paranoid	588	penalty	157
overall	223	parasite	414	pending	436
overbearing	507	parasitic	414	pendulum	526
overcome	222	parcel	369	penetrate	345
overdose	294	parity	541	penetration	345
overdue	347	parliament	270	peninsula	292
overestimate	184	parrot	271	pension	407
overhaul	573	partial	195	per	372
overhead	223	partially	195	per capita	373
overlap	507	participate	037	perceive	013
overlook	223	participate in	037	perception	013
overseas	223	particle	111	perceptive	013
oversee	223	partition	463	perfume	102
oversight	559	party	130	peril	185
overstate	507	passage	141	perilous	185
overt	603	passion	267	periodic	462
overtake	222	passionate	267	periscope	504
overthrow	507	passive	341	perish	413
overtime	535	passively	341	perishable	413

permanent	039	pier	405	policy	128
permanently	039	pierce	130	polish	351
permeate	581	pile	184	polite	087
perpetual	536	pill	095	politely	087
perplex	429	pimple	451	politeness	087
perplexity	429	pinch	362	poll	408
persecute	377	pine	160	pollen	417
persecution	377	pinpoint	390	pollinate	417
perseverance	353	pioneer	152	pollination	417
perseverant	353	pious	405	ponder	401
persevere	353	pirate	054	pony	271
persist	207	pistol	362	populate	175
persistent	207	pit	324	population	175
personality	048	pitch	360	populous	175
personnel	549	pitfall	324	pork	103
perspective	241	pitiful	075	portable	255
perspiration	512	pitiless	075	portal	451
perspire	512	pity	075	porter	255
pertain	343	pivot	552	portfolio	591
pertinent	343	pivotal	552	portion	179
pervade	536	plague	430	portrait	162
pervasive	536	plain	049	portray	162
perverse	570	planet	054	pose	386
pessimism	284	plasticity	535	positive	161
pessimist	284	plausible	424	possess	125
pessimistic	284	play	271	possession	125
pest	321	play a ~ role	063	posterior	509
pesticide	568	plea	493	postscript	515
petition	349	plead	493	postpone	509
petroleum	466	pledge	353	posture	110
petty	417	plentiful	259	postwar	509
pharmaceutical	462	plenty	258	pot	031
pharmacist	062	plight	416	potable	255
pharmacy	062	plot	392	potent	307
phase	307	plough	295	potential	112
phenomenal	147	plow	295	potentially	112
phenomenon	147	pluck	611	pottery	031
philanthropy	581	plumber	279	poultry	444
philosopher	062	plummet	540	pound	441
philosophic	062	plunge	411	pour	045
philosophy	062	plural	321	poverty	085
phobia	551	pneumonia	447	practicable	192
photosynthesis	568	poison	135	practical	192
phrase	271	poisonous	135	practice	192
physician	024	poke	535	pragmatic	421
physiology	543	polar	090	prairie	426

pray	029	pressure	254	progressively	412
pre-school	224	prestige	507	prohibit	310
preach	282	prestigious	507	prohibit A from -ing	310
preacher	282	presumably	294	prohibition	310
precarious	561	presume	294	project	414
precaution	097	pretend	042	proliferate	543
precede	523	pretentious	583	proliferation	543
precedent	523	prevail	224	prolific	543
precious	126	prevalent	224	prolong	564
precise	126	prevent	224	prominent	492
precipitation	355	prevent A from -ing	224	promising	196
preconceive	509	preventive	224	promote	492
preconception	509	preview	508	promotion	492
precondition	611	previous	224	prompt	177
predate	561	previously	224	prone	319
predator	279	prey	029	pronounce	337
predecessor	523	priceless	119	pronunciation	337
predetermine	225	priest	320	proof	085
predicament	508	primarily	273	prop	600
predict	262	primary	273	propaganda	357
prediction	262	primate	253	propagate	357
predominant	560	prime	253	propel	518
predominate	560	primitive	253	propeller	518
preeminent	059	principal	253	property	043
preface	508	principally	253	prophecy	492
prefix	508	principle	253	prophesy	492
pregnancy	042	privilege	172	prophet	587
pregnant	042	probability	056	proponent	463
prehistoric	225	probable	056	proportion	179
prejudice	225	probation	595	pros and cons	375
preliminary	508	probe	340	prose	294
premature	509	procedure	154	prosecute	382
premeditated	272	proceed	523	prosecutor	382
premier	225	process	522	prospect	242
preoccupation	509	procession	523	prospective	242
preoccupied	509	processor	522	prosper	056
preoccupy	104	proclaim	492	prosperity	056
preposterous	587	procure	444	prosperous	056
prerequisite	561	profess	311	protagonist	543
prescribe	515	profession	115	protein	116
present	064	professional	115	protest	310
presentation	064	proficient	111	protocol	537
preservation	045	profound	309	prototype	535
preserve	045	profoundly	309	prove	085
preside	508	progress	412	proverb	517
press	254	progressive	412	province	113

provision	525	
provisional	553	
provoke	369	
proximity	607	
prudence	289	
prudent	289	
psychiatrist	511	
psychiatry	511	
psychological	189	
psychologist	189	
psychology	189	
pub	069	
pulse	017	
punctual	277	
punctually	277	
punctuate	387	
punctuation	387	
pundit	598	
punitive	606	
pupil	313	
purchase	031	
purple	067	
pursue	107	
pursuit	107	
put on airs	407	
puzzle	138	

Q

quake	589	
qualification	054	
qualify	054	
quantify	022	
quantity	022	
quarantine	434	
quarters	326	
queer	286	
query	553	
quest	464	
questionnaire	456	
queue	427	
quit	021	
quota	447	
quotation	372	
quote	372	

R

radiate	276	
radiation	276	
radical	283	
radically	283	
radioactive	276	
raft	306	
rag	292	
rage	030	
ragged	292	
raid	125	
rainforest	108	
raise	102	
raisin	271	
rally	550	
rampant	576	
ranch	415	
rant	593	
rapid	028	
rapidly	028	
rapt	450	
rapture	450	
rapturous	450	
rare	088	
rarely	088	
rash	397	
rat	270	
rate	271	
ratification	428	
ratify	428	
rational	154	
rationale	403	
rationalism	154	
ravel	544	
raw	093	
ray	092	
razor	299	
readily	387	
real estate	183	
realm	283	
reap	022	
rear	158	
reason	085	
reasonable	086	

reasonably	086	
reasoning	085	
reassure	502	
rebate	612	
rebel	482	
rebellion	482	
rebound	396	
rebuild	213	
rebuke	580	
recall	213	
recede	523	
receipt	197	
recess	522	
recession	523	
recessive	563	
rechargeable	484	
recipe	338	
recipient	457	
reciprocal	339	
recital	483	
recite	483	
reckless	295	
reckon	451	
reclaim	612	
recollect	126	
recollection	126	
reconcile	212	
reconciliation	212	
recount	483	
recruit	483	
rectangle	264	
rectangular	264	
rectify	263	
recur	481	
recurrence	481	
recurrent	481	
recycle	211	
recycling	211	
reddish	461	
redress	591	
reed	298	
reef	532	
refer	112	
refer to A as B	112	
referee	182	
reference	112	

641

refine	483	relieve	210	reserve	211
reflect	211	reluctance	289	reserved	612
reflection	211	reluctant	289	reservoir	323
reform	484	rely	212	reside	172
reformation	484	rely on	212	residence	172
refrain	297	remainder	455	resident	172
refrain from	297	remark	182	residential	172
refresh	213	remarkable	210	residual	571
refreshing	484	remarkably	210	residue	571
refreshments	484	remedy	328	resign	211
refrigerate	536	remit	612	resignation	211
refrigerator	536	remote	126	resilience	482
refuge	325	remunerate	611	resilient	482
refugee	325	remuneration	611	resist	214
refund	214	render	351	resistance	214
refurbish	611	renew	213	resistant	214
refute	210	renewal	213	resolute	481
regard	170	renounce	563	resolutely	481
regard A as B	171	renovate	089	resolution	481
regarding	171	renovation	089	resolve	481
regardless of	171	renowned	484	resonant	587
regenerate	265	repel	518	resonate	587
regeneration	265	repeal	552	resort	381
regime	365	repent	482	resourceful	483
register	081	repentance	482	respective	350
regress	484	repentant	482	respiration	512
regression	484	repercussion	563	respire	512
regulate	044	rephrase	484	restless	582
regulation	044	replace	212	restoration	210
rehabilitate	485	replica	482	restore	210
rehabilitation	485	reply	211	restrain	212
rehearse	602	repress	585	restrict	212
reign	388	repression	585	restriction	212
rein	300	reproduce	485	resume	483
reindeer	301	reproduction	485	retail	485
reinforce	484	reproof	482	retailer	485
reinstate	612	reprove	482	retain	210
reiterate	573	reptile	113	retaliate	585
rejoice	485	requisite	457	retaliation	585
relegate	588	rescue	270	retard	585
relegation	588	resemblance	039	retention	563
relentless	563	resemble	039	retentive	210
relentlessly	563	resent	249	retreat	213
relevant	214	resentful	249	retrieve	482
reliance	212	resentment	249	retrospect	242
relief	210	reservation	211	retrospective	242

reunion	237	rove	401	scar	152
revalidate	072	row	055	scarce	087
reveal	213	rub	395	scarcely	087
revenue	295	rubber	270	scatter	284
revenge	070	ruin	295	scenery	039
revere	483	run	106	scent	039
reverence	483	run short of	161	scheme	318
reverse	212	runway	108	scholar	022
revert	612	rural	042	scoop	389
revise	525	rush	154	scope	504
revision	525	rust	141	score	389, 537
revival	456	ruthless	400	scorn	405
revive	456	ruthlessly	400	scornful	405
revolt	482			scorpion	269
revolve	441			scrape	551
rhetoric	437	**S**		scratch	063
rhinoceros	098			scream	021
rhyme	382	sabotage	436	script	515
rhymes	382	sack	532	scrub	391
rib	103	sacred	528	scrutinize	578
rid	096	sacrifice	145	sculptor	032
riddle	285	saddle	447	sculpture	032
rifle	335	safeguard	198	seal	319
right	109	sagacious	350	seascape	081
righteous	460	sage	350	season	590
rigid	532	saint	270	seasoned	306
rigorous	394	sake	041	seasoning	306
riot	381	salmon	149	seaweed	100
rip-off	544	salute	379	secondhand	465
ripe	090	salvage	396	section	182
ripen	090	salvation	396	sector	395
rite	304	sanction	541	secular	595
ritual	304	sanctuary	571	secure	406
roam	288	sane	472	sedentary	605
roar	328	sanitary	392	seed	016
robust	422	sanitation	392	seemingly	192
rod	331	satellite	058	seemly	227
role	063	satire	295	segment	338
rookie	595	satirical	295	segregate	395
room	189	savage	360	segregation	395
root	120	savvy	609	seize	346
rot	333	saw	050	seizure	346
rote	430	scam	598	seldom	024
rotten	333	scan	313	select	182
rouse	334	scant	386	selection	182
routine	158	scanty	386	self-conscious	105

selfish	192	shorthand	459	slightly	078
selfless	189	shove	551	slip	090
sellout	097	shovel	282	slogan	146
semester	198	showcase	298	slope	115
semicircle	511	shrewd	594	sloppy	607
semifinal	511	shrink	179	sluggish	575
sensation	249	shrub	417	sly	420
sensational	249	shrug	330	smack	596
sensible	250	shudder	394	smallpox	424
sensitive	249	shun	540	smash	113
sensory	250	sibling	343	smuggle	540
sentence	091	sideboard	060	smear	332
sentiment	249	sidestep	352	smother	399
sentimental	249	sidewalk	273	smudge	332
sequel	603	siege	404	snail	059
sequence	162	sigh	183	snap	177
sermon	297	significance	115	snatch	288
serve	535	significant	115	sneak	384
session	270	signify	334	sneer	374
setback	572	simmer	600	sneeze	148
settle	040	simplify	195	sniff	366
settlement	040	simultaneous	295	soak	044
sever	608	simultaneously	295	soar	019
sew	050	sin	300	sob	401
sewage	279	singular	078	sober	542
sewer	279	singularity	078	sobriety	542
shabby	375	sinister	439	sociology	189
shallow	136	sink	061	soil	013
share	021	sip	409	solar	154
shatter	158	skeleton	282	sole	081
shave	282	skeptical	325	solely	081
shed	157	skid	410	solemn	419
sheer	338	skip	167	solicit	588
shelf	073	skylark	305	solid	156
shellfish	081	skyscraper	592	solidity	156
shelter	172	slack	571	solitary	304
shepherd	329	slam	359	solitude	304
shield	179	slang	346	solution	122
shift	180	slaughter	427	solve	122
shipment	588	slave	137	somehow	199
shoal	401	slavery	137	somewhat	199
short	161	sled	065	soothe	313
short-sighted	596	sleepover	273	sophisticated	355
shortage	161	slender	424	sore	018
shortcoming	355	slice	168	sorrow	095
shortcut	273	slight	078	sound	345

soundproof	593	sprint	328	staunch	607		
sour	167	sprinter	328	steadfast	551		
source	168	sprout	328	steadfast	153		
souvenir	320	spur	288	steady	153		
sovereign	384	spurious	608	steep	371		
sow	049	squander	574	steep cliff	371		
span	428	squash	292	steer	288		
spank	353	squeeze	354	stem	119		
spare	146	stab	397	stem from	119		
sparkle	087	stability	263	stereotype	548		
sparrow	054	stabilize	263	sterile	605		
sparse	606	stable	263	sterilize	605		
spatial	464	stack	439	stern	411		
spawn	425	staff	167	stew	444		
spear	177	stagger	334	stick	074		
specialize	194	staggering	334	stick to	074		
specialize in	194	stagnant	578	stiff	270		
species	014	stagnate	578	stifle	293		
specific	241	stagnation	578	stifling	293		
specification	449	stain	303	stigma	367		
specify	449	stainless	303	stigmatize	367		
specimen	370	stake	382	still	157		
spectacle	242	stale	427	stillness	157		
spectacles	242	stalk	318	stimulate	100		
spectacular	242	stall	421	stimulus	100		
spectrum	537, 548	stance	075	sting	080		
speculate	411	stand	013	stink	107		
speechless	188	standpoint	190	stipulate	582		
speedometer	262	staple	389	stipulation	582		
spell	602	stare	131	stir	330		
sphere	152	starfish	137	stitch	345		
spice	335	startle	541	stock	367		
spicy	335	startling	541	stock market	367		
spill	048	startup	460	stockpile	368		
spine	394	starvation	321	store	022		
splash	348	starve	321	stout	320		
splendid	300	state	271	straightforward	303		
split	058	state-of-the-art	370	strain	362		
spoil	011	statesman	193	strategic	184		
spokesperson	582	static	405	strategy	184		
spontaneous	382	stationary	375	straw	133		
spontaneously	382	statistic	058	stray	296		
sporadic	576	statistics	058	streamline	440		
spot	080	statue	263	strenuous	418		
sprain	097	status	293	stress	387		
sprinkle	385	status quo	293	stricken	461		

645

strict	161	suburban	237	surrender	184
strictly	161	succeed	131	surveillance	550
stride	430	success	131	susceptible	532
strife	314	successful	131	suspect	120
striking	331	succession	131	suspend	525
strikingly	331	successive	131	suspension	525
string	017	succinct	599	suspicion	120
stringent	546	succumb	586	suspicious	120
strip	185	suck	039	sustain	154
stripe	299	sue	335	swallow	098
striped	299	suffice	135	swamp	394
strive	314	sufficient	135	swan	269
stroke	201	sufficiently	135	swap	438
stroll	404	suffix	508	swarm	336
struggle	156	suffocate	577	sway	364
stubborn	304	suicide	075	sweat	026
stuff	168	suit	156	sweep	032
stumble	318	suitable	156	sweeping	032
stun	381	summit	170	swell	169
stunning	381	summon	420	swift	180
sturdy	416	sumptuous	396	swiftly	180
subconscious	237	superb	555	sword	321
subconsciously	237	superbly	555	swoop	326
subject	165	superficial	231	symbiosis	567
subjective	164	superficially	231	symmetry	276
submarine	236	superior	232	sympathy	267
submerge	236	superiority	232	symptom	159
submission	248	supernatural	232	synchronize	513
submit	247, 248	supernaturalistic	232	synchronous	513
subordinate	422	superstition	231	synonym	521
subscribe	516	supervise	524	synopsis	590
subscriber	516	supplement	259	synthesis	331
subscription	516	suppress	254	synthesize	331
subsequent	413	supremacy	232	synthetic	331
subsequently	413	supreme	232	systematic	200
subside	237	surcharge	562		
subsidiary	590	surface	231		
substance	236	surge	158	**T**	
substantial	236	surgeon	123		
substantially	236	surgery	123	tablet	118
substitute	236	surmise	423	taboo	446
substitute A for B	236	surmount	231	tacful	172
substitution	236	surname	562	tackle	460
subtle	341	surpass	231	tact	172
subtract	260	surplus	231	tactic	172
suburb	237	surreal	576	tactical	172

tag	271	territory	165	titanic	367
tailored	454	testify	147	toad	091
take charge of	081	testimony	350	tobacco	273
take it for granted (that) ~	048	textile	185	toil	573
take measures	010	texture	285	tolerable	076
take notice of	077	theft	031	tolerate	076
take ~ into account	159	theme	112	toleration	076
takeover	548	theology	593	toll	165
talkative	201	theoretical	029	tomb	059
tame	050	theory	029	torch	316
tan	085	therapy	121	torment	425
tangible	540	thereafter	195	torrent	077
tangle	277	thereby	354	torture	010
tanning	085	therefore	270	toss	307
tap	305	thermal	379	touch	103
tariff	541	thermometer	262	tow	365
task	045	thesis	446	toward	240
tease	125	thief	031	toxic	017
telegraph	252	thieve	031	toxin	017
telescope	504	thigh	279	trace	042
temper	116	thorn	320	tragedy	130
temperament	116	thread	169	tragic	130
temperance	116	threat	011	trail	144
temperate	116	threaten	011	trait	065
template	544	threefold	458	traitor	380
tempo	256	threshold	437	trajectory	580
temporal	256	thrift	417	transaction	506
temporarily	256	thrifty	417	transcend	564
temporary	256	thrive	108	transcendent	564
tempt	173	throne	323	transcribe	516
temptation	173	throng	392	transfer	505
tenacious	547	throughout	067	transform	505
tenant	353	thrust	147	transformation	505
tender	344	thump	412	transient	339
tenderly	344	thwart	576	transition	421
tense	145	tickle	012	transitory	339
tension	145	tide	086	translate	505
tentative	407	tidy	019	transmission	247
tenure	552	tilt	446	transmit	247
term	082	timber	299	transparent	505
terminal	352	timely	187	transplant	505
terminate	352	timid	473	transport	255
terrain	359	tint	446	tranquil	419
terrific	021	tiny	137	trauma	385
terrify	021	tip	461	traumatic	385
territorial	165	tissue	089	treason	606

treaty	325
trek	456
tremble	361
tremendous	343
tremendously	343
trepid	376
trepidation	376
trespass	506
trial	128
tribal	116
tribe	116
tribute	407
tricky	401
trifle	409
trifling	409
trigger	178
trim	285
triple	194
triumph	332
triumphant	332
triumphantly	332
trivial	307
troop	374
tropic	130
tropical	130
trunk	142
tub	304
tuition	362
tumble	382
tune	054
turbulent	583
turmoil	434
turnip	102
turnover	602
twig	276
twilight	091
twin	142
twinkle	366
twofold	458
typhoon	050
tyrannical	307
tyranny	307
tyrant	307

U

ubiquitous	427
ultimate	107
ultimately	107
ultraviolet	464
unaccountable	159
unanimity	350
unanimous	350
unanimously	350
unattended	104
unbearable	153
unbiased	374
unceasing	028
uncertain	226
unchangeable	226
uncover	226
undercover	232
undergo	233
undergraduate	233
underlie	233
underline	232
underlying	233
undermine	052
underpin	233
underpinning	233
underprivileged	173
underscore	543
undertake	233
underway	233
undo	558
undress	558
undue	347
unduly	347
unease	179
uneasiness	227
uneasy	227
unfair	040
unfold	227
unidentified	066
unification	237
uniform	237
unify	237
unilateral	530
uninterested	229

union	238
unison	599
unite	238
united	238
unity	238
unjust	526
unjustified	526
unleash	541
unlikely	226
unlock	226
unmeasurable	010
unparalleled	128
unprecedented	523
unqualified	054
unravel	544
unruly	558
unscrupulous	606
unseemly	227
unsettling	226
unstable	263
unsustainable	154
untie	558
untimely	558
unveil	558
up-to-date	463
upbeat	585
upbringing	611
upcoming	366
uphold	148
upright	197
uprising	585
uproot	120
upset	087
upward	239
urban	065
urge	138
urgency	011
urgent	011
useless	188
usher	396
utensil	075
utilitarian	120
utility	120
utilization	120
utilize	120
utmost	197

utter	288	versatile	545	vividly	375		
utterly	288	verse	294	vocation	498		
		version	534	vogue	348		
		versus	298	void	572		
V		vertical	335	volatile	445		
		vessel	127	volcanic	142		
vacancy	531	veterinarian	346	volcano	142		
vacant	531	veto	570	volume	132		
vacate	531	vex	451	vomit	400		
vacuum	530	via	381	voucher	384		
vague	294	viability	427	vow	415		
vaguely	294	viable	427	vowel	489		
vain	429	vibrant	435	voyage	026		
valid	072	vibrate	435	vulgar	410		
validate	072	vice	299	vulnerable	414		
valuable	119	vice versa	409				
valuables	119	vicinity	607	**W**			
value	119	vicious	299				
valueless	119	victim	013				
vanguard	375	view	051	wag	436		
vanish	415	viewpoint	051	waggle	534		
vanity	429	vigilance	597	wagon	106		
vapor	064	vigilant	597	wail	430		
variation	168	vigor	313	wander	024		
variety	168	vigorous	313	wane	417		
various	168	villain	389	ware	043		
vary	168	vine	450	warehouse	044		
vast	372	vinegar	059	warlike	455		
vastly	372	vineyard	450	warrant	021		
vegetarian	465	violate	173	warrior	105		
vegetation	465	violation	173	wary	342		
vehicle	018	violence	173	wastebasket	195		
vein	278	violent	173	wasteland	461		
velocity	309	virtual	140	watch	048		
vendor	422	virtually	140	watch out	048		
vengeance	070	virtue	333	watchful	048		
vengeful	070	virtuous	333	waterproof	593		
vent	420	visible	524	watershed	593		
ventilate	420	vision	524	wax	431		
ventilation	420	visionary	566	weariness	399		
venture	131	visual	524	weary	399		
verb	517	visualize	524	weave	293		
verbal	517	visually	524	web	145		
verdict	261	vital	309	weed	100		
verge	397	vitality	309	weep	185		
verify	421	vivid	375	weigh	190		

weird	183	windfall	553	wreck	314
welfare	066	windmill	153	wretched	377
wetland	461	wipe	020	wrinkle	284
wheat	092	witch	118		
whereas	200	withdraw	066		
whereby	548	withdrawal	066		
whim	379	withhold	340		
whimsical	379	withstand	102	yawn	185
whip	384	witness	016	yearn	105
whisper	085	wizard	118	yell	082
whirl	334	woe	329	yield	155
wholesale	098	woeful	329	yolk	536
wholesome	450	work	193		
wicked	325	workforce	199		
widespread	193	workload	454		
widow	163	workout	348		
widower	163	worn	371	zeal	335
wilderness	459	worn-out	371	zealot	335
will	110	worship	341	zealous	335
willingly	110	worthwhile	194	zip	457
wind	071	wrap	053	zoology	189
wind up ~ing	071	wrath	603		

MEMO

경선식 영단어 수강후기

"무슨 5~10배 효과적이냐 말도 안 된다"라고 하시는 분들이 있는데 체험한 저로서는 확실히 느낍니다. (김*성)

"무슨 5~10배 효과적이냐 말도 안 된다"라고 하시는 분들이 있는데 체험한 저로서는 확실히 느낍니다. 먼저 암기할 때 연상법으로 정말 빨리 외워집니다. 정말 순식간입니다. ㅎㅎ 그리고 이 효과는 암기 시에뿐만 아니라 다음날 테스트를 해보면 더 잘 알 수 있습니다. 저는 정말 암기와는 거리가 먼 사람이라 외우면 까먹고 몇 번씩 돌려서 암기를 해놓고 그 다음날 보면 잊어버리는 단어가 많았어요. 그런데 경선식 영단어는 완전히 다릅니다. 그 단어를 보면 연상되는 이미지가 나오고 그 이미지의 뜻이 떠올라서 그 다음날에도 잘 잊어버리지 않고 오래도록 기억에 남더라고요. ㅎㅎ

일주일 만에 방대한 양의 토플 단어를 외우게 해주신 경선식 쌤 감사드려요. (이*선)

저는 토플 공부를 시작한 지 1주일 된 초보 학생입니다. 3개월 내에 고득점을 받아야 하기에 우선 보카를 단기간에 마스터 하는 것이 너무도 절실했죠. 그래서 선택하게 된 경선식 영단어를 통해 저는 1주일 만에 마스터하는 쾌거를 이루었습니다. 일주일 만에 방대한 양의 단어를 외우게 해주신 경선식 선생님께 감사드리고 왜 고등학교 때는 이 강의를 몰랐을까 후회도 되네요;;

이보다 좋은 강의는 동영상이든 오프라인이든 못 봤습니다. (안*호)

토플 시험을 준비하고 있는데... 우연히 경선식 선생님 강의를 알게 되었고... 하루 이틀 강의를 듣다 보니... 이렇게 좋은 강의를 왜 이제서야 알게 되었는지 아쉽더군요. 토플은 단기간 내에 끝내야 되는 시험이기에... 단어들이 혼란스럽고 기억에서 잊혀지고... 하지만 경선식 선생님 강의를 들으면 단기간에 수많은 단어 양을 쉽고 오랫동안 기억할 수가 있더라고요. 듣다보면... 어이없는 경우도 있어요 (너무 쉽게 가르쳐 주셔서)... 혼자 웃기도 하고요... 선생님의 표정과 단어를 연상하면... 진짜 진짜 자다가도 단어가 생각나기도 합니다... 진작 알았으면 좋았을 텐데...ㅜㅜ 이보다 좋은 강의는 동영상이든 오프라인이든 못 봤습니다...

정말 빠른 시간에 하시고 싶으시면 꼭 강의를 들어야 합니다. (김*경)

정말 과학적으로 연상법을 이용해서 머릿속에 쏙쏙!! 선생님 말씀대로 진짜 복습만 해주면 그 기억이 진짜 오래 가더라고요. 강의를 들으면서 쌤님이 이쯤해서 1강부터 20강까지 복습하세요 하시면 그냥 그대로했습니다. 선생님이 하라는 대로 그냥 했습니다. 끝나자마자 복습하라 하면 그것도 했습니다. 근데 정말 나중에 시간이 덜 걸리더라고요. 그냥 한번 믿어보세요. 정말 과학적이고 체계적이에요. 절대 유치하지 않아요. 그리고 책을 사서 그냥 혼자 볼 수 있다고도 생각했거든요? 정말 빠른 시간에 하시고 싶으시면 꼭 강의를 들어야 합니다. 강의 듣는 게 훨씬 정말 훨씬 효과가 3배입니다. 혼자 하시는 것보다는 꼭 강의를 들으면서 하는 걸 추천합니다.

30개 외울 때 한 시간 걸리던 것을 십 분도 안 돼서 외웁니다. 고민하는 이 시간도 아까우니 바로 시작하세요. (김*열)

저는 독해 문법 전부 자신 있었지만 오직 어휘에만 자신감이 없는 학생이었습니다. 그러다가 광고를 통해 경선식 암기 비법을 접하게 되었습니다. 솔직히 처음에는 반신반의 하면서 많은 고민을 했습니다. 정말 해마암기법 이게 될까?....... 정말 간절한 상황이었기에 저는 모험을 무릅쓰고 도전했습니다. 그런데 말입니다. 정말 놀랍게 외워지고 모든 단어가 기억날 뿐만 아니라 단어 30개 외울 때 한 시간이 걸리던 것을 십 분도 안 돼서 외우는 저를 보고 정말 놀랐습니다. 그냥 저는 한마디 하고 싶습니다. 고민할 이 시간도 아까우니 바로 시작하라고 말하고 싶습니다.